續藏書紀事詩

劉承幹

上

吳則虞 撰
吳受琚 增補
俞震 曾敏 整理

國家圖書館出版社

图书在版编目(CIP)数据

续藏书纪事诗:全二册 / 吴则虞撰;吴受琚增补;俞震,曾敏整理.-- 北京:国家图书馆出版社,2016.8

ISBN 978-7-5013-5897-7

Ⅰ.①续… Ⅱ.①吴… ②吴… ③俞… ④曾… Ⅲ.①藏书家—生平事迹—中国 ②诗集—中国—当代 Ⅳ.①K825.42 ②I227

中国版本图书馆 CIP 数据核字(2016)第 172692 号

书　　名	续藏书纪事诗(全二册)
著　　者	吴则虞　撰　吴受琚　增补 俞震　曾敏　整理
责任编辑	南江涛
封面设计	奇文云海
出　　版	国家图书馆出版社(100034　北京市西城区文津街 7 号) (原书目文献出版社　北京图书馆出版社)
发　　行	010-66114536　66126153　66151313　66175620 66121706(传真)　66126156(门市部)
E-mail	nlcpress@nlc.cn(邮购)
Website	www.nlcpress.com→投稿中心
经　　销	新华书店
印　　装	北京金康利印刷有限公司
版　　次	2016 年 8 月第 1 版　2016 年 8 月第 1 次印刷
开　　本	889×1194(毫米)　1/16
印　　张	37.5
字　　数	600 千字
书　　号	ISBN 978-7-5013-5897-7
定　　价	168.00 元(精装本)

《续藏书纪事诗》手稿

潘素绘《百卷图》

恒河沙数尽逼胀 多少英七人物黄尘
三河写百卷羞我江山半壁费消磨
惜向莲禅意自写胸中雷金差玉
局写来绕篆豪傑 今古问失文
章拋兮潮海莘底花军发去
史循环成与败不抵窗灯明灭人
去云何吾生为此似藜子钓发澄
潭毋禅止心莲印天月
调寄百字令依东坡韵为
则虞兄词兄题百卷图
中州裘驼君

张伯驹《百卷图》题词

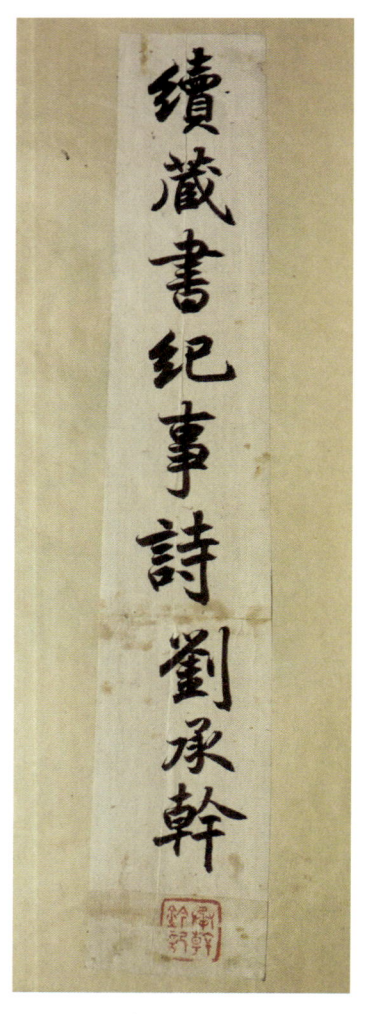

刘承幹题签

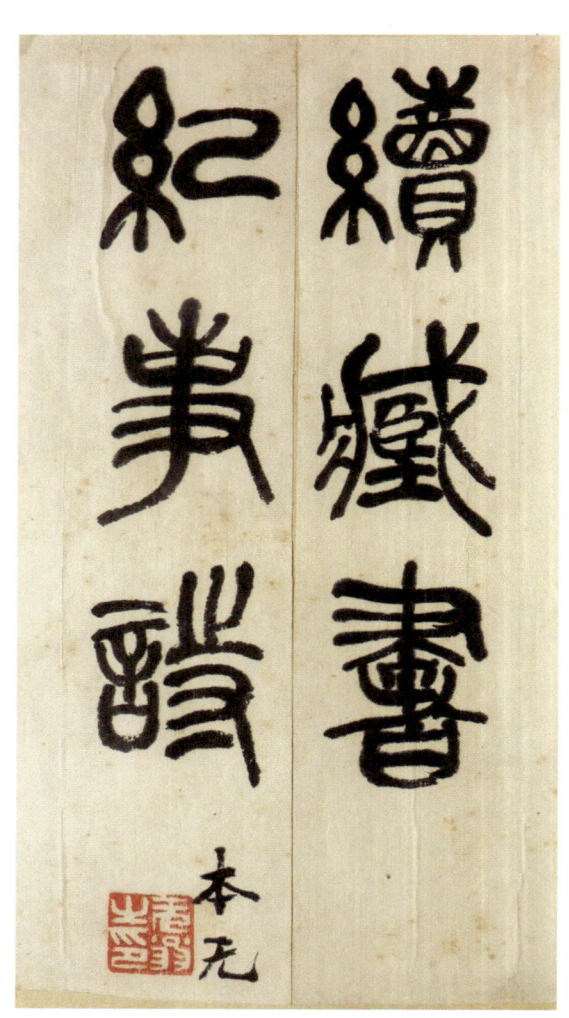

何鲁题签

藕颿我兄教授著席奉誦

遠雲如承

馨欬藉悉奉調入京前程無量敬祝敬祝

大著脫稿先油印問世仰見虛懷若谷集思廣益之盛心昌勝欽服弟學殖荒落獻替莫從恐孤厪望之殷彌切無能之懼

命書檢題顏唐已甚今始坿呈棄置為幸異日

文旌過滬極願望見顏色杯酒言歡少盡地主之誼專此敬頌

講綏拱候惠復

弟劉承幹頓首 二月十一日

刘承幹致吴则虞信札

刘承幹写赠吴则虞扇面

则虞先生：承代领本月工贽，至为忽感。大字拓胜函今津阅毕带回乞检收。大著读歲书纪予仿已抉读，言绝伦博赡完全扁之，曷望不已。窑发睨没此颂
撰安
弟人和钝十八

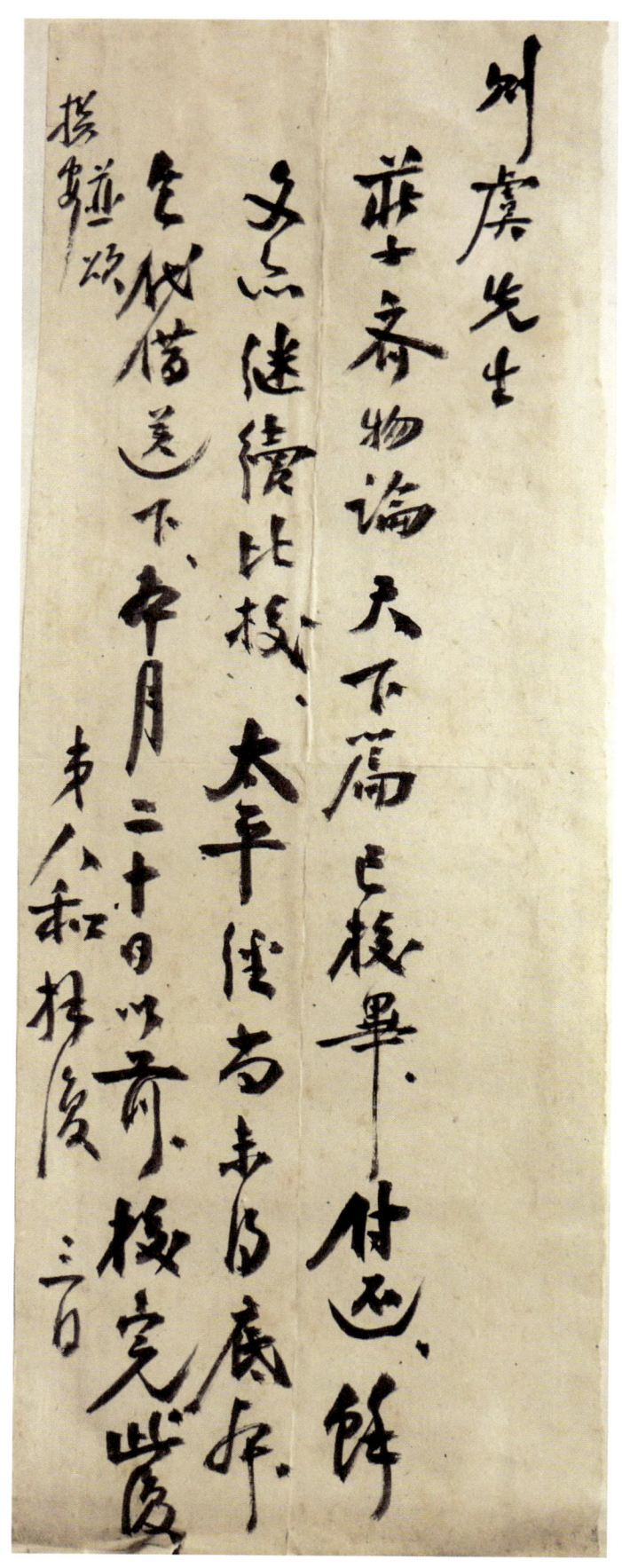

则虞先生：

庄子齐物论天下篇已校毕，付还、馀各点继续比校。太平御览有吴召凤标点他借送下，中月二十日以前校完此发、接继续

孙人和拜复三日

龙榆生致吴则虞信札一

癸卯大寒後一日有懷

萬頃教授此來即覺

悴今視朋如知君處孤入幾種摘健

掌頃寒候得身拒酬枇高筆无涯

不比刷　梵舫後月因合意向渡甲

君寒句

龙榆生致吴则虞信札二

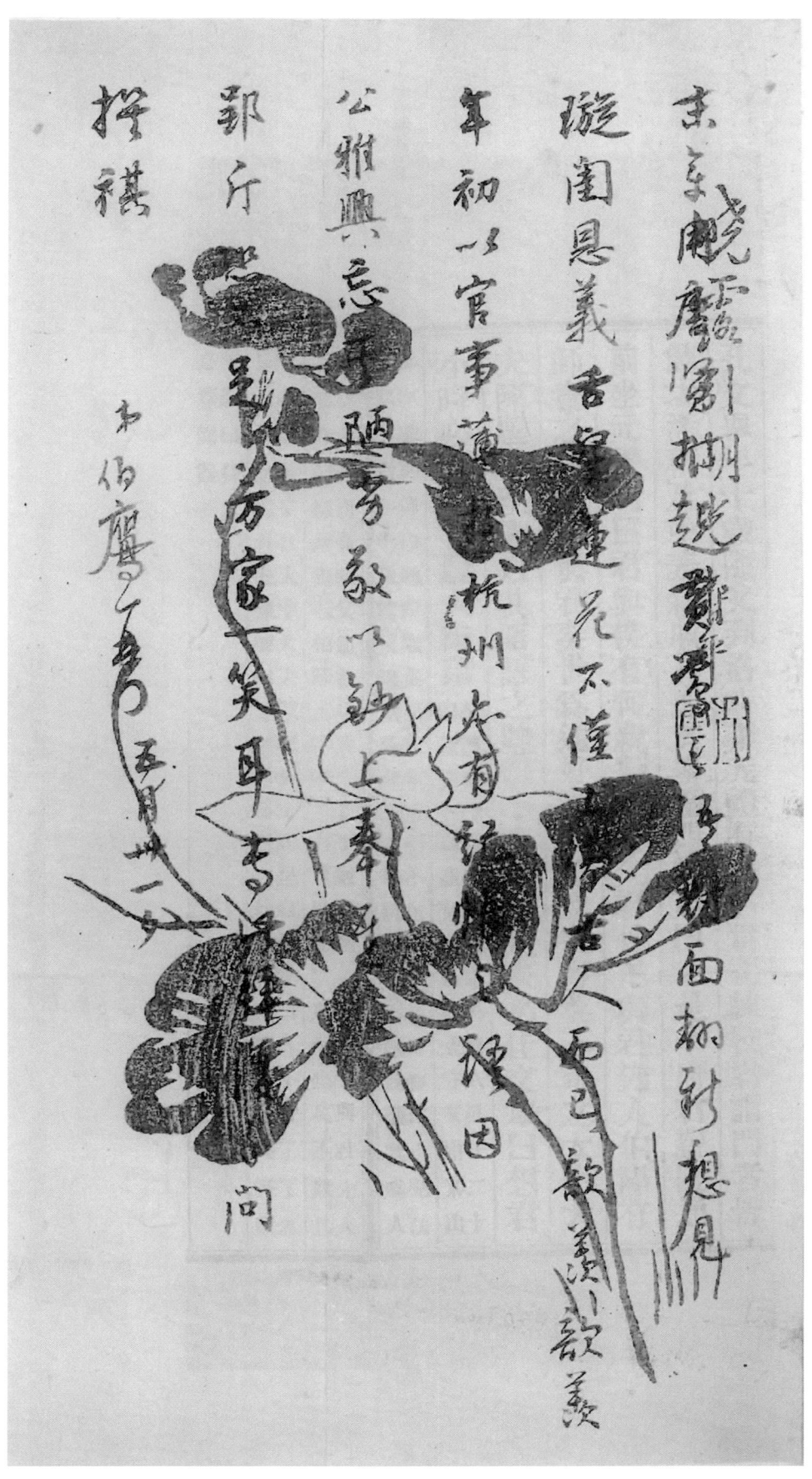

潘伯鹰致吴则虞信札

賦中選以名館分考卿掌故之一頌公錫題簽以增重貪以矢獻凡俯允大著欽佩無似與向稱貢廢之凡希不吝教誨力疾即頌
著祺
弟重熙(拜)頓首七月九日

黄二子至外地弟意且就近於至京诸家诗女作已足昊地者不免太费心且俟诸它日何如希 酌而尚有西溪文稿及思旧馆圆々为越圆气生所作思旧剑为金太常哀王忠郎狥国故取向子期

家技通天闻才佳吾犹塘玄迳元惠雾云表家
扶鸟蟠壁才世经先气峰视日渐三嶷拔沉长随表行
转虹山白遭壑感物小驾远想逼郢由以何姓马神胸一字
稿未走年虞情一挑定未诗由国声喈平轩未木朕凤萧曹诸已砭
村价等马报神不俦相值槛斗唇署侔主结言谨信此译径
田家傲 家偶 遂逐揭积食 良 钟 伴 及振 程月 社 郭 闰 中 兼
                                                                     诗二
海墙唐作寿   庚卯先生有道雅云

汉鼓吹铙歌十八曲，其辞多讹舛难读，姑就可解者录之：

朱鹭
朱鹭，鱼以乌。路訾邪鹭何食？食茄下。不之食，不以吐，将以问诛者。

思悲翁
思悲翁，唐思，夺我美人侵以遇。悲翁也，但我思蓬首狗，逐狡兔，食交之。

艾如张
艾而张罗，夷于何？行成之。四时和，山出黄雀亦有罗。雀以高飞奈雀何？为此倚欲。谁肯借飞借，借飞幕之伦。

上之回
上之回，所中益，夏将至，行将北，以承甘泉宫。寒暑德，游石关，望诸国，月支臣，匈奴服。令从百官疾驰驱，千秋万岁乐无极。

拥离
拥离趣，驾六飞龙四时合。挢罗列，阙盘纡。垂华纷，罗鄂不。乐何殊，盛哉皇，虑殊无。

战城南
战城南，死郭北，野死不葬乌可食。为我谓乌：且为客豪！野死谅不葬，腐肉安能去子逃？水深激激，蒲苇冥冥；枭骑战斗死，驽马徘徊鸣。梁筑室，何以南？何以北？禾黍不获君何食？愿为忠臣安可得？思子良臣，良臣诚可思：朝行出攻，暮不夜归。

巫山高
巫山高，高以大；淮水深，难以逝。我欲东归，害梁不为？我集无高曳，水何汤汤回回。临水远望，泣下沾衣。远道之人心思归，谓之何？

上陵
上陵何美美，下津风以寒。问客从何来？言从水中央。桂树为君船，青丝为君笮，木兰为君棹，黄金错其间。沧海之雀赤翅鸿，白雁随。山林乍开乍合，曾不知日月光。醴泉之水，光泽何蔚蔚。芝为车，龙为马，览遨游，四海外。甘露初二年，芝生铜池中，仙人下来饮，延寿千万岁。

将进酒
将进酒，乘大白。

君马黄
君马黄，臣马苍，二马同逐臣马良。易之有騩蹄，白如骨，长尾大卵目窈窈，当户扬箱唯郭央，两骖飞，一骖行。

芳树
芳树日月，君乱如于风。芳树不上无心，温而鹊，声鹍鸡鸣。曲采其夫，阶树，使君子乎，故如羽。

有所思
有所思，乃在大海南。何用问遗君？双珠玳瑁簪，用玉绍缭之。闻君有他心，拉杂摧烧之。摧烧之，当风扬其灰！从今以往，勿复相思，相思与君绝！鸡鸣狗吠，兄嫂当知之。妃呼豨！秋风肃肃晨风飔，东方须臾高知之。

雉子斑
雉子，斑如此。之于雉梁，无以吾翁孺，雉子。知得雉子高蜚止，黄鹄蜚，之以千里，王可思。雄来蜚从雌，视子趋一雉。雉子，车大驾马滕，被王送行所中，尧羊蜚从王孙行。

上邪
上邪！我欲与君相知，长命无绝衰。山无陵，江水为竭，冬雷震震，夏雨雪，天地合，乃敢与君绝！

查阜西与吴受琚合影

序

刘承幹

曩延长洲叶缘督丈校刊四史，丈时甫厘正所著《藏书纪事诗》，承幹朝夕侍侧，辄承训迪，文曰："私人藏书，今甚于昔，第不知后之读余诗者为谁氏子？子方壮，其寓意焉。"荏苒四十年，藏者辈出，而为此诗者未之遇。

前闻南海莫伯骥天一为此诗续编，其目载《五十万卷楼书跋》中。潘明训谓余曰："徒有其目，实无一诗。"及见庐江刘声木《苌楚斋丛书》有此目，及见声老，延至其家，出示十余小册，仅杂钞国史杂书百余条，竟拟目亦无之也。至于伦哲如《辛亥以来藏书纪事诗》，只限一时；徐信符《广东藏书纪事诗》只限一地，皆失之偏。私心徘徊，以为不可见矣。

今逾八十，夏初，在来青阁坐茶，杨寿祺告曰："有泾川吴君为此诗。"且示以油印本第三卷，余大喜，因杨翁通书道意。今年秋杪，杨翁又告曰："吴先生至矣。"余曰："何时至？"杨曰："今日至。"余曰："同往迎如何？"杨曰："君老矣，天莫急雨，庭有潦污。"家人忽报曰："吴先生挈幼女求见。"余时病痁，急起延入。余曰："不意此生乃见君子。"询续叶诗，曰："已成。"曰："何在？"曰："此儿抱持者是也。愿乞序并题署。"余曰："明日设奠，昭告鞠丈之灵。"乃命庖人治具，君仅进茶果，盖茹素多年矣。留三日，行。以五千金助印书，君拒未内。曰："不宜印也。"

君清才博学，人极风趣蕴藉，一见即知为佳士也。女公子十岁，娟秀聪颖，虽孩提而面目殊有书卷气，此其异于常儿者。故家人目父女如双玉焉。惜乎明日行矣。计程中秋可抵三峡、瞿塘、滟滪之中，浊浪排空、皓月晶洁，喜玉人之远至也。

君之书，于鞠丈亦步亦趋，文字精工，考弋浩博，自不待言。诗尤凄切，转胜前人。洵为必传之作。所幸者正续之作，皆与余有文字之缘，因举鞠丈及吴先生平生离合之因。如是，微言寄慨，又尽在不言中矣。

一九五六年冬至吴兴刘承幹

又：此文阅十余载，乃请蜀人何云查翁以晋人楷法书之。刘、何二君作序作书，皆年高八十以上也。虞及。

吴受琚增补：何云查，何鲁先生号也。何晋人楷法手书序文，一九六六年遗失。

目 录

上 册

序（刘承幹）……………………… 1

卷一

丁雄飞 ……………………………… 1
刘元亮 ……………………………… 3
徐介寿 ……………………………… 5
毕自严 ……………………………… 6
杨愈峊　王克生　张承纶　王昌祜
　刘师陆　陈法于　田梻　杨尚文
　　王亮功 …………………………… 8
严沆　吴模 ………………………… 9
熊赐履 ……………………………… 10
左岘　陆宝　朱釪 ………………… 12
张贞 ………………………………… 13
朱樟 ………………………………… 15
黄之隽 ……………………………… 16
蒋恭棐 ……………………………… 17
蒋衡　黄如琎 ……………………… 19
吴农祥 ……………………………… 21
许焞　陈师简　陈敬简　周文燨
　　朱元炅 ………………………… 23
姚际恒 ……………………………… 25
沈大成 ……………………………… 27
方世举 ……………………………… 29
黄钟　子沄　孙杓　孙模

曾孙士珣 …………………………… 31
萧江声　庞泓 ……………………… 32
黄树穀 ……………………………… 33

卷二

金门诏　邹炳泰　徐以坤 ………… 35
汪沆 ………………………………… 38
查礼 ………………………………… 39
陈撰 ………………………………… 40
袁枚 ………………………………… 41
陈道 ………………………………… 43
王鸣盛　弟鸣韶 …………………… 44
彭元瑞 ……………………………… 46
李调元 ……………………………… 48
关槐 ………………………………… 50
石韫玉 ……………………………… 51
严长明　子观 ……………………… 53
陶湘 ………………………………… 55
章学诚 ……………………………… 56
章宗源 ……………………………… 59
王芑孙　子嘉禄 …………………… 61
楼上层　戴殿江　朱兴悌 ………… 63
陈树华　周世敬 …………………… 64
严蔚 ………………………………… 65
赵魏 ………………………………… 66
王初桐 ……………………………… 68
徐鲲　顾修 ………………………… 69

张若筠　茅元铭　何金 ………… 71
陈本礼　子逢衡 ………… 72
王大全 ………… 73
黄澄量 ………… 74
冯新　胡重　汪伯子　顾至
　　龚文照 ………… 77
李宏信 ………… 79
钱近仁 ………… 80

卷三
吴荣光 ………… 81
朱琦 ………… 83
李兆洛　盛甫山 ………… 85
麟庆 ………… 87
潘锡恩 ………… 88
吕潚 ………… 89
朱壬林　陈廷献 ………… 90
黎恂　郑珍 ………… 91
焦循 ………… 93
吴文炳 ………… 95
洪颐煊 ………… 97
孙熙元　蒋烱　王寿徵 ………… 99
庄仲方 ………… 100
强溱　子汝询 ………… 102
王荫槐 ………… 103
朱振采　李祖陶 ………… 104
周中孚 ………… 106
李诚　郭协寅 ………… 108
赵绍祖 ………… 110

卷四
俞正燮 ………… 113

马国翰　李廷棨 ………… 114
何绍基 ………… 116
周寿昌 ………… 118
俞樾 ………… 120
丁晏 ………… 122
罗以智 ………… 124
陈澧 ………… 126
姚燮 ………… 128
吴棠 ………… 129
许瀚 ………… 131
汪士铎　陈宗彝　郑彤书
　　翁长森 ………… 132
史梦兰　王灏　常如樾 ………… 134
洪汝奎 ………… 136
谭莹　子宗浚　孙祖任 ………… 138
韩应陛 ………… 141
徐时栋 ………… 143
李士棻 ………… 145
孙衣言　子诒让 ………… 146
梁梅 ………… 150
胡尔荣 ………… 152
吴以淳 ………… 153
程云翔　李宗楣 ………… 155
杨鼎 ………… 157
张文虎 ………… 158
吴煦　吴云 ………… 160
唐翰题 ………… 161
徐灏　子绍桢　族子绍棨 ………… 164
许玉彬　黄子高 ………… 166

卷五
朱学勤　子澂 ………… 167

翁同龢 …………………… 170
沈秉成 …………………… 172
潘祖同 祖年 侄孙承厚 ……… 174
李鸿裔 …………………… 177
汪曰桢 …………………… 178
杨浚 ……………………… 180
顾瑞清 …………………… 181
胡澍 ……………………… 182
平步青 …………………… 183
朱逌然 徐树铭 …………… 185
张之洞 …………………… 187
汪鸣銮 …………………… 189
王先谦 …………………… 191
陈宝琛 …………………… 193
张佩纶 …………………… 194
孙葆田 李佐贤 …………… 196
杨守敬 …………………… 198
吴重熹 …………………… 202
谭廷献 …………………… 204
丁士涵 …………………… 206
王秉恩 …………………… 208
潘介祉 …………………… 210
伍崇曜 …………………… 211
潘仕诚 …………………… 214

卷六

袁昶 ……………………… 217
缪荃孙 …………………… 220
杨文莹 …………………… 224
董沛 ……………………… 226
周銮诒 张培源 吴慈培 …… 227
王颂蔚 王同愈 …………… 229

李慈铭 …………………… 231
傅以礼 …………………… 233
梁鼎芬 龙凤镳 …………… 234
沈曾植 弟曾桐 …………… 237
黄绍箕 …………………… 240
吕佩芬 …………………… 242
沈家本 …………………… 243
朱祖谋 …………………… 244
葛金烺 子嗣浵 …………… 247
柯逢时 …………………… 249
贺涛 ……………………… 251
陈田 弟槼 ………………… 252
徐世昌 …………………… 254
董康 ……………………… 256
杨锺羲 吴瓯 ……………… 257

下 册

卷七

李盛铎 …………………… 259
夏曾佑 …………………… 263
叶昌炽 …………………… 265
曾习经 …………………… 268
陈伯陶 邓蓉镜 …………… 269
屠寄 ……………………… 271
王仁俊 …………………… 272
李希圣 …………………… 275
汪康年 …………………… 277
叶德辉 …………………… 279
张元济 …………………… 282
胡思敬 …………………… 284
康有为 …………………… 286

傅增湘　徐沅　袁思亮 ……… 288
邓邦述　赵烈文 ……………… 293
易学清　易容之 ……………… 297
叶景葵　张寿镛　朱文钧 …… 298
章钰 …………………………… 301
甘鹏云 ………………………… 304
姚华 …………………………… 306

卷八

郑文焯 ………………………… 309
丁立诚 ………………………… 311
陶福祥　黄绍昌　刘燝芬 …… 316
陈作霖　孙文川 ……………… 317
徐树兰　友兰 ………………… 319
端方 …………………………… 321
吴引孙 ………………………… 324
卢靖　弟弼　张国淦 ………… 326
查燕绪 ………………………… 329
赵元益　子诒琛 ……………… 331
宗舜年 ………………………… 334
梁启超 ………………………… 336
胡玉缙 ………………………… 337
徐乃昌 ………………………… 339
刘世珩 ………………………… 341
曹元忠 ………………………… 343
张钧衡 ………………………… 346
王家牧　章塎　章畸 ………… 348
吴昌绶 ………………………… 349
莫棠 …………………………… 351
李之鼎 ………………………… 353
辛耀文 ………………………… 355
伦明　余嘉锡　沈应奎

张允亮 ………………………… 357
丁福保 ………………………… 362

卷九

徐康 …………………………… 365
瞿世瑛 ………………………… 367
陈烈新　子遹声 ……………… 368
蒋壑　温日鉴　沈登瀛　范锴
　盛朝勋 ……………………… 370
丁白　丁宝书 ………………… 372
陈肆　沈阆崑　章绶 ………… 374
冯龙官　梁廷柟　温树梁 …… 375
蒋光焴 ………………………… 377
缪朝荃 ………………………… 378
章寿康 ………………………… 379
唐仁寿 ………………………… 381
徐渭仁　沈炳垣　梅益征 …… 383
李嘉绩 ………………………… 385
胡凤丹　王亮功　马彦森 …… 387
耿文光　王亮功　张籁 ……… 389
萧穆 …………………………… 392
姚振宗 ………………………… 395
顾锡麒 ………………………… 397
封文权 ………………………… 399
孙炳奎 ………………………… 400
金嗣献　邓炳 ………………… 401
蒋学坚 ………………………… 403
蔡鸿鉴 ………………………… 405
顾葆龢　鲍廷爵 ……………… 408
亢树滋　冯辨斋 ……………… 410
陆树藩　杨敬夫 ……………… 412

卷十

刘鹗 …………………… 417
顾麟士 ………………… 418
李详 …………………… 420
邓实 黄节 …………… 422
易培基 ………………… 423
丁惠康 丁日昌 ……… 424
吴广霈 祖培 ………… 426
王基盘 陈毅 ………… 428
刘海涵 ………………… 429
刘成禺 ………………… 430
袁克文 方尔篯 ……… 431
罗振玉 弟振常 ……… 434
王国维 ………………… 436
朱希祖 ………………… 438
吴梅 马廉 …………… 439
孙毓修 ………………… 442
高燮 …………………… 445
童士奇 子第德 第周 … 446
丁祖荫 ………………… 448
叶恭绰 邢之襄 ……… 450
徐恕 …………………… 452
郑振铎 ………………… 454
孙人和 刘盼遂 龙沐勋
　赖肃 ………………… 460

卷十一

盛宣怀 ………………… 463
徐坊 史宝安 ………… 464
严遨 …………………… 467
沈德寿 ………………… 468
萧士恒 ………………… 469

景廉 …………………… 471
宝康 凤山 耆龄 光熙 … 472
孔广陶 弟广镛 子昭鋆
　林国赓 ……………… 474
刘承幹 ………………… 476
蒋汝藻 ………………… 480
陶湘 …………………… 483
刘体智 兄声木 ……… 485
张之铭 黄群 ………… 488
潘宗周 ………………… 490
莫伯骥 ………………… 493
周暹 …………………… 495
王修 …………………… 497
徐则恂 ………………… 499

卷十二

杨文会 欧阳渐 郑学川 … 501
周庆云 ………………… 504
罗家杰 任应秋 ……… 507
查夷平 ………………… 508
钱文选 ………………… 512
翟金生 ………………… 514
熊罗宿 ………………… 517
邱子昂 徐鸿复 ……… 518
王锡祺 ………………… 519
穆近文 ………………… 520
刘子端 ………………… 522
陶子麟 ………………… 523
沈复粲 沈怀祖 ……… 524
沈宇普 ………………… 526
王兴福 ………………… 527
骆俊森 ………………… 528

杨伯龢　柳建春 …………… 530	岛田翰 ………………………… 546
周永德 ………………………… 531	狩谷望之 ……………………… 549
何培元　魏占良 …………… 533	冈本保孝 ……………………… 550
谭锡庆　韩星垣 …………… 538	伯希和 ………………………… 551
孙殿起　王文进 …………… 540	
阮季兰 ………………………… 542	跋 ……………………………… 553
钱绣芸 ………………………… 543	参用书目 ……………………… 557
森立之 ………………………… 544	编后记 ………………………… 571

卷一

染柳生松梦不成，一庵秋水古今情。
分明门外多陵谷，犹自蹉跎望太平。

丁雄飞 菡生

《金陵通传·丁遂传》："雄飞字菡生，积书数万卷。每出必担簏囊载图史以归。居乌龙潭心太平庵，立古欢社，与黄虞稷互相考订。其《古欢社约序》云："予生有书癖，初识之无，便裁寸楮，装小帙，闻保姆谚语或瞽女歌词，挽人书之，藏襟袖间。九岁就外傅，师每日令作破，予总录一册，时秋葵正茂，私识曰：'丁先生葵窗所艺。'王父见而大笑。十三岁随先君子宦温陵，固文薮也，虽闭署中，先君子日搜典籍，得肆披阅，灯烬鸡鸣，率以为常。十九岁自温陵返，积有金数铤，一至虎林虎邱，见书肆栉比，典册山积，五内震动，大叫欲狂，尽倾所积以易之。授室后，内子有同癖，结褵未十日，遂出箧中藏四笏畀予，向书隐斋得数抱而返。自后簪珥衿裾，或市或质，销于买书写书二事，内子欣然也。予是时积书二万卷。先君子西去，遗书二十橱，取而汇焉。八十二部得橱四十，藏心太平庵中。庵凡三楹，二楹为书所据，中一楹置长几胡床，列丹黄，具香茗。"

雄飞撰述甚富，计九十八种，又《读书馋笔》五十卷。所积书有《古今书目》十卷。

《古欢社约》曰：

黄子俞邰，海鹤先生次郎也。先生文坛伊、吕，藏书甲金陵。俞邰生时，先生将七十，从锦褓中便薰以诗书之气。年未二十而问无不知，知无不举其精乂。今且多方搜罗，逢人便问，吟咏声达窗外。每至予心太平庵，见盈架满床，色勃勃动，知其心痒神飞，殆若汝阳之道逢麴车者。但黄居马路，予栖龙潭，相去十余里，晤对为艰，如俞邰者，安可不时时语言（语似为晤字之误），取古人之精神而生活之也！尽一日之阴，探千古之秘，或彼藏我阙，或彼阙我藏，互相质证，当有发明，此天下最快心事，俞邰当亦踊跃趋事矣。因立约如左：

每月十三日丁至黄，二十六日黄至丁。为日已订，先期不约。要务有妨则预辞。

不入他友，恐涉应酬，兼妨检阅。

到时果核六器，茶不计。

午后饭，一荤一蔬，不及酒，逾额者夺异书示罚。

舆从每名给钱三十文，不过三人。

借书不得逾半月。还书不得托人转致。

缪荃孙题识云：

右《古欢社约》一卷，丁雄飞撰。雄飞字菡生，江浦人。居乌龙潭上山水最佳处，取陆放翁语，名之曰心太平庵。积书数万卷，尤多秘本，有《古今书目》七卷。黄虞稷，字俞邰，晋江人。居江宁，诸生。荐修《明史》《一统志》。官翰林院检讨。有《千顷堂书目》三十二卷。此约最为简便，同志共读书者，可取以为法。黄《目》传，丁《目》不传，亦有幸有不幸。

丁有《乌龙潭竹枝词》云："一市潭边三里多，侬家亭馆绿阴窝。三更灯火寂如许，犹有书声出薜萝。"

"主人世事尽情删，惯在黄鹂白鹭间。日出呼童理香茗，残灯犹恋杏花湾。"

"遍地藤萝罩短墙，行行径径可徜徉。间从有叟堂（庵中堂名）中过，饱饫清芬道味长。"

"钓竿收起倚书床，春草滩边小阁凉。惊去鹭丝波万叠，浣衣带有芰荷香。"

读数诗，犹可想见此老之豪情胜概矣。

《古今书目》，据《万卷堂书目》李蒲订书目并作十卷，而《述古堂书目》作四卷，钞本。《分门类编古今书目》四卷，不著撰人。《绛云楼书目》作《古今书目》，亦不著撰人。明朱廷佐亦有《古今书目》，见《金陵朱氏家集》。吴楸又有《古今书目》，见《湖南通志》《善化县志》及《湖南全省掌故传考》。述古堂及绛云楼所著录未知何氏之书。

鲁壁何人发古幽，珊瑚网破总难收。
奇书无限归沧海，欲起遵王补敏求。

刘元亮 玉轩

《玉轩新纂古今书目序》云："太昊氏画卦造书，文籍生焉。至于三坟、五典、八索、九邱、□□太史□□，是以孔子定《礼》删《诗》，注《麟经》，讨论坟典，断自唐虞。考每国班异之以反于周（疑有脱讹），知天下之故。传曰：'文、武之道，未坠于地，在人。贤者志其大者，忘其小者。'今此千家之言，所以兼包大小之义，岂可偏绝哉！光武中兴，笃好文雅，明章继轨，尤甚重经术。四方鸿生巨儒负帙远至者，不可胜算。石室兰台，弥以充积。及仁寿阁集新书，明帝幸雍，尊□三老五更，飨射礼毕。梁初文德殿、华林园，大凡二万三千一百六卷。释氏不豫焉。隋文帝开皇间，搜讨异本，每书一卷，赏绢一正，校写既定，即归其主，于是往往间出。嘉则殿有书三十七万卷，为观文书室四十间，窗户、床缛、厨幔咸极玫丽。每三间开万户，垂锦幔，上有二飞仙。户外地中施机发。帝幸书室，有宫人执香炉前行，践机则飞仙下，收幔而上。户扉出则复闭如故。唐四库书为四类，曰：经、史、子、集，以宫人掌之。藏书之盛，莫盛开元。其著录者增至五万三千九百一十五卷，又二万八千四百六十九卷。丽正殿置修书院、著作院，大明宫、光顺门皆集学士，通籍史于十二库。黄巢之乱，荡然无遗。更至周世宗，以史馆书籍尚少，锐意求访。凡献书者，悉加优赐，以诱致之。宋建隆初有书三千余卷。自熙宁以后，凡增四百四十六部，六千九百三十九卷。高宗南渡，搜访补缉，增一千四百四十三部，二万五千二百五十四卷。夫象犀、珠玉、怪珍之物，有悦人之耳目而不适于用；金石、草木、丝麻、五谷、六材，有适于用而用之则弊，取之则竭，未若书之用，用之不弊，取之不竭。余老也，因昼夜钞写，费尽心力。今来两目昏花流泪之甚，既衰且惫，将无以用于世，惟□数年之间，幸德卫田户侯之来，酷有所好，又胜吾之雅意，兹因呵冻作此序，以奉广文高明之识也。景泰三年十一月中浣乌江玉轩怀远将军刘元亮笔。"

邢蓝田跋云："右《玉轩新纂古今书目》，为明刘怀远将军皮藏于德州永庆寺者。书都一千七百余种，泰半为今人所罕见未闻。苟获托庇于空王之宇，以终免于秦火楚炬之劫，岂不大有功于书林哉！无如蛛网尘封，既韬其光而晦其迹，当世大雅，遂疑为释氏之书而忽之。降至晚近，众醉且狂，又何诛焉。民国十九年，就寺址改设中学校，蹂躏狼藉，引火燃薪，悉资于是。时校中有刘雪蓬者，异其版本之精，纸色之古，私取其书目暨所余之若干种，以质书友彭辑五。五精于鉴别，且推所藏年代，确知其最晚者皆明初刊也，急往视之，则已尽矣。比相告语，犹不胜其嗟惜之情，斯真书林至可痛事也。予读玉轩原序，知怀远将军生性好书，老而弥笃，积岁搜求，穷日抄写，故其收藏之富，直凌驾范式天一阁。明代右文轻武，武夫辄不得与一士齿，意者将军激于时俗，卓然自树，大抵家无传人，遂不归其书于儒，归之于墨耳。"

又云："近闻之图书馆长王献唐言，寺故庄严弘大，向藏有赵松雪手书泥金佛经，已辗转流入当地人之手，不可复得。而烬余之三十余种，零星分售，获价万金。亦一散而不可复收"云云。

则虞案：此书目为邢蓝田所得，陶湘录副去。余从邢君借录，邢君复告余，前在南京曾获见钤有玉轩及怀远将军印记之残书，此海源阁以后之一书劫也。书目分上下二卷，不分门类，误字极多。罕见之书约有百种，如《碧玉芳林》四百五十卷，《太乙统制》《唐书纯粹》《历代宫殿名》《韩诗内传》《礼记外传》《华林遍略》《广人物志》《李后主文集》《淮南王食经》，许敬宗《瑶山玉彩》，唐张廷方《注哀江南赋》《大山海经》三十二卷，《河西人物志》《雍熙广韵》，巾箱《十七史》，元遗山《夷坚续志》《乌台诗话》十三卷，《二百家事类》六十卷，《孔子野史》《稼轩诗集》《稼轩奏状》《千机锦》《咸淳遗事》《中原始末稿》《文丞相行状》《荣辱志》《搔首集》《常留天地间集》《海天清啸集》《医经小学》《大明武臣大诰》《国朝官制》《国朝御制大诰》，而《文馆词林》《玉烛宝典》《唐才子传》亦在其中。

百城难复旧家风，经鼎迁书事略同。
吟罢犹思飞动意，金华万卷有徐公。

徐介寿 万龄

《［光绪］兰溪县志》："徐介寿字万龄。以贡生任祁县知县。善古文。家故多书，筑百城别墅弆藏之，约五万余卷。撰有《百城楼藏书目》。"

《金华诗录》："万龄有百城楼藏书，《自序》略云：'大父宦迹半天下，无他嗜好，惟有书淫。至抚闽侯代，止以图书自随。乃稽天暴涨，数万卷俱沉。赋归倒官囊购书，稍得粗备。大父既逝，居守者窃去过半，所存尚三千三百余册，今俱乌有。先君以书生专力，不吝重赀，又交游声气之广，时以一编相授。三十余年，典籍之富，甲于浙东。去城北五六里，筑百城别墅，吟咏其中。亡何，入燕请恤，迁书经鼎斋，时丙寅秋也。父子分试南北，每每致异书。父子计书之所入，岁增若干卷，角多少以为乐。如是七载。壬申大火，化为飞尘。'"

《五十万卷楼藏书目录》："《梦溪笔谈》，每卷有百城楼章，即万龄旧物。"

增补：《百城楼藏书目》又见《金华经籍志》。

藏书西铺颭烟炱,建节三方事已乖。
留得留仙三十载,至今瀛海说《聊斋》。

毕自严 景曾

邢蓝田《西铺访书记》:"有贾式复者,言山左淄川毕氏鬻书殆十年,而收藏之富,直难窥其底蕴。与价辄售,不断断锱铢较也。丙寅冬初,报载济南警察厅长袁致和因购毕氏明经厂本《文献通考》,致兴大狱,株连被系者凡十余人。经荐绅调停,进书乃免。书林惊诧,一若星坠木鸣也。庚午秋暮,于济南遇彭君辑五,询及兹事,乃知袁氏曾与重金,为居间者吞没过半,毕氏所得微,因靳固之。世有无妄之祸,必由于无妄之人。毕固邑人之灾,而袁亦非行人之得也。

癸酉春季,复闻汉宝斋主人刘寿亭偶获毕氏《度支奏议》残本,未尝措意,而北平图书馆竟出善价收之,坊间为之轰动。《度支奏议》者,为明毕自严于天启崇祯间两掌户部时所上疏奏,抉剔爬梳,颇中窾要。致仕后,刊版流传,以印行无多,初不为藏书家所重视,故世罕传本。北平图书馆以是书攸关财政掌故,特出善价收藏,非关版本。然消息传至,毕氏遂渐知居奇矣。

夷考自严字景曾,号伯阳,万历进士。授松江推官。年少有吏才,累官至太仆卿。天启初,辽阳覆,廷议设天津巡抚,专饬海防。改自严右佥都御史以往。置水军,缮战艦,备戎器。及熊廷弼建三方布置策,天津居其一,益设镇海诸营,用戚继光遗法,水军先习陆战,军由是可用。在事数年,综核撙节,公私赖之。转南户部尚书,以忤魏忠贤,引疾归。崇祯初,起户部尚书,晋太子少保,旋致仕。

入清,累诏不起,而有司力迫,恐祸及,应征至京师。其事迹殆与吴梅村相仿佛,绝非钱牧斋、龚芝麓辈孤负旧恩者比。至今淄川人不言其有仕清事,而予于今岁重阳日访书至其西铺故里,得旧钞本《谕祭仪注》,卷首有其孙盛鉴跋语,怆怛委婉,欲言不尽,颇能于行墨间得其涯略。且自严实卒于清康熙间,其丧葬典礼称曰《谕祭仪注》,更可思过半矣。墓志为新城王大司寇士祯所撰,对仕清一节,亦未叙列,是为贤者讳也。

自严于第宅之后筑有石隐园,为觞咏所,遗址尚存。园前有万卷楼,已倾圮，惟颓垣蠹立于其间。

盛鉴昆仲先后受业于同邑蒲柳泉松龄，柳泉以诸生才华赡富。书无不窥，概得力于毕氏图籍者居多。今日西铺村人喜于豆棚瓜架之下，话柳泉佚事，辄解人颐。柳泉之狂也肆，未足衡之以礼，世俗视同罗隐秀才，率以诞谩之事归之。西铺距胶济路之王村站约三里许，曩以地方不靖，劫质之案，叠见于此。洎韩复榘主鲁政，莅之以严剋，而毕氏子孙罹者八九。

予夙抱访书之念，淄、济相望不一日程，而簿书尠暇，欲行未果。今秋始访，已贻后时之悔。盖毕氏藏书，在十数年前未知宝惜，举以烂纸视之，虽无宋、元善本，而明季清初大都精椠。古书遭厄，闻之心痛。且地近黉、博，煤作燃料，比室烟焱，易致焦朽。每持一本，无不奸黰脆断，故书贾有'着手辄靡，遇风即散'之谚。而自《度支奏议》骤得善价之风一播，后人收拾残余，悉成奇货。偶一见询，即故为乖觉，不论版本，任索高价，至以毕刻《五雅》，强言宋椠；明刊《陶集》，认作元雕，使人望而生畏。予到村后，沿门询察，苦难成交。日之夕矣，度已绝望，亟作归计。将出村，一老人招手，曰：'得毋购书者耶？'予应之。老人引至其居，捧书出，视若明刊，若旧钞，若清初椠本，各如干种，书品尚佳，价亦较允。乃择取其明刊本，如《玉泉子》《因话录》《乐善录》《檀弓》《世说新语补》、赵刻《韩非子》《史概评苑》《唐诗拾遗》、张刻《历代名臣奏议》、南监本《南齐书》、闵刻《苏批孟子》、毕氏《四世恩纶》。旧钞本如毕氏《谕祭仪注》《古屏记》《曲谱集》《东海记传奇》。清精椠本如殿版初印《耕织图》《璇玑碎锦》《芥子园着色画谱》残卷、《平版记》《玺砚合订》《读史论略》。桐华馆校订本《西厢记》。其中《璇玑碎锦》及《读史论略》，皆批校殆遍，文字殊雅洁足贵。计得二十三种，纯束以归。夫毕氏经史传家，簪缨累叶，积书万卷，自名其楼，所贻厥后人者不可谓不美且备。其子孙不世守，外见攘于豪黠，内自弃于泥沙，甚至昧其家宝，贫穷为盗，设非《奏议》残本暴得鉴拔于浩劫之中，则知此物有异于遗薪败缕者有几人哉！然而既不能读又不能藏，弊帚千金，贾用不售，徒使饱鼠蠹、蒙烟尘而速其灰灭也。所谓执者失之矣其然乎！"

则虞案：《带经堂集》，《明经毕君墓志铭》有云："毕公讳自严，学者称白阳先生。"云云，明经为自严之仲子也。邢蓝田又语余云："蒲松龄在毕家教书三十余载，景曾之子孙皆其门徒。"故末句云尔。

毕竟书痴不是痴,从容捆载独归迟。
风尘何处无知己,请看横刀一笑时。

　　　　　杨愈峎柱澜　王克生　张承纶　王昌祜
　　　　刘师陆　陈法于　田梬　杨尚文　王亮功

　　《[光绪]山西通志》:"杨愈峎字柱澜,解州人。少嗜学,蓄书最富,寒暑不辍,力追博雅。李闯之变,考掠富室,号曰比饷。愈峎以父曾官县令,亦在其中。急办百金往蒲输限,道逢鬻二十史,内府物也,竟以输金市得,徒手就比。其帅讯得故,怜而释之,人号为书淫。以岁贡终。著有《闲吟集》。"
　　叶鞠裳《语石》深诋山西人好货而不知书,储大文《山西通志》有言:山西舟楫不通,书贾绝迹,少藏书家。诚平心之论也。余次山西藏书家自柱澜始,此外犹得数人焉,并载于此。
　　王克生字孟祯,阳城人。顺治丙戌进士,官寿光知县。性喜书,购藏至万卷,人以书癖目之。著《怀古集》。
　　张承纶字锡三,高平人。工诗。筑沉烟楼,藏书二十余万卷。著有《诗述》及《西轩遗集》。
　　王昌祜字戬升,洪洞诸生。藏书甚富。著有《古心斋支言》。
　　刘师陆字子钦,洪洞人。嘉庆庚辰进士,官至湖北荆宜施道。月俸悉以购书以及钟鼎彝器。所藏金石文字至七千余种。
　　陈法于字金门,阳城人。嗜古泉,藏书甚富。著《泉谱》及《秀野山房诗集》。
　　田梬字辛岩,崞县人。家富有,搜罗古籍甚富。构楼三楹,颜曰:卓观,尽以藏书。有《笺注瀛海探骊诗》。
　　杨尚文,灵石人。慕项墨林之为人,因自号曰墨林。藏书籍、字画几与项氏埒。居京师,校刊《读史纪略》《连筠簃丛书》。
　　王亮功,字凤皋,定襄人。道光甲午举人,签藏甚富。闻异书竭力购之。著有《易说》《通鉴纪事年表》。

玉笈珠囊尽烧痕，皋园梧月碧无温。
贻谋翼世非长物，剩有清风到子孙。

严沆子餐　吴模求履

　　《武林藏书录》："余杭有三严先生者：长调御、次武顺、次敕明。嘉靖乙未进士，太常大纪之子也，最有名。三严各有名子，曰渡、曰津、曰沆，而沆之名尤著。沆字子餐，号颢亭。顺治乙未进士，由庶常拜谏官，历官户部侍郎。太常始居杭州，今呼为严衙街者，旧第在焉。其后侍郎又割泥桥前明金中丞学曾别业之半为皋园，以志皋鱼之痛。有梧月楼、绿雪轩、小太湖诸胜，宋荔裳、施愚山皆有题咏。若清校阁则藏书万卷处也。著有《奏疏》十二卷、《北行目录》二卷、《皋园诗文集》四卷。后诸子分居省城，康熙中，同日被焚，图书遗集遂无子遗。（见《碧溪诗话》及《杭郡诗辑》）颢亭之后人鸥盟杰家于会城之羊市街，笃学励行，著述等身，为阮文达编辑《皇清经解》，名益起。其题《吕东莱大事记》有句云：'清校楼遗书散失不可复，仅存目十二，怅触酸心腹。'可以知当日之所藏矣。"

　　《杭郡诗三辑》："吴模字求履，钱塘人。明副使源之子。性至孝，割股救亲，为诸生有名。中年谢去，隐居铁冶岭，名小小园，聚书数万卷，味咏其中。有《宝田堂集》。"

书目亲题《下学编》，平泉记自罢官年。
百签万本恣搜讨，却笑时流薄宋贤。

熊赐履 青岳

彭绍升《二林居集·故东阁大学士吏部尚书熊文端公事状》："公讳赐履，字青岳，湖北孝感人。顺治十四年举于乡，明年成进士，选庶吉士，授检讨。十七年充顺天乡试副考官。康熙三十八年拜东阁大学士。所著书有《学统》《学辨》《学规》《学解》《经义斋》诸集。卒年七十有五。"事迹详《清史稿》本传及孔氏所撰年谱。

《下学堂书目题辞》："予生平无他好，惟独嗜书。尝囊中无担石储，见有异书必买，虽典衣称贷弗惜，务得之而后已。室人或诟之曰：'君尝累日不举火，亦急甚矣，顾此架上物，能飨之而饱耶？脱不幸饥而死，谁为读此书者？'予亦莫之顾。自戊戌通籍，宦游京师，京师坊间书少，且价值特贵，以故十余年间才积得二万余卷。丙辰秋被放，买舟载归，时楚中多事，留寓金陵。金陵藏书甲天下，多人所未见者，余遂极力购求。七年之中，积有八万余卷，合前共十万卷有奇。大惧卷帙散佚，爰分别门类，缮写目录一函，构屋五间，额曰下学堂。依次架阁其中，以便翻阅。嗣有所积，将别成一录。夫圣贤之道，一言可以终身，奚用多为，然独不曰教学之序，由博归约乎！学者幸生明备之后，欲广稽远引，从事论述，而搜讨勿赅，固陋贻讥，识者恒羞之。故余之为此，犹饥者之储粟，寒者之备衣，固吾职分之所当为，而非敢夸多靡，侈观听，犯古人玩物丧志之戒也。录成，爰捉笔弁言，以告同志者。"（见《经义斋集》卷三）

章学诚《丙辰札记》："蒋春农舍人宗海跋《下学堂目录》：'为孝感前大学士熊公赐履之书，曾于扬州见之。海宁故大学士陈文勤公世倌属蒋购得之。为书六册一百三十四卷。六册之书乃有如许卷帙，大约分类繁多，或每类为一卷也。但蒋叙其答陈文勤，似见此书刊本。'又云：'实公亲笔书，又不似刊本矣。'又云：'兼道、释二藏，收载至十余万卷之多，而时代先后，殊少伦次。宋元以前旧椠及钞本具在，而目所未列者，岂所云嗣有所得，将别成一录，而此特其草创者耶?'则蒋君亦疑而未定之时,熊公《书目题辞》自在全集,陈文勤本出熊孝感之门,蒋又出文勤公门"云。

地转天回万古愁，锦江春色淡于秋。
右军汶岭终难到，玉垒由来在茂州。

左岘 襄南　　陆宝 敬身　　朱鈌 君赏

　　《鄞县志》："左岘字襄南，一字我庵。康熙九年进士，官至广东提学。岘嗜经学，其宋元钞本自校者一百数十种。世传昆山徐氏通志堂所雕，皆岘架中物也。尝作《玉垒记》，谓威州与灌县皆有是山，《蜀都赋》所云者今威州之玉垒，乃湔水所出。《太平寰宇记》以为在茂、汶间者也。若《唐书·地理志》在导江者，今灌县之玉垒。其考据精核类此。"

　　《鲒埼亭集·中条陆先生墓表》："宝字敬身，一字青霞，号中条。鄞县人。学者称为中条先生。藏书最富，多善本。吾乡之以藏书名者天一阁范氏，次之四香居陈氏，又其次则先生南轩之书也。三十年来亦四散。予从飘零之后，撷拾之尚得其宋椠《开庆》《宝庆四明》二志，及《草庐春秋纂言》，皆世间所绝无也。"

　　则虞案：敬身明季贡生。入清不仕。建"辟尘居"于鄞月湖畔，隐居不问世事，以点校图书、赋诗度日。其藏书甚富，多异书秘本。所居之地多藤木，使人环结，形状如井络，人称其为"桂井陆氏"。藏书楼称"南轩"，和范氏"天一阁"、陆朝辅"四香居"合称鄞地藏书三大家。著有《霜镜辟尘》《悟香》等集。

　　《两浙輶轩录》："朱鈌字君赏，鄞县人。家世多储藏书。其所谓五岳轩者，图书法物甲于天下。《吴中好事家簿目》有云：'是物藏甬上朱氏者，不可屈指。'君赏清俊闲雅，车骑甚都。遭丧乱，弃诸生，焚香灌花，萧然人外，其鉴别古玩，半面了然，尤具神眼，拟之前宋遗民，则固草窗一辈也。"

《杞纪》难征尚可征,随身诗卷裹双縢。
壮夫最惜雕虫笔,携向深山赠冷僧。

张贞 起元

《清史列传》:"张贞字起元,山东安邱人。康熙十一年拔贡生,官翰林院孔目。十八年举博学鸿儒,以母忧未预试。博雅好古,精鉴别,工金石篆刻,尤工古文。尝游施闰章之门,与王士禛交莫逆。事母孝,间岁出游吴、越,与高士名僧邂逅山间,觞咏为乐,购书千百卷归。晚居杞城故园,著述自娱,以古有宋杞无征之叹,博引古书,著《杞纪》二十卷。"

则虞案:张贞著有《耳梦录》四卷,康熙间刊。又有《安邱乡贤小传》《金城纪略》《安邱张氏家乘》及《杞田集》十四卷,遗稿一卷,康熙庚寅春岑阁刊。其《半部》《或语》《潜州》《娱老》四集,每集各一卷。其《杞纪》二十卷,见《四库存目》。王渔洋谓十八卷。此书今未见刊本。《说部精华·载籍上》有《杞纪》一则,云:"张杞园贞居杞城别墅,作《杞纪》十八卷。自星土、舆地、山川、人物而外,有封建年表、世次原故,分国系家苗裔、《春秋经传》《经传别解》,引书几二百种。读之一过,曰:'异哉!可谓体大而思精矣!'或曰:'范晔集谢承、华峤、袁山松、司马彪诸家之作,为《后汉书》,自谓体大思精,人或未之许也。今所纪杞废国一隅而扬诩之如此,不亦过乎!'应之曰:'不然。杞宋无征,昔已叹之,今立乎二千年之下,以指乎成周春秋之世,且自今杞而溯之东楼、西楼始封之杞,又溯淳于溯州,溯斟郭以旁逮夫羿浞之篡,夏后之臣靡灭有穷,立少康,而夏后氏之兴亡备见,于是可补太史公帝相杼以下之缺文,按之则皆在杞城百里封域之内,可不谓体大而思精乎?'或乃谢曰:'微先生言九以《杞纪》为志乘之流,今而后知其良才也!'应之曰:'然'。"余为录此,以见其人之博雅。

《渠亭山人半部稿·宝墨楼书目序》云:"余家东土,僻处下邑,百物皆不易致,而聚书为尤难。邑中近代收藏之富,推中丞定宇马公、怀泉王公。马则州次部居,饶有统绪;王则缥囊缃帙,装潢整齐。余家自高王父以经术起家,至先大人明经公、世父孝廉公,泥古好文,力耕所入,悉以市书。叔父侍御公,宦游所至，辄留心哀访，未尝以他嗜少分其好。谢政而图书满车，归来庋于所构宝墨楼。余有事四方，亦多访求逸典。二十余年，自经、史、子、集，亦略能备，闲居无事，手录其目。"云云。

则虞案：《山东通志》载有《宝墨楼书目》。五十万卷楼藏《增修互注礼部韵略》为张氏旧物。藏印有"安邱张氏"朱文章。

济胜归来伴故鸥，一区投老半句留。
《梦华》销尽《梦梁》绝，占断湖山在此楼。

朱樟 亦纯

《武林藏书录》："钱塘朱慕樵先生《观树堂集》有《日及园藏书，散逸已尽。乙巳晒书日，检校旧籍，上架讫，用怀麓堂韵示素岑、鹤群、莅潭诗》云：'众山如排签，入夏青未了。爽籁奏疏林，蠹简恣幽讨。及兹晒腹辰，俯拾焚余稿。束发读父书，徙影趁昏晓。穷搜剔疑义，判若河汉眇。凿破肺腑愁，时雨活枯槁。维时困泥蟠，属望致身早。吾生几寒暑，白发只催老。杂说摊床头，爬梳费指爪。记予通籍初，太岁方在卯。一行刀笔吏，来日或苦少。鸟停䍀啄声，门罕佳客到。墙壁裹蛛丝，鼠迹粉不扫。十年人不归，芸火失熏燎。官贪无长物，治生计草草。黄伈为睡媒，方寸累憧扰。闻诸先民言，鬻书岂为孝。举世贱诗书，宠贫而颜夭。回顾《兔园册》，一一典缃缥。殖学如登高，层累上危峤。汝曹幸勉旃，我室他人保。庶几干蛊初，吉占无咎考。救此空腹儿，殊胜嚼珠宝。'"

又《一半句留记》云："樟匍匐下里，家少一椽。井臼之间，总无长物。因而苶苶飘寄如流寓然也。今卜宅一区黄泥潭上，与袁氏雪堂不数武，甥素岑宅也，称有邻矣。楼势面湖，诸山环之，颇富流览，与鹤群、莅潭儿辈读书游息之所，颜曰一半句留，取白香山'未能抛得杭州去，一半句留是此湖'诗句。"

则虞案：《杭郡诗辑》："先生讳樟，字亦纯，号鹿田，又号慕樵，晚号灌畦叟。康熙己卯举人。由四川江油令擢部郎，出守泽州。少从毛西河游，颇为所赏。征车所至，载书以行。涉胜地，吊遗迹，务穷考索而宣之于诗。归田后，徜徉湖山之胜，年八十卒。《府志》入《名宦传》。"

缥缃映发水云隈，蕃锦唐堂重剪裁。
集句为成《香屑集》，唐风入手有神来。

黄之隽石牧

《清史列传》："之隽字石牧，号唐堂。华亭人。康熙六十年进士。倜傥自喜。初罢官归，囊无余赀，惟嗜蓄书，著目者二万余卷。其为学排陆王而宗程朱。纵览浩博，下笔不能自休。有《唐堂集》五十卷，又《补遗》二卷，《续集》八卷。"

《晚晴簃诗汇》："唐堂休宁籍，江南华亭人。康熙辛丑年进士，改庶吉士，授编修，迁中允。乾隆丙辰举博学鸿词。少壮屡困场屋。尝著《冬录》，自述生平，谓少时蓄四愿：结友四五人以讲学；仕七八品以从政；齿六七十岁以阅世；著书数卷以传世。既而益友不乏；官曾六品；寿七八十；集且六十卷，皆溢始愿云。"

《雪桥诗话余集》："黄石牧中允《后书目序》云：岁丁未之十月罢官归，囊箧无所蓄，独蓄书倍前，遂并前所贮，合为目录。经、史、子、集之正大者共二万有余卷。余杂细者，八百八十余册，不计卷附焉。曩梦中得句云：'产业略添书数种'者是已，而惜乎已老矣！《江南通志》开馆金陵，实主裁断。王中安为《题拥书万卷图》云：'一区宅寄水云间，万卷书随杖履还。但有青箱映华发，便令黄浦似匡山。乌皮几上春风满，秋树根边落照闲。回首东堂悬典册，至今手笔忆杨班。'谓其雍正初尝以撰文称旨也。"

魏莹《秾堂集·补题唐堂拥书万卷图》："欹案珊瑚曲玉肱，暮年秋味一孤灯。衲衣百褶鸳鸯锦，莫笑南能是野僧。万卷奇书愿已申，长恩世护此璘璘。月泉诗酒前盟在，尺轴追题泪满巾。"

石牧绍宋诗而不及唐诗，时当吴梅村、王渔洋、朱竹垞、宋牧仲执牛耳之际，人有笑其不读唐诗者。石牧集《香屑集》，各体具备，卷袠之富，为荆公以来所未有，此在《全唐诗》未成之前，故尤难也。石牧虽留心程朱之学，而工乐府，所著有《唐堂乐府》，曰：《忠孝福》《四才子》。《四才子》者，为《饮中仙》《蓝桥驿》《郁轮袍》《梦扬州》。有康熙丙申刻本。《四库提要》谓其"综览浩博，才华富赡，兴之所至，下笔不能自休"也。

三间老屋赐书多，归向空山卧薜萝。
勘到《梧溪》明刻本，暮年心事悔蹉跎。

蒋恭棐 维御

钱陈群《蒋君墓志铭》："蒋君讳恭棐，字维御，一字迪甫。其先广陵人，后徙苏州。君湛深经学，诗文专师于唐，宗少陵、义山；于宋，爱庐陵、临川。藏书数千卷，皆手校数过，著述十数种。"

《雪桥诗话》："王西庄《日下集·怀人二十首》其《长洲蒋西原前辈恭棐》云：'一脱朝衫卧稻塍，生涯雪屋纸窗灯。识来奇字杨南仲，钞就遗文范致能。'西原两应廷试，以辛丑入翰林。里居频年，藏书数千卷，皆手校数过。少与张文敏齐名。所为时艺，李文贞叹为思泉、震川。晚主安定书院，诸生皆虚往实归。乾隆甲戌卒，卢雅雨为经纪其丧以归。"

则虞案：《苏州府志》有传。

《郋园读书志·乖崖集题记》云："序下有'西圃蒋氏手校钞本'八字，朱文篆书长方印。集中朱笔校改字甚多，盖其手迹也。余旧藏钞本《唐摭言》，亦蒋氏藏，知其藏书甚多。故一鳞一爪，至今犹有流传。"

又《唐摭言题记》云："首叶有'西圃蒋氏'白文方印。目录首叶有'西圃蒋氏手校钞本'长方朱文印。蒋之里贯未详，黄丕烈《士礼居题跋记》有《鼓枻稿》一卷，云'旧钞六卷本'卷上有'西圃蒋氏手校钞本'长方印，与此正合，知其人藏书必多。鞠裳编修撰《藏书纪事诗》竟未录及，亦缺典也。"

《寒瘦山房鬻存善本书目》："《河东柳仲涂先生文集》钞本有'赐书楼''西圃蒋氏手校钞本'印，后有西圃跋，有云：'集十六卷，康熙壬寅夏钞于京师，未暇雠勘。雍正戊申八月，借得虞山钱氏旧钞，略加校对，补缺正讹，了七年一欠事，为之一快。西圃老人识。'正闇识云：西圃在雍正时藏书嗜古，得书便校，不以贫而自馁，是真能乐之者。"

又《梧溪集》七卷钞本，有"润州蒋氏藏书""西圃蒋氏手校钞本""世守陈编之家""老屋三间赐书万卷"诸印。后有雍正丙午、癸丑西圃两题识，有云："录此集阅七年矣，恨世少锓本可勘对也。辛亥冬，苕溪书友钱苍培携前明景泰间刊本示余，余得之喜甚。既思好古嗜书如遵王钱氏尚难一遇完本，今余获睹镌钞二部，不可谓非一朝之幸。因复合为雠校。惜年衰目眵，更多饥寒之累，历周岁而后卒业。"云云。

又《善本书室》："《周益公全集》二百卷，西圃蒋氏钞校本。"

又《楹书隅录》宋本《大戴礼记》有"润州蒋氏藏书"朱文长印。又明本《栟榈先生文集》复翁记云："顷有书友携赐书楼蒋氏所藏吕无党钞本，颇精雅并谨慎之至。"云云。又元本筼溪《牧潜集》，卷首末有"赐书楼"印。

又《适园藏书志》：《衍极》五卷，有"润州蒋氏藏书"朱文长方印。

纤波浓点灿毫端，禅悦如何罄古欢。
八十万言三百本，岁星一纪两辞官。

蒋衡 湘帆　黄如珽 楚惟

《清史稿·艺术传》："蒋衡，改名振生，字湘帆，号拙老人。键户十二年写《十三经》。乾隆中进士，高宗命刻石国学。授衡国子监学正，终不出。子骥、孙和，并以书世其家。"

湘帆有《拙存堂文集》，无卷数。乾隆间刊。《说诗别裁》一卷，《古乐府》一卷，《古诗十九首笺》一卷，《杜诗纪闻》一卷，《尺牍》一卷，《贡卷》一卷。又《拙存堂文初集》八卷，乾隆辛酉刊。《拙存堂题跋》一卷，《石泉书屋题跋》一卷，有江浦陈氏刊本。又有《游艺秘录》二卷，乾隆甲寅刊。《易卦私笺》二卷，初刻仅上卷，嘉庆元年重刊本为足本。

湘帆自述云："余以康熙辛丑岁贡，雍正元年改恩贡，入国子监肄业。二年八月入秦，纵观碑洞《十三经》，虽颇残缺，巍然具存，但众手杂书，文多舛错参差，心实悼之。四年春，归自西安，与王虚舟吏部作书斗胜，写《法华》七卷。虚舟曰：'儒而写佛经不足道，庶几《十三经》乎？'盖戏之也。余遂矢志力书。计全经八十余万言，为之先其难者，以《春秋左传》二十万言始，凡五年讫工。继以《礼记》十万，又二年。其余《周易》《尚书》《毛诗》《周礼》《仪礼》《公羊》《穀梁》《尔雅》《孝经》《论语》《孟子》，又五年，共历一纪，乃毕事。以碑洞石经为式，构善本校正，用东洋纸界乌丝栏书之。发笔之日，主人张筵祀先圣，邀众宾酌酒称庆。明年去山东，载之行箧，留曲阜二年归，《左传》克成。又馆于山安，写《礼记》《毛诗》。归锡山，成《尚书》。余则闭关于广陵琼花道院，四年而竟。初至维扬，寓众香庵之借山楼，写《周礼》。是岁夏，部选庐州府英山县教谕，恐功亏，乃上书高大中丞辞职，既而制政府赵公又以学识优长，人品素著，檄试鸿博，又上书恳辞。"云云。

《雪桥诗话》卢抱经《扬州杂诗》："江南老拙旧风流，十载蕃厘一砚秋。石室他年传御拓，游人争上写经楼。"

则虞案：江南拙老人，湘帆自号也。后五十年重刊石经，出之内府，是正上石，树太学，以御制说经之文冠于首，录其孙和为学正。和字仲叔，亦能书。

《前尘梦影录》："蒋湘帆衡书《十三经》，李松云尧栋书《十四经》，蒋书装潢于邗上，高制府晋经进，得旨以册颁入国学，刻石陷壁。赐蒋以国子监学正衔，士林荣之。"

《常昭合志稿》："黄如珽，字楚惟，岁贡生。与金坛蒋衡称莫逆。衡尝写《十三经》于广陵，校谬正讹，如珽之力居多。好古书，所藏有其名字朱印。著《无尽藏集》。"

子存恕，字勿之，八岁能诗词，著《二川诗草》，王鸣盛选入《苔岑集》。书法宗欧、褚，为蒋衡高弟。二十九卒。所藏亦有其名字朱印。见《虞山人文续钞》小传。

炳烛篝香老一邱，青丝翻殿镜中秋。
欿欥恐为羔羊累，勘尽遗经不下楼。

吴农祥 庆百

《武林藏书录》："钱塘吴继志官云南越州卫经历，好聚书，且勤掌录，秘阁之钞逾万卷。及子官允鼎贵，则家益有赐书，轴带帙签，至与山阴祁氏、海虞钱氏埒。官允名太冲，字默真，海宁籍。弱龄沉酣六籍，天启丁卯登贤书，崇祯辛未成进士，选翰林院庶吉士，授检讨，改编修，量移南国子监司业，转右春坊右中允。后庆百征君构宝名楼于别业之梧园，储书其上，与弟农复登楼而去其梯，戒不闻世上语，尽发所藏书读之。学益博。与吴任臣齐名，武林呼为二吴。见方婺如《吴征君传》。"

《杭郡诗辑》："征君名农祥，字庆百，号星曳，一字大涤山樵。康熙己未荐试鸿博。有《梧园诗文集》。年十三，就馆甥舍，命作《芙蓉赋》，援笔立就。国初，老屋圈入屯中，惟图籍无恙。因移于孩儿巷之梧园。农复字敦仲，号来庵。钱塘诸生。性至孝，尝刲股疗母。有《来庵存稿》。"

《文献征存录》："农祥，明官允太冲长子。著有《舆图隶史汇考》《补录文献通考》《啸台读史》《绿窗读史》《梧园杂志》《宣斋》《南归》《雪鸿》《流铅》《啸台》等集。乳哺时，哑哑私语，皆建文逊国时事，过十岁方不言。与志伊齐名，皆博综能文，虎林呼为二吴。尤精于《易》，与毛西河善。又有《钱邑志林》《唐诗辨疑》《词苑》等书。"

《五十万卷楼藏书目录·礼记题记》云：每卷有"宝名楼"印，当是吴氏遗本。盖清初时吴氏黄泥潭老屋入圈屯中，惟图籍无恙。农祥因构宝名楼于园中，与弟农复尽发所藏书读之。康熙中以应宏博试征至京师，大学士冯文勤公延之，与陈维崧、毛奇龄、吴任臣、王嗣槐、徐林鸿称佳山堂六子。自试宏博罢归，益键户著书。晚与毛奇龄、徐林鸿为饮酒难老之会。会辄权文史，所著古今体诗一百三十四卷、古文一百四十卷、骈体文四十卷、诗余二十四卷、他杂著又一百六十八卷，见黄氏《北隅掌录》。

八千卷楼有《梧园文集》不分卷，乌丝栏写本。首册面有丁松生《题吴庆伯征君文钞识语》云:"征君讳农祥,仁和人。康熙应鸿博科。罢归。上京师,为冯益都所赏,为佳山堂六子之一。先世居清波门,后居西牌楼梧园。所著诗文集凡数百卷,悉归萧山王氏。劫后散坊肆,余购巨帙凡二十有囗,半手迹也。此从乱帙中捡出,乃传钞本,与手稿中有重复者,然鳞甲虽残,弥堪宝贵。同治十一年清和月中浣四日八千卷楼记。"

《清稗类钞》:"钱塘吴庆伯征君农祥尝应李文襄之芳聘,时文襄以荡寇功督两浙,建牙于衢,以扼闽冲羽葆集棨幢,吏从带弓鞬夹阶立。上谒者或不敢仰视。吴至,长揖之。明日宴于射堂,军中鸣镝,射戟枝侑酒。酒半,文襄离席起酌金叵罗吴请草露布,吴且饮且口占,援书吏一出尽倾,久之辞去,为画便宜数事。文襄再拜曰:感君良箴,吾曩者知君不足,乃以为文士也。"

《晚晴簃诗汇》引《诗话》云:"庆百才辨宏博,纵横驰骤。诗函一百三十四卷,激昂发越,诸体悉工。随园谓古今人诗集之多,香山、放翁外,当推庆百。"云。

藏印有"星叟""农祥之章"。见《善本书室藏书志》。

翰苑归来乞一瓢，宋元孤集未开雕。
辑成《诗海》兼《文海》，倚杖柴门看早潮。

许焞醇夫　**陈师简**　**陈敬简**汝霖　**周文爚**悔如　**朱元炅**炯斋

《海宁州志稿》："许焞字醇夫，又字纯也，号慕迁。海宁人。雍正癸卯进士，官编修，即乞归。闭户读书，肆力于诗古文辞。其祖汝霖，字时庵，官至礼部尚书。家固多藏书，而焞尤笃嗜，搜拾遗文，故所藏宋元未刻之集，多至百十种。尝汇辑汉、唐以下迄于清代之诗、文各五十卷，卷百叶，名曰《文海》《诗海》，手自丹黄而甲乙之。所著有《慕迁斋诗文集》《学稼轩诗文集》十卷、《学稼轩书目》三册。"

增补：《学稼轩书目》又见《杭州府志》。

海宁又有陈师简者，亦清初藏书家。著砚楼藏有师简校钞本《读书敏求记》，跋云："此海宁陈师简手校钞本《读书敏求记》一册，前有道光十一年师简元孙昱跋云：'《敏求记》吴兴赵氏刊本，字多舛讹，家藏本乃经先高祖纯斋先生手校，丹黄烂然，手泽世宝。壬午夏五，送考禾郡，复得高祖手校钞本于鉴古书肆，前后无序跋，盖传钞于板行之前者也。两本互校，更可是正。'"云云。

则虞案：全书经陈氏朱笔点句，并校正讹夺。据跋，则所校当即从校赵本互勘。赵本刊成于雍正四年，审此本当钞于康熙间矣。字体秀劲可爱，迥非钞胥所能及，其为名家手写无疑焉。陈氏藏书，予所得尚有宋人小集数十家，与此似出一时。海宁陈氏盖清初藏家，叶鞠裳先生撰《藏书纪事诗》未及征录，良以邑乘所载未备，当时闻人少与往还耳。

海宁复有陈敬简，当稍后于师简，未知是同族否？敬简字汝霖，号可斋，又号吟窝，监生。卢抱经为作《藏书记》。有《枕经楼书目》。《枕经楼藏书目录》四卷，又见《杭州府志》。

《海宁州志》："周文爚字悔如，其父明辅字孟醇，海宁人。潜心经术，藏书万卷。文爚编次《香梦楼藏书目录》为之序云：'林宗五千卷，茂先三十乘。灿烂如列宿，磊磊茗联珠。学者称之尚矣。先君子怀才抱德，落落不事家人生产,而性嗜奇好古,集遗探逸,日不暇给。探秘笈于云阁,校奇蕴于石仓。乐此忘疲,无间寒暑。纵宠辱多惊,风波悉幻,均不入吾怀而夺此百城之贵也。忆壬午坐香梦楼,指四壁图书,语不肖兄弟曰:"秋田数顷,茅屋数椽,吾不须更为汝衣食计。所虑目不识丁,胸无泾渭,为士君子所弃。幸汝等资非下人,宁负汝父,弗负此璘璘千帙也。"爰同两弟,设榻小楼,志力相勖,游息自娱。门分类聚,中秘何须借观;缄贮箧收,洛市不烦借阅,则皆先君子赐也。谨录经、史、子、集若干卷,方术传记、释道诸书又若干卷,为《香梦楼藏书目》,序因志其概。'"

朱元炅字炯斋,号海曙。廪贡生。海宁人。家藏万余卷,著有《海曙见知闻书目》。朱昌燕云:"先生以解经受知罗萝村学使,饩于庠,省试屡荐不售。益潜研古籍,经史诸子,靡不淹贯,兼精小学。家藏万卷。自遭兵燹,椠书零落,并累叶手泽,荡然无存。"

穷年铩羽任泥蟠，插架何如腹笥宽。
今只伪书存考定，平生经论痛凋残。

姚际恒_{立方}

《皖志列传稿·姚际恒传》："际恒字立方，一字首源，歙县人也，侨居杭州，为诸生。少读书广涉百家，山阴何氏多藏书，西河作序以张之。遂安毛际可嘲之曰：'积书何氏，不及姚君腹笥。'行年五十，曰：'向平婚嫁半而游五岳，吾将以注九经。'际恒所居海峰阁，拓西窗面湖，储藏古籍善本及书画金石甚富。一旦屏绝人事，阅十四年而书成，名曰《九经通论》。又著《庸言录》若干卷，杂论经、史、理学、诸子，末附《古今伪书考》二卷。今仅存《伪书考》，分经、史、子三类，共七十种。又有真书间以伪者凡八；本非伪书而后人妄托名者凡六；两人共定一书无从考识主名者凡三；不克定著书之人者凡四。其前人辨论可取则悉载于前，而附己说于后以取信。际恒尚有《好古堂书目》四卷，《书画记》二卷，常熟顾修刊入《读画斋丛书》中。"

《武林藏书录》："旧钞本《好古堂书目》四卷，不注撰人名氏，前有康熙乙未夏杪钱塘姚之驷《序》称：'予世父首源先生，束发受书，已能沉酣故籍，乃一生坎壈，兀兀穷年，惟手一编枯坐。先世既有藏书，乃复搜之市肆，布诸巾箱，久之而插架者与腹笥俱富矣。暇时录于簿籍，小子写为副墨云。'"末附收藏宋元版书目凡数十种。

《春秋通论》十五卷附《论旨》一卷，《无例详考》一卷，题新安姚际恒撰。《贩书偶记》有传钞本，伦明获《春秋通论》之写本，日本人服部武撰《关于姚际恒所著春秋通论》一文，载《东方学报》第五册续编。

《古今伪书考》刻本，有《知不足斋丛书》本；光绪年间成都刻本；芸林仙馆补刻《知不足斋丛书》本；光绪《晋石厂丛书》本；沔阳卢氏刻本；文学山房木活字本；铁琴铜剑楼《重修晋石厂丛书》本。程大璋为《古今伪书考》书后，黄云眉有补证。

《好古堂书目》附《阙书目》，及《好古堂收藏宋元版书目》，汇苏第一图书馆藏丁丙善本书室旧藏康熙钞本，后归南京国学图书馆，民国戊辰影印流通。

丹徒柳诒徵《跋》云："邵懿辰《四库简明目录标注》卷八载《好古堂书目》一册，国朝姚际恒撰，未详见自何许。嘉惠堂丁氏有一写本，当与邵氏所见者相同，今存盋山图书馆。其书之分类，虽亦袭四部通例，而子目多特创，如史部有器用、虫鱼、方物、川渎，子部有类家，皆别为品题，异于他目。至经、子二部均有汇集，又于四部外立经史子集总一类，则近世目录学别立丛书部类之滥觞也。姚氏事迹近人多未之详，《疑年录汇编》载姚立方际恒生顺治四年丁亥，而不能定其卒年，以此书之序推之，必卒于康熙五十四年乙未之前。"

四当斋藏《武林旧事》后，茗簃移录鲍校本书衣有《藏书约》："损敝原书，稽留太久，待索方还，首源主人乐借人书，则不乐此三者。致首源主人不乐，因不乐借人书，则非首源主人不乐借人书也。姚际恒谨识。"

误身天地腐儒冠，灯火江城校未完。
命世无双戴吉士，东家丘作等闲看。

沈大成 学子

汪大经《沈大成行状》："大成号沃田，松江华亭人。笃志经学，博闻强识。读书昼夜不辍。自经史外，旁通天文、地理、六书、九章算学。覃精研思，粹然成一家之学。性勤敏，未尝一日废丹铅。舟车往来，以四部书自随。藏书万卷，手自校雠，镌本讹阙，字体从俗，必标识而补正之。蝇头蚕子，件系条属，非目力精细者不能辨其点画也。其校定《十三经注疏》《史记》《前、后汉书》《南、北史》《五代史》、杜氏《通典》《文献通考》《昭明文选》《说文》《玉篇》《唐韵》、顾氏《音学五书》、梅氏《历算丛书》，尤为一生精力所萃。著有《学福斋文集、诗集》。"

《湖海诗传》云："沈大成字学子，贡生。有《学福斋集》。学子壮年在潘敏惠公思榘幕府，晚年偕惠征君寓官梅亭，益以学业相砥砺。《三礼注疏》、杜氏《通典》，皆手自校勘，丹黄烂然。后馆于江鹤亭春家，编次诗文集共六十八卷。无子。没后鹤亭刻以行世。其诗出入唐宋，杭堇浦太史谓以学人而兼诗人者，信也。"

则虞案：又有《近游诗钞》二卷，乾隆有华书斋刊。

《楹书隅录·校本水经注》录沈氏跋云："乾隆己卯暮春，从吾友金陵陶蘅湘借季沧苇校本写于芜郡客舍，匝月而竟。"

又云："庚辰初夏，从吾友吴中朱文游奂借何义门先生校本，复校于广陵。同观者休宁戴东原震，亦嗜古之士也。"

又跋云："是书初与戴君同校于广陵，甫数卷而余病中辍。今幸不死竣事，而东原闻为人谮，拂衣归歙。余淹留卧病在家，别未半载，事变如是，未知何日再与吾友商榷也。嗟嗟！客子畏人，群邪丑正，吾两人所谓背影而驰者宜其然耳。"

又跋云："余比年来，外伤棘枳，内困米盐，有人世所不能堪者，而惟借善本书校之，丹墨矻矻，逆旅不辍。此多生结习，未能破除，翻借以解我愁耳。"

《皕宋楼藏书志·复古编》旧钞本,后有沈氏跋云:"余求之积年,近从吾友江君宾如借观,鲍君见而欲钞,余为校勘,其中间有穿凿支离处,恐误后学,俱用丹笔标出,以是益知著书之难也。乾隆丙戌□夏日在天街,沃田老人沈大成书于广陵客舍,时年六十有七。"

朱鹤龄注《杜工部诗》沈氏跋云:"此渔洋山人点定《杜诗》真本,自少至老,凡三易笔,其别朱、墨、蓝。旧在德水田山姜家,秘不示人。卢雅雨先生与其子游,仓皇借得,仅用墨笔录出,渐有圈抹中侧之异,可以意得也。甲戌冬十月,偶客运署,借钞既竟,因记缘起。吾友惠征君定宇亦深叹赏,以为江东流传本皆不及云。沃田学人沈大成跋于芜湖旅馆。"

株连书狱戴南山，玉塞刀环竟放还。
绝似秋笳吴季子，桐城诗派重江关。

方世举 扶南

《敬孚类稿·方息翁先生传》："先生姓方氏，讳世举，字扶南，晚年自号自翁，世皆称曰息翁先生。与从弟贞观世称曰南堂先生并以诗鸣。少游秀水朱太史彝尊之门，多见古书秘本。博学笃行。"

扶南于康熙间北游京师，贤豪长者多就唱和，质疑辨难无虚日。中年以本宗孝标学士书案牵连，远戍塞外，后放归田里。尝寓扬州，时朝廷方开博学宏词科，某侍郎欲罗致扶南，举以应诏，婉谢不就。生平所阅古今载籍，均有评订。或屡加涂改，上下朱墨交错。其议论考据，多有前人所未及者。卒于乾隆己卯，年八十有五。著《江关集》《春及草堂诗钞》《汉书辨注》《世说考义》《家塾恒言》《兰丛诗话》。其《韩昌黎诗集编年笺注》，两淮运使卢见曾为刊于扬州。又有《李义山诗集笺注》，其表弟江都程梦星借刊之。见方氏《诗辑》《桐城耆旧传》等。

增补：《五十万卷楼藏书目录》有扶南藏《百川学海》。

《雪桥诗话》：宝应乔亿剑溪《赠方五丈扶南》云："'一生不负太平春，四海飘萧任长身。宿草遍生闻笛处，瓣香终在曝书人。诗篇骥子多能诵，梦寐鹓原老更真。见说艰难孟门道，不曾覆辙也伤神。'扶南博学工诗，有《春及堂集》。晚为昌黎编年诗注，将售以为买山计。卢雅雨为剞劂，且归其赀。某侍郎举以应鸿词，固辞不就，与方南堂皆桐城老诗人。南堂亦举鸿博不赴试。方氏以《南山集》狱多牵累，扶南不求仕进，实戒前车，非徒襟怀高朗也。"

又云："长洲陆漻，字其清。隐于医。善别宋元板书。所居曰听云室，朱竹垞典试江南，亦造门订交。晚选《诗综》，有阙向借何义门尝为跋二先生往来尺牍，引与方扶南交。扶南《感旧诗》有云：'白发留双眸，逢书尚校雠。一生矜草屦，曾上绛云楼。'其佳趣堂书目置书年月，自康熙十四年至雍正八年，盖年八十七矣。"

又云：扶南客京师十年，谈者与李穆堂并称，齿同貌同，好读书亦同。性好佛，又不喜赴人饮。华亭王司农题其寓居为"独坐斋"。

藏印有"扶南入京后收藏"，见藏园藏明嘉靖孔氏所刻《资治通鉴》。

钞藏秘籍百年余，九野乾嘉总不如。
后代东轩逢小米，仰瞻前辈照遗书。

黄钟_{朗亭}　子沄_{潆江}
孙杓_{星桥}　孙模_{相圃}　曾孙士珣_{艿泉}

《武林藏书录》云："黄钟字朗亭，号铁庵。仁和例贡。历官刑部郎中。性好聚书，终日雠校如对古人。倜傥好施予，有告者无不满其意以去。尝瘗都中客死遗骸埋藏无遗。著有《春华阁诗钞》。"

钟子沄，字潆江，号学痴，有《未筛稿》，手钞秘籍多至百种。其自述云："'秉志以刚，负气以直。教子一经，交友三益。非曰能诗，但解涂抹。遗之子孙，幸存吾拙。'可以概其生平。"

"沄子杓，字星桥，号玉绳。性嗜书画，而尤喜究其源委。家故多先世所藏书，因为详著其姓氏，尚论其流派，为《画载》二卷。"

"杓弟模，字相圃，号书匡。嘉庆庚申岁贡。少得诗法于丁龙泓、沈椒园、吴西林三先生。长游于闽，归而馆于南城孙氏者二十余年。研精覃思，一意著述，有《三家诗补考》《夏小正分笺异义》《国语补韦》《竹书详证》《蜀书笺略》《武林先雅》，皆极精核。"

"模子士珣，字艿泉，号扣翁。幼秉庭诏，过庭之暇，多所薰习。发为诗文，奥如旷如。尝馆汪小米舍人家。校刊《［咸淳］临安志》，最为精核。有《沧粟斋诗》《北隅掌录》。世守青箱，虎林交口称之。"

则虞案：东轩谓东轩吟社，汪小米可村昆弟所创，费晓楼为制《东轩吟社图》，兵后尚存汪伯唐家，近有珂罗版印本。

浮生那复厌风尘，画苑诗坛自在身。
扫罢寒梢䌷篆刻，悬知瘦硬暗通神。

萧江声 飞涛　庞泓 复初

　　《常昭合志稿》："江声字飞涛，号白沙，诗文之外，尤以画竹篆刻有名。著《匏叶斋稿》。性嗜书，有秘本辄手录，校勘精确，曾从萧姓，故有'萧江声读书记'及'飞涛''白沙手校'诸朱记。"事见《画苑》及邵齐焘《诗序》及《柳南随笔》。

　　《铁琴铜剑楼》有《简斋词》，为萧飞涛所录。又元刊本《中原音韵》一卷，亦飞涛藏本，卷末有"江声"朱记。

　　《适园藏书志》："《淮南鸿烈解》二十八卷，明弘治刊本中校语系萧江声白沙笔，后有'柔兆涒滩六月乙丑江声校讫'朱书一行，有'白沙手校'朱文、'白沙江声'白文两方印。白沙，常熟人，校语无空言，是能读书者。"

　　五十万卷楼藏《黄氏日钞分类》前有"萧江声读书记""飞涛""白沙"章。

　　增补：北京图书馆（今国家图书馆）藏有所校《南唐二主词》。

　　《常昭合志稿》："庞泓字复初，号玉泉。常熟诸生。世居塘桥。父鹏举，字南池。家饶于赀。康熙间倡濬三丈浦者三。平生以施舍为事，兼好聚书。构步云楼，插架逾万卷。泓日夜诵读，得善本，必手自校勘。并收唐宋碑帖，辑《步云楼书目》。工诗文，有《挹翠山房稿》。所藏书有'海虞庞氏收藏图书'朱记。意主供读，不以市名，故子孙分守之，而世鲜知者。子清标，字伯轩，复益数千卷。传至文恪，遭粤寇，乃尽散。"

马塍花尽建书帏，金石秋盦发隐微。
山姁都知黄孝子，愁霖万里负骸归。

黄树榖 松石

钱大昕《潜研堂集·黄松石先生墓志铭》："先生讳树榖，松石其字。晚岁游孔林，得楷木之瘿，携归，名其斋，亦以自号。为广仁义学，聚书数万卷以资学者。著有《格物考》《河防私议》《百衲琴精华录》《楷瘿斋集》。"

树榖，仁和人。博综经籍。工篆隶。性至孝。父客死保定，匍匐号泣往。渡河时大水，跣涉泥淖，足尽肿，流血砂砾间。既至，瘗所棺以啮乃函骨背负以行。冒雨杖行，忍饥寒，凡七日始得舟归，几无人色。《武林藏书录》有《负骸图诗》云："'负骸孤走保阳城，日日愁霖泪雨倾。只有父魂儿命在，夜来同宿昼同行。'其先世官少参者，人呼为黄佛儿。松石诗云：'为展松楸到梵村，墓门华表百年存。白头山姁遥相指，黄佛儿家七代孙。'"

《善本书室藏书志·小蓬莱阁金石目稿本题记》云："黄易著。小蓬莱阁在西湖雷峰塔下，明黄贞父先生汝亨读书之所。其裔孙树榖号松石，世其家学，笃嗜金石。子易，字小松，号秋庵。钱塘国子生。官山东运河同知。"

又《于肃愍公集题记》云："钤有长印大书'广仁义学'四字木印，斜盖于全部版心折缝处，使人不能窃取。义学乃黄树榖号松石所构，在杭州武林门外东马塍之北，前明少参贞父先生故第。即其居开塾，聚书其中，供四方来学者阅诵，故书册用此印垂久，今犹隐隐可认耳。"

则虞案：龙蟠里图书馆有钞本《兴平县金石志》，不分卷，钱塘黄树榖撰，无序跋。

卷二

向歆流略愈光新，扼腕时贤志未伸。
莫说怜才非昔日，银台金掌老词臣。

金门诏_{东山}　邹炳泰_{仲文}　徐以坤_{榖函}

王重民《金门诏别传》：金门诏字东山。江都人。祖玉节，父奇选，并庠廪增生。门诏幼颖异，十四岁失恃。父馆于外，依叔父母以为活。十六岁读东坡《非武王论》，意有冥合，因为文书其后。父见而怒，改作《武王非圣人论》。康熙五十六年中式北闱，受知于鄂文端、张文和，有国士之目。雍正九年入史馆，与修《明史》。乾隆元年开博学鸿词科，荐试礼闱，钦赐进士，授翰林院庶吉士，兼《明史》《三礼》馆纂修。六年，出知寿阳县事。八年，告归。乾隆十七年八十卒。

门诏精史部流略之学，尝取《汉艺文志》《隋经籍志》，唐、宋两《艺文志》、焦竑《明史经籍志》，又以辽、金、元三史不志经籍，补撰三史《艺文志》，合为一编，仿郑樵《通志》分部就班，各系小序，名曰：《古今经籍志》。适清圣祖集天下儒士修《古今图书集成》，门诏以经籍素所熟谙，独任经籍典。书成，凡五百卷。世宗时在明史馆，又因焦竑旧志增其未备，加以参考，更订叙录，为《明史经籍志》。时晋江黄虞稷、上元倪灿、长洲尤侗各抱宏愿，奋笔其间。然以《宋志》，咸淳以后缺略未备，而辽、金、元三史不志《艺文》，欲仿《隋志》兼志五代之例，自咸淳以后补之于《明史》。惟尤氏专断自有明，独为史馆所取重，乃参以黄、倪两家，就侗稿重加编定。门诏所纂既被摈，欲另刊以贻来世，恐不果愿，而先存其序录于文集中。晚归林下，建二酉山房，整理藏书，叙而录之。门诏卒后二十四年，犹子甲、孙廷佐始汇集遗著，刊为全集。

则虞案：《金东山文集》十二卷，又名《金太史全集》，乾隆丙申刊。卷一《明史经籍志》，卷二《明史传总论》，卷三《补三史艺文志》，卷四《读史自娱》，卷五表，卷六诏、疏、策、论、序，卷七记、跋，卷八赋，卷九议、传、志、书、启、祭文，卷十《覃恩焚黄文》，卷十一《江都乡贤传》，卷十二《兰亭序跋》、经籍志目录。

又，五十万卷楼藏有《焦氏易林》，为东山所藏。有"门诏"二字白文章。"二酉"二字朱文章。

《清史稿》本传："邹炳泰字仲文，江苏无锡人。乾隆三十七年进士，选庶吉士，授编修。纂修《四库全书》，迁国子监司业。国学因元、明旧未立辟雍，炳泰援古制疏请。四十八年高宗释奠礼成，下诏增建辟雍。两年始举临雍礼，称盛典焉。寻超擢炳泰为祭酒，累迁内阁学士，历山东、江西学政。嘉庆四年，授礼部侍郎。十年，擢左都御史，迁兵部尚书。十二年，调吏部；十四年，加太子少保；十六年，署户部尚书。二十五年卒。"

《王文简集·晓屏墓志铭》云："邹炳泰字仲文，号晓屏，无锡人。官至协办大学士。博物洽闻，为朋辈所推服。著《午风堂诗集》《文集》《外集》及《丛谈》行于世。"

王昶《午风堂诗集序》云："邹君晓坪以博闻强识之学，裕旁搜远绍之功，乾隆辛卯诏求遗书，搜大典，金匮玉版之陈，充溢栋宇，以君充纂修官，读人间未见之书。"

又《午风堂丛谈序》云："先生早预石渠之选，遍窥延阁之藏。吉茂力学，耻一物之不知；董遇耽书，得三余而自足。既而翱翔九列，揖让三雍，癖嗜缃缇，不殊寒素。休沐而未尝释卷，退食而便已下帷。蒲牒堆床，墨书盈掌，精力所聚，咫闻遂多。积有余年，编成卷帙，是前人于邹氏固心折久矣。邹氏与于编掌《四库》之役，《直斋书录解题》廿二卷，亦由其搜辑而成。"

《午风堂集》卷一："宋吴兴陈振孙《直斋书录解题》列经、史、子、集，中分五十三类，视晁公武《读书志》议论较为精核。马氏《经籍考》多援之而作。其书久佚，《永乐大典》载之，余校纂成编，列入《四库》，曾以聚珍版印行，购者珍如星凤。"

则虞案：《午风堂集》六卷、《丛谈》八卷，有嘉庆庚申刊本。

沈叔埏《茗花徐君墓志铭》："君姓徐氏，讳以坤，字穀函，号根苑，又号茗花。德清人。十五预郡试，为泾县胡琴崖太守所首拔，补学官弟子。尝读《五代史》，赋十国词百首，一时骚坛若杭董浦、厉樊榭诸名流，胥引为莫逆交。戊子始领乡荐，授国子监博士。需次春明，恭值诏开四库馆之八年，于文襄疏荐以原官充武英殿总校。自己亥至甲辰，六年辛苦如一日。君宦学十余年，以馆书为职业，七十一卒。著有《小芳兰轩诗词》《海棠巢类稿》《喜稻堂文集》。家有赐书,而收藏益富,铅椠留贻,积帙几充梁栭。虽未展所学,而雠校之勤,比于昔贤,庶几王俭、阮孝绪、许善心亚也。"

频年卧雨水西庄，沽上题襟被禊觞。
纪史注经人不爱，爱人偏在解青囊。

汪沆 师李

《清史稿·文苑传》："汪沆字师李。少从厉鹗受诗，亦试鸿博，报罢。其后大学士史贻直将以经学荐，以母老辞。"

《武林藏书录》："汪沆字西颢，号槐塘。钱塘诸生。少与王曾祥、杭世骏、符之恒、张燿称'松里五子'。务为有用之学，自农田水利、边防军政、古今沿革、方俗利病，靡不条贯，屡为大府招致。遇事直言，咸感其诚。分修《浙江通志》及《西湖志》。所著《盘西纪游集》《沽上题襟集》《津门杂事诗》《青囊解惑》《槐塘文稿》俱已行世。《论语集注剩义》《湛华轩杂录》《全闽采风录》《蒙古氏族略》《汪氏文献录》《新安纪程》《识小录》《泉亭琐事》《说瘧》及《小眠斋读书日札》，虽未梓行，犹有流传者。"

《小眠斋读书日札》见丁氏八千卷楼著录，北京图书馆（今国家图书馆）藏有一箫一剑馆钞本，题"槐塘街人汪沆述"，后有劳权《跋》云："咸丰戊午秋七月，借汪铁樵骑尉本传录，丹铅生劳权手跋。"

则虞案：此书略依《读书敏求记》之式，中多罕见之书，亦有通常之短书稗说，如《聊斋志异》，亦载其中。其《跋绛云楼书目》云："虞山钱牧斋藏书籍之目也，中载天主教书五种。夫西洋耶稣之说，荒诞不经，《辟邪集》言之详矣。其行教者由澳门潜入各省，煽惑愚氓，为功令不宥。钱氏固将非圣之书列之群籍之内，宜为郁攸所怒，一炬而尽归灰烬矣。"于此可见当时读书人之议论。又著录《绝妙好词今辑》，题云："不分卷帙，竹垞朱氏汇选国朝诸公长短句也。始自梅村，计二百余人。此本借钞于曝书亭。"此书今未之见。

《文献征存录》："汪沆著有《小眠斋稿》《槐塘诗文集》，尝分修《西湖志》《浙江通志》，为将军新柱撰《福州八旗志》。又著《湛华轩杂录》《汪氏文献录》。"

则虞案：师李尝从樊榭学诗，词科报罢，客天津查氏水西庄多年。又有《水香阁诗》，曾梓行。

白河如玦悟圆沙，烟鸟云帆狎落霞。
堪羡填词厉樊榭，布金丈室散天花。

查礼_{恂叔}

吕星垣《礼堂墓志铭》云："礼字恂叔，一字俭堂，号铁桥。早慧力学，博通经史，曾举博学鸿词。屡试不第，援例授户部主事，外除庆远府理苗同知，迁广西太平府、四川宁远府知府，擢四川按察使、布政使，晋巡抚。好藏法书名画，有《铜鼓书堂遗稿》。"又见国史本传、王昶《蒲褐山房诗话》、符葆森《正雅集》小传。

查淳《铜鼓书堂遗稿后序》云："先府君同产三人，长心穀公，讳为仁，康熙辛卯举人；次履方公，讳为义，安徽太平府通判；次则府君也。查氏世居京师，而别业在天津，世所称水西庄是也。府君读书其中，兄弟互相砥砺，藏书累数万卷。东南胜友，麇至如归，尊酒倡和，殆无虚日。"

《苌楚斋随笔》："查氏世居京师，以业鹾致富，置别业于天津，名水西庄。交纳四方名彦，宾至如归，樽酒唱和无虚日，与江都马曰璐、曰琯兄弟小玲珑山馆南北相辉映。"云云。

《善本书室藏书志》："宛平查氏如莲坡解元为仁，恂叔中丞礼，皆水西庄主人。图书富有。"

藏印有"宛平查氏藏书印""查礼读过"。

不因人热事清游，鉴画雠书足解忧。
还约青山谈往世，载将风雨入扁舟。

陈撰_{楞山}

　　陈撰，字楞山，号玉几。鄞县人，侨居钱塘。蓄书最富，精赏鉴。客仪征长年不归，意思萧淡，屏绝人事。乾隆元年征举博学鸿词。见《鄞县志》。

　　杭世骏《玉几山人小传》："玉几山人者，钱塘陈撰楞山也。自言鄮人，家世系出勾甬，居杭非一世矣。性孤洁，不肯因人以热，煦鲜荣而侈泠汰。诗有逸才，天然高澹，不琢自雕。读书不多，室无储籍，卒然语及，辄能条其出处。亦未尝见其挟一册咿唔也。游道甚广，胸中无轩冕，数数称道者禹航严定隅、广陵魏旭棠而已，之二君亦非振古之才也。有敬通之妇，无伯道之儿。终身甘旅，偶一归转如旅人。客鋆江项氏，彝鼎图书之富甲天下，充塞眼孔，亦未尝向人辨真赝，矜鉴赏。别馆子居，如退院枯僧、栖真德士。仆人娶妻生子，衣食资于主人，了然不以为累。举鸿词不就。项氏亦中落，江都江鹤亭迎而馆而谷之。"

　　藏印有"玉几考藏"朱文章。

　　则虞案：鄞之陈氏藏书由来已久，宋有陈谧者，字康公。嘉祐八年进士。世喜藏书。殁之日，舒亶作挽章，有"风雨归舟只载书"之语。孙曦字雪窗，绍兴八年进士。有藏书记。是玉几之先人也。

> 随人我亦骂随园，中岁才窥著作藩。
> 试问乾嘉诸老宿，几曾真契道根原。

袁枚 子才

《清史稿》本传："袁枚，字子才，钱塘人。年十二，补县学生。弱冠，省叔父广西抚幕，巡抚金鉷见而异之，试以《铜鼓赋》，立就，甚瑰丽。会开博学鸿词科，遂疏荐之。时海内举者二百余人，枚年最少，试报罢。乾隆四年，成进士，选庶吉士。改知县江南，历溧水、江浦、沭阳，调剧江宁。枚不以吏能自喜，既而引疾家居。再起发陕西，丁父忧归，遂牒请养母。卜筑江宁小仓山，号随园，崇饰池馆，自是优游其中者五十年。"

《武林藏书录》："所好轩者，袁子藏书处也。袁子之好众矣，而何以书名？盖与群好敌而书胜也。其胜群好奈何？曰：袁子好味、好色、好葺屋、好游好友、好花竹泉石、好珪璋彝尊、名人书画，又好书。书之好，无以异于群好也，而又何以书独名？曰：色宜少年，食宜饥，友宜同志，游宜晴明，宫室、花石、古玩宜初购。过是欲，少壮老病、饥寒风雨无勿宜也。而其事又无尽，故胜也。虽然谢众好而暱焉，此如辞狎友而就严师也，好之伪者也。毕众好而从焉，如宾客散而故人尚存也，好之独者也。昔曾晳嗜羊枣，非不嗜脍炙也，然谓之嗜脍炙，曾晳所不受也。何也？从人所同也。余之他好从同，而妃书从独，则以所好归书也固宜。余幼爱书，得之苦无力，今老矣，以俸易书，凡清秘之本，约十得六七，患得之，又患失之，苟患失之，则以所好名轩也更宜。"

又《散书记》："乾隆癸巳，天子下求书之诏。余所藏书传钞稍稀者，皆献大府，或假宾朋，散去十之六七。人恤然若有所疑。余晓之曰：天下宁有不散之物乎？要使散得其所耳，要使于吾身亲见之耳。古之藏书人，当其手钞缣易，侈侈隆富，未尝不十倍于余，然而身后子孙有以《论语》为薪者，有以三十六万卷沉水者。牛弘所数五厄，言之慨然。今区区铅椠，得登圣人之兰台、石渠，为书计，业已幸矣。而且大府因之见功，宾朋因之致谢，为予计更幸矣。不特此也，凡物恃为吾有，往往庋置焉而不甚研阅。一旦漓然欲别，而郑重审谛之情生。予每散一帙，不忍决舍，必穷日夜之力，取其宏纲巨旨，与其新奇可喜者,腹存而手集之。是散于人,转以聚于己也。且夫文灭质,博溺心。寡者,众之所宗也。圣贤之学,未有不以返约为功者。良田千畦,食者几何耶?广厦万区,居者几何耶?从来用物弘,不如取精多。删其繁芜,然后迫之以不得不精之势,此予散书之本志也。"

《散书后记》:"书将散矣,司书者请问其目。余告之曰:凡书有资著作者,有备参考者。备参考者数万卷而未足;资著作者,数千卷而有余。何也? 著作者镕书以就己,书多则杂;参考者劳己以徇书,书少则漏。著作者如大匠造屋,常精思于明堂奥区之结构,而木屑竹头非所计也;考据者如计吏持筹,必取证于质剂契约之纷华,而圭撮毫厘所必争也。二者皆非易易也。然而一主创,一主因;一凭虚而灵,一核实而滞;一耻言蹈袭,一专事依傍;一类劳心,一类劳力。二者相较,著作胜矣。且先有著作而后有书,先有书而后有考据。以故著作者,始于《六经》,盛于周、秦;而考据之学,则自后汉末而始兴者也。郑、马笺注,业已回冗。其徒从而附益之,抨弹蹖驳,弥以滋甚。孔明厌之,故读书但观大略;渊明厌之,故读书不求甚解。二人者,一圣贤,一高士也。余性不耐杂,窃慕二人之所见,而又苦本朝考据之才之太多也,盍以书之备参考者尽散之。"

则虞案:汪启淑《水曹清暇录》:"乾隆三十七年开四库馆,征访天下遗书,浙江进呈四千五百八十八种,为各省之冠。而两江总督进呈一千三百六十五种,以《散书》两记约之,其中袁氏藏书必有数百十种。据其所散,即知其所聚。随园虽未见书目流传,亦可卜当日储藏之富矣。"

随园《题蒋元葵进士藏书诗》有云:"我言藏书如藏娇,毋使韩女怨旷空病腰。与其横陈高庋手不触,不如世充沉水秦皇烧。物在天地间,有散亦有聚。惟有书藏胸臆间,鬼难风灾吹不去。我不愿随赤鲤登天门,但愿化作白蟫游此处。"亦可见其风概。

又,平生观书必摘录之,岁月既多,卷负繁重,存弃两难,感而赋诗云:"爱书故看书,看罢书已走。何以强留之,废心转用手。悠悠三十年,兀兀极卯酉。食鸡必取跖,占星必取斗。有如养蜜蜂,百花无不有。但可备采掇,不必计用否。又如大官庖,甘苦皆上口。旨蓄盈万千,搜牢费八九。一朝卷束之,凄然伤白首。欲作椟下藏,未必六丁守。欲当《尧典》殉,空与骨俱朽。不如问苍苍,教吾传某某。"

书堂深蔚画图夸，秘袠承先有几家。
无限旧刊新校定，沉思著述尽精华。

陈道 凝斋

鲁士骥《陈先生道行状》："道字绍洙，号凝斋。以加捐贡生入国子监肄业。乾隆九年公举江西乡试，十三年戊辰再会试，遂成进士。引见归班，候选知县。"

姚鼐《陈氏藏书楼记》："士大夫好古能聚书籍者多矣，而传守至久远者盖少。唯鄞范氏天一阁藏书，自明至今，最多历年岁。余家近合肥，闻合肥龚芝麓尚书所藏书，亦至今未失。新城陈凝斋先生，尝购书万卷。其后诸子为专作楼，以贮手泽，楼旁即为子孙读书之舍。今其仲子约堂太守，又虑藏久而后人或有变也，乃摹凝斋先生之像于石，而奉之于楼下，使后人一至其楼前，而怆然思，惕然悚，愈久而不敢不敬守也。然则百年之后，数海内藏书家，必有屈指及新城陈氏者矣。"

孙星衍《冶城遗集·题陈进士凝斋遗影诗》有"子舍终身慕，书城百堵环"之语。又《题陈舍人守誉蓟庄山居图卷》有云"百城书卷承先世"云云。

孔氏《对岳楼诗续录》卷二有《陈上舍》诗云："上舍抱遗经，器识鲜尘壒。著书希精华，琢句谢藻缋。海内有藏书，君家亦称最。且读万卷余，博雅自相赖。"注云："君家先世藏书最富。"

陈用光《天乙阁文集·河南耿氏富春轩藏书目录序》："富春轩者，河南耿征君震国与其兄华固读书之斋名也。耿氏居襄城，自奇政君显以学行仕宦著于明者数世。崇祯末富春君偕二子殉难。及我朝而以文章称者相接也，富春君尝购书金陵，合奇政所得三万五百七十卷，传至训导君应蛟而目录遗失。又五世孙迪吉乃就其父孝友君所畜书，并先世所藏重加编目。"

又云："余因念吾祖凝斋先生实为宋学而游太学时购书于京师以归，家大人为藏书楼以庋之。其事与耿氏有类者。"云云。

金华讲殿细论思，历代能陈慷慨词。
欧史庆元重问世，校家《商榷》信前知。

王鸣盛凤喈　　弟鸣韶鹗起

《清史稿》本传："王鸣盛，字凤喈，嘉定人。幼从长洲沈德潜受诗，后又从惠栋问经义，遂通汉学。乾隆十九年，以一甲进士授翰林院编修，大考翰詹第一，擢侍读学士。充福建乡试正考官，寻擢内阁学士，兼礼部侍郎。坐滥支驿马，左迁光禄寺卿。丁内艰，遂不复出。"

世传王西庄未第时，尝馆富室家，每入宅时，必双手作搂物状。人问之，曰："欲将其财旺气搂入己怀也。"及仕宦后，秦谇楚诼，多所干没。人问之，曰："先生学问富有，而乃贪吝不已，不畏后世之名节乎？"公曰："贪鄙不过一时之嘲，学问乃千古之业。余自信文名可以传世，至百年后口碑已没，而著作常存，吾之道德文章犹自在也。"故所著书多慷慨激昂语，盖自掩贪陋也。

《士礼居藏书题记·逸书题记》云："此钞自王西庄光禄家。光禄侨吴之庞家衖，今已下世。其所藏亦稍稍散出，可慨也。"又《中吴纪闻题记》云："是书顷向骨董铺得来，为西沚家散出之书，人去而物亦去，可伤也夫。"

《寒瘦目·五代史纂误》钞本，有"王鸣盛印""西庄居士""凤喈""光禄卿之章"四印，后有庚子十月王鸣盛题记。

《五十万卷楼藏书目录·贞观政要题记》云："卷首有'王西庄藏'章，凤喈尝取杜少陵诗句以'西庄'自号，后更号'西沚'。伯骥自收书以来，所见西庄藏章不尠。"按：《逊志堂杂钞》云："余好藏书，借钞于卢抱经学士、王西庄光禄，当时称道，想必不虚。今人披阅前人书目，亦恒见王氏藏章，是西庄固深嗜藏书者也。叶氏诗称鸣韶而不及西庄，未免宝莛而遗楹矣。"

《寒瘦目·吴都文粹》钞本有"王印鸣韶""鹤溪"两印。李亦元《跋》云："王鸣韶，字鹗起，自号鹤溪子，西庄光禄之弟。生平喜钞书，所收多善本。"见钱竹汀所为墓志。

藏印又有"王鸣盛凤喈甲戌榜眼通议大夫光禄卿之章""西庄居士"四方印。"王鸣盛"白文、"王鸣盛印"朱文、"西庄居士"朱记、"凤喈"朱文方印、"凤喈"朱白合文方印、"通议大夫"朱文方印、"光禄卿之章"白文方印。见《楹书隅录》《皕宋楼藏书志》及余见赵本《韩非子》。

则虞案：《十七史商榷》中考正时本《五代史》之谬误，今宋庆元本出，西庄之说多与暗合，可谓卓矣，故末句及之。

早直承明校石渠，词臣秘殿撷无余。
不知宛委东西岛，犹有平生未见书。

彭元瑞掌仍

《清史稿》本传："彭元瑞字芸楣，江西南昌人。乾隆二十二年进士，改庶吉士，散馆授编修，直懋勤殿。大考以内直不与，迁侍讲，擢詹事府少詹事，直南书房，迁侍郎，历工、户、兵、吏部，擢尚书，历礼、兵、吏三部，寻加太子少保，协办大学士。嘉庆四年，加太子太保。八年，以疾乞罢，慰留久之乃许。命仍领《实录》总裁，旋卒。赠协办大学士，谥文勤。元瑞以文学被知遇，内廷著录藏书及书画彝鼎，辑《秘殿珠林》《石渠宝笈》《西清宝鉴》《宁寿鉴古》《天禄琳琅》诸书。元瑞无役不与，和章献颂，屡荷褒嘉。所著有《经进稿》《知圣道斋跋尾》诸书。"

则虞案：《丁氏藏书志》云："彭元瑞字掌仍，号芸楣，又号身云居士。"文勤又有《经进文稿》四十五卷。《石经考文提要》十三卷，嘉庆间许氏刊。《恩余堂稿》十二卷、《续稿》二十二卷、《三稿》十一卷、《策问》二卷、《知圣道斋读书跋尾》二卷，乾隆间刊。

《知圣道斋书目自序》："余捐俸购书，又借钞范氏天一阁、吴氏小山堂、马氏丛书楼、鲍氏知不足斋诸旧本，虽未能略备，然颇费心力。它日当结茅数楹其中，与乡人士共读之。唐杜兼有言：'清俸购来手自校，子孙读之知圣道。鬻及借人为不孝'，此余名斋之意也。虽然，鬻则不孝，不借人则隘矣。"

旧钞本《知圣道斋跋尾》有毕裕曾、梁章钜二跋（裕曾秋帆之子也），跋语无重要，故不录。梁《跋》云："乾隆戊戌，余随侍先文庄公赴闽抚任，道出杭州，值先文庄公六十寿辰，中丞学使分日为贺，此余得瞻彭文勤公之始也。迨余入词垣，适公为之教习，勖余曰：'向读之经书不可抛荒，已读之诗文仍未足用。应将《文选》及《唐宋诗醇》《文醇》尽卷熟读，可为好翰林矣。'今因是加励。迨嘉庆壬戌，适与公同掌院事，一日，公告余曰：'内子昨问新院长为谁？'答曰：'乃曩在杭州汝亦见过，甫八岁之梁世兄也。'二老同深嗟叹，故当其捐馆时，余哭之痛，献联云：'榕峤奉行舆，道出临安，绛帐抠衣才八岁；

蓬山陪末座，职犹弟子，玉堂撰杖忽千秋。'盖纪实也。今得文勤公《知圣道斋读书跋尾》二卷，阅公之手翰，即忆当年之谆训，因志之卷末。"

罗振玉《玉简丛书·知圣道斋跋尾》跋云："家藏书籍，多所考证。"其《书目》跋云："彭文勤公书目而无别本，光绪戊申于黄陂陈士可参事毅许见钞本七卷，凌杂无叙，因迻录一册，手为校理，并为四卷。惜无善本可互勘也。"

《雪桥诗话》："彭文勤《知圣道斋读书跋尾》精核在陈仲鱼、吴兔床之上。"

五十万卷楼藏王阮亭、彭芸楣校读元周霆震《石初集》，阮亭识语云："周处士《石初集》，诗、杂文各五卷，七言歌如金城、豫章、浔阳诸篇可以庀史。近体朴直，无足观者，文词亦多陈腐，不甚洗炼，大抵乡塾老儒本色耳。王士祯借观偶书。"

芸楣题记云："癸卯夏，坊估以马氏藏书楼此残帙来鬻，中有阮亭手题词，甚贬斥。石初生前至元，殁洪武，年八十有八，身阅有元一代兴亡。当庚申君末造，吏贪将残，兵骄寇炽，生民流离涂炭之苦，身丁患难，一发之于篇什，视少陵《三吏》《三别》酸楚过之，有《小雅》《大东》告哀遗意，垂为世鉴，是谓真诗。阮翁但解流连光景，修饰句法，嵌一二稀用字为工而已，此诣奚足以知之。芸楣校竟且识，以俟论定。"此轶文也，因记于此。

《善本书室藏书志》：《新书》十卷，明正德长沙刊本，后有"南昌彭氏知圣道斋藏书读者善之"印。

则虞案：龙蟠里国学图书馆藏有掌仍旧藏《新书》十卷。

《郋园读书志·庄子成玄英疏题记》云："序下有'南昌彭氏'四字白文篆书方印，前附叶有朱笔'知圣道斋评本'一行，盖南昌彭文勤公元瑞旧藏书，中皆有朱笔校改及评论，皆元瑞亲笔。前辈读书，一字不肯放过，洵可师也。"

藏印有"南昌彭氏"朱文方印、"知圣道斋藏书"朱文长方印、"南昌彭氏知圣道斋藏书读者善之"印、"南昌彭文勤公元瑞旧藏书"印，"辑五"二字印记，极稀见。

五代全诗辑例殊，充庭锓版患凋疏。
蜀人著述归《函海》，更汇升庵未刻书。

李调元_{羹堂}

《清史列传》："李调元字羹堂，号雨村，四川绵州人。乾隆二十八年进士，改翰林院庶吉士，散馆授史部主事。三十九年充广东乡试副考官，寻迁考功司员外郎，旋奉命督学广东。任满回京，擢直隶通永道。以劾永平知府为所讦，罢官，遣发伊犁，寻以母老购归。父化楙，官湘中，调元往省，购书万卷而归。官通永道时，值四库馆开，每得善本，辄遣胥录之。因辑自汉迄明蜀人著述罕传秘籍汇刊之，名曰《函海》。"

李调元《石亭府君行述》："府君官余姚日，以川中书少，遍购古今书籍数万卷，以舟载至家，造万卷楼以藏之。命调元偕己卯孝廉陈祐沄者厘定正伪，分经、史、子、集四门，编《书目》十卷，名《西川李氏藏书簿》。作序以记之，曰：此吾宦囊也。"

《万卷楼藏书目录序》："盖闻东南世族，家有简编，搢绅先生，人称淹洽。楼成苍弁，叶少蕴富矣藏书；阁号清森，何元朗多分插架。吾父捧檄姚江，王阳明讲学之地，烹鲜潇水，陆忠宣桑梓之邦。爰积分俸之余，时切传经之意。搜来两浙江外，藏诸万卷楼中。调元七业未成，《四经》不就。一丁粗识，无异宏靖课儿；二酉遍观，实惭贾玭教子。惟恐牙签飘动，移时莫识甲、乙、丙、丁；用是绨帙标题，今日先分经、史、子、集。堆之棐几，敢辞铅椠之功，守作良田，愿效挈瓶之智。"

西川李氏《万卷楼藏书约》："余奉先大夫石亭公训，嗣后族众丁繁，子孙有愿析产而居者，除将田宅均分外，所有万卷楼家藏四十橱，分经、史、子、集四部。每部十橱，皆签记书名，有书目三十卷，名曰《西川李氏藏书簿》（下略）。"

《赝书录序》："藏书必辨赝，赝者非真之谓也。余自入官来即好聚书，通籍后，由翰林历官外道。数十年来，所购所钞，不下亿万卷。近者圣天子宏开《四库全书》，天下之书垒集。凡各省采进本及《永乐大典》副本，为坊间所写以售者，及借写馆阁诸同人家藏者，及余家藏为外间所未有者，莫不借观而宝藏之。今合贮一楼，题曰'万卷楼'。然积之多者而真赝生焉，不一一别白而定其伪，则不且为齐人所笑乎！爰谨遵《钦定四库全书存目》，凡诸伪书，俱行择出，另为一册，依经、史、子、集分为四部，各以类从，复取各家书目，据所见所闻，详加证辨，名曰《赝书录》，亦藏书之家所必资考订也。"

《函海序》："余酷有嗜书癖，通籍后薄游京师，因遍访异书，亲予自校录。然自《汉魏丛书》《津逮秘书》而外，苦无足本。幸际圣朝重修《永乐大典》，采遗书，开四库，于是人间未见之书，骈集麋至。余适由广东学政期满监司畿辅，去京咫尺，而向在翰院同馆诸公又时获鳞素相通，因以得借观天府藏书之副本。每得善本，辄雇胥录之。始于辛丑秋，迄于壬寅冬，衮然成帙。客劝开雕，遂欣然为之。余蜀人也，故各书中于锦里诸者旧著作尤刻意搜罗，梓行者居其大半，而新都升庵之书，就所见已刻未刻者但睹足本，靡不收入。书成分为三十函，自第一至十，皆刻自晋而下以至唐、宋、元、明诸人未见书；自十一至十六，皆专刻明升庵未见书；自十七至三十，则附以拙刻，名曰《函海》。"

《函海后序》："余所刻《函海》，书共三十集。其前十六集，皆古人丛书也，而己书亦附焉。小卷不计，总全卷共一百五十种，书始于戊戌春，迄于壬寅冬，阅五年而成。"云云。

万卷楼联云："科第冠三巴，是祖父忠厚留贻，已经数世；书香流百代，愿子孙谨严肩镝，无失一编。"

《雪桥诗话》："绵州李雨村与弟墨庄、鸟塘称三李，以五代诗向皆附之唐末宋初之间，辑《全五代诗》一百卷。雨村撰著甚夥，以此书为最足传。"

张维屏《听松庐文钞》："雨村观察襟怀潇洒，家藏书多至万卷。"又见蒋宝林《墨林今话》及孙桐生《国朝全蜀诗钞小传》。

王培荀《听雨楼随笔》："李雨村调元与弟鼎元、骥元先后入词馆，一时有声艺林。所刻《函海》，得吾乡周林汲先生永年钞本书三十种，后屡索不还。林汲先生博极群书，晓岚宗伯荐修《四库全书》，极一生搜求之力，所得半归雨村。'教匪'之乱，其族人乘机焚万卷楼，争携藏书以去，其未尽者亦化为云烟矣。赵云崧之甥刘君来刺绵州，雨村指名求追，终未能得。林汲先生孙溪亭宗耀补四川崇庆州州同，升贵州广顺州知以卒。自其祖父与予家累世安好，来川时时相晤。今其子宝传羁蜀难归，藏书无存，与雨村之后同一陵夷，可叹也。"

《周髀》旁通善测天，云山点笔长风烟。
南斋下直日方午，松影筛金流几筵。

关槐 柱生

《武林藏书录》："关少宗伯槐，字柱生，号云岩，又号晋轩。生时母梦旭日照巨槐上，寤而得男，遂名曰槐。九岁善隶书擘窠，尝书'观海'二大字于弢光石上。少得赵氏小山堂《天文遗书》《筹算》《笔算》《奇门遁甲》凡三百余种。因留心勾股之学，乡选后赴津门应召试，赐内阁中书，入直枢垣。以善画为纯庙垂赏。旋举庚子二甲一名进士，入翰林，直南书房。历充四库馆、武英殿提调。退息之所，有两古松，翠荫几案，于是赐诗有'松下敞书寮'之句。因恭篆'松下书寮'四字颜其楣。视学粤东时，奏童子能全读五经者，优予入学，并复试加经文一篇，蒙着为令。后由阁学擢礼部右侍郎。居第在骆驼桥。厅事敬悬御书'以实为之''桂林一枝'二额。子炳，以荫官云南大理府知府。以宗伯卒于宿迁舟次，未尝一日居新第，因肖其象于后圃之书楼。楼临东河，清波辉映，神采俨然。咸丰初，其书次第散出，宋椠元雕，颇多异册，并有内廷陈设退出之籍，白纸朱丝，庄书整钉，非寻常所有。余亦得其零编残简数百种，旋失于辛酉之劫，至今犹怃然思之。"

敧灯侧枕眺龙门，日影移砖误状元。
更慨《凌波书目》好，丹黄散入海王村。

石韫玉 琢堂

《清史列传》："石韫玉字执如，吴县人。乾隆五十五年一甲一名进士，授翰林院修撰。五十七年充福建乡试正考官，旋奉命提督湖南学政。嘉庆元年充日讲起居注官，寻出为四川重庆府知府，兼护川东道。十年，擢陕西潼商道，擢山东按察使。后以足疾乞归。"

则虞案：又见陶澍撰《墓志铭》有云："即所居凌波阁贮书四万余卷。"

石韫玉《独学庐四稿·凌波阁藏书目录序》："余性淡漠无所好，惟好蓄书。自弱冠以来至今积至四万余卷。其间聚而散，散而复聚，匪朝伊夕之力。今年过耳顺，虑聚者之将复散也，谋所以保之者，乃于所居花间草堂之西涤山潭之上筑小楼三间，以为藏书之所。楼向东背西，取其朝暮有日色入楼中，无朽蠹之患。书凡分十类：曰经、曰史、曰子、曰专集、曰总集、曰丛书、曰类书、曰地志、曰词曲小说、曰释道二藏，贮为二十橱，排为六行，两两相对，标其类于橱之阑。索其书检之即是。而法书名画、金石文字亦附于其中。于虖！余有是书也，谈何容易。余家本寒微，先世藏书甚少。忆十四岁附学于中表黄氏之塾，主人有书二楼，先生方授科举之业。惟经义是训，他书禁勿观。余于常课既毕之后，每窃一灯，私取其书翻阅之。如是者四年，椟中书读之殆遍。既于甲午岁赴省试，在金陵市中购得《史记》一部，归而读之，大喜。每夕拥衾侧卧，燃一灯于几，丹黄在手，乐而忘疲，往往达旦。阅十旬而卒业焉。其后年渐长，蓄书亦渐多，每得一书，必手加点勘。既举于乡，奔走四方者十年，谋衣食之计。尝游州郡幕府，每出门必携书一箧，刀笔之暇，藉以消日，岁终则归而易之。迨进士及第，则已读书七千卷矣。翰林清暇，文史足用。及出守蜀中，时方兵戈载道，孑身独往，家人留止都门，乃有奴子吴寿者略识字，辄窃予架上书鬻之琉璃厂书肆。书贾遇余点勘之书，则倍其值以收之。于是余所读书略尽。余生平惟此一事所为叹息痛恨者也。其后稍稍购求，二十年来又得此四万余卷。凡此皆节衣食之费而置之者也。"

俞樾《石琢堂先生〈竹堂文类〉序》："咸丰中，余自河南罢归，故里无家，侨寓吴下，即居先生独学庐中所谓城南老屋者是也。其中微波之榭，眠云之舍，犹尚无恙。园中五柳存者三焉。俄而大乱荐至，仓皇出走。乱定复归，则城南老屋化为邱墟。再过经史之巷，兔葵燕麦，摇荡春风而已。"

《苌楚斋续笔》："吴县石琢堂方伯韫玉，其平日评点之书，多半散出，恒于琉璃厂书肆中遇之。初不以为意，以为事所恒有者，后读《独学庐文存》中有《凌波阁书目》云云，始恍然方伯点勘之书，尽行散出，原因在此。"

藏印有"琢堂校藏"小印、"石韫玉印"白文方印、"翰林修撰"朱文方印、"独学老人"朱文方印、"平江石氏图书"朱文方印、"韫玉"白文方印、"执如"朱文方印、"琢堂"朱文印、"凌波阁藏书"朱文印、"吴中石氏凌波阁藏书"朱文印。

归求世换已无堂，红树青山白发长。

湛密《淮南太阴解》，一编疑在总茫茫。

严长明冬友　**子观**子进

《清史稿·文苑传》："长明字道甫，江宁人。年十一为李绂所赏，寻假馆扬州马氏，尽读其藏书。高宗二十七年南巡，以诸生献赋，赐举人，用内阁中书入军机。客毕沅所，为定奏词。又主讲庐阳书院。博学强记，所读书或举问，无不能对。著《毛诗地理疏证》《五经算术补证》等书。子观字子进。嗜学。好金石文字。父乞归后，筑归求草堂藏书二万卷，观丹黄几满。著《江宁金石记》。钱大昕甚高其品节。"

则虞案：亦见《金陵通传》。

《潜研堂集·内阁侍读严道甫传》："长明字冬友，号道甫。官内阁侍读，历充《通鉴辑览》《一统志》《热河志》纂修官。尝奉命直经咒馆。以父忧去官，寻丁母忧。免丧后，引疾不出，筑室三楹，颜曰归求草堂，藏书三万卷，金石文字三千卷，日吟咏其中。在秦中十载，撰次《西安府志》八十卷、《汉中府志》三十卷。生平著述有《归求草堂诗文集》《西清备对》《毛诗地理疏证》《五经算术补证》《三经答问》《三史答问》《淮南天文太阴解》《南宋文鉴》《金石类签》等二十种。"

则虞案：《归求草堂诗集》六卷、《秋山纪行集》二卷、《金阙攀松集》一卷、《玉井搴莲集》一卷，民国壬子郎园刊。

《清史列传》："严观字子进，嗜学。长明藏书，丹黄几满。好金石文字。著《江宁金石记》，备载佚存，极为精博。"

潘景郑得江宁严氏父子《师友渊源录》初稿，跋云："稿本《师友渊源录总目》一卷，《后案》二十八卷，都八册，清江宁严观追述其父长明之作。（按：长明字冬友，一字道甫。乾隆时，以诸生献赋行在，召试，赐举人，官内阁侍读。著有《归求草堂诗文集》及《杂著》二十六种。观字子进，太学生。好金石刻，著有《江宁金石记》《金石待访目》《湖北金石诗》行世。）斯稿盖道甫历叙其生平师友，以存行谊，属稿未成而殁，仅成《总目》一册。子进继成其业，遍访目中诸公事实。凡见于邑乘及文集中，靡不备录。所未有者，则注明待访阙疑。仿《伊洛渊源》之例，而录为《后案》二十八卷。阅三十余年之功力而成兹初稿，可谓勤于继述矣。（按：自序及凡例，道甫殁于乾隆五十二年，至嘉庆三年，子进以稿商之法时帆。至道光五年，而初稿成，计距道甫之殁，几四十年矣！）是录分类十四门：曰师长、曰尊宿、曰先达、曰召试同年、曰年谊、曰内阁前辈、曰内阁后辈、曰交契、曰故旧、曰同砚、曰世好、曰门生、曰同宗、曰亲戚，计四百余人。首册录总目，存先志也；第二册以下，重为类次。自序于道光五年，盖稿成之岁。序后有凡例及阅过书目百余种。全书签注剜改，朱墨殆遍。每册后有子进重校、复校年月（自道光五年至八年）。盖初稿已成，复经勘正也。斯录所载，皆一时才能之士，足为《碑传集》之羽翼。读卷十四年谊门，并及先五世伯祖榕皋公，知与吾家亦夙有旧谊矣。惜其成书百余年，未付剞劂之业，遗稿流徙，几不可踪迹。顷从沪肆遇之，知为宗氏咫园旧物。"云云。

藏印有"归求草堂"章、又"归求草堂订本"朱文长章、"严长明校藏印"朱文长印。

衡川醇雅比绵庄，说艺谈碑费品量。
若问《春灯》阮圆海，百花深处咏怀堂。

陶湘衡川

《金陵通传》："陶湘字衡川，号秋水，又号楚渔。少孤贫，母纺绩督课。及长，肆力经训。得馆谷，少给蔬食，即以市书。庋藏之富，甲于金陵。又好汉唐以来碑版法物，及宋元人手迹，皆能辨其真赝。与程廷祚齐名，有南陶北程之目。乾隆三十六年乡试，考官彭元瑞搜得其卷，惊曰：'此宿学也。'乃取以殿榜，而湘年已老。一试礼部，未售，遂不出。买阮氏石巢园居之，改名冰雪窝。老树清池，颇饶古趣。尝与张师郿取邑贤之未显达者，裒集其文，名《幽光集》。所著《春秋经传集解补义》《衡川文集》。"

"百花深处咏怀堂"，《燕子笺》中句也。吴梅霜崖谓"百花深处"，即石巢园之一景，即孔云亭所谓南京鸡鹅巷裤子裆里石巢园也。

清儒考核鲜传真，贯索群经始有神。
零落《校雠》《文史》义，补亡搜佚待何人。

章学诚 实斋

《清史稿·文苑传》："章学诚字实斋，会稽人。乾隆四十三年进士，官国子监典籍。自少读书不甘为章句之学。从山阴刘文蔚、童钰游，习闻蕺山、南雷之说。熟于明季朝政始末，往往出于正文外。继游朱筠门，筠藏书甚富，因得纵览群籍，与名流相讨论，学益宏富。著《文史通义》《校雠通义》，推原《官礼》而有得于向、歆父子之传。其于古今学术，辄能条别而得其宗旨，立论多前人所未发。尝与戴震、汪中同客冯廷丞宁绍台道署，廷丞甚敬礼之。学诚好辩论，勇于自信。有《实斋文集》。"

《越耆旧传》："实斋深有得于向、歆父子之传，遇时以博闻称，如袁枚、邵晋涵、戴震者恒以气折之。尝曰：'诸君读书如捧散钱，奈无贯索何？'著《文史通义》内外篇，秀水郑虎文推为良史才。"

沈元泰《章学诚传》："学诚性孤高卞急，会试出于文襄门。又居梁文定邸中最久，然笔墨谣诼多不肯曲从，为两相国所器重。少患鼻痛，中年两耳复聩，老苦头风，右目偏盲，其没也以背疽。晚景贫病交加，极文人之不幸，卒年六十四。"

谭廷献《会稽实斋章公传》云："先生文不空作，探源《官礼》而有得于向、歆父子之传。每一篇成，恒写寄友人。人间传录多有异同，所撰《通义》数十万言，嘉庆辛酉先生卒时，曾以稿草寄萧山王宗炎为次目录。道光壬辰次子华绂写定《文史通义内篇》五卷、《外篇》三卷，《校雠通义》三卷，刻于大梁。"

则虞案：谭廷献曰："《通义》写本得读于厦门大梁板刻，浙东兵后，献渡钱江访得于会稽周氏祠堂，亦阙佚矣。出箧中旧本补刻于杭州书局印行。广州有伍氏丛书本，近岁后裔又重刻于黔，于是来学日开，遗书津逮矣。献所遗稿一二未刻，《杂篇》要删如右。庶几布之章氏家塾，四方承学就傅之士，以时兴起云尔。"

《谭复堂日记》:"于书客故纸中搜得章实斋先生《文史通义》《校雠通义》残本,狂喜与得《晋略》同。章氏之识,冠绝古今,予服膺最深。往在京师借叶润臣丈藏本,在厦门借孙梦九家钞本读之,不啻口沫手胝矣。不意中得之,良足快也。"

则虞案:俞曲园有《致仲修借〈文史通义〉书》。

俞曲园云:"章氏遗书板至残佚五十四页,取予藏本上木翻刻,补完此书。"又云:"借朱子清《文史通义》写本阅之,仅刻本十之四五。有《杂说》二篇,为刻本所未有。记在厦门借孙氏写本有《教弟子作文法》一卷亦未刻。李莼客言章氏遗稿十余册在越中,南归当渡江访之。"

萧穆有《记章氏遗书》一文,叙述甚备。云:"余三十年前阅章实斋先生《文史通义》,为杭州、广东、贵州等处刊本,有章公次子道光壬辰十月华绂跋文,大略云:'先君子临终以全稿付萧山王穀塍先生乞为校定,时为嘉庆辛酉年。穀塍先生旋游道山。道光丙戌,长兄杼思自南中寄出原草并穀塍先生订定目录一卷,盖阅所遗尚多,亦有与先人原编篇次互异,其自应更正,以复旧观。先录成副本七八册,庚寅辛卯得交洪洞刘子敬、华亭姚春木二先生,将副本乞为覆勘。今勘定《文史通义内篇》五卷、《外篇》三卷、《校雠通义》三卷先为付梓。尚有《杂篇》及《湖北通志检存稿》并《文集》等若干卷。'云云,乃知此书为刘姚二公新编定。"

又云:"光绪十七年辛卯冬,晤章氏族裔小雅处士善庆于上海寓所。小雅好古,藏书颇多,有旧钞本实斋先生遗书三十四册,云为其乡人沈霞西家藏本,流落绍兴本城某书坊,以洋银百元得之。又逾年,其书坊云尚有遗书八册,索直二百元,小雅以彼时囊空未应。小雅殁,书物均归其兄石卿大令寿康。"云云。(文繁下略)

《文史通义》之逸篇,有《士习》及《与孙渊如观察论学十规》二篇,倭乱后林语堂得之,题识云:"《士习》一篇,据嘉业堂刘氏刻本《章氏遗书目录》列卷五,《文史通义内篇》五。其二《与孙渊如观察论学十规》列卷二,《文史通义外篇》一,均注云王《目》有,文缺。案:目录中注文缺者共有十二篇,后刘氏刻《补遗》一卷,所缺已十得八九,唯此二篇终未能得。兵火以后,浙中书籍散出,偶从杭州购得安越堂平氏旧藏杂书若干种,中有十万卷王氏钞本《实斋全集》十六册,于第五、第九册中乃发见右记逸文二篇。寒斋藏平景荪手抄《实斋杂文》数卷,有丙辰《山中草篇目》,实斋自识,及臧镛堂识语,已刻入刘氏补遗篇目,则未前见,将来如有机缘,颇欲据目辑文,付之剞劂,不独又复《山中草》之旧观。其中有《论学十规》《古文十弊》诸篇，诚如臧君所言精细入神，切中文学之弊也。知堂记。"

则虞案：《士习》盖即《文史通义》中《知难》之初稿，然不妨并存。

学诚《瀚云山房乙卯藏书目记》："先君子少孤，先祖遗书散失。家贫为累，自授经馆谷，至仕官俸余，未有可以为购书赀者。随身三数千卷，小于旅馆京师，嗜书而力不能致。然戊子以前未有家累，馆谷所入，自人事所需外，悉以购书。自后馆谷渐丰，而家累亦渐以重，然计终岁之需，如增耗抽税必约算律分存买书资。三十年来颇有增益，亦间有古椠秘本，缮钞希觏之书，统计为帙五千，为卷二万有盈。以子荆居室拟之，庶几其苟合欤！因命儿辈稍分甲乙，登注簿籍，备稽检耳，未足为藏书目也，标题《瀚云楼书目》，存其志也。吾家无楼阁，瀚云楼名，则先人所篆私印，亦有意为藏书地也，誓当以渐图之。书目以乙卯名者，冀日后增广为续目也。"

姚椿《通艺阁诗三·录章丈学诚遗书之后》："汉廷儒术苦纷糅，良史三长妙独操。穷老一编非《国语》，牢愁千载反《离骚》。学嗟子政藜然远，文喜中郎帐秘叨。晚向梁园闻耆旧，旨将金玉掩蓬蒿。"

平生辑录久湮霾,多事阳湖漫觚排。
消受青衫到五十,误人惟是八关斋。

章宗源 逢之

《清史稿·文苑传》:"章宗源字逢之。乾隆五十一年大兴籍举人,其祖籍亦浙江也。尝辑录唐宋以来亡佚古书,欲撰《隋书经籍志考证》,积十余年始成。稿为仇家所焚,仅存史部五卷。"

《善本书室藏书志·隋书经籍志题记》云:"宗源山阴人,少聪颖,不喜为诗文。中顺天乾隆丙午举人。以对策特赠发科,益好学,积十余年采获经史群籍传注,辑录唐宋以来亡佚古书盈数箧。自言欲撰《隋书经籍志考证》,书成后,余皆糟粕可弃也。此经史部一种,征引繁富,唐以前古籍赖以考见。又凡《隋志》所未著录者亦罗列无遗,是不独为《隋志》考证也。"

《雪桥诗话》:"山阴章逢之孝廉宗源,以对策博赡发科,撰有《隋书经籍志考证》。时京师广慧寺僧明心开堂说法诳人,以符箓降鬼仙,挟而书几言祸福,又贿客仆从刺探隐事,面发之,示神验。京朝官之佞佛者,大为扇惑,争馈贻之。僧益豪横,或占人坟茔作庙基,或权子母取重利。事败,僧以罪遣归南中。逢之牵连罢斥,不能复与会试。犹信之,持长斋终身,然好学之志不衰。性恬淡,不肯干谒,亦异乎世之所谓禅钻者。年未五十,疾卒于京师。明心潜出游齐鲁间,就大吏之不洁者网贿遗,返初服,易姓名曰王树槐,捐职丞倅,出入诡秘甚。后为襄阳知府,知者呼为王和尚。未几,被劾治罪,曩时皈依及知而不举者,皆为诖误。孙渊如因京朝官惑于妖僧者众,著《三教论》以晓譬之。大吏某曾倚上官势属去其文不得,逢之亦寓书以为言,渊如戏云:'君以生平辑录书付我,即去此文,君必秘爱不忍割,则是色空之说不足恃也。'"

则虞案:此本之孙星衍《五松园文稿·章宗源传》。

钱警石《跋隋书经籍志考证》:"嘉庆戊寅,吾兄衎石自京师归,箧中携此书,谓钞自何梦华元锡,藏书家未有也。余乃属表兄怀豫堂钞录其副,以期迫,金岱峰属其友相助誊写,逾月而毕。惜仅有史部。三十年来访求全书,无知之者。"云云。

则虞案：诒庄楼有旧钞本《隋志考证》，王文敏藏书。

云水茀门卧著书，丹黄错落老堪娱。
百年访墓楞伽麓，荒草秋燐姓氏无。

王芑孙惕甫　　**子嘉禄**井叔

秦瀛《王芑孙墓志铭》云："君长洲人，讳芑孙，字念丰，号铁夫，又号惕甫。明少傅大学士，谥文恪讳鏊者，君十世祖。世居吴县东洞庭山，后迁郡城。君生于歙县学署，十二三岁即能为诗文，累试于有司无所得，会其外父曹君锐以谒选之京师，挈君同行。至京，相国富阳董公方官少司农，邀之至邸第。乾隆戊申，高宗纯皇帝巡幸天津，召试行在，赐举人。君于是三十有四矣。会试又屡黜，由咸安宫教习除授华亭县学教谕。丁外忧归，属南城曾君宾谷都转两淮，延君为乐仪书院山长。君常寓扬州之樗园，宾谷迁擢去，而君先辞归。有屋数楹近茀门，拥书万卷，尚思有所著述，而以病辍业。卒年六十有三。所著有《渊雅堂诗文集》五十卷，已刊行于世。"

王塾《族兄惕甫先生传》称其："年五十余，键关不出，著书自娱。丹黄评骘，无一日辍。"云云。

明袁陶斋钞本《梅硐诗话》后有王氏手跋云："嘉庆四年四月，青浦王昶致仕在籍，以高宗皇帝大事来京，华亭教谕长洲王芑孙以会试报罢，偕至诗龛话别，同观此册，题记而去。"

王季烈《螾庐未定稿·楞伽山访墓记》云："惕甫公有子三人，长嘉祥字标生，生子二，俱殇。三嘉禄字井叔。彭文敬公校定《嗣雅堂遗诗》云：'下无黄口家无田。'是亦无后。次子嘉福，世居金陵。先君子尝言同治庚午应省试，其后人曾持所藏公手写家书及《三山诗册》来赠，嗣后音问遂绝，度亦无后矣。"

则虞案：惕甫子三，嘉禄字井叔，见宋翔凤《诗集自注》。又宋氏《怀山堂诗录》卷八有《答王井叔即以录别》二首，有"奇童久听乡人论，名父曾传世业无"之句，盖井叔虽有时名，秀而不实，故云尔也。惕甫墓在楞伽山，井叔墓亦附矣。

陈氏《颐道堂文钞》卷八《王井叔传》云："先娶黄氏字寿玉，比部尧圃女。比部藏宋版书最富，寿玉尽能读之，并能道宋椠与今本异同。婚一年卒，君赋《悼亡诗》百首，为写《眉龛残月图》以寄哀思。尧圃云：'芑孙幼子，予第三婿也。'大抵年少风流，误入烟花之队，临殁，以《嗣雅堂稿》廿五册授其继室曹左芬，左芬坚守不轻示人，闻已刊行矣。"

《丽宋楼藏书志》："重校正《唐文粹》一百卷，明刊本，王芑孙校。"

莫友芝《宋元旧本经眼录》有惕甫手校《金石三例》。

《群碧楼善本书录·〈里门谈赘〉钞本》有"渊雅堂藏书记""惕甫经眼"二印。

《寒瘦目·〈独学庐初稿〉》诗八卷、文三卷，《读左卮言》一卷、《汉书刊讹》一卷，有"芑孙审定""惕甫读""芳草堂""云房"诸印。后有惕甫跋，署"嘉庆建元正月识于京居之芳草堂"。

藏印还有"王铁夫阅过"白文长印、"惕甫借观"朱文方印、"王铁夫藏书印""天壤阁藏""苏州渊雅堂王氏藏书""清荫堂""渊雅堂藏书记""老铁晚年书"白文方印、"王氏铁夫""芑孙"。又有"渊雅堂王氏藏书""铁夫手校""沤波舫"朱文方印。

东阳耆旧叹支离，收抬遗闻草野知。
忽讶輶轩天使至，山村原有不亡诗。

楼上层_{更一}　戴殿江_{襟三}　朱兴悌_{子恺}

《东阳县志》："楼上层字更一，号平江，又号蓬莱侍史。浦江人。乾隆五十四年拔贡。少负奇气，初登卢永章之门，赋梅花不胜，退就弟子列。峭长，薄制举业，博考经史，专治诗古文。阮中丞辑《两浙輶轩录》，金华阖郡悉资采访。初，阮视学两浙，属上层重修郡书，未几，阮回任，事中寝。上层生平嗜古书，有《读书楼书目》二卷，又著有《金华耆旧补》《古东阳郡书》《古文诗集》。"

戴殿泗《希堂文集·伯兄履斋先生行述》："殿江字襟三，号履斋。浦江人。增广生。幼从张泰卿学十余年。岁壬辰，桐乡汪氏有书五万余卷，索价千金，以告于兄。兄急命收之，赀之有无弗计也。于是藏书之富，甲于浙东六郡。著有《履斋文集》十卷，《永思轩文钞》八卷。"

《两浙輶轩续录》："朱兴悌字子恺，号西崖。浦江人。岁贡。拥书万卷，无他嗜欲。年至八十，搜考不辍。著撰大毁于火。今存《易说》《春秋总论》《三国志笔录》《金华经籍志》《随笔》一卷。"

芸香累叶失寒香，故帙低徊士礼黄。
缀拾群书目百卷，漫经赤水忽珠亡。

陈树华芳林　　**周世敬**谢庵

段玉裁《陈冶泉墓志铭》："君讳树华，字芳林，号冶泉。长洲人。以乾隆元年恩荫贡生。补授湖南武冈州州同。公事诖误回籍。家居十载，闭户著书。已而得江西靖安县县丞，嗣升湖口县知县。大吏保荐，特授山西泽州府同知。旋以到任迟延，降补宁乡县知县。卒年七十有二。"

士礼居《〈元和郡县图志〉题记》云："此本出冶坊浜陈冶泉家。冶泉名树华，承累代书香之后，由茂才作官，官至司马而止。平居手自钞校诸书，犹及与惠松崖、余萧客诸君相周旋，故所藏书皆有渊源。罢官后，余犹及其一面。身后书籍零落，半归他姓。闻有蜀石经《左传》残本，见质诸荩门宋于庭孝廉处，宋又随父任贵州作县，其物携行箧中，物主屡欲赎而无由，未知其作何归结也。"

《士礼居题跋·〈开元天宝遗事〉跋》云："谢庵出所著《群书缀录》相质，萃元明以来著述为目录，以续贵与《经籍考》。"

岛田翰《古文旧书考·访余录》："读长洲周谢庵世敬《群书缀录》，惜草创是书而湮灭草野之中。"又云："《群书缀录》百二十卷，周谢庵手稿本，《研六斋笔记》亦载其事，或云百四十卷。周氏水月亭与黄荛圃、袁寿阶、顾抱冲为吴门嘉庆时四大藏书家，周氏之书后归艺芸精舍，而此稿竟未见传本。谢庵昆季并秀而名不彰，传与不传，殆有数耶！"

二酉迢遥秘检疏，辛勤典校更钞书。
徘徊顾影无双本，恨不将身化蠹鱼。

严蔚 豹人

卢文弨《吴江严豹人二酉斋记》："近代藏书之家盖莫盛于吴中，如杨君谦、朱性甫、吴原博、阎秀卿、都元敬、金孝章、亦陶父子，皆著名于胜国者也。流风遗韵，至于今不衰。余往来吴门，知朱翁文游者藏书甚精。继交吴子枚士，皆常与之通书无所靳。今又得吴江严子豹人焉。其家去郡城百里而近，自其少也，即以书为性命。友朋知其然也，往往以秘本假之传钞，故自寻常所得外，往往有前人录目中所未具者。散置之，虑不便于检寻也，于所居之右，得爽垲洁静可以为精舍者三楹，乃迁廿年已来之所著录，庋阁其中，以昔人相传藏书之处有大酉、小酉也，遂颜之曰二酉斋。既自为之记矣，而又来乞余言，知余之有同嗜也。吾闻昔人所传二酉之藏不过千卷，今严子所储，已远过之。乃意方慊然，且冀幸后之所得容当有倍蓰什伯于今者，是则诚然。然余以为藏之多也，不若其精也，精矣而复求之不已，安在其能无多乎！严子所校之《左传正义》，及所梓之《左氏贾服义》，则既见之而伏其精矣。"云云。

《善本书室藏书志》："蔚字豹人，吴江人。其二酉斋中所藏多旧籍。"

《皕宋楼藏书志》："《大唐开元占经》一百二十卷，精钞本，卷中有'二酉斋藏书'朱文方印、'严蔚豹人'白文方印。"

《适园藏书志》：《伊川击壤集》，宋刻配元刻本，有"严蔚"白文小印、"严蔚豹人"白文小印。尧圃跋云："余与残宋本李文饶《会昌一品制集》同得于严二酉斋，吉光片羽，宝何如之。"

《寒瘦山房鬻存善本书目》："归震川先生《未刻集》稿本后有'二酉斋藏书'及'严蔚豹人'印。"

藏印又有"严蔚私印""豹人"诸朱记。

穷士忧伤贱著书，替人金石辨壶卢。
自矜抉剔传钞本，目录纷纭创例初。

赵魏 恪生

《［光绪］杭州府志》："魏字恪生，号晋斋。浙江仁和人。康熙岁贡。善蓄金石旧籍，至老不衰。有《竹崦庵传钞书目》及《金石目》。"

则虞案：《清史列传》谓阮元所作《积古斋钟鼎彝器款识》及青浦王昶所作《金石萃编》皆其手定。

王端履《重论文斋笔录》云："先君尝言书贾惟吾可与周旋，尔等慎勿与交，未有不被其愚弄者。不特书贾也，即同学中如何梦华元锡、赵晋斋魏辈，亦莫不沾染其习气。小瑯嬛仙馆藏书皆伊二人代购，恐将来半是不全之本也。嗣后何、赵以书来售，余皆婉辞谢之。"

汪康年《雅言录》："赵晋斋先生性偏僻，与何梦华均有疯子之目。所著《竹崦庵碑录》，余族弟大钧得其稿，未及刻，卒于粤。此书辗转入京客手，为余姻家吴䌹斋太史所得，其尊人子修学士乃刻于长沙。"

叶德辉《赵晋斋竹崦庵传钞书目序》云："晋斋以金石之学名家，阮文达、王德甫皆援引推重。初未知其藏书如此之富也，吾宗人鞠裳编修著《藏书纪事诗》网罗佚闻，表彰潜德，亦未载及其姓名，盖人之精神聚于此则散于彼。晋斋殆为金石之名所掩，故此目之传，若存若亡。"

又云："凡目录家派别，顾未有以传钞本独为一目者，此目正经、正史、诸子、别集，有刻本者皆未著录，惟传钞之本，并载叶数其中，而此目固可于目录中别树一帜矣。"

《四当斋藏书目》有《竹崦盦传钞书目》一卷，刘履芬手跋云："此目疑其未全，然秘笈不少，姑为存留，以待异日。同治庚午三月晦日得于吴门坊肆记。"

潦熹斋藏宋刻《金石录》十卷，后有阮芸台跋云："嘉庆二十二年余从晋斋处购得之。"云云。

《适园藏书志》：《平安悔稿》后有恪生手跋云："右《平安庵诗稿》从

《永乐大典》录出。旧录不分卷，编为三帙，有分体错误者，余为正其讹。辑《平安悔稿》为十五卷，《悔稿后编》为六卷。《丙辰悔稿》佚去为多，只为一卷。嘉庆乙丑冬日仁和赵魏借知不足斋本编讫并识。"

《宋季三朝政要》六卷，元皇庆刊本。卷末有晋斋手跋云："此余友袁君寿阶五砚楼旧藏也。荷屋廉使云得于闽中，北迁后之不可知者。是书传本极少，余得自文澜阁，缺淳祐七年后五年事，注云旧本遗佚，又鲁鱼之讹多不可读，此卷具载，因为补出。又凡诸误字，悉为校出，惜通介老人不及见之。可刻入丛书也，而是本可宝不待赘言矣。然少玩忽则交臂失之，此以识耄年之旵。仁和赵魏。"

则虞案：鲍以文钞本《郭天锡日记》有赵氏手跋云："《退思集》世无传本，此序从真迹录出。后有昆山周司寇跋语，并为写出，以附《云山日记》之后。嘉庆乙丑秋仲赵魏识。"

藏印有"赵魏私印""赵氏晋斋""赵魏""晋斋""赵氏金石""竹崦盦""茅斋玩赏""茅屋纸窗笔精墨妙"诸印记。

经师从不解词人，绝妙红梨勘点春。
过眼群经神不灭，词仙要眇出经神。

王初桐于扬

嘉定藏书家首推瞿中溶镜涛，次则有俞九滋畹香、诸廷槐殿抡、黄钧正夏。校雠之学允推钱氏昆季，其次则为王初桐。初桐字于扬，一字竹所。诸生。乾隆丙申，淀、津召试列二等，四库馆誊录，议叙选齐河县丞。天才藻丽，尤工倚声。仪征阮文达许为必传。著有《齐鲁韩诗谱》四卷、《夏小正正讹》一卷、《开元礼正讹》四卷、《尔雅郑樵注纠谬》一卷、《五经文字九经字样考证》一卷、《资治通鉴考证》一卷、《续资治通鉴考证》一卷、《路史正讹》三卷、《说郛正伪》五卷、《意林考证》五卷、《归田杂录》三卷、《晏公政要正讹》十五卷、《集杜诗》廿卷、《词》一卷、《东山祝嘏九成乐曲》九卷、《红豆痴侬绝妙词》十卷、《选声集》二卷、《红梨翠竹山房词》一卷、《新乐府》一卷。辑有《倚声权舆录》二十卷、《宋十二家词》十二卷、《宋词纪事》四十卷。其校勘奏绩最著者，则为《群书经眼录》六十卷，为自记生平所见书，为种一万一百有奇，为卷二十一万六百有奇，分门录之，略附考证，并记撰人姓名。又《京邸校书录》四卷。应编修王燕绪聘，分校四库书，分经、史、子、集，录成是目。又有《著书纪年》一卷。自乾隆癸酉起，著书六十年，成八十余种。又有《猫乘》八卷，嘉庆己未刊。

《嘉定县志》："有《京都校书录》四卷。"

则虞案：《群书经眼录》六十卷，古香堂十三种本，然似未印行。

搬姜负版尽劳薪，苜蓿阑干不厌贫。
历数诂经诸弟子，百年偏是损崔骃。

徐鲲 北溟　　顾修 仲欧

《文献征存录》："徐鲲字北溟，萧山人。少补诸生，不事帖括，专习经训。时人讥之，不屑也。仪征阮元督浙学，肄业诂经精舍，其《经籍纂诂》鲲校证成之。鲲屡应秋试，卒不售，卒年四十二。"

王端履《重论文斋笔录》："徐北溟鲲，后阮相国师易其字曰白民。邑东南杨树庄人。补县学生。家酷贫，无以自给，乃赴杭州贩书度日。暇辄翻阅，因通声音训诂之学。尝自言初入省城，惘惘无所适，偶阅市肆，得《山海经》一册，自以为枕中秘，未尝示人。适卢抱经学士文弨欲觅钞胥，有以其名荐者，乃随众往。谒时，宾朋满座，学士上下其议论，皆闻所未闻，而无一言及《山海经》，意谓此必其未见之书矣。乘其问及，乃起对曰：'某家无藏书，惟有《山海经》耳。'学士曰：'汝所有者何时刻本？'复不能对，学士曰《山海经》有某本某本，因出其所藏九十余册，曰：'汝先为我一校，亦足验汝之学力也。'乃携归，悉心校雠。阅半月而卒业，竟得其违异者数字，以复学士。学士见之极喜，乃叹曰：'吾固知书，亦当令不通人校之也。'"

又云："阮相国师督学吾浙，设馆西湖，招集诸生修《经籍纂诂》，北溟亦与焉。越明年竣事，乃延武进臧在东为总纂，以北溟副之。时相国将任满还京，督促成书甚急，北溟见相国欲为将伯之呼，相国问谁可当其任者，北溟以端履等数人对。相国曰：'是数人吾今科皆望其中式，当令潜心诵读，岂可以编纂之事扰其心思。'北溟对曰：'然则某亦须赴试耳。'相国笑曰：'子之制艺即令连下百场，万无获售之理。不如为我纂书，尚可月得数金赡养妻子也。'此事亦北溟亲为予言之。"

《文献征存录》又云："鲲屡应秋试，卒不售。仁和侍御孙志祖著《读书脞录》，颇采鲲谈论。"

《善本书室藏书志》："《尔雅》明刊本，萧山徐北溟藏书。鲲字北溟，一字白民。补县学生。家贫无以自给，乃赴杭州贩书度日，暇辄翻阅，匜通声音训诂之学。尝为文达分撰《经籍纂诂》。文达颇重之。又《新刻广雅题志》，元和顾广圻记云：'嘉庆壬戌在西湖与萧山徐君北溟同住孤山，辱以嘉庆刊《韩诗外传》见赠，乃检此报之。北溟熟于此学者也。'"

又晚闻居士记云："嘉庆壬戌，北溟在诂经精舍为芸台侍郎续勘《经籍纂诂》，其时千里以校勘《十三经》，同寓精舍，此书乃所赠也。明年北溟死，此书归予。庚午十月六日检箧得之，追忆故人，为之怃然。"

况周颐《香东随笔》："得北溟写校《鬼谷子》一册，楷法朴茂，后有北溟跋。"

《寒瘦山房鬻存善本书目》："秦刻原本《鬼谷子》，后有'乾隆己卯四月廿八日萧山徐鲲细校'一行。"

藏园藏徐北溟《补注颜氏家训》后有严九能跋云："萧山徐君北溟为抱经学士补注《家训》，并补注《观我生赋》，多所纠正。予雅服其赅博。借其稿来阅，大人为度录于此本，为书其后。北溟名鲲，赤贫，旅寓武林，与抱经学士、颐谷侍御相友善，两先生极推重之。余去冬与鲍以文在杭州遂与北溟订交。又尝为我校《麟角集》，极精细。乾隆六十年乙卯元照识。"

又："予于壬戌初秋游西湖，时巡抚阮公招客校经，元和顾君广圻、李君锐、武进臧君镛堂，与北溟皆在诂经精舍。其时北溟性情改易，虽与予无间言，予亦谨避之，不敢屡相昵。予归，未几北溟遂下世，闻其死之状甚可悲也。止一子，蠢不知书。北溟所有书册，尽属诸他人，其子今不知作何状。北溟腹笥饶富，注书是其所长。此书补注，不知抱经先生何以不刻。嘉庆十五年庚午七日际寿谨识。"

《雪桥诗话》："石门顾文学修字仲欧，号蓑厓。旧居横山。中年为人评讼，阻其进取，迁桐乡之乌戍，郁郁以老。性好蓄书，与鲍以文、徐北溟校勘参验，仿鲍书之例，刻《读画斋丛书》。有诗曰：'小筑前溪第一湾，豆花篱角且怡颜。曾留秋绿尝开径，只爱丹青不买山。高卧如游三岛外，置身却胜五车间。茅斋终日供消遣，笑看溪云如我闲。'"

顾氏《汇刻书目》有嘉庆四年刻本，二十五年重刻本，增补编目。同治九年崇雅堂活字重印，又增续编。光绪元年陈光照重刻初编、续编，又益新编、补编。朱学勤、王懿荣复为增订，光绪间上海福瀛书局刊行。此书早入东瀛，有文政元年官刻本，松泽老泉为《汇刻书目外集》六卷，《序》云："顾氏所收止二百八十四种，今得四百有余云。"

癖奇夸目胜琳璆，典校迻誊爱不休。
隽绝夕庵干彩笔，为图风雪载书舟。

张若筠竹邻　　**茅元铬**翊衢　　**何金**兰舫

刘台拱《竹邻张君家传》："君讳若筠，字竹邻，姓张氏，丹徒人。好学，于书无所不窥。闻有异书，辄重价购之，或手自迻誊校勘，矻矻不少休。同县蒋舍人宗海藏书三万余卷，多善本，君所藏逾二万卷，而法书、名画、吉金、贞石之属，别为卷轴，不在此限。京口士大夫收藏之富，推此两家。君性简重，寡言笑，不妄交人。晚年益屏人事。扫一室，日坐卧其中，子弟僮仆非呼召不至前。扬州某氏藏书为江淮间第一，其子孙不能守，君闻即冒风雪渡江，购得宋椠书数部以归。其侄崟为作《风雪载书图》，一时名士皆为之题咏。嘉庆三年卒，年六十四。有《竹邻山馆诗集》若干卷。又选京口耆旧诗为《蒙拾集》四卷。"

则虞案：又见《丹徒县志》。

《丹徒志》："茅元铬字翊衢，号三峰。乾隆戊申举人。授翰林待诏。工诗，兼通声曲。家多藏书，独居则翻阅，撷其精华。年八十余卒。"

又："何金字兰舫，少颖悟，才数岁能读等身书。父执王梦楼太史，许为大器。藏书数万卷，手自编校，穷日夕不倦。与同里杨荣、柳荣宗友善。每有疑义，互相质证，无一语及外事。著述甚富，梓《自怡轩稿》一卷。"

《丹徒志》："蒋宗海字星岩，号春农，晚号归求老人。乾隆壬申进士，授内阁中书，入军机。中年以母老告归终养。幼好学，比长，无书不读。性爽直。乾隆癸巳诏求遗书，以扬州为第一，皆经手选而后进呈。"云云。又见刘台拱《竹邻张君家传》。

海内藏家数不如，笊篱湾里一瓜庐。
平生乐府闲征遍，瓠室传衣四种书。

陈本礼 素村　　子逢衡 穆堂

《江苏诗征》："本礼字嘉惠，号素村，清江苏人。监生。素村居关南通化里，今名笊篱湾，筑瓠室藏书数十万卷，秘本尤多。世以此比范氏天一阁、毛氏汲古阁、马氏玲珑山馆、阮氏文选楼。著《瓠室诗钞》。"

同治《扬州府志》："本礼家多藏书，勤于考订，丹黄不释手。或得宋本精椠，尤珍袭藏之。著有《屈辞精义》《汉乐府三歌注》《急就探奇》《协律钩元》若干卷，名曰《瓠室四种》。又著《焦氏易林考证》《扬雄太玄灵曜》等书。子逢衡。"

金长福《陈征君传》云："逢衡字穆堂，有《竹书纪年集证》五十卷、《集说》一卷、《叙略》一卷。嘉庆癸酉裛露轩刊。又《穆天子传注补正》六卷，道光癸卯刊。又《逸周书补注》二十二卷首一卷末一卷，道光乙酉修梅山馆刊。"

五十万卷楼藏有嘉靖覆宋八行本《周礼》，为陈氏遗书。本礼雅好书籍，收藏至十余万卷。

藏印有"瓠室"二字白文章。

怪喋旁行定一尊，流丹注点种穷根。
墨庄即是骅骝道，绝倒王郎啖子孙。

王大全—贯

王大全字一贯，宝应人，号酉山。乾隆庚子举人。官桐乡，晚年官鲁省官台场署。著有《西山诗钞》，现稿本藏龙蟠里国学图书馆。中有《伏日晒书歌》，以见酉山好书藏书之情状。诗云："世间何物堪咨考，简册连云最瀚灏。悔不更读十年书，只为禄养滋烦恼。催科抚字日靡宁，一见缥碧心倾倒。痴癖乃使外人知，投赠以此代缣缟。退食偶尔得余闲，又向坊肆勤探讨。敢云二酉左吾山，经、史、子、集传家宝。每逢霉雨气淫蒸，恐生恶蠹亲除扫。晨兴检出夕收藏，时当三伏天炎燠。非无臧仆服其劳，信于折叠恒草草。长短阔窄易棼如，整顿牙签俾安好。卧庭表异晋郝隆，腹笥曾否多文藻。迟暮犹未易初衷，可惜头颅今已老。半生闻见愧迂疏，春秋莫识琅琊稻。择虽未精语必详，累叶箕裘须护保。慎勿藐视若弁髦，高大门闾须再造。岂不闻沧海有时变桑田，功名富贵争迟早。子孙守之作贻谋，墨庄即是骅骝道。"

七二青峰乱叠书，琳琅五桂闭门居。
人间急劫都销尽，一角姚江未烬余。

黄澄量石泉

《余姚县志》："黄澄量字式筌，号石泉，余姚人。诸生。师事孙盘、诸重光。笃志力学，于书无所不窥。慕远祖宋时号五桂者，昆季五人，并著清望，遂以五桂名楼。聚书五万余卷，邑知名士诸开泉、胡芹、史梦蛟、吕迪辈交器重之。子肇震，字伯器。踵父购书，复增万余卷。"

《五十万卷楼藏书目录·沧溟集题记》云："卷末有'五桂楼'章，当是余姚黄氏藏本。"

《椿荫轩笔记》云："先王父讳澄量，号石泉。筑五桂楼，遍购古书善本置其中。凡五万余卷，藏书之富甲越中。阮文达尝序其目。楼下即七十二峰草堂，为讲学会文之所。取明陈以勤以下数十家文，仿《文苑英华》例，辑《明文类体》百四十册，稿藏楼中。并著《姚江书画传》《贺溪修禊录》等书。兵燹后，浙东论藏书之富，首推黄氏，虽天一阁范氏不及也。"

《五桂楼书目》四卷，光绪五年姚江黄氏刻本。其《书目》题识云："今世藏书之家，惟宁波天一阁为最久。其制：厨门楼钥子孙分房掌之，非齐至不得开禁；以书下楼梯及私引亲友擅升，皆罚不与祭。故历久而书不零落。余既构楼三间以藏此书，益欲子姓守之。后世能读椠书可登楼展视，或海内好事愿窥秘册者，听偕登焉。尝见世之谋子孙者，求田问舍，计非不周至，然数传之后，不免窭贫。重念纂金之教，此余藏书之本意也。嘉庆辛未春仲石泉识。"

又云："黄氏经籍，子孙是教，鬻与假人，即为不孝。石泉又识。"

其孙联镳题识云："先王父石泉公性嗜篇籍，租入之余，悉以市书。历十余年，积卷五万有奇，列柜二十，筑五桂楼藏弄其中。先大夫药溪公，裒聚增益又不下万卷，椠书之富甲越中。辛酉之难，稍稍散佚。联镳念手泽之存，命仲儿安澜谨为整理。部次之紊者更之，卷叶之乱者序之，其阙佚者随搜补之。自乙丑秋季迄今庚午冬仲，历五寒暑，仍还旧观。藉承先志，并勖后人焉。同治九年十一月。联镳方轩甫谨识。"

阮元《黄氏五桂楼藏书目序》云："自制义兴而天下读书人遂少，凡登金门上玉堂者，往往并《文选》不能读，于他书何有，而古书遂日即于沦亡。今浙东藏书之家，以宁波范氏为最。余既编写其目录，既又序而刻之，诚以简编飘零，欲藉此以维持之，亦振起斯文之意欤！余姚黄君石泉，僻处深山之中，木石之与居，牧童樵竖之与往来，独有志津逮，缥囊细裹，搜罗至五六万卷，建楼储之，以贻子孙，可谓有志者矣。余又闻黄君居乡，增置祭产，每岁腊残，各给升斗，以资足岁。尝手著《姚江书画传》《四明耆旧传》等书。其敦睦宗族，奋兴乡里，所谓隐君子者如黄君非欤！好学之士诚能造庐而读其书，规其行为，异日赓飏之具，勿囿于制义焉！是余之所深望也。"

则虞案：又有顾文彬序、蒋清翊《五桂楼藏书记》。

邵瑛《登五桂楼看藏书诗》云："总少人间未有书，洞天深处竟何如。名山盛业君都擅，不数琅環福地居。"

侯官刘荃旭初《非敢言工聊志响往诗》云："六万缥缃富积储，长留孙子作菑畲。燃藜愧说传经后，未得楼中署校书。""不减嫏環福地居，四明山翠护图书。夜深定作金采向，劫火珍藏未烬余（咸同间发逆之乱，江浙藏书多毁于兵火，斯楼卷帙独完）。"

余姚黄云眉《观五桂楼书记》云："邑之五桂楼，吾家石泉先生藏书处也。在峰峦合沓中，去县治仅五十里。既至，先生五世孙省吾君启扃登楼。楼构造颇精且特高，楼筑于嘉庆间。额为白水山人所书。省吾云山人姓胡，名芹，馆先生家最久。先生裒集群籍，山人赞襄之力居多。其书大小合三十厨，凡五万余卷，现存约四万五千余卷。余与光绪乙未所刊书目一一抽对，计遗佚者约三千卷，残缺者约二千卷，其为蠹蚀鼠啮者尚少，不过数十种。然碑帖无完本矣。其宋版书则《广韵》《韩昌黎集》《范忠宣集》数种而已。"

又云："海内藏书家多矣，其能经数十年或数百年而不遭兵火者几何？不为蠹蚀鼠啮者几何？不为人所巧取豪夺者几何？不为子孙所鬻者几何？而先生乃有'黄氏经籍，子孙是教，鬻与假人，即为不孝'之遗戒。其亦可谓不达也已。"云云。

黄直垕敬斋《赠五桂楼主人药溪先生》云："四明山上云汉章，五桂楼前经籍光。闻道宗衮昔建此，网罗欲过千顷堂（金陵黄明立比部家有《千顷堂书目》数十卷）。文章尔雅溯吾宗，东发实启南雷乡。日抄续抄共辉映（慈水黄氏建日抄堂，先遗献公建续抄堂），君家继之为不忘。"

又云："石匮石质久韫秘（蜜岩有石质藏书处，疑作屋），君家母乃倾其藏。今我揭来阅书目，无奈入门犹面墙。羡君好书玫曹氏，我欲为君主书仓。羡君拥书等侯国，我欲为君校书郎。"

昨朝人自北邙回，棘道荒麟土几堆。
到底不如书隐辈，姓名戴五说由来。

冯新_{勉斋}　胡重　汪伯子_{念贻}　顾至_{玉台}　龚文照_{野夫}

《士礼居藏书题记》，宋本《碧云集》题记云："卷中有'良常冯静观藏书'狭长印、'冯新之印''复初'四方印、'良常冯氏汲古斋藏书'阔长印，初不知为何时人，时同年溧阳汤达兴阿为郡学博，送考昆山，余往询之，但云：'良常，茅山地名，取以名金坛，因地相近也。金坛确有故家冯姓者，此藏书之人，未之检也。'越日考罢归，忽有札示余云：'良常冯新号勉斋，太史冯秉彝之子。伊子名浩，拔贡，武陟例指教谕，现选巢县学，来省考验领凭，冯新亦送伊子浩来苏，昨日开船去。据云自金坛移居扬州。汲古斋藏书，大部带扬，小部遗□。'就汤所言，余得此书，藏书人现来此地，亦奇缘也。"

《士礼居藏书题识》，校钞本《藏春诗集题》云："始得此书不知胡重为何人，适禾中友松门戴五来访，余询之，则其人尚在，盖以钱塘人而寄居禾中者。视其校此书时，所记岁月在乾隆丙戌。松门云年已七旬，则校此时尚在壮岁。用心雠勘，自是我辈一流人物，惜未能晤对一堂，为古书讨厥源流耳。"

又云："壬申春偶遇一坊间主人以嘉禾友人书札一通属寄孙渊如观察者，问余孙公见在何处？否以便邮递？余询之，即为胡重其人。始信松门之言为不虚也。他日当与松门访之。"

则虞案：此书前有胡氏三跋，自署"菊圃学人记于书隐阁。"又题"书隐"及"安定小书隐生手校"。又，铁琴铜剑楼藏《藏春诗集》卷首有"秀水胡重之印"。

士礼居藏《嵇康集》题记云："前不知汪伯子为谁何，今从他处记载，知其人乃浙籍而寄居吴门者。家饶富，喜收藏骨董。郡先辈如李克山、惠松崖皆尝馆其家，则又好文墨者也。是书之出于其家固宜。后人式微，物多散佚，可慨已。然思后人得其物而思其人，俾知爱书好古首有其人，犹胜于良田美产转徙他室，数十百年后名字翳如，不更转悲为喜乎！伯子号念贻云。余友朱桂崖乃其内侄也，故稔知之。"

士礼居藏《湖山类稿》后有长洲顾至跋，荛翁题云："是册为顾君玉台所得，却不言所从来。玉台为名秀才，在院肄业时，余习见走，未问而言。既殁后，识其弟梓亭，因知其后人亦稍替，未能承其家学。是书殆从武陵散佚者乎？每慨没世不称如枚庵者。近修郡志，已入《文苑传》，不患无传，而顾君以一青衿终其身，过此其能免名在翳如之叹乎！余故表而出之，以见如玉台者，亦能宝藏古籍，是读书之藏书，非沾沾于章句之学可比也。"

　　《著砚楼书跋·明刻顾华阳集跋》云："此书旧为璜川吴氏藏书，后归相城龚氏群玉山房。据藏印知龚氏名文照，字野夫，当是嘉、道间隐逸不仕者。惜不载邑乘，致无由考其端末耳。"

　　藏印有"龚印文照"白文方印、"野夫"朱文方印、"长洲龚氏群玉山房藏书记"朱文方印、"文照之印"白文方印、"龚氏珍藏"朱文方印、"野夫所藏"朱文方印。

收书莫笑利钱刀，享帚传珍已足豪。

桂氏经生遗《札朴》，翻从下吏识吾曹。

李宏信 柯溪

《士礼居藏书题跋》："萧山李柯溪侨居吴市，颇收古书。余友吴枚庵与往还。"又云："柯溪去官业贾，人本粗豪，余虽于枚庵座中一识其面，未敢与订交矣。其所收书大概为转鬻计，盖萧山有陆姓豪于财，向喜收书。近日能收书者，大半能蓄财者，可慨也夫。"

《越缦堂日记》云："桂氏《札朴》，同邑李吏目宏信所刻。吏目号柯溪，居柯山村里，与余家同姓而不宗。吏目官云南，据此书跋尾自言在滇时，谬以下僚，蒙被推许，朝夕商榷，因以此稿属其刊刻。考未谷以永平县知县摄邓川州，则李君盖为邓川州吏目也。其小李山房藏书极精，今后嗣已绝，书亦久散矣。"

则虞案：五十万卷楼藏有《春秋公羊传注疏》，为李柯溪过录何小山、惠松崖校笔，后有柯溪题识。

藏印有"柯溪藏书""小李山房印""子孙永保"。

内重才知外物疏，锥刀一世伴残书。
高轩休向门前过，原宪朝朝到此庐。

钱近仁

　　同治《苏州府志》："钱近仁长洲人。先世居昆山。父母早丧，贫不能自存，寄食攻皮家，遂习其业。少长，与塾中儿游，渐能识字。工作外，读书日夜不辍。苦无书，乃遍历书肆及古寺院为之佣，不取值，因得借观群书。积四五十年，凡经、史、子、集、九流百家，流览几遍。尤致力于《孝经》《论语》，人称之为'补履先生'。性朴讷，不妄取一钱。所居老屋半间，贮破书万卷，无几榻锅釜之属。彭绍升、王元亮过之，叹为沈士麟一流人物。乾隆壬子春，饥饿不能出户，诸生王丙迎至家，卧病百余日而卒，年七十六。葬于虎邱。巡抚汪志伊题其碣曰钱处士墓。"

卷三

无声秋兴压雕楹，游艺雠书岸帻梁。
一代画禅开六祖，机锋合敌董香光。

吴荣光 伯荣

《清史稿》本传："吴荣光，广东南海人。嘉庆四年进士，改庶吉士。六年散馆，授编修。八年三月大考三等，记名升用。九年充顺天乡试同考官，是年京察一等。十年三月授江南道监察御史。二十一年充军机章京。二十三年授陕西陕安道。二十五年调福建盐法道。道光间历任福建、浙江、湖北按察使，擢贵州布政使，护理贵州巡抚，擢湖南巡抚。十七年授福建布政使，卒年七十一。"

则虞案：吴荣光原名燎光，字殿垣，一字伯荣，号荷屋、可庵，别署拜经老人、石云山人、白云山人。藏书楼名筠清馆，后部分藏书捐入福州凤池书院。荣光从学阮元，从阮家得见珍贵书画、文物，因而精研碑帖拓本、吉金乐石，成为著名鉴藏家、金石学家。著有《石云山人集》五卷（《清代稿钞本》收录），《奏议》六卷，《绿伽楠馆诗集》二十三卷，《词选》一卷，道光二十一年筠清馆刊。另有《辛丑销夏记》《吾学录初编》《筠清馆金石录》《筠清馆钟鼎款识》《历代名人年谱》等。生平事迹见《清史列传》卷三八、《国朝耆献类征》卷一九九、《国朝书人辑略》卷八。

《石云山人文集·南海吴氏赐书楼藏书记》："余性好书籍，官京师二十年，聚至七八千卷。以嘉庆镌秩闲居。去其半以易米，最惓惓不忘者宋版《史记》及《陈后山集》也。逮外擢出京，以馆阁通行易得之本悉赠友人。嗣在闽省建凤池书院，以重复者二千二百余卷捐置院中，盖已散矣。然余历走陕、闽、黔、浙，十年廉俸所入，短衣缩食以购之。闽、浙多藏书家，余莅其地，所得尤多。道光乙酉冬，在黔藩任内告归省亲，除寄杭州方芑田孝廉家外，检箧中金石简册将及二万卷，悉携以归。薏米之谤，不足计也。丙戌北行，戊子夏在闽藩任内，奉先通奉讳遄归，大事既毕，偶阅曩存卷帙，半为蠹蛀。岭表卑湿，思有以保护之，因以建立家庙余工，于宅后购西邻过氏屋地作楼，楼中敬贮先帝所赐上方善本，余则仿方渐增壁为阁故事，将二万卷尽列两旁阁上，却霉蟫，登爽垲，统名曰赐书楼，纪恩及也。"云云。

潘文恭序其集云："风雅一律，忠孝备于人伦；经济万言，忧乐先于天下。"足见其大概。

《晚晴簃诗汇》称其诗"纪事述情，不规规摹仿前人"。

《广东藏书纪事诗稿》注云："荷屋藏书之名，虽为藏画藏帖之名所掩，然所藏率为精绝。《史记》《汉书》均有宋椠精本。苏诗尤有盛名。陈其锟《循陔集》有《苏文忠西楼帖书后》曰：'公诗更有宋椠本，苏斋藏，畀归筠清。荷屋储蓄充栋，多属精椠，惜无藏书目录流布耳。'"

张维屏《艺谈录》谓"粤东百余年来，论书法推四家：冯鱼山敏昌、黎二樵简、吴荷屋荣光、张懈山岳崧"。

则虞案：世传吴荷屋藏宋刊本《后山集》，缪艺风曾语及之。今潘博山藏宋刊大字本正二十卷，字大如钱，气息朴厚，卷末有翁苏斋题诗，盖即荷屋旧藏。又方柳桥得元刻本《草堂诗笺》于南海吴荷屋中丞家，见所刻《诗笺序》。

李希圣《雁影斋读书记》：《挥麈录》宋本，钤有"粤人吴荣光印"白文，卷后有"荷屋所得古刻善本印"朱文、"吴氏筠清馆所藏书画印"朱文。

秋影流霜帷漏迟，修名少结主恩知。
桐城家法阳湖派，岳岳东南并一时。

朱珔 兰坡

《清史稿·儒林传》："朱珔，字兰坡。生三年而孤，祖命为季父后，嗣母汪未婚守志，珔孝事之与生母同，昆弟均相友爱。嘉庆七年成进士，选翰林院庶吉士，与幸翰林院柏梁体联句宴，散馆授编修，擢至侍读，与修《明鉴》，坐承纂官累，降编修。道光元年直上书房，屡蒙嘉奖，有品学兼优之褒，升右春坊右赞善。告养归，历主锺山、正谊、紫阳书院，卒年八十有二。珔爱书如命，学有本原，主讲席几三十年。教子弟以通经学古为先，与桐城姚鼐、阳湖李兆洛并负儒林宿望，盖鼎足而三云。著有《说文假借义证》二十八卷、《经文广异》十二卷、《文选集释》二十四卷、《小万卷斋诗文集》七十卷，辑有《国朝古文汇钞》二百七十二卷，又有《诂经文钞》六十二卷。"

陈宝箴《重刊小万卷斋文集序》："乾嘉以来，桐城姚氏姬传赓望溪之绪，以古文提倡后学，天下宗之。阳湖李氏申耆兼讨古义，以规时务，有意于经世之学，学者多取则焉。方是时，泾县朱兰坡先生崛起徽、宁，与姚、李两先生标帜相望。以词臣闲居，教授锺山暨紫阳、正谊书院垂三十年，嶷然为江左经师之冠，风会为之日上。"

《培风阁藏书目录序》："我家从曾祖乡贤公下建立培风阁，而聚书实其间渐增多积，缄守有年。癸卯冬，群从告曰：'是宜作目录备稽核，庶无放失之虞。'余曰：'善。'爰集众力，循次胪列，届旬毕功，以十干为纪。阁贮九镂，凡三万三千卷有奇，而癸部庋松竹轩别种，暨重出本复七千卷而赢。外吾家自置者，先中丞兄与余称最，余有差，并而计可得十万卷，目录亦附刊，可离可合。"

又云："书之藏，先阳湖洪北江前辈曾制记。顷目录成，余更引其端，兼表斯意，俾我乡贤公之裔嗣怵然知励，慎毋荒毋怠。"

朱珔《绍衣堂藏书记》云："同族虚舟秀才以其家绍衣堂藏书属记于余，虚舟据曾祖乐循公以下，所购置既若干卷，厥考绥臣公别加增补，汇贮一堂，颜曰绍衣，适合托付箕裘之义。余家培风阁颇多藏书，年终一检视，若夫读弥勤藏亦弥广，此则皆当与虚舟交相勉者也。"

《小万卷斋诗》："嘉平朔日，培风阁岁例检书，家椒园秀才凌云有诗纪事，赋此酬之，兼示群从。诗云：'书斋例自守年年，别蠹藏芸力并宣。金镄秘文惭旧校，玉峰奇帙愿私编。永垂子姓东园泽，谁续《邱》《坟》《左》《史》贤。裒录倘成公武志，范家天一阁同传。'注云：'书每卷俱钤"东园遗泽"印，东园者，曾祖通奉公号也。'末句注云：'原诗及编次目录事。'"

则虞案：先生有《山居拥卷图》，自题六首，录五：

旗峰岘岫并围庐，啸咏闲窗自晏如。愧乏贾生匡世策，寥寥归计一床书。

家赀荡尽已无存，冷落青毡失旧温。差幸百城终未夺，砚田容我课儿孙。

东园手泽久贻芳，阁上篝灯夜未央（先祖东园公以下藏书培风阁）。弹指岁华头已白，此身甘老蠹鱼乡。

来青屋外拥青螺，架列陈编值几何。肰篋有人毋屡顾，岂真能当积金多。

苏台俊秀喜成班，月旦评文讲席间。无事闭门惟把卷，梦魂犹自绕家山。

图之题咏者有：吴廷琛、胡世琦、胡承珙、梁章钜、石韫玉、韩崶、吴嵰、李宗昉等。此图咸丰庚申春在泾失去，族人济川得其图，其子葆元于汉皋又得之。后有许乃钊、何栻、志钧、李葆恂诸题，今图仍在其后裔槐荪先生处。尝影印数百本。兰坡又有《霜帷课诵图》，以吴兰雪、姚石甫题咏最佳。培风阁距吾家六十里，泾县培风中学即其遗址。

胡蕴玉《朱兰坡传》："先生曾祖建立培风阁，藏书三万三千卷有奇。松竹轩所藏亦复七千余卷，而先生兄静斋亦好藏书，合先生小万卷斋所藏共十万卷。"

则虞案：先生之书通籍前所得者藏培风阁，咸同时散失大半。藏吴门者，其子葆元《吟秋馆诗稿》卷四《和家蓉舫文学中秋玩月诗》云："又不见万卷斋，木犀还向秋风开。注云：'先君侨寓吴门二十余载，宅中有小万卷斋，藏书十余楹。兵燹之后，闻俱散失无遗矣。'"今西南图书馆有培风阁旧藏明版史书数十种，盖泾川散出者。

藏印有"朱珔""臣珔""培风阁"长白文印、"通籍后所得"，藏苏州小万卷斋者藏印有"小万卷斋"朱文长印。

潦倒明时浊酒杯，琴高山色故人来。
纷挐向郭《南华》注，《八代全文》莫漫猜。

李兆洛 申耆　　盛甫山

《清史稿·文苑传》："李兆洛字申耆，阳湖人。嘉庆十年进士，选庶吉士，改令凤台。在县七年，以父忧去，遂不出。主讲江阴书院几二十年，以实学课士。藏书逾五万卷，皆手加丹铅。尤嗜舆地学。卒年七十一。其自著曰《养一斋集》。"

包世臣《李凤台传》："予以嘉庆庚申识于白门，壬戌过访，主其家七阅月，遍检其所藏书，卷逾五万，皆手加丹铅，校羡脱，正错牾。"

蒋彤《养一子述》："申耆晚号养一老人，门弟子群称养一子。好表章古人文章，赀有所出，则任校雠之劳。缺不足则修脯是赀。"又云："雅不喜宋刊，惟假以校雠，或录存其副，有求者则转与之。丛书多至数百种，中择取其十之二三而已。惟诸子别集，若《杂史义》《幽事晦》，世人罕知，则亟收之。每得书则并本厚钉，细楷目录，夹以银杏木板，束以青绳。严整明便，望而知为辈学斋中物也。湖郡书贾岁必麇至，有不知者则示以是书何用，刊行自何时，价何等，即奉为典型。江阴固僻邑，自子主讲来，乃有数书肆可得古籍。"

《李申耆年谱》："道光二年壬午，先生五十有四，在扬州，馆鲍氏，颇有园亭之胜。为搜辑八代文，上自汉魏，下迄于隋唐。当嘉庆甲戌乙亥间，扬州盐政阿公，校刊《全唐文》，孙观察星衍预其事。观察旋与弟星衡、严孝廉可均撰集是书而未竟业，鲍氏意欲缮完进呈，故以属诸先生。又纂集《八代全文》成二部，其一以时代前后相次，一则以类相从，分数十门。"

藏园《全上古三代秦汉六朝文跋》云："是书王毓藻序云：'方柳桥以五百金得严氏原稿，点窜涂乙，丹墨纷如，皆广文手笔。'严氏自序亦云：'肆力九年，草创粗定。又肆力十八年，拾遗补阙，整齐画一，乃克竣事。'宜无有异说矣。自俞氏理初有此书实出阳湖孙渊如之说，王序斥为未审，而杨君惺吾更力阐其说，以为厚诬。然余历览近时诸家所言，则怀此疑者大有人在，不第理初为然也。阳湖蒋彤撰《李申耆年谱》，谓道光二年，申耆在扬州馆鲍氏，实搜辑此书，五年纂成。凡二部，一部以时代前后，一部以类相从。《谭复堂日记》："在全椒见《吴山尊日记》，言纂辑实出孙伯渊手，而缪筱珊前辈且言曾在李申耆先生后人许见所钞分类一部。因缺二帙，未曾购得。"其说非尽子虚，可否是书发议于孙，葳事于李，而铁桥与孙星衡实与分纂之力，而出资延聘诸人以举其事者则鲍氏也。"

藏印有"养一李兆洛印""申耆"二字朱文方印、"李印兆洛""养一"两白文方印。

则虞案：申耆与吾乡前辈交游，数度来吾泾。倭乱时，吾乡犹多申耆书翰，又有申耆题咏，惜当时未收拾，今则不可复求矣。只记忆《游水西诗》"潦倒明时浊酒杯"一句。

沈钦韩《幼学堂文稿·南墅书目后序》："阳湖盛舍人甫山先生官京师，手聚书二万余卷。古今六艺九流学者，所必当读之书，规模略备。其同郡李庶常申耆为之补残缺，汰丛复。部有衮，卷有标，朱紫厘然，甲乙了然。因指读书之大要为《南墅书目序》，所以成先生嗜古之志，而蕲于后来之英切磋究考甚深切著明也。钦韩驽钝，少时寒苦。年十九始见《汉书》全本。嗣后稍从相知假匃，又以俗累不能卒业，乖于今而无及于古。中夜嚘唔，恒然负笞。窃幸得交于先生，望嫏嬛之地，琳琅之富，时欣羡而思津逮焉。"

板舆扶杖看花行，半亩园亭书百城。
《鸿雪因缘》《正始》集，南田墨妙凤鸾声。

麟庆见亭

《清史稿》本传："麟庆字见亭，完颜氏，满洲镶黄旗人。嘉庆十四年进士，授内阁中书，迁兵部主事，改中允。道光三年出为安徽徽州知府。调颍州，擢河南开归陈许道。历河南按察使、贵州布政使，护理巡抚。十三年擢湖北巡抚。寻授江南河道总督。丁母忧，改署理。服阕，乃实授两江总督。著有《黄运河口古今图说》《河工器具图说》。"

则虞案：麟庆一作字伯余，号见亭。《鸿雪因缘图》乃其自编年谱。其子崇实为《见亭行述》一卷，道光丙午刊。《五十万卷楼藏书目录·周易兼义题记》云："麟庆内务府镶黄旗人，著有《凝香室诗文偶存》。"孙沄《余墨偶谈》卷七谓其《鸿雪因缘图》耗板赀三千余金。家有半亩园，极林亭幽适之趣。太夫人为恽南田裔。《正始》《正雅集》皆在园中辑刊，宜其图记雕刻之精工矣。

伦明《辛亥以来藏书纪事诗》注："满洲河督麟庆有《鸿雪因缘图记》初二三集行世。其母恽珠夫人有《国朝闺秀正始》初二集行世。二子，长崇实，字朴山，官成都将军，署四川总督。次崇厚，字地山，官左都御史，以议我约事废黜。其家所藏书皆钤'嫏嬛妙境'印。十年前渐有散出，至去岁而大尽。余得有《嫏嬛妙境藏书目录》，系依四库分类略备，惟不注明版本。亦有罕见者，有《鸿雪因缘》四集未刊稿，恽夫人之《正始集》原稿，及所收闺秀诗集单本数十册。又有朴山在成都将军总督任奏稿数十册。可异者，其中夹有骆秉章在四川总督任内奏稿数十册，盖朴山接骆公后任，奏稿存署中，遂并有之也。"

则虞案：伦明《辛亥以来藏书纪事诗》注载于《正风杂志》，下引诗注简称曰"伦明《诗》注"。

梅边吹笛有徽音，宦绩词章重士林。
云木古溪桥上宅，荒池鹤去冷苔深。

潘锡恩 芸阁

《清史稿》本传："潘锡恩字芸阁，安徽泾县人。嘉庆十六年进士，选庶吉士，授编修。大考第一，超擢侍读。道光四年复大考一等，擢侍读学士。五年，命以道员发往南河，补淮扬道。后授光禄寺卿，历宗人府府丞，左副都御史，督顺天学政，擢兵部侍郎，调吏部，仍留学政。寻代麟庆为江南河道总督。同治五年，乡举重逢，加太子少保。六年卒。漕运总督张之万疏陈锡恩治绩，赐祭葬，谥文慎。"

则虞案：芸阁为凌廷堪入室弟子，《校礼堂集》中屡称之。芸阁著有《抱朴子内篇撷要》，有道光二十年岁次庚子仲春既望自序。《贩书偶记》有底稿本。又尝纂修《一统志》，有志稿二十余卷。黎襄勤尝延董晋卿修《行水金鉴》，襄勤卒，芸阁仍延董君卒其业。延姚石甫校《乾坤正气集》，功不在张天如之下。后又延许印林撰《史籍考》，闻美国国会图书馆有底本。晚归筑园于古溪之上，修竹乔木，周匝若城。又有约园者，亦其第宅。厅事有于敏中"食德饮和"榜书。芸阁子骏文，字梅园，《清史》入《河臣传》。有《潘方伯公集》，光绪年间刊于京师。精绘事，以画竹画菊著。藏书极富，闻在闽中散出。

又案：余见芸阁手校《寰宇记》及《履斋示儿编》钤"潘锡恩"白文方印，又钤"古猷州潘锡恩校藏"朱文长印。

瘦骨凌秋冷绣衣，高文晚出赏音稀。
城南寂寞摊书坐，五管苍崖落翠帏。

吕潢 礼北

彭晃尧《吕月沧先生诔》云："先生讳潢，姓吕氏，月沧其字也。广西永福人。以进士官浙江知县，寻擢海防同知。谳德清狱不实，除名。所治有惠政，民皆庙祀之。既罢官，挟书数万卷以归。寓桂林城南，自号南郭老民云。道光戊戌卒，年六十有一。著有《月沧诗文》若干卷。"

增补：梁章钜有《吕月沧郡丞墓志铭》。

吴德旋《初月楼文钞·吕月沧藏书目录序》："粤西吕月沧郡丞为寓公于杭州，四方贤士大夫至杭者，闻月沧多才艺，咸愿与之游。月沧亦乐以所得者用之于人而无所吝。比来予亟游浙中，既慕其贤而友之，使子谨从受学焉。月沧喜购书，积多至三万余卷，命谨编其藏书之目录。"云云。

《月沧文集》手订《年谱》："丙戌，五十岁，塘工保固限一年未满，例不准归。所收书万余卷，前此绊于史事，无暇翻阅，至是择其要者一属目焉。于杜、韩、苏三家诗则荟萃诸评本而丹铅之。《文选》及《唐诗别裁》亦手录善批，学六壬法。"云云。

当湖人重小云庐,獬绶巾车总自如。
垂世一编《朋旧集》,传家万卷纳楹书。

朱壬林_{礼卿}　陈廷献_{草窗}

《平湖县志》:"朱壬林,原名霞,字礼卿,号小云。平湖人。嘉庆辛未进士。官至山西道监察御史。喜聚书,然非滥于搜罗,故积书至五楹,所录皆谨严有法。常慨湖州先达遗文散帙,与邑中名士如顾广誉、叶廉锷远绍旁搜,得文百余家,录五百余首,汇于一编,名曰《当湖文系》。所著《小云庐诗稿删存》五卷,《晚学文稿》八卷,《当湖朋旧遗诗》十卷,《小万卷楼书目》三册。"

《当湖外志》:"陈廷献号草窗,平湖人。性嗜书,购藏三万余卷。子树德,字露亭,孙烈字春潭,增而广之,积至五万余卷。"

则虞案:《平湖志·经籍志》有《简香斋书目》四册。

潆盘仰瞰碧千寻，二老褒衣比国琛。
依旧云山堆积处，经巢书毁雪楼沉。

黎恂 迪九　郑珍 子尹

黎庶昌《诰授奉政大夫黎府君墓表》："府君讳恂，字雪楼，晚号拙叟。遵义黎氏。府君中嘉庆庚午乡试举人，甲戌进士。改知县，签发浙江，累充丙子、戊寅、己卯乡试同考官，补桐乡县知县。丁父忧归，家居十四年。道光癸巳再起，复拣发云南，充乙未、丁酉乡试同考官。迭署平彝、新平知县，补大姚县知县，署云州、沅江、姚州、霑益等州知州，题升东川府巧家厅同知。咸丰元年致仕归里，年八十三卒。"

增补：拙叟有《蛉石斋诗集》（见《晚晴簃诗汇》）。

郑珍《舅氏雪楼黎先生行状》："先生年甫强仕，遂引疾家居。尽发所藏书数千箧环列，仅通人。口吟手披，朱墨俱下，如是者十余年。先生之学乃始澔汗乎莫睹其涯涘矣。"

则虞案：瓮安赵禹门赠雪楼诗有句云："人因好读老，家为买书贫。"

黎庶昌《郑子尹先生行状》："先生讳珍字子尹，姓郑氏。自幼精力绝人。予世父雪楼公自桐乡任内以忧归，多畜典籍，先生以甥行学于舅家，悉令鼓箧读之。数年而学以大明。道光乙酉拔贡生，受知于歙县程侍郎恩泽先生。以道光丁酉举于乡，甲辰大挑二等，凡三为校官，后补荔波县训导。未几，弃官归。同治二年，乃用大臣密荐诏赴江苏，以知县补用，未行，而□疾作，遂以是年九月十七日终于家，年五十有九。著有《仪礼私笺》《巢经巢诗钞》《文钞》。"

郑知同《显考子尹府君行述》："是后家稍藏书，颜其室为巢经巢。无者假之舅氏，及遵义故家。时独山莫子偲先生侍其尊人宦遵义，为学与先子同志，多储秘笈。先子往来数家书丛中。"

萧光远《郑子尹征君诔》："好聚书，巢经巢贼焰，寄予云藏书未出者约计八九百部，其半有钱南北可买，其半非我邵亭之善搜不能得。至有三四十种，则海内无他本，不图一旦至是也。子尹避乱，常徒行，以书数担自随，如贩书然。"

《巢经巢记》:"非居盛文之邦,或游迹遍名会,或膺朝省硕官,其人自负学好事而雄于财,又亲戚僚友子弟力为罗擿,贵鬻转钞,无不如志,不能名藏书家也。余幼喜泛窥,见人家稍异者必尽首末。稍长读《四库总目》,念虽不得本犹必尽见之,裹足牂牁丛山之中。家赤贫,不给饘粥,名闻不到令尉,相过从不出闾里书师,齐秦吴越晋楚之都,又无葭莩之因可藉摅蓄念也。冻馁迫逐,时有所去,去即家人待以食归,而顾担负色喜也,解包乃皆所购陈烂,相视爽然。而余尝衣不完,食不饱,对妻孥脥槁寒栗象,亦每默焉自悔。然性终不可改易,迄今二十余年矣。计得书万余卷,汉魏后金石文字,暨宋元来名人真迹又近千卷,虽不名藏家,吁亦多矣!其得之之难为何如哉!玉川子欲拾遗经巢之空虚,诚贵之也。以余得之之难,其视玉川之贵之,又当何如?儌寓夷牢水上,若羁禽无定栖,因以巢经巢名所寄之室。"

《巢经巢诗集·武陵烧书叹》:"烘书之情何所似?有如老翁抚病子。心知元气不可复,但求无死斯足矣。书烧之时又何如?有如慈父怒啼儿。恨死掷去不回顾,徐徐复自抚摩之。此情自痴还自笑,心血既干转烦恼。上寿八十能几何?为尔所累何其多!"

《巢经巢逸诗·埋书四首》录其二:"人之所以贵,不在七尺躯。则贵乎书者,又岂故纸欤?然人道之器,书亦道之舆。人死既宜葬,书毁可弃诸?我巢正月焚,我归一月初。徘徊赭阶上,历历思旧储。中堂接右夹,北出连光庐。累箧楼上下,壁壁无隙余。皮案必中窗,窗窗可卷舒。奈何俱不存,惟见瓦砾铺。一哀为出涕,万有良归虚。数日封积灰,不令落秽污。冢笔念怀素,瘗文悲复愚。乃今巢经翁,伤心埋毁书。汝存我尽力,汝亡我收枯。借问烬中人,识此孝子无?"

其二云:"《四库》所校录,浩浩七万卷。下士而婪人,乃能及其半。□□□□□,□□□□□。生小家壁立,仅抱经与传。九岁知有子,《山海》访图赞。十二识庾、鲍,十三闻《史》《汉》。十四学旧家,插架喜偷看。始知览八千,旧是先生贯。鸠集四十年,丹黄不离案。有售必固获,山妻尽钗钏。有闻必走借,夜钞恒达旦。不独有应有,亦多见未见。古州新附生,为起藏书馆。自谓得之难,庶几免于患。讵知终不保,天意岂人算。我得自我失,犹胜身后散。世事良未知,一物不足叹。"

则虞案:凌惕安《郑子尹年谱》,谱后附郑同知手写册子,记子尹归道山后所遗图籍,盖烬余也。末有《巢经巢书目》。

功名无用不如无，松崦蓣田倦著书。
经世谁知儒术便，七篇原善有新疏。

焦循 里堂

《清史稿》本传："焦循字里堂，甘泉人。嘉庆六年举人。曾祖源、祖饶、父葱，世传《易》学。一应礼部试，后遂托足疾不入城市者十余年。葺其老屋曰半九书塾，复构一楼曰雕菰楼，有湖光山色之胜，读书著述其中。尝叹曰：'家虽贫，幸蔬菜不乏。天之疾我，福我也。吾老于此矣！'嘉庆二十五年卒，年五十八。殁后，阮元作传，称其学'精深博大，名曰通儒'。世谓不愧云。"

阮仲嘉《淮海英灵续集》："焦里堂先生四十外足不入城，筑雕菰楼藏书数千卷。"

汪之昌《青学斋集》："焦里堂《雕菰楼集》，述伊夫人卖钗买书事，读之感赋：'雕菰淘畔老经师，一家雍和乐唱随。曾拔金钗换书籍，胜伧劝积买山赀。'"

《雕菰楼诗·内人三十句》云："'七八年来忘我困，三千卷里托君心。'注云：'内人卖钗珥买书百余种。'"

《里堂家训》："自有考据之目，依而附之者有二：一曰本子之学，一曰拾骨之学。是二者富贵有力之家出其余财，延集稍知文者为之，亦贤于博弈，亦足备学者之参考。若一生精力托此为业，唯供富贵有力者之使，令为衣食湖口计，倘认此为经学，则非也。夫《文选注》《初学记》之流。不过词章诗赋之士，本不通经，随手摘录，首尾不完，莫可究诘。而拾骨之人，指毛为鸭，几何不男胫女续，老颜幼戴，是又在本子之学下矣。"

《里堂书品》不分卷，北京图书馆（注：即今国家图书馆）有旧精钞本，一名《里堂题跋》，作二卷。秦曼青更年藏原稿本，丁福保曾借钞。

汪启淑辑刻本《烨掌录》，后有焦氏题记云："嘉庆甲戌二月录十数条入《道听录》，杭氏序识之。余谓此书胜杭氏所为《文选》（下缺四字）多矣，谓察而不惠，辨而无用，非也。雕菰楼主人记。"又一则云："壬戌秋七月，又阅一过。丁卯秋七月，是书考证经史简□，颇资于学者之参订，在近年新出诸说之上。秀峰来扬访江都汪容甫明经，见面两相争詈。尝饮于汪比部家，擎杯忽大恸，举座为之罢席，亦奇士也。焦循记。"又一则略。

五十万卷楼藏《诗缉》，后有里堂题记云："余年二十，读书于安定书院中。院长为丹阳吉渭崖先生。谒见时，先生问近日读何书，以《毛诗》对，先生因盛称东莱《读诗记》及坦叔此书。退而问诸市，无有也。至戊申秋，在江宁方得之，时先生已官京师，又数年，先生殁。偶检此书，念先生谆谆教人，感慨不能自已。述之于此。嘉庆四年六月廿三日，江都焦循记。"

室毁书空不计年，家山合眼落灯前。
东风吹绿瀛洲草，岁岁清明在客边。

吴文炳 柳门

《晚晴簃诗汇》："吴文炳字柳门，泾县人。嘉庆辛酉举人。有《香雪山庄诗集》。"

赵绍祖《琴士诗钞·题吴柳门家山图》："水西山色亦颇可，我往看山山笑我。东南遍地皆名山，胡为卜游常不果。吴君家住奎山边，日日登山枕石眠。爱山惜山不肯舍，披图缩山入一编。人人题道家山好，我谓吴君休草草。意气方高泰华巅，何堪株守家山老。劝君赋就凌云词，金鳌背上好题诗。飘然不负山灵约，他日归山自有时。"

朱珔《小万卷斋·为吴柳门孝廉文炳题香雪山庄图》有云："昨夜春明值吴质，颇喜作赋饶清才。"云云。

伊秉绶《留春草堂诗钞·为吴柳门孝廉题香雪山庄图》："诗人例爱梅，非为百花头上开，亦非数点穷根荄。清人心脾寒到骨，气味要与吾侪一。石有情兮铁有姿，长卿才并子卿节。岩高晷短苦幽独，影落寒泉照孤月。豪门纵买百本看，尊彝作配情先隔。无心求艳神理超，陇头欲寄思为劳。松风亭下两株玉，南迁坡老吟魂销。黄山君有三间屋，笑我江南虚卜筑。山中白云成海水，乃金香雪亦如此，归欤著书卧不起。"

香雪山庄，以前吾家藏书者，首推茂仁公恺，著有《读书十六观补》，赵绍祖《跋》云："《读书十六观》者，陈眉公之所纂也，茂仁吴先生爱而补之，因录原书于前，而附所增于后。眉公书已刻于《续说郛》中，余故出之而专取先生所补以惠同好。先生为吴方伯公元垣之子，以前朝明经隐居不仕。甲乙以后，足迹不入城市，惟以读书力田课子孙为事。"

香雪山庄藏书，有《藏书目》八册，以明清诗文集为多，论书画、堪舆书次之，杂考笔记书又次之。其藏书约散于咸、同之际。香雪又以藏古泉著称，法梧门、钱竹汀称其渊雅清才，著有《泉币图说》六卷，嘉庆五年刊。余在沪上来青阁得初印本，上钤"培风阁"白文章，盖以赠兰坡先生者。今岁于修绠堂得信阳书院刻白棉纸本《何大复集》,卷首钤"香雪山庄"朱文印,卷尾钤"吴文炳"白文方印。

琳璆簿录记《平津》，陆贾归装未是贫。
兰雪绛云同一燎，六丁偏怒读书人。

洪颐煊 旌贤

《清史稿》本传："洪颐煊字旌贤，临海人。少时自力为学。嘉庆六年充选拔贡生，入赀为州判，权知新兴县事。适阮元督粤，知颐煊学优非吏才，延致幕府，相与谘诹经史，后卒于家。性喜聚书，广购岭南旧本至三万余卷，碑版彝器多世所罕觏。著《礼经宫室答问》《孔子三朝记》《管子义证》《汉志水道疏证》《读书丛录》《台州札记》《筠轩诗文集》。"

《两浙輶轩续录》："颐煊官广东新兴知县，解组归，聚书四万卷，碑帖千余种。又钩摹家藏历代名人墨迹，刊《倦舫法帖》八册，因自号倦舫老人。所著有《读书丛录》二十四卷、《倦舫书目》九卷、《倦舫丛书》十二册，《临海诗录》所载略同。"

《［光绪］台州府志·经籍考八》著录《倦舫书目》九卷、《补遗》三卷，有道光十二年洪氏自序云："少年即好聚书，后馆孙渊如观察德州使署七年。观察富于藏书，属予撰书目。又取宋元版本并明刻之佳者撰《平津书记》，于是尽窥书之藩篱。迨服官广东，始梢梢购集。广东风气醇朴，市上时多旧书，而收藏人少，价值亦不甚昂。历年既久，因得积有卷册。归里后，复多方购求，渐臻富有。"

《志》又云："咸丰辛酉，其书悉灾于寇，今存者无几。"

则虞案：倦舫藏书，同治初年洪、杨军退，里人乘夜携火入内烛之，遗烬被焚。《台州府志》所载有误。

《台州经籍志》云："《补遗》三卷，其子瞻墉撰，记聚藏各书凡一千八百三十六部，三万二千六有七十五卷。分类略依《四库全书总目》，惟未有提要耳。"

则虞案：今原写本藏其裔孙诸生洪步仙家。其撰《读书丛录节钞》，姚慰祖录，皆评宋元本书，有《晋石厂丛书》本。孙氏《金陵忠愍侯祠堂书目》四卷，原稿本兰格钞，书口有"平津馆"三字。其孙氏题衔，视刻本"山东督粮道"上多"署山东布政司"六字。书眉用朱、墨笔加入之字不少，大抵皆洪颐煊笔，亦有孙氏自书者。每类后有附录，即刻本外篇之书，见罗振常跋。

又《小停云山馆图》，小停云山馆为颐煊藏书处，冯登府为之记。此图为嘉庆庚午台州陈受笙画，有宋翔凤、仪克中、王衍梅、吴嵩梁、胡森、黄弥本、姜安等题咏。

藏印有"倦舫""子子孙孙永为宝""子孙宝之""小筠书印""小筠平生珍赏""子孙世守""洪氏小停云山馆珍藏金石书画碑帖砖瓦之印信""鬻及借人为不孝""临海洪氏兰雪轩藏书""兰雪轩""子孙保之""小筠考藏金石文字""玉兰仙馆""颐煊审定""洪印颐煊""筠轩"等诸印记。

太平清福占湖山，袖里青蒲竹里关。
我亦夙耽书上趣，马蹄惟是羡人间。

孙熙元致雍　　**蒋炯**葆存　　**王寿徵**虎生

《两浙輶轩续录补遗》："孙熙元字致雍，号邵菴。仁和人。嘉庆甲子举人，官国子监博士。杨振镐曰：'仁和孙氏世业缥缃，庋藏甚富。邵菴尤攻苦，无间裘葛，手钞善本几及千卷，殚见洽闻，倾倒侪辈。兼工倚声，时与吴谷人、汪小米诸名士流连觞咏，群屐风流，不啻神仙中人。'"

《武林藏书录》："蒋炯字葆存，号蒋村。仁和廪贡。初官慈溪训导，历保县令，分楚北，任广济，卓著政声。所居西溪西南十余里，山环水转，宅幽势阻，长松古桧，梅昆竹箭，弥望无际。中有陂田数千顷，澄湖曲沚，复与烟岚相间。蒋氏聚族而居，饶粳稻鱼虾菱橘之利，屋数十椽，聚书万卷。葆存摘蔬沦茗之外，覃研铅椠，物外翛然。诗学中晚唐，散体文学三苏。长于议论，浙东西名士多闻名而访之者。高情朗志，即不主风雅之盟，亦当为山泽之臞也。"

则虞案：见王昶《蒲褐山房诗话》，又见《国朝杭郡诗三辑》。

《两浙輶轩续录》："王寿徵原名斯恩，字虎生，兆杏子。仁和优贡，署广东从化知县。著《寄青霞馆诗》。"

《缉雅堂诗话》："虎生覃思四部之学，藏书尤多。其精本余尝见之，细书校勘几遍，卷内字体秀劲，暮年尤工。远似文甫，近学翁复初。惜浮沉一官，志不得达。令子子展司马与吾友张延秋有连，嗜书好古，雅才也。"

> 楼上奇书映雪看，金源风雅未凋残。
> 十年贺监湖边客，卧听银塘雨作寒。

庄仲方 芝阶

《嘉兴府志》："庄仲方字芝阶。嘉庆庚午科顺天举人，官中书舍人。淡于荣利，爱西湖山水，以缙绅奉委管理荨田水利。潇洒出尘。晚岁居甪里街，筑映雪楼，藏书五万卷，尝辑《文范》《金文雅》《碧血录》《古文练要》，均称收罗宏富。"

则虞案：《府志》有《映雪楼书目录考》五册，写本。

褚荣槐《庄芝阶先生传》云："荣槐年二十五尝以事谒芝阶先生于里第，时先生年近七十，挹其言论丰采，蔼然以和，肃然其可敬，心仪不敢忘。后二十年遇先生之子若孙于直隶，询先生则殁已十二年。所藏书及身所著撰荡泯于兵火，欷歔久之。先生姓庄氏，名仲方，字兴寄，号芝阶。嘉庆庚午顺天举人，候选布政司理问。庄故武进望族，曾祖歆，官河南密县，始迁浙江之秀水。先生幼而嗜学，既长，所诵书靡不淹贯，为古文整而洁。闭门著书，至老益笃。晚年复迁居嘉兴。生平所述录甚富，秦汉以下诗文俱有选本。今存者唯《金文雅》及《碧血录图赞》《职官志》若干卷，《映雪楼古文》二卷而已。"

《映雪楼藏书目考跋》云："余生平所嗜，惟书与花，而书尤甚。积五十年得书几五万卷，合经、史、子、集，区为十卷，著为三编。内编有醇无疵，外编醇疵参半，附编多伪书或残陋疵颣者，各注撰人名氏爵贯，略及行事及著书之意。他日书即云散，留此一目，亦足以见余精神所寄矣。"

吴德旋《初月楼文续钞·庄芝阶藏书目录序》："予旧闻秀水庄芝阶之名于其族兄达甫，知其佳士。道光丁亥十一月，余应同里程朗岑大令之招，适四明，道经钱塘，访芝阶于侨居之里第。晨夕相与纵论，知其渊源所自出，盖在南宋诸儒而谐之以宰物成务之方，虽夙以经世才自命者不能过，如芝阶乃真可谓之善读书者矣！芝阶家多藏书，经、史、子、集毕备，其目凡经之类若干部，为卷若干；凡史之类若干部，为卷若干；凡子之类若干部，为卷若干；凡集之类若干部，为卷若干；都若干万卷，藏于家，悉著于录。"

吕潢《月沧文集·映雪楼藏书目录序》："庄子芝阶藏书于所居映雪楼，而次其目凡四卷，以示余。余周览一过，曰富矣哉！他日过芝阶，相与登楼四望，则签识森然。偶挈一二谛视之，丹黄于其上殆遍。"云云。

则虞案：《映雪楼藏书目考》十卷，积学斋存钞本，《国朝未刊遗书志略》云："《映雪楼藏书目》稿本五册，藏石埭徐子静家。"云云。子静收藏亦富，余见其手校本《墨子》及《寻壑外言》。

山潜冢秘启书藏，齐火何人偶顾黄。
比似滕侯与薛伯，提封百里总堂堂。

强溱 沛厓　　子汝询 荛叔

强溱，榜名瑗，字沛厓，溧阳人。嘉庆庚午举人，官宁国教谕。于书无所不究，期于有用，而深嫉俗儒之浮伪。著有《易象肤解》十卷，《榆窗随笔》四卷，《操觚漫录》四卷，《南事隽》十二卷，《东坡事迹类考》六卷，《杜诗集评》二十七卷。

强汝询《求益斋全集·文集》卷四《佩雅堂书目总序》："先君子生平无他好，惟好读书。自少至老，未尝一日暂废。游宦南北，所至辄买书。及当迁去，不能尽携，寄藏他氏，往往散失。所入稍赢，辄复增购，未尝问家人生产业。晚岁所藏，尚有二万五千余卷，汝询兄弟所得又五千余卷。虽不可谓备，而儒家当读之书亦大略具焉。追维先君子之意，固欲子孙世守是书，砥砺学问，多见多闻，免于孤陋。汝询不肖，年逾三十，学业无成，不足仰副先志。然犹思保守遗籍，不致失坠。且先君子所收之书，多亲自评校，手泽所存，尤不敢不谨。"云云。

马其昶《强赓廷先生墓志铭》："先生讳汝询，字荛叔，号赓廷，溧阳强氏。考溱，举人，甘肃安定县知县，以拔贡生举顺天乡试。先生之学，自经、史、诸子、百家、方伎之书，一皆练习。其所著书，有《大学衍义续》七十卷，《春秋测义》三十五卷、《文集》八卷、《诗集》六卷、《读书记》五卷、《随笔》二卷、《汉州郡县吏制考》一卷、《金坛见闻记》二卷、《女学内外篇》二卷、《垛积衍术》四卷。"

增补：汝询又有《求益斋全集》二十卷。

淮流黄绕作回环，水苔蜨衣且闭关。
留取雁灯红半焰，四更帘箔照华鬟。

王荫槐 子和

《[光绪]盱眙县志》卷九："王荫槐字子和，号味兰。嘉庆癸酉丹徒举人。以父铭贾于盱眙，遂移籍焉。生平邃于诗，家有偶园，在第一山麓，藏书数万卷，沉酣其中，杜门不出。著有《蜨庐诗钞》十卷。"

则虞案：《诗钞》有光绪辛巳仲夏重刊本。

《藏园群书题记·明刊唐孙樵集跋》："卷中钤有'盱眙王氏十四间书楼藏书记'朱文印。余于己未夏薄游高邮，曾登楼披阅竟日。时全书万余册，尚未散。其中虽无宋元古本，而旧钞秘刻亦颇有之。后为市贾捆载至沪市，会指索诸书，皆不能得，此亦其一也。不意区区小集，十余年后，仍展转以入吾手。古人所谓书缘者，殆足信耶！"

则虞案：涵芬楼藏明正德本《直讲李先生文集》，后钤有"盱眙王氏十四间书楼图书"印。

《五十万卷楼群书跋文》："《孙仲益大全集》有'荫槐'二字白文章。王氏十四间书楼之物，今犹见之。余前年秋在南京白下路买得沈彤《庄子注》二本，钤有'荫槐'二字白文章。当时又见汪梅村手校《系年要录》钞本，亦荫槐旧物，索价三百金，未谐，介绍售与重庆某大学。其间趔通流略版本之学者，必不珍视，至今犹悔憾。荫槐有妾宛卿，苏人，有殊色，通书史，相依终老。"

旧事江城记倍真，文端家法晚来振。
罪言出手歌沙井，郑侠于今有替人。

朱振采冕玉　**李祖陶**钦之

《高安县志》："朱振采，榜名稿，字冕玉，号铁梅，古唐人。嘉庆癸酉科举人。博闻强识，喜言事。道光辛卯江西大水，饥民数十万聚沙井待赈，与徐太史骧作《沙井行》以讽，抚军见之恻然，亟发赈。黄树斋侍郎称为江西诗侠。好购书，聚书及金石文字逾三万卷，披览皆遍，著述数十种。已行世者为《江城旧事》《九芝仙馆诗文钞》。"

陈乔枞《朱铁梅孝廉传》："君幼颖异，读书目数行下。年十八，补弟子员，博涉群书。相国汪文端视学江右，拔置高等，称为江西一士。试礼部，屡报罢。益肆力于经史百家之言，尤汲汲治汉学。家居葺九芝仙馆，有诗文钞若干帙，藏书逾三十万卷。于桑梓文献特留意，尝得新建陈宏绪《江城名迹》二卷。爰寻曩日睹闻旧事，检校载籍，辑《江城旧事》十有五卷。其他杂著如《豫章经籍志》《江西诗话》《［道光］高安志》《平濠事迹考》《说文骈珠》《汉诗衷说》《陶诗笺》各种皆藏于家。"

《清史列传》："李祖陶字钦之，江西上高人。嘉庆十三年举人。八岁而孤，母苦节抚育。尝织布，命祖陶赴市易棉与盐，祖陶市棉，举余赀购书，归告其母。母谓儿嗜读书，吾淡食不厌也。既长，博综群籍，工古文辞。深非北宋以后无文之说，谓'文无古今，惟得神解者为贵'。生平足迹半天下。晚筑尚友楼，藏书万卷，寝馈其间。年八十三卒。著有《迈堂文略初论》十七卷、《续论》十五卷、《剩稿》九卷、《史论》九卷、《诗存》二十四卷。又辑《国朝文录》《续录》《金元明八大家文钞》。"

胡思敬《退庐文集·李祖陶传》："祖陶家故贫，常节取馆金及应试旅囊用以购书。久之，累筐盈箱，经史之外，凡诸子百家，下至唐宋以来专集，罔不具备。朝夕寝馈其中，日尽数十百纸，虽盛暑祁寒不辍。或夜半即起，当其兴至。目短视，以鼻抵几。左右朱墨淋漓，虽大盗持刀入室不觉也。著书已刊行者：《国朝文录初编》八十二卷、《续录》六十三卷、《金元明八大家文选》五十三卷、《迈堂文略》四卷、《论》一卷。未刊者尚有《通鉴大事录》《唐二十家文钞》《宋八家文钞》《江西明八家文选》《国朝四家诗选》。稿藏于家。《大事录》为晚年极得意之作。"

题解《直斋》创例初，郑樵雠录本粗疏。
六经废后无占毕，流略徒夸不读书。

周中孚 信之

戴望《外王父周先生行述》："先生姓周氏，讳中孚，字信之，别字郑堂。浙江湖州府乌程县人。父某，为县吏，有隐德。生子二人，长先生。幼有孝行，力于学。稍长，见《四库全书提要》，谓为学之途径在是，于是遍求诸史《艺文志》，考自汉迄唐存佚各书，备搜辑古籍。阮文达督浙江学政，先生兄弟并受知。以嘉庆元年选拔贡生。文达巡抚浙江，筑学舍西湖，以处浙中文学士，使修《经籍籑诂》，先生与焉。曾游京师，识宋先生凤翔，为刊正其著书十许事，宋大叹服。道光初元入试，同考官嘉定钱君为少詹事族子，得先生卷叹绝。将列名，而先生策多用少詹事答问，于主者疑其有私，黜之，而置副榜第一。客上海李氏，为定其藏书志。复游岭南，主学使徐公三载归，卒于家，年六十有四，道光十一年某月日也。先生著述甚多，有《孝经集解》《逸周书注补正》《顾职方年谱》《子书考》《郑堂读书记》《金石识小录》《郑堂札记》诸书。其次子不肖，以先生藏书及草本鬻诸他氏，朱比部为弼得其《读书记》，云其体仿《提要》，有百余册。其《札记》未亡，后归诸望。余书无可问者。"

汤纪尚《周郑堂别传》："目录之书权舆中垒，流别有三：曰朝廷官簿、曰私家解题、曰史氏著录。有周郑堂者，为《七略》之学，受嬴刘以降史氏艺文经籍，著《读书记》，条取篇目，甄叙卷部，更旁胪其钞椠得失，最数十万言。继主上海李氏，李氏藏书四千七百种，与鄞范氏，歙汪氏、鲍氏，常熟瞿氏埒。又为论列斠订，最三十九万言。著《词苑丛话》《文录》《诗录》。殁后，鬻他姓，不可问。惟《读书记》藏独山莫氏。凡三十四册，然已逸十二三。或言后归德清戴望。"

莫友芝《宋元旧本书经眼录·郑堂读书记》："稿本，国朝乌程周中孚撰。读一书必为解题一篇，条其得失，议论颇能持平，亦好学深思之士也。凡三十四册，约存七十卷。经部编十四卷，绪经皆略具，唯缺《易》及小学雅故字书。史部二十二卷，子部三十三卷，尚无大缺。逸集部，则仅本朝二卷。计亡逸当十之二三,不知更有副本否。乱后益无从访求矣。"

刘承幹《郑堂读书记跋》云:"是编初归朱椒堂侍郎,稿本百余册。后归洪鹭汀观察,复以归予,仅存七十一卷,似从椒堂侍郎所藏本传钞而有脱佚者,非先生之旧也。本多漫漶,复假王雪岑廉访广雅书局本校之。昔张文襄刻《广雅丛书》,欲入是编而未果,原钞遂留廉访许,予故假得之。"

则虞案:郑堂既为李氏撰《慈云楼藏书志》,其草稿别录出,改名《郑堂读书记》,虽增减其字句,而大体十同八九。李之鼎《书目举要》误为二书,非是。《慈云楼书目》原稿本藏武昌徐行可许,又闻曾在叶景葵许,计六十四册,有顾千里跋及龚定庵序,亦未完之书也。

万里归帆夕照开，山经水道化轻埃。
泉台莫滴伤心泪，策府华林总劫灰。

李诚师林　**郭协寅**石斋

《清史稿·儒林传》："李诚字静轩，黄岩人。嘉庆十八年拔贡生。官云南姚州州判，终顺宁知县。撰《十三经集解》百六十卷。尝谓记水之书自郦道元下，代不乏人，而言山者无成编，乃作《万山纲目》六十卷。又《水道提纲补订》二十八卷，《微言管窥》三十六卷。"

则虞案：静轩居云南志局凡五载，成《通志》二百二十卷，稿出手者十之八九，为总督阮元所称。其说经参酌汉、宋，尤精地理，旁及历算、医术，见春枝撰《行状》，及鸿远楼《台州书目》。

《台州经籍志》："诚生平喜蓄书，撰《敦说楼书目》一册。家藏之书著于目录，分经、史、子、集四卷。惟经、史两部有评语，余仅记其目。"

则虞案：敦说楼书近已散鬻他人，闻初鬻时，每本书仅钱十文，购者稍多，增至三十文，甚有稿本购去，反嫌字迹模糊，覆甑糊壁付火者，所在多有。

郭协寅字沧洲，别字石斋。临海人。诸生。博学嗜古，好聚书，家贫不能购，从同里宋世荦、陈淞借钞之。尤留心桑梓故实。手录乡先辈遗书数百种。又好古砖，自号八砖居士，有《八砖书库目录》四卷。见黄瑞《台州书画识》及同治《临海县志稿》。

《台州经籍志》："协寅嗜书好古学，于乡先生遗集搜求尤力，手录储八砖书库，不下数百种。耳目所及，别成《台州述闻》，遗闻佚事，网罗殆尽。当时台州藏书家，首推洪氏、宋氏，二家所无，则求之石斋。尝构灵溪山馆，邀诸名士题咏，积成卷轴。惜嗣君晓村茂才元晖先石斋卒，等身著作，化为云烟，并《八砖书库目录》亦不可问。叶书搜得其《临海续志金石稿》，门人许达夫茂才得其《三台书画志》四卷。"

《[光绪]台州府志》："协寅好聚书，尤喜乡邦文献。遇有善本及藏稿辄录副以归。其书今半归于临海潘氏三之斋。此目录亦藏潘氏。"

则虞案：三之斋在临海西乡西岙，其所藏多系石斋手写。盖石斋晚年家中落，鬻于潘氏也。数年前斋毁于火，书画化灰烬。

藏印有"八砖书屋""小桥流水即沧洲""维桑维梓必恭敬止""别出新意成家""临海郭家藏书""石斋手钞""石斋经眼""石斋过眼""石斋藏""勖吾郭公""专聚三台一辈书"。

三长史法夙传薪，星阁文章炳紫宸。
漫对西风增氍毹，名山何慊白衣身。

赵绍祖 琴士

《清史稿·文苑传》："赵绍祖，字琴士，泾县人。年十二，受知学使朱筠，补诸生。筠授以《说文》，曰：'读此，日无过十字；读《注疏》，亦无过十叶。必精造乃已。'绍祖熟于史事，尝应布政使陶澍聘，修《安徽省志》，详赡有法。道光初，年七十，举孝廉方正。又十二年，卒。"

陶澍《赵琴士征君墓志铭》："君专力于经史百家及碑版书画之属，罔不钩考，决择惟精。其所著书，有《新旧唐书互证》二十卷、《通鉴注商》十八卷、《建元考》二卷、《校补竹书纪年》二卷、《校补王氏诗考》二卷、《金石文钞》八卷、《续钞》二卷、《金石跋》六卷、《泾川金石记》一卷、《泾事》一卷、《读书偶记》八卷、《消暑录》一卷、《古墨斋笔记》六卷、《古墨斋观书记》八卷、《古墨斋书画记》一卷、《琴士诗钞》十卷、《文钞》六卷。又辑其生平诗友诗为《兰言集》十二卷，又为《同心言》一卷。辑其族人诗为《赵氏渊源集》十卷。又汇集泾先辈所著书数十种，为《泾川丛书》百余卷，皆行于世。在志局日，又另辑《安徽人物志》八卷、《安徽金石录》八卷，待刊。"

朱琦《赵琴士征君传》于征君所著书提要撮叙，又云："征君兼工书画，旁及于弈，在他人得一已擅场，而君直视为余技。"云云。

朱琦《小万卷斋岁暮怀人诗·赵琴士》首云："瑶编数番伴邮筒，好事搜罗故纸丛。更欲手披荒草遍，摩挲奇字夕阳中。"

《雪桥诗话》："泾县赵星阁侍御青黎好弈，与徐星友、范西屏前后弈，皆后六七子。琴士征君其从孙也，亦善奕，尝介宣州梅石居谒袁简斋于随园。从简斋游者多浮薄少年，每见琴士布衣敝履，陋于貌而拙于言，则相率吃吃然笑不止。简斋不能禁，而又恐琴士之惭也，曰：'是泾川赵君，善诗文。'而笑者不能止也，又曰：'非独诗文也，尤精于奕。'于是援几设枰，皆向北以去，向之笑者殷然，进而询名字叩年齿矣。所著《通鉴注商》，于晋、宋地理尤精核。其《赠奕者任位南序》谓'天下有一定之品而不可移易者，惟奕为然'。嘉庆十年，泾人延洪稚存修邑志，稚存精于地理，尤好引《水经》。《汉书·地理志》：'泾下'韦昭注：'泾水出芜湖。'稚存曰：'韦昭误也。泾水出绩溪县徽岭山，于汉初为歙县地，芜湖在泾下流，正泾水入江之处，疑"出"字系"入"字之讹。'琴士谓水之源必自山出，水既出山，流行数十百里而或入河、入江，则必有所出之口。稚存谓泾水出徽岭，是也，谓韦昭'出'字为'入'字之误，则非也。泾水出芜湖入江耳，不得云'泾水入芜湖也'。《水经》言'出'字，多有如韦昭意者，如'汾水出汾阳县管涔山''洞过水出沾县北山'，下云'西入于汾，出晋水上口'，'洛水出上洛县讙举山'，下云：'又东北出散关南'，'沔水出沮县东狼谷中'，下云：'与江合流，又东过彭蠡泽，又东北出居巢县南'，一水也，前之所云出，稚存之所谓出也；后又所出，韦昭之所谓出也，昭何误之有哉！琴士博闻强识，固不独善奕也。"

则虞案：吾乡赵氏藏书最早者，为赵廷辉之风玉堂。廷辉字羽仲，以明经候选学博。锐意好古，筑三山园风玉堂，藏书万卷。旌人王铁立之绩以博洽驰名，延就书斋二十年，著《五经人物志》，未成而王卒，琴士其后人也。琴士子孙近三十年犹昌衍，旧宅在南城，堂构巍然，惜鲜能世其学者，藏书及古墨斋书板早无存。丙戌倭殪后，羊城萃经堂有琴士校读《函史》，朱墨烂然，上钤"古墨斋"朱印，上题"甲午得自宛陵"，时先生年甫逾冠，中多评骘邓氏语，贾人索价甚高。族叔朋三公于辛未壬申间授读县城，尝得施注《苏诗》，为琴士旧藏。去邑城五里许，有幕山古寺，嘉、道间文士谯会之所。闻古墨斋刻书即在寺中，刻工皆旌德人。余冠年曾偕许秋蒲往游，寺已毁其半，老尼犹约略能言清世事。今寺尽圮，秋蒲亦颠厄死矣。

卷四

黄山碧嶂落尊前，硕学魁英望后先。
圣治初从衽席起，异书新授《积精篇》。

俞正燮 理初

《清史稿·文苑传》："俞正燮字理初，黟县人。性强记，经目不忘。道光元年举人。正燮读书，置巨册数十，分题疏记，积岁月乃排比为文，断以己意。王藻为刻十五卷，名曰《癸巳类稿》，又有《存稿》十五卷，山西杨氏刻之。弟正禧，亦举人。多义行，文学与正燮齐名。"

《黟县三志》卷六下："理初少随父之官句容，好读书，拥数万卷，手翻不辍。与句容王乔年同撰《阴律疑实》，穷理尽性之书也。道光元年中江南举人，海内以著述相延，手成官私宏巨书，如《钦定左传读本》《行水金鉴》，不自名者甚多。其自名者《癸巳类稿》《癸巳存稿》《诗》三卷、《积精篇》《说文部纬》各一卷，《校补海国纪闻》二卷。"

汪康年《雅言录》："俞理初尚有《积精编》一书，皆广辑旧籍中之言九天玄女术者。余从余友达县吴筱村大令德潇得其写本，后为人持去，不可踪迹矣。"

《著砚楼书跋》云："俞理初《癸巳类稿》及《存稿》传诵已久，及《剩稿》一书，传称为张石洲所删余者。读《艺风读书记》载有其书，窃思艺风书散当在人间，及阅《群碧书目》知有其书。今遂获，展卷有艺风藏印。向所梦寐，一旦获之，其快幸为何如耶！全书为六十六首，内《积精》一编，征引綦博，寓炯戒于食色，而石洲乃以词亵删之，失矣！内朱文校字，出汪喜孙氏手笔，则此册虽非原稿，亦为同时写本，安得竭绵力为之传布，俾与《类稿》《存稿》并垂不朽乎！"

藏印余所见者有"理初"二字章。

浚仪诗说始钩沉，焦尾谁怜爨后琴。
虚信雕菰论学语，区区拾骨亦仁心。

马国翰 竹吾　　李廷棨 萼村

《山东通志》："马国翰字词溪，一字竹吾。历城人。道光十二年进士。官陕西陇州知州。引退家居，以文籍自娱。网罗经史诸子，刻《玉函山房辑佚书》，引用各书不下四五百种，所辑录之书六百余种。生平购藏古籍最富，有《玉函山房藏书目》。其他撰著若《目耕帖》《古文辞》，并行于世。"

《玉函山房藏书簿录》二十五卷，自序云："余性嗜书，闻友人家有奇编秘籍，每以一瓻乞假，手自抄录。遇诸市肆，不惜重值购之。为诸生日，砚田所获，半供书价。或有时典质衣裘，室人以书痴谯余，弗顾也。比筮仕西秦，前后十四年，中间家居者五年，广搜博访，细大不捐，乃积书五万七千五百余卷。夫古人之著作不一其体，秉经立训者渊懿卓烁，悬日月以不刊，粹儒之言，布帛菽粟，淡而弥永。其他百家撰述，未能尽醇，而持之有故，言之成理，亦自独有千古。至于脞说小品，罗罗清疏，各饶风致。李邯郸谓书有三味，取喻良切矣。余每得一书，必深求一书之用意。暇日排比，依晁公武《郡斋读书志》、陈振孙《直斋书录解题》之式，分别部居，撮记要旨，为《藏书录》二十六卷，就架上现有编次，其有所遗漏及后更新得者，再为续编以补之焉。"

《玉函山房藏书簿录续编》，《山东通志》云："此编为玉函山房手稿'匏'字函之第二册。"存目云："随见录，漫无体例"面钤"玉函山房藏书"图章。按：手稿存目"石"字函之第一册，红格中线有'红藕花轩'四字草书，《玉函山房藏书簿录续编》只经、史二类，然已三千余卷矣。又按：存目"匏"字第三册云：'杂抄书目，间有考证，备编藏书簿录也。'则"匏"字第二、三册疑系知见书目之类。"

《目耕帖小引》云："不佞性嗜古籍，见未见之书，不惜重值购之。友人家藏秘本，必以一瓻借得，手自抄录。凡积书七千余卷，暇日观览，颇堪自娱。遇有奇古可玩及异同足资考订者，摘取条记，间附臆解，历久成编。因用王韶之语，名之曰《目耕帖》。夫学海汪洋，岂目力所能尽，而就见在书田中，笔为我耒，墨为我稼，落实取材，三冬足用，未敢谓贫粮之馈也。业荒于嬉，庶其免矣。"

《郋园读书志·〈盐铁论〉题记》云："卷首有'玉函山房藏书'六字朱文印记，曾经历城马竹吾国翰收藏。善化有张姓于山东购归，展转为余所有，狂喜不寐。"又《张居来集》下题记同。又《类说》下题记云："善化张姓官山东，得刘文清、马国翰二家之书最多。"

孙勷鹤《侣斋文存稿》旧钞本，今存北京图书馆，即竹吾旧物。藏印有"玉函山房藏书"朱文方印、"玉函山房"四字朱文篆书方印。

邢蓝田《鹅庄访书记》："鹅庄属章邱，距济南百二十里，居明水之南，盖胜所也。庄分东西，地相邻接。东鹅庄为明季太常开先故居，太常号中麓，字伯华，嘉靖进士。西鹅庄为清李京尹廷棨故居。京尹号萼村，字戟门，道光进士。与道州何子贞昆仲交，故所藏何氏墨迹尤夥。又与历城马国翰竹吾为儿女亲家，竹吾乏嗣，卒后所有玉函山房金石图籍多归其家。然京尹后亦式微，至今遂散佚殆尽。乙亥秋暮，于役阜村，于是先后六访其遗书焉。初访仅得《字学》《韵学》等书，及古泉数品。适为山东省立图书馆向日搜集马氏红藕花轩藏泉中所缺漏者，即以移赠于馆之罗泉楼。次访得明胡震亨孝辕原刊《齐民要术》，确非烬余残版，归常熟毛氏汲古阁补刻者。又得陶五柳仿宋钞本刊《太玄经集注》，及何子贞中堂并书十余种媵焉。三访得书近三十种。四访得书两种，册叶三十二开，为京尹初任宛平令时重修署中古墨斋征诗文字，皆一时之选也。丙子八月，偕王献堂先生往访，得何子愚绍宗、牟一樵所书联各一耦，许印林中堂一帧，毕东河道远横披一幅，则已五访矣。越旬余，惝恍前游，恨所得之独寡，弘计善本殆罄，得收昔人笔札亦佳。于是复尽一日之力而悉索之。得竹吾手札六十三页，其中于辑逸书事间有论列，则或传《玉函山房辑佚书》出章宗源手，而马氏攘为己有者，是不足信矣。复得何绍基、袁咏锡诸家手札二百一十三页，道光戊子乡试齿录、道光庚子优贡同年齿录两种，《春秋世族谱》一部，如是六访。而李氏所仅存之精粹，举在网罗之中矣。"

则虞案：初访所得《辨正通俗文字》，为戟门姝校。《字学蒙求》，即菉友所撰《文字蒙求》，后易其名，此仍旧题，益足珍矣。次访所得有《种玉山房诗草》《夏小正诗》《纫香草堂文钞》定本，皆廷棨自著。文钞系付梓时由京师文华堂写成样本，以备校定者。三访所得有《雷州记》底稿，李廷棨撰，有姚椿校跋，马国翰题词。"

东湖诗扇画图开,却被书名掩妙才。
千载浣花溪畔路,草堂人日我归来。

何绍基 子贞

《清史稿》本传:"绍基字子贞,道州人。道光十六年进士,选庶吉士,授编修。绍基承家学,少有名。阮元、程恩泽颇器赏之。历典福建、贵州、广东乡试,均称得人。咸丰二年,简四川学政。嗣历主山东泺源、长沙城南书院,教授生徒,勖以实学。同治十三年卒,年七十有五。绍基通经史,精律算。尝据《大戴记》考证《礼经》,贯通制度颇精切。又为《水经注刊误》,于《说文》考订尤深。诗类黄庭坚。嗜金石,精书法,所著有《东洲诗文集》四十卷。"

熊少牧《道州何君墓志铭》:"薄游吴越,诸当事聘主扬州书局,校定《十三经注疏》。""兼主孝廉堂讲席,士以得游其门相夸耀。"

则虞案:淮南书局局刻有《十三经注疏》大字本,《毛诗注疏》《经籍纂诂》《说文解字》;史部有《隋书》《旧唐书》《南北史补志》《东都事略》。以大字《毛诗注疏》为最佳,盖出蝯叟手校也。

蝯叟《示书局诸君子王治轩、李宾虞、郭尧卿、庄希祖,次方梦园都转,用昌黎韵》云:"行年逾古稀,未缺口耳眼。恃此炳烛光,尚可焰编简。概经兵燹后,浩劫已盈限。老儒迹偶出,武士色渐赧。行省奉廷议,群籍补镌版。书局英彦萃,餐钱耗琴盏。偏尚乙部书,令我微笑莞。从来圣经尊,畜畚乃恒产。传注沿周、秦,未许妄剔拣。一经苟精熟,六艺归贯串。修途循平夷,自可陟躔巘。治丝先理棼,优游致绰绻。诸子百家言,醇疵互劚划。经言发洪钟,碎琐陋剽栈。昔闻卫武公,有邠励瑟倜。时年盖百岁,未敢忘一譬。我爱说经士,好音来睍睆。所期集众流,河渭资灏瀁。"

袁昶《渐西邨人稿·五君咏·咏何丈绍基》云:"公为祭酒官书局,《戴记》曾蒙预写官。老眼下签刊落叶,德人电逝为襟殚。"

《郋园读书志·杜樊川集题记》云:"此本道州何氏收藏,又经何子贞太史句读圈点。卷中各诗逐句皆有圈点,匡栏上间有评语,想见先辈读书之用心,于古人集不肯滑石读过,是固可师也。据《太史行述》:太史生于嘉庆四年己未,卒于同治十二年癸酉，年七十五岁。同治庚午为七十二岁，耄而好学，虽舟车间，手不释卷。其精神信有过人者。藏山传人，岂无真实力量所能企及哉！"

费行简《近代名人小传》："绍基书名满天下，若经术则世鲜称之者矣。予尝于湘阴柳氏见其考证礼经二百余条，多据《大戴记》而贯通制度，言皆精切。又《说文说》若干首，探其源流，考定部居，亦苗莫之伦。又蜀人李氏藏所为《水经注刊误》，则试士书院程作也，亦赡博明晢。"

则虞案：费氏所云湘阴柳氏者柳逢良蒙庵也。柳为费氏校《易考》《隋书经籍志考证》《荀子释藏》。

五十万卷楼藏凌氏朱墨本《孟东野诗集题记》云："此本为何子贞氏批读，太史以书名海内，且工于诗，凡古人集，经其批评，可以使后学作诗得无数门径。伯骥又藏何氏批校本《积古斋钟鼎款识》，眉端字如攒蚁，细若牛毛，考正校补，识解过于原著，尤足珍也。河间庞氏际云藏何氏手钞《历朝东华录》共四大厨，闻已散失矣。何氏写此，日五千言。"

则虞案：何氏藏书佳本首推宋监本《周易正义》，为得自徐星伯家，后又归于徐梧生。宋刊《汉隶字源跋》亦佳。余见蝯叟藏书，书根书衣皆手自题识，逐句圈点，匡栏上间有评语。何氏之书民国初年已散出，近来江都秦更年收储蝯叟藏本颇多，见《婴闇书跋》。

藏印有"道州何氏""何绍基印""子贞""东洲草堂""何绍基子贞父"六字朱文篆书小长方印，"道州何绍基印"六字白文篆书方印，"子贞"二字朱文篆书方印，"道州何氏收藏图书印"九字白文篆书方印。

则虞案：蝯叟任四川学政，试罢，人饯之于草堂寺。正逢人日，欲制楹联，人得上联："锦里风光公占郤。"久不成对，公曰："草堂人日我归来。"蜀人传为佳话，故末句云尔。

二品归无半顷田，封轺万卷散如烟。
寅邨《校义》葵园注，真个前贤让后贤。

周寿昌应甫

《清史稿·文苑传》："周寿昌，字应甫，长沙人。道光二十五年进士，选庶吉士，授编修。咸丰初，洊擢至侍读。寿昌精核强记，虽宦达，勤学过诸生。笃嗜班固书，涂染无隙纸，成《汉书注校补》五十卷，易稿十有七。又有《后汉书注补正》《三国志注证遗》《思益堂集》。官终内阁学士。"

周礼昌《周公荇农府君行状》："予告后于宣武城南构宅以居，日以著述为事。著有《思益堂文集》十卷、《诗集》二十卷、《诗余》四卷、《日札》六十卷、《前汉书注校补》五十六卷、《后汉书注补正》八卷、《三国志注证遗》四卷、《五代史注纂注补续》一卷、《宫闺文选》十卷行世。公平生无书不读，犹癖嗜班书，手自丹黄，书眉行间，涂染殆遍。校补颜注稿凡十有七易。余事作书画，耄老不倦。嗜古人真迹，恒搜箧典衣以购。"

则虞案：《后汉书注补正》八卷，光绪十年思益堂刊。《三国志注证遗》附补，四卷，光绪八年思益堂刊。《五代史注纂注补续》一卷，光绪八年刊。

《晚晴簃诗汇》："周寿昌，字应甫，一字荇农，晚号自庵。有《思益堂诗钞》《诗话》。自庵少年喜为骈俪之文。求阙斋极推其能填词，谓散文亦有笔法。其补校史注题跋书画，考订金石及画理医学，靡不精审。"

《越缦堂日记》光绪六年十一月三日记："周荇农阁学来，四五年不相见矣，髭须皓然，以所著两《汉》札记中辨正地理者数条见商，并以《三国志札记》属阅。荇丈已老病而勤勤考据，志不少懈，近日公卿中所无者也。"

又光绪七年十月廿六日记："荇丈入冬病喘，衰状可怜，而陈书满案，丹黄不辍，吾曹素业，不能因性命忍须臾者也。"

又光绪八年五月廿二日记："荇翁又以《汉书注校补》属阅，已第十八次写本矣。校证甚密，诂训尤精。又荇老以所著《思益堂日札》送阅。"

又光绪十年十二月一日记："见荇丈藏书已出卖，可叹也。"

寅邨《三国志校义跋》云："校勘补订增删改正之处至四千数百有奇，《陈志》有书以来，无此缅缕不惮烦者。非欲陵厉前哲，炫皇小慧，窃比于王氏两《汉书》后足矣。"

越缦《甲申元日柬周荇丈诗》："四朝老见中兴日，二品归无半顷田。"故首句借用。

绝代经师春在堂，右台山冢启书藏。
郐斤笑问云台客，底事浮生两样忙。

俞樾 荫甫

《清史稿·儒林传》："俞樾，字荫甫，德清人。道光三十年进士，改庶吉士。咸丰二年，散馆授编修。五年，简放河南学政。罢归后，侨居苏州，主讲苏州、紫阳、上海、求志各书院，而主杭州诂经精舍三十余年最久。课士一依阮元成法，游其门者，若戴望、黄以周、朱一新、施补华、王诒寿、吴庆坻、袁昶等，咸有声于时。东南遭寇之乱，典籍荡然，樾总办浙江书局，建议江、浙、扬、鄂四书局分刻二十四史，又于浙局精刻子书二十二种。海内称为善本。光绪三十二年卒，年八十有六。著有《群经平议》三十五卷，《诸子平议》三十五卷，及《第一楼丛书》《曲园杂纂》《俞楼杂纂》《茶香室丛钞》《经说》，其余杂著，称《春在堂全书》。"

缪荃孙《俞先生行状》："先生讳樾，字荫甫，号曲园。著述等身，笃老不倦。十六补县学生，道光丁酉科副榜贡生，甲辰恩科举人，庚戌举礼部试一等第一名，殿试二甲，赐进士出身，改翰林院庶吉士。受知于曾文正公。咸丰壬子散馆授编修。乙卯八月简放河南学政。后以人言罢归，历主讲苏州紫阳、上海求志、德清清溪、归安龙湖等书院，而主杭州诂经精舍至三十一年，为历来所未有。先生著书凡五百余卷，有《群经平议》五十卷，《诸子平议》五十卷，《第一楼丛书》三十卷，《曲园俞楼杂纂》共一百卷，《茶香室经说》十六卷《古书疑义举例》七卷，余则具先生自著全书录要中。先生于兵燹后，总办浙江书局，又议钞补浙江文澜阁旧藏《四库全书》。今阁重建，而书亦犉具，沾溉儒林，尤非浅尠。"云云。

俞氏《丁葆书读书识余序》："余娄人也，素无藏书。同治四年自天津南还，无一卷之储。今则插架亦收三万卷矣。"

《曲园书藏诗》自注云："汪柳门侍读与花农叔和同坐文石亭，见此四字之外，余石尚多，乃谋凿其左畔为石室，而纳余所著全书于中，署曰曲园书藏。嗟乎！余书岂足藏之名山，诸君所为过矣。姑取以配右台山之书冢，故亦赋一诗。诗云：'吾于右台筑书冢，一时竞作书冢歌。何意好事诸君子，又营石室孤山阿。汪子倡议诸子和，一议而决无嫜嫈。遂命匠石运斤斧，丁丁凿破青嵯峨。纳我全书入山腹，封以巨石加硔磨。署曰曲园之书藏，不知藏此将云何。古人著书藏名山，往往山壁出虬蜧。如我岂足言著述，无乃谰语相訑訑。第思西湖有故事，稍可解我惭颜酡。不见龙井之石室，句曲外史手自劙。瘗埋所注《道德经》，并及平日诸吟哦。即如书冢亦有例，请观宝石山之坡。吾邱贞白文冢在，至今或未埋烟萝。自古文人例好事，谓我不可破则那。作诗敬谢诸君子，并告山灵烦护呵。'"

又《右台仙馆述怀诗》有云："重泽未静鱼龙气，拓土空留翰墨香。"注云："于山馆隙地筑书冢。"

曲园诗有《日本樱井儿山为我作〈春在堂全书类聚目录〉，又往年柳门、花农两君为我凿书藏于孤山，今年命门下士毛子云茂才改凿于南高峰下，而诸暨令张子厚亦门下士也，又为凿书藏于其邑之宝掌山，两藏同时落成》。

曲园《临终别所读书诗》："插架牙签万卷余，平生于此费居诸。儿孙倘念先人泽，莫乱书城旧部居。"案：曲园藏书以朝代分，不以类为部署。一丛书也，可分四五十余处，非先生及诸入室弟子，不能寻检插架之书。此余闻之益阳陈天倪先生，曾以叩余杭章先生，先生但笑而不答，徐曰："曾有之。"

《湘绮楼日记》："光绪十三年二月晦，得俞樾临终诗《辞行》片，撰述五百卷，值一死也。"

则虞案：《郑斋感游诗注》："曾氏尝云李少荃拼命做官，俞荫甫拼命著书。"故末句云尔。

柘塘野水细无声，棐几柔豪老眼明。
岂是佳儿厌故业，功名事重著书轻。

丁晏 俭卿

《清史稿·儒林传》："丁晏字柘堂。江苏山阳人。性嗜典籍，勤学不辍。道光元年举人。尝在籍办堤工，司赈务，修府城，浚市河，开通文渠中支。咸丰壬子间，粤匪蔓延大江南北，两江总督檄行府县，教练乡勇，广积谷米为守御计，以晏主其事。旋以事为人所劾，奉旨遣戍。捐缴台费，部议免行。嗣以防捻功，奉旨随同差遣委用。由侍读衔内阁中书加三品衔花翎。壬申重讌泮林。晏少多疾病，迨长，读书养气，日益强固。治一书毕，方治他书，手校书籍极多，必彻终始。卒，年八十有二。其著作已刊者有《颐志斋丛书》。"

俭卿子寿昌《睦州存稿》有《颐志斋藏书目叙》，其言藏书以识伪为先，近人言辨伪者，列举前贤而不及此，可见彼辈之陋矣。因录存之。叙云："夫聚书之难，不以贪多为富，藏书之善，必以识伪为先。鱼目不混，乃显隋珠；鼠腊既分，爰昭荆璞。更生《七略》，不收张霸之篇；元丰《三坟》，竟入郑樵之志。矜眢远逊古人，讹误徒滋后学。故知是非杂糅，无取卷袠之盈；真伪攸分，斯见鉴衡之审已。经之伪者，如刘炫《归藏》、张弧《易传》、董逌《齐诗》、丰坊《鲁说》、东晋《尚书传》、日本《孝经注》、邵武《孟子正义》、皇侃《论语义疏》以至《七经考文》《群书治要》，并足利之赝本，滋海宇之传疑，况《诗传》借重于端木，《晋乘》妄拟夫《春秋》哉！史如《汉武故事》《飞燕外传》、渊明录《群辅》、慧远集《高贤》、崔鸿《十六国春秋》、黄宪《天禄阁外史》《西京杂记》《抱朴》之书，《竹书纪年》，休文之注，出于晚近，群事推尊。伪书之多，至莫如子。《家语》难郑，孔从助王，《鹖子》窃《说苑》之文，《子华》袭《韩诗》之号，《新语》寄名于陆贾，《心书》托迹于武侯。李筌《阴符》、商英《素书》，则荒远难稽；风后《握奇》、太公《六韬》，则纵横依附。河上公《老子》之注，始自梁初；严君平《道德》之论，兴于明季。下逮云仙《烟花》之记，龙城《清异》之录，《白猿传》诬谤率更，《碧云骃》诋諆韩、范。庸医《脉诀》，自诩叔和，术士《葬经》，佥云郭璞。相法竞宗许负，禄命咸述虚中。谶纬出于哀平，图书衍于关、邵。饰佛经以《庄》《老》，原本六朝；杂道教以科仪，权舆五季。以及东方朔《神异经》、郭子横《洞冥记》、任昉《述异》、干宝《搜神》。或捃拾他书，或援引后代，岂宜附会，亟事辨明。若夫词赋之流，真赏盖寡。液池作歌，文章纤巧，柏梁联句，时代参差。李陵《送别》，不在河梁；文姬《悲愤》，非当卓乱。枚叔《柳赋》，制出吴均；广平《梅花》，作于杨慎。庐陵学士，猥作簸钱之词；致光名臣，岂撰《香奁》之集。若斯类者，庸可存乎？至于吉金铭鼎，乐石刊碑，争相宝贵，务欲搜罗。然而子雍《牺尊》，显悖古注；升庵《石鼓》，肊增旧文。访拓本之原刻，半出于石工。据家传之谀辞，反疑夫正史。好奇者借以炫博，嗜古者适以自欺。是以郑默定秘省之文，而紫朱有别；韩子识古书之正，而墨白以分也。余学惭阅市，识昧观碑，异书愿借夫荆州，奇字思求于西蜀。偶翻马袠，别志答题。仿孟坚之九流，效孝标之四部。未敢侈琅嬛之秘，庶免厨簏之讥耳。道光丁酉仲秋山阳丁寿昌撰。"

则虞案：俭卿批校《文选》，后归江建霞。见叶缘督丁巳二月十二日日记。俭卿有《日知录校正》一卷，《贩书偶记》有传钞本。俭卿手校本《水经注》四十卷，临朱谋㙔、徐亮直校本，并据宋本改正误字。见《著砚楼书跋》。俭卿手校《荀子》，潘景郑有过本，跋云："右明覆世德堂本《荀子》二十卷，清山阳丁俭卿先生晏以朱笔点校一过。俭卿精于三《礼》诂训之学，所著《六艺堂诗礼》七编，尤见重当世。此书所校并据《礼》经以资旁证，如卷一《劝学篇》："南方有鸟焉，名曰蒙鸠"引《大戴礼》作"蛉鸠"。卷五《王制篇》校云："序官以下原本《周礼》，世有谓《周官》出于汉儒者，其未读《荀子》乎。"盖推明《周官》非汉儒所作伪，得此涣然冰释矣。其他证引子、史亦皆确凿，虽寥寥不过十数条，要知贤者所识，虽鳞爪亦复珠玉耳。五十万卷楼《春秋公羊传》明隆庆间《公》《穀》合刻本，为俭卿旧藏。

藏印有"颐志斋""山阳丁晏藏书""柘塘"。

《越缦堂日记》同治三年八月廿八日记："都中士大夫往往讳言学问，先世虽有传书，不肯流布。山阳丁晏为近日江北学者之冠，所著极夥。昔年予向其子寿昌乞之，固言无有。寿昌时尚为户部郎，未为通贵，而已恶言文字如此，盖恐此事掩其面目也。"别书亦谓其子为热中功名之士，终日驰逐，越缦所云，为不虚诞。

小印吟诗月满楼，新门旧事记从头。
干戈天地宾朋绝，叶落秋风忆故丘。

罗以智镜泉

《两浙𬨎轩续录》：“许淮祥曰：‘乾隆乙酉新城拔贡讳棠者为镜泉先生之祖，先生父讳熹，登嘉庆辛酉拔萃科。先生赴廷试，授教职，司铎西安，量移慈水。课士有法，至今称之。’”

则虞案：以智于庚申岁避兵海昌，颠踬以死。

《武林藏书录》：“广文新城迁钱塘，讳以智，字镜泉。祖棠，父景熹，及广文，以乾隆己酉、嘉庆辛酉、道光乙酉三膺拔萃，为世称羡。以智家富藏书，至广文尤孜孜罗集。闻有异本，必借录之。丹黄握管，日夕忘疲，首题尾跋，备溯原委。于乡拜掌故，爬梳益力。司训西安，著《赵清献年谱》，移铎慈溪，著《文庙从祀贤儒考》。居夹墙巷，则仿《东城杂记》而为《新门散记》。别有《经史质疑》《金石取见录》《宋诗纪事补》《诗苑雅谈》。又集唐宋以后重排周兴嗣《千字文》之制、诰、颂、赞、铭、训、叙、跋等文凡百篇。《吉祥宝藏书目》，不下数千百种。庚申之劫，避居海昌而殁。书被劫，半售甬东，犹有存者，而书目已不可问矣。著有《说文称经证》《怡养斋诗集》。”又见《新登县志》十五。

则虞案：《吉祥宝藏书目》有传钞本，以智又有《艺文待访录》一卷，《八千卷楼书目》有钞本。又见《杭州府志》。罗以智古文无卷数，《贩书偶记》有传钞本。《应潜斋年谱》一卷，《偶记》有底稿本。《俄罗斯进呈书目序文》亦有刊本。又中央研究院藏《俄罗斯进呈书目》一卷，有以智手跋。

莫友芝《宋元旧本书经眼录》：“《太常因革礼》写本，此依钱唐罗以智本过录，有以智跋。”

《诒庄楼书目》有《文章轨范》七卷，罗以智朱笔批校，有“江东罗氏所藏”“吟诗月满楼”“镜泉读过”三印。

则虞案：龙蟠里国学图书馆藏有钞本《赵忠献公年谱》，镜泉所撰也。朱墨笔校，前有道光庚子朱绪曾序，又自序，又有镜泉旧藏《淳祐临安志》，残存六卷,《大元海运记》二书等十余种。罗氏遗书遗著,又见孙衣言诗注内。

藏印另有"武林罗氏以智镜泉甫印""罗以智印""镜泉""江东罗氏所藏"朱文长印、"镜泉读过"朱文方印、"罗氏藏书"白文方印。

> 残宵南服烂文星，天假余辉照八溟。
> 高密考亭归一冶，千秋门户待调停。

陈澧 兰甫

《清史稿》本传："陈澧字兰甫，番禺人。道光十二年举人，河源县训导。九岁能文，复问诗学于张维屏，问经学于侯康。凡天文、地理、乐律、算术、篆隶，无不研究。为学海堂学长数十年，至老主讲菊坡精舍。光绪七年，粤督张树声、巡按裕宽，以南海朱次琦与澧皆耆年硕德，奏请褒异，给五品卿衔。八年，卒，年七十三。"

《广东藏书纪事诗》注："兰甫家居城南木排头，其书堂名曰传鉴堂。承其先公所传《资治通鉴》，附《通鉴目录》《通鉴释文辨误》《宋元通鉴》凡四种，又益以司马公所著，非司马公书不入，故因名其堂也。《东塾集》有《传鉴堂记》，堂之前有楼，即兰浦藏书所。钤印之'东塾书楼'也。其所藏书四部悉备，无不有批评点校，何日起，何日讫。所书评语，或朱或墨、悉庄重不苟。其版本佳者，则盖'东塾书楼'印，或'兰浦'，或'陈澧'。难得孤本，则三印悉备。近年东塾遗书，多已播散，其稿本及评校本，余南州书楼搜藏最多。民国十三年，广州政变，木排头陈氏故居焚毁，传鉴堂、东塾书楼均付之一炬。《东塾丛书》《东塾集》《东塾读书记》版，亦悉毁矣。"

伦明《诗》注云："番禺叶景璿，梁节庵盟友也，有陈东塾手稿若干册，题曰《学思录》，盖《读书记》之底本也。"又注云："东塾先生所藏书，迩年尽散出，多为徐信符所得。先生阅书至博，每书皆有校记。尝见《学思录》百余册，皆是先生手迹，即《读书记》之底稿也。今归香港大学。先生治学之法，凡阅一书，取其精要语，命钞胥写于别纸，通行之书，则直剪出之。始分某经，继分某章、某句、某字，连缀为一，然后别其得失，下以己见，如司法官之搜集证据，乃据以定案也。余因阅《学思录》《读书记》，而悟其法如此。"又云："其孙公牧庆龢及弟公俌庆佑，工词章。公俌早殁，其孤不肖，以所遗书尽售与京师打鼓贩，得值极贱。书数百册，皆有东塾手迹，及东塾未刊文稿。余收得东塾手校《通典》四十册。公牧则藏有《读书记》，余稿编为《东塾杂俎》六卷，已写定待刊。余见于他处者，尚有《孟子说》《老子注》《说文韵表》诸弓。"

粤中耆旧尝传东塾先人从事官盐，不无蓄积。洎东塾著书、守业颇荡所遗，时有《读书记》一本，须银一万两之说。盖其读书至著书，自著书而刻成此记，已糜产数万金也。南皮张之洞持节莅粤，钦敬其人，下车越日，往拜之。尝对朋僚言："广东只个半人。"殆谓东塾与梁鼎芬也。

《广州杂咏》自注云："陈兰甫《东塾读书记》通行本记史缺如，其完全原稿每条一页，装订六十本，为粤小北门外某书贾所得，读史所记完全无缺。于右任来粤见之，索价五百元，托予速购。于髯返沪，在港舟仍寄书督促，兰晚议定三百元即交书。谢无量见之，向滇师长廖行超言，廖以八百金购去，于髯至今尚歉然。"

五十万卷楼又藏有曾习经过录陈兰甫《签注韩非子》，曾氏题记云："四年前得东塾先生《签注韩非子》，喜甚。匆匆检阅一过，即寄奉节庵师武昌。久思照录一册，以资诵习，顷节师持入京，命付工重装，遂以两日之力迻录此本。案：《签注》各条皆顾氏识误所未及，此本诚秘笈矣。甲寅七夕蛰庵题记。"

五十万卷楼藏有兰甫紫笔密校明本前、后《汉纪》。

《雪桥诗话》："翁邃庵相国尝语陈东塾云：'汉儒之学如治田得米，宋儒之学如炊米得饭，无偏重也。'案：《东塾读书记》惟欲以调停汉、宋，其说醇粹，王壬秋讥为汉奸，非笃论也。"

藏印有"陈澧之印""兰甫""东塾书楼""兰浦"。陈澧又有手镌朱文长印，余未见，冼玉清告余者。

院本丹青物外因，苏门眷属一家春。
上清莫问真灵业，碧奈红梅是后身。

姚燮 梅伯

　　徐时栋《姚梅伯传》："梅伯姓姚氏，名燮。镇海人。以绝人之资，读书恒十行下。自经传子史，至传奇小说，以旁逮乎《道藏》、空门者言，靡不览观。道光三十三年大病几死，养疴郡之报德观，忽大晓悟。取生平绮语十数神摧烧之，自号复庄。是岁余客杭州，有传梅伯死者，比归知无恙。遇之观中，方着道士装为人忏悔，相视而笑。出手注《玉枢经》，沦茗共读。"

　　王荣商《容膝轩文稿·大梅山馆书目记》："吾邑姚复庄先生以诗词骈文名于世，而以其余技画梅，世无不爱先生之梅者。于是先生自号梅伯，而以鄞之大梅山署其馆。画之所入，一日可得百十金，以其金购书，于是大梅山馆之藏书，几与甬上诸故家相埒。而先生手编之为书目。盖先生画愈工，书愈富，而诗文亦愈有名。相传先生抄书日二十余纸，病中犹手不释卷。世徒惊先生之才以为不可及，岂知先生之勤学好古乃其所以为不可及也。先生殁后，书归墨海楼蔡氏，目亦随之而去，故《镇海艺文志》尽载先生之著作，而书目独遗。壬午春，余于墨海楼见之，叹其聚之多而散之易也。因记其略，以见先生著作之所从出。凡经一卷，为类二十有九。史一卷，为类二十有三。子三卷，为类五十有六。集五卷，为类三十有六。余五卷，皆《道藏》、释典、传奇、院本之属，为类三十有四，总为《大梅山馆藏书目》十六卷。呜呼！书之沾溉人者至无穷也，而聚散之倏忽无定若是，独其优游酝酿以成此区区之名者，能长留于天地间耳。观于是编，可以慨然而失矣。"

　　郑振铎《录鬼簿跋》云："冯孟颛所藏姚梅伯稿本甚多，予抄得姚氏《今乐府选》全目，殊为得意。"又云："又于大酉山房见姚氏之《今乐考证》，亦矜为秘笈。"

饰终勤惠主恩深，赙误邻舟传到今。
讵识滁山千万轴，丹铅细字写来禽。

吴棠 仲宣

《清史稿》本传："吴棠字仲宣，安徽盱眙人。道光十五年举人，大挑知县，分南河，补桃源。调清河，署邳州。咸丰十年补淮徐道，十一年擢江宁布政使，署漕运总督。同治二年实授漕运总督。三年署江苏巡抚。四年调署两广总督。五年调闽浙总督。六年调四川总督。光绪二年卒，谥勤惠。"

棠著书有《读诗一得》无卷数本，同治三年刊。《望三益斋烬余吟》二卷、《词草》一卷、《公余吟》二卷、《归田诗草》一卷、《谢恩折子》一卷、《杂体文》四卷、《读诗一得》一卷、《试帖》一卷，同治三年至光绪七年刊。其刻书有《望三益斋丛书》十八册、《汉学商兑》《樊南文集补漏》十二卷、《年谱订误》一卷、归、方评点《史记》《杜诗》等书。

《一澂研斋笔记》："吴棠为清河县令，有故人运榇归，舟泊袁浦，吴赙三百金送舟中。将命者误送邻舟，盖又一旅榇北归者。主人感谢，将命者白于吴，惊曰：'误矣！'自往吊之，兼问究竟。知为原任福州将军某灵柩路过，乏资斧正，正在筹措间，故有感惠。吴曰：'聊以是为赠。'见苍头扶弱女子出谢曰：'不知图报何时耳！'明日挂帆去。吴又别酬故人舟。同治中叶，吴以事被议，慈禧后见牒中名，骤忆袁浦之赙，急擢漕河总督，特旨召见。后乃历历言之，吴始悟前见之弱女子，即今之垂帘听政者，昔日将命之误，即成今日之恩遇。身后之谥曰勤惠，殆有故耶。"

《十朝诗乘》云："继为蜀督者惟吴仲宣有惠政，其去官也，部民追慕弗衰。张文襄时督川学，赠别诗云：'春水方生公去时，万民恋母士恋师。'可见其概。相传孝钦后未入宫时，奉父丧北归，仲宣初无素，于其过境厚赙之。后心识其人，适有举其治迹者，不数年遂跻开府，后虽被劾，犹曲全之。然观其治蜀得民，固非倖致。"

《五十万卷楼藏书目录·〈尔雅〉题记》云："卷末有'滁山书堂'大方章，当是盱眙吴尚书棠遗本。棠号仲宣，官蜀最久。致仕寓滁州，故有此章。平素则以'望三益'章捺于各藏本也。张之洞《广雅堂诗集》有《滁山书室歌》，中有云：'忽忆家园万牙签，蛛丝蠹迹无人扫。'注云：'藏书甚富，率皆善本旧椠。'又云：'滁山深蔚滁泉香，中有尚书读书堂。宋椠明钞四罗列，朱履白发中徜徉。不惜饼金购一轴，充栋都曾经手触。猰座牙旗十五年，长物只此堪夸目。'吴又尝聘秀水高均儒校勘经籍，见《嘉兴府志》五十二卷。叶氏《藏书纪事诗》未及，当补之。"

涵芬楼藏有宋、元递刊本《十七史详节》，钤有"盱眙吴氏藏书印"，亦仲宣旧物也。余得南宋本《楚辞》，及张刻《盐铁论》，皆滁山旧物也。《楚辞》尤罕见。

则虞案：余在此碏图书馆见滁山旧藏安国《初学记》，及明人集部。仲宣手自钞录《四库提要》于卷首。又见其批校《苏诗》，字小如蚁，一笔不苟。仲宣以干练称，其好书勚学，亦不可及也。

藏书印有"盱眙吴氏家藏""臣棠""仲宣""望三益斋""滁山书堂"大方章。

攀古名庐计已疏，芦帘纸阁称寒儒。
丹经初就淮王死，海国漂零未刻书。

许瀚 印林

《清史稿·儒林传》："许瀚字印林。日照人。道光十五年举人。官峄县教谕。博综经史及金石文字，训诂尤深。至校勘宋元明本书籍，精审不减黄丕烈、顾广圻。殁年七十。"

杨铎《许印林先生传》："先生幼博综经史及金石文字，年逾冠，补博士弟子员，与何子贞太史交，互相考订，于训诂尤深。至校勘宋、元、明本弓籍，精审不减黄荛圃、顾涧薲诸君。龚定庵推为北方学者第一。乙未北闱中式举人，五试春官。丙午潘芸阁侍郎延校定《史籍考》，己酉山西杨墨林以桂氏《说文义证》属校刊，书未成，病患偏痹。咸丰纪元始蒇事，所著《攀古小庐文》毁于火，所藏书籍碑版俱煨烬。所著更有《韩诗外传勘误》稿本，存赵㧑叔处。"

则虞案：《攀古小庐文》一卷、《补遗》一卷、《杂著》及《古今字诂疏证》，光绪杨氏函青阁有重刊本。文集有日本刊本。《楹书隅录》宋本《说文解字》有"许瀚"之印。五十万卷楼藏《大戴礼》，亦印林校本。印林有旧何义门校本《金薤琳琅》，并为补校，在徐行可处。印林馆潘芸阁督署四年，为纂《史籍考》。幼闻其书已完初稿，芸阁孙季芴售与一福建人，近传美国国会图书馆有《史籍考》稿，人谓章学诚之书，吾颇疑即印林之稿，由闽人展转流出。

玄黄天地老梅村，鄂渚回身理旧闻。
零落清秋辞幕府，为怜安定定遗文。

汪士铎振庵　**陈宗彝**雪峰　**郑彤书**伟士　**翁长森**铁梅

甘元焕《悔翁先生行状》云："先生姓汪氏，初名鏊，后改士铎，字振庵，一字晋侯。年四十九始改曰悔。寓鄂日，别字芝生，晚号无弗悔翁。以好吴祭酒诗，比司马相如慕蔺之匹，又号梅村。"

《金陵通传》："悔翁少以贫习贾，屡迁业而卒读。始为学尚博。既乃研精《三礼》以及列史氏族、天文、历算、舆地、山川沿革、形胜、小学、形声、训诂通假之遗，散、骈文、古今体诗、诗余，皆能辨其出入门径，堂奥曲折之数。藏书二万六千余卷，而所自为说半札记，其书上下左右方，朱墨交错，陆离不可辨。著有《礼服记》《仪礼郑注今制疏证》《水经注补辑》《广韵声纽表》《补梁陈郡志》《衍东汉朔闰考》《佚存书目》《韩诗外传疏证》，皆毁于兵火。所存者《南北史补志》《水经注图释》及悔翁文钞、诗词笔记而已。"

《可园诗话》："甘氏津逮楼藏书极富，洪杨乱后，荡为灰烬。竹生太守炳有《哭书图》，汪悔翁题其上云：'传说书楼护碧纱，芝泥玉检整还斜。劫灰红后胡僧在，试认丹青十二家。我亦丹黄万卷余，城南老屋键门居。眼昏头白方归业，仍惜当年已读书。'"

藏印有"梅村"白文章，又有"芝生汪氏"隶书章。

《金陵通传》："陈宗彝，原名秋涛，字雪峰，号耆古。学求本原，不屑屑于制举业。每岁九月必举素所景仰者，如阳城张敦仁、新城陈用光之属合祀之。所校勘古籍甚富，而以景泰本《尔雅》郭注，《章草急就篇》《华严音义》为最精。著有《读礼识疑》《胡刻通鉴补正识误》，重次藏玉琳《经义札记》《耆古稿》《廉石居藏书记》《汉经斋稿》《仓山诗文存》。龚元藻字伽生，为宗彝契友。癖好古书，留心文献，所收录近人文字为最多。"

又："郑彤书，字伟士，江宁人。先世以业盐居仪征。彤书由举人考取太常博士，俸满得同知，分发浙江，借补嘉兴通判。生平坦易无城府。好藏书，购至五万卷，终日展玩。官舍如水，时人谓之吏隐。"云。

《金陵通传》："翁长森，字铁梅，父以巽。长森生十龄而孤，母督课严。学古文于汪士铎，既补诸生，屡试不售，乃援例以知县分发浙江。初试安吉，旋补云和。造津寄藏书楼，置书万卷，俾诸生得以借读焉。生平劬于学问，储书极富。尤留意乡邦掌故，旁搜博采，辑为《金陵丛书》，今蒋氏所刊是也。"

《碑传集补·陈作霖翁明府传》："君少劬于学，储书极富，尤留意乡邦掌故。旁搜博采，辑为《金陵丛书》。遭乱，力不能刊，同里蒋生苏龛有同志，举以畀之。今已裒然成帙矣。"

志稿零缣败墨痕，遗书时遇海王村。
插天碣石人何在，去日沧波又到门。

史梦兰香崖　**王灏**文泉　**常如樾**蔼庭

《清史列传》："史梦兰，字香崖，直隶乐亭人。道光二十年举人，选山东朝城知县。以母老不赴，筑别业于碣石山，名曰止园，取《诗》'黄鸟''邱隅'之意，奉母其中。藏书数万卷，日以经史自娱。曾国藩总督直隶，手书招致，与论古今图史。幕中桐城方宗诚、吴汝纶，新化游智开，皆折节与交。国藩留主莲池书院，辞归。总督李鸿章复延修《畿辅通志》，梦兰为之删定体例，复与定州王灏参纂《畿辅艺文考》。学政周德润以学行荐，奉旨加四品卿衔。光绪二十四年卒，年八十六。著有《舆地韵编》二百卷、《全史宫词》二十卷、《叠雅》十三卷，及诗文集、笔谈若干卷。又见《大清畿辅书征》。"

则虞案：香崖学行皆无足称，史稿不当有传，其书差尽过目，非故为刻核之论也。

《尔尔书屋诗草》张山序云："家藏书数万卷，手自丹黄。"云云。

王晋之《尔尔书屋诗草序》："晋之作客乐庭，获从史香崖梦兰先生游，先生藏书三万卷，日攻苦校读，无晷刻暇。"

贺涛《贺先生集·定州王文泉先生行状》："先生讳灏，字文泉。先生既以赀雄一方，啬于自奉，于人世华靡无所嗜，独喜收积书籍，所无必求之，不校直，以异书至，酬之辄过当。闻有善本，使人赍重金，不远千里，必得然后已。涛尝游京师书肆，所指求，辄曰：'昨新得，已送定州王先生所，如是者数矣。'自宋、元、明初精刊，武英殿诸刻，国朝诸巨儒所校古书，兵燹后绝难得者皆有之，而人世通行之书，殆无不备。群经注疏以及笺解考证，凡涉于经者六百五十七种；而小学、音韵之类，又百三十五种；历朝史记与谱录志传，凡隶于史者，以及各行省通志、府州县志，五百十四种；诸子术数方伎之书，七百十三种；汉魏以来诗文集，六百二十七种；纂诸家诗文为一书，百四十八种；丛书百十种；其子目七千六十四；类书三十三种；善本重收又二百七种；写本百二十种；以帙数都六千五百三十四。以《四库》例著录，而编校姓名、刊刻年月皆注之。其为《四库》所未收而通儒博学不尝见者，盖若干种。善本以锦为帙，其尤者袭以箧笥，置秘室，余则丛插架上，堂室皆满。又以余力搜辑金石拓本千余种。又有《畿辅丛书》之刻。广延英俊，赍金币走书四方，罔散失，拾厥残，巨细毕收，日积月增，遂以大备。于周得一种；于汉得四种；于魏得六种；于晋、于齐、于隋得一种；于唐得十六种；于宋得十五种；于辽得一种；于金得五种；于元得八种；于明得七十八种；于国朝得三百四十六种。甄录芟补，汇于一编。其零编碎牍不能成书者，更为《畿辅文征》附其后。始设局于保定，既移于家。日从事编校，孜孜无倦容，虽疾病不辍，历十年将蒇事矣，而先生遽卒，然雕印成书，为先生所目睹，已过半矣。"

贺涛《书常乃亭斋壁》："常君性嗜书，购置甚众。吾家旧以藏书著称，君所有乃几倍吾家。国朝诸巨儒所校勘，武英殿所刊印，及其他号称善本者多有之。而宋、元、明初旧刻，则视吾家为少。涛与君同嗜，既各以所有自矜，亦颇欲通其有无，而交赏互嘲，甚或相喧争，卒以不能出所爱而罢。然获有奇异则必相质赏，终不肯少自秘也。光绪十八年十月，自京至君家，君适他出，而新得书数种置案上，皆吾所未见者，大喜，信宿其斋中而去，而吾行箧所携书有元刻《稽古录》为君购者，留君斋，其某书某书则君所凤慕而吾购之欲质之君者，固不能为君留也。"

又《饶阳常君墓表》："君讳熙敬，字冠卿，姓常氏，饶阳人。余少时读书常氏，常氏已衰矣。而子弟犹竞尚华靡，日以酒食相征召，君独闭门治举子业，而君之族叔父如越蔼庭则好古书，搜访甚勤。余时与诸少年嬉游，内实亲者两人。其后蔼庭购书益多，遂寝馈其中，不与人接，其所造于古者亦日深。今蔼庭死且六七年，无主后，书之存亡不可知，而培蕙则已能自立，将再兴其家，余幸君之有后，乃更不能不为蔼庭悲矣。"

《隶释》浮签自校评，老来铅椠益愈精。
盘洲制诰《忠宣集》，不为才名揜政声。

洪汝奎 琴西

《清史稿》本传："洪汝奎，字琴西，湖北汉阳人。道光二十四年举人。咸丰初，考取官学教习，期满，以知县用。参曾国藩军事。同治初，洊保至江南道员，总理粮台。光绪中，沈葆桢为两江总督，因疾在告，辄疏请汝奎代治事，声望益起，会诏求人才，大臣交章论荐。五年，特擢广东盐运使，调两淮，方欲大有为。而三牌楼之狱起，汝奎失察，褫职遣戍。至戍所未几，赦归，遽病卒。"

缪荃孙《两淮运使洪公神道碑》："公先世籍皖南泾县，后侨寓汉阳，遂占籍焉。"又云："公以乱后书籍散亡，在江南淮南书局筹刊经史，广为流传。其秘籍精本往往多经手校，尤搜辑先德著述，寿之梨枣，以学行经济负海内清望者三十年。"

冯煦《洪公墓志铭》有云："'赭寇'甫夷，曾文正开府江宁，礼罗海内士，复于冶山校刊群籍，维时主宋学者若吴竹如侍郎廷栋，何子永中书慎修，主汉学者若张啸山文虎，唐端甫仁寿。所主既绝殊，交攻互讦，犹凿枘之不下。公自从刘侍读传莹游，即沟汉、宋之说而通之，本贯皖南，习于吴、何诸先生。砥行砺节，规规紫阳。又提调江南书局，久与张、唐、戴、刘数君商略于文字敚误；板刻良窳，辨析微茫，逾于穷巷颛壹之士。"

冯贞群《伏跗室群书题记》："邵晋涵有《南都事略》百六十卷，文简事增，足正《宋史》。稿藏山阴沈复粲家。后人以献曾文正公，付刻未果，为洪琴西汝奎所得，不知今尚存焉否乎？"

则虞案：琴西刻书，有《石经馆丛书》《洪氏公善堂丛书》《晦木斋丛书》。吾乡刻书，潘芸阁之后为第一人。丙子余在沪来青阁，见公手校刻之《隶释》朱本，浮签犹在，字细如蚁，皆公亲书。当时索价八十元，余邀其曾孙长佳往购，长佳为太仓唐茹经弟子，卒未能赎，闻已流入东瀛。琴西有《冰天春霁图》，题咏甚众，其子幼琴又为补绘此图，予曾见之。

《琴西年谱》，章琴生为之，未竟而卒，陈作霖成之。章琴生、洪钧与瞿次槐增荣,皆琴西门下士,俱工诗,都转设吾知斋会课,招集名流,二子预焉。琴西之族人洪蛰父茂才,为道都转藏书刻书事甚悉。蛰父有女曰学韫,善章草,早卒。

《洪范》爻辰果有无，百年世事日凋疏。
莺花蒲涧春如海，谁问当时扬子居。

谭莹_{玉生}　子宗浚_{叔裕}　孙祖任_{璱青}

　　《清史稿·文苑传》："谭莹字玉生，南海人。弱冠应县试，总督阮元游山寺，见莹题壁诗，惊赏，告县令曰：'邑有才人，勿失之。'令问姓名，不答，已而得所为赋以告元，元曰：'是矣。'逾年，元开学海堂课士，以莹及侯康、仪克中、熊景星、黄子高为学长。莹性强记，述往事，虽久远，时月不失。博考粤中文献，友人伍崇曜富于赀，为汇刻之，曰《岭南遗书》五十九种，曰《粤十三家集》，曰《楚南耆旧遗诗》，益扩之为《粤雅堂丛书》。莹为学长三十年，英彦多出其门。道光二十四年，举于乡，官化州训导。久之，迁琼州教授，加中书衔。著《乐志堂诗文集》《广州乡贤续传》。"

　　则虞案：谭莹字兆和，历任化州训导、琼州府学教授、学海堂学长、粤秀书院、越华书院及端溪书院监院。著《乐志堂集》。

　　《南海县志·谭莹传》："莹幼颖悟，于书无所不窥，而尤长于词赋。初粤省虽号富饶，而藏书家绝少，坊间所售，绝无异本。自阮制府以朴学课士，经、史、子、集渐见流通，而本省板刻无多，其来自他处，价值倍昂，寒士艰于储蓄。莹与同里伍崇曜至交，每得秘本巨帙，劝之校勘开雕。其关于本省文献者，有《岭南遗书》六十二种、《粤东十三家诗》《楚南耆旧遗诗》七十二卷，此外有《粤雅堂丛书》一百八十种、王象之《舆地纪胜》二百卷，莹皆为编订而助成之。素善饮啖，疾病不去杯杓。又笃信星命之说，或箴以酗酒过甚，非摄生所宜者，莹笑曰：'寿算限于天，吾虽日饮无何，犬马齿当在古稀左右耳。'或曰：'子何以知之？'莹曰：'壬辰科。'歙县程侍郎来典试，程淹博而兼游艺多能者也。榜后，粤中名士饯于白云山云泉仙馆，酒酣，程慨然曰：'粤东今日可云极盛矣！然盛极而衰，天之道也。此后二十余年，乱从粤东起，再过十年，乱将遍天下，不堪设想矣。'时曾拔贡钊亦溺于汉人《洪范》《五行》之学者，与程往复，不觉悒郁欷歔。程笑曰：'子无为杞人忧，吾与子不及见矣。'随谛视座中人曰：'及见者止谭子玉生耳。'后五年，程侍郎卒，红巾起，曾拔贡亦卒。逮丁巳以后，内外交讧，几如阳九百六之期，而当日同席诸公虽善养生者早已物故，惟我岿然独存，其顺时安命，皆此类也。卒年七十二。"

《广东藏书纪事诗》注："谭氏富于藏书，余有《乐志堂藏书目》，虽非宋元精椠，然于文史二部颇美备。所藏钤有'南海谭氏藏书'印。谭氏乔梓于注意乡邦文献外，并研究辽金史事。谭氏藏书据谭叔裕《希古堂书目自序》云：'余家希古堂书，凡先教授之所遗近三万余卷，余续购之几八万余卷，合之凡十二万卷有奇。'又据谭祖纶《清瘿生漫录》云："先大夫性爱书，通籍后宦囊尽以购书，得二十余万卷，合之先大父所遗近八万卷，共得三十余万卷。洎乎督粮云南，以道远未有带去，寄存京师长椿寺中，迨戊子弃养后，祖纶命人由京搬运回粤，后筮仕皖江，复择其要者数万卷存行箧中。旋莅亳州任，书亦与之偕行。后调庐江，道路崎岖，转运维艰，遂寄存亳邑。后由庐江返皖省，遂遣人赴亳将书运回。'据其所言，谭氏遗书一部移藏省外，其后闻亦未运回粤，而存留粤中者，谭氏后人亦不甚珍重。光绪晚年，尝觅儒雅堂书店谭某为之整理，谭某利其售也，凡全者分而散之，诡称残缺，因无后命，遂弃置阁中。逾年，濠畔街某书店经以百金得之，一转移间，遂获千金，而希古堂之藏书遂星散矣。"

伦明《诗》注："南海谭玉生孝廉莹工骈体文，受知于阮文达。著《乐志堂诗文集》。尝为伍氏校刊《粤雅堂丛书》，每书后有伍绍堂跋。子叔裕榜眼宗浚，亦工诗文，著有《希古堂文集》《荔村诗集》。孙琢青参事祖任，擅填词，家多藏书。其广州西关旧宅所藏，多被人窃卖。坊间流出钤'南海谭氏藏书'印者，所在有之。琢青兄某官湖北，携书数十簏，弃之芜湖广东会馆。琢青喜书画，善鉴别，惟于书若不甚珍惜。"

宗浚《荔村草堂诗钞·买书有作》云："奢想奇编比陆厨，购求讵复计锱铢。定同骊领珠珍获，翻恐鸡林重价沽。护惜好教奴仆守，储藏能到子孙无。转嫌门户萧闲甚，剥啄频看屡索逋。"

则虞案：蒲涧赏秋，一时传为士林佳话，玉生详记其事。《乐志堂集》："《程春海侍郎蒲涧赏秋图》作于壬辰九月，同集者十一人，今惟余在耳。"注："十一人：陈范川、李绣子两山长，吴石华、曾勉士两广文，仪墨农、侯君谟、孟蒲生三孝廉，居少枏、梁纫秋两茂才，暨侍郎与余也。"其诗第二首云："菖蒲旧宅也无存，无处登临且闭门。琼绝古今推此会，重刊著撰试同论。似闻伤乱刘琨语，谁罪谈兵杜牧言。叹逝怜才兼感遇，心魂难定赋《招魂》。"子宗浚字叔裕，号止庵，同治十三年榜眼，官四川学使、云南盐法道。室名希古堂，著《希古堂集》。

藏印有"南海谭氏藏书"印、"彝鼎图书慰寂聊""玉生"。

缥带珠囊手自题，绿卿书与绿君齐。
先生有用终何物，左是宣城右望溪。

韩应陛 鸣唐

《清史稿·畴人传》："应陛，字对虞，娄县人。道光二十四年举人，官内阁中书舍人。少好读周秦诸子，为文古质简奥，非时俗所尚。外若新译重、气、声、光诸学，应陛推极其致，往往为西人所未及。"云。

张文虎《舒艺室杂著·读有用书斋杂著序》："《读有用书斋杂著》者，吾友韩对虞舍人遗稿也。君少好读周秦诸子，为文古质简奥，非时俗所尚。既而从姚先生春木游，得望溪、惜抱相传古文义法，尤究心世事，观其所以名斋者可知也。咸丰十年，流寇犯松，藏书版片与所居屋俱烬。君仓黄走避，道途触暑，郁郁发病死。乌乎！君每得善本书，辄以见示跋其后。《几何原本》之刻，君约予与顾君尚之同校定，今君与顾君俱殁，读君文不能无悲。君著述放失，所存止此，然亦既足传矣。"

则虞案：《舒艺杂著》有《韩绿卿像赞》。

封文权《韩氏读有用斋书目序》云："道光之季，吾郡韩鸣唐孝廉应陛，博学好古，精鉴别，士礼居、艺芸书舍精本，孝廉所得为多。赭寇之乱，稍稍亡失。甲寅乙卯间，吴门曹君直阁读元忠馆其家，曾为之理董而未竟也。旧存目录一册，讹敓凌杂，钞胥所为。阁读校语，仅于遗集中录出数则，爰重加编订。原书不获见，遗漏尚多，前贤题识，尽付阙如，以待续补，瑞安陈君绳甫好古之士，辑刊目录之书，搜采遗佚，孜孜不倦，因畀刊之。"

陈准《读有用书斋书目跋》："应陛又号绿卿，长译算及重学，气、光学、声学等。尤喜收藏，所得宋元旧椠，计四百余种，皆出黄丕烈、顾广圻、汪阆源诸名家手校本。实天壤间瑰宝，惊人秘笈矣。旧目系吴门曹君直元忠所编，讹敓凌杂，非先生之旧也。其同邑封文权衡甫先生爰为重加编订，并附各家跋语数则，嘱余印行。惜不及详录前贤题识，为可惜耳。"

曹元忠《笺经室遗集·上缪艺风师书》："受业经张门生锡恭介绍，就松江绣野桥韩氏馆。韩生为绿卿前辈应陛之孙，绿翁与张啸山、顾尚之及受业外王父马燕郊先生均以收藏校勘为事，复得士礼居、艺芸精舍所散善本，若熙宁本《荀子》，郏川姚氏本《战国策》，皆百宋一廛中珍秘也。史部则北宋巾箱本《国志》，汲古旧藏南宋十行本《晋书》，皆不易见者。至于《礼记单注》，即涧翁所谓《月令》第六也。从前但知未耕之上曲，尧翁夸为一字千金，今见原书，则《曾子问》自'卿大夫之家曰私馆'。'夫'下有'士'字，《杂记》'士之妻皆死于寝'，'士'上又有'士'字，皆与惠校北宋注疏本合，惜所存仅九卷耳。《左传》宋椠有大小三数本，以段茂翁旧藏阮氏种德堂本为最，然残本《集解》'生秦丕兹事，仲尼。'云：'二父以力相尚，不作堇父。'与阮校注疏本合也。其余钞校，尤多精本。现在课暇，即为韩氏《读有用书斋书目》，体例拟略仿瞿氏《铁琴铜剑楼书目》。恨去年出京仓猝，所有目录，均委弃寓中，案头所存，不毂翻帑，只得草稿成后，以写本求诲耳。"

《雪桥诗话》："娄县张夬斋挽韩绿卿中翰，谓与樗寮先生均富藏书也，见绛云楼藏本及断简必购，凡有黄尧圃题跋者无不购置。闻韩氏收藏，至今无恙。"

则虞案：《云间韩氏藏书目》附书影十七叶，影印本，北京图书馆（今国家图书馆）别有钞本，题《松江韩氏书目》。江苏省立图书馆亦藏有钞本。又《读有用书斋书目》中多有黄丕烈校本，《书目》有民国仿宋铅印本。曹元忠《笺经室遗集》中宋椠《伤寒要旨药方跋》景宋钞本《碧云集跋》，北宋椠大字单注本《礼记跋》皆韩绿卿所藏书也。

藏印有"韩应陛读有用书斋""古娄韩氏应陛载阳父子珍藏善本书籍记""松江韩氏藏书"印、"韩氏藏书"四字印、"松江韩应陛藏印""松江读有用书斋""读有用书斋应陛手记""应陛手记""应陛""绿卿""韩应陛鉴藏宋元名钞名校各善本于读有用书斋""应陛学仿韩文印记"。

湖楼一炬烛天烧，夜半舟藏窃负逃。
万事岂凭人力定，牧儿权比祖龙高。

徐时栋_{定宇}

《鄞县志》："徐时栋，字定宇，一字同叔，学者称柳泉先生。鄞县人。道光二十六年举人。故居曰烟屿楼，藏书六万卷，尽发而读之。同治七年，主修邑志，发其家藏书，及借阅同里卢氏、杭州丁氏书，搜采繁富，至千数百种。仿国史列传之例，注所征引，排比成文，以是费日力十二年。卒年六十。"

董沛《徐先生墓表》："自其少时有志著述，两上春官，即家居不复出，湖西烟屿楼藏四部书六万卷，尽发而读之，丹黄杂下，彻夜不倦，对湖居人，恒以五鼓望先生灯火，候晨旦灯灭，俄顷而天明矣。自迁城西，遭兵火之厄，图籍俱尽。乃营新宅购藏如其旧，寝息于其中，老而弥笃，著书数百卷。"

《烟屿楼笔记》卷六云："余自弱冠即好购书，二十余年，亦将十万卷，咸丰十一年，遭粤寇，在烟屿楼者尽为人窃掠，其在城西草堂者尚五六万卷。同治二年十一月二十九日草堂焚如，皆灰烬矣。而奉化人有于乱后出数千金买天一阁书，别为屋藏之，亦以十一月此旬中被火，旁舍无恙，惟书屋独毁，与吾家先后才数日耳，异哉！"

董沛《六一山房诗集》："徐柳泉舍人延余校《宋元四明志》，即事有赠，第二首云：'吾爱徐孺子，万卷罗高阁。连年兵火中，犹寻读书乐。眷我桑梓乡，文史正穿落，旁搜百氏言，精究六艺略。连缀改定之，一手自删削。述者之谓明，其功乃逾作。'"

孙德祖曰："师好聚书，余以同治乙巳与修《鄞志》，方就，师新居水北阁开书局，得见所藏无虑六万卷，无匆手自点勘者。尝欲毕经年之力，写具目录，而未能。窃闻师故居烟屿楼藏书，不亚于是，以校刻《宋元四明六志》，聘某君馆之于家，某君遗火毁其居，举付一炬。师委之于数，毫无蒂芥，遇某君如初。"

《寒瘦山房鬻存善本书目》："重刊《胡云峰先生文集》旧钞本，后有同治八年徐时栋识语。正闇跋云：'徐柳泉在同治初元颇收旧钞善本，每书皆记得书年月，无多论列及考订语。光绪季年散入京师者甚夥，尚有吴云甫以淳则鉴别胜于柳泉，余得之者亦数种，皆东南小藏书家也。'"

《群碧楼善本书录·济北晁先生鸡肋集》："明诗瘦阁刊本，后及《罗鄂州小集》均有'徐时栋印''水北阁'二印。"

《寒瘦目·默堂先生文集》："钞本，有'城西草堂印'，有同治九年时栋题识。又《蒲室集》，钞本，亦有同治八年十月时栋题记。"

《适园藏书志·逸经补正》："秀水冯登甫撰，鄞县徐时栋又加审定，此其稿本也。"

五十万卷楼藏《全芳备祖前后集》，后有"城西草堂"章，有柳泉记三行，又有识语云："谨案此书体例，与《群芳谱》无异，乃《四库书目》入《群芳》于子部谱录类，而此书则入之类书类中，不知以何分别之也。时栋又记。"

则虞案：余见北碚图书馆藏《全唐文》，亦烟屿楼旧物，定宇手自编目。

藏印有"徐时栋柳泉印""城西草堂界画"朱文方印、"鄞徐时栋柳泉氏甲子以来所得书画藏在城西草堂及水北阁中"朱文方印、"徐时栋印"白文方印、"柳泉"朱文方印、"烟屿楼书画珍藏之印"朱文长印、"徐时栋藏书印"白文方印、"四明烟屿楼徐氏珍藏书画印"朱文方印、"柳泉书画之记"朱文长印、"柳泉"白文方印、"甬上"朱文长员印、"柳泉书画"白文方印。

琴书舆榇出江州，私谥文哀涕泗流。
日暮登楼知己尽，幸分余润到缠头。

李士棻 芋仙

黎庶昌《李芋仙墓志铭》："君讳士棻，字芋仙，四川忠州李氏。道光己酉拔贡生。以善诗为曾文正所赏，时与中江李鸿裔、剑州李榕，号'四川三李'。君性通脱，不中程度，喜为无所顾忌大言，有狂名于京师。又善哭，咸丰之际，粤贼乱起，君语及时事多故，或身世苍茫如浮萍著于太虚，辄欷歔痛哭。同年生戏呼之曰'文哀公'。金陵克复，君筮仕得彭泽知县，君大喜，携琴一张，书万卷，棺二具自随。名其二子曰松存、菊存。诵《归去来辞》。烽火达于邻疆，方据案吟哦不觉也。初君在京师，与伶人杜蝶云者昵，蝶云老，流寓沪上，仍依歌曲为生涯。君落魄甚，依蝶云以居，蝶云奉君三年无失礼，斯足以愧天下士已。"

芋仙《赠莫子偲诗》有云："一事笑君憨胜我，陈编敝簏侈收藏。"曾文正公赠芋仙诗有"时吟大句动乾坤"语。来青阁杨寿祺见示《忠州李氏藏书草目》，芋仙自书，宋本三，元本七，通行本约三四万卷。宋本《庄子》下细字注云："卖讼得来，某纳讼主少妾，余得此书，戏以诗云：'无人笑我盗青简，有女从君到白头。'"元《赵松雪集》下题云："松雪书媚，置枕畔，聊当美婢看。"此二则可入《世说新语》。

藏印有"忠州李芋仙珍藏书籍之印"朱文长印、"忠州李芋仙随身书卷"朱文方印、"芋仙鉴赏书画印信"白文方印、又有"忠州李士棻字重叔""耕读山房珍藏"，见《善本书室藏书志》及《郋园读书志》。

永嘉学术辨微茫，乡哲《周官》有义方。
大府文深尊酷吏，何人垂涕表泷冈。

孙衣言 劭闻　子诒让 仲容

姚永朴《孙太仆家传》："孙公讳衣言，字劭闻，号琴西，浙江瑞安人。公幼颖异，书过目辄成诵。道光三十年成进士，选庶吉士。咸丰初授编修，入直上书房。擢侍讲，出知安庆府，权凤颍、六泗道，权江宁布政使。总督时为沈文肃公，贤者也。其会试日，出公弟蓻田学士门，然用法稍峻，候补道某希旨，每讯狱入多出少，公规切之，某大憾，构之于沈公。会有杀人者，不得主名，某执途人锻炼成狱，江宁令疑之，以告公，曰：'某君欲迁官耳。独奈何杀人以求之乎。'急白沈公，而沈公先入某言，笑曰：'此宜非长厚者所乐闻也。'故事，人命案必由藩臬会详，沈公以公持异议，乃径下某论死。公以是与沈公不相中。内召为太仆寺卿，寻以疾返里。所著有《瓯海轶闻》《逊学斋诗文钞》。"

《逊学斋文续钞·玉海楼藏书记》："宋时深宁王先生生平博极群书，著书至六百余卷，其最巨者为《玉海》二百卷。玉海云者，言其为世宝贵而又无所不备也。予家之先大父资政府君好聚图籍，儿时见先世旧藏多前朝善本，丹黄殆遍，经乱无复存者。予初官翰林，稍益购书，以禄薄不能尽如所欲。同治戊辰，复为监司，全陵东南寇乱之余，故家遗书往往散出，而海东舶来且有中土所未见者。次儿诒让亦颇知好学，乃令恣意购求。十余年间致书约八九万卷，虽视深宁所见未能十之四五，然颇自谓富矣，旧居褊隘，若不能容。今年春，为次儿卜筑河上，乃于金带桥北别建大楼，南北相向各五楹，专为藏书读书之所，尽从旧藏庋之楼上，而以所刊《永嘉丛书》四千余版列置楼下，以须摹印。因取深宁叟所以名书者以名斯楼，手书榜以表之。复取古人读书之法，及我今日藏书之意，具为条约，揭之堂壁。乡里后生有读书之才，读书之志，而能无谬我约者，皆可以就我庐，读我书。天下之宝，我固不欲为一家储也。"

张扬《书玉海楼善本目后》："吾乡藏书，清道咸间有三家：项氏雁湖布衣之水仙亭、其弟几山学博之株树楼、黄氏仲弢提学之蓼莪阁、孙氏琴西太仆之玉海楼是也。项氏以集部称，黄氏以精椠称，孙氏则以校本称，盖皆有专尚焉。孙

孙衣言　子诒让

氏之藏，自仲容征君殁后，子孙固守，得以勿失。多年束阁，鼠伤虫蚀，在所未免。按其目，得宋、元、明、清本若干种，皆经太仆与弟渠田侍郎评点及征君批校，则其所云善本者，殆项氏、黄氏所不能及者矣。"

孙延钊《文澜阁嘉惠堂与玉海楼》一文有云："集云河干邵公屿上有玉海楼焉，先祖琴西太仆公，考仲容征君公两世聚书处也。虽牙签富丽之观，不逮所谓北杨南瞿，古椠瑰奇之有，不逮所谓千元百宋。然石室学渊，自昔为斯文所系，而我楼于竹素尘霾，缥缃云散以后，兴复而益大之，炳然重为岐海光。承学之士，顾而仰止。追思往绩，固亦足多。况夫旁行斜上，手泽灿然。逊学评史之笔，掸艺斠经之墨，理董千番，沾被万简，则我楼独秘其韫，岂它家所能有哉！"

孙延钊《孙太仆年谱》于玉海楼庋册之采获，读书刊书之有年月可考者，均追纪及之。

刘厚庄《籀园笔记》："永康胡月樵刻《金华丛书》，瑞安孙太仆实劝为之。厥后胡氏所刻，较之孙刻之《永嘉丛书》几逾一倍，而校刊殊欠精审。以是知孙刻《永嘉丛书》虽少而实精也。"

宋炎《记瑞安孙氏玉海楼藏书》云："玉海楼创于清儒孙衣言琴西太仆，迨今垂七十余年。太仆子诒让征君，绍承弓冶，尽发楼中所藏，潜心著述，遂为皖派朴学之最后大师。征君捐馆后，牙签锦轴之藏，端赖嗣君孟晋（延钊）先生，笃守珍护，得以无恙。楼中书籍，尽照《四库全书》之例，各按经、史、子、集，分门别类，纂成书目。每书之册数，卷数，刊刻年月、钞本、曾经何人收藏、何人批阅、批校、有何题跋印章，皆一一载明，其书有数部者，各以类载，以便检寻。每门各留空纸数页，备续添增入，以期贤子孙日增月益也。太仆并亲订藏书规约十六条，规定楼中书籍，不许管书人私自携出或借出；如有各房子弟或外人来阅，先具一字条，开明何书，陈报主人，经许可后，乃借之；亦只许逐日在楼下坐阅，不许携出；开锁取书时，借书人不许随入楼室；借阅书籍，不许擅用丹黄，轻加圈点，亦不许稍有污损，违者罚赔。其约之严，有同四明天一阁，故能保存久远。

太仆生平殚心文献，每觏往哲遗书，必广讨旁搜，不遗余力。其子征君承父志，成《温州经籍志》，乃有博访奇觚之约。约后刊附当时收藏书目，著于录者百八十部。而近来孟晋先生又尽发玉海楼庋箧，凡有关桑梓文籍，别为目录，成《瑞安孙氏玉海楼藏温州乡先哲遗书目录》，凡得四百六十部，辄依类增编，略加校注。盖其书采获于作约之后，或一书数本而原目仅列其一者，于此罔弗具焉。

　　据孟晋先生自跋谓：'以先世所蓄为限，比岁自置之乡先哲遗著，尚不收云。'可见其繁富矣。就中特可观者，有明刊本三十二种、明写本二种、钞本二百十种、稿本十种、传钞稿一种、日本刊本一种。以部类分，除复本外，内外两编，综凡经部二十八种、史部五十二种、子部五十种、集部二百二十一种，大率多经先贤批校，至此目特色，除集部特富，善本写本之夥颐尤属稀有。如明万历乙巳永嘉王光蕴等修《温州府志》，原刊本，共十六卷，六册，北平图书馆虽亦有，然仅残存一至十三，十五、十六等十五卷。《康熙瑞安县志》十卷，四册，北平图书馆虽有，亦仅存残本，而楼中所庋，竟完善无恙。至于明永嘉《张孚敬文忠公集》，及宋叶适《习学记言》二善本，亦属罕见。前者有万历张汝纲等编刊本，该本旧藏查子穆家，卷首有其手题书及总目各一纸，册中钤藏印甚夥。《北平图书馆善本书目》有万历刊本八卷，不知即十九卷中之奏疏一部分否。后者有明秦酉岩钞本，存第六至二十五二十卷，每册首钤'秦四麟'及'酉岩山人'白文方印各一，眉端有太仆据钱塘丁松生氏及仁知朱修伯氏所藏二本校勘之注语。丁藏明钞本，早已归南京国学图书馆；朱氏藏本亦不知所往。留浙善本，盖仅孙氏一家而已。孙氏所藏不仅善本而已，且多经名家庋藏，如明永嘉吴广匡之《花史》十卷十册，卷首自序第一叶有'翰林院'印，盖纂修《四库》时进本。卷一第一叶有'海陵张氏石琴收藏善本'朱文方印，盖光绪戊寅太仆得之金陵也。宋刘安上（安节弟）《刘给谏文集》五卷四册，为卢氏抱经堂钞本，卷首钤'卢印文绍'白文方印，卷一首叶钤'竹泉珍秘图籍'，及'谀闻斋'白文印。明王叔杲《王介园存稿》二册，《明史·艺文志》及黄虞稷《千顷堂书》目著录均作二十卷，《北平图书馆善本书目》有万历刻本十八卷，附录四卷，惜此书不全，要之，此四百六十种之中，有向未剞劂者；有雕镂已久，印本渐稀者；有曾经太仆、征君手校为世人所未睹者；有经名家收藏印章尚新者。若斯之伦，宜甄辑而共谋所以广其传，讵宜长扃于玉海楼之秘笈耶？玉海楼不仅庋藏温州乡先哲遗书而已，其于中国学术及浙江人文关系最深。

　　今之《四库简明目录标注》虽为仁和邵懿辰遗著，而不知为之董理编校，则为玉海楼孙征君始得成书。此书于宣统三年懿辰后人邵章伯䌹以家藏稿授梓，题曰《四库简明目录标注》，孙氏藏本仅作《四库简明目录》，'标注'二字，盖系伯䌹付刻时所加。孙本全书分装十册，每卷末皆有征君手记校勘年月，又有两跋，略谓杭城之变，懿辰殉节，遗书散失殆尽。此稿因瑞安项传霖藉录来归，后太仆复从项氏索得归懿辰嗣子进，而征君为之编录此本，盖详言邵稿流传之经过，与征君续编之由来，而今刻本未之载也。

钱塘罗以智镜泉素富藏书，于乡邦掌故，爬梳尤力。此外遗著尚多，惜遭洪杨之役，遗书多沦于兵燹。事后，虽经八千卷楼丁氏极力搜罗，亦仅得手校《南宋院画录》八卷、《蔡中郎集》十卷、《外集》四卷等十六种。又浙江省立图书馆善本书库藏《元书画考》二卷，亦罗氏手校，其余化劫灰者固多，佚存人间者当尚不尠，而玉海楼即藏有罗氏遗著手稿凡六七种，又批校本十余种，其《金石综例跋》一册、《蔡中郎集举正》一册、手校曹刻本《集韵》五册，皆曾经人寓目。据征君早岁笔记称，《综例跋》《中郎集举正》乃同治七年得于四眀书肆，盖均洪杨劫后之漏网者。

手校曹刻本《集韵》，据孟晋先生言，系同治六年征君于杭州购得，他日杭州人士倘继丁氏武林往哲遗著而续编，则玉海所藏各本，当在搜罗之列也。玉海楼所藏名家批校本特多，若德清戴子高望手校之《墨子》《管子》《荀子》《贾子》《陆贾新语》《春秋繁露》，及郝懿行《山海经笺疏》，宋保《谐声补逸》、金鹗《求古录》《礼说》、庄有可《周官指掌》等数十种，皆为征君当日所收藏，且又多附加识跋。子高殁后无嗣，赖征君及海昌唐端夫仁寿为谋归葬，且持其藏书沽买，以其资刻遗著。噫！亦已难矣。此外太仆及征君之批校本，玉海楼所藏，向称夥颐沉沉。大致太仆所校者多属史部、集部，征君所校者多属经部及子部，合而观之，则知四部皆有批校本矣。乃知著述家之藏书，非徒以标牙签锦轴，侈为玩观者也。"

则虞案：《瑞安孙氏玉海楼藏书目录》孙莘农藏钞本作二卷，与陈准编印者不同。诒让有《籀庼题跋》，曾载《青鹤》杂志。

> 春堂书籍尽丛残，蠹损遗编不忍看。
> 最是闭门风景好，棠梨如雪墨衣寒。

梁梅 子春

《广东藏书纪事诗稿》注："梁梅字子春。顺德诸生，受知于曾宾谷中丞燠，礼为上客。善事母，而好藏书。精于鉴古，与黄子高同为翁邃庵学使赏识。子春有《春堂藏书图》，冯龙官为之记，谓其典衣损食以蕲充牣，而史乘、全策、名儒遗文，购求尤力，故粤雅堂刊刻十三家集时，如《莲须阁集》，则出于春堂所藏也。"

谭莹《书梁子春先生春堂藏书图后》："莹《壬午除夕诗》云：'纸帐芦帘赋索居，先生清兴复何如。门前债客多于鲫，犹典残钗购异书。'是时先洗太孺人犹在，阅二岁而痛甚濡章，悲深录扇。检麹昭之金筒，本已无多；鬻郭丹之衣装，唯闻自给。方叹补袍杂纸，忍言剪发易书。迨今读子春先生《春堂藏书图》，殆不禁泪涔涔下矣。夫使其拥愈百城，获同良产；横翔捷出，骈驰翼驱，周盘有解带之嗟，毛义方捧檄而喜。蔡襄有母，宋延特赐冠帔；韦逞之门，《周礼》待传音义。不亦慈明之极遇，而显扬之至愿也乎！遂乃撤金玑而搜秘籍，鬻珰珥而购丛编。织同刘氏之绝，作等孟宗之被。楹书善读，讵关前代之遗文；字苟论□，尚给故人之馈。虞集曷荣于口授，崔光即养以佣书。宛如性命之相依，岂谓勋名之足抵。而乃陔悲兰败，堂惨萱零。寸草空吟，《蓼莪》竟废。秤锤孰举，几同寇准之疮深；药物空收，已负姜维之志远。而谓览斯图者，能不痛哉！能不勖哉！"

谭宗浚《荔村草堂诗钞·旅居京邸杂忆粤中旧游诗》第八首云："春堂书籍尽丛残，蠹损遗编不忍看。最是闭门风景好，棠梨如雪墨衣寒。"注云："外祖梁子春明经，性至孝，刲骨疗母。家藏古籍甚多，皆母典钗珥所购。母卒，绘《春堂藏书图》以纪母恩。所居名小圃，园地颇修洁。刘寅甫孝廉《访梁二子春不遇》诗云：'棠梨花下墨衣寒。'"今袭用荔村诗。

伊秉绶《留春草堂诗钞·陈仲卿索题梁子春藏书图》："子春有见仲卿友，少年励志期不朽。下帷董子勤三余，入市王充富二酉。况闻典钗出慈母，敢不敏求毋母负。孤亭浴日沧海滨,仲卿日望三山神。迟尔眼穿扶胥云,侍母疾以割股闻。嗟哉子春笃于伦,抑古《礼经》未有云。尔病病母身母身,嗟哉子春何必然。行奇则过庸斯传,希尔与母疴速痊。侍母勿读《范滂传》,尔考待莳泷冈阡。"

谩云过眼是云烟，知见征存孰最先。
补缀《蕉窗》《破铁网》，买书原费典衣钱。

胡尔荥豫波

《杭郡诗三辑》："胡尔荥字豫波，号蕉窗，又号廉石、珠子。海宁监生。有《蕉窗剩稿》。饶于赀，聚书十万卷，旁及书画钟鼎之属，筑爱莲西堂储之。唱酬之乐，有月泉吟社之风。晚虽家落，遇名流墨妙，仍不惜典衣购之。至力所不能者，则笔之于册，仿《云烟过眼录》之例，名之曰《破铁网》。"

则虞案：《蕉窗剩稿》未刊，惟《破铁网》一卷，艺风堂为刊入《藕香零拾》中。其书上卷论书籍，偶及碑帖，下卷专论碑帖。又有《经义考校勘记》二卷，似亦未刊。

《海昌艺文志》："尔荥所藏书，几与马寒中道古楼相埒。名流晋接无虚日，不问家人产。晚年家中落，卒年五十三。有《华鄂堂书目》四卷，陈鳣题记，吴应和序。又见《海宁州志稿》。"

则虞案：《杭州府志》有《华鄂堂藏书目》四卷。《海昌备志》云："胡氏华鄂堂所藏仅有存者。"

《郋园读书志·国语韦昭解题跋》云："胡为浙之海昌人，道光时学者，著有《破铁网》二卷，上卷记所见古书，下卷记所见书画、碑帖、一二古物，盖亦藏书故家也。"

《适园藏书志·续资治通鉴》十八卷，旧钞本，《五十万卷楼藏书目录·晁氏客语》，皆尔荥旧物。

仪顾堂元椠《山堂考索跋》中有"胡尔墉印"朱文方印、"豫波"朱文方印"胡氏豫波家藏图书"朱文方印，嘉道中藏书家也。藏印还有"胡尔荥珍藏印"朱文方印、"胡氏"朱文印、"禹汲"朱文方印、"胡尔荥印"白文、"胡氏禹汲家藏图书"朱文长印、"胡尔荥豫波印""文成十二世孙"朱文长印、"胡氏豫波家藏图书"八字朱文篆书长方印。

佳日堂前旧籍亲，奇怀无酒亦良辰。
亭林诗稿笺疏遍，解道兴亡是此人。

吴以淳 云甫

《昆山新阳合志》："吴以辰字云甫。少嗜学，受业于武进李申耆先生兆洛。积饩贡成均卒。著有《大学古本说》《论语弟子言行录》《周易朋来录》《诗述训》《尚书释》《固溪漫稿》。"

《寒瘦山房鬻存善本书目·重刊胡云峰先生文集》正闇题识云："尚有吴云甫以淳，则鉴别胜于柳泉，余得之者亦数种。吴在徐前，皆东南小藏书家也。"又《归震川先生未刻集》稿本，有"蒙泉精舍""吴印以淳""云甫"诸印。后有道光十八年夏六月九日长跋，在《诗说》后。又《玉峰志》三卷，《续志》一卷，佳日堂钞本，有"吴以淳""云甫""佳日堂"三印，后有道光二十年七月邑人吴以淳跋。正闇云："此昆山吴云甫手写本也。"又《金石录跋》云："吴云甫好古，笃嗜不减于吴伊仲、张艮思诸君。此册用卢本校勘甚勤，又手钞易安《后序》，雅整可爱。读其自跋，盖亦贫而乐者。"

潘景郑《著砚楼书跋·固溪漫稿稿本跋》云："昆山吴云甫先生以辰《固溪漫稿》十六卷，内诗六卷，文十卷，系写定未刊之稿。后附《年谱》一卷，知生于嘉庆戊辰，以廪膳生优游乡里，著述自娱。受业武进李申耆、嘉定黄子仁两先生之门。其为学必发于性情之正，以达其道术之原，躬行厉己，足为乡里矜式。著有《大学释》若干卷、《论语弟子录》二十二卷、《尚书释》二十八卷。及《固溪漫稿》十六卷，今无一刊传者。此稿乱后不知何从流入沪市。稿凡二本，一为手写之稿，已佚去《诗钞》卷一之四。别有缮录定本，则是后人重写待梓者。卷前有自序、目录，后有光绪二年青浦陈思贤跋语，则写定待梓之稿。"

又吴云甫手批本《亭林诗集跋》云："右《亭林诗集》五卷，昆山吴云甫先生以淳手批本。先生所著《固溪漫稿》稿本，予去岁得之沪市，曾为之跋矣。此本盖伯兄收诸群碧遗箧者。亭林先生遗诗，于明亡之际，朝章国故，多所隐辞。先生于所知者，均为诠释，即当时人物之难稽者，并为注明，足当《亭林集笺》之什一，惜未能遍考耳。先生藏书甚富，自署曰佳日堂。而叶鞠裳先生《藏书纪事诗》独未收,诚憾事也。予读斯书,特标而出之,俾后之得先生书者,勿以其姓字之寡传而忽之也。"

则虞案:叶景葵谓云甫注《亭林诗集》,疑即此书。群碧楼《五代史纂误》钞本,亦钤"佳日堂"印。

宝书天上忆森森，芒角摧颓昔至今。
惟有迦陵长命鸟，故山犹作太平音。

程云翔轩宇　**李宗楣**爱得

《黟县志》："程云翔字轩宇，中城桂林人。廪贡，训导。父学植裕于财，有七子，云翔受父财七之一，居积致富，然不喜买田喜购书。"云云。

则虞案：云翔为俞理初之舅，理初有《题程舅云翔小照诗》云："窗环十亩阴，兜率俨堪寻。翠羽藏林密，龙鳞结盖森。室应虚白兆，尘谢软红侵。邺架曹仓外，青幽合问琴。"王以宽《挽诗》有云"书喜文孙富"语，注云："令孙森玉爱书。"

李文森《敦和堂书目序》云："黟县程君松韵裒辑其祖轩宇府君敦和堂藏书七万卷有奇，盖府君家世儒风，席前人旧以致富。生平所入，于祭祀宾客、敬宗收族及备公家之急外，悉以购书。军兴以来，海内公私盖藏，罔弗灰烬，即徽郡六县，素称仕商渊薮，其宫室器用金玉玩好之侪，有积至前明以上者，皆荡然不存，而府君之书频贼者数，依然无恙。"

则虞案：见《黟县三志》卷十五。

程鸿诏《有恒心斋文·敦和堂书目序》："敦和堂者，轩宇叔祖自名所居也。一堂四代，雍穆慈孝，名称实矣。好书史，聚之数十年，而名孙曰锡书，以山谷'天上玉堂森宝书'字之森玉。森玉禀祖教父命益爱书，所藏增于旧者十八九。今夏装池齐整，以四部分类为目录。时余将至京师，属序其意。昔沈约、任昉、王僧孺、元晏、苏弁、李磎、柳仲郢、马端临、郑樵皆聚书万千，埒于秘府，目为良产。王彦朝家所藏纸绢精好，足以通一甊之借，尤良法也。古无刻本，故写本宝贵，后唐汉周止有经书字书板本，宋淳化中始有史书板本，自板本行而读书易矣。然寒士购书如置产，有东坡记李氏藏书之叹，此则关乎福泽。若森玉之能读书爱书，而又能购书，其福何如！每见世人教子弟广田宅，鬻官位，擅发箠，不惮心力，至于蓄书为说，掉头吝惜，若吾叔祖父之教森玉如此，其识高出寻常，而贻谋之善，义方之训，大较类是。愿森玉勉之，则此书目亦登科之记，千佛之经之嚆矢也。夫独念余南北远游，载书非易，览此目录，有临渊之羡。他日重认家山，一廛邻近，就君借读，或不谓异书似借荆州也。"

五十万卷楼《诗传通释》卷末有"敦和堂"三字章。

李宗煝，字爱得，黟县人。家世富有，官道员，喜搜书。其藏书之所曰"芸楼"。藏印有"芸楼"朱文方形章。

书田伊昔本无根，颖脱何须望犬豚。
一自晏婴纳凿后，几家世泽到儿孙。

杨鼎禹铭

《两浙𬨎轩续录补遗》：“杨鼎字禹铭，号器之，山阴人。”

鼎有《检藏书有感诗》：“辛勤十七载，书卷四万余。积之颇不易，爱惜逾璠玙。旁观多窃笑，此翁何太迂。其臞类山泽，自称味道腴。饭熟不遑食，发乱不暇梳。精力疲无用，天地一蠹鱼。不见东家邻，握算较锱铢。膏饫遗孙子，冠带耀里闾。余闻谢不敏，穷达顺其境。非矜插架多，汲古须修绠。由博而返约，寻源得要领。寡过愧未能，鉴古稍自省。虽有豚犬儿，何由望脱颖。竭力营田畴，恐亦成画饼。不若从吾好，疏水乐清静。”

沈霞西精本多归杨鼎，见赵之谦《仰观千七百二十九鹤斋丛书序》。

《善本书室藏书志·字通题记》云：“有‘重远书楼’印，重远楼为山阴杨鼎藏书之所。”

藏印还有“杨鼎私印”“山阴杨鼎图书”“杨鼎”朱文长印。

十年艺战一毡青,白发湖山见典型。
官本龙门亲校笔,瓣香胚沫发幽扃。

张文虎孟彪

《清史稿》本传:"张文虎字啸山,诸生。精天算,尤长校勘。同治五年两江书局开,文虎为校《史记三注》,成《札记》五卷,最称精善。卒,年七十有一。"

缪荃孙《张先生墓志铭》:"先生姓张氏,讳文虎,字孟彪,又字啸山,江苏南汇人。幼颖异,见书辄自翻阅。道光壬辰大比,戚友强之行,试卷墨污,题诗号舍而出,自是不复应试。金山钱雪枝通守熙祚辑《守山阁丛书》,属先生校订。馆钱氏三十年。所校书,若《守山阁丛书》《指海》《珠丛别录》及鼎卿学博熙辅续辑《艺海珠尘》《壬癸集》,梦华少尹培名辑《小万卷楼丛书》,无虑数百种,时称善本。尝三诣杭州文澜阁纵观《四库》书,手自校录。绩溪胡竹邨培翚、元和陈硕甫奂同寓西湖,过从商榷甚欢。中间西游天目,南登会稽,尤爱天目之胜,因自号天目山樵。先生于书无所不览,过目辄记。尤长于比勘,遇疑义必反复穷究,广证旁引,以汇于通,往往发前人所未发。所著各书曰:《校刊史记集解索隐正义札记》五卷、《舒艺室随笔》六卷、《续笔》一卷、《余笔》三卷、《杂著甲编》二卷、《乙编》二卷、《剩稿》一卷、《诗存》七卷、《索笑词》二卷。"

《舒艺室杂著·孤麓校书图记》:"道光乙未冬,钱锡之通守辑《守山阁丛书》,苦民间无善本,约同人往侨寓湖上之杨柳湾,去孤山二里许,面湖环山,上有楼,楼下集群胥,闲日扁舟,诣阁领书。文渊阁书多胜俗本,然篇目卷次与《提要》时有同异,或绝不类,有有目无书者,亦有名在存目者,不尽《四库全书》原本也。是役也,以十月初至西湖,居两月,校书八十余种,抄书四百三十二卷。同游六人,金山钱熙祚、熙泰、顾观光,平湖钱熙咸,嘉兴李长龄,南汇张文虎。"

又《十三间楼校书记》:"西湖宝石山之半,盖有宋十三间楼旧地,为东坡守杭时治事之所云,今地入弥勒院。郡人瞿君世瑛重葺楼三楹,仍旧额曰十三间楼。己亥庚子秋，钱君熙泰续文澜阁校书之役，偕予两寓于此楼。时绩溪胡农部竹邨、元和陈文学硕甫同寓湖上，时时过从，商榷疑义。盖读书之乐，交游之雅，登临游览之胜，三者兼之矣。"

则虞案：《梦因录》道光癸卯有记至琉璃厂访书故实。吴敏树留别诗有云："故家缃帙须传本，相国缁衣雅好贤。"孟彪《史记集解索隐正义札记》五卷手校本在余处，与金陵局刻本不尽同。

报罢归来气倍完，登登靴版作高官。
晓帆书本平斋罍，胜抵羊羹美酒看。

吴煦 晓帆　吴云 少甫

《武林藏书录》："吴方伯煦字晓帆。读申、韩家言，才猷敏练，倚马可待。咸丰间，备兵上海，兼绾藩条。时江浙沦陷，贼势滔天，联络客将，力保沪城。厚集饷资，乞援曾营。备轮迎安庆之劲旅，卒以削平巨寇。东南转机，实赖其力。比归田里，口不言功。哲嗣冠云部郎，工书能文，雅守儒素。世称仿佛宋之张功甫，既号佳公子，又为穷诗人也。家有清来堂，广储书籍，扫劫灰之薪火，萃四部之菁华，如朱文公手注《论语》中之《颜渊》一卷，尤为镇屋之宝。有《清来堂书目》四卷，不下五千种。冠云尝著《可久长室诗》，存书将兴之不散。"云。

俞樾《上海吴公祠碑》："公喜藏书，又喜刊刻书籍。此在家传墓碑当具载之。"云云。

俞樾《江苏候补道吴君墓志铭》："君讳云，字少甫，姓吴氏，自号平斋，晚年曰退楼，又曰愉庭。浙江归安人也。君虽孤露，能自奋于学，而屡困场屋，凡六试始籍于学官，应省试又不雠，乃讲求经世之学，旁及金石书画，咸究壸奥。权知宝山，再权金匮，擢权知镇江府、苏州府。君官江苏，三宰剧邑，两典名郡，年甫强仕，罢官遂不复出。所著《二百兰亭斋金石记》，二百兰亭者，君所藏禊帖积至二百余种，故以名斋。其书，兵乱毁焉，后得齐侯罍二，遂名所居曰两罍轩，著《两罍轩彝器图释》十二卷。此外《焦山志》十三卷，而诗、文、尺牍、题跋之未写定者尤夥。卒，年七十有三。"

则虞案：《适园藏书志》有《清来堂书目》作一册，题记云："此书分四库著录，存目、未著录三项，眉目极清晰，书已散佚，宋本多归敝藏。"《涵芬楼秘笈》，孙毓修跋，亦及此目。又《吴平斋行述》，其子承璐撰，光绪间刊。

藏印有"吴云平斋""吴云字少青号平斋晚号复楼""吴平斋读书记""吴平斋秘箧印""两罍轩藏书印""归安吴印平斋收藏金石文字印""吴云私印""两罍轩""归安吴氏两罍轩藏书印"。

邺架桓厨可百城，及身散聚总难名。
赫蹄不是无情物，别夜丁帘有叹声。

唐翰题 鹪安

《两浙輶轩续录补遗》："唐翰题字鹪安，号蕉庵，嘉兴廪贡。官江苏吴县知县。许淮祥曰：鹪庵咸丰初元游江北，襄理戎幕，由训导保升江苏知县，历署繁剧。补吴县，旋署通州知州，所至有政声。家新丰，与竹田里接壤，得妻祖张叔未解元指授，精鉴别，多蓄金石书画，兼擅绘事铁笔。著《说文臆说》《荀子校注》《唯自勉斋存稿》。"

匋斋《唐鹪庵藏书考略》云："考唐氏蓄书当在道咸年间，旋遘太平天国事起，江浙同罹兵燹，所藏遂失。事定以后，重访所得，皆钤一印曰'新丰乡人'。庚申以后所聚所收之书，以吴氏拜经楼旧藏者居大部。其时往还朋友有孙敬亭、刘彦清、张芙川诸人。《始丰稿跋》云：'戊辰四月十六日访孙敬亭大令，观所藏秘本，与刘彦清直刺同行。余借是本，刘彦清借旧钞《淮南鸿烈解》归，各一一校勘所藏之本，几不知身在宦海中也。书以记一痴。'又《罔极录跋》云：'此本亦彦清刘司马为余购得者，亦拜经楼中旧钞籍也。丁卯五月履长节日又题。'《咸平造像记拓本诗序》云：'虞山张君芙川镜蓉出示杭州龙泓洞宋咸平间《造像记》拓本，册首七字，为余外舅祖张叔未解元分书，后有我师阙敬亭孝廉鸣珂及忘年至戚陶文钼云瑁影迹。眷念先辈，怅触予怀，感赋四十字。孙氏身世未详，刘彦清名履芬，号泖生。性嗜书，遇善本必倾囊购之。其不能得者，手自钞录。张芙川名镜蓉，燮之孙，娶姚氏，名畹真，号芙初女史，亦精鉴别，故其夫妇藏书印曰"双芙阁"。唐氏所交，皆名藏书家也。同好商量，盍簪多乐。无何泣叶啼花，风流云散，藏书亦渐出。光绪元年春，由王颂蔚芾卿之介，以宋元本若干种售于滂喜斋。如北宋本单疏《尔雅》、北宋本《白虎通》、南宋本《风俗通义》《老子》《荀子》《文中子》，元本《吕氏春秋》《乐书》（见《缘督庐日记钞》），嗣后钞校旧椠，尽归海丰吴氏重熹仲饴石莲闇中。仲饴宦辙多在豫、燕，迨庚子以后，充会办电政大臣，住沪上者四年，所得唐氏书，疑是其时。近年吴氏遗物尽散，始获见其鳞爪。唐氏所藏，精本得之拜经楼，拜经楼则或得之道古楼，或得之得树楼。自唐氏流出则入滂喜斋与石莲閤。渊源可溯，衍派清明。今惟滂喜无恙，石莲则零星散佚，从此不能复知其流落何人之手矣！ 鹪安先生精力所聚，恐将湮没，爰掇为此记，俾熟知其遗事者可以补正焉。"

《安雅楼书藏自序》："曩尝读钱赠公《甘泉乡人稿》，记海宁吴槎客先生藏书，及拜经楼藏书题记，心窃向往之。迨庚申浩劫，浙东西藏书家虽宁波之范氏天一阁尚不免散佚，而拜经楼巍然独存，益叹先生之遗泽孔长，非幸而致也。丙寅八月奉命除吴县令，九月自青浦调任。风尘奔走，未遑于故纸中讨生活。明年丁卯春，有同嗜走告曰：'拜经秘籍著名善本已不胫而走，尚存八百种有奇，十之五六耳。而宋元古刊影钞精缮咸萃其中，邑人士估书者购以千缗，权子母利于沪渎，行将缃载至吴市矣。子盍图诸？'予闻其言，爽然若有失，既念力弱不足自附于先生后，为之悒悒不快者累日，然此心未尝不怦怦动也。爰属同嗜间为罗致，湖贾飞凫时来就视，寓目所及，录得三四。越十月，调署太湖事，闲曹事简，结习未忘，整理故籍，以当敲门计。此一岁中，先后所聚，不足万卷。而拜经遗书往往而是。先生家海宁，距吾郡百里而近，东南故多藏书家。海宁陈氏之安澜园，杨氏之玉玲珑馆；查氏之得树楼，其尤著也。嘉郡则有项氏之万卷堂，高氏之稽古堂，朱氏之潜采堂，曹氏之倦圃，汪氏之古香楼，故家旧族，流传有绪，印识烂然，间遇一二于其间，则不啻凤之毛麐之角矣。爰次为目略，记本书传刊源流卷叶行款，及收藏校勘、题识图记之足资考证者，备书于次，益以吾家先世储藏，母氏遗留之未为劫灰者。庚申后，游历所得者，凡为种一千八百有奇，为卷二万有奇，录既成帙，署曰《安雅楼书目》。安雅楼者，先大夫课不肖幼年读书所，盖取薛文清《读书录》中'书有雅郑'之义也。同治七年戊辰八月书于太湖东山官廨。"

则虞案：其书分"造物最忌者巧，万类所感唯诚。会佳师法古，订交结墨缘"等楗。

《缘督庐日记》丙子三月廿四日记："苾卿来云：'潘伯寅侍郎新从唐鹪庵司马处购宋本子书数部，其介绍也。内《白虎通》为北宋本。又有《风俗通义》《老子》《荀子》并南宋本。《吕氏春秋》元本，索价一百四十元。'"

又五月十一日记："唐鹪庵司马尚有元刻《乐书》一部，索价一百元。"

又十四日记："苾卿来云：'唐鹪庵又藏宋刻本单疏《尔雅》甚精。'"

《寒瘦目》："《唐元次山文集》明正德刻本，正闇识云：'此册为湛若水校武定侯郭勋刻本，邵位西讥其不佳。余先得唐鹪庵藏旧钞本取以对勘，钞本所遗固多，然足以补此刻之阙者亦得九首，足知旧钞之可贵也。'"

鹪庵秘笈以钱竹汀《古文尚书》《冤词补正》为佳。旧刊本有咸淳重修《毘陵志》残本、宋刊宋印巾箱本《老子》、宋刊宋印本《文中子》、宋刻《白虎通》、元初翻北宋本《晏子春秋》。

《西谛书目》有《安雅楼藏书目录》四卷，共读楼钞本一册。

则虞案：鹪安书后归吴仲怿者最多，《及身鬻出书目》后手跋云："自我得之，自我失之，夫复何憾。"又曰："讲习未遑，安能举而空之。偶检换变价书以志慨，戊寅夏四月十二夜，六十三跛头陀手记。"

藏印有"鹪庵校勘秘籍""樵安校勘秘籍""鹪安秘籍""唐翰题鹪安秘籍""唐翰题历劫不磨印""唯自勉斋"印，又有"嘉兴新丰乡人唐翰题收藏印""新丰乡人庚申以后所聚""质肃公孙翰题印"。

后湖春草绿萋萋，一夕璇题化障泥。
峤外灵洲旧阁在，秋风白苋露珠啼。

徐灏子远　子绍桢固卿　族子绍棨信符

《晚晴簃诗汇》："徐灏字子远，一字伯朱，号灵洲。番禺籍，钱塘人。贡生，官广西知府。有《灵洲山人诗录》《诗话》。子远有经济才，历佐粤督幕府，著书百余卷。"

《广东藏书纪事诗稿》注："族兄绍桢，字固卿，先伯子远之第九男。子远公参总督节署幕，而娴于经术，以通介名堂。富藏书，曾葺一屋在城北丹桂里，中有池，池之南曰水南楼，而西则于攘云阁，均藏书处也。著有《通介堂经说》《乐律考》等。绍桢绍承家学，中光绪甲午举人，历任两广幕职。旋以创练新军改任军职。革命军兴，任卫戍司令，后任广东省长。绍桢嗜书，搜藏甚富，虽参戎幄，亦以书卷自随。光宣间在南京治兵于后湖，湖神庙之左，购地五十余亩，建藏书楼，所藏不下二十余万册。辛亥起义，尽为张勋所焚。故绍桢《南归草》有《壬戌十二月由沪车过南京太平门诗》云：'车行忽过太平门，遥指钟山认旧园。八代兴衰已如此，百城灰烬岂堪言。'自注，言张勋焚其书楼事，诚慨乎言之也。绍桢入民国后，又曾复搜书。寓北平，与琉璃厂书肆往来最密，所藏复充牣，著有《学寿堂题跋》，于版本研究至精。惟晚年为环境所逼，珍本无存矣。"

伦明《诗》注："番禺徐信符家本儒素，而购书甚豪。君未出广州一步，而自北平以至宁苏沪浙诸书店无不识君名。起一楼以藏珍本，楼中秘异不胜举。最忆孙退谷《元明典故编年》系《两朝实录》相连，《四库》著录本。及顺德某氏刻本之《元朝典故编年》，非原本也。君从父灏字仲远，灏子绍桢字固卿，以经学世家，有《通介堂经说》诸种行世。固卿曾为显宦，亦好聚书，但随得随散。著书有《老子说》《大学说》《诗经解》等。"

《缉雅堂诗话》："远翁博学能文，群经注疏，朱黄交下，无一漏字，无一破内，学者服其精勤。余尝于东塾见之，立论丰采，非近人可拟也。"

《广东藏书家考》云："信符藏书始于任教广东高等学堂时，当时所收图书以集部为夥。集部图书积聚既多,乃转而搜集史部、经部以及于子部。现徐氏所藏图籍已达一千二百箱,计三百六十余万卷(民国二十三年二月四日著者访问徐氏询及藏书数目,据云此数)。其中以广东文献、各省通志为最齐备,本省县志所收亦达十分之八。徐氏藏有光绪戊戌年至民国十年之上海《申报》《旿报》,广东最有历史之《羊城报》《岭海报》,亦藏有全份,历年无缺。可惜上列报纸为人借去,以为编修中山历史之参考,日久未还,遂致散失。徐氏除藏书外,兼藏书版,现存板片有《史通通释》《东塾读书记》《林和靖集》《复古编》等。年前新会陈氏所刻之《廿四史》版片出售,徐氏以八千元购其半,惜徐氏藏版之所不敷用,只能贮藏八史之版,其余仍存陈氏处。后陈氏之屋出售,所藏《廿四史》书版,拟再以八千元之代价求售于徐氏,徐氏以无地贮藏,欲购不能。后闻此种版片已为陈氏后人劈作柴薪,售之他人。惜哉! 徐氏藏书之目的在乎贮藏应用之书,不求其精美,不甚注意于旧椠精刊,故所藏宋版、元版之书只有数种,明刻本则颇多。其藏书之所位于小北路,前年广州北隅大水,徐氏藏书之处被水浸入,故楼下藏书搬移不及,损坏颇多。广西府志、县志多被浸坏,是亦书籍之一厄也。"

《五十万卷楼群书跋文》注云:"番禺徐教授绍棨,喜搜粤中先哲遗书。晤时辄问其收得土货若干。"

则虞案:信符有《广东藏书纪事诗》及《广东版片记略纪事诗》,载《广大学报》,未完稿。

白苧青衫软玉箫，书围四面似周遭。
水蕨摇落秋灯里，容易人生到二毛。

许玉彬璘甫　**黄子高**叔立

《广东藏书纪事诗稿》注："许玉彬字璘甫，后自嫌华美，改名镇，字伯扃，惟自号青皋不改焉。番禺生员。《东塾集·许青皋墓碣》云：'番禺许青皋，笃雅士也。好诗，好词，好画，好古器，尤好收书。精其裹，饰其椟，拂拭几案，启钥出书，危坐而吟讽之，久而其书如新。'又云：'家财故不丰，以多好而贫，故倪鸿《许青皋挽诗》云：'奇书破产收。'青皋以授徒自给，所居名水蕨老屋，并绘为图。青皋为吴石华弟子，精于词。"

《听松庐诗话》："青皋少时，家有中人之产，青皋不解治生，尽出其资买书。广州城中某书有宋版，某书有明版，某书有国初原版，凡善本不惜善价购之，于是书日富而家日贫。至四十后贫极，书亦不能不出售矣。"

《清史稿·文苑传》："黄子高，字叔立，番禺人。优贡生。精小篆，喜考证金石。藏书多异本。"

则虞案：阮元开学海堂课士，以谭莹、侯康、黄子高为学长。

谭莹《乐志堂集·黄君石溪墓表》："君讳子高，字叔立，号石溪，番禺人。年二十一补博士弟子员。声华籍甚，渐富储藏，特精雠校。邢邵之读已遍，转思误书；任昉之家不贫，率多异本。略分簿录，尤重乡邦，桑梓弥恭，瓣香原属。兼喜晋砖石研、素琴、法书、名画，所谓此岂异物以奉异人者，固不独拥书万卷，何暇南面百城矣。卒年四十六，著有《石溪文集》二卷、《稼轩诗钞》五卷、《续三十五举》一卷、《粤诗搜逸》四卷。"

子高日遨游书肆，尝赠书贾赵翁绝句："一生心事向残编，鬓发萧疏不计年。见说乾隆禁书日，亲投甘结到官前。"亦书林掌故也。

卷五

旧闻掌录出词科，蟫藻螭头订脱讹。
悽咽山阳笛里语，承明严助古无多。

朱学勤修伯　子澂子清

张佩纶《朱公神道碑》："公生三岁而母卓夫人即世。顺义君远游教授，师事伯父以泰。借里中劳氏藏书，昼夜钞诵，十年而学大成。年十六，应郡试。学使姚公元之叹曰：'此陆敬舆、马贵与俦也。'"又云："三世皆嗜学劬古，顺义君兄弟尤潜研经史，求假善本，手自勘校。公益事搜讨，积聚篇卷，最擅精博，为海内所推。读书过目不忘，蒙古部落、海裔地名，诡异佶屈，衮衮上口，不误一字。有集三十卷、读书跋识二十卷、《枢垣日记》十二记，均藏于家。"

《武林藏书录》："仁和朱学勤，字修伯。咸丰癸丑进士。由庶常改户部主事，入直军机章京，历官宗人府丞。生平学敏才赡，好书尤笃。当驾幸木兰之后，怡邸散书之时，供职偶暇，日至厂肆，搜获古籍，日增月盛。编有《结一庐书目》，其中宋椠者，如咸淳间吴革大字本《周易本义》《吕氏读诗记》、绍熙间余仁仲《礼记》、庆元间沈中宾《周礼注疏》、巾箱本《附音重言重意互注周礼》、蔡梦弼本《史记》《晋书》《皇朝编年备要》《西汉会要》《东汉会要》《两汉诏令》《古史》《通鉴纪事本末》《通鉴总类》《五朝名臣言行录》《真文忠公读书记》《皇朝仕学规范》、巾箱本《刘子类编》《朱氏集验方》、咸淳镇江刻《说苑》《黄帝素问灵枢集注》《六甲天元气运钤》、麻沙刻《针灸资生经》《艺文类聚》《翻译名义集》《陆士龙文集》《杜荀鹤文集》《古灵先生文集》《赵清献公文集》《淮海集》《朱子大全文集》《皇朝文鉴》《才调集》《花间集》。元椠中如《周易启蒙翼传》《周易参义》《礼书读》《四书丛说》《诗童子问》《春秋属辞师说》《六书正讹》《陆宣公奏议》《金陀粹编续编》《十七史纂》《古今通要后集》《战国策校注》《古今纪略》《风俗通义》《读书分年日程》《纂图互注老子》《列子》《荀子》《杨子》《文中子》《吕氏春秋》《农桑辑要》《理学类编》《孙真人千金备急方》《永类钤方》《汲冢周书》《仁斋直指方论》《百川学海》《困学纪闻》《锦绣万花谷》《辍耕录》《黄氏日钞》《金石例》《难经本义》《释氏稽古略》《道院集要》《二程文集》《图绘宝鉴》《简斋先生诗集》《松雪斋集》《静修先生文集》《方是闲居小稿》《香溪先生文集》《汉泉漫稿》《国朝文类》《唐诗鼓吹》《文粹》《风雅翼》《乐府诗集》《诗人玉屑》《文心雕龙》《中州集》。余明刊精钞又数百种，不及尽纪。"

《越缦堂日记》光绪元年正月四日记："朱修伯名学勤，杭州之塘栖人。其父名以升。道光丙戌进士。官直隶知县。以经学名。修伯承其家学，颇知探讨，聚书甚多而精。咸丰癸丑进士，改庶吉士，改户部主事入直军机章京房，不数年为领班，官至宗人府府丞。丁母忧，服阕，补大理寺卿而遽卒，年甫五十耳。今闻其死，殊为怅然。盖此人犹能读书，习掌故。在军机中自胜余人。又其储藏既富，可以暂借读。今则此等人亦无之矣。"

则虞案：此诗即括其意。

缪荃孙《朱修伯大理结一庐文集序》云："仁和朱修伯先生自咸丰癸丑通籍，官户部、值枢廷，博通国典，综核机务。咸同之间，有名于时。先生生长杭州，夙闻吴瓶花、孙寿松、汪振绮之遗风。及官京秩，又值徐星伯、韩小亭、彭文勤公及怡邸之图书散落厂肆，不惜重值购藏，遂为京师收藏一大家。公子子清尤工搜访，冷摊小市，无往不到，所得益多。荃孙辛未会试，与子清订交书肆，畅谈版本之得失，书籍之源流，四部七略，如瓶泻水。荃孙善问，子清亦善答，往往夜以继日。迨丙申馆钟山，而子清已殁，书籍亦散。其精华悉归张幼樵前辈，其奇零有归荃孙者。子涵亦由直隶改官江南，捧先生遗著，岁入岁出，总数考一篇，杂文十余篇，定为上下二卷，仿屠琴坞《是程堂集》体刻之。前读幼樵所撰《墓志》云有集三十卷、《读书杂志》二十卷、《枢垣日记》三十卷，今所存止此。虽篇帙无多，然先生学问淹雅，器识闳通，犹可窥见。惟是同治辛未迄今光绪戊申，盖三十有八年矣，先生挥毫草制正值中兴之年，今时事日非，民生日戚，后生小子目不知书，掌故、目录之学，稿稿如遗，胸中仅贮寸许洋装书，侈口而谈新学，自以为能人，亦从而誉之无用之焚坑，不知伊于相底。先生有知，能无惆乎。"云云。

缪氏《艺风堂藏书记续》云："朱澂字子清，江苏候补道。仁和人。太常寺卿修伯先生长子也。修丈官京师时，正值庚申之变，旧刻名钞，散落厂肆，不惜重值，所得独多。子清家学涵濡，嗜古尤笃。《结一庐书目》，高出寻常收家藏万万。己丑相遇沪上，子清言续有所得，出此目者几及一倍。近代书目，自以恬裕斋为佳，宜仿为，并有代编书目之约。别去未久，子清即归道山，书亦尽归张幼樵前辈。辛亥金陵失守，革党踞张氏园，书籍狼藉，流出东洋犹其幸者，余不免衬马足当樵苏耳。"

叶德辉《结一庐书目序》云："朱氏有《结一庐书目》四卷，编次极精，每书下注明板刻年月，钞藏姓名，惜只传钞本，不能与海内共读也。余因再三校阅，付之手民。"

又别本《结一庐书目序》云："仁和朱修伯侍郎为道咸间浙中藏书家，洪杨之乱，江以南图书之厄酷于五季。其兵燹所残剩者，北则归于聊城杨氏海源阁，南则归于侍郎结一庐、丁氏持静斋、袁氏卧雪庐、陆氏皕宋楼、丁氏八千卷楼。结一之藏，多出于仁和劳氏丹铅精舍、长洲顾氏艺海楼、南昌彭氏知圣道斋。侍郎所藏，其后归其女夫丰润张幼樵副宪。副宪侨寓金陵，后人能读父书。至辛亥国变，尽其所有付之于狼烽马粪，顾犹有十之三四为浙人所收藏。楚弓楚得，固犹愈于皕宋子孙之转鬻海外也。"

叶昌炽《藏书纪事诗》注云："咸丰庚申英人焚淀园，京师戒严，持朱提一笏至厂肆，即可载书兼两。仁和朱修伯先生得之最多。子清亦好聚书，家藏既富，又裒益之精本。子清殁，遗书八十柜，尽归张幼樵副宪，幼公朱氏婿也。"

《谭复堂日记》："朱修伯京卿藏书目录，旧刻旧钞甚富。东南兵火，文献散落。每见收藏家辄劝其刻丛书以贻后人。"

陆树藩《答瞿子久问两浙藏书家书》有云："结一庐之书，为朱修伯宗丞所收，最为精美。怡贤亲王安乐堂藏书散出，朱氏得之最多。所知者有庆元刊本《春秋注疏》足本，宋刊《施注苏诗》等书。"

则虞案：修伯之书多得之于长洲顾氏艺海楼，及同郡劳氏丹铅精舍。不尽京师得来也。有集三十卷，又有《读书跋识》《枢垣日记》。《结一庐遗文》二卷，宣统戊申精刊。《结一庐丛书》四种一百一十卷，光绪卅一年刻本。又盋山图书馆藏有结一庐旧藏，有《孙明复小集》《徂徕文集》十余种。《观古堂汇刻书目》有《结一庐宋元本书目》一卷，别刻《结一庐书目》一卷，晨风阁刻《结一庐书目》四卷。

藏印有"唐栖朱氏结一庐图书记"朱文方印、"结一庐主"白文长方印、"修伯"朱文朱印、"学勤"白文方印、"朱学勤修伯甫"朱文方印、"朱复庐鉴赏章""结一庐藏书印""朱氏学勤""修伯""修伯读过""朱氏文房"。

谁将国是定维新，奏表通天已怆神。
一网东林真打尽，虞山白发卧遗民。

翁同龢 叔平

《清史稿》本传："翁同龢字叔平，江苏常熟人，大学士心存子。咸丰六年一甲一名进士，授修撰。八年，典试陕、甘，旋授陕西学政，乞病回京。同治元年，擢赞善，典山西试，累迁内阁学士。光绪元年，署刑部右侍郎，旋迁户部，充经筵讲官，晋都察院左都御史，迁刑部尚书，调工部。八年，命充军机大臣。二十一年，兼总理各国事务大臣。二十三年，以户部尚书协办大学士。二十四年，开缺回籍。三十年卒于家，年七十有五。宣统元年诏复原官，后追谥文恭。著有《瓶庐诗稿》八卷、《文稿》二十卷。"

郑文焯《半雨楼杂钞》："故相常熟翁同龢以甲辰五月廿二日殁于家，属纩之夕，实款款于国军而自引咎戾。闻其本无病，因张季直殿撰访过虞山，纵谈竟日，夜以达旦。张去而病，不半日殁已。其殁之先半月尚遍游吴越佳山水，有人见其题名，故知之。苏抚部恩寿以之上闻，奉旨'知道了'三字而已。"

《一澂研斋笔记》："翁松禅相国同龢初字声甫，又字叔平。咸丰丙辰一甲一名进士。授职修撰，屡膺文衡。荐升卿贰，旋值纶扉。光绪甲午，倭寇作，公力主战，封事有'宁有死亡，不可低俛，从此示弱，一蹶不振'之言。当时朝伟其议，故第一上谕竟决主战。有饬'中外迎头痛击'语。其后和议成，忌者遂由此益甚。洎乎保康有为，为人才变法事败，戊戌祸起，宫廷震怒，谴及论罪，严旨切责，革职回籍，交地方官管束，永不叙用。公归里，庐墓以居。每于日晦入城，向县衙应卯外，一切庆吊馈问，皆不预晋接。日惟以书画自遣而已。卒年七十有二。遗命毋用品官衣冠殓，布袍褂一袭而已。且自书碑碣树墓道，文曰：'清故削职大臣翁同龢之墓。'国变后追念旧臣，赐还原官，予谥文恭。"

则虞案：故诗概括此意。

《藏园群书题记续集》："翁文恭师手钞《吴郡图经书后》云：'此原本上卷，旧钞中、下二卷，则松禅师归田后所手写也。'公得见汪柳门侍郎所藏宋刊本，因就其行格手写以完之，复取宋本校勘而手识三则附焉。余曾得公藏《归震川集》,乃手录宝云和尚三家评点,为光绪乙酉岁所书,小行楷绝茂美可玩,而此帙之精湛又远胜之。公家藏典籍多珍秘,余得见者有宋本施顾注《苏诗》、宋本《鉴诫录》、绍兴本《后汉书》、赣州本《文选》、咸淳本《说苑》。闻晚年得宋刊《集韵》,因自号'韵斋'。第此书独未得寓目,附志于此,异时补《藏书纪事》者,得以取资焉。"

仪顾堂宋椠婺州《九经跋》:"怡府之书藏之百余年,至端华以狂悖诛,而其书始散落人间。聊城杨学士绍和、常熟翁叔平尚书得之为多。"

则虞案:翁氏所藏明以来七十家书目,有稿本及传钞本,又有《东堂书目》,癸巳冬其弟子孙雄所编。见郑斋《感游诗题词》自注。翁氏藏书,其后人捐赠北京图书馆(今国家图书馆)者甚多,阅其批校多作达观语,似皆晚年手笔也。

英流清望比南金，画省甘棠落槛阴。
鲽鲽双鱼佳话在，三生石上白头吟。

沈秉成 仲复

俞樾《安徽巡抚沈公墓志铭》："公讳秉成，字仲复，归安人。道光二十九年应顺天试，中式举人。咸丰二年会试，取誊录，充宣宗成皇帝实录馆汉誊录。六年，成进士，改庶吉士，充实录馆协修。全书成，叙功加五品衔。散馆授编修，嗣授云南迤东道。出京，以父忧归。八年，授江苏常镇通海道。十年，调苏松太道，擢河南按察使，寻调四川按察使，均谢不赴。光绪八年，拜顺天府尹。十二年，命巡抚广西。十五年，调安徽巡抚，诏署两江总督。二十一年卒，年七十三。公性喜金石字画，所收藏皆精绝。其居耦园也，南皮相国亦适寓吴，一时如潘文勤公及李眉生廉访、顾子山、吴平斋观察，皆时相过从。偶得一古器，一旧刻书籍，摩挲玩弄以为乐。始在京师，得汧阳石，剖之有鱼形，制为两砚，名之曰鲽，及与严夫人以诗酒唱随，乃以鲽砚名庐，名流题咏，咸称佳话。"

则虞案：《鲽砚斋书目》四卷，有传钞本。耦园之书，有得自李眉生者，见藏园《宋拓隶韵题记》。

《寒瘦目》："《鲒埼亭集》卅八卷，钞本，章式之《跋》云：'此归安沈氏耦园藏书，仲复中丞识，为杨秋室批校。秋室名凤苞，归安廪生。'"

郑文焯《大鹤山人诗集·为沈仲复题鲽砚庐图》："老鲐鸣逐悬黎浮，饵黄孕堕汧阳璆。谁剖得之沈隐侯，天以牉合耦园耦。明福多鱼兆璧友，双游双泳神仙薮。即看池上两凤毛，飞声和应云房璈，慎思良田传宝爻。"其他题咏甚多，未引。

则虞案：耦园之鲽砚，现在文安邢蓝田仲采家。仲采为新城王晋卿弟子。甫冠摄厦门道尹，壮履亨衢，藏书数万卷，有《后思适斋书目》及《藏书百咏》。与余相识于蜀，贫且老矣。尝出《鲽砚居斠书图》手卷属题。砚为夵物，余赋《鹧鸪天》云："片石三生事有无，璇题一世伴琳腴。香留旧牒能疗蠹，佩转回塘欲避鱼。天未老，海先枯，红桑影里笑年徂。朱栏碧树分明在，蝉隐如何逊遂初。"当时同题者有庞俊石帚、李思纯哲生、朱乐之西溪，皆《调寄鹧鸪天》，人呼为"四鹧鸪"云。

　　增补：《曼榆馆词丙稿》收录此阕，"香留旧牒能疗蛊，佩转回塘欲避鱼"句改为"香霏旧帙能疗蛊，佩转池塘欲避鱼"，"朱栏碧树分明在"句，改为"壬签甲帐分明在"。又耦园有《双栖图》，先父赋题《鹧鸪天·题双栖图》曰："读画填词积翠编，藕庄汐照荡晴烟。吟余赌茗添闲趣，描就修眉傍旧奁。拈象管，擘鸾笺。鹣鹣比翼有情天。百年才及中分四，幽草寒花晚更妍。"

乔木恩波记世荣，图书天上散西清。
东门春老蘼芜草，风雨流莺尽恶声。

潘祖同谱琴　　**祖年**仲午　　**侄孙承厚**博山

章太炎先生《清故翰林院庶吉士潘君墓志铭》："君讳祖同，号谱琴，字桐生。江苏吴人。初以荫得主簿，旋赐举人，考授国子监学正。以恩赐进士，改翰林院庶吉士，充国史馆协修。文恭殁，家无余财，而蓄书至四万余卷，皆手自钩校，分部而处。始文恭在时，受赐内府宝玩甚众，藏法书名画亦不訾，君悉推与诸弟，独取书数簏，曰：'此我所好也。'竟以是成书藏焉。著有《竹山堂随笔》《国朝人物征》《疑年总录》《校勘随笔》《提要便检》及诗文若干卷，唯诗行世。比君殁，藏书既多，仲夫人岁辄一暴之，断编虫蚀，手自补治，曰：'所以贻子孙者莫是先也。'"

曹允源《潘府君墓志铭》云："府君讳祖年，字西园，号仲午。吴县潘氏太傅文恭公第十一孙。府君生晚，少伯兄文勤四十岁，抚爱甚笃。光绪庚寅，文勤薨于位，遗折上，特旨赏郎中，旋补刑部云南司郎中，京察一等，记名繁缺知府，赏戴花翎。忽一日谒假弃官归，年才二十有五也。同县许鹤巢部郎，长洲叶鞠裳侍讲，为府君受业师，一生学问经济多得力于两先生。迨两先生卒，校梓遗集，居一小楼，伏案勘订，丹黄杂陈，虽盛暑严寒不辍。卒，春秋五十有六。"

王季烈《祭潘公仲午表叔文》云："矻矻穷年，一编在手。石林耆宿，维公之师。寒山纂志，辛丑吟诗。次第校椠，纸贵一时。奇觚文笔，手录忘疲。杀青方半，二竖潜滋。未竟之志，后死奚辞。"

《竹山堂诗稿·六月十三日四十初度述怀诗》："一堕红尘四十年，不知何日谢尘缘。乱余尚有生涯在，万卷图书二顷田。"

王季烈《滂喜斋藏书记序》："甲寅冬，烈归里，谒缘督年丈，商刊先集事。丈出朱印新椠样本一册示烈曰：'此《滂喜斋藏书记》，廿年前承先师文勤公命代为编辑，未竟而公薨。今始重为订定，介弟仲午以付梓人。卷端署师名者，从师志也。'此书梓而未印，询其故，则因有人见此样本，即索假其中宋椠某种，仲丈爱护父兄手泽，未允其请，索者不谅，致启龃龉。仲丈虑因此招致横

潘祖同　祖年　侄孙承厚

逆，遂不付印，而海上书肆将此记以聚珍板排印。弁首之词，于滂喜后人蔑诬殊甚。博山表侄为文勤暨仲文之从孙，见而愤甚，乃请于仲丈德配祁淑人，取原板付印。因烈备悉仲丈生平行谊，与此书颠末，属系一言，以杜萋菲之口实，而释读者之疑。烈维文勤在朝数十年，持躬清介，屏绝馈遗。所藏商周珍器，宋元精椠，皆罄廉俸购之四方，非若后之贵显其藏储由苞苴或攘夺而来也。仲文髫年受业于缘丈之门，劬学媚古，能继兄志。文勤薨，蒙恩赏郎中。每以早达自嫌，补官不数年，即挂冠归里。阖门谢客，终日以文史自娱，缘丈最所钦挹。宣统初元《述怀诗》云：'三径岂惟松菊晚，有人二十已归田。'自注谓潘仲午比部。日记中推许仲丈之语尤多。易箦时，遗命将一切手稿胥归仲丈保守。其遗著如《奇觚庼文集》《寒山志》《辛巳簃诗谠》皆由仲丈独力校刊，是其师弟之间，契合无间，死生不渝，而仲丈为人之高洁笃厚，亦于此可见。沧海横流，文人丧行，寂寞投阁者流，恶直丑正，于狷洁自好之士，转多诋諆。然清浊邪正之间，世自有公论。"云云。

则虞案：君九《序》云"海上书肆"云者，盖指甲子陈慎初堂排印本也。前有陈乃乾《序》云："吴县潘文勤公《滂喜斋藏书记》三卷，盖叶鞠裳先生所撰也。光绪末，潘氏子出其稿付梓已成矣。江阴缪筱珊太史得红本于梓人许，驰书潘氏，议借书。潘氏子大怒，以为《藏书记》若出，则踵是以来者将无厌，遂封其版归，禁不许印书。文勤图书之富，甲于吴中，其藏书印曰：'分廛百宋，移驾千元。'意气之盛，可谓壮哉！后嗣不肖，不能绍述其业，并其编目而湮没之。九原有知，所当叹息。吾闻藏书贵乎能读，物必聚于所好；苟不能读，则藏舟于壑，有力者负之而趋矣。缄縢扃鐍，愚莫甚焉。凡同好从缪氏传钞藏书记者，每相戒毋使潘氏子知。余念文勤累积之劳，与夫鞠裳先生缀录之苦心，没而不彰，后死之责，敢昭告于二公之灵而刊传之，潘氏子其大怒所无惮。甲子冬海宁陈乃乾记。"

《著砚楼书跋·陟冈楼丛刊跋》："余生薄祜，十二丧父，上袭先祖余荫，有书四万卷。稍知人事，颇喜涉猎，自经、史、子、集，以逮百家杂说，辄复流览。贪多务得，每为塾师所非斥，而余恬然自乐，未尝以他嗜少分其好。弱冠以还，节衣缩食，穷搜坟典，于时求备而已。秘册精椠，不暇计及。先兄妮古善鉴，与有同嗜，力所未逮，辄为援手。积累二十年，藏籖卅万卷，列架插签，虽不敢自比于通都豪富之藏，然以之考览优游，无阅肆借觇之苦。先兄尤留心裒访逸典，及名人手校之帙，其区明雅俗，别裁真伪，余愧不如也。犹忆己巳之秋，邑中故家出大字本《陈后山集》二十卷求售，纸经染色，瞥见者辄疑明翻，无有问津。兄曰：'此必宋蜀大字本也。毋失交臂。'遂并力收之。由是颜所居曰宝山楼，以志藏笈之冠，非兄明眼善鉴，或且失之千里矣。比十年来，历鉴故交聚散，如独山莫氏、常熟丁氏、上元宗氏、江宁邓氏，曾未易世，而云烟过眼，未尝不令人气尽。东南焚突之余，楹书之厄，一毁于兵火，再耀于肱箧，收拾余烬，什存六七。自来沪上，五更寒暑，而零星捃拾，积习未改。酉阳羽陵，犹足自豪。兄尝诏余，五十以后，当归老故乡，与尔共读宝山楼中，幸以余力，取坠简缇帙，传诸不朽，岂虞聚久必散之虑，庶免疥驼书簏之消。"

郑振铎《明清藏书家尺牍跋》云："顷得博山寓书，承以此书贻余。博山收藏金石书画至夥，滂喜斋物皆在其所。宋刊本《东观余论》《补注蒙求》其尤精者也。博山广见博闻，鉴别至精，曾以二百金得宋蜀刊大字本《陈后山集》于苏肆。所藏尺牍绝无赝品，藏书家外，并将以画家及忠烈二集续行墨版。"

则虞案：潘承厚字温甫，号博山、少卿、蘧庵。精于目录版本学，擅绘画。辑刻有《明清藏书家尺牍》《元明书翰》《明季忠贤尺牍》《明清画苑尺牍》，未竟而卒，其弟潘承弼续成。

昆玉秋霜才崛奇，曾闻雅谑到蛾眉。

著书藏史嗟身老，自琢新诗卧网师。

李鸿裔 眉生

  黎庶昌《中江李君墓志铭》："君讳鸿裔，字眉生，别号香严。晚以居近苏子美沧浪亭，又号苏邻。四川中江李氏。君以拔贡生中咸丰辛亥顺天乡试举人，旋入赀为兵部主事。才高而学赡，声誉翔起，公卿为折节枉交。有达官讽使出其门，许以鼎甲，不应。某相国素与君善，君见其拥势日盛，亦谢绝。从曾文正公于安庆，君本文正门下士，文正开幕府治事，辟召天下英俊，称其器能，君恒为之冠，参与机要。江南平，明年，遂权十府粮道，及北征剿捻。又奏补君徐海道。逾年，擢江苏按察使，论功晋加布政使衔，赏戴花翎，而君遽以耳疾再请开缺，竟不复出云。徙家苏州，得瞿氏网师园，葺治之。积书数万卷，益蓄三代彝鼎，汉唐以来金石、碑版、法书、名画以自娱。其契谊最笃，若吴县潘尚书祖荫、独山莫征君友芝，可以观所与已。卒，年五十有五。君书法甚精，诗古文亦窥古人书奥，晚又好释典，殁后仅得诗二百余首，刻之。"

  《吴县志·流寓门》："李鸿裔四十后，杜门却扫，拥书数万卷。治经之外，旁及金石文字。"

  强汝询《求益斋文集·李眉生廉访诗集序》有云："购网师园居之。拥书数万卷。"云云。

  《藏园群书题记·宋拓本隶韵跋》云："此书光绪中叶为吾乡李眉生廉访所得，眉翁侨居吴门，其邃园与子美沧浪亭近距咫尺，故以苏邻自号。眉翁殁后，古书名画，一时星散，咸为颜子山、吴清卿、沈仲复、陆存斋、汪柳门分携以去，而费屺怀太史所获尤多。"

  藏印有"郪江李氏""苏邻鉴藏"。

征南长历邈千龄，推策新传海岛经。
牛铎校余词律细，间修篆谱入柯亭。

汪曰桢 谢城

诸可宝《汪曰桢传》："汪曰桢，字刚木，号谢城，又号薪甫，乌程人。咸丰二年举人。后官会稽县学教谕。精史学，又精算学，尤习古今推步之术。与海宁李京卿善兰友善，时移书问难焉。初撰《二十四史月日考》，上起共和，下与钦天监颁行万年书相接，各就当时行用本法推算，每年详列朔闰月建大小，并二十四气，略如万年书之式。同治元年夏，始写定为五十卷，附以《古今推步诸术考》二卷，自黄帝术迄欧罗巴噶西尼术，著录凡一百四十六家。又《甲子纪元表》一卷，总五十三卷。五年夏，独山莫中书友芝见之，谓此书为人之所不为，可以专门名家，而惜其卷帙过繁，宜别为简要之本，庶便于誊写刊刻。因删繁就简，仿《通鉴》目录例，专载朔闰。又收群书所见朔闰不合者，缀于每年之末，编为《历年长术辑要》十卷。其《诸术考》二卷，乃推步之凡例，仍附于后，盖距初布算时已逾三十年矣，教谕又通音韵之学，好填词，善医，所校正诸书，都为《荔墙丛刻》，兹不具详。光绪七年卒于官，年六十有九。所撰《南浔志》《乌程志》甚博，其《推策小识》《超辰表》三卷，又如《积引蒙》八卷，未刻副稿，今藏山阴门人许孝廉在衡家。案：《玉鉴堂集》，刘翰怡刻入《吴兴丛书》，《湖雅》九卷、《湖蚕述》四卷，光绪庚辰刻。《长术辑要》十卷、附录二卷，近多翻刻本及摆印本。其所著书之稿本，在张石铭、蒋汝藻处，见《适园藏书志》及《传书堂善本书目》。"

《越缦堂日记》同治七年十月十日记："汪谢城教谕名桢，博学有重名，精于校勘家学。藏书极多，今乱后无一存者。贫老无子，为会稽学官。近方辑《历史月日考》，尚未成也。"

又光绪七年八月廿六日记："《邸抄》，会稽教谕另选人，盖汪谢城已卒矣。谢城一字刚木，乌程人，壬子举人。承其母教，家富藏书，遂于音韵律历之学。余居忧时曾一二往还。所著书见者甚少，已刻《荔墙丛书》亦仅见《四声切韵表补正》《历代长术辑要》《古今推步诸术考》等数种而已。"

徐仁杰曰："刚木先生，先君子执友也。幼秉母氏赵仪姞夫人之教，敦行励志，学无涯涘。以书籍朋友为性命。博观约取，著述等身。尝修《乌程县志》《南浔镇志》，义例精严，为世推重。晚就冷官，修羊所入，悉以购书。"

增补：又有《莲漪文钞》八卷，同治二年刊；《玉鉴堂诗集》六卷，嘉业堂刊；《湖雅》九卷、《湖蚕述》四卷，光绪庚辰刊；《乌程县志》三十六卷，光绪间刊。

《适园藏书志》："《隶释》《隶续》，为汪氏曰桢复据钞本校之，改正不少。首有'汪氏传书楼珍藏书画印'朱文方印、'乌程汪氏'朱文小长印、'臣曰桢印'白文小方印。"

年年岁岁为书忙，聚散浑如傀儡场。
酹罢长恩还自笑，萤干蠹死夜茫茫。

杨浚 雪沧

《五十万卷楼群书跋文》："《山阴祁氏澹生堂藏书录》，为雪沧旧藏。雪沧于清季官京师，友何蝯叟、张石舟诸人。修祭顾亭林祠堂，曾与其役。伯骥收书时，每见其印识，盖富于储藏者也。陆存斋撰《丘钧矶诗集序》称温陵杨侍读雪沧博学嗜古，存斋藏宋刊明补本《贾子新书》，官闽时曾借雪沧藏正德十年吉藩重刊本校之，而金陵邓氏所藏杨氏遗本《钓矶集》有雪沧识语，谓向存斋借得是本照钞一过，是其人与归安陆氏为友，书本固互相通假矣。有《冠悔堂集》，集中有及储藏经籍者。"

《冠悔堂诗钞》有《长恩小像诗序》云："《致虚杂俎》云：'司书神曰长恩，除夕呼其名祭之，鼠不能啮，虫鱼不生。'同治甲子岁满日，梦癯貌长髯手书一帙侍予侧，殆即神欤？弼臣以意抚写，既成，奠以清醑蔬果，命儿辈献礼，并系以诗：'年年岁岁为君忙，不惜百金购散亡。留得千秋真种子，始知秦汉有文章。'"

则虞案：余在通学斋得雪沧手钞张皋文《词选》，孙殿起云："雪沧书早已散出，渠所见亦不极多，恐未尽流入京师。"

罗振常《善本书所见录》："关氏《易传》，明覆宋本，有'闽杨浚雪沧江海堂藏本'朱文长方印。"

藏印又有"杨浚"白文章、"太史之章"朱文章、"雪沧所得""雪沧手校"。

河清人寿古难论，柯改贞筠悴晚孙。
重访亚之摹写本，黄炉犹在酒无温。

顾瑞清河之

张星鉴《仰箫楼文集·怀旧记》："顾瑞清，字河之，吴县人，千里先生孙也。咸丰二年举人，会试十荐不售，名心遂淡。性好聚书，千里先生零星手泽，珍重藏之，不轻示人。《思适斋集》之刻，君之力也。同治二年夏，殁于上海，年四十七。著作甚富，惜多未成书。"

《越缦堂日记》咸丰十年八月朔日记："得定子书，元和顾河之孝廉以其祖涧薲先生《思适集》见赠。"又初二日记："定子偕顾河之孝廉见访，年四十余，粥粥笃谨，学问人也。听其谈古籍源流甚悉，固有得家学者。孝廉又尝从武进李申耆先生游，能守师法云。"初八日记："顾河之孝廉来谈经籍，首尾甚具。"

《前尘梦影录》："唐人诗文集最多，吴门缪氏仅刻《李太白集》一家，享帚楼续刻吕衡州、李翱等集，顾涧翁更觅得足本沈亚之等集七家，皆用昌皮纸浣翰屏精写，不加装订，但用夹板平铺，以便付梓。余曾访涧翁文孙河之孝廉，曾一见之。今河之久殁，所居亦遭劫，书样无可访问矣。"

藏印有"河之顾氏"白文章。

芸帙传家世已殊，寒山战燹照荒涂。
膏肓废疾谁能起，始信《灵枢》是宝书。

胡澍 荄甫

胡培系《胡君荄甫事状》："君讳澍，字荄甫，一字甘伯，号石生，绩溪人。徽州府学生，己未举于乡，乙丑会试报罢，援例授内阁中书。戊辰会试复不第，乃捐升郎中，分发户部山西司。与培系书云：'人生能得数千卷书以传后，而有佳子孙以保守，胜于万户侯多多矣。'此君之绝笔也。居京师时，交潘伯寅户部侍郎，滂喜斋所刻唐释湛然《辅行纪》，君所掇也。少时所著《释人疏证》《左传服氏注义》《通俗文疏证》，俱毁于火。中年多病，因治医术，时有超悟。后于都肆得宋刻《内经》，乃以元熊氏本、明《道藏》本，及唐以前古书悉心校勘，撰《内经校义》。又《淮南子》《一切经音义》均有校本。又著有《墨守编》《正名录》，俱未成。性嗜蓄书，每下值辄至琉璃厂书肆，搜求善本，触其所好，必购得之，虽典质不少吝，所积至五千余卷。尝自言于春秋，慕叔向；于西汉，慕刘向；欲颜所居曰'二向堂'，其志趣如此。"

则虞案：又见《皖志列传稿》。《春在堂尺牍》有与胡荄甫农部"论《素问》书"，称其精研经学，具有家法云云。

《昭代名人尺牍续集》小传："甘伯官郎中，诗学太白，工骈体文，通声音训诂之学。工篆书，得秦汉人遗意。著有《释人疏证》《内经校义》。"又四明吴省庵《清代名人手札》景印本甲集，戴望《致劳蓺卿书》有"胡荄甫为竹村先生族孙，具有家学"之语。

则虞案：余有闻人诠《唐书》，为荄甫旧物，内钤"胡澍"二字章，列传略有句读。己卯岁避倭乱，携至湘西桃源，秋深遘疾，以此书易药饵。适有远客过驿馆，立斥百元负书而趋。驿馆主人叩其姓，答曰："何。"湘人"何""胡"不分，疑为荄甫后人。

藏印有"胡氏长守阁藏书印"，又"胡澍校读"朱文方印。

笺疏谈屑颇精严，丛稿堆残香雪崦。
叔世文章无奥旷，论才微憾景荪纤。

平步青 景荪

杨越《平步青传》："步青字景荪，号栋山，或号侣霞，亦署三壶佚史。山阴人。中咸丰五年举人，同治元年进士，官编修。甲子入直上书房，丙寅大考一等，擢翰林院侍读。丁卯授江西督粮道，戊辰署江西布政使，壬申署按察使，以刑官不可为，引疾归。早岁历馆藏书家，遂成奇博，尤娴熟掌故校刊之学。有《群书斠识》一百五十二种。晚年自订所著为《香雪崦丛书》二十种，卒年六十四。"

则虞案：步青别号常庸。近人谢刚主有《平景荪事辑》一文。

《晚晴簃诗汇》："景荪出任江西粮道，月必倩人购书于都中厂肆，为考订之用。归里后，杜门谢客，一意著书，稿本甚富。身后其家视作秘笈，绝不示人。"

伦明《诗》注："山阴平景荪步青，博览强记，以翰林外放江西督粮道。旋乞休，年才三十七。卒于光绪乙未，年六十。自定《香雪崦丛书》凡二十种，惟《国朝馆选爵里谥法考续》三卷、《群书斠识》十一种刊于生前。《樵隐昔寱》二十卷、《霞外捃屑》十卷，刊于民国初。未刊者《读经拾沈》一卷、《读史拾沈》一卷、《宋史叙录》一卷、《修明史史臣表》一卷、《文庙从祀议考略》二卷、《上书房行走诸臣考略》二卷、《南书房行走诸臣考略》二卷、《召试博学鸿儒考略》一卷、《荐举经学考略》一卷、《大考翰詹考略》一卷、《趄中科第表》二卷、《浙江山阴平氏谱续》二卷、《司农公年谱》一卷、《群书斠识》七十六种、《楹帖摭谈》二卷、《山阴平氏捃谈集》一卷。尚有无卷数者《爪庐拾遗》等二十余种。稿藏于家，可谓盛矣。其斠书也不览异本，但以书证书，识其缺误而已。"

则虞案：《霞外捃屑》十卷，光绪壬午刊，分掌故、时事、格言、旦事、杂觚、斠书、论文、诗话、说稗、群谚等十种类。《樵隐昔寱》二十卷，民国六年杨越刊。《群书斠识》无卷数、光绪丙子荔园刊，题汝南常庸撰，云者谓斠识之常庸,必为步青之托名无疑。另还有《越中园亭记》《陶庵梦忆》《三不朽名贤图赞》《南雷文约》《鲒埼亭集》《筼河文集》《湖海文传》《左传诂制》《艺丛》《顾亭林年谱》《阎潜邱年谱》凡十一种。

《越缦堂日记》同治二年十一月十七日记:"平步青景荪言平生不能买书,而所至辄有书可借,亦是幸事。主讲宿迁书院,时县有王氏藏国朝人文集甚富,得尽阅之,尤为奇福。"

又光绪十五年三月二十日记:"杨宁斋观察来,比年为景荪编录所著书,其四部考皆考证古义,订补经籍,凡百余种,高至数尺,而目录尚未肯出。近刻《葛园丛书》十余种,及《樵隐昔呓》,皆经籍书后之文。又《国朝文薮题辞》六百余首,皆论国朝人文集,目录至三千家。"

> 槐厅宦味已凄凉，白发程途更可伤。
> 鼍紫渐尊元服毁，史疏空朽橐中装。

朱逌然 肯夫　　徐树铭 寿蘅

钱保塘《清风室文钞·成都浙馆先贤祠小传》："余姚朱公逌然，字肯夫。咸丰九年举人，同治二年进士，光绪七年以翰林院侍读学士督学四川。成都有尊经书院，向由学政调取阖省士有文学者肄业其中。公至，精选院士四人使为教习，量取新进士之聪颖者数十人，使随才分教之。体素羸，卒年四十七。"

《晚晴簃诗汇》："朱逌然，字肯夫，号味莲，余姚人。同治壬戌进士，改庶吉士，授编修，历官詹事。"

费行简《近代名人小传》："朱逌然，字肯甫，义乌人。以翰林督湖南、四川学政，所至有声。官至詹事，殁于四川任。逌然少治训诂，通六书，尝广王筠意为《说文广例》，继复博综名物。治《毛诗》《周官礼》，后亦治《穀梁春秋》。"云。

《越缦堂日记》同治三年十一月十一日记："朱肯甫庶常来，庶常余姚人，为詹事兰之子。年少喜读书，壬戌成进士。朝考后，丁母忧。今服阕掌院，为特奏名补引见，改庶吉士。此故事所无者也。今日略与谈议，闻见殊博。吾越文献已绝，如庶常者殆后来之秀矣。"

又同治十年六月十七日记："肯夫近撰《梨洲年谱》已成。"

又同治十年九月二十一日记："作片致肯夫借书，复书言《西域传疏证》已寄回越中。前日肯夫自言此书现在其中，尚有星伯亲笔改正处，今盖秘之而诡辞也。"

又光绪七年四月九日记："肯夫得四川学政，欲具疏辞，属为拟稿。盖以甫自湖南满任归，未与考差，忽有此授，故自陈让也。"

又八年十二月廿八日记："闻肯夫卒，眷属犹未抵蜀也。肯夫沉静好学而多病早衰，自己亥服阕入都后，眼花发白，意兴颓然。三载湖南勤于校士，去年继奉使蜀之命，欲具疏辞而终为人阻。暑雨西行，遂为永诀。悲哉！"

则虞案：袁漱六之书后归李木斋出于肯夫之怂恿，见《花随人圣盦摭忆》。

肯夫有《红楼梦》旧钞本，或曰即曹氏稿本。清人藏《红楼梦》精本者，一为朱兰坡，一为肯夫，并略见《越缦日记》，一为吴士鉴，一为夏曾佑。夏藏钞本以二百元售与狄平子，已影印行世。两朱所藏，则未闻所在。绚斋藏《红楼梦》版本殊多，马夷初先生为客言之。

《清史稿》本传："徐树铭，字寿蘅，湖南长沙人。道光廿七年进士，选庶吉士，授编修。典四川乡试，咸丰二年迁中允，简山东学政，累迁内阁学士，授兵部右侍郎，督学福建、浙江，历充顺天、浙江乡试正副考官，会试总裁，拜工部尚书，旋病卒。树铭幼颖异，问学于何桂珍、曾国藩、倭仁、唐鉴诸人。生平无私蓄，惟嗜钟鼎书画，藏书数十万卷，虽耄犹勤学不倦。"

《越缦堂日记》同治十年五月十一日记："寿蘅来谈时事，问人材。寿蘅与伯寅均倜傥光华之材。寿蘅好奇，故学识日进。"

《湘绮楼日记》光绪五年十二月廿八日记："得寿蘅书，文词甚美，下笔不能自休。"《晚晴簃诗话》："徐树铭字寿衡。有《澂园遗集》《澂园诗话》。弱冠登第，大考擢官。年甫三十，已跻阁学。因疏荐俞曲园，获谴左迁，久之始浠历正卿。在朝五十年，熟谙掌故，述之口若悬河，博学振奇，爱才若渴。诗篇闳骏兴象，至老不衰。"

增补：《澂园遗集》十卷，有长沙石印本。

休问千秋翰墨林，市中醉汉已难寻。
《輶轩》《劝学》篇中语，菀结宗臣辟患心。

张之洞 香涛

　　《清史稿》本传："张之洞，字香涛，直隶南皮人。少有大略，务博览，为词章，记诵绝人。年十六，举乡试第一。同治二年成进士，廷对策不循常式，用一甲三名授编修。六年，充浙江乡试副考官，旋督湖北学政。十二年，典试四川，就授学政。所取士多隽才，游其门者，皆私自喜得为学途径。光绪初，擢司业，再迁洗马。七年，由侍讲学士擢阁学。俄授山西巡抚，移督两广。十二年，兼署巡抚，调补两湖。二十八年，充督办商务大臣，再署两江总督。三十二年，晋协办大学士。未几，内召，擢体仁阁大学士，授军机大臣，兼筦学部。三十四年，督办粤汉铁路。德宗暨慈禧皇太后相继崩，醇亲王载沣监国摄政。之洞以顾命重臣，晋太子太保。逾年卒，年七十三。"

　　《广东藏书纪事诗稿》注："光绪十五年，文襄总督两广，于广州域西彩虹桥创立广雅书院。书楼曰冠冕楼，额为文襄手题，取唐诗'冠冕通南极'之义。廖廷相编有《广雅书院藏书目》。民国后楼圮，书厄于水灾。莫荣新督粤，广西曾议分书，于是一部移西江图书馆，一部移广东图书馆。陈炯明又收西江者，送还广东高等师范。广雅藏书自此瓜剖豆分矣。广雅藏书，其书箱之门，均用磨沙玻璃铸有篆文'广雅'二字，古雅可爱。"

　　又云："广雅书局在今文德路，光绪十三年总督张之洞、巡抚吴大澂奏明建立。设有东、西、南、北六校书堂，刊刻群籍。由两广盐运司综理其事，刻成书以史部为著。陈宝琛《咏广雅丛书》云：'大营精庐署广雅，建局益揽东南良。就中乙部十居七，治史欲挈研经长。'吴士鉴《题广雅书局图》云：'苦搜遗籍阐幽潜，躬度基扃启书局。广求乙部揽精英，要与雷塘同辐毂。'两诗皆推尊乙部，盖缘阳湖吴翌寅编有《广雅史学丛书目录》，所收多名儒稿本及孤本，并有文襄《史学丛书序》，则翌寅代撰也。广雅所刊向无总目，余于民国七年整理版片，择其版式一律者，分经、史、子、集各部，名《广雅丛书》，刊有总目，而《广雅丛书》之名始著。戊寅广州失陷，幸广雅全部版片及学海堂一部分版片已先事运贮于乡中，而广雅全部堂宇已为官廨矣。"

伦明《诗》注："南皮张文襄公来觐京师，每日暮必驱车至琉璃厂，满载而返，临去至罄囊不能结价。光绪末，创设学部图书馆，惩于归安陆氏之东输，思征天一阁、铁琴铜剑楼善本入馆，被瞿氏坚拒，范氏允进二十种，后亦不果，此举殊近豪夺。公殁后，所藏书至辛酉散出，宋本止数种，《文中子》最佳，余明刻旧钞若干种，皆归傅沅叔，余亦得精椠数种。闻其家属仅得值三千元，公之清德可想见。或云其佳者早归高凌蔚。"云。

陈衍《张相国传》："著《輶轩语》《书目答问》教士。道、咸以来，士溺于陈腐时艺，愈益不学，自是后进乃略识读书门径。有诋其《书目》不尽翔实，稿非己出，然不害其励学爱士勤勤意也。"

广雅有《诗经著述书目》，原书于《经义述闻》书眉，近许氏有抽印本。

王书衡《题皕宋楼藏书源流考》绝句有云："调停头白范纯仁，俯仰千秋独怆神。有客为书曾乞命，湘滨宿草已三春。"注云："首用广雅相国诗句。光绪癸卯年，相国在京师，湘乡李亦元刑部名希圣，曾进建馆藏书之议，相国有意提倡，会以出京中止，而亦元不久下世，嗣无议及此事者。"

藏园《宋本白氏六帖事类集跋》云："余之得此书也，实在癸亥岁之八月，旧为南皮张文襄家物。文襄藏书前此数年已连车辇入厂肆，余曾于聚珍书坊得公手批《癸巳类稿》及《夷务始末记》诸书。此书庋诸后楼，与鄂督文牍杂存敝簏中，故独得晚出。癸亥仲秋，宝沈庵前辈持以见视，属为审定。喜其罕秘，爱玩不忍去手，因以巨金易得。翌岁宴樊山老人于藏园，语及新收秘笈，老人谓此乃昔年陈臬长安以二百金得之，寄赠文襄，文襄喜甚，手书报谢，老人爰题卷端，以志感喟。所谓'太傅碎金，曾过门生之眼；故人得宝，何伤楚客之弓'。正纪此事也。"

则虞案：余曾见涵芬楼所藏宋刊王状元集注《分类东坡诗》，钤有"张之洞审定旧椠精钞书籍记印"。香涛十一岁时律赋窗课一本，在衡阳许铁山家，长篇大作，气象不凡。藏印有"张之洞"白文方印、"臣之洞印"白文方印。广雅有过琉璃厂诗云："毕董残装有吉金，陈思书肆亦森森。曾闻醉汉称祥瑞，何况千秋翰墨林。"其《輶轩语》《劝学篇》诐圣诸语，非其夙心，盖辟祸而作也。此石遗师语余者，故诗云尔。

乐章窅眽本非花，鱼鲁传讹窊代窳。
造次轺车提学使，未曾载酒赌先茶。

汪鸣銮 柳门

《清史稿》本传："汪鸣銮，字柳门，浙江钱塘人。少劬学。同治四年成进士，选庶吉士，授编修。迁司业。益覃研经学，谓'圣道垂诸六经，经学非训诂不明，训诂非文字不著，治经当从许书入手'，尝疏请以许慎从祀文庙。历督陕、甘、江西、山东、广东学政，典河南、江西、山东乡试。颛重实学，号得士。历迁内阁学士，晋工部侍郎。行走总理各国事务衙门。调吏部右侍郎，兼贰刑部。罢归，主讲杭州诂经精舍、敷文书院。"

则虞案：汪鸣銮号郋亭，藏书室名自强斋。擅长篆书。

叶昌炽《郋亭汪公墓志铭》："公幼有夙慧，七岁即能通小篆。外王父履卿先生为桂龄尚书之介弟，富于藏弆。宝鼎斋中金石图书充牣。韩太夫人携之归，靡不浏览，始有志于晁、陈、欧、赵之学。"

则虞案：其外王父履卿先生者名崇，自号南阳学子，元和人。家有宝鼎山房，储藏秘本甚多。《艺风藏书记》："《江左石刻文编》，元和韩崇撰，稿本，有朱琦序。"《适园藏书志》："旧钞本《河南先生文集》，有'臣韩崶印'白文方印，又有'韩崇印''履卿得'。"

《缘督庐日记》光绪十年九月三十日："柳门学使寄赠曲阜汉魏六朝石刻拓本，皆其亲督工人选纸精拓。又闻陈仲鱼遗书百箧，其孙流寓济南，而宋本已化云烟，元刊及手校各本多有在者，柳门能得之矣。"

又光绪三十二年七月四日记："赴郋亭师招，导登万宜楼，藏书之所也。楼上四面列置书椟，中空以通天气，栏干绕之。又用辘轳以便取携，建霞之意匠也。"

《缘督庐日记》戊戌十一月廿五日记："得允之缄，知郋亭师厅事失火，焚去藏书数十箧。"案：柳门之书有得自李眉山者，见藏园宋刊《隶韵》题记。

陈夔龙《花近楼诗存·秋夜感事绝句》仁和汪柳门首有"琼筵剪烛话窗西，宋椠元镌费品题"之句。

《吴县志》载有《万宜楼藏书目》，《西谛书目》有《万宜楼善本书目》，徐乃昌钞本。

　　著砚楼有钞本《竹崦庵金石目录》，版心下有"郋亭写本"四字。案：余见有《郋园集》《苏诗楹帖》，纸为绿格，版心下亦有此四字。

　　涵芬楼藏有明覆宋本《国语》，钤有"万宜楼藏善本书"印，宋刊本《近思录集解》钤印同。

　　《清稗类钞》："汪柳门侍郎鸣銮，自谓于书无所不窥，而《史》《汉》尤精熟。某学使思有以难之，一日叩之曰：'《龚定庵集》有"九月犹开窈窕花"之句，"窈窕花"何物？'汪不能答，学使转告之曰：'桂也。班书具在，君殆偶尔遗忘耶？'汪大窘。"

　　《汉书·礼乐志·房中歌》有"窅眰桂华"语，"窅眰"一作"窅窊"，孟康注："窅入窊出。"意即今之凹凸也。定庵诗不误，俗本"窊"误"窕"，致"窅窊"改作"窈窕"，大失其义。学使不识字，举以相难，郋亭夙精小学，盖遽聆其语，未及检书，而唯唯承其失耳，故诗略辨之。

司成祭酒动神京，襞积劳劳启后生。
除是资州与正叔，多君泾渭最分明。

王先谦 益吾

《清史稿·儒林传》："王先谦字益吾，长沙人，同治四年进士，选庶吉士，授编修。光绪元年，大考二等，擢中允，充日讲起居注官。六年，晋国子监祭酒。八年，出为江苏学政。先谦历典云南、江西、浙江乡试，搜罗人才，不遗余力。既莅江苏，先奏设书局，仿阮元《皇清经解》例，刊刻《续经解》一千四百三十卷。南菁书院创于黄体芳，先谦广筹经费，成就人才甚多。开缺还家，历主思贤讲舍，岳麓、城南两书院，其培植人才，与前无异。赏内阁学士衔。著有《尚书孔传参正》三十六卷、《三家诗义集疏》二十八卷、《汉书补注》一百十卷、《虚受堂诗文集》三十六卷等。"

吴庆坻《王葵园先生墓志铭》："先生于学无所不究，门庭广大，合汉宋途辙而一之。其于崇经术治国闻，致力弥笃。在史馆成《东华录》二百卷，《东华续录》四百十九卷。视学江苏，成《皇清经解续编》一千四百三十卷，复以余力缉《南菁书院丛书》一百四十四卷。其著述则有《尚书孔传参正》三十六卷、《三家诗义集疏》二十八卷、《汉书补注》一百卷、《后汉书集解》一百二十卷、《新旧唐书合注》二百二十五卷、《元史拾补》十卷、《荀子集解》二十卷、《庄子集解》八卷、《五洲地理图志略》三十六卷、《日本源流考》二十二卷、《外国通鉴》三十三卷。其撰集之书则有《合校水经注》《续古文辞类纂》《骈文类纂》《律赋类纂》《十家四六文钞词钞》。其校刊之书，则有《钦定天禄琳琅书目前后编》《盐铁论》《世说新语》《郡斋读书志》《景教碑文纪事考》。其阐扬先德，则有通奉公遗著《诗义标准》一百十四卷。季弟先恭校注《魏郑公谏录》《谏续录》《文贞故事拾遗》十一卷，重事考证，成弟未竟之志。其表章乡邦耆硕，若周侍郎寿昌、郭侍郎嵩焘之集，毛茂才国翰、欧阳州判辂、毛孝廉贵铭之诗，吴训导敏树之文，并缉香刊布，用章遗献。访获亡友李布衣谟、丁孝廉蓉绥、李明经桢诗文集授之梓。苏郎中舆著《春秋繁露义证》书成而殁，为刊行之，其笃风义又如此。自为诗文《虚受堂文集》十五卷，《诗集》

十七卷,门弟子所编刻也。"

则虞案:葵园藏书早已散出,倭降后,其后嗣曾以遗书百余种求售。丙戌丁亥,余在长沙玉泉街旧书铺得其书约十余种,皆通常易见之本。惟手校本《汉书》为佳。《汉书补注》杨树达有《补注补》,闻章式之先生云,归英侯宝熙有补王氏《汉书补注》,具稿将成,似未付印。

白头残世雪难消，鹤辔龙骖不可招。
耿耿一楼听水处，东风万叠是前朝。

陈宝琛 伯潜

陈三立《陈文忠公墓志铭》："公讳宝琛，字伯潜，号弢庵。年十八，以诸生举于乡。越三岁，成同治戊辰科进士，改庶吉士，授编修。光绪乙亥，大考擢侍讲，充日讲起居注官，累迁至内阁学士。癸酉乙亥，两充顺天乡试同考官。己卯，甘肃乡试正考官。壬午，江西乡试正考官，就授学政。宣统改元，特命掌礼学馆，寻补阁学，充资政院硕学通儒议员。辛亥，简山西巡抚，未上道，更命以侍郎候补，授读毓庆宫，兼充弼德院顾问大臣。俄改补正红旗汉军副都统，授读如故。《德宗本纪实录》次第成，授太保，晋太傅，著有《奏议》若干卷，诗文集若干卷。"

则虞案：宝琛，为宣统太傅，喜藏书，精书法。著有《沧趣楼集》《澂秋馆印存》。

伦明《诗》注："闽县陈伯潜宝琛，人传其专读《佩文韵府》，为作诗钟地。君晚岁诗尤精细，不苟作。家多藏书，其旧钞本《西园闻见录》，当属海内孤本，书为明张萱撰。萱吾粤惠州人，全集六十余册。往时李仲约侍郎曾借录一部，后失去十余册。余一见于丁闇公所，再见于邓文如所。以其卷帙之巨，未敢借钞也。"

则虞案：晚年，其藏书多赠于乌山图书馆。

四海徒闻极谏才，清流陵厉绝兰台。
鲸波落日馀艎烬，宿将悲吟冯子材。

张佩纶 幼樵

《清史稿》本传："张佩纶字幼樵，直隶丰润人。同治十年进士，以编修大考擢侍讲，充日讲起居注官。佩纶以纠弹大臣著一时。王文韶罢，擢佩纶署左副都御史，晋侍讲学士，后以三品卿衔会办福建海疆事。马尾败，夺卿衔，下吏议，再论戍居边。释还，李鸿章再延入幕，以女妻之。庚子议和，鸿章荐其谙交涉，诏以编修佐办，和约既成，擢四品京堂，称疾不出。三十四年卒。"

劳乃宣《张君墓表》云："佩纶同治九年举于乡，十年成进士，改庶吉士，授编修。光绪元年大考二等，擢侍讲，寻充起居注官。本衙门撰文，咸安宫总裁，文渊阁校理。丁母忧，服阕，升庶子署都察院左副都御史。癸未，充会试知贡，举晋侍讲学士。充殿试读卷，朝考阅卷大臣。按事于陕西，还朝命在总理各国事务衙门行走。甲申，法越衅起，命会办福建海疆事宜，加三品卿衔。后又命署船政大臣，嗣夺职遣戍。君居戍所，日从事文史，以周秦诸子惟《管子》足以经世，而注家多未尽善，乃据善本博考群籍为之诠注，成《管子学》二十四卷。又著《穀梁起废疾补笺》二卷、《奏议》八卷、《文集》二卷、《诗集》四卷藏于家。"

则虞案：陈宝琛为墓志铭略同。案《涧于诗集》四卷、《文集》二卷、《奏议》六卷，宣统至民国甲子丰润涧于草堂张氏刊。

《大清畿辅先哲传》："佩纶操介坚卓，肆力为经世之学。晚年藏书甚富，手自校勘，仿《四库全书》成《管斋书目》，并为《管斋日记》若干记行世。"

《缘督庐日记》壬辰初六日记："廉生云厂肆有北宋本《周礼》二册，足以纂图互注本。又宋刻《黄鹤千家注杜诗》，各索五百金。章硕卿所藏旧钞《管子》有黄荛翁跋者。又吴山尊刻《韩子》底本，皆为张幼樵所得。"

《越缦堂日记》光绪十年五月廿二日记："佩纶初娶吾乡朱修伯大理女也，继娶边宝泉女，丑甚，不礼之。娶一妾，惑之甚。"

又光绪十四年十月七日记："闻合肥娶妻，张幼樵合肥止一女，继室赵夫人所生，敏丽能诗，甚爱之。今甫逾二十，幼樵年四十余，美须髯，已三娶矣。"

缪艺风《藏书记续》云："子清归道山，书亦尽归张幼樵前辈。辛亥，张氏书籍流出东洋。"云云。

则虞案：子清者，朱修伯之子朱澂也。

陈宝琛《吴柳堂御史围炉话别图为仲昭题》有云："藏书掠遍独此脱，呵护无亦关冥冥。"自注云："蒉斋所藏善本书，辛亥损失殆尽。"

张元济《荀子跋》云："是书为余六世叔祖芷斋公所藏，有公名号及涉园、遂初堂印记。先是迭藏于泰兴季氏、秀水朱氏。由朱氏入于余家，继又归于太仓顾氏。目录首叶，'谀闻斋''竹泉珍秘图籍'二印记，皆顾氏之物也。辛亥之役，革命军入江宁，丰润张氏之书，闻大半为于右任所掠。于今岁寓京师，复以售人。傅沅叔同年得元本《困学纪闻》，绝精美，有于氏印记，此亦有右任之印二，度必为幼樵前辈所藏矣。沅叔先为余购得残《庄子》一部，与此相同，亦为余家旧物。涉园遗籍来归者，岁必数种。"

《涧于日记》中多论学事，余曾读毕，似失之肤廓。《管子学》有所见，亦失之粗略。幼樵殆以文章饰吏治者，不当以学人衡之。其所藏书获见者极少，只见到明《通鉴》残本及《戴南山集》钞本。

直介惟知任道行，浮云纸薄宦情轻。
荣成本有儒林分，翻为循良累重名。

孙葆田佩南　　**李佐贤**竹朋

《清史稿·循吏传》："孙葆田字佩南。山东荣成人。同治十三年进士，授刑部主事，改知县，铨授安徽宿松，调合肥。大学士李鸿章弟子之傔人横于乡，以逼债殴人死。葆田检验尸伤，观者数万人，恐县令为豪强迫胁验不实。葆田命忤作曰：'敢欺罔者论如律。'得致命状，人皆欢噪，谓包龙图复出。讞遂定。有御史劾葆田误入人死罪，诏巡抚陈彝按之，卒直原谳。葆田遂自免归，名闻天下。葆田故从武昌张裕钊受古文法治经，实事求是，不薄宋儒。历主山东、河南书院，学者奉为大师。宣统元年卒。"

则虞案：史稿所载合肥案事，又见姚永朴笔记《书孙佩南大令事》及汪康年笔记。

《孙氏家藏书目》有稿本及传钞本。《校经室文集》六卷、《补遗》一卷，民国丙寅求恕斋刊。另《孟志编略》六卷，光绪戊子刊。《山东通志》二百卷，附录一卷，孙葆田等纂，民国乙卯摆印。

《谭复堂日记》："荣成孙葆田佩南同年，经生也，部选宿松令。《文稿》一卷，清深有条理，可与道古。佩南有改定《三迁记》，为《孟祠志》，删正《玉函山房汉人经说》，重定《汉学师承记》稿本。"

仪顾堂《春秋会义跋》："江南藏书家无著录者。庚寅春，张勤果约游泰山，因访孙佩南明府宝田于尚志书院。观其藏书，得见此本。拟欲录副，以卒卒南旋未果。越三月，佩南录以寄余，从此䜩宋楼插架又多一北宋秘册矣。"

则虞案：佩南藏书事，余闻诸山东邓少云，其云："藏书有归公家收藏者，有流至青岛贩鬻入外人之手者，以两宋人诗文集及乙部书为富。"邓为佩南弟子，工词，甲申春除衡山令。五月倭至，走吴集，被执，不屈，骂贼死。从者投洣河殉。自戊寅倭变以来，以死勤事者不多人，师弟一门，循良节烈，颉颃千古，因附载于此。

李佐贤，字竹朋，山东利津人。著《古泉汇》《石泉书屋类稿》。其《石泉书屋藏书记》云："吾家先世遗书半已分析，自先大父端恪公宦游楚省，载归八椟，先君子清毅公游滇、游粤，复购若干卷，及余身而岁有增益，于是乎积而多矣。因仿曝书亭著录之例，略为变通，分为六门，曰经、曰史、曰子、曰集、曰丛、曰类，而时文、试帖、律赋及一切应试之作不与焉。率男贻良区别而整齐之，每门五六千卷、三四千卷不等，合之不下三万卷，虽不敢云坐拥百城，居然富有，而在海澨僻壤，亦几乎称少有焉。夫自粤匪倡乱，十余年来，盗贼蜂起，风鹤时惊，令人废书而叹，傥使余年复觏承平，得遂读书之愿，不必问其益吾心者若何，益吾身者若何，但于花晨月夕息影蓬庐，静对一编，以当良朋晤语，则所以娱吾老者不在斯乎！不在斯乎！此外又何求焉？异日者传之子孙，能读是书而以经济文章名于世者上也；涉猎旁通，各有所得者次也；束书不观，而又不忍坠坏者下也。至如杜暹所谓'鬻之坠之为不孝'者，非吾所敢知矣。"

碌碌随人画荡诅，计赢海市贩奇书。
世穷览古《留真谱》，也算津梁到石渠。

杨守敬 惺吾

　　杨守敬字惺吾，又字星吾，号邻苏，晚号邻苏老人。宜都人。同治元年举人。从黎纯斋出使日本，后任黄冈教官，两湖书院教习，勤成学堂总教长，礼部顾问官，总统府顾问。卒年七十七。平生嗜古成癖，书籍、碑版、钱印、砖瓦之属，莫不多方搜求，储藏之富，当世罕匹。博学多通，高自位置，尝谓世无圣人不在弟子之列。于地理、目录、金石之学，尤擅绝长，著述有《日本访书志》《丛书举要》《历代舆地沿革险要图》《隋书地理志考证》《晦明轩稿》《观海堂藏书目》《古逸丛书》《邻苏老人年谱》等数十种。其藏书极富，且多珍本、孤本。现存台湾故宫博物院。

　　自订《邻苏老人年谱》："戊午二十岁时省城克复，开科举，守敬随朱先生入闱，不中。是年有太平孙君玉堂璧文避乱宜都，在太平会馆授徒。其人勤学不倦，因与之交。适余杭郑谱香兰亦避乱至宜都，租余屋居之。因其晒书，得见《六严舆地图》，假之，而与孙君各影绘，无间昕夕。余成二部，孙君亦成一部。谱香知之，乃大激赏。会谱香以吾屋差小不能容，移居于向家巷，而以吾屋转租元和顾子山文彬。顾本吴中文豪，见余好古，亦大加青眼。"

　　则虞案：惺吾知学术源流，自此始也。

　　壬戌同治元年二十四岁，获中第八十名举人。

　　壬午四十四岁，先是余初到日本，游于市上，睹书店中书多所未见者。虽不能购，而心识之。幸所携汉魏六朝碑版亦多，日本人未见，又古钱、古印，为日本人所羡，以有易无，遂盈筐箧。及黎公有刻书之议，则日日物色之。又得森立之《经籍访古志》钞本，其时立之尚存，乃按目索之。其能购者不惜重值，遂已十得八九，且有为立之所不载者数百种，大抵医书类为多，小学类次之。于是由黎公择取付梓人，属守敬一人任之。守敬日与刻工磋磨善恶，又应接日本文学士，夜则校书，刻无宁晷。日本诧为万夫之禀，且上新闻报中。是时与日本文人往来最密者为岩谷修（一六）、日下部东作（鸣鹤）、冈千仞（振衣）。石印

《初辑寰宇贞石图》成。

戊子五十岁，筑黄州邻苏园以藏书。其城北即东坡赤壁，故以名。是年，母七十寿辰，为三儿蔚光完婚，延丁栋臣兆松授读。又倩方鹤书炳堃襄校《古诗存》，其书仿乌程严铁桥可均《全上古三代秦汉三国六朝文》之例，以《古诗纪》为蓝本，各著所出，缺者补之，讹者删之，书成一百二十卷。是年冬刻《大观本草》成。《丛书举要》二十卷写成待刊。丛书之刻起于宋代，逮国朝海盐顾氏始为汇刻书目，仁和朱氏续之，宛平傅氏再续之，至常熟朱氏目睹书目而大备，然惟顾氏之书稍有别择，以下则多滥收，且有本非丛书而有子目者，亦列入之，殊为猥杂。余乃分为内、外两篇，以醇正典雅者为内篇；驳杂而鸿博者为外篇，其饾饤浅陋者删焉。乃口占之云："七十老翁遭乱离，一家分散各东西。毕竟秦人多幸福，行行觅得武陵溪。奇书万卷冠群伦（余藏书数万卷，海内孤本亦逾万卷），爱惜殷勤到外人（谓寺西请于黎都督，得以保全）。遥望烟雾迷濛里，呵护犹当有鬼神（并详注遭乱情形，书以赠翰臣水野，以为他日纪念）。"

《日本访书志序》："光绪庚辰之夏，守敬应大埔何公使如璋之召赴日本，充当随员。于其书肆颇得旧本，旋交其国医员森立之，见所著《经籍访古志》，遂按录索之。会遵义黎公使庶昌接任，议刻《古逸丛书》，嘱守敬极力搜访。而藏在其好古家者，不可以金币得。属有天幸，守敬所携古金石文字乃多日本所未见者，彼此交易，于是其国著录之书麋集于箧中。每得一书，即略为考其原委，别纸记之，久之得廿余册，拟归后与同人互相考证，为之提要。暨归赴黄冈教官任，同好者绝无其人，此稿遂束高阁，而远方妮古之士，尝以书来索观其目。因检旧稿，涂乙不易辨。时守敬又就馆省垣，原书多藏黄州，未能一一整理，乃先以字画清晰者付书手录之，厘为十六卷。见闻之疏陋，体例之舛错，皆所不免。又其中不尽罕见之书，而惊人秘笈尚多未录出者，良以精力衰颓，襄助无人，致斯缺憾。倘天假之年，或当并出所得异本尽以告世人也。辛丑四月宜都杨守敬自记于两湖书院之东分教堂。"

《日本访书志缘起》："余生僻陬，家尠藏书，目录之学，素无渊源。庚辰东来日本，念欧阳公百篇尚存之语，颇有搜罗放佚之志。茫然无津涯，未知佚而存者为何本，乃日游市上，凡板已毁坏者，皆购之，不一年遂有三万余卷。其中虽无秦火不焚之籍，实有裔然未献之书。因以诸家谱录参互考订，凡有异同及罕见者，皆甄录之。夫以其所不见遂谓人之所不见，此辽豕所以贻讥，然亦鞟有秘文坠简，经余表章而出者，不可谓非采风之一助了。

日本旧有钞本《经籍访古志》七卷，近时涩江道纯、森立之同撰，所载今颇有不可踪迹者，然余之所得，为此志之所遗，正复不少。今不相沿袭，凡非目睹者，别为《待访录》。

《访古志》所录明刊本，彼以为罕见而实我国通行者，如刘节之《艺文类聚》、安国徐守铭之《初学记》、马元调之《元白集》之类，今并不载。亦有彼国习见而中土今罕遇者，又有彼国翻刻旧本而未西渡者，兹一一录入。

《经义考》每书载序跋，体例最善，《爱日精庐藏书志》遂沿之。兹凡《四库》未著录者，宋元以上并载序、跋，明本则择有考证者载之，行款匡廓亦详于宋元而略于明本。

日本收藏家除足利官学外，以金泽文库为最古，当我元明之间，今日流传宋本，大半是其所遗。次则养安院，当明之季世，亦多宋元本，且有朝鲜古本。此下则以近世狩谷望之求古楼为最富，虽其枫山官库、昌平官学所储亦不及也。又有市野光彦、涩江道纯、小岛尚质及森立之皆储藏之有名者，余之所得大抵诸家之遗。

日本医员多博学，藏书亦医员为多。喜多村氏、多纪氏、涩江氏、小岛氏、森氏皆医员也，故医籍尤收罗靡遗。《跻寿馆目录》（多纪丹波元坚撰）所载今著录家不及者不下百种，今只就余收得者录之。

日本维新之际，颇欲废汉学，故家旧藏几于论斤估值。尔时贩鬻于我土者不下数千万卷。犹忆前数年有蔡姓者，载书一船，道出宜昌，友人饶季音得南宋版《吕氏读诗记》一部。据云：宋元椠甚多，意必有秘笈孤本错杂于其中，未知流落得所否？今余收拾于残剩之后，不能不为来迟恨，亦不能不为书恨也。

日本收藏家余之所交者，森立之、向山黄村、岛田重礼三人，嗜好略与余等，其有绝特之本，此录亦多采之。唯此三人之外，余罕所晋接。想必有惊人秘笈，什袭于金匮石室中者，幸出以示我，当随时补入录中，亦此邦珍重古籍之雅谈也。

前人谱录之书多尚简要，《敏求记》唯录宋本，天录琳琅、爱日精庐、拜经楼藏书则兼采明本，时代不同故也。而张金吾论说尤详。余之此书，又详于张氏，似颇伤繁冗，然余著录于兵燹之后，又收拾于瀛海之外，则非唯其时不同，且其地亦不同，苟不详书，将有疑其为郢书燕说者；且录中之书，他日未必一一能传，则存此崖略，亦好古者所乐观也。光绪辛巳二月宜都杨守敬记。"

《留真谱自序》云："著录家于旧刻书多标明行格以为证验，然古刻不常见，见之者或未及卒考，仍不能了然无疑。余于日本医士森立之处见其所摹古书数巨册（或摹其序，或摹其尾，皆有关考验者），使见者如觏真本面目，颜之曰

《留真谱》，本河间献王传语也。余爱不忍释手，立之以余好之笃也，举以为赠。顾其所摹多古钞本，于宋元刻本稍略。余仿其意以宋元本补之，又交其国文部省书记官岩谷修与博物馆局长町田久成，得见其枫山官库、浅草文库之藏。又时时于其收藏家传录秘本，遂得廿余册，即于其国鸠工刻之，以费重仅成三册而止。归后拟续成之，而工人不习古刻，格意久之，始稍有解。乃增入百余翻，友朋见之者多欢赏，嘱竟其功。至本年春共得八册，略为分类印行。观者不以为嫌，当并所集之廿余册赓续刻之。光绪辛丑四月，宜都杨守敬记。"

民国壬申仲秋袁同礼《观海堂书目序》："宜都杨惺吾守敬氏于光绪庚辰从大埔何子峨如璋出使日本，时值彼国变法维新之际，举国士大夫弃古书如敝屣。杨氏广搜秘籍，日游于市，板已毁者莫不购之；其不可以金帛得者，则以所携汉魏六朝碑版交易之。又得森立之《经籍访古志》，按目索之，且有为森君所不载者数百种。每获一书，即考其原委，别纸记之，是为异日之《日本访书志》。甲申五月返国，舶载而归，我国久佚之书，赖杨氏之力复见于中土，则杨保存古籍之功，殊不可没也。民国乙卯杨氏归道山，享年七十有六。其藏书全部以国币三万五千元鬻诸政府。己未，徐总统以一部分拨交松坡图书馆，所余者储于集灵囿。丙寅一月，拨归故宫博物院保存，藏于大高殿，为故宫图书分馆。己巳冬，移于寿安宫，专室庋藏，公开阅览。今就故宫所藏者，由何君澄一编成简目，聊备稽考而已。窃念此目虽非观海堂藏书之全部，然所著录为其他书目所不及者有二：一曰古钞本，二曰医书。日本所传古钞本多存隋唐之旧，其价值当出宋元旧刊之上，今岿然独存，而为一般收藏家所未见。至医籍秘本，大抵皆小岛学古旧藏。学古三世以医学鸣于日本，藏书之富，罕有其匹。今观其所收者多为各书目所未载，宁非书城之巨封，文苑之宝藏耶！编竣付梓，爰述其梗概如右。"

则虞案：《观海堂书目》六册，以千字文编号，自"天"字至"耻"字止。《唐宋类书引用书目》八卷，稿藏南城宜秋馆李之鼎处。

鹪庵书到石莲闇，写韵刊词辨苦甘。
手跋几行留纸尾，葛灯病起古城南。

吴重熹 仲饴

章钰《海丰吴抚部墓志铭》："公讳重熹，字仲怿，晚号石莲，海丰吴氏。公即子苾阁学仲子也。年二十五，举本省乡试，报捐郎中，签分工部。以历办穆庙山陵诸大事，外擢知府，守陈州者十年。守开封者八年，历阶至开封，计两权开归陈许道，一权南汝光道，擢江安督粮道，署江苏布政使，调淮扬海道。庚子变后，擢福建按察使，未几，又擢江宁布政使，调直隶。未受事，拜护理直隶总督，特旨以侍郎候补，充会办电政大臣，召补仓场侍郎，出抚江西，召转邮传部侍郎，岁余特简河南巡抚。辛亥变作，避地天津。公自童卯至耄岁，未尝顷刻废书。于先古遗文，尤宝护如头目。既刊《吴氏世德录》《吴氏文存》《吴氏诗存》《捃古录金文》《阁部公日记》等书，又刻《大清律例通考》《九金人集》《山左人词》等书，津逮甚广。杜门以后，又理董阁部遗著，《金石汇目分编》，以六卷未竣，引为大憾。自著《石莲闇诗》十卷，《词》一卷，皆定稿刊行。他所撰述及官书奏议，则排比成帙，藏于家。寿八十有一。"

又钰撰《海丰吴侍郎八十寿序》有云："以钰牺知读书，不惜自降涯分，齿诸小友之列。旬一至焉，月一至焉，每见必详述先世旧闻，与夫道咸以来老辈之学业传派，并时出所著诗词诸稿，令与商定。藏有旧椠名校，则出诸箧衍，通假而不厌。盖先生事事以古处待钰，钰亦得以薰德善良不至为时风众势之所劫。穷居之乐，此其一也。"

增补：章钰元椠《茅山志跋》："此吴仲怿抚部国变后同侨津门，出诸珍本共赏，此其一种也。"

《缘督庐日记》丙辰十月廿四日记："得益庵书，告吴仲饴侍郎自津门寄赠《九金人集》全部。"

又丙辰十一月廿一日记："《九金人集》四函三十六册，王寂《拙轩集》六卷，赵秉文《滏水集》二十卷、《札记》二卷、附录一卷，王若虚《滹南集》四十五卷，李俊民《庄靖集》十卷，元好问《遗山集》四十卷、附录一卷、补载一卷、年谱四卷，《新乐府》五卷，《续夷坚志》四卷，蔡松年《明秀集》三卷、明补一卷，段成己、克己《二妙集》八卷、逸文一卷、补遗一卷，白朴《天籁集》二卷。都一百五十五卷。"

伦明《诗》注："海丰吴子苾观察式芬，及其子仲饴侍郎重熹，累代积书，刊有《金文捃古录》《九金人集》行世。住南城达智桥，去余寓不百步。侍郎殁于辛亥后，遗书渐散。至去岁九十月间出尤亟，日见打鼓贩趋其门，最后山涧口书贩李子珍以千二百金全有之。载数十车，皆以为弃余物，不之顾。余翻阅半夕，得佳本数十种，其金石类有子苾校本《平津馆读碑记》。子苾稿本《贞石待访录》十八巨册。谐价未就，而吴氏之书从此尽矣。"

则虞案：仲饴之书得之唐鹧庵者殊多，散失后，宋元善本多归傅沅叔。余见《海丰吴氏藏书目》，手写巾箱本，书口有"海丰吴氏藏书目"七字，下栏有"部""类"之属诸字，分六部曰"汴寓存书目"，曰"己亥九月初八日由泊头带家书单"，曰"己亥九月由上海购江南机器制造局书目录"，曰"秣陵存书目"，曰"京寓存书目"，曰"闽存书目"。予藏石莲老人自阅本《山左人词》，副页题记云："此癸丑年大病初起后所阅，乙卯六月大暑中检及，又两年余矣。"下钤"春秋七十又八岁"朱记。

又题云："是书刻成十二年矣，游宦匆匆，未曾卒业。辛亥九月避地津门，癸丑人日后即卧病，三起三复，在床者二十五日。二月十七日始未再病，而肢体软弱，仅存皮骨。敉疴无聊，乃取此本而读之。二月之下旬十余日，仅读《稼轩词》二册，三月上旬精神稍旺，乃以十日卒业。老病情怀，自谙甘苦。记之册首，以留鸿雪之痕。三月十一日，七十六老人石莲记。"下钤"仲饴经眼"朱记。

又题云："《分甘余话》云：'凡为诗文，贵有节制，词曲亦然。正调至秦少游、李易安为极致，若柳耆卿则靡矣；变调至东坡为极致，辛稼轩豪于东坡，而不免稍过，若刘改之则恶道矣。学者不可不解。癸丑十月望日石莲录。'"

藏印有"重熹鉴定""石莲閤藏书""海丰吴重熹""吴重熹大贵长寿""石莲盦""吴重熹""吴仲饴""重熹鉴赏"。

湖外风光换隐沦，推将词派出陈新。
《箧中》选定从教拍，已把金针暗度人。

谭廷献 仲修

《清史稿·文苑传》："廷献字仲修，仁和人。同治六年举人。读书日有程课，凡所论著，隐括于所为日记。官安徽，知歙县、全椒、合肥、宿松诸县。晚告归，贫甚。张之洞延主经心书院，年余谢归，卒于家。"

夏寅官《谭献传》："谭先生献初名廷献，字仲修，号复堂。屡赴礼部试，不售，署秀水教谕。未几，以知县入安徽署。先生自咸丰庚辛以后，历劫乱离，家无长物，薄宦廿年，萧然儒素，而聚书独数万卷，世推善本。读书亦如之，丹铅寒暑不去手，著书称是，积几以数尺计。已刊者十不逮一。《董子》十六篇，为先生致力最深之书。藏箧未梓，其刻于《半厂丛书》中者为《复堂文》四卷、《诗》九卷、《词》二卷、《金石跋》三卷、《日记》六卷。建德胡念修为校刻《复堂文续》五卷，而先生已不及见矣。卒于光绪辛丑，年七十二。"

伦明《诗》注："仁和谭仲修先生献《复堂类稿》余十余岁即读之，其诗词皆能背诵。光绪末，余居粤，闻先生已殁，遗书渐出。适马夷初旋杭，因托访之。夷初仅于冷摊中得先生刻《意林》一册，盖刻及半而中止，此册即初印待校之本，甫出版竟成孤本矣。余游杭，入某书店，见架底有《述学》二册，细审之乃先生评点本也，大喜购之。记在涵芬楼见先生《董子春秋》稿本，先生治《春秋》主董子，必精心结撰之作，惜匆匆未及详阅。上海之役毁于火，不知海内有副本否？"

《一澂研斋笔记》："同治十年浙江巡抚杨昌濬奏开浙江书局，以总校属仁和谭廷献、会稽李慈铭，皆称积学能文。分校诸名士，多东城讲舍鸳湖、紫阳高才生，如仁和陆元鼎、陈豪、张预，定海黄以周、桐庐袁昶，皆一时豪于文而富于著作者。余人在书局者，如许郊、王麟书、王彦起、李宗庚、徐惟锟、许诵禾、潘鸿、沈彤元、董慎言、戴穗生、施补华、王治寿、汪鸣皋、高骏麟，皆与是役。精刊书籍，较之江南书局为赅博。"

孙雄《郑斋感旧诗》载仲修致金溎生通守武祥函云："献卅年缉眚校读，有江都淮南王二书，《易林》《意林》诸本。八载以来，杂文诗词，明年，思以次付梓也。"

《春在堂尺牍·与谭仲修书》："去岁子高回浙，属其转借章氏《文史通义》。子高报称足下此书时置案头，晨夕相对，车裘可共，而此或难，不揣冒昧，窃有所请，倘集钞胥写本见赐，百朋之锡，殆未足喻。"

则虞案：仲修获藏《文史通义》事，见章学诚诗注内，此不重出。复堂有《盐铁论》校本、《说苑》校本，见《著砚楼书跋》。复堂未刊题跋不分卷，见丁福保《四部书目总录引用书目表》。复堂《箧中词》稿本，在北京图书馆（今国家图书馆）。

积稿陈编付燎薪，偶从败简见精神。
渊怀多少无功老，寂寂青山冷笑人。

丁士涵泳之

《吴县志》："丁士涵字泳之，庚午举人。官工部员外郎。幼受业陈鲁，以经学著名。同治甲子兵燹后，修志任采访事，积书数十万卷。闭门谢客，年六十余，犹灯下著述不少衰。贵筑黄子寿方伯聘为学古堂山长，晋谒见拒，其高尚如此。著有《管子释文》等。"

《缘督庐》丁未六月十四日记："铜井招饮于严园，聪生先以书来速，附至《济阳丁氏书目》四册。丁丽兑自城带来，其父泳之孝廉所手辑也。"

又十五日："阅《济阳书目》集部，自明迄国朝，同者十八九，盖泳翁收书亦喜搜罗桑梓文献，与鄙人有同志。鄙人所未见者仅十余部，录其目于后，以备异日一瓻之借。周伯琦《近光集》三卷、《扈从诗》一卷、杨基《眉庵集》十二卷，成化本。孙蕡《西庵集》、周忠介《烬余集》三卷，钞本。刘珏《完庵诗》一卷、蔡羽《林屋集》二十卷、陈继《怡庵文集》二十卷、卢格《荷亭文集》十六卷、卢雍《古园集》十二卷、《二卢先生集》二卷、丁元峻《片玉斋存稿》二卷、张献翼《文起堂集》十卷、王心一《兰雪堂集》八卷、丁肇亨《白门草》二卷、李果《在亭丛稿》十二卷、汪家禧《烬余集》三卷、范来宗《洽园集》二十六卷、蒋宝龄《琴东野屋集》十二卷，周永年《圣恩寺志》十八卷、宋荦《沧浪小志》二卷、梁章钜《沧浪亭志》六卷、顾沅《玄妙观志》十二卷，顾沅《韩王祠墓志》六卷、岳岱《阳山志》三卷，凌寿祺《浒墅关志》、顾渭《虎邱志》十卷。又《顾诏禄》廿四卷，又《陆肇域》十卷、王维德《林屋民风》。"

《著砚楼书跋·管子案稿本跋》云："《管子案》残稿一册，存《形势篇》至《四称篇》，为乡前辈丁泳之先生手稿。先生名士涵，清元和庠生，为陈硕甫先生高弟。嗜经籍，藏书甚富，家素封，优游坟典，熟读《周官经》，而于《考工记》一名一物，考订周详。又习读《管子》，以为尹知章注属空谈，刘绩补注亦疏漏，遂遍摭义训，积十余年思力，成《管子注》《管子韵》《管子案》若干卷，硕甫先生为之手定。据《自序》云：'经兵燹仅存《管子案》一书，然亦未得刊行。戴子高先生撰《管子校正》，曾采其说，殊多精义，惜亦鳞爪，未睹全豹也。晚年专治《集韵》，有《集韵校注》一书，属稿已具，未缮清本。闻其稿皆手自签注，不下数十万言。近岁遗书流入吴市，予倾囊收得遗稿如干种，中有《韵》稿数册，惜残蠧不具，无由董理。此《管子案》手稿一束，亦前后残缺，存不及半，幸序文犹在，略具梗概。深惜先生毕生精力，俱随流水，区区断简，虽未饱蟫鱼，余固掇拾装袭，殊惭梼昧，未能为之拾遗补阙，以垂名山耳。箧中尚有先生手校《释名疏证》，征引亦殊精当；他如《类篇》《一切经音义》等，皆手编义类，便于检索，其功力可见一斑矣。"

粉蠹犹新海已干，环灯獭祭校刘安。
鲰生粗有藏山业，故笈聊当死友看。

王秉恩 雪澄

《近代诗钞》："秉恩，字息存，号雪岑，四川华阳人。同治癸酉举人，官广东按察使。"《石遗室诗话》云："雪岑精目录校勘之学，书籍外收藏金石字画甚富。"《华阳县志》："秉恩，字雪澄，退居海上，自号荼龛。"王增祺《诗缘》："秉恩字雪城，有《养云馆诗存》。"

伦明《诗》注："华阳王雪澄观察，王湘绮弟子也。张文襄督学粤东，开广雅书局刻书，君充提调。前后司校勘者，有武进屠敬山师寄、会稽陶心云濬宣、元和王扞郑仁俊、长洲叶鞠裳昌炽诸人，皆一时之彦也。所刻多乙部功用之书，盖文襄雅幕阮文达，文达创学海堂，文襄亦创广雅书院；文达刻解经诸书，文襄则刻考史诸书，不相袭而遥相师也。文襄移鄂，君亦去职，代者但取闽本武英殿聚珍丛书覆刻之，靡数十万金，刻事随辍。宣统中，君卸钦廉道事，重寓粤垣，余始相识。引观所藏古书字画，目不暇给。岁辛酉，重见于沪滨。须发如银，年逾八十矣。所藏尽散，案头惟手校《淮南子》数册，遍上下密行细字，自云一切异本靡不迻录。"云。

《缘督庐日记》癸丑正月廿六日记："至兆丰答王燮巨廉访，寓庐皆高大轩敞。其书满家，雪翁书数十箧，自大门以内，列庋若甬道，自外觇之，木箱充栋，不啻商家之货栈，海市所仅有也。"又五月廿六日记："雪澄来，谈金石，谈校勘，谈贵州莫、郑之学。"

罗振玉《五十日梦痕录》："十三日晨，拜艺风丈，为言《宋会要》徐星伯先生辑本已由王雪澄廉访秉恩许归南浔刘氏，将分类校写付梓，星伯先生所辑乃长编也。又闻廉访旅沪，境况颇艰，廉访与予不相见者十余年矣。劫后闻尚健。春间闻予《殷虚书契考释》成，乃亟访予弟子敬购求之。谓予所著书，其行箧中无不备。老而劬学，至可钦佩。廉访富收藏，近多出以易米，欲往看，以时促不果，乃托知好为致予意。"

徐珂《大受堂札记》："雪岑丈官至广东提法使，初以道员需次岭南，督部张文襄公深器之。时王子展观察亦被倚重，有二王之目。丈嗜读书而吏事不废，精考据目录之学，又收藏金石字画甚富。"

陈夔龙《花近楼诗存八编·亡书叹奉简雪丞》有云："输公目录专长擅，答问渊源溯抱冰。"注云："雪丞长目录之学，为张文襄高足。"

丁福保《畴隐七十自叙》："王雪澂廉访秉恩，老而劬学，收藏甚富。国变后侨寓沪上，近多以书画古铜器易薪米。又以汪刻《汉书》及《五代史》，严铁桥《全上古三代汉魏六朝文》手稿等向余质数千余元。"按：此稿后归叶揆初。

夏敬观《忍古楼诗·赠王雪丞》有句："案食剩三韭，楹书犹五车。十年穷海头，老学颜其庐。铿然校勘砚，杂坐古盘盂。"云云。

张朝墉《半园老人诗集·寿王雪澄》云："山橱大卷拥牛腰，手蘸丹青暮复朝。美政房谋兼杜断，高才苏海并韩潮。日从白社研新句，雪压黄滩梦早潮。钓渭无端师尚父，一竿烟水任逍遥。"《沪上访王息存》云："胡蝶罗浮入梦凉，虚窗白月照丹黄。英雄投老成仙蠹，眠食书丛已十霜。"

则虞案：雪澄室名元尚居，又名明耻堂。藏印有"王雪澄经眼记"朱文方印。

三松筴衍到桐西，精本时时见断题。
一派源头廉让水，四山回绕竹山低。

潘介祉 叔润

叶德辉《正统本事物纪原题记》云："潘叔润介祉，吴县人，潘文勤祖荫族子。喜藏书。余居苏城数年，恒于书肆见其家散出之书，均有印记。曾在友人莫楚生观察棠案上见所藏宋濂《文粹》《续文粹》二书，有其藏印，知所藏秘册古本正不少也。比之前哲，犹钱牧翁之遵王乎！"

《五十万卷楼群书跋文》："《御制纪非录》，此书各家藏书目少见著录，为潘叔润所藏。叔润为吴县文勤公族子，藏书至富，买书时恒见其图记也。"

《著砚楼书跋》："芳椒堂钞本《皇元征缅录》及《女真招捕总录跋》云：'此本旧为吾族桐西书屋藏书，藏印累累可证。桐西书屋者，吾族祖玉笋公讳介祉藏书斋名也。三松堂遗书归公珍弆者为多。身后子姓不知书，斥阅殆尽。近年藏书家著录善本有公藏印者，时有所见。叶鞠裳先生辑《藏书纪事诗》于公未获入录，诚艺林一憾事也。'"

《著砚楼书跋·三松堂书目跋》云："三松堂为五世祖榕皋公斋名。公当清乾嘉之际，优游林泉，藏筴至富。曾与士礼居主人结庐访书，虽无百宋之珍，而精钞名校，所获亦夥，惜是目著录不详，未能悉窥精蕴耳。公遗书，析产后分藏曾伯祖顺之公，暨曾叔祖补之公处。补之公遗筴，传至玉笋叔祖，别署桐西书屋，殊多精本，光绪中即散去。"

藏印有"古吴潘介祉叔润氏收藏印记"十二字朱文篆书大方印、"渊古楼藏书记""叔润藏书"朱文方印、"潘叔润图书记"朱文篆书方印、"潘介祉印"白文篆书方印、"玉笋"朱文方印、"潘印介祉""玉笋""古吴潘元祉叔润氏考藏印记""潘氏渊古楼藏书记"。

太乙虚槎乞药回，白云流水馆庐开。
市门功在高堂上，《月令》篇从《吕览》来。

伍崇曜紫垣

谭莹《紫垣伍公墓志铭》："公讳崇曜，字良辅，号紫垣，广州南海人也。若夫缥囊缃帙，玉轴牙签，夙富储藏，辄同甄录。犹忆命酒春明之宅，征歌野史之亭，相与推求本原，是正得失，搜寻异本，购访原书。咨嗟三箧之亡，珍重一瓻之借。误仍思读，缺亦传钞。编摩三十年，审定各部，抱残守匮，提要钩元。最乐萧闲，远往宛开吟社，总持风雅，后先同付手民。况当浃岁抚夷，弥年助国，合千村而荡寇，定五管而筹兵，不可企已。尝辑《粤雅堂丛书初编》《二编》《三编》，书凡一百八十种刻焉。该而持要，博而不繁，俪左禹锡《学海》之编，轶陶南村《说郛》之辑。以视国朝琴川毛子晋、邬镇鲍廷博，殆如骖之在靳也。又尝辑《岭南遗书》第一集、第二集、第三集、第四集、第五集、第六集，书共六十二种。《粤十三家集》，书共十三种。《楚庭耆旧遗诗》前集、后集、续集，书共七十六卷，均刻焉。以视前明黄才伯、张孟奇、区启图，国朝冯司马、温舍人、罗太学、刘编修、凌茂才等乡先辈所撰。求屑同于买菜，用殆比于积薪已。校刊宋王象之《舆地纪胜》，共书二百卷，则又钱竹汀官詹访求而始获，阮文达师相留贻而仅存者也。原《四库》所未收，合三本以重订。神物之呵护已久，故家之藏庋略殊。若为分明，参互考证，讵留余憾，洵属巨观也。近又自吴门购得国朝海盐张月霄所撰《金文最》原稿，书共一百二十卷。备完颜之掌故，缘巨手所称嗟，未睹琬琰，俄惊玉折。公业缮写足本，剞劂未竣，而乃永忆逝水，同归道山，良可痛惜！哲嗣缵继鸿绪，乐观厥成，仍议开雕，即广流布。且复笃志坟典，鸠阅囊编，即公遗著吉光片羽，剩粉零金，亦拟同刊，免令放失。信斯文之未丧，而盛业其不朽者乎！公年十三，补博士弟子员，旋食廪饩，钦赐举人，候选道，加布政使衔，赏戴花翎，给予头品封典。生于嘉庆庚午年二月初五日，卒于同治癸亥年十月二十二日亥时，年五十有四。"

《广东藏书纪事诗稿》注云："紫垣以洋商起家，搜藏古籍，有《远爱楼书目》，世鲜流传。当日藏书，延玉生为之评别。玉生博考粤中文献，凡粤人著述,代为搜罗,择其罕见者刻之曰《岭南遗书》五十九种,曰《粤十三家集》一百八十卷。选刻近人诗曰《楚庭耆旧遗诗》七十四卷。又博采海内书籍罕见者汇刻之曰《粤雅堂丛书》一百八十种,续刻、三刻尚未计。凡伍氏校刻者二千四百余卷,跋尾二百余篇。"

《以俟录》云:"伍氏之富甲于南海,先是嘉庆间粤东十三行有开怡和号伍姓者,本闽人而居粤。故事,西洋人至广州通商者,必由十三行交易,额定饷银若干,皆由十三行承认。时诸行俱衰落,独伍氏盛。有伍敦元者,为伍之疏族,新从闽中来。伍之家长谓之曰:'汝来颇不幸,未能有以润汝,姑住此可也。'无何。制军阮公以欠饷,故召伍入见,伍惮不敢入,敦元独愿代往。乃入见阮公,公诘欠饷状,敦元曰:'非敢欠饷也,实以商业方疲,而上督饷益急,则力益不支,是官商两困之道也。'公曰:'既如是,免汝家数年饷,好自为之。'敦元归以报,时伍商既屡困有厌倦意,乃悉收故业,而独以商号俾敦元。业大振,约得千万,其子崇曜又营阿芙蓉,富益盛。"云云。又见《南海县志》。

谭莹《粤雅堂记》:"爰于西园修营旧墅,竹洲、花坞,王摩诘之所往来;书库、琴亭,白太傅于焉啸咏。洞房连闼,半郭半郊,傍山带江,饶水富竹,构斯堂而榜曰粤雅焉。盖紫垣自此远矣!文史足用,耆好弥专,遍收四部图书,尤重此邦文献。莹原惭学圃,惯诣墨庄,曾为搜罗,实襄雠校。所刻《岭南遗书》第一集、第二集、第三集,共若干卷。通儒所构,坠绪仅存,不同小说家言,宜仿丛书类例者也。所刻《粤十三家集》,共若干卷,或异代孤忠,或胜朝遗老,名流之别集,曾炳日星;先达之完书,惨遭兵燹者也。复辑《楚庭耆旧遗诗》前集、后集、续集,共若干卷,刻焉。文园病肺,空传封禅之书;长吉呕心,仅著恼公之作。弥增怆恨,特使流闻者也。复辑《粤贤丛书稿》,共若干卷,刻焉。编珰截贝,依然照乘之光;剩粉零香,或吊倾城之殉。何当抛弃,仍欲护持者也。补阙裨残,收之集逸。累朝文在,表彰端赖昭明;历代史繁,商榷总由司马。芟芜刈楚,肯致梨灾;掩体埋胔,未如檀施。光灵不閟,鬼神报以吉祥;准的无愆,人物叹宜宗主者也。然则紫垣之功,黄才伯、张园公且逊之;紫垣之学,罗上舍、温中翰转愧之矣。说者谓粤雅名堂纪实也,亦执谦也。"

《广州杂咏》云:"粤东经学昌明创于阮伯元,导于曾勉士。勉士老于秋闱,凡二十一入,不售。时程侍郎春海典试粤东,阮芸台小门生也,当道必欲以亮卷中,勉士入闱日,吐泻大作,不能步履。场中遍索勉士卷,不获。试毕,程闻之曰:'一举尚有命也。前辈其不能为小门生之门生乎?'秋闱撤后,程侍郎大谯粤中诸老辈于白云山蒲涧之云泉山馆。席间侍郎喟然长叹曰:'予略解皇极经世之学，天下将大乱。'环顾在座曰：'皆不及见。能眼见者其谭玉生一人乎！'玉生，谭莹字也，年最少，故此诗及之。"

谁悟三元谶海山，遂初市隐本来难。
散家破宅无尤物，千版红梨一牡丹。

潘仕诚 德畬

《广东藏书纪事诗》注："潘仕诚，字德畬，番禺人。道光间盐筴致富，以副贡捐输，钦赐举人，官至两广盐运使。潘氏收藏名与伍氏埒，在广州筑海山仙馆。其门外楹联云：'海上神山，仙人旧馆。'集句天成，盖为德畬长子篯伯所撰。海山仙馆收藏书画古物甚富，刻有《海山仙馆丛书》五十六种，皆当时所藏珍本也。"

《广州杂咏》自注云："潘仕诚，先闽人，乾嘉时流寓广州，以盐商起家，积资近千万。仕诚生三子，长举孝廉，纳捐郎中，尚能嗣其家。次三皆纨绔。会长子赴春闱死京都，时广西盐务捐资四百万，他地无多亏折，欠官项颇巨。仕诚计赔偿国帑外，家资尚存数百万，又鉴于长子已故，毅然呈请两广总督查抄。当潘氏全盛时，筑名园于黄沙，池亭台榭，花木山石，一一仿红楼梦之大观园。园成，祈乩仙判园名，仙锡以'海山仙馆'四字，时寿阳祁相国任广督，为书园额。查抄后，海山仙馆没入官，园大无人购，由官抽签拍卖，每票三元。粤人始悟乩仙锡名，隐寓来日破家每人出三元购园之征兆也。盖'海'字右三，左每，"山"与"仙"字之右连贯为出，'仙'字右从人，馆者官舍也。适合每人出三官舍义。仕诚筑园其中，广置姬妾，依红楼梦人数，安置于各亭馆。名墨牡丹者，尤宠幸。当请查抄呈文缮就之时，甚秘密，惟墨牡丹略得消息。一日仕诚坐大厅，尽呼姬妾辈年少无子者来厅事听话，墨牡丹知有变，裹所有金玉出。仕诚先唤各姬妾父母至，宣告散家，人给一千两，当场由家属领归择配，不得回房。仅墨牡丹腰缠十万，案日选婿，嫁一诚实商伙，豪商大贾求婚者弗当意也。祁相国为书额时，力劝仕诚搜刻佳本，故潘氏所刻《海山仙馆丛书》《岭南丛书》《海山仙馆贞隐园法帖》之属，搜罗最富，多属善本。任选择校刊者为侯康、曾钊、陈澧、谭莹，皆一时知名之士。"云。

则虞案：海山仙馆所刻书版，禁烟一役，外兵陷粤城，板片均为法人所获，与军用品物随船西运，陈于巴黎博物馆矣。相传每人出银钱三枚，满额后即开彩，为香山一蒙师所得。恣意挥霍，全园不能即售，则零碎折售，未一二载，全园已犁为田，蒙师亦死矣。又潘刻之《佩文韵府》板，则抵与山西某票号云。

南海李仕良辅庭《狷夏堂诗集》有《过海山仙馆遗址》云："我步西城西，野花纷簇路。遗址认山庄，旧是探幽处。主人方豪雄，百万讵回顾。买得天一隅，结构亭台护。流霞绛雪堂，金碧纷无数。佳气郁葱哉，森然簇嘉树。插架汉唐书，嵌壁宋元字。沉沉油幕垂，曲曲朱栏互。时有坠钗横，罗绮姬姜妒。此乐信神仙，高拥烟云住。祸福忽相乘，转瞬不如故。高明鬼瞰来，翻覆人情负。此地亦偿官，冷落凭谁诉。树影尚离披，泉声仍潆溯。孰是孔翠亭？孰是瘗鹤墓？可怜坏道中，故物文塔具。吁嗟复吁嗟！消息畴能悟。席草吊荒凉，徘徊秋水渡。客曰盍归来，夕阳天欲暮。孤影陡惊人，稻田起飞鹭。"

卷六

抗廷只手挽银河，三疏风雷激逝波。
不怪岩花朱鸟啄，富春一角夕阳多。

袁昶 爽秋

《清史稿》本传："袁昶字爽秋，桐庐人。从刘熙载读，博通掌故。光绪二年进士，授户部主事，充总理各国事务衙门章京。十八年，以员外郎出任徽、宁、池、太广道。扩中江书院斋舍，课以实学。建尊经阁，购书数万卷。二十四年，迁陕西按察使，未到官，擢江宁布政使，调直隶。未几，内召，以三品京堂在总理衙门行走，授光禄寺卿，转太常寺卿。时义和团起，昶与许景澄陈奏皆慷慨，与景澄合上第三疏，严劾酿乱大臣，未及奏，已被祸，追谥忠节。江南人祀之芜湖。昶尝慨士鲜实学，辑农、桑、兵、医、舆地、治术、掌故诸书，为《渐西村丛刻》。"

《毗邪台山散人日记》云："予素有买书之癖，二十年橐笔俸泉，大半耗于油素，插架虽不能富，心力却悴于此。一日昼寝，微闻两小儿切切私议，一云：'因心立事，何用书册，尽斥卖之何如？'一云：'惟六经有用，留着熟读，余卖之不妨。'予闻而惊起，既徐思之，一欲学捐书绝学之卢行者，胸无一物，但转经不欲被经转；一欲学董大夫，诸不在六艺之科绝其术，勿使并进。予思之亦颇具大解脱法，辛苦聚书何为？遂从此不置书。"

又记云："往客杭州，榜所居云：'田园一蚊睫，书卷百牛腰。'当归草堂主人见而喜之，手抄属人作擘窠字题其门。盖主人所居地名田家园，而藏书金石极富，甲于浙中，几突过天一阁、澹生堂。主人嗜好殊俗，仆性刚才拙，与物多忤。主人独嗜痂与予雅故也。顷奉书乞为予购田家园左近老屋三四楹，以践他日卜邻借书之约。癸辛，老人预买弁阳之水竹，颖滨遗老亦过嵩麓，以编茅且看机缘，若何敢期息壤在彼。"

则虞案：《毗邪台山散人日记》，无卷数，自丁卯至丁酉止，底稿未刊。则虞亲见其书，刺取其有关吾皖者撰文交安徽科学研究所历史研究室。其书极芜杂，越缦称其学，吾勿能信，南皮挽诗有"双井半山君一手，伤哉斜日广陵琴"之语，其诗实足称也。又其子袁允棣为太常，《袁公事略》一卷，光绪乙巳石印。又闻爽秋有《袁氏艺文金石录》二卷，上卷记艺文，下卷记金石。或云非其自著。

《永慕堂藏籍目录》，分为十有三门。按：藏书分目后屡有更改，姑并存以俟参订，删存或可并存之，以见随时增改之意当否。总目十三，子目待斠。群经训故之学（起西京一大宗）；群经义理之学（北宋一大宗，不关经义者不录）；保氏六艺之学；史科；历代史志（私淑一门不在此例，盖秘之枕中耳）；会要三通之学（《玉海》亦入，谱学乃小宗）；九流；金石（不必购碑帖，单买全文以省货费）；地志之学；辞章之学；二氏皇朝掌故之学；艺余（书画词琴家，类书可资识小亦入焉）；西术（外藩名书）。

永慕堂编架上书目次（乙酉春草拟），不用荀勖、王俭以下旧式，仍窃取六略之义。

甲、义理类（孔门德行科之流裔，凡撢精义理者须从训故出，则不流于空疏犷悍）；六艺（《易》智、《书》义、《乐》仁、《礼》礼、《诗》信也，礼乐，所以养吾心之仁也，射御所以养吾身之勇也，六书九数所以养吾心之智也），小学（参用《管子弟子职》、班固、朱子之意），医家言（摄生宗旨，源于阴阳五行。孔子慎疾，食不语，寝不言。曾子临深履薄，孝之志也。九容九思，皆所以约束人之筋骸，坚固人之腠理，以凝所受之命也。《易·颐象》戒病从口入，《损象》以惩忿窒欲，医莫精于此矣）。

乙、词章类（行义充实，不可以已，于是乎可从事古人立言之业。孔门言语科之流裔。《乐》由《易》出，和而有物。由静之动，义蕴以宣。凡有声皆阳气，被于金石而为乐，书之竹帛而为言，皆阳气之节宣者也）；古文诗辞，金石。

丙、经济类（孔门政事科之流裔。以义礼为主，其为体圆而神）；历代史（记事本末，大事记，年表为纲，记传、编年二家为目），记事本末（先侍郎旧业也，后有贤子孙应为笺注以证明之），本朝掌故（亦宜分门删要钞之），政书（三《通》及五《礼》通考之属，河漕、盐、茶、耕、桑、牧、矿诸政）兵书（军法、军制、陈图、制器）；九流（道、法、名、墨、阴阳、农诸家，皆关治世之术），舆地（有图、有考），西洋制造、耕织诸学。

丁、考证类（孔门文学科之流裔。须根极于训故、义理，非是者慎勿徒劳心目。载籍所以益人神智，一文句有一文句之用，若不致其用而徒受困于文句，入而不能出，博溺心，辨丧志，是自汩其神志也，亦奚取载籍为）。艺术，附类书、丛编。

少孤多病，早违义方。游学南北，窃食橡曹。婷婴世故，苟活视息，非其好也。虽癖好竹素，然心力疲茶，不能识大，惟思明小。爰排比所奔，挈其指要。如能割彼日力，意将从事于斯。若夫投老归心，则欲窃取颜黄门之义，以为老子贵啬，啬内神于清虚；释氏主舍，舍外物之凝滞。倘能栖真二术，差可颐神引年，自适己事矣乎！此室中向壁率臆之谈，殆不敢与外人语也。"

则虞案：后又分为十八部，不及分十三类者为当。文繁未录。又有手订《芜湖尊经阁藏书章程》，有刻本，故不载。《毗邪台山散人日记》，北京图书馆（即今国家图书馆）有钞本，讹误太甚。余别见钞本较佳，惜残缺逾半。其子道冲，居青岛，余至青岛访之，已无人知之。

《渐西村人集·题藏书目后》："益人神智仗何物，心不离书神不索。伴我扁舟吴越行，漠漠江云信寥廓。""倦客长怀十九泉，瀹茶烧笋自年年。洞天花发盍归去，却扫焚香便得仙。"

增补：《渐西村舍丛书》中有《永慕堂藏书碑版目》六卷。

《安般簃诗》："复葺书斋，整理书架，连日劳倦，拈笔戏述云：'薄宦半百生，无长物自慰。吏役失真性，清俸偿痛痹。大半耗买书，丛残吾所贵。寒令妻孥嗔，饱每鱼鼠乞。'"

《晚晴簃诗汇》："袁昶字重黎，号爽秋。有《渐西村人集》。《诗话》：忠节久在译署，周知四国庚子之变，以不附和权贵，直言触忌，仓猝被祸，中外嗟惜。平生博极群书，出入仙释，其诗意新味古，兀傲自喜，殆如其人。世传爽秋本姓某氏，为袁某之养子，故以袁为姓。"

《越缦堂日记》光绪元年四月十八日记："袁爽秋多闻善记诵。"

又光绪七年六月二日记："爽秋以近文相商，其雅材好博，固一时难能之士，不可得也。"

《缘督庐日记》光绪十六年八月十一日记："袁爽秋赠所著《渐西村人诗三笔》，精清旷朗，不着尘氛。在宋人集中于涪陵为近。又爽秋背诵杜诗如瓶泻水，记闻真不可及。"

《越缦堂日记》光绪二十六年十月廿六日记："爽秋二子衰绖踵门，谈次不忘家学，爽秋为不死矣。云：藏书百余箱，当致命时尽为乱军所劫。由内达外，门窗洞然。"

藏印有"袁昶之印""爽秋""袁爽秋读书"。

少年目录早名家，校刊丛残老岁华。
只惜书传津逮绝，此身恨不属乾嘉。

缪荃孙 筱珊

夏孙桐《缪艺风先生行状》："先生讳荃孙，字炎之，一字筱珊，晚号艺风。江阴缪氏。咸丰庚申，先生奉母渡江避乱，居淮安，肄业丽正书院，从院长丁俭卿受经学、小学。观察公游蜀，遂至成都，时先生二十有一。从阳湖汤秋史研究文史，始为考订之学。应试获举，改归原籍。先后入将军崇文勤公、川东道姚彦士方伯幕。遍历诸郡，搜拓石刻，始为金石之学。张文襄公视蜀学，执贽门下，为撰《书目答问》，始为目录之学。光绪丙子，恩科成进士，改庶吉士，散馆授编修。在馆殚心著述，暇即涉海王村书肆，访异本，典衣购取。知交通假，钞校考订，日益博通。历充国史馆纂修总纂、京察一等。吴县潘文勤为国史总裁，疏请编辑《儒林》《文苑》诸传。历主南菁、泺源、钟山书院，嗣领江楚编译书局，复创江南图书馆事。时江浙藏书家瞿、陆、丁，号为鼎足。陆氏书为日本购出，丁氏中落，急以七万金购藏之，今图书馆美富以江南冠。宣统纪元，奏充京师图书馆正监督。内阁大库检出元明旧帙，其中宋本犹为元师平宋时由临安秘阁所收，有自来藏书家所未睹。集刻为《宋元本留真谱》。卜居沪上，吴兴刘翰怡、张石铭裒集丛书，咸向就正。武进盛氏自建图书馆，亦请编书目。甲寅，清史馆开，聘为总纂。《儒林》《文苑》《孝友》《隐逸传》脱稿，又成《土司传》《明遗臣传》。卒于上海，年七十有六。先生目录之学，贯串古今，尤慕士礼居黄氏。早年助潘文勤公搜辑黄氏题跋，编刻行世。续得者江建霞、邓秋湄分为刻印。后复有得，经章式之、吴印丞两君荟萃诸本，各将所得增入，合为一编，晚乃索稿刊成。海内藏书瞿、杨、丁、陆诸家皆至契，互通借阅，资以钞校。自编《藏书记》《续记》及《再续记》，秘籍孤稿，以力薄不能多刊。每贻同志好事者，如张文襄、王葵园、刘聚卿、刘翰怡诸人。所刻丛编每有赞助。盛愚斋刻《常州先哲遗书》，则全出先生藏本，编校亦一手所成。

其著述已刻者：《艺风堂文集》八卷、《续集》八卷、《辛壬稿》三卷、《乙丁稿》五卷、《金石目》十八卷、《读书记》四卷、《藏书记》八卷、《续藏书记》八卷、《辽文存》六卷、《续国朝碑传集》八十六卷、《常州词录》三十一卷。

所编刻丛书：《云自在龛丛书》五集共十九种、《对雨楼丛书》五卷、《藕香零拾》三十八种、《烟画东堂小品》十二种。身后未十年，藏书已散。'

《郋园藏书志》云："缪艺风太夫子吴中文献，海内灵光，一字一珠，皆可宝贵。平生流传古籍如所刻《云自在龛丛书》《藕香零拾》之类，久已传诵，艺林奉为拱璧。晚遭鼎革，力不能支，则以秘笈分传友人，同时刊布，与吾借瓻之使，终日在途。剩馥残膏，沾溉无尽。每慨往年宗室伯羲祭酒盛昱、徐榾生师傅坊酷，如异书，力能奔走坊估。迄今人琴俱亡，无异秦火浩劫，以视太夫子高风盛神，不诚有天堂地狱之分耶！"

伦明《诗》注："江阴缪筱珊先生荃孙为近代大目录家。张之洞《书目答问》乃先生代作。据年谱则作于二十四岁时也，颇疑先生早岁从宦川、滇，地既偏僻，又乏师承，何能博识若此。陈慈首云：'是盖江阴一老贡生所作，先生得其稿本，又与张之洞共参酌成者。'慈首尝令江阴，所言或有据。此书津逮艺林，至今治学者无以易之，功亦大矣！而先生一生以书为事业，实肇于此。《艺风堂藏书记》八卷，又《续记》八卷，前记皆古本，续记间有近人著作。余最爱者为所藏近代名人未刊稿本，及已刊而罕见之单本。译中不尽载也。自鲍氏知不足斋后藏书家皆知刻书，然如陆氏十万卷楼所刻皆古本，丁氏嘉惠堂虽不皆属古本，而限于一地。先生刻书最多，其自刻者若《云自在龛丛书》《藕香零拾》《烟画东堂小品》《古学汇刊》《常州骈体文录》《词录》等。代人刻者若盛氏《常州往哲遗书初、二集》、刘氏《聚学轩丛书》《端匋斋东坡七隽》等，大抵偏于近代。"

《诗》注又云："筱珊先生子子寿名禄保，己未岁以所藏书售之上海古书流通处。所余钞校本及刻本之罕见者尚不少，并家稿携之入都，年来零售略尽，并先生自撰《五代史方镇表》亦售与北京大学。惟先生有晚年日记三巨册，尝见之邓文如许，多记版本及他轶闻。子寿云遗命不许刊行者也。"

陈衍《艺风同年七十六岁双寿诗》六十韵："江阴有一老，儒林真丈人。著述为性命，何止高等身。德清与长沙，鼎足差比伦。顺德与南皮，师承当世贤。目录金石学，嗜好遂津津。通籍居史职，掌故遍讨论。置身想乾嘉，过眼见汉秦。百城渐坐拥，《七略》方精妍。丁、陆与瞿、杨，骎骎欲随肩。积为《藏书记》，沾溉殊纷纶。"

又云："碑碣钟鼎彝，版本宋元明，熟若数家珍，悉若躬雕镌。朱、吴、翁、钱、王，毕、阮、严、武、孙。何、卢暨顾、黄，吴骞及陈鳣。凡此诸老翁，一人汇其全。"又云："过从登君楼，书床连屋椽。据案坐当中，手中日丹铅。"云云。

又《挽筱珊先生》有句云："书种真将绝，斯人不慭遗。"

夏敬观《忍古楼诗·题缪筱珊遗墨诗》云："家法黄荛圃，乡评何义门。流传遂陈迹，才性要深论。插架成昭穆，量珠付子孙。一瓻曾我借，追忆虱同扪。"

《缘督庐日记》丙辰八月五日记："艺风以精椠易米，翰怡持目见示。宋本十四种，索直二万元，不敢赞一辞。"

《一澂研斋笔记》："某太史艺风楼家藏最盛时，即在吾郡颜料坊汪氏绛云楼旧宅前，今为夏晦民所居。楼在宅东，三楹。楼前略有花木点缀。辛亥以后，艺风书籍悉数移上海，未几，遂将宅居转售他人矣。太史自鼎革后，寂居寡欢，而年事已近七十。有子并不能守书，迨其身后，悉数卖出。奇想天开，以重金雇直隶名工织氍毹，思欲贩之欧西人，以谋重利。计定如法泡制，在上海立工厂，织工数十人，氍毹织成，形色甚多。陈列厂中，欧西人视若无睹焉，或稍稍购一二，事去而未尝再来。不下年余，亏累数万金。艺风所藏，扫地殆尽。太史有知，能无悔乎！"

又："缪小山作《书目答问》，原稿别有名，便塾中师弟翻检。张文襄欲有此书，以为启发之资。缪乃献稿，重加删削，改为今名。孰知不啻为书估作《册府元龟》也。"

《双鉴楼藏书续记·盐铁论题跋》："艺风老人晚岁侨居上海时，鬻去储籍，为刊书之资。宋元善本多归刘翰怡、张石铭两家，余亦往往得其一二。老人殁后，遗书为杭估陈立炎以三万金捆载入市。其中精善小品，子寿公子挟之入燕。余所见者，有元本《尔雅》，为平水进德斋刊；元本《吴渊颖集》，为宋璲手写付刊；元本《伯生诗续编》，以行书上版。咸为友人分携以去。"

则虞案：章氏四当斋藏艺风所为《词小说谱录目录目》一卷，钞本，艺风编藏，惜未见其书。又艺风手稿《云自在堪随笔》，曾藏周越然处。《缪氏艺风堂所藏书籍目录》有油印本。缪氏藏地理目，南通图书馆藏有钞本。近见艺风手钞账本书目二本，盖买书时零星所记，无足取也。缪氏又有《琉璃厂书肆后记》。余见藕香簃钞本《绛云楼书目》四卷，密校到底。李木斋藏有《江阴缪氏藏书目》一卷，稿本。艺风诗又有《题竹垞图》，句云："著书翻是还家乐，我亦归田七品官。"另《西谛书目》有《缪荃孙校刻书目》一卷，活字本。余闻老辈云，艺风堂名重士林，而其实窃书最甚。当敦煌唐人写经初入净业湖图书馆时，以艺风窃攘者最多。迨夏穗卿主馆，乃逐卷编号，记载广阔高低之尺度及字数、经名，始得保全。其子禄保，辛亥后在大理院充书记官，一纨绔子弟耳。惟唱京戏，学谭叫天颇肖，此外一无所知。书售去后，不三年即荡然。艺风庚申故后，其藏书以二万五千元售诸上海古书流通处，佳本入涵芬楼者亦多。金石拓片以一万二千元归北京大学研究所。

刘声木《苌楚斋随笔》云："日本岛田翰撰《皕宋楼藏书源流考》一卷，目藏书为不祥之物，子孙若不能读，论斤出售，视如粪土。言之惊心动魂。予在沪购得兴化李审言茂才详所撰《愧生丛录》二卷，宣统元年八月刊本。当时以一帙赠江阴缪筱珊太史，尚有审言茂才赠书一信夹入卷中。太史病故上海，未逾年艺风堂藏书全数为古书流通处贾人陈笠岩所得，《愧生丛录》又展转为余所得，茂才一信纸墨如新，书乃易姓。乃叹岛田之言不为无见也。"

藏印有："艺风审定""江阴缪荃孙字炎之""艺风堂藏书""云轮阁""江阴缪氏藏书"朱文长方章、"云自在堪""荃孙"。

增补：藏印还有"缪荃孙藏""荃孙所得金石""荃孙读过""江阴缪荃孙藏书处""曾经艺风勘读""小珊""小珊三十年精力所聚"。

烽火遗黎缒出城，暮年差喜刊编成。
遥知科甲成摇落，先筑书厨教后生。

杨文莹 雪渔

杨文莹字雪渔，钱塘人。光绪三年进士，授编修。既通籍，有声词馆，充湖南考官，寻督贵州学政。任满假归，遂不复出。主学海堂及养正书塾甚久。谭献为序其诗。

吴昌绶《松邻遗集·丰华堂藏书记》："有清一代，杭州藏书家首称赵氏小山堂谷林、意林，母夫人为山阴祁氏甥。及见澹生堂遗籍，渊源有自。同时吾家绣谷亭相与颉颃。尺凫老人既成《薰习录》，瓯亭翁多有续藏元本，其后与孙氏、汪氏、鲍氏同预七阁征书之役。至道咸间，则汪氏振绮堂、瞿氏清吟阁并富收藏，经兵燹荡无孑遗。丁竹舟松生昆弟，于煨烬中掇拾捆载，乱定益事搜集，远近闻风皆归之。于是嘉惠堂之所储，卓然为吾郡冠。钞补文澜阁书，庋其副于家。又尽搜《四库存目》与未收及后出之本，意在大备群籍，视世之专矜古刻资玩赏者，其道为尊。世局日变，诸老宿且丧尽，子弟昏憒不知爱护，海客肆估复挟重资以歆动之。浙东西故家如鄞范氏、卢氏，归安姚氏、陆氏，其书先后散，流转市间，甚或因缘为奸利。丁氏亦遂罄所藏，其归南北图书馆者什不逮三四。吾侪士友间收剩帙，辄相与摩挲太息。缪艺风先生序《丁氏藏书志》谓其所长，一在收晚明人之著述，一在选乡先辈之丛残，今殆无复存矣。

杨子剑星承先德雪渔太史丈世学，雅好聚书，家风儒素，节衣缩食，求之者逾二十年。即居宅东偏辟屋五楹，榜曰丰华堂。堂中积书已充栋，力所能致者靡有遗。顷客京师，间以语昌绶，窃佩其用心之专。艺风所称美丁氏者，今将以期吾剑星。剑星虽旅食，顾勤力于是，将穷岁月积累而未有竟，隐然绍杭州先哲之流风余绪，其所系不綦重哉！"

则虞案：咸丰辛酉，杨家全家丧没，雪渔太史方在髫年，一老仆负之，缒城而出。后归杭城，在宗文义塾读书。宗文义塾者，杭州士绅捐款所立之书塾，专教幼童，与敷文、崇文、紫阳三书院之教成年人者有别。贫寒子弟，得在塾读书，例以青矜。后离塾。袁爽秋亦此中出身也。雪渔通籍后，只任贵州学政。戊戌后,创办杭州养正书塾,以旧圆通寺为址,逐寺僧而改建者,专教幼童。除文史外,并习英文、理、化,亦与当时同建之求是书院,专教成人者有别。求是书院者,即后来之浙江大学;养正书塾,即后来杭州府之中学堂也。其子名复,字见心,印丞文中"剑星"之称,以其同音耳。

采辑风诗末世传，传人诗史满乡关。
玄珠求得《水经注》，心血劬劳补谢山。

董沛孟如

董缙祺《董府君行状》："府君讳沛，字孟如，号觉轩。十九补博士弟子，逾年补增生。泛滥四部，遍读家藏书，复求之同县烟屿楼徐氏、抱经楼卢氏、天一阁范氏。继至杭州，借文澜阁书阅之。同治丁卯，举本省乡试。光绪丁丑成进士，以知县分发江西，充《江西通志》协辑官。摄清江东乡，真除建昌县事。府君将归，令家人辟园地筑屋三楹，颜曰六一山房。既至，聚书五万卷，坐卧其中。全谢山七校《水经注》原本为有力者窃据，乃搜求底稿校勘付梓。所著有《明州系年录》七卷、《两浙令长考》三卷、《甬上宋元诗略》十六卷、《韩诗笺》六卷、《周礼职方解》十二卷、《唐书方镇表考证》二十卷、《竹书纪年拾遗》六卷、《甬上明诗略》二十四卷、《甬上诗话》十六卷、《六一山房诗集正续》凡二十卷、《正谊堂文集》凡二十四卷、《外集》十卷。"

《雪桥诗话》："同治间董沛觉轩遍读家藏书，复求之同县烟屿楼徐氏、抱经楼卢氏、天一阁范氏，继至杭州借文澜阁书阅之。辑《甬上宋元诗略》十六卷。采诸先辈之诗各注所出，凡二百八十余人，较《果堂耆旧录》宋元两代多至八倍。《甬上明诗略》二十四卷，本李氏全书而别采他书附益之。《甬上诗话》十六卷，亦采诸家之书间附己说。光绪辛卯，潘峄琴学使读阮文达《两浙**輶**轩录》，觉轩辑四明嘉道后诗凡九百余人上之，以局于卷帙，因复辑国初至今别为《四明诗》，以益前后《**輶**轩录》所未备。可谓勤矣。"

则虞案：董氏刻书以张津《四明图经》为名贵。《四库提要》《宝庆》《开庆》二志皆著录，而云乾道中张津所纂《图经》已不传；《宋史·艺文志》张津《图经》十二卷；《直斋书录解题》谓州县图经皆已散亡。余家所藏惟有苏、越、黄三州耳。宋人不得见者，董氏得刻而传之。或云烟屿所刻。

藏印有"六一山房藏书"朱文方印、"鄞六一山房董氏藏书"朱文方印、"觉轩"朱文小印、"六一山房珍藏"朱文方印、"六一山房董氏珍藏之印"朱文方印、"鄞六一山房珍藏书画印"朱文方印、"月湖"长白文方印。

江国兰苕瘁早芳，玉棺不照髻边霜。
可人自有绵绵理，宁恃驹光较短长。

周銮诏荟生　张培源江亭　吴慈培佩伯

《艺风藏书记缘起》云："通籍后供职十六年，搜罗群籍，考订版片，迩时谈收藏者，潘吴县师、翁常熟师、张南皮师、周荟生编修，互出所藏以相考订。"云云。

又《读书记·扁鹊仓公传题跋》云："此吾同衙门周荟生手书。荟生年少有才，无所不好。年廿七即殁，所藏遂星散矣。"

《郋园读书志·三国史辨误题记》云："有'周銮诏印'四字白文方印，则永明周惠生编修也。编修早故，其兄笠樵舍人铣诏亦物化，遗书散出。"云云。

秦更年《婴闇书跋》："曩宁乡钱潜山次郇语余云：季譻早慧，年十五以贡入京师。时有伶人十三旦者，名噪中外，一时以十五贡、十三旦并称，传为佳话。四年丁丑成进士，官编修。至典粤试之明年，一病遂不起，年才二十有七。近数年来，金石书籍亦时流转于庙集冷摊矣。"

盛伯羲《郁华阁诗集·答周荟生同年即题蝎蜂斋壁》："安排鸡犬置琴书，草草瓜牛亦结庐。尽有枋榆容斥鷃，颇闻钟鼓祀爰居。扫除一室知吾分，商略千秋傥尔如。近局招邀休厌数，百年能得几轩渠。"

《平湖县志》："张培源字江亭，号莼香。父重芳能诗，著《晚阁集》。培源深得家学，好书，购宋元精刻积数千卷，藏一楼，寝食其中。体虽羸，吟哦不辍。卒年二十有六。著《吟香诗集》四卷。"

慈培字佩伯，别字偶能，云南保山人。炳子，杨士骧婿。直隶候补道员。好学问，富收藏书籍，精校勘。景写宋本书尤精雅。民国初年寓津、沽，与傅沅叔、邓孝先、章式之游，所见尤富。殁年甫三十。其手校及摹写各书皆付藏园老人为之庋存，其校订两《汉纪》致力最勤，唐诗亦多校本。

《藏园群书题记·校汉纪书后》云："壬癸之间，余蛰居海滨，与保山吴佩伯慈培互结丹铅之约，邮筒往还，殆无虚日。佩伯笃嗜古籍，尤致力于荀氏书，曾举正德、嘉靖、万历三本互相校勘。又取《汉书》《通鉴》疏通证明。眉端细字，烂若繁星。尝恨古刻旧钞不可得见，无从是正其得失。余归自虞山，因以手摹首叶贻之，欣怿无似。佩伯殁后，其手校诸书，遗言郑重相付。今得荛圃校本，乃检佩伯所勘比类观览，其卷中致疑各条，黄校皆一一为之补完。知其精心锐讨，所得独深，于古人遂多闇合。"

《群碧楼善本书录·李涪刊误题识》云："亡友吴佩伯君曾影写一本，存沅叔双鉴楼中。"云云。又元刻本《道园学古录》题云："亡友保山吴佩伯慈培自辛亥迄甲寅五年中，酷嗜古书，尤工影写。余时避地津门，往还鉴定，几无虚日。一日，沪估寄此书一二叶来，且言曰：'是书世人多以明刻为元刻，鱼目混珠，不可不辨。'佩伯亟趋余所，展此书对看，谓余曰：'是真元刻，而印手过于沪所寄者，可宝也。'佩伯后于乙卯冬以瘵疾卒，年甫三十。"

《寒瘦山房鬻存善本书目》：《华阳国志》钞本后有庚戌正月慈培识语。又明刻本《史通》有壬子六日偶能题识。

《四当斋藏书目·庄子集释跋》云："据保山吴偶能校宋本、傅校沈宝砚本校正文、郭注，以备参证。"

词华赋笔妙无伦，向敏心期六籍亲。
入室故寮同一哭，金蛇又是厄经神。

王颂蔚芾卿　**王同愈**胜之

《清史稿·文苑传》："王颂蔚字芾卿，长洲人。光绪五年进士，选庶吉士。吴县潘祖荫、常熟翁同龢皆称颂蔚才。散馆，改官户部，补军机章京。暇辄从事著述。尝于方略馆故纸堆中见殿版初印《明史》残本，眉上粘有黄签，审为乾隆朝拟撰考证未竟之本。因多方搜求，逐条厘订，芟其繁冗，采其精要，成《明史考证捃逸》四十余卷。"

叶昌炽《王君墓志铭》："所著《写礼廎诗集》《文集》《读碑记》《古书经眼录》各一卷。又以昭代朴学度越宋明，六经皆有义疏，《周官》为历朝典章制度所出，独无专书，尝诣昌炽商榷义类，发凡起例，先为长编。簿书填委，未遑辍简。在方略馆得殿板初印《明史》，上粘黄签，审为乾隆朝敕校未蒇之本。君从故纸堆中拂拭而出之，删其芜冗，撮其精要，成《考证捃逸》四十二卷。君精力绝人，博闻强识，王伯申、钱晓征之流亚。天假之年，名山之业，岂胜最录，而礼堂写定之本止此。"

《缘督庐日记》光绪二年正月十七日记："芾卿近治三《礼》，发宏愿欲为《周礼正义》，以其精力，当可践言也。"

又光绪四年正月二十八记："访绂卿，相约辑古乙部书，充二人之力，积十年之功，可略得其端绪矣。"

又光绪十七年正月九日记："蒿隐示《藏书纪事诗序》，约同游厂肆。"

《晚晴簃诗汇》："王颂蔚与叶鞠裳同受训诂之学于潘郑侯。吴中学者王、叶齐名，翁文恭、潘文勤雅重芾卿，与文勤为中表戚，顾于谭学问外，绝不干以私事。散馆改官，意泊如也。甲午中日之役，多所建议。次年和议成，悲愤累月，遽以疾殁。平生致力最勤者则为《周官义疏》，惜未成书。余如金石、目录皆有著述。讨思渊密，雅善长篇。"

则虞案：其题丁松生《文澜归书图》七古甚遒。

袁昶《毗邪台山散人日记》云："王蒿隐枢部先生病逝，大农翁公于度支大

堂哭云：'天祝予！天祝予！蒿隐国之良也，今岂复有斯人乎？'

苾卿又有《写礼庼遗词》，其子季烈刊之，有跋在《螾庐未定稿》。苾卿所作《藏书纪事诗序》及鞠裳所为《王君墓志铭》手迹俱在，季烈有题跋。"

又季烈《先考资政公事略》有云："府君殁后之三年，《敬时遗著》四卷校录付梓。《周礼义疏》则府君未成之稿，尚难写定。"云云。

王同愈字胜之，号栩缘，江苏元和人。光绪己丑进士。入翰林，官湖北学政、江西提学使。邃于金石目录之学，又工书画，所藏以宋椠《五臣注文选》为最精。著有《群籍书画题记》。叶景葵有《题栩缘老人墨迹文》。

则虞案：余见栩缘所藏宋范致明《岳阳风土记》钞本，书衣墨污。就墨渍所至，绘《岳阳楼图》，帆樯无数，亦殊别致。

人海藏庐键不开，奇文原自乱中来。
一生臧否成孤愤，欲杀翻怜有此才。

李慈铭 爱伯

《清史稿·文苑传》："李慈铭字爱伯，会稽人。诸生，入赀为户部郎中。至都，即以诗文名于时。大学士周祖培、尚书潘祖荫引为上客。光绪六年成进士，归本班，改御史。慈铭为文，沈博绝丽，诗尤工，自成一家。性狷介，又口多雌黄。服其学者好之，憎其口者恶之。日有课记。著有《越缦堂文》十卷、《白华绛跗阁诗》十卷、《词》二卷，又《日记》数十册。"

则虞案：《词》名《椒川花隐词》。另有《萝庵游赏小志》一卷，《越缦堂日记》六十余册。

平步青撰《墓志》云："君初名模，字式侯，后更名慈铭，字爱伯，号莼客。君才望倾朝右，独键户读书，非其人不为通，经年不一诣署。戍削善病，独居感愤，琐琐不自得。甲午冬卒，年六十有六。"

则虞案：袁昶《安般簃诗·晦日怀辰客》注云："莼客自云辰日生，其家沿六朝人寄养之称呼之，后乃更上一字。"

伦明《诗》注："李爱伯殁于光绪中叶，岁己未，其家以越缦堂遗书九千余册归北平图书馆（今国家图书馆）。每书皆有校注，经史要书尤详。迩年杭州书店屡以爱伯精校书标目，居重价，则馆中所收似未全也。其《越缦堂日记》后六册，求之樊樊山不可得，据云存陕西故宅中。樊山殁，其家以争遗产构讼。陕西故宅及宅内所有，判归其嗣孙宝莲。余向宝莲询之，复言无有。或云是数册中有菲薄樊山语，樊山恨之，已投烈焰中矣。先生殿试策不知何时落宝应刘君处，陈援庵以重值易得，极宝爱之。"

《越缦堂日记》光绪二年四月十四自记云："余自述敝门七例：一、不答外官；二、不交翰林；三、不礼名士；四、不齿富人；五、不认天下同年；六、不拜房荐科举之师；七、不与婚寿庆贺。皆所以矫世俗之枉，救末流之失耳。"

又光绪十二年十二月廿五日记：书春联云："藏书粗足五千卷，开岁便称六十翁。"

《一澂研斋笔记》："会稽李莼客渊博宏深，于学各有所造。著《越缦堂日记》，有三长焉：每读一书必有若提要者，将书中义理精粗美恶一一详言之，不爽议论，此其一；一为日记中附见诗词文稿甚多，集中不及刻或已刻而此为初稿，皆可考证，此其又一；日记中数十年朝报邸钞，悉数载入，论事谈故，多有取资，此其三也。惟日记中有凭私臆说，至漫骂人甚不堪者，不问古今人皆遭其抨击，此则莼客气量褊小，由穷愁而心绪恶劣所致。闲尝评论莼客学问，时文第一，词最佳，诗稍次，小学考据又次之，骈散文更次，书法则雅中之俗者。至论人品，不免量狭，有时近于狂刻，且善疑，又其次矣。

越缦自誓曰：'平生颇喜鹜声气，遂陷类而不自知。自此已后，不标榜，不诙谐，不议论国事，不月旦人伦，有犯一者，即削其牍。'纵观日记，盖无一而非夙昔之所为，訾毁朋侪，至不惜过甚其辞；批评古人，尤不留余地；此则文人毒病，先生深染，无可奈何。至其处心纯正不苟，衷礼敦学，力求上达，穷不失志，固一生大概，又不可忽也。

莼客之文皆由镕经铸史而来，语不虚下。甲子秋闱卷出，徐荫轩桐房中以首艺，有'圜丘'二字不敢荐，卒荐之不录。其后至庚午，遇李文田，平夙倾慕学识而后取中，至庚辰成进士。"云云。

莼客数以贷郎自况，《孽海花》中所记李保安寺街寓所门榜一联，"保安寺街藏书三万卷，户部员外补缺一千年"，盖事实也。

《北京图书馆略史》云："会稽李爱伯先生为同光著名学者，于史学致力尤勤。其藏书共九千一百余册，内中手批手校之书共二百余种，约二千七百余册。考证经史，殊可珍贵。本馆经地方当局之介绍，全部收入，另将李氏批校文字，编为《读书札记》。"

《图书馆学季刊》二卷二期记载："越缦堂藏书凡数千卷，披阅所及，辄加评校。李氏殁后，遗书归入绍兴陆氏，现由北京图书馆（今国家图书馆）设法购获，全部运京。"云。

王修《诏庄楼书目》有《越缦堂书目》二册，注："写本，李莼客藏书。"

则虞案：越缦书多为屈映光文六所得。《越缦堂书目》，中央图书馆藏，杭州朱祺森钞本，又有铅印本，未见。

藏印有"会稽李氏困学楼藏书印"。

朱明史稿未藏山，书跋畸零似断环。
屈蠖神龙无首尾，偶留鳞爪在云间。

傅以礼节子

《华延年室题跋》三卷（宣统元年铅印本）题跋云："《华延年室题跋》二卷，外王父大兴节子傅公著也。公为学一以乾嘉诸老为宗，多识博闻，长于考订。自历代典章制度，以及故书雅记、金石谱录、逸史稗乘，靡不博综参稽，钏析其同异得失。而于明季掌故，搜讨尤勤。同时交游若杭州丁大令丙、湖州陆观察心源。以藏书雄海内。而会稽赵大令之谦、李农部慈铭、仁和魏醾尹锡曾、祥符周太守星诒，又皆一时方闻之彦。公与诸子方驾联镳，邮问往来无虚日。每得珍椠佳本，秘笈精钞，辄彼此饷遗，互相赏析，由是所见益富，而考证亦精。是编所录经、史、子、集、传记各题跋凡一百七十余篇，虽不足以尽公之学，生平精诣所萃，略具是矣。公于戊戌归道山，子式舅氏，以金石文字世家学，方欲校梓，遽于癸卯下世。嗣孙开寿频岁客游，未遑继志。蔚母公女也，惧先泽就湮，亟谋付之剞劂，俾傅氏子孙永宝勿替。经始于己酉春，越三阅月而工竣。母氏谕蔚曰：'公尝有言，书之传否，不系于人之序，汝毋以乞序为口。虽然公生平用力之所在，与夫刊刻之缘起，不可无以示后人，汝其识之。'蔚于公之学一无所窥，敬承亲命，敢记其崖略如此。校雠是书者，仁和高椿寿、长兴吴宝椿。寿公从孙婿也。宣统元年四月余杭俞人蔚谨识。"

又，"外王父节子傅公，博学多识，喜网罗残明事实、稗乘逸文，搜剔靡遗。尝欲纂《明史续编》，未成。殁后原稿零落。此残《明大统历》及《宰辅表》，盖仅存之鳞爪也。今夏刻公《华延年室题跋》竣，遂并椠此以行世云。余杭俞人蔚谨识。"

《揅经室经进书录》四卷，光绪八年傅氏刊本，较《四库未收书目提要》文多数首，盖节子所补辑。

《七林书屋宋元板书目》一卷，中央研究院藏钞本。

《长恩阁书目》四卷，见《西谛书目》。

上皇山麓故书藏，诗骨遗骚薄晚唐。
种遍冬青陵上树，一心如水向残阳。

梁鼎芬 节庵　　龙凤镳 伯鸾

《清史稿》本传："鼎芬字星海，广东番禺人。光绪六年进士，授编修。张之洞督粤，聘主广雅书院讲席；调署两江，复聘主钟山书院，又随还鄂；皆参其幕府事。初以端方荐，起用直隶州知州；之洞再荐，诏赴行在所，用知府，发湖北，署武昌，补汉阳，擢安襄郧荆道按察使、署布政使。两宫升遐，奔赴哭临，越日即行。之洞在枢垣不一往谒也。武昌事起，再入都，用直隶总督陈夔龙荐，以三品京堂候补，旋奉广东宣慰使之命。粤中已大乱，道梗不得达，遂病呕血，两至梁格庄叩谒景皇帝暂安之殿，及孝定景皇后升遐，奉安崇陵，恭送如礼，自愿留守陵寝，遂命管理崇陵植树事。卒，谥文忠。"

《广东藏书纪事诗稿》注："节庵掌教端溪，创设书库；掌教丰湖，创设书藏；掌教广雅，充冠冕楼；游镇江，又捐书焦山书藏；所至之地，均倡导藏书。宣统间复于榨粉街梁氏府第设梁祠图书馆，订阅览章程。梁氏藏书箱箧必自为题字雕刻，或称食鱼斋，或称栖凤楼，或称毋暇斋，或称节庵，或称精卫庵，或称寒松馆，或称葵霜阁，因时因地而异。食鱼斋因居武昌故，栖凤以何妥自比，妥字栖凤也。《节庵集·毋暇斋》云：'故人珍重题斋额，南北书床得自安。何妥解经知己少，荀卿《劝学》说能完。'若毋暇斋，皆在京时表其向学之劬。精卫，则喻其纠劾权要，如衔石填海。寒松、葵霜，则表其劲节能耐岁寒。其藏书以丛书特多，湖北省县志大致俱备，近代诗文集亦丰富。身殁而后，其子学劬收在粤藏书捐入广东省立图书馆，其存于北平寓斋者，学劬因贫无以自存，售于伦哲如所设书店，全为东瀛购去。洎广州失陷，广东图书馆全部荡然。梁诗所谓'南北书床'俱为一空，竟成谶语。"

伦明《诗》注："梁节庵按察鼎芬，余慕名数十年，未及修谒。戊午四月，相遇，询姓名知为余，即曰：'君家有多少好书耶？'余答无有，又曰：'我曾借钞《瑶华集》，君记之耶？'盖十年前广州某书店有蒋重光选《瑶华集》，君购不果，旋为余有。友人某向余借钞，久之友始告余，实受君托，余踧然不安，决以书奉君，而君已北行，余亦忘之矣。君藏书数百簏，三分之一赠焦山寺，一存广州梁祠，一留自读。今保存者惟焦山寺书耳。按察子思孝性谨而痴，按察素主满、汉通婚，娶满官族女为子妇，女与其母、兄俱吸鸦片，母、兄贫乏，则移家就女，倾产不足以供。按察有仆史某，殁后其妾倚用之，史乘间窃书出，久之事破。其戚崔介其余书归余，佳本略尽矣。按察每得一书，必自写书名卷数刻于木夹上，字秀劲。售书时，其子以夹有先人手迹留之，余争不能得，然弃置不复问，厨媪旋杂薪炭摧烧矣。"

《五十万卷楼群书跋文》："节庵曾劾李鸿章、袁世凯。民国八年卒，有诗集流传。历任端溪、丰湖、广雅各书院山长，于各院均创立储书库藏。宣统间由京回粤，曾于宅中设梁园图书馆，以延众览。书阁号葵霜，藏丛书至富，湖北省府县志均备，近代诗文集亦丰。身后其子学劻以阁书捐入广东省立图书馆，计六百余橱，实足愧秘藏不出及废弃先代遗书者也。"

《节庵集》有《检理焦山书藏讫事口占二首示庵主佛如》："焦山书藏今始见，千卷签函余再题。他日丰湖傥相校，有人访古过桥西。""金山杰阁委飞尘，灵隐高台闪碧燐。此屋岿然不受劫，今朝应有检书人。"

则虞案：丰湖书藏之结构，盖仿焦山书藏也。《丰湖书藏书目》八卷，为梁公所编，书藏中以清人文集及省内外地志最富，惜辛亥后书已四散矣。

丁丙《焦山书藏书目序》云："粤东梁星海太史来杭，言客岁游焦山，见书藏未毁，瑶函秘笈，如在桃花源。藏中尚空四橱，太史遍告同侪，将募书以实之。太史亦有心人哉！"

则虞案：书藏书中钤有"梁鼎芬节庵藏山耑"等印者，节庵物也。有《丰湖藏书四约》一卷，光绪戊子刊本。

《焦山书藏目录》六十卷，江苏省立国学图书馆藏红格钞本，又有油印本。又丁丙《八千卷楼书目》有《焦山书藏目》一卷，续一卷。又民国二十三年焦山书藏委员会编印《焦山书藏目》六卷，及《补遗》，石印本。

顾印伯《得节庵焦山花朝书却寄》第二首云："梦中来是觉来非，书藏分明锁翠微。""书藏"即指藏书事也。

盛伯羲藏有宋本吕惠卿《庄子注》，节庵尝借观累日，见节庵所撰《梁祠图书条例》。此书后不知下落，傅沅叔诸公皆未之见，今苏联图书馆影印者，乃残本也。

《苌楚斋三笔》："番禺梁鼎芬辛亥国变后，为人书件，后钤一印，文曰：'本自江海人'五字，本谢灵运诗：'韩亡子房奋，秦帝鲁连耻。本自江海人，忠义动君子。'钤此印文隐寓《黍离》《麦秀》之痛。"

则虞案：鼎芬刻有《端溪丛书》四集二十种，著《教红楼词》，后人辑为《节庵先生遗诗》。

《广东藏书纪事诗》注："龙凤镳字伯鸾，顺德人。官某部员外。大良龙氏，累代显宦，藏书丰富，六篆楼所藏，不少精椠。伯鸾为梁节庵表弟，故《节庵集》有《赠龙伯鸾诗》：'龙子才英英，诵芬捧祖砚。'又《龙伯鸾表弟问病山居出示京师见怀诗，依韵答谢》有'旧宿三间屋，新钞百卷书'句，盖指其新刊《知服斋丛书》而言也。龙氏所刊，受李仲约所指导，故如《双溪醉隐诗注》《岛夷新略》《宁古塔纪略》等，皆为太华楼所藏。节庵赠诗：'风雨独存兰杜性。'注云：'伯鸾屡游京师，最为李仲约所称。'即指此而言。"

云龙幻世沈尚书，气陀神完道不孤。
乱叠娜嬛山样褶，却教胠箧枉轩渠。

沈曾植子培　　**弟曾桐**子封

《清史》本传："沈曾植，字子培，浙江嘉兴人。光绪六年进士。用刑部主事迁员外郎，擢郎中。居刑曹十八年，专研古今律令书。曾植为学兼综汉宋，而尤深于史学掌故，后专治辽、金、元三史，及西北舆地，南洋贸迁沿革。寻充总理衙门章京。后主讲两湖书院。旋还京，调外交部。出授江西广信知府。历署粮道、盐法道，擢安徽提学使，署布政使，寻护巡抚。宣统二年，移病归。逊位诏下，痛哭不能止。丁巳复辟，授学部尚书。事变归，卧病海上。壬戌冬卒。著有《海日楼文诗集》。"

则虞案：沈曾植号乙庵、乙公，晚号寐叟。藏为甚富，重宋元精椠李。书楼名海日楼。所著有《元亲征录》一卷，与李文田同校。《寐叟题跋》二卷、《海日楼诗集》二卷、《寐叟乙卯稿》一卷、《曼陀罗㝢词》一卷、《江西诗派韩饶二集》六卷、《蒙古源流笺证》八卷，又有《海日楼行笈书目》。

《毗邪台山散人日记》云："嘉兴沈鼎甫先生维鈖，有隐德。历官所得俸泉，推以敏济游士之贫不能自振者。殁之日，家无余财，藏书廿箧而已。今子培秋曹，子封吉士，乃其孙也。性皆好学，行亦和峻，具见报敏不爽矣。今日刘建伯乃复述子培母太夫人之贤。太夫人与赠公攻苦食淡，后复嫠居，教子成立，匮乏几不能自成者垂三十年，直从刀山冰壑生死田地上经历过来，方得睹诸子学行成立。余闻斯言，叹息不已。"

伦明《诗》注："曾植富藏书，有《海日楼藏书目》，集中多题跋之作，曾影印手稿二册，首数篇即辨版本之作。"

则虞案：《海日楼书目》不分卷，钞本，见《西谛书目》。另有《海日楼行笈书目》，稿本。

吴庆坻《悔余生诗》，用山谷《赠张仲谋诗韵再呈乙盦》："中土图籍走海外，宋椠人间日稀少。眼明乍见《山谷集》，篇帙完具纸墨好。隐侯早脱利名缰，载书归隐长水长。豫章获此最初本，譬若《尚书》出大航。"

又云："君如长恭无长物，独有雄篇应钟律。摩抄古墨消百忧，浩歌四首《西江月》。海内藏书今几人，宝兹秘籍垂千春。千元百宋那能有，莽莽乾坤只怀旧。"云云。

王乃徵《病山遗稿·挽沈寐叟诗》："一楼凌缥渺，隐几万书丛。人海知无匹，天倪见此翁。"云云。

谢兴尧《书林逸话》："去年沈氏书出，由北京来薰阁、修文堂三数家书店合购，数量不多，然皆佳选，且多外间所不经见者，其值之昂，盈尺之籍，动需数百元。沈氏固以长为史学及考据著名者，故其收书正为潮流趋尚，宜其视为奇货也。其书大半不仅书商从未见过，即各图书目录亦多不载，想见其稀罕可贵矣。"

《双鉴楼藏书续记·〈邵氏闻见录〉题记》云："此本旧为沈同叔前辈所藏，余借校毕，即郑重归之。然萦于梦寐者无时或释也，其后同叔殁，椠书星散，时时流落坊肆间，余频物色此书，竟渺不可见。今岁八月，有老媪持此诣文德场中求售。人皆掉臂不屑一盼，余亟属韩估以善价收之。回忆一瓻雅故匆匆已十五六年矣。展转迟回竟入吾簏。读已见书，如逢故人。矧又为故人之遗籍乎！同叔闳识孤怀，高视一世。娴于朝章国故，雅善清谈。鼎革后，屏居燕京，郁郁寡欢，视朋辈少所许，可藏书甚富，不轻以假人，顾独于余，若有夙契。经岁往还，名钞秘校，常相欣赏。频年传校之书，殆百余卷，宋元古椠或斥以易米。余为作缘者有宋拓钟鼎款识、宋大字本《中庸集注》、宋本内简尺牍，纸墨精好，世所希觏。余簏中有宋本《元氏长庆集》，则公所辍赠者也。"

张勋复辟，沈入京为学部尚书，未几事败，与康南海同居美森园，有"气陁而神旺"之语。生平藏书乱置，从无一帙首尾完整者。一日客偶为之检理，竟为奴仆窃售，方知乱置之免于肱箧也。

伦明《诗》注："沈子封提学曾桐，子培弟也。才誉远逊其兄，亦好收藏。官粤东日，购南海孔氏书甚多，凡新钞本皆归之。旋为粤督张坚伯所劾，罢官居京师。殁于辛亥后。其季子某设书店于后门大街，曰赖古堂，售所蓄，颇得善价。数年书尽，旋闭歇。周栎园亮工有'赖古堂藏富藏书'。其子在浚字雪客，能继其志。"

则虞案：曾桐字子封，号同叔。藏书室名醉六堂、广严精舍。

叶景葵《题思益堂日札》云："此册去年得之京友，初见笔迹极相熟，但欲确定为谁何之手笔，则苦思不得。庚辰初正，选购群碧楼书，得杨秋室手校钞本《鲒埼亭集》，内有沈子封先生签校，乃恍然悟此册亦先生手抄。盖杨校本在六年前余曾详细过录也。先生冲和笃实，博极群书，为光绪朝一朴学。生平不以著述标榜，其声闻亦为乃兄乙盦先生所掩。再阅数十年，恐无知之者矣。此从自庵原稿节抄，弥见前辈慎思明辨之精神。"

仲客青于太仆学，仲弢望过侍郎名。
一乡二仲千秋业，后代孤悬孔墨衡。

黄绍箕 仲弢

《清史稿》本传："黄绍箕字仲弢，光绪六年进士，以编修典试湖北，晋侍讲，擢庶子。京师立大学堂，充总办。究心东西邦学制，手订章条。迁侍读学士，历充编书局，译书局监督，出为湖北提学使。东渡日本，与其邦人士论孔教，辄心折，归未几卒。"

《輶鄣楼遗稿·书蓼绥阁旧本书目》云："乡先达黄仲弢提学嗜蓄俦椠，精于鉴别。游宦所至，与王文敏、盛意园、缪艺风诸同志搜讨甚勤。藏书之处，额曰蓼绥阁，与孙氏玉海楼、项氏水仙亭称瑞安藏书三大家。林丈若川，提学之妹婿也。今年九月间命嘉检点阁书，分类编目。嘉拟详为纪录，纂辑藏书志，庶不负提学好书若渴之苦心。只以时间匆邃，不暇细检，仅略记其行款印识而已。连日苦雨，杜门无事，因将前所簿录写出，俦刻一百余种，略为诠次如右，此目之成，仅当嚆矢焉耳。庚申十二月十三日杨嘉记。"

墨香簃刻《蓼绥阁书目》一卷，瑞安陈氏《湫漻斋书目丛刊》有瑞安黄氏《蓼绥阁藏书目》，又载《图书馆季刊》四卷三期。

叶景葵《题〈古文尚书〉》云："庚辛之际，蓼绥阁遗书散出，购得此书。去岁又在沪见黄氏集存时贤墨札，检得杨星吾氏致仲弢学士书，与抄此书有关，粘附卷首。又见张文襄公之洞与仲弢学士之尊人漱兰侍郎书一通，其略曰：'《方言》"蓼绥"两字甚佳，尊意何为病之？但两字连用，其义方显，似不必用别号，拟为公题一斋馆，名曰蓼绥阁，令世人以之对广雅堂，岂不极妙？并当为撰《蓼绥阁记》，兼书一匾呈教。公元有憨山别号，其超逸大，似唐宋高僧，何不仍用之乎？'录之以见蓼绥阁命名之缘起，亦藏书家一掌故也。"

景葵又题《蓼绥阁藏书目录》云："此瑞安黄漱兰先生及其哲嗣仲弢先后藏书。两公物故，逐渐星散。辛未秋以其残余数箱求售，余选购数种，以小圈为记。余所未选者流入书肆。目中所称宋刊如《陆士龙集》《白虎通》等，皆非上驷，其余未见者多，闻寄存杭州时，已为他人斥卖多种。"

陈谧《跋鲜庵辑后》云："此余亡友杨君则刚嘉所辑乡先达瑞安黄提学绍箕仲弢先生之作，而余为补录成书者也。昔提学故与宗室盛祭酒昱、长白端尚书方、福山王文敏懿荣、江阴缪太史荃孙、宜都杨舍人守敬、南海梁编修鼎芬并负时望，治金石文字，嗜蓄旧椠，与同县孙征君诒让，学者称二仲先生。"云。

张扬《书玉海楼善本目后》："吾乡藏书清道咸间有三家，项氏雁湖布衣之水仙亭，其弟几山学博之珠树楼，黄氏仲弢之蓼绥阁，孙氏琴西太仆之玉海楼是也。黄氏以精椠胜，精者多留鄂寓。辛亥之役半多散亡，余则赠于温属图书馆。杨嘉为编旧本目，仅见其略耳。"

刘厚庄《籀园笔记》："吾乡藏书家自孙氏玉海楼外，黄氏蓼绥阁为最多。上年黄君厚卿因书籍散佚无人经理，特寄存图书馆为之保存。王君乃商之黄君，请将是书捐助馆内，并拟为孙黄合祀以报其德。"

汪穰卿《笔记》："瑞安黄漱兰学士曾得乾隆间辑《五代史》之底稿，备列从出之处，学士视如拱璧。后为张文襄所知，假诸学士之子仲弢。仲弢，文襄侄婿也。然文襄于室中书物不甚清理，无几失去。学士甚以为恨，时以责仲弢。"云。

骑驴腰扇入津门,听雨虚堂记梦痕。
谁信丹黄零落尽,天涯犹有未招魂。

吕佩芬 筱苏

马其昶《永定河道吕君家传》:"君讳佩芬,字筱苏,号癹庐。吕氏故旌德望族也。年十九举江南乡试,又七年成进士,亦授职编修。戊子充福建副考官,己丑顺天同考,壬辰会试同考,丁内艰归,主中江书院。辛丑充贵州正考官,癸卯湖南副考官,又屡充功臣馆纂修,编书处总纂。所编书译文自他手多芜杂,意不怿,遂辞总纂。嗣奉署理永定河道。宣统辛亥卒,年五十有九。君峻爽有器局,尝手写《十三经》数过,著《山海经分经表》《孙子讲义》《读〈汉书〉札记》《读〈晋书〉札记》,皆毁于火。今存者《许书原文义补》,《宜今弟子礼记》《经书言明喻》《通鉴喻言》《采唐集》《晚节香斋藏书录》共如干卷。"

胡壁城《知困斋诗存·题吕小苏河道遗像》:"辛苦雠书窗案底,丹黄零落不堪论。"(末句谓其女公子)

催老青灯勘点余，法家律例属通儒。
一从古注编存目，多少人间未逸书。

沈家本 子惇

《清史稿》本传："沈家本字子惇，浙江归安人。少读书，好深湛之思，初援例以郎中分刑部，博稽掌故，多所纂述。光绪九年成进士，仍留部。补官后，充主稿兼秋审处，自此遂专心法律之学。嗣出知天津府治，嗣授光禄卿，擢刑部侍郎，补大理卿，旋改法部侍郎，充修订法律大臣，兼资政院副总裁。"

王式通《吴兴沈公子惇墓志铭》："公虽终其身于法律之学，然于他书无所不读。其自著已刊者：《刺字集》《历代刑官考》二卷、《寄簃文存》八卷、又《二编》二卷。未刊者：《历代刑法考》卅八卷、《汉律摭遗》二十二卷，《明大诰峻令考》一卷、《明律目笺》三卷、《日南读书记》十八卷、《说文引经异同》二十五卷、又《附录》一卷、《史记琐言》三卷、《汉书琐言》六卷、《后汉书琐言》三卷、《续汉志琐言》一卷、《三国志琐言》四卷、《三国志校勘记》七卷、《李善文选注引书目》六卷、《秋碧楼偶存稿》八卷、《日南随笔》八卷、《枕碧楼诗稿》六卷、《古书目》三编共八卷、《借书记》一卷。其零编断楮有待汇集者尚盈箧也，非所谓博学多识者耶！"

则虞案：寄簃《古书目》四种，为《三国志注书目》二卷、《世说注书目》二卷、《续汉书注书目》三卷、《文选李善注书目》六卷。先乎此者，赵翼有《三国志引用书目》、汪师韩有《文选李注引用书目》、金武祥有《后汉书李贤注引用书目》《续汉志刘昭注引书目》。此外犹有叶德辉《世说新语征引书目》，而杨守敬欲为《唐宋类书引用书目》，苟能扩而大之，将唐宋以前类书古注所征引者共集为一目，行见《全上古三代秦汉南北朝艺文志》，与仝文、全诗相比肩矣。

词书搜讨古无伦，声律森严动鬼神。
莫自围城矜玉貌，帝秦还是倚帘人。

朱祖谋 古微

陈三立《朱文直公墓志铭》："公讳祖谋，原名孝臧，字古微，号沤尹，又号彊邨，晚仍用原名。世为浙江归安人。举壬午乡试，明年成二甲一名进士，改庶吉士，授编修，历充国史馆协修，会典馆总纂总校。戊子科江西副考官，戊戌科会试同考官，教习庶吉士，擢侍讲，充日讲起居注官，迁侍读庶子至侍讲学士。甲辰，出为广东学政，宣统纪元特诏征入，次年设弼德院，授顾问大臣。国变后，遂以遗老终焉。"

所辑《宋元明百六十三家词》，取善本勘校最完美。又辑《湖州词征》廿四卷，《国朝湖州词征》若干卷，他遗稿《语业》三卷、《弃稿》一卷、《词莂》一卷、足本《云谣集》一卷、定本《梦窗词》不分卷、《沧海遗音集》十二卷、又《集外词》一卷、《遗文》一卷，汇刊为《彊邨遗书》行于世。

曹元忠《彊邨丛书序》："彊邨侍郎校刻唐五代宋金元词，以元忠尝从搜讨，共抱微尚，约书成为叙其首。今工竣，得别集百有十三家，总集所收犹不在此数，自汲古以来皆未足方也。虽然彊邨是刻之所以独绝者，则尚不因此，虽据善本，犹待参订，其于误字如以'赵'为'肖'，以'齐'为'立'，实事求是，不妨改字也。顾彊邨所尤致意者，则在声律，故于宫商旁谱之属，莫不悉心改定，广征珍秘，博访通雅，必使毫发无憾而后已。"

《缘督庐日记》乙卯十月二十三日记："彊邨前辈以顾鹤逸所作《彊村填词图》求撰序，云：'彊邨在吴兴山中，白傅有"惟有上彊村舍好，最堪游处未曾来"之句。今其地石壁上有摩崖刊"最堪游"三字。'"

缪荃孙题《校词图》："汲古毛偕石研秦，半塘搜辑更翻新。谁知苕水彊村老，别出心裁傲古人。"

"元钞宋椠古今殊，一字研求比一珠。校史雠经功力等，词家亦有戴钱卢。"

"校签屡下度丹黄，同志仍须往复商。五夜一灯频改削，不知斜月上西墙。"

吴庆坻《悔余生诗·题朱沤尹前辈校词图》有云:"故径蘼芜梦里愁,哀吟狂醉海天秋。闲中事业丹黄老,朱十而今已白头。"

陈衍《为古微同年题彊村校词图》,录二首:"芦川本舛稼轩诬,汲古而还考订无。我愧绘图家检讨,君过载酒小长芦。"

"刻本蒿庵已胜常,艺风目录偶参详。涧蘋、尧圃专精处,何止《花间》与《草堂》。"

吴士鉴《题校词图》:"书林落叶扫无痕,十载宾萌独闭门。绝胜乇朱精椠本,词宗今在上彊邨。"

黄节《题校词图》:"校字殷勤过海虞,古人真意重踟蹰。先生别有沧桑感,难写伤心入画图。"

罗惇曧《题校词图》:"水磨坊前旧隐居,红梅阁下小精庐。花前负手微吟歇,筦簟疏帘自勘书。"

"四印精刊有鹜翁,王朱前后此心同。樵风逝后谁商榷,零落丹铅感慨中。"

《彊邨丛书》校勘最精,遗书则弗逮。裴维侒《香草亭词·琐窗寒》题为"春寒用王圣兴韵",而竟录碧山原词,一字未易,盖裴词已佚,迻录者误将王词录入,榆生言遗书半经沤翁手录手校,殆老年偶未经心耶?

《十朝诗乘》:"庚子四月有禁逐拳民之旨,以朱古微侍郎疏请也。侍郎时官侍讲学士,其疏谓中国自强固系兵事,然联络邦交执言一国可也,激犯众怒,构衅寰球不可也。一方受敌,合国力御之可也,八方受敌,分国力应之不能也。且军火何自购,饷源何自筹,势则彼众我寡,理则彼直我屈,纵将其官商兵卒数千人一时歼尽,其能使彼众不报复耶? 其能使我沿边沿海数万里不放一骑一舰拦入耶? 逞忿一时,而无以善其后,是直以宗社为孤注,恐不止震惊宫阙,危及乘舆已也。疏上,因有是旨。次日刚子良协揆、赵展如尚书,自涿州回京,拳民随至,纵火市廛,延烧城阙,遂不可收拾。然慈圣犹召集廷议,亲贵皆祖拳主战,古微班次在后,言拳民、董军皆不可恃,兵事宜用袁世凯,议和则急召李鸿章。张文厚时官奉常,亦稍言之。太后不识古微,问高声嗔目者何人? 命移前具对,古微言之益力,卒定议抚拳。遂有戕害德使之事,复疏请约期停战,护送各使出都。有诏命枢臣传询方策,古微援笔立对,请依战时公法,荣文忠持以覆奏,良久乃退,曰:'幸无事可归矣。'盖所言忤旨,几获罪,赖文忠力全之,然祖拳王大臣皆侧目,其不从袁、许后者有天幸焉。两宫西幸,古微留滞都下,与王半塘、刘伯崇同居，日课一词自遣。唱和成帙，名以《庚子秋词》。宋芸子检讨题诗云：'大笑苍蝇蚓窍闻，联吟石鼎调翻新。欲言不敢思公子，私泣何嫌近妇人。隐语题碑生石阙，啸声碧火唱秋燐。二豪侍侧何须问，镜里频看却忆君。'"

古微晚岁以词人自鸣，而风节几掩，故此诗末二句及之。"倚帘人"为其语业中常用之语，以指西后者。

砚北花南爱日庐，云烟过眼石渠书。
最难心绪浑无事，粉本关山载笔初。

葛金烺景亮　**子嗣溎**云威

《平湖县志》："葛金烺字景亮，号毓珊。父肇基。金烺以副贡生入赀为内阁中书，中式光绪五年乡试。九年会试，十二年补殿试，成进士，授刑部主事，复入赀为户部郎中，未补官卒。金烺早慧，十岁能诗，以父商福州，未冠即庀家政。咸丰之季，寇至室毁，从父转徙村野间经营。甘旨无阙，举家泛海，侨寄福州。兵后归里，缮治田庐，日以饶裕。赞父创宗祠，置义庄，以赡宗族。居父丧尽礼，事继母能得欢心。弟金铭有羸疾，女弟嫁沈氏早寡，友爱肫笃。睦姻亲族，咸给所求。斥赀修乍浦城，葺复关桥，施与慷慨，力继父志。初为内阁中书，重于违亲，遂不赴官，中年登弟。子嗣溎，亦以拔贡授小京官，始挈以入都。闻从弟金镛丧，请急还里，盖在官未数月也。劬学博闻，著《传朴堂诗》四卷、《文》四卷、《竹樊词》一卷。朱壬林辑《当湖文系》，子寿熊为校刻补辑，作者小传多出金烺笔。藏书万卷，广致宋元善本。品鉴书画，尤具精识。辑《爱日吟庐书画录》未竟，季子嗣澎为写定刻行。"

沈曾植《葛府君家传》："君讳金烺，字景亮，号毓珊。八试不第，光绪己卯长君云威初试秋赋，亲赍送之，遂以第七人举于乡。再上春官，癸未成进士。丙戌殿试，朝考一等，以主事观政刑部，已而改户部。温温不试，方庋癸、丙己之际，古学道昌，京朝士大夫竞以博学伟辞，文雅相尚，贵胜多好士，八能九流，争致竞出。君多闻长者，江表知名。一日请急归，独尽力乡井义惠。若辑《当湖文系小传》，皆襮著人口。悠游艺圃，寄情书画。其所收藏，多关乡邦之先哲儒林掌故者，不侈高估徇俗尚也。里居未几而卒。"谭献为《墓志铭》，许景澄为《墓表》，文繁故略。

《两浙輶轩录》："嗣溎著《弢华馆诗存》。"

《家传》略："君生而颖慧，八岁能诗。藏书綦富，恒流览不释手。旁通畴人、金石诸书，父殁以毁卒。"

严以盛《梦影庵遗稿·葛弢甫传》："嗣溎家藏书綦富，居常流览不释手。

卒年二十九。"

金兆蕃《安乐乡人诗·题葛云威鸥舫校书图为令子咏莪赋》云:"天上不读人间书,赤文录字与世殊。清斋端坐据槁梧,通眉长爪归来欤!执笔欲下意有余,高楼三重书百厨。丹黄强半长不渝,骥子展读龙孙俱。手泽存焉悲涟如,昔游屡造班生庐。晚归重过黄公垆,海山缥缈仙所都。图中之人如可呼,问疑思误乐只且。"

谢刚主《三吴回忆录》:"传朴堂善本,如宋版《范文正公别集》《干禄字书》残本、《会稽志》,最精者为《李厓园文集》、朱为弼《茶坪诗集》等书。收藏不下百种,其大厅爱日吟庐四字隶书匾额,为伊墨卿所书。"

藏印有"平湖葛氏传朴堂藏书印""景亮"白文长印。

镂版从来重校雠，好书原不在苛求。
益神致用知何限，无那穷经已白头。

柯逢时 逊庵

《晚晴簃诗汇》："柯逢时，字逊庵，武昌人。光绪癸未进士，改庶吉士，授编修，官至江西巡抚。"

案：柯逢时，字逊庵，又字巽庵，号懋修。喜藏书、刻书。设武昌柯氏医学馆，专校刻医学书籍。刻印有《武昌医学馆丛书》《武昌县志》。殁后，藏书流入东瀛。

《近代名人小传》："逢时官翰林日，并张仲炘、高燮曾等称鄂籍端人。尝任陕西学政，外任云南迤南道，未之官，迁两淮盐运司，再迁遂为江西巡抚，移广西巡抚，未几授侍郎。入民国殁。"

则虞案：陈三立有《送柯逊庵中丞之官广西巡抚序》。

《缘督庐日记》丁丑八月廿四日记："柯巽庵来襄办署中笔墨事件，武昌县人，秋谷丈所荐，其分校乡闱所得士也。"

又九月廿五日记："巽庵见示《李昌谷集》，何屺瞻校本，后有自跋。"

廿七日记："巽庵示古泉"云云。

十月初十日记："偕巽庵访书，贾戴某购《秋笳集》八卷，又《孔丛子》一册。"

十一月初三日记："偕巽庵作课。"

廿四日记："代柯逊庵奉和西圃师七十自寿诗。逊庵庚午省试，受知于秋谷世丈，于师则为小门生焉。"

则虞案：逢时之书得之华阳李嘉绩者最多。见《嘉绩诗》注下。

又己卯闰月二十日记："忆在武昌，柯巽翁为余言刻书之佳劣，不在梓氏而在校者，苟能精校，不患非佳本也。此言良是。"

伦明《诗》注："武昌柯巽庵中丞逢时，富藏书，殁后二子各得其半。其次子不克守。岁丁卯邃雅斋以万二千金得之，多至百篋，无宋元本，大抵四部中重要而切用者。"

刘成禺《世载堂杂忆》："徐固卿告余曰：'予任江西重职，武昌柯逢时巡抚江西，予购得裘文达家所藏四库未进呈钞本，元明小集八百余种，中多孤本。柯闻之送三万金来，嘱予让购，不得已还书让书。柯死，其家藏书或未丧失，吾子返鄂一查，洵天下孤本总汇也。归鄂寻其孙继文，钞本尚在，予说督军萧耀南以二十万金购柯氏藏书，设图书馆。日人闻之，赂其家属，专购元明小集八百余种钞本而去。'"

甘鹏云《崇雅堂书录自序》云："江阴缪筱珊、武昌柯逊庵、长沙叶焕彬，皆富藏书。身没以后，散落厂肆殆尽矣。"

《五十万卷楼藏书目录·〈庶斋老学丛谈〉题》云："某年柯氏家散出，北平书友以多种饷我，此其一也。"

藏印有"武昌柯逢时考藏校定本印"。

北地藏家独出群，能藏能读始能文。
阳刚义法濂亭笔，晚派桐城殿一军。

贺涛 松坡

《清史稿·文苑传》："贺涛，字松坡，武强人。光绪十二年进士，官刑部主事，以目疾去官。初吴汝纶牧深州，见涛所为《反离骚》，大奇之，遂尽授以所学，复使受学于张裕钊。涛有《文集》四卷。"又见《畿辅文学传稿》及徐世昌《贺先生墓表》。

赵衡《贺先生行状》有云："贺氏望族，其藏书名甲畿南。"云云。

伦明《诗》注："武强贺松坡涛作《授经堂记》，称曾王父购书七万余卷，其后岁有所增。今几百年，书固无恙云云。松坡亦好购书，于光绪初年得宋本《诗人玉屑》及他明刻精椠甚多，其子性存遵先志，岁有所益。以松坡尝学于吴挚甫，评点诸书，搜刻殆尽。"

贺涛《授经堂记》有云："吾曾王父购书七万余卷，其后岁有所增。今几百年，书固无恙。"云云。

吴汝纶《江安傅君墓表》有云："盖传所称藏书家多矣，以余所闻见，聊城杨氏、潍徐氏、定州王氏、乐亭史氏，家多宋元旧刻。子孙有秩于朝，亦云盛矣。其尤著者，武强贺氏，能尽解家所藏书以述作自表见，世号为文章家。"

史诗计厉总相仍，野获旁征十四陵。
故国苍山今杜宇，悲歌天地感难胜。

陈田_{松山}　弟榘　衡山

《晚晴簃诗汇》："陈田，字松山，贵阳人。光绪丙戌进士，改庶吉士，授编修，历官给事中。有《滇游》《溯沅》《悲歌》《津门》诸集诗话。松山官京朝，闭户读书，晨钞夕纂，尝辑《明诗纪事》。仿计、厉二家之例，编次有明一代之诗，搜采精勤，持择平允，能出牧斋、竹垞范围之外。又辑《黔诗纪略后编》，为之传证。乡州文献，网罗掇拾，至详且备。所自为诗，磊落英多。《悲歌集》纪庚子之乱，《津门集》则为辛亥壬子间作，抚时感事，尤极慷慨激昂之致。"

费行简《当代名人录》云："松山先世籍江西，后迁贵阳。以渊雅称，颇负清望。丙戌进士，官部曹，迁御史给事中，后为都给事中。国变后归。好金石书画，尝为《元史考证》。中岁嗜酒，七十不衰。"

《缘督庐日记》丙申八月廿二日记："访陈松山前辈，借《逃虚》《北郭》二集。松公纂《明诗纪事》，搜罗明人集最富，许仿倦圃流通之约，盛德事也。"

又十一月初八日记："束松珊还《逃虚集》，并假以《珊瑚木难》一部。又借归《辰泾集》一册，《丁吏部集》残本三册。"

又十五日记："松珊撰《明诗纪事》，洪武朝三十卷，已付梓，与论明人集部，如数家珍。黔中人士能守莫、郑之学者，当屈一指。"

《明诗纪事甲签》三十卷、《乙签》二十二卷、《丙签》十二卷、《丁签》十七卷、《戊签》二十二卷、《己签》二十卷、《庚签》三十卷、《辛签》三十四卷，光绪二十三年至宣统三年贵阳听诗斋刊。又有贵阳陈氏听诗斋所藏明人集一卷，陈田手编、东方图书馆藏红格钞本。张元济题识云："民国元年，傅沅叔寄此书目来，云是贵州陈松山前辈所藏明人集部，愿易三千金。正在谐价，已为日本田中氏购去，甚为可惜，今留此目，以志吾憾。"又贵阳陈氏书目，有钞本，与载于《图书馆月刊》第三卷第五号不尽同。

《五十日梦痕录》:"十四日:是日得陈松山给谏消息于抗父,抗父言国变后,给谏不能归其贵阳故里,有弟商于常德,乃往依焉。鬻所藏书,始得成行。给谏博雅如乾嘉朝士,在谏院抗直不阿附,为权贵所侧目,其大节凛凛有古人风。予交给谏最晚,每见谈必移晷,语及时局,义形于色。贫无以自给。乱后,售其所藏,明人集数百种,乃其作《明诗纪事》时辛苦搜集。都中无购者,乃归日本文求堂书肆。予亟斥他物购得之,倘给谏闻之,当以得归故人为喜矣。给谏介弟衡山大令,曾刻影宋小字本《文中子》,其雕板旧在都中。予曾从给谏借印,给谏许之,乃以乱作未果,不知今尚在行箧否?"

松山所收明人集部,非为田中全获,多归蒋汝藻。蒋氏家败,归北平图书馆(今国家图书馆),今馆中故多陈氏故物。

松山弟衡山,名榘,亦富藏书。赵藩序衡山《东瀛草》有云:"其在日本也,获其国金石遗文至四千余种,遗书五百余卷,宋元椠本书二百余卷,古近著述未刊行者五百余卷。"

则虞案:榘著有《孟子弟子考补正》一卷,光绪丁酉刊。

藏印有"衡山秘笈"朱文方印、"贵阳陈氏审定宋本"朱文长印、"贵阳陈榘"白文方印、"景文阁"朱文方印。

北学从来力行深，凭将颜李冠儒林。
晚岁钞选清诗罢，劫末中州感旧音。

徐世昌 菊人

徐世昌字菊人，又字卜五，号东海。天津人。光绪丙戌翰林，内阁侍读学士，商部右丞，兵部侍郎，民政部尚书，东三省总督，邮传部尚书，协办大学士，军机大臣，体仁阁大学士。

伦明《诗》注："天津徐菊人世昌，开晚晴簃选诗，搜集部，佐之者嘉善曹履斋秉章也。然全无择别，而应有者反多阙漏，今其书犹存履斋所；加以所选之人不详考始末，生死不别，宜诗钞之不足观矣。甫印行，疵议纷起，乃停印。嗣又修《清儒学案》，更简陋。菊人弟世章，好收储，颇有佳本。尝得纪文达手改《四库提要》原稿。"

郭则沄《书髓楼藏书目序》："若乃肩中外之重，手不释编，躬显晦之遭，衷惟竺素，取供孟晋，奚必士礼精镌；积共居诸，渐及太和博揽。合韦缊而缀缉，呈蜜酪于辛藟；则惟我弢斋师有之焉。溯自兰台早岁，近依藜火之辉；槐市冷摊，间问麻沙之价。每镇辰而斅诵，或拾叶而借钞；美除千石，不换书廛，萧寺一椽，即为秘阁，迨于投袂戎旃，珥毫政幄。虽疲符牒，犹狎丹铅，补《北堂》之阙帙，访自安仁；斠东序之纰文，议从惠蔚。以启经纶，盖繇稽古；固知轩衮，须出读书。是以百家斟酌，资润色于黄图；五典皋牢，惬游心于玄囿。比复订十朝学案，而高揭金绳，选一代风谣，而平量玉尺。编摩既久，藏庋益繁，爰辑为《书髓楼书目》。"云云。

则虞案：《书髓楼藏书目》八卷，附一卷，民国己亥排印。目后附自著书目，有《大清畿辅先哲传》四十卷、《列女传》二卷、《大清畿辅书征》四十一卷、《清儒学案》未定卷、《颜李学》十三卷、《明通鉴长编》未定卷、《退耕堂诗集》六卷、《水竹邨人集》十二卷、《归云楼诗集》十六卷、《海西草堂诗集》二十七卷、《水竹邨人诗选》二十七卷、《弢斋述学》二卷等。其刊行书籍，有《新元史》二百五十七卷、苏天爵《滋溪文稿》三十卷、薛允升《唐明律》三十卷、《宋中兴群公吟稿》七卷、刘敦元《悦云山房诗存》六卷、附《风泉馆词存》一卷、又《悦云山房集》七卷、《悦云山房骈体文存》四卷、刘孚京《刘南丰文集》、贺涛《贺先生文集》四卷、郑杲《杜诗钞》五卷、《东甫遗稿》及《道藏》等。

又案：《饮冰室目》载《晚晴簃所藏清人别集目录》不分卷，钞本四册。又有《晚晴簃未选诗集目录》一卷，排印本。《颜李师承记》九卷，附《习斋语要》二卷、《恕谷语要》二卷，民初印。又有《晚晴簃已选诗集目》《未选诗集目》，有铅印本，盖梁氏未见。刊印有《晚晴簃诗汇》《东三省政略》《历代吏治举要》《明清八家文钞》等。

《海西草堂诗·藏书诗》云："藏书十万帙，所读能几何？黄农上古世，存古已无多。唐虞开治化，经籍始访罗。大文炳日星，奇绩奠山河。传世既已遥，至道平不颇。删订待尼山，邹鲁闻弦歌。祖龙开烈焰，焚书政烦苛。汉兴重儒术，故老苦编摩。卷轴目已繁，四部复殊科。充栋不有容，藏弆入山阿。宛委在何处，古本不可得。东观化烟云，柱下亦失职。秘典气如虹，舶载入异域。海内有心人，储藏恐不及。高楼上切云，牙签美锦袭。四壁散古香，观者簪履集。我堂名退耕，我楼名书髓。校书蓬莱归，插架分图史。宋刊与元椠，古墨殊可喜。巍然汲古阁，至今存毛氏。校雠聚群彦，陈列勤十指。可以教孙曾，可以惠乡里。耄年不废学，僻居独乐此。敢云拥百城，日隐乌皮几。白云护我书，饭蔬而饮水。相将毕百年，如是而已矣。"

又贺性存为余典守书籍有年矣，编次目录将成，因简此诗："淡泊衷怀无与俦，烦君为我典书楼。眼中白黑分知守，案上丹黄费校雠。签帙纵横十万卷，古今镕铸几千秋。衺然编目成书后，海上虹光射斗牛。"

劳乃宣《桐乡劳先生遗稿·题徐菊人相国双隐楼读书图》："百尺高楼拥百城，海风吹送读书声。羡君真践联床约，雅胜苏家句里赓。"

《苌楚斋随笔》："当局为天津某君，一时盛传颜、李二氏学说，尊之者几欲挤孔、孟而上之。复又有配享孔子庙廷位次当在十哲之上等说，天下靡然从风，以为钻营地步，数年间某君去位，门下士星散，颜、李之说不攻而自熸矣。当时所以盛行颜李学说者，以其皆直隶人，与天津某君为同省，阴以人杰地灵四字煽动天下，其用心不可谓不巧，其设心不可谓不毒矣！"

未甘埋骨向书城，老至逢场出处轻。
月旦只拈诗七字，名流末路恋功名。

董康 绶经

董康，字绶经，自号诵芬室主人。江苏武进人。光绪己丑进士，刑部主事。辛亥后，赴日，习法律。归国后历任大理院推事，大理院院长、司法总长、财政总长、法律编查会副会长。喜藏书，以宋元、明嘉靖以前的书籍为主。藏书楼名诵芬室。著有《书舶庸谈》《读曲丛刻》《嘉业堂书目》《中国法制史讲演录》，《诵芬室丛书》含三十多种。

缪荃孙《节母唐太淑人传》："节母唐太淑人名韫贞，武进人，年廿四归同里赠公董君介贵为继室。逾年，生子康。赠公以恸弟得危疾，卒不起。戊子己丑康联捷成进士，康官刑部，迎养至京。康喜购书，往往竭俸所入，而惧节母诃责，匿不以闻。节母知之，叱曰：'能读书乃佳事，苟世世子孙能若汝，方喜之不暇，何匿为？'自幼工长短句，有《雨窗词》三卷，及《秋瘦轩词选》若干卷。"

伦明《诗》注："武进董绶经康精究版本，而家少藏书。尝得周密《草窗韵语》，矜为海内孤本，未几以千五百元售之蒋孟苹，孟苹因自号密韵楼。近岁又为刘翰怡编藏书志。尝聚工匠于法源寺刻书。数十年不辍，所刻词曲为多。"

《缘督庐日记》癸丑十一月廿四日记："得李审言函，言董绶经同年以所藏书至海上待价，宋刊《吴郡志》，艺风作缘以八百元售与南浔一富翁，非翰怡即张石铭也。"

又辛丑五月廿七日记："至薇孙斋久谈，见法梧门所钞《宋元人小集》，董绶经同年以八金得之，共八十册。书痴有此奇遇，不觉令人生妒。"

绶经刻书极精，尤以《吴梅村集》为上驷，余曾校点一过。《元典章》次之。

绶经有内阁文库藏小说戏曲书目，载《国学杂志》。

息影依人只自怜，遗闻时见《雪桥》编。

诗盟四海凭谁主，过眼英流又百年。

杨锺羲_{子勤}　吴瓯_{伊贤}

伦明《诗》注："汉军杨子勤锺羲，与盛伯希为中表。辛亥后，流寓上海，为刘翰怡校书，成《雪桥诗话》四集。未几归京师，贫甚，尽售其书。惟存翁覃溪手写《唐诗选》六册，楷书绝工。"

则虞案：杨锺羲，汉军正黄旗人，本姓尼堪氏，原名钟广，后任外官时改姓杨，字子勤，号雪桥。光绪十五年进士。官至江宁知府。著有《论语正蒙》《骈体文略》《雪桥诗话》。与盛昱合辑《八旗文经》。

《缘督庐日记》癸丑六月一日记："子勤同年锺广，汉军旗籍也。由词科截取知府，分发浙江。匋斋督两湖，调赴鄂，又随节移江南，复汉为姓杨，改名锺羲。调淮安，调首府。辛亥之劫，侨居海滨，宦囊如洗。遭母忧至无以庀其丧事。古惟、子培两君为言于翰怡，延司校勘，助以四百金，始克携榇归窆。廉吏可敬，宦途之下场亦可叹也。"

又甲寅十月三十日记："益庵偕杨子勤同年来，子勤国变时守江宁郡，行遁在沪，宦囊如洗。为翰怡校刻丛书，籍资湖口，可敬也。"

《雪桥诗话》："光绪壬辰夏，游海王村，得覃溪所选五言《多师集》八卷，五言《余师集》四、五两卷，七言《余师集》六、七两卷。《多师集》视南海伍氏所刻，《小石帆亭五言诗续钞》有出入；《余师集》则伍氏未之见也。审其年月，为在粤时钞录未定之稿。伍本于李杜登选稍隘，不如此本为备。伍本欧阳文忠多二百首，放翁至三十七首，山谷多八首，又有陈简斋一首，姜白石一首，安汝止一首，元遗山七首，皆此本所无。伍本首卷初唐及王孟四家之作，此本亦未有。己亥三月复于隆福寺书摊得七言三、四、五三卷，先生勤恳细密，有功古人，固并世所未有也。"

顾印伯《题杨子勤太守松窗读书图稿·答谢刘翰怡寄赠雪桥诗话》云："《河岳英灵》炳日星，百年坛坫有遗型。鸡林声价谁重问，收拾都归野史亭。"

伦明《诗》注："辽阳吴伊贤瓯，收储之富甲东省，幸于壬申前，移住故都，书亦随之。近创设编译会，已印行稿本《说文六论》，题曰《稷香室丛书》。稷即今之高粱，东省最盛，不忘本也。又拟继阮芸台、王益吾后，编印《再续经解》，目已写定。君所藏多钞校本，有雍正间画家陈尹写《毛诗图》最佳，每诗一篇为一图，计三百五幅。写人物不写草木虫鱼。萧尺木《离骚图》未得专美矣。"

續藏書紀事詩

劉承幹

下

吳則虞 撰
吳受琚 增補
俞震 曾敏 整理

卷七

碧瓦晴云俯众流，郊原花鸟报春稠。
异书不为新来少，却怪今人懒上楼。

李盛铎 木斋

李盛铎，字椒微，号木斋。江西九江人。光绪己丑进士，翰林院编修，国史馆协修。辛卯科江南乡试副考官，京师大学堂总办，江南道监察御史。出使日本、比利时大臣。内阁侍读学士，山西提法使，山西布政使，署理山西巡抚。民国后，任总统府顾问、农商总长、参议院议长等职。家三代藏书，楼名"木犀轩"，后又有藏书室"古欣阁""凡将阁""䶵英馆"等十余处。收有四明卢氏、长沙袁氏、宁波范氏藏书。编有《木犀轩藏书目录》。殁后藏书多为北京大学图书馆所藏，一部分流入美国哈佛大学图书馆。

伦明《诗》注："德化李木斋盛铎，早年购得湘潭袁漱六卧雪庐书。聊城杨氏书最先散出者，如《孟浩然集》《孟东野集》《山谷大全集》等，皆百宋一廛故物，君皆得之。所蓄亦不限于古本，吾国今日唯一大藏书家也。性极秘惜，无人得窥其所有。近岁境大窘，商售于北平图书馆，当事者以费绌不敢答。曾以宋本数种抵押北京某书店，余得见之，非其精者。"

《缘督庐日记》光绪十七年五月廿九日记："访木斋，其寓为明嘉定伯周奎旧第，有林木之胜。"

又光绪十九年十一月二日记："闻木斋扬州寓庐火，藏书二百箧尽毁，中多明人集部，世间不经见之本，亦江左文献之厄也。"

又壬辰十一月初四日记："至木斋寓长谈，述袁漱六藏书之富，怡裕、䣭宋、海源三家皆不能及。其子榆生童昏，挥斥之易，可为叹息。"

又辛卯正月廿一日记："木斋招饮，出示宋元明本书籍约百种，其至精者为

《后汉书》，黄善夫之敬室本。《文选善注》，尤延之本。《论语集解》，刘氏天香书屋本。《周礼注疏》八行残本，凡疏释经者系经文下，释注者系注下，为他椠本所无。又《周礼》郑注，行款与余仁仲本同，后亦注经注字数。又《尚书孔传》，大字本，字大于钱，四周宽二寸余，为旧椠所仅见。有墨笔录金仁山表注，尚是明以前人笔。又一《太上感应篇》，宋人所注，宋椠宋印，裒然八巨册，其名有"灵宝三教"字。又崔豹《古今注》，有黄荛圃跋。《读书敏求记》，劳季言校本，蝇头细字，上下几满。其余精本不及觊缕，泰半皆卧雪楼袁氏物，为之心醉。"

又廿二日记："昨所见木斋书有钱同人伺手写《说文解字》一部，精雅绝伦，孙氏五松园旧藏本。又明刻《太元经》，范望注，较万玉堂本字略小而后亦有郝梁校刻字，疑覆本也。又《柳先生集》《岑嘉州集》《嘉祐集》《石林燕语》，并精。补记之。"

《花随人圣盦摭忆》："漱六名芳瑛，道光间名翰林也。其生平有一大事，则为藏书，号为近代第一。近日藏书，世传傅沅叔丈之藏园，然以予所知，尚未逮李木斋先生之精，而木老尚言袁漱六之藏书。漱六后人有为章行严记室者，常举其往事以告，而行严又常询于木斋。据云袁罢官归里，书载数十船以西，尽移存长沙第中。逮殁，其子榆生不喜故书雅记，以五间楼房闭置诸籍，积年不问。光绪初，朱肯夫督学湘中，任满离湘前，曾亲莅五间楼房者勘验，则两层自下至栋皆为书所充塞，非由书丛踏过莫移一步。以书纵横堆垛，即移亦无从遍阅，惟随手翻之，辄是宋元佳椠而已。最可痛者，白蚁累累，可见想其中虫蚀已自不少。肯夫出后，为言于木斋，时木斋随宦在湘，尊君明墀时为湘抚也，方以杨扼自许。肯夫且谓东南文献菁华尽在此五间楼中，听其残毁以尽，吾辈之罪也。吾力不支，时亦不许，子其善为谋之。词类托孤，意极珍重。木斋如住宅中验视，果如肯夫言，顾安所出其书而理之者。榆生豪迈饮博，境固不裕，然人以鬻故籍请，必为所挟。客为木斋计，先出重金输榆生所狎友，居间恣其取用，用罄又复饵之，以是往复积数千金。所狎友稍稍吝之，榆生不乐，友因曰：'天下有借无偿，宜难复借。'榆生曰：'偿乎！吾焉得办此者。'客曰：'君乃无产足以抵偿者乎？'曰：'尽之矣。'客曰：'人言君家书多，吾固未信。'榆生距跃曰：'书乃可易钱乎？'客曰：'是未可料，姑试为之。'明日客赍书数十册诣木斋所，大抵康、乾间版，无甚佳者，然姑如其价留之。榆生果大喜，木斋求观目录，客携四大本至，以蝇头小字书之，非精本且不录。一望知为藏书老册，非榆生所新编也。木斋指名求书不得，则运数箱来，令其自理。自是展转，木斋获袁氏书不少。明年，榆生罄所有数百箱载汉皋竞售，购者麇集。浙江丁氏亦在其列。木斋尽力求之，如量而止。前后所得盖不过原藏十分之一二也。惟中多名家校本，行家决不听其逸去。木斋据此，勤加搜讨版本之学，遂乃独步一时。邵次公推服无已，至执弟子礼，往请其业。上皆行严述而行严亲闻木老语及者。四大本目录，云在叶焕彬手，次公怂恿刻出，尚未成议。朱肯夫后知袁籍未卒剥蚀至尽，老怀颇慰。朱、李二人晤于京师，犹道及互慰云。行严所指剥蚀者，殆言其焚佚泯绝天壤间不可再见。若袁氏所藏则已散尽，以予所闻最后一宗为钞本秘籍四大箱，售于易寅村，得偿近万，而潄六所网罗者至斯已毕矣。叶焕彬以民国十六年被戕，木老目录未知尚存否？木老年逾八十，睽别已久，忆二十年前兴何邕威、刘遽六聚谈木老版本之精夥，肍谓宜刊行目录以示世间。岁历电奔，此事业故不宜再缓也。"

又云："寿阳黎君，名门茂学，强记工书，比遗函于予述袁潄六藏书数事，见闻精确，亟录以实吾札。"

其一云："予里居距袁家崎头湾故宅数十里，惜未尝一登其书楼。唯闻榆生观察殁后，其家自省城归老宅，家有老姨太太不知为潄六翁妾，抑为榆生妾，保守书数厨，扃闭唯谨，不许家人窥。年久屋漏，水自厨顶灌入而不之知，书悉浸透。某年晒书，则皆粘合不能揭，遂尽焚之。可谓浩劫。不知其中有几许孤本也！"

其二云："袁家书经李木斋购去后，其余归湘潭曾子伦上舍纪纲家。迨曾家中落，叶焕彬、王佩初礼培，李郁华瑞奇又从而选购其精本。今长沙书估手犹偶见卧雪庐藏印之书，皆袁家物也。"

其三云："榆翁有诸孙为英文教员者，予一日见其案头有《山中白云词》，戈顺卿过本，墨本批校，小行楷绝精。因从乞之，许举全书赠我，后亦未践斯诺。以此观之，潄翁藏书之富，诚不可思议。其家人不甚爱惜，诚堪浩叹。"

则虞案：黎君与袁潄六同里闬，故所述详细若此。然予又闻叔章言，潄六之书亦有数箱为郭葆生人璋所有，葆生亦朋辈中最恢奇者。元二年，数从宴游，未意其俄焉长怛也。所藏书闻尚封识未动。

案：此述雪庐得书之故实，且补缘督袁氏诗注，因并录于此。语实见章行严《孤桐随笔·袁李书缘起》一文。

又案：潄六之残书，其孙售之衡阳程氏。

二十六年六月三日及三十日《大公报》载："李氏五世藏书，为当今海内藏书之冠。今年二月四日，木斋在津逝世，某国饵重金愿得其书，教育部派袁同礼与其嗣人李少微在平洽商，董绶经促成其事。全部藏书之半已质诸新华银行，其中最佳者以钞本为多，居三分之一，教育部拟出四十二万元，李少微希望拨足五十万元，某允于庐山茗叙之便向枢府商议云。"

则虞案：《西谛书目》有《木犀轩书目》不分卷，钞本。又《木犀轩收藏旧本书目》一卷，钞本。《木犀轩藏宋本书目》一卷，铅印本。

又案：木斋撰有《大光明殿储存正统道藏版本目录》，梁涵曾见其稿本。大光明殿毁于庚子之役，版本万余殆尽。木斋有《经眼书目》二十二卷，附《历代藏书家印记》二卷，稿本未刊。《木犀轩收藏旧本书目》，北京图书馆（今国家图书馆）有传钞本十二册，北京人文科学研究所打字本四册。木斋书今在北京大学图书馆，余十度登楼借校《淮南子》《论衡》及《安吴先生文稿》，空楼人鲜，至竟日不逢一人。其书有绝佳者，惜不能常在楼中从容雠理。

藏印有"李盛铎木斋审定""木犀轩""木犀轩藏书""两晋六朝三唐五代妙墨之轩""德化李氏凡将阁珍藏""德化李氏木斋阖家供养经印"。

考索何如名理深，著书先抱待焚心。
史家开辟今文例，不敌慈恩法喜音。

夏曾佑_{穗卿}

曾佑，字穗卿，号别士，又号碎佛。钱塘人。光绪戊子乡试中式，庚寅会元，翰林院庶吉士，授礼部主事，改选山东沂水县知县，后改安徽祁门知县，补泗州、直隶州知州。未赴任，随五大臣出洋考察宪政，放署广德州知州。民国后，出任教育部社会教育司长，旋长京师图书馆，兼清史馆纂修。甲子三月殁，年六十二。

《谭复堂日记》："夏遂卿孝廉曾佑，紫笙舍人之孤也，持紫笙遗诗《春晖草堂集》属予审定。一家㦸咏，三世文藻，人各有集，湖山有美，数十年间如夏氏者殊不多见。"

则虞案：余闻穗卿先生之甥朱义康乐之云："夏先生中年驰驱江上，常见数行箧自随。读后置于沪寓或杭州余寓。藏书可分数类：一曰集类。以清人诗集最多而有注者，宋清人注宋诗亦如此，唐宋人集少，而明人所集之唐宋人诗文并刻无注者更少。二曰史类。除二十四史外，以清初人有关史注之书为最多。三曰相宗书最多。缘于中年在金陵幕府久，而此时杨仁山居士刻经最勤，与杨交甚密。此类之书盈屋充栋，日本精本亦不少。四曰新书。当时新书杂志无不读，读后即置之高阁。自江南制造局、上海徐家汇格致书局，以至日本之小本无不备，总之为读而不为藏。"

叶景葵跋《志盦诗稿》后段有云："穗卿由庚寅会元得庶常，天下想望丰采。迨甲午以降，喜读章实斋、刘申受、魏默深、龚定庵之书，又与康南海、黄嘉应、谭浏阳、文萍乡诸君游，浸淫于西汉今文家言，究心微言大义，尝学为新派诗，记其一绝云：'六龙冉冉帝之旁，洪水茫茫下土方。板板上天有元子，亭亭我主号文王。'又一联云：'帝杀黑龙才士隐，书虫赤乌太平迟。'穗卿不多作。穗卿散馆改外，分发安徽，任祁门县数年。罢官归隐，贫况依然。又入教育部，任北京图书馆馆长，束书不观，只字不写，盖已读遍群书，最后喜究内典，尝自谓无书可读，无事可谈，惟沉湎于酒，卒以酒死。一代才华，终归泯没，惜哉!"

夏敬观《题夏穗卿遗墨诗》有云:"尘败群书箧,名余断句囊。"

则虞案:《北京图书馆善本目录》最早者为缪艺风《学部图书馆善本书目》,此目有艺风手稿本二册,现在北京图书馆,其全目刊列在《古学丛刻》中。又有王懋镕《京师图书馆善本书目》,教育部藏印。民国五年夏氏重行校订成《京师图书馆丙辰善本书目》,寻改为《京师图书馆善本简明书目》四册,即行世之铅印本是也。民国七年,江瀚又重订,初名《京师图书馆壬子善本书目》,后仍名《京师图书馆善本简明书目》,五本。九年张宗祥任京师图书馆主任,又重编成《京师图书馆庚申善本书目》八卷。其时午门历史博物馆整理内阁大库遗藏,并入宋元旧本,故张目视夏目卷帙为多,张目未刊行。十一年,史锡永增入午门检出宋元残本,成《壬戌增订善本书目》,亦未刊印。夏氏又有《京师图书馆书目》十二卷,丙辰油印本。

诗纪藏书垂范型，童乌无命受《玄经》。
撩人第一伤心语，憔悴中郎曙后星。

叶昌炽 鞠裳

《清史稿·文苑传》："叶昌炽字鞠裳，元和人。光绪十六年进士，选庶吉士，授编修。累至侍讲，督甘肃学政，边地朴陋，昌炽校阅尽职。以裁缺归，著书终老。国变后五年卒。著有《藏书纪事诗》六卷、《语石》十卷、《邠州大佛寺题刻考》二卷，均考订精确。"

则虞案：昌炽字颂鲁，号鞠裳，自署缘督庐主人。藏书室名"治膺室"，阁名"双云阁"。晚年书归嘉业堂与聚学轩。撰著除《藏书纪事诗》《语石》《邠州大佛寺题刻考》外，还有《缘督庐日记》《庚子纪事诗》《滂喜斋读书记》等。

曹元弼《叶侍讲墓志铭》："公校勘学冠当代，初与管明经同鉴定《瞿氏铁琴铜剑楼宋元本书目》，嗣为蒋芗孙太守校《铁华馆丛书》，精塝涧䕺。为潘文勤校《功顺堂丛书》，传习艺苑。又櫽括历代藏书源委为《藏书纪事诗》七卷，示学者读书津途。论列古今石刻，发凡起例，创通大义，成《语石》十卷。两书皆独有千古，然在公学问全体犹一斑耳。最后刘翰怡京卿延校宋本《四史》。公弟子闳达，居多同里。潘部郎祖年得公指授，精目录校勘，为公刊诗文集。"

《藏书纪事诗自序》云："右《藏书纪事诗》七卷，原稿六卷，尚未定之时，及门江建霞太史校士湘中，录副出都，遽锓诸木，今《灵鹣阁丛书》本是也。其间引书繁苂，举例踳驳，叙次先后，不应辽绝，写生迻录，亥豕之讹，亦多沿而未削。客春刊《语石》既毕，遂取旧稿，手自厘订。旧例不录生存，断自蒋香生太守为止。今以续得九首，移原稿附录诸诗别编为一卷，都七卷。正史有传者据史为次，有科目者以释褐先后为次，无者以其同时人序跋赠答参稽而互订之，诗注亦小有增损。"

吴郁生《缘督庐日记序》云："余谓君之《藏书纪事诗》《语石》二编，乃二百数十年间之创作，君虽欿然而心熹余为知己也。"

《藏书纪事诗》重校本，盖藏事于辛亥之秋，其己酉六月十七日记："《藏书纪事诗》编校毕共六卷，不足廿万言。江刻亥豕尚不多，但原编未定之稿，次序凌躐，先后移易，颇费钩稽。开卷之初，惟恐旷月经旬，杀青无日，乃当兹扃门避暑，埋头伏案。一月工夫，全书居然告蒇，非初愿所及也。以无时代可考者四家，一释，一道，赠书、换书、买书、工估共二十首，又添写官傅稚周慈一首，另为一卷，共七卷。"十一月十九日记："灯下作《藏书纪事诗解题》一则，以为陈列之介绍。"十二月十九日记："重纂涉园一首。"庚戌二月廿八日记："《藏书纪事诗》既改六卷为七卷，卷六之后作识语一则，卷七后两则。"廿九日记："补黎莼斋、方柳桥各一首。"三十日记："补丁松存一首，新补并沈翠岭、许翰屏数之，共得十一首，再添则蛇足矣。"三月廿日记："重编《藏书纪事诗》第七卷，新补九首，附录廿二首，共三十一首，不为寂寞矣。"八月廿七日记："昨重编《藏书诗目录》毕，自作一跋，附目后。本拟以去腊宁垣陈列所作说明书为蓝本，索旧稿不得，不能不别创一稿。"

《缘督庐日记》辛丑四月十一日记："得薇孙函，以七绝二首见赠，读《藏书纪事诗》而作也。次首后二句云：'名山自有千秋业，何必楹书托后贤。'下句所谓旁观者之慰藉也。"

则虞案：《藏书诗》有吴昌绶、章钰、王国维批校本。

其所藏书，庚戌九月九日记："重阳日位置箱架，整理签题。新旧都三十三箱，湖海投赠、坊肆雕造，并丛残不全之本，另置三架。又卧室精本一架。二十年塾师，二十年宦游，十束之脡，五斗之俸，尽于此矣。"

则虞案：《吴县志》有叶恭棐《治㢘室书目》。

袁昶《渐西村人稿·送叶缘督太史还吴中》："点勘群籍下戊签，收藏入录发凡严。元翻宋椠资南董，括尽流传竹与缣。"注云："君搜录古今藏书家作杂咏三百首，人系以传，异闻轶事，笺罗极富。"

《观古堂诗·壬戌感逝诗·家鞠裳》第二首云："三吴文献鲁灵光，前辈风流敬梓桑。四部略分钱罄室，两雄相敌艺风堂。学传衣钵灵鹣在，梦绕觚棱彩凤翔。旧赐缬袍恩遇厚，盖棺犹带御炉香。"

段朝端《椿花阁诗集》：李审言上海信来许以《藏书纪事诗》七卷本借读，并媵以诗。次韵奉酬，有云："新书遮眼许相借，古诗入手吁可喜。"

其藏书印记，缘督辛亥八月初五日日记云："出大小石章四方，请伯南代求祝心渊铁笔。一曰'双云阁'，谓宋拓李思训、金拓李秀两云麾也。一曰'奇觚庼'，其二联章名字印。"

《藏书纪事诗》卷六，程叔平诗注引顾广圻《刻易林序》云："回忆初知有是书之日,倏忽二十五六寒暑,广圻亦复行年四十有三,久见二毛矣。方思悉数吾吴人物渊源,典籍流派,所闻所见,加以笔记,存储敝箧,示我儿曹,稍传文献之信,而荛圃刻是书颠末,乃可为其中之一事者也。昌炽案:此书自甲申属稿,迄今七载,粗可写定。犬马之齿亦过四十有三,非敢窃附前贤,亦聊存文献于什一而已。"

则虞案:鞠裳为《藏书纪事诗》写定之年为四十三,余续诗脱稿适亦同岁。鞠裳白头悼独,余中岁失儿,读薇孙诗不禁泫然泣下。长男报珩,早慧,二岁识皕名,四岁能作擘窠字,宛似经石峪,南岳佛刹多有其榜书。殁之前夕,索余所蓄古泉以弄,又叩洪昉思乐府事。年十一,以泗卒,正昉思堕水日也。鞠裳纪赵凡夫诗有"憔悴中郎曙后星"句,因假用之,既悲逝者复自念也。触物凄怀,感念亡儿,若在初殁。

大隐城南尺五天，玉溪诗格最清妍。
闲窗卷册雠题罢，红烛秋星冷似烟。

曾习经刚甫

《近代诗钞》："习经字刚甫，号蛰庵，广东揭阳人。光绪庚寅进士，官度支部右丞。"

伦明《诗》注："揭阳曾刚甫右丞习经，居丞相胡同潮州馆。余壬寅来京师，多从君借书读。君喜谈书本，暇则偕游琉璃厂，随所见谆谆指示，余之癖于此，由君引之也。君官日贵，所积亦日富。国变后，积俸余三四万金，有人给以买田天津，既乃以咸不可耕，遂丧其赀。贫至鬻书为活。殁后所遗数十簏，叶誉虎念旧谊，拟尽购之，属余点查，议给价七千金，惟不欲以独力任。迁延数载，其戚陈某以售之琉璃厂翰文斋，闻得值无几。君所藏书册，面皆署'湖楼'二字，其家尚有田庐。上海多潮人，素重君学行。或劝君迁彼，即鬻字亦可得润，而君愿守故都，以至于死。岂心有所恋耶！"《广东藏书纪事诗》注所述略同。

则虞案：刚甫又作刚父，著有《蛰庵诗存》。

《双鉴楼藏书续记》："刚甫殁后，其夫人浼余为检料遗箧。藏书万卷，多手自辑补。每帙皆经点勘，卷头纸尾，丹墨烂然。旋为翰文书坊捆载而去。余重为故人手迹，略收数帙以归。墓木未拱，敝箧俄空，思之辄为泫然。"

《五十万卷楼藏书目录》有刚甫过录陈澧签注《韩非子》。刚甫有成化本《张曲江集》，书中多有题跋，尚存于其戚吴文献处。刚甫藏书目手写本在余处。

藏书印有："湖楼""经"字朱文章、"刚甫"二字朱文章、"蛰盦藏书"方形章、"潜斋"二字小章、"校定"二字朱文章。

上第抽簪髩未华，青门谁问故侯瓜。
谩云贝阙无生死，朱鸟春风怨落花。

陈伯陶子砺　　**邓蓉镜**上选

《广东藏书纪事诗》注："陈伯陶字子砺，东莞人，陈东塾弟子。光绪己卯解元，壬辰进士，探花及第。通籍后，师事李仲约侍郎，因好收藏明清间野史及万历后诸家奏议别集。官江宁提学使、布政使。宣统初，见朝局日非，告归终养。辛亥后，避居九龙，署名九龙真逸。著《胜朝东粤遗民录》《明东莞五忠传》《瓜庐文剩》《瓜庐诗剩》等。其父铭珪，著籍罗浮酥醪观为道侣，著有《长春道教源流》八卷，《浮山志》五卷。子砺汇刻入《聚德堂丛书》中。子砺晚年遗命以所藏书捐置酥醪观中，故罗浮有道同图书馆之设，即以其书为基本也。南海关赓麟《吾土集》有《道同图书馆有怀陈子砺师诗》云：'小楼咏诵傍琳宫，一老归来物望崇。行遁余生仍讲道，著书微意寓褒忠。荔村集在传弓冶，芥子园荒忆雪鸿。廿载沧桑风义渺，瓣香惆怅拜南丰。'师没于庚午八月，翌年而东省变起。"

则虞案：伯陶字象华，号子砺，晚更名永焘，别署万年青。撰有《东莞县志》《孝经说》。

《广东藏书家考》云："邓蓉镜，字上选，号莲裳，东莞人。少端谨，家贫力学，事父母以孝闻。年二十，就县考，七试文不加点，华令廷杰大激赏，技冠一军，并延课诸子。同治辛未成进士，选庶吉士，授编修，充国史馆纂修官。癸巳冬丁内艰，归，即不复出。当道聘主广雅书院凡四年，讲道论文，昕夕不倦。卒年六十九。著有《续国朝先正事略》《知止堂随笔》《诵芬堂诗文稿》。"

蓉镜《诵芬堂藏书记》云："余少好读书，以贫故，时文外无书可读。既而食饩于庠，复靦颜为人师。遂以馆谷所入，渐次购书。然授徒日有常课，口讲手书，苦无读书暇晷。辛未通籍后，供职词曹，暇矣，则又事力于诗赋小楷，与少时专力于时文者无异。岁丙戌，忝奉督粮江右之命，江右漕粮改征折色，政简而拙易藏，辄于公暇读书，冀免不学无术之诮。乃未几而权臬事，又未几而再权三权臬事。察吏诘奸，案牍纷集，不禁废书而叹曰：自兹以往，将终身为不学无术中人矣！然性之所好，不以烦冗而改其初，故虽不暇读书，犹后购书。渐积渐多，恐其遗失而不及检也，爰记其目，以示儿辈。"云云。

悬河谁敢竞豪雄，妙句能回大历风。
两戒山河罗指掌，前修惟有蓉菔工。

屠寄 敬山

《晚晴簃诗汇》："屠寄，初名庚，字敬山，武进人。光绪壬辰进士，改庶吉士，授淳安知县。有《结一宧诗略》。敬山文辞雅令，尝辑《常州骈体文录》三十卷，颇为世所传。中岁后，屏绝琱华，专意为《蒙兀儿史》，已刊者十数巨册，未竟之绪尚多。孤学奄逝，致可惜已。"

伦明《诗》注："武进屠敬山师寄，中年后屏绝他务，专撰《蒙兀儿史记》。性嗜酒，笔一枝，酒一壶，恒不离手。戊巳间，以国史馆事，亶来京师。余在北京大学授课，往返经其庐，修谒较勤。尝乘间请曰：'书何时可成？'先生笑曰：'余今年六十矣，再须六十年可成。然余固不期其成。家中雇一刻工，成一篇即刻一篇，死而后已。'久之南归，而讣书至矣。先生尝之粤，为张之洞校刻广雅书局。又尝至黑龙江，参将军寿山幕。庚子之役，先生不主与俄开衅，拂寿山意，径归。仓皇中丧其行李，所撰《洛阳伽蓝记注》亦遗之。会见其诗稿自注有云：'寿山为袁崇焕后人。'惜当时未询其详。先生殁时，《史记》仅刻成十册。"

《缘督庐日记》辛丑六月十三日记："答屠竟山，出其厂肆新得旧抄书籍，皆平平部帙，惟在太原所得《太平广记》一部，板心有'吴郡沈氏'及'野竹斋校录'字，吾郡沈人山辨之钞本也。为之摩挲久之。"

胡璧城《过常州念屠敬山诗》："秀面疏眉六代风，悬河谁与竞豪雄。魏齐石墨罗胸次，西北山川在掌中。少小诗才同李贺，生平风趣似张融。冶城山馆蓉菔阁，算逊乡贤小篆工。"

则虞案：敬山号归甫，民国后任国史馆总纂。著有《蒙兀儿史记》《黑龙江舆地图》《常州骈体文录》《洛阳伽蓝记注》等。余见其手校《孔子家语》及批点《唐文粹》多种。

翠墨残编感逝波，平生精爽此销磨。
郳簵事事皆称后，可惜潘郎拙用多。

王仁俊 捍郑

王仁俊字捍郑，又字扞郑，号籀郳。江苏吴县人。光绪十六年进士，任湖北知府，存古学堂讲席，京师大学堂教席，学部编译图书局副局长等职。精于史志、目录、金石学。著述甚夥。

伦明《诗》注："吴县王捍郑仁俊，张文襄督粤日曾校书广雅书局，张移湖广，又充存古学堂教习，及张管学部，又调为学部右丞。殁于辛亥后。庚辛间书始散出，余得其《著书全目》一纸：《格致古微》五卷、《表》一卷、《群经讲义》三卷、《孔子集语补遗》一卷、《毛诗草木今名释》一卷、《尔雅疑义》一卷、《仓颉篆辑补校斠证》三卷、《说文引汉律令考》二卷、《附录》二卷、《说文家学》一卷、《说文独字成部考》一卷、《汉书许注辑证》一卷、《周秦诸子叙录》一卷、《淮南子万毕术辑证》一卷、《正学编》三卷、《辟谬篇》二卷、《辽文萃》七卷、《艺文志补证》一卷、《西夏文缀》二卷、《艺文志》一卷、《存古学堂丛刻·经史词章学》四卷、《感应篇儒义》六卷、《古本考》一卷、《学堂歌笺》二卷，以上已刊。又《孔子经解》《两汉传经表》《通经表订补》《吴郡汉学师承表》《吴郡著述考》《群经汉注辑证》《玉函山房续编》《春秋左氏传学》《尔雅读》《尔雅大字本校勘记》《说文考异纂》《小学钩沉补续》《释名集解》二卷、《补遗》一卷、《白虎通义引书表》一卷、《白虎通义集校》一卷、《三代教育史》《大学堂文学研究法》《周秦学术源流考》《古今中外文字考》《管子训纂》《商君书表微》《鹖冠子闲诂》《老子正谊》《淮南许注异同三诂》九卷、《淮南子杨榷》一卷、《墨子经说疏》一卷、《诸子札记》《意林周注订》五卷，《补逸》一卷、《景祐六壬神定经纂》二卷、《佚秘府略笺》《汉书艺文志校补》十卷、《隋书经籍志校补》《古类书辑录存佚表》《许学郑学》《武庙祀典考》《西辽书》《秦权度量考》《荥阳郑氏石刻考》《历朝石刻跋》《金石萃编补跋》《金石续编补跋》四卷，《金石萃编三续》《匋斋金石文录》《金石通考》《寰宇吉金录》《寰宇访碑记三续》《新墨缘汇观》《圣哲辨诬录》《小畜集考证》《王氏文献录》《正学堂集内篇》二十卷、《外篇》二卷、《附篇》一卷、《正学堂笔记》《军歌笺》《吴谚证》《孟鼎集释》一卷、《群书佚文辑佚》《积古斋钟鼎彝器款识补遗》一卷、《说文要旨明例》一卷、《补宋书艺文志》一卷、《补梁书艺文志》《匋斋钟鼎款识》《敦煌石室真迹录》六卷、《附》一卷、《唐律名例疏》一卷、《存古学堂丛刻·经学》七卷、《顾氏群书集说补正》二卷、《石刻正文》一卷、《五百经幢馆稿》一卷、《东西文菁华》《汉碑征经补》《许君说文多采用淮南说》一卷、《淮南许注考证》《籀郲赋荃》二卷、《碑版丛录》《金石萃编统补稿》《金石题跋》《籀郲誃读碑记》一卷、《金石薄录》《西夏文缀外篇》《尔雅学》《郑峑阳辨诬录》六卷，以上未刊，共一百余种。余按目求之，十得二三，闻《说文》诸稿本归徐菊人，《管子训纂》归阚霍初，余无可觅。《缘督庐日记钞》载捍郑遗书出售索值万金，系甲辰闰五月，地在上海，故都遗稿之出。又后五年，据闻捍郑有遗妾嫁湖北人某，挟稿以行，诸稿由湖北人手售云。霍初曾受业叶二捍郑，拟借余所有先印行之，今霍初殁，此事不知谁属矣。"

捍郑有《辽史艺文志补证》一卷、《西夏艺文志》一卷，已印行。又有《汉书艺文志校补》《隋书经籍志校补》《周秦诸子叙录》，未见刊本。

则虞案：《正学堂集内篇》二十卷、《外篇》二卷、《附篇》一卷，底稿本，近亦流在厂肆。其所撰日记一册，内有《琉璃书铺表》，有关藏书故实，载本书第十二卷内。周广业《意林注》不分卷，仁俊有手校本，今存北京图书馆。

《缘督庐日记》甲寅五月三十日记："捍郑太守身后遗书出售，以其簿录来。精奇无几，惟于家集如渊雅堂、鏊舟园先后诸刻巨编，如《姑苏志》小册，至《橘巢》《二波》一家言略具，搜访不可为不勤。故人已矣，云烟散落，同在旦暮之间，何忍顾而闻之耶！"

陈衍《题王捍郑海东访学图》："国于日出处，旧学我自出。卅年图维新，欧化及纤悉。嗟我乏谋人，于野罔求失。问官问礼辈，近者颇不一。王君今学人，等身积著述。谒来讲和文，匪舌而以笔。奉檄乃扬帆，流丽看风日。彼都富人士，五善自秩秩。余事搜善本，归棹满缥帙。"云云。

《石遗室诗话》："王捍郑太守著述等身，长于辑佚之学，最善者为《辽文萃》《西夏文缀》。余与乙庵促使付梓，与《唐文粹》《宋文鉴》《元文类》诸书共有千古矣。闻喜为诗，惟记有断句十字云：'吴楚两存古，江湖一散人。'可作君楹帖。盖君本吴人，时湖北、江苏各创设一存古学校，皆君总其教务也。"

孙雄《壬癸诗存·感逝诗王捍郑前辈》云："辽海遗文采撷新，楚吴存古衍传薪。侯芭风义高千古，不使《玄经》著作湮。"

郑振铎《敦煌石室真迹录跋》云："此书亦为敦煌书目所据，亦为伯希和所携来及所忆及者。甲卷上载石刻拓本三种，以后各卷亦多录原文。惟王序未及罗振玉，罗氏诸书亦未一及王氏，不知何故。当敦煌石室发现消息由伯希和传出时，仁俊正任学部编译图书局副局长，传录敦煌写本，当以王氏为最早，而其名为罗氏所掩，今知之者罕矣。而此书亦不甚易得。诚有幸有不幸也！"

嘉名希圣日几希，丽句珠琲灿夕晖。
官阁校余废药后，西风如剪烛如糜。

李希圣亦园

《清史稿·文苑传》："李希圣，字亦园，湘乡人。以进士官刑部主事。嗜学，初治训诂，通《周官》《春秋》《穀梁》。史习新旧《唐书》。文法《骚》《选》。诗多凄艳，似玉溪。好读书，通古今治法，慨然有经世之志。"

则虞案：希圣别号卧公。著有《庚子国变记》《光绪会计录》《雁影斋集》。创建京师大学堂、京师官书局。

成本璞《李先生墓表》云："先生之学始亦殚心经史考据，以壮其文，继乃深契宋儒之旨，欲融通程、朱、陆、王异同之说，遂羞以文人自居矣。先生他文多散佚，今惟存近体诗二百余首，曰《雁影斋集》，行于世。"

伦明《诗》注："吾友徐行可近得无名氏题跋一册，断为李亦元所作，书皆巴陵方氏碧琳琅馆所有也。余见日人岛田翰《皕宋楼藏书源流考》有王式通题辞，中一首云：'巴陵方与归安陆，一样书林厄运过。雁影空斋题跋在，流传精椠已无多。'亦元遗著有《雁影斋题跋》，所见多巴陵方氏藏书，庚子后大半散失。据此则行可之言有征矣，但题跋系亦元自作，抑为方氏作，则未之知。盖方氏书来京师时，亦元多经手价卖，见叶鞠裳《日记钞》，故得尽睹之。亦元于光绪壬寅充大学堂提调，而方氏子以售余之书赠大学堂，管学大臣张百熙为之奏奖知县，想亦由亦元作介，可谓一手经理矣。题跋凡宋本二十六种、元本三十四种，明本、旧钞本、名人校本共二十余种，所赠大学堂书一种，在题跋中。盖方氏书不止此，亦元题跋亦不止此。"

罗振常《李氏雁影斋读书记序》："钞本《雁影斋读书记》，曩得之吴门，卷端无书名，亦无撰人名氏。见其所记皆巴陵方氏碧琳琅馆藏书，而文中又有方氏书目及柳桥太守云云，知其非藏者自编，而为他人读方氏书者之作。顾一时不得主名，遂置箧中。其后又见一本，则名《雁影斋题跋》，著者李亦元也，生平著述皆未刊，此其一也。此为选方氏书选其精华著录，记述详明，考证精确，因为校订印行以饷目录学者，书名原作'题跋'，兹僭易'题跋'之名为《读书记》。"

则虞案：又有《雁影斋题跋》四卷，民国二十四年湘乡李氏排印本。

《缘督庐日记》己亥十二月十三日记："复李亦元书，碧琳琅馆书《皇甫司勋集》，赵宽《半江集》，瞿汝稷《冏卿集》等，许以四十金。"

十七日记："又得李亦元书，并示方湘宾函，书价四十金，允如所请，并请以五十金并购《顾文康集》。外送来书目八册，略一翻舒，钜篇秘册，美不胜收。"

二十日记："访李亦元缴书价四十金，并见其所得方氏旧钞本宋人诗集，皆长塘鲍氏、潜采朱氏、平津孙氏旧藏。又明刊本《皇王大纪》，上海郁泰峰旧藏。"

三月廿一日记："寄李亦元书，缴书价九金，得《百城烟水》一部，钮玉樵《临野堂集》一部，范夫人《络纬吟》一部。"

廿三日记："李亦元函来，送至方氏书三种，一《昆山人物传》，明张大复撰，一《匠门书屋集》，国朝张大受撰，一《吴中两布衣集》，两布衣者陆鼎子调，顾承醉经也。索价八金，平允极矣。"

《缘督庐日记》戊戌重阳日记："蔚若云方柳桥藏书捆载至京出售，黄慎之前辈为之提调。"

《散原精舍诗·伏日过李亦元刑部，观所藏京师携出精椠本》："国门自苦胡兵入，天府菁英略散亡。岂有遗书藏屋壁，虚从覆辙说沧桑。公之好事胜怀宝，坐使暗香生满廊。触热摩挲一悲咤，承平风物梦荒唐。"

王书衡《题皕宋楼藏书源流考绝句》自注云："巴陵方氏藏书，庚子后大半散失。亦元曾进建馆藏书之议，张文襄有意提倡，会以出京中止，而亦元不久下世。"

孙雄《郑斋感逝诗》注："比部著有《庚子传信录》，不及万言，能尽情变。巴陵方氏藏书散出后，比部纵观之，多有跋尾。今稿本多在陈诒仲处。"

《寒瘦目》："《吴都文粹》钞本，有癸卯腊月李希圣题识，正闇跋云：'是书旧为湘乡李亦园郎中同年所藏，书前有题识，其故笔也。亦园藏书不多而精，遗箧中皆善本。余自海外还京，亦园初归道山，遗书散出，厂贾居奇。'"云云。

《诒庄楼书目》有《樵歌》三卷，宋洛阳朱敦儒希真撰。李希圣以知圣道斋钞本校于王氏四印斋刻本上，有李希圣印。

藏印有"湘乡李希圣藏书之章""李希圣宋定旧椠精钞之印""李希圣印"。

钧天帝所问谁知，奋笔朝朝发愤词。
惊绝神奸移壑去，沧桑噩梦觉来痴。

汪康年 穰卿

唐蔚之《同年汪穰卿先生传》："先生讳康年，穰卿其字，晚年别号恢伯，浙江钱塘人。岁戊寅补博士弟子员，戊子考取优行贡生。己丑登贤书，顺德李公文田本拔置第一，以《孟艺》用《离骚》体，抑第六。壬辰捷南宫，甲辰补应朝考，授内阁中书。丙申设《时务报》于上海，戊戌复设《时务日报》，旋易名《中外日报》。丁未设《京报》于京师，庚戌复设《刍言报》。辛丑和议告成，俄人驻兵奉天，不允撤退，先生腾电中外，慷慨力争，西报互相译述，以为中国有人。当此之时，先生名闻天下。辛亥秋，武昌事起，九月十二日夜，友人密函告起用项城，先生阅毕，嘿然，遽就枕，夜半家人闻呻吟声，则先生已疾革，不能言。明日遂瞑。戊午，先生弟颂阁以其遗籍捐置上海工业学校之图书馆。"

陈三立《振绮堂丛书序》："《振绮堂丛书》，钱塘汪子康年所辑刊也。汪子经术文学，擅累世先传，撰著校锓善本，烂暎海内。旧以振绮名藏书之堂，汪氏仍之，用续其祖。"云。

汪诒年《穰卿先生年谱》："先生又好钞书，古籍秘本非力所能蓄者，不惮辗转假借，手自迻录。课徒里中，时觅得沈氏《南北朝舆地表》，时方岁暮，例得解课一月，即将原书手录一通，一字不遗。其后往来南北，随时搜购秘籍，又从交好中借钞，故生平所得罕见之书颇夥。屡欲刊刻行世，以绌于财力而止。晚年乃议用活字版次第排印，以六册为一集，名曰《振绮堂丛书》。"

松江雷瑨《雅言录序》云："穰卿先生好搜罗古籍，遍交海内贤士大夫。踪迹所至，遇有珍异之书，或以重价购取，或展转借钞。蟫蠧丛残，视若性命。故录中所记，涉于考订板本网罗散佚者为多。"

《雅言》云："余生平购旧书莫廉于粤省新书店之旧书，其故甚奇，盖缘广州未遭兵燹，所有书肆，有乾嘉以来未改易者。书肆之例，每进货，以应售价若干记之于簿，不售者，则年终易以包纸，而价无改。虽百余年而店伙视之与前书无异，且见其一律新纸所包，亦未由辨其为新旧，故虽原板已毁失，或印本稀少，外间价且十倍，而店中人咸惘然无所知也。"

则虞案：余于甲戌岁受业太仓唐先生之门，时聆师论恢伯行事。逾二年，以论皖学违师志，旋去吴门，得书甚多。胡氏《仪礼正义》及明版《二陆集》，皆钤"振绮堂"印，恢伯有题识，得于天津者也。《仪礼》余点校竣事，《二陆集》尚存笥箧，闻其嗣人尚贤，遗书犹有存者。

《素女经》传梅影闇，容成秘戏比儿笘。
锦堂珠翠侯门屦，岂是嵇生七不堪。

叶德辉奂彬

许崇熙《郋园墓志》云："德辉字奂份，号真山，一号郋园。长沙湘潭人。光绪间成进士，以主事用观政吏部。戊戌政变将作，与王祭酒先谦讼言《孔子改制》之诬，几蹈不测。壬子以后不常厥居，北览燕云，东游吴会。藏书既富，著述兹多。所著及校刻书凡数百种，多以行世。"

又吴氏《蕉廊脞录》云："宣统二年春，湖南省城米价腾贵，群情汹汹。当事者措置弗善，大街罢市，巡抚岑氏上疏自劾。遽以巡抚关防授庄布政，总督瑞澂恶湘中三司之不先电闻也。又中谗，迁怒于湘绅，疏劾官绅若干人。先是湘绅黄自元等电总督请以庄布政为巡抚，总督遂怒，而王氏先谦以电文中首列名，遂遭严谴。奉旨降五级调用。而列名之孔宪教、叶德辉皆革职，永不叙用，德辉交地方严加管束。"

又近人刘氏《苌楚斋笔记》云："光绪年间，湖南一省以贩运安化红茶至俄国出售，后皆成巨富。其中尤以湘潭叶奂彬德辉等三人为巨擘。"

伦明《诗》注："长沙叶焕彬德辉，己亥春始于故都识面，约相互钞所有书。两家书彼此有所欲得，钞就交换，以页数略相等为准。别后曾致长沙一书，未得复而君难作矣。君见古本不多，所著《书林清话》《余话》，大率撮自诸家藏书志。自编《观古堂书目》，亦无甚佳本。据云尚有《续目》未编成。君殁后，见其《郋园读书记》不过如是，勿刊可也。然君素精小学，辑录各书，具有条理，但版本目录非所长耳。君有侄启勋，字定侯，积书好古，克绍家风。"

《缘督庐日记》光绪二十二年八月七日记："叶焕彬吏部来谈。焕彬本吾郡洞庭西山人，其祖游幕楚南，遂籍湘潭。论家谱甚殷。又焕彬述所著《宋元版本考》，论泉绝句，自是吾宗巨擘。仆告以君读《世说》太熟，举止謦欬，皆可入临川之笔。不觉大笑。"

又癸丑五月十四日记："焕彬自长沙到沪，午后来长谈劫后事，自言与民党为敌。前刊《翼教编》，鸣鼓而攻，无可规免，此时只能以战为守，日与党人阅于里门，此言殆自夸，若果然者，何以免于今之世邪？"

朱彭寿《安乐康平室随笔》："叶奂彬里居，日以乡绅资望随时出入抚辕及当地各官署，不免稍失检点，致乡评颇多微词。鼎革以还，屡濒危境，因薙须市隐，绝迹官场中。一日索题《丽楼藏书图》卷，余为赋六绝句归之。其所编《观古堂藏书目录》，原稿曾亦举以相质。余为订正数处，时尚未付梓也。"

柯劭忞《题叶焕彬〈丽楼藏书图〉》："昔余持节来衡湘，访旧再登君子堂。元钞宋椠恣评量，十五万卷森琳琅。湘潭袁氏巴陵方，叶氏书城与颉颃。石林以后称文庄，津逮后学源流长。有贤子孙企前良，聚书能读兼能藏。覃研经史为文章，旁搜百家筛秕糠。《虞初》小说穷荒唐，《百川》归海流汤汤。聿余学步踣且僵，思殚疑问病未遑。十年一别经沧桑，掺祛京华心惨伤。闻君卜筑茭洲傍，危楼百尺凌空苍。左揖岳麓蟠崇冈，七十二峰岌相望。右吞百顷陂汪汪，名曰丽楼达四窗。珍函秘籍排千箱，中有隙地支绳床。朝吟夕讽声硠硠，校雠细字分丹黄。运穷百六遭抢攘，鹬罗不及能高翔。蚌烽毒螫真豪芒，元龙意气终扬扬。敞门著述古所藏，老于枕葃乃吾乡。展卷题诗意慨慷。吁嗟乎！秦焚之后书再亡，此楼应作鲁灵光。"

《观古堂诗·还吴集日本兼山春篁先生俊兴画〈丽楼藏书图〉见赠，赋诗志谢》："先代藏书三十世，孙枝分秀到湖湘。纳楹敢诩同金匮，列架居然似石仓。秘阁书图摹汲古，故园尘劫胜灵光。烦君远道来相访，一幅丹青几席香。"自注云："吾族由北南旋廿六世祖宋少保石林先生，以藏书名，其后子孙世世相仍。中如明之文庄公盛之子晨，五世孙恭焕，七世孙国华，八世孙文敏公霭，鸿博公奕苞，及二十五世石君公树廉，林宗公奕，至今残编断册得之者宝若球图。"

其从子启崟《郋园读书志后序》云："大伯父吏部君，幼秉先祖父之训，不读无用之书。收藏四十年，于宋元明钞外，尤好收国朝诸儒家塾精校精刊之本。兴之所至，每有题跋，夹于卷中。大伯父恒言各家藏书题跋，于宋元佳处已详尽靡遗，惟明刊近刻他人所不措意者，宜亟亟为之表彰，此亦他日续修《四库全书》之蓝本也。"

《郋园全书》三十三种，又有未刊稿十二种，活字别印者四种，佚者六种，未成者一种，刘廉生学博为《郋园四部书叙录》，有刻本。叶启勋有《郋园先生全书序》，叶启倬《郋园全书跋》。

《观古堂藏书目》四卷，民国四年铅印本，四本。

《郋园书跋》不分卷，见丁福保《四部书目》引。

郋园有《书目答问》校本，于戊午元夜客苏州，为来青阁杨寿祺校者。

《藏书十约》为《购置》《鉴别》《装潢》《陈列》《抄补》《传录》《校勘》《题跋》《收藏》《印记》，辛亥年刊，其书实袭人之作。

《四库全书总目版本考》刘肇隅《郋园书叙录》云："此书专考四库著录之书，自宋以来版刻始末，群从分纂，吾师总其成。从子启崟跋亦云：'书本群从按部分任，先君子但总其成。'此书惟叶启勋之稿得见外，余均未刊。"

则虞案：其从子启勋有《拾经楼书目》，又《拾经楼题跋》。余与湘中老辈相接，交口诋之。浏阳刘观复云："其书楼遍悬所眷妓照，好色薄行，一至于此。"

藏印有"观古堂藏""郋园过目""观古堂鉴藏善本""叶德辉奂彬甫藏阅书""叶氏秘宋楼焕彬印""叶德辉鉴藏善本书籍""叶氏丽楼臣德辉"方形章、"丽楼"，有一章作"长沙叶氏郋园藏书处曰丽楼藏金石处曰周情孔思室藏泉处曰归货斋著书处曰观古堂"。

藜床送老有余慵，岁改青回雪后松。
会得龟堂言外旨，笑他绵蕝作夔龙。

张元济 菊生

《当代名人小传》云："张元济字菊生，海盐人。父官广东知县。元济长于粤，幼而颖敏沈静，举止异常童。其父甫真涂，遽殁，家以中落。赖元济授读，应书院课试赡其家。戊子举于乡，壬辰成进士，授庶吉士。适丧妻，赘于军机大臣许庚身，许女奁妆富，家计因以少裕。戊戌以徐致清荐，召见，交军机处存记。政变南下，经元善等电阻，拉后废立，实为主谋，遂褫职永不叙用。庚子后，复原官，不赴，为南洋公学教员。后邮传部成立，以张百熙荐授为参议，亦卒弗出。尝刻一书，排日至商务书馆校勘，夏粹芳与语大契。适蔡元培请去，乃延为总编辑。世徒知商务书馆规模宏远为粹芳功，而不知皆元济为擘画也。"

《缘督庐日记》癸丑六月初十日记："张菊生参议来，言新得《述古堂题词》，与《敏求记》有异同，可勘校也。是翁手迹当是《敏求》之初稿。又陈子准《〈琴川志〉注钞》亦写本。长谈而去。"

己酉十二月十七日记："得菊生农部函，以从亡友蒋香山《十印斋遗书》中得鄞人《藏书纪事诗》写本《涉园张氏》一首，即其先德，世谱有舛，开宗系一纸见示。又以搜访宋元旧椠及精钞本付石印，引为同志。见示简章二纸，可谓空谷足音矣。"

十九日记："寄仲午一缄，提《藏书》卷四原稿重纂《涉园》一首，以张菊生函示之。"

徐珂《大受堂札记》："海盐张菊生同年既创设东方图书馆于沪，影摹秘笈古书以行世。复出其先世著述，与从弟季臣元杰校印为《涉园丛刻》凡七种。园在南门外乌夜村故址，冯具区、董香光所尝至者，为给谏父大白孝廉读书之庐。清初给谏致政归，拓之为园。皛亭、芑士两翁仕宦不进，先后归隐增茸之，林泉台榭，遂极一时之盛。园富藏书，逮嘉道间，江浙名流如吴兔床、鲍渌饮、陈简庄、黄荛圃辈，犹假书校雠。青在翁喜刻书，铅椠流布，为世引重。经粤寇之乱，园圮书佚，家刻本无片板之存。光绪庚辰，菊生年十四，奉母自粤归，访园废址，则林木蓊郁，径没蓬蒿，小池湮塞，旁峙坏屋数椽，族人之婆者居之。颓垣苔藓中得石刻范忠贞公承谟诗，盖康熙辛亥春，忠贞方抚浙，行田至海盐，尝信宿于园也。菊生久居沪渎，为故家文物萃集之地，访求先德遗著，乃成斯刻。而涉园所藏所梓书，亦有归之故主者。二百年来手泽获以永保。"云云。

顾廷龙《〈涉园序跋集录〉后记》："菊生先生耆年硕德，经济文章，并为世重。余事致力目录校勘之学，而尤以流通古籍为己任。数十年来巨编之辑印，孤本赖以不绝，其嘉惠后学，实非浅尠。综览先生行事，忠信笃敬，识胆具备。宜发为文章，词意并茂，语无空泛。洵足以信今而传后。生平所为诗文，如论政、宣教、碑记、序跋诸作，散布简策，荟萃有待。方今倡导百家争鸣之际，科学研究，欣欣向荣。举凡先生校印群籍，早播士林，读者于所撰各书跋文，咸谓探赜索隐，启发攸资。徒以分隶卷末，检阅不易。因谋之古典文学出版社辑为专集，以贻来者。窃谓校雠之学，自汉刘氏向、歆父子导夫先路，千载而下，文字形体之变迁，传写摹刻之讹舛，递演益形纷繁，自非殚见洽闻，无能为之疏通证明。先生既创建涵芬楼，广搜善本，间复留意乡邦文献，及先世遗泽，专精毕力于丹黄楮墨间。积累蕴蓄，倾吐心得于题跋文辞中，往往发前人所未发。方诸前贤如义门、抱经、荛圃、千里辈，无以过之。抑且访书南北，留珍海外，过眼琳琅，会神应手。允宜征引众说，阐幽发微，拾遗补阙，洞中要窍，此更前贤所未逮。文字之福，金石同寿，盛世元音，胡可废乎！先生秉赋特厚，神明强固。曩岁承命佐理校印《涵芬楼烬余书录》，时病偏左未久，偃仰床笫，每忆旧作，辄口授指画，如某篇某句有误，应如何修正。又如某书某刻优劣所在，历历如绘。盖其博闻强识，虽数十年如一日，此岂常人所能企及，谓非耄耋期颐之征而何！犹忆抗战期间先生与叶丈揆初等举办合众图书馆，艰难经始，励志不渝。涉园藏箧，溉泽群英，即今上海市历史文献图书馆之创基。先河之功，为不可及也。"

万种伤心只在心，微茫野史鲁溪寻。
新霜驴背诗千首，尽是师涓断后琴。

胡思敬 漱唐

刘廷琛《胡公漱唐行状》："公讳思敬，字漱唐。江西新昌人。光绪癸巳举于乡，次年成进士。乙未补殿试，选翰林院庶吉士。戊戌散馆改吏部主事。部司清简，公益肆力于学。日至书肆搜求经籍，老仆负囊从其后，无所不收，盖亦无所不读。宣统元年，补辽沈道监察御史，转掌广东道。上疏言事有云：'所论家族主义者，盖以贪官污吏皆由家累而成，因欲借新律以破伦常，使父弃子，兄弃弟。只身当官，乃能爱国。不知八口衣食之资，所费几何？苑囿池台，狗马声色，宴游博弈之事，耗财不可胜计，皆一人之俸养耳，于家何与？人必先有亲爱骨肉之心，由亲及疏，乃可推而达之于国。吴起杀妻求将，易牙烹子以食其君，可谓弃家族主义而就国族主义矣！如馆臣之说，破去家族主义，孑然一身，当其得志之时恣意豪奢，及其败也，脱身远飏。朝秦暮楚，任其所之，尚知以国家为念耶？近时习俗浇薄，民情日偷，父子兄弟之间有惭德者多矣。今又教猱升木，五伦既绝，生人之趣尽矣，国尚可为乎？'公居言路未及三年，疏四五十上。乞去未数月，武昌变作。丁巳复辟，授都察院左副都御史。卒年五十三。公居京师积书数屋，尽以携归。筑问影楼于东湖之滨藏之，因假为图书馆，就刻《豫章丛书》，搜辑先哲散佚孤本，书成得一百十种。辑邑志为《盐乘》十二卷。楼下为退庐，因号曰退庐居士。自奉甚俭，为购书无倦。至省书肆外，无他往。所著《退庐疏稿》《九朝新语》等。"

则虞案：《退庐疏稿》四卷，《补遗》附，民国癸丑刊。《驴背集》四卷。《戊戌履霜录》四卷，民国二年问影楼刊。

《退庐文集》《退庐留书记》《留书后记》，为辛亥后尽捐生平所蓄书，建图书馆于南昌东湖后，择其复出而切用者载归之书也。有云："余尝北至燕，南度岭，东游吴会，遍访藏书故家，汗牛充栋，自不可以数纪。要其著述之旨，不外义理、制度、事实三途。义理根于六经；制度，事实根于历朝正史。舍正道而勿由，别辟奇衺捷径而骛旁趋，则非鄙人所敢知矣。"

胡思义《问影楼藏书目录序》云："问影楼者，先仲兄漱唐藏书之所筑也。地濒东湖，绿柳红荷，隔绝尘坱。民国初元，先仲兄与省中诸搢绅为保存国粹计，因尽捐其馆中所有，设立江西全省图书馆，以饷馈士林，请于有司，案已定矣。越九年，江西教育厅长许公寿裳。援据部令改为江西省公立图书馆，主者缕述原委，与之力争。省长绍兴戚公甡之，卒以斯馆批准还我胡氏，至今岿然尚存，皆戚公力也。楼中藏书分为四部，都七万余卷，后得者亦三万五千余卷。书目厘为初、续二编，皆手钞者。丁卯避地海上，伯兄桐庵挟书目数册来与商榷，因取而阅之。所分部类尚属详明，惟虑其写来单行易就散失也，亟谋付剞劂，以永其传。"

陈衍《送胡瘦唐侍御归新昌序》："余识瘦唐，尚未为谏官。所居充栋连楹，皆古今人文集及史学舆地之书至数十万卷。"又与胡瘦唐书："足下拥书数万卷，殆僻壤所仅有，尚愿进德修业，推以造就来学。"又《岁暮怀人绝句·胡瘦唐》云："挂冠小筑百花洲，赣水烽烟起未休。曾否双峰山下去，读书闭户雅忘忧。"

杨昀谷《怀漱唐诗》："新昌归去独悲秋，世外犹虚问影楼。束皙《笙诗》堂上慰，傅玄《谏草》箧中收。藏书只益无穷累，异己还钦第一流。共说人师得安定，乡邦文献赖君搜。"

赵炳麟《柏岩诗存·送胡漱唐同年告身南归》有云："高吟千谷震，秘籍五车专。"注云："漱唐工诗，喜藏书。"

孙雄《壬癸诗存·感逝诗·胡瘦唐同年》云："薄海已无干净土，庐山尚有读书堂。退庵居士归田久，曾志坚冰与履霜。"

则虞案：漱唐有《湖上迟魏大未至见寄》诗云："万种伤心事，伤心只在心。解人惟见汝，避禄早归林。但倚书为命，宁愁突不黔。他年征野史，应向鲁溪寻。"此诗即用其义。

藏印有"新昌胡氏问影楼所藏"印。

征车三疏遽张皇，演孔公然拟素王。
改制《大同书》一卷，黄岩心术杂《公羊》。

康有为更生

《清史稿》本传："康有为字广厦，号更生，原名祖诒，广东南海人。光绪二十一年进士，授工部主事。少从朱次琦游，博通经史，好《公羊》家言。入都上万言书，议变法。给事中余联沅劾以惑世诬民，非圣无法，请焚所著书。二十四年，立保国会于京师，嗣命在总理衙门章京上行走，特许专折言事。有为连条议以进，旧臣疑惧，群起指责。太后复垂帘，尽罢新政。有为先走，星夜出都，航海南下，亡命日本，流转南洋，遍游欧美各国。鄂变作，有为创虚君共和之议。丁巳，张勋复辟，以有为为弼德院副院长。事变，脱归上海。病卒于青岛。有为天资瑰异，古今学术无所不通，坚于自信，每有创论，常开风气之先，述作甚多。"

《晚晴簃诗汇》："康有《万木草堂丛书》。更生有异禀，博极群书。少时曾游朱九江之门，勇于述作，以力开风气。自任讲学，援建声名甚盛。梁节庵赠以诗有'九流衮衮谁真口，万木森森一草堂'之句。"

《广东藏书纪事诗》注："长素初讲学广州长兴里，名长兴学舍。后迁广府学宫，因名万木草堂康馆。今有《万木草堂书目》，其命名则源于此。康馆所藏多属普通之书，戊戌政变，曾奉诏令饬南海县籍没其家，其书移置广雅书院中。今观廖泽群院长所编《广雅书院藏书目》，附列卷首所云：'奉督宪发下寄存书目，即康氏所藏也。洎民国成立，康氏归自海外，复锐志蓄书，广收宋元旧椠、佛典精本，孔氏岳雪楼残书尽为收纳，殿本《图书集成》在焉。晚年闲居，资用常困，屡以《图书集成》抵债，后竟弃之。今所见《万木草堂书目》，则民国回国后所复收之书也。身殁而后，遗书出售，归广西大学图书馆，所藏尚称得所焉。'"

则虞案：中华书局影印之《图书集成》，即康氏物也。门人东莞张伯桢为《南海康先生传》一卷，又弟子陆乃翔、陆敦骙为《南海先生传正编》一卷，所著书目附。《万木草堂丛书》经部凡十六种，史部凡六十二种，子部凡二十二种，集部凡二十六种。子部中有《日本书目考》《万木草堂所藏中国书目记》《万木草堂所藏书目记》。

又案：又《日本书目志》十五卷，上海大同译书局石印本。康氏题云："购求日本书至多，为撰提要，欲吾人共通之。因《汉志》之例，撮其精要，芟其无用，先著简明之目，以待爱国者求焉。"云云。此书近罕见。又《中山大学图书馆周刊》载有《康南海所藏宋元明版书目》，《西谛书目》有《南海珍藏宋元明版书目》一卷，钱安定撰，铅印本。又有《康氏藏善本书目》不分卷，钞本。

又案：康氏于版片流略之学，固不甚精心考求，除"丁晏诗注"内《著砚楼跋文》所举者外，余见康氏所藏通志堂《三礼图》上有何梦华印，康氏题云："此宋版明印，敬祉盖正统间人，此犹以丁晏为嘉庆时名士者同一未当也。"

藏印有"康有为""更生""长素""御赐天存阁""南海康有为更生珍藏"。

藏园园好复能藏，腊祭酹书劝举觞。
不必岁夸六百卷，一楼先已压同光。

傅增湘沅叔　徐沅姜盦　袁思亮伯夔

吴汝纶《江安傅君墓表》："往余从曾文正公客金陵，闻江安傅君好聚书，书多旧本精槧，遂与往还，得异书辄从君借校。是时江表新脱寇乱，书多散亡，人持书入市，量衡石求售，价轻贱如鸡毛比，行者掉头不顾。君职事冗，俸入薄少，独节缩他用，有赢剩尽斥以买书。不少遴，以故藏书至富。入则窟处书中，出则所至以车若船载书自随。于是金陵朋游中拥书多者，自莫征君子偲外，众辄推傅氏。其后再见君天津，则君已老颓。书故在，方僦君斗室，室无内主，聚从子若诸孙五六学僮。未几则闻君向所聚五六学僮者，连岁收科第以去。戊戌庶常曰增湘者，君第三孙也。或曰，君所聚书留贻子若孙，固宜有是。或曰君之留贻郁且厚，不专在书。盖传所称藏书家多矣，以余所闻见，聊城杨氏、潍徐氏、定州王氏、乐亭史氏，家多宋元旧刻，子孙有秩于朝，或取甲乙科第，亦云盛矣。其尤著者武强贺氏，能尽读家所藏书，以述作自表见。其在蜀则江安傅氏，其流亚欤？君讳诚，字励生。"

则虞案：王式通《志盦遗稿·清故资政大夫直隶怀安县知县江安傅公墓志铭》所称励生先生事，与吴挚甫所撰《傅君墓表》相同。增湘一字淑和，号书潜、清泉、逸叟，自号藏园居士、双鉴楼主人。光绪二十四年进士，曾任直隶提学使，创办天津、京师女子师范学堂。民国初任教育总长。著有《藏园群书经眼录》《藏园题跋》《续题跋》《清代典试考略》《秦游日录》《双鉴楼丛书》《蜀贤丛书》《宋代蜀文辑存》等。

伦明《诗》注："江安傅沅叔先生增湘，尝得宋元《通鉴》二部，因自题双鉴楼。比年南游江浙，东泛日本，海内外公私图籍，靡不涉目。海内外之言目录者，靡不以先生为宗。先生于书随弃随收，毫不沾滞。近者又去宋椠本四种，易一北宋《周易》单疏，每慨黄荛圃、张月霄辈汲汲一世，晚岁乃空诸一切，盖由役于物而不知役物，卒以自困苦，若先生者进乎道矣。"又云："先生刻《藏园题跋》二册，《续题跋》二册，言皆有物。自云：'每过一宋元本或明钞本，必以他本过校一次，书不能为我有，已不啻为我有矣。'复云：'每日校本以三十页为度，平生所校约八千卷，今后当日有所增也。'"

《双鉴楼善本书目自序》："昔先祖北河公雅嗜儒素，丁乱离之会，锐意以收书为事。曾得兴文涑《鉴》，为莫邵亭、吴挚甫所激赏，是为余家藏书之始。余幼而薰习，殆若性成，弱冠以来，无日不与书卷相亲，第四十岁以前，多缘求学所资而吾家未有者为急，以云善本，殆未遑也。逮辛亥解组，旅居沪渎，得交沈寐叟、杨邻苏、缪艺风诸先辈，饫闻诸论，始知版本雠校之相资。遂乃刻意搜罗，迨今十有八年，于是藏园之富，与谬台之高，互为增长矣。令儿子忠谟简料库储，分别部居。凡宋辽金本为卷三千四百有奇，元本为卷二千三百有奇，益以明刊钞校得三万卷。"云云。

《藏园遗稿·西涯校书记》："癸丑之岁，桑海初见，余方解组奉亲侨寄津门。忽遭内艰，惨戚无憀，思就京师图书馆读书，聊以遣日。遂以六月朔入都，翌晨诣馆，请于主者，许携书往校。馆设于光绪三十四年，时南皮张文襄公方筦学部，主持其事，赁广化寺别院为藏书之府。寺临西海北崖，即古之西涯也。溯自夏历秋，凡经手勘者，《后汉书》一百四卷、《宋书》七十三卷、《梁书》四十卷、《陈书》九卷、《北齐书》十六卷、《容斋随笔》五卷、《四笔》五卷、《赵清献集》十卷、《苏文忠集》四卷、《和陶诗》四卷、《苏文定集》四十四卷，皆宋本也。《嵇中散集》十卷、《温飞卿集》七卷、《别集》一卷、《长江集》一卷，皆校本也。通得三百四十二卷。迄九月中旬，忽奉令闭馆，始束装言旋。凡住馆者先后百有六日矣。按馆中所藏，多为内阁大库元明以来相传之遗籍，其古刻旧钞颇有近时罕见之本。又益以江督端方所进姚、徐、瞿、陆之书，宏富殆不亚于天府。余兹行也，身入娜嬛福地，凡文渊晋府之藏，皆得排日披寻，从容考览。虽琳琅满架，未遑遍事丹铅，然为时甫十旬，而积卷已逾三百，于平生之愿望幸慰良多矣。"

陈宝琛《题傅沅叔藏园校书图》："投老书城被世尘，廿年缥帙未离身。寻山独惜分阴暇，隔海亲搜秘藏珍。取次校刊媲黄、顾，会看著录过晁、陈。一楼双鉴松声里，已傲同光几辈人。"

又《题傅沅叔藏元椠〈通鉴〉初印本》："三世藏书自昔难，使君述德与传观。巨编天禄烦钞补，善本鄱阳出覆刊。桑海迭番谁此寿，丹黄穷岁似无官。新收宋椠供雠比，百衲何如璧最完。"注云："匋斋百衲宋本《通鉴》亦为君所得。"

夏敬观《为傅沅叔题〈西涯校书图〉》："得书供校雠，订讹资考据。何黄惟存真，功亦次孙、顾。君本天禄人，劫后寺斋住。博收兼约取，卷卷有眉注。昔校涑水编，获勘武英误。用知旧钞贵，契心领兹趣。吾侪非佞宋，正尔豕鱼惧。从君载一瓻，其宪发吾虑。晦翁刊《易传》，书肆烦告语。揣想宋士夫，矜慎多佳处。诚斋勤批书，劳绩寒岩胙。西涯君食邑，此图即掌故。"

章钰《四当斋集·傅沅叔属题〈双鉴楼图〉，图为顾鹤逸隐君作》："万叶元椠百衲宋，藏园藏书此星凤。年年香火长恩供，陆沉故国今重游。百城言言君其侯，赏奇同忆双鉴楼。岂况富藏更富校，当年研削曾同调。君兮江海我行潦，嬛嬛福地今何托。画中山水差不恶，出尘我羡西津鹤。"

又《〈藏园祭书记〉题词》："辛未岁莫，江安傅沅叔藏园祭书，钰以夜寒道远先归，题名《记事》吴江沈羹梅兆奎详矣。是年主人周甲，座中以齿序，八十以上为胶州柯凤孙劭忞，七十以上为江阴夏闰枝孙桐，次则六十、五十、四十、三十、二十以上皆备焉。远者东晋兰亭，近者吾吴绣谷，皆以少长咸集闻，或不能如七级浮屠层累而上也。时事不可说，主人以'苦中作乐，忙里偷闲'八字括之，与江湖长翁《游云山诗》韵八字适合。钰欲撮题近志，亦无以易之。越岁壬申正月初九日记，时钰年六十有八。"

吴昌绶《松邻遗集》："戊午岁除，沅叔集同人为祭书之会，赋诗纪之：'祭书自慰肝膈苦，祭书非侈储藏多。校雠岁遍六百卷，丹铅郑重逾吟哦。主人政余特闲雅，家庖仍约朋僚过。胶州老史推祭酒，汾阳诗事勤搜罗。宋元明本日挂眼，旧游邓董同书魔。后来诸子各英妙，能通流别工订讹。病夫吴船倦残梦，笺题小令重摩挲。归车冲寒兀赢马，冻笔手把空卮呵。侧闻林亭擅幽胜，嬛嬛宝秘殊行窝。明年此夕续高会，倚灯为补藏园歌。'"

沅叔辛酉小除夕为藏园祭书之会，与会者：武进董二绶金、仁和王五叔鲁、嘉定徐二星署、萧山朱大翼庵、吴江沈七元梦、浭阳张七孟嘉、长白彦四明允、海宁张大冷僧、侯官邵十幼石，主客凡十人。余以今岁所得宋刊《中说》《文选》《坡集》《临川集》《清虚杂著》诸书相示，星署以宋本《陆宣公奏议》，翼庵以宋本《汉官仪》来会。展玩竟夕，因为诗以纪之："藏园寂寞城西陬，中有一人癯而修。丹铅忾忾老不休，拂尘扫叶心无忧。腊鼓声催岁且遒，折简召客八九流。不闻管弦发清讴，不用樽酒倾牢愁。霜华五夜生瓦沟，花气晻蔼芸香浮。牙牌锦匣珍瑶璆，萧《选》半部传明州。《坡集》前后傲邓、侯，《清虚杂著》谁所售。樊盛吴缪相赠酬，河汾《中说》虞山留。绛云一炬疑奸谋，《临川》巨集兼全求。祖本乃复思秦邮，名钞《汲古》森银钩。《杂记》幸遇东家丘，桑《经》杜《典》秘阁紬。一朝妙合欣匹逑，满簏之获歌瓯窭。部居甲乙供猎搜，主人痼癖不可瘳。更招朋好相绸缪，座中诸客黄顾俦。寻声结契来骎骎，诵芬毕世勤雕镂。精心恐失如虑囚，王郎奇风溢十洲。墨皇坐拥张茵帱，卓哉嘉定矜贵游。《陆集》出自公觥刘，萧山门业传金瓯。大刀独夹风雅辀，《汉仪》三卷思壮猷。故应集古追王俅，东阳才笔逾枚邹。清言妙发常决瘤，阮氏簿录郑校雠。闭户夜夜焚膏油，溧阳画理追朱繇。从我频泛苕霅舟，零篇断简纷不揉。集腋贵比千金裘，午门岩峣阁四周。彦子辟馆良自由，鞯囊八千真汗牛。冷僧健笔孰与侔，露钞雪纂千卷裒。一任俗子空谤訧，侯官农部历千秋。连宵听唱量沙筹，揭来就我开新篘。酒酣落笔心手柔，清游良会互劝酬。纸窗竹屋风飕飕，寒宵聚影灯一篝。异书瞥见开双眸，本分龙爪字臼头。佚文坠简工绎抽，世人嗜好殊薰莸。长安尽日飞轻辀，上胝枢柄下货赇。往往杯酒生戈矛，坐令大陆翻龙虬。殿门怪马啼鸲鹆，饥鸟千万声啾啾。书生无力锄鹎鵊，旦晚视息聊自偷。辽刊金椠勤咨娵，宋廛岁祭絜脯修。长恩神明今在不，人生五十波上沤。叔世功名多缪悠,金钰未必胜瓦抠。何况双鉴堪名楼，黄金散尽宁足尤。但祝年年长获收，安能役役荣利为人羞。"

则虞案：祭书之举，盖始于荛翁。沈士元《祭书图说》云："黄君绍甫家多藏书，自嘉庆辛酉至辛未年，尝祭书于读未见书斋，后颇止。丙子除夕又祭书于士礼居，前后皆为之图。夫祭之为典，巨且博矣。世传唐贾岛于岁终举一年所得诗祭之，未闻有祭书者，祭之自绍甫始。其士礼居《祭书诗》有云：'归家倏忽岁将除，折简频邀共祭书。君作主人真不忝，我称同志幸匪虚。仪文底用矜能创，故事还应永率初。更愿齐斋刊合奠，每陪醑酒与羞蔬。'"

又《藏园群书题记》卷二："戊辰一岁中藏园主人校书得四百三一五卷，十二月岁除前二日举行祭书之典，沿往例也。与祭者会稽沈祖宪、江阴夏孙桐、长白宝熙、汾阳王式通、赣县陈任中、江夏傅岳棻、杨熊祥，约而未至者长白彦惠、侯官邵继全、萧山朱文钧、吴江沈兆奎、丰润张允亮。题记者仁和邵章伯絅。"

增补：藏园祭书岁一行之，诗文略举如上，不及具也。受之影响，先父在世时，吾家亦于岁末年二十三晚九时举行祭典，凡本年内购买入家的书籍、本年内撰写之文稿、诗词均列放于祭桌上，焚香祭礼。直至"文革"停止矣。

金兆蕃《安乐乡人诗·题傅沅叔小像，用竹垞题徐立斋小像韵》："早年才望压清华，博物东方第七车。晚动乡心悬井络，坐摩老眼斠麻沙。""自言积习比虫鱼，获一珠船得宝如。云覆精庐虹照夕，万人海里百城书。"

则虞案：沅叔身后书归北京图书馆（今国家图书馆）及重庆西南图书馆，有关其藏书文字题跋极多，不能具引。其书皆在，故钤书印记亦不著录。

藏园藏钞本《汉泉漫稿跋》云："此帙为友人吴门徐君姜盦所藏。余与姜盦昔年同客津门节幕，文讌往还，殆无虚日。鼎革后，侨寓夷市，复衡宇相望。赏奇抽秘，意气夙投。频岁喜收古书，多蓄名人钞校善本。余所获见者，有吴兔床手校《容斋五笔》《柳河东集》，咸称珍秘。雅嗜校雠，丹铅点勘，时相质证。知余勤搜宋元人专集，而双鉴楼著录此书，独无旧本，其用意肫挚，至可感也。"

伦明《诗》注："湘潭袁伯夔思亮，藏宋本《苏诗》，翁覃溪故物也。覃溪得此因自号苏斋。文禄堂主人后又得一部，亦覃溪旧藏。前半部册首皆有东坡像，后归傅沅叔。伯夔曾得持静齐藏世采堂刻《韩昌黎集》，世称宋本集部第一者，竟毁于火。"

粤海焚烟旧世家，楼高百靖驻年华。
薜萝招隐皋桥路，老向危阑倚断霞。

邓邦述 孝先　　赵烈文 能静

邓邦述字正闇，号孝先。先世金陵人。孝先为邓嶰筠制军之后，道光中叶，制军与林文忠策略焚烟，嗣与林先后谪戍伊犁。赐还后侨居吴中，有百靖楼，故诗云及。孝先光绪戊戌进士，入翰林，官吉林民政使。少时就婚常熟赵氏，得读天放楼书，慨然有志收蓄。通籍后，广事搜罗，辄倾囊不倦。及从海外归，尽收宋元旧刻与精钞本，积书至二万余卷。曾入端方幕府，助其收购丁氏八千卷楼藏书，曾筹办江南图书馆。又得黄荛圃旧藏《群玉》《碧云》名其楼，每书必躬加题跋。丁卯以负逋山积，所藏鬻诸中央研究院，有《群碧楼书目》九卷。其鬻而未尽者，别《寒瘦山房鬻存善本书目》七卷。著有《群碧楼诗钞》《六一消夏词》《沤梦词》。

荛圃题跋云："宋刊《群玉》《碧云》两集，送考玉峰时所得，寿凤镌小印曰：'碧云群玉之居'。"寿凤，荛翁子也，著有《说文部首歌》。费行简《当代名人录》："邦述使欧洲考察宪政，已而联姻于端方，遂被峻擢。徐世昌督东，荐授吉林交涉使，以编修七品跻三品，可谓异数矣。入民国，初任牛庄关监督，调任芜湖关，未几乞罢去。邦述状貌疏秀，少工词章，法端方所为，收蓄金石书画。"云。

章钰《四当斋集》有邓孝先藏王惕甫先生手评《独学庐初稿》印本诗，又有《中州集》评校本跋，此亦孝先所藏，常熟二冯及何义门评校本也。别有弘治不全本《中州集》六卷。

曹元忠《笺经室遗集·景宋钞本〈碧云集〉跋》云："荛翁景写《碧云集》及《李群山诗集》有二本，一为爱日精庐及铁琴铜剑楼所藏；一自录副本，今藏读有用书斋。其宋椠原本有玉兰堂辛夷馆徐健庵、季沧苇、冯复初、张文通、安仪周诸家藏印者，后为江宁邓观察邦述所得，至以群碧名其藏书楼。"云。

《寒瘦目·澳门新闻纸跋》云："六册，中记鸦片事甚多。先曾祖督部公与林文忠公同官粤中时事。后文忠移粤，先曾祖移两江，词集中有'换巢鸾凤'一阁，即指此也。先曾祖请回避不许，过庾岭而朝命改云贵，未行，而舟山之役起，又调闽浙。御英舰于厦门，盖朝廷倚二公甚笃。直至琦善主和，不得已而有伊犁之谪。外人以两江调粤为左迁，则有憾于文忠，而不习中国情事。先曾祖于鸦片一役，始终其间，而不免为文忠所掩，岂主客之势异耶！家有百靖楼，故诗云。"

《群碧楼书目初编叙》云："此初编九卷，所收之书为宋本八百十六卷，元本二千七百四十三卷，钞本五千三百三十八卷，明本一万五千四百八十八卷，批校本八百四十九卷，都二万四千九百六十四卷。盖竭十年之力，费银七八万两，仅乃得之。余年二十二始就婚于虞山，外舅能静赵先生筑天放楼，藏书数万卷，得读未见之籍，然于宋元版本懵然未之觉也。光绪辛丑入溵阳尚书幕中，尚书收藏金石书画甚富，始稍稍知考订鉴别之学，间及书籍。而余修脯日腴，甲辰居吴门，罄所入之余，尽以买书，然其时虽贫犹无债也。明年乙未，遍游环球，又明年归，居京师，始收宋元钞本。居京师不足一年，积书万余卷，厂肆书贾云集响应，昕夕候于门者常十数人。遇善本往往出善价不吝，每用以自豪。"云云。

《群碧楼善本书录·寒瘦山房鬻存善本书目序》："曩宣统辛亥之六月，余官吉林于将行也，草一《群碧楼藏目》付印，聊以备检查也。晌经国变，不一年，辟居津门，几无以为活，乃举宋本七八种出以易米。收书之兴，于是乎大衰。后数年，见有善本亦稍稍搜集，而宋刻日昂，不敢问鼎。丙寅举债买一宅，逋负山积。丁卯春，茹痛持一单向人求鬻，至五月，始遇子民前辈收而庋之研究院中。前序所谓'昔借债以买书，今鬻书以偿债'者，乃竟验焉。前《目》都二万四千九百六十四卷，今《目》总一万三千一百八卷，鬻已过半矣。若宋本则前只八百十六卷，尚有审定而剔除者，今《目》得九百五十九卷，又加增焉。其鬻而未尽者，则为《寒瘦山房鬻存善本书目》七卷，此《目》有宗舜年、吴梅序。"

群碧、寒瘦题名之由，《群碧楼善本书目·碧云集题识》云："余既收尧圃所藏二李集，狂喜累日，遂名吾藏书之所曰群碧楼。始亦姑漫名之。既见尧圃亦刻一印曰：'碧云群玉之居'，此两书中皆钤之。然考群玉生于晚唐，碧云已入南唐，论其后先，余之命名为较确矣。"《寒瘦目·贾浪仙长江集》后题五绝句，第五首云："东野遗编检旧签，荒斋寒瘦一时兼。骄儿初解摹秦篆，小印猩红卷卷钤。"注云："余旧藏弘治本《东野集》，亦为善本，因更署曰寒瘦山房。俣儿年十八，初学作印，因命镌一印，将遍钤之。"

著砚楼藏有正闇《双泖居书目初编》，为正闇手写本。自题书衣云："丁未年后所得，在他册则此目早年所得。自录宋元本只十二种，群玉碧云皆在其中。所录明本一百二十种，其钞校本六十五种外，此则清代刻本三百六十二种，悉为初印精椠之本。今所传《群碧楼书目》为晚年手订，增益善本甚夥，其通行本悉皆刊落，不在目中。"正闇身后，遗书散入沪市，善本叶揆初得十余种，通行本有流入黔蜀者，余曾见之。

叶景葵《题群碧楼善本书目·寒瘦山房鬻存善本书目》云："孝先故后，其家议售书以维生计。先托某君持硃印《寒瘦目》经孝先以所得价详记目内者，带至上海，属余估价。久而不至，余驰书往询，又另托某君持一草簿来，详细考校，知精本未列簿内者甚多，无凭估计。盖所托之某君将簿内精本抽去两页，故不符也。时京苏书估麇集，闻已有零本流入苏肆，余急驰书告其家曰：'来目不足凭，兹就《寒瘦目》除去王绶珊所购，约略估计尚值二万元，其余普通书，似亦可值一万元，倘购主允八折，即可脱手。'幸孝先如君因应得宜，竟实得三万二千元。购者苏州集宝斋、北京景文阁、东来阁、文殿阁诸家。其中费闻亦达七八千元。前所记某君某君，皆在分润之列。若辈出价既巨，则转售之价必越常轨，闻《全唐诗》底本，拟批价一万元以上，孝先九泉有知，必拈髯一笑，自诩鉴赏不虚也。所奇者，《寒瘦目》全部两批售出，皆以余为导引人。余所借校本《华阳国志》两部，龚校《韩诗外传》，及明钞《洪武圣政记》一册，共四种，幸未交还，决为保存于合众图书馆，将请孝先知己之知书价者二三人，公同估价，偿还其家，以了经手，亦不负死友之谊也。某君所持之红印《寒瘦目》，索之不得，亦狠矣哉！闻不入《寒瘦目》之精本，有王雅宜手抄《陶集》，王西庄校《晋书》，吴云甫注《顾亭林诗集》，大约后来所得，不知尚有其他秘笈否？盖已一扫而空矣！群碧目内之书，皆售于中央研究院，售价五万元，实得四万五千元，以五千为经手某君寿，盖非某君之力，则研究院断不购此古籍也。"

"己卯六月十七日，闻孝先逝也，以诗挽之：'促膝谈心甫两旬（五月廿二日携第三子枉过畅话），如何一蹶已归真。丧余骨肉仍罹劫（长子死于蜀，家人讳不以闻），鬻后图书不疗贫。宁学翳桑成饿莩（宁学翳桑之饿，不愿分闵贡之肝，去夏来书中语），独留劲草慰先民。卅年风义如昆季，三复遗笺涕满巾。'"

则虞案：《邓氏所藏善本书目》不分卷，江苏省立图书馆藏钞本一册，又《群碧楼善本书目》钞本一册，北京图书馆藏，与刊行者皆有别。

伦明《诗》注："孝先先编《群碧楼书目》九卷，重编《群碧楼善本书目》

六卷、《寒瘦山房鬻存书目》七卷，益君曾以书之一部归中央研究院。所鬻余者，别为之目也。君自序称：'昔借债以买书，今鬻书以偿债。'嗜书者有同慨也。君于近代本殊多茫昧，如沈果堂《释骨》一篇，有单行写刻本。《果堂集》中亦有此篇，乃收一传钞本，且疑未曾付刻。诸如此类，难免拿陋之讥矣。"

邓正闇之舅赵烈文，字惠甫，亦字能静。阳湖人，赵氏恭毅公六世孙也。其言："学期于有用，为文章抒己见。虽从曾公游，未尝囿于桐城文派庸悍雅洁，自取法于古。为诗歌及长短言，悉超绝。晚岁喜金石文字，得一拓本，援引考订，为跋语恒数千字。"国朝金石家翁北平号最精审，然先生屡驳其误。其博核如此。家居二十年，日手一编。见方怡所撰《墓志铭》。烈文著有《天放楼集》。

孙雄《郑斋感逝诗》注："曾某特保常州四人，均有济世之才，曰刘翰清、方骏谟、周腾虎，其一即刺史，有《天放楼集》。官易州知州。中岁即解组归田，爱吾邑山水之胜，寓居城西，辟园林曰静圃。覃精金石，著述甚富。"

藏印有"能静居士""天放楼"诸印。

天地风云接素秋，橐装归筑好樊邱。
传家谁续《褒忠录》，贾客争求大本头。

易学清兰池　**易容之**若谷

　　《广东藏书纪事诗》注："粤垣华洋交易，以七十二行商闻。易氏为洋商之一，西关十二甫，易府渠渠大厦。近年闻名者，有进士易兰池学清，其先代富藏书，始于何人，其名不彰，有《有是楼藏书目》，为新会阮宽然所编。虽无宋元椠本，然明本不少，最近亦无嘉庆以后者。其装订合两三册为一册，俱厚一寸以上，人呼为易大本。书坊见之，不问而知为易氏书也。每书均钤有'易氏目耕堂'印章。其藏书之地则名有是楼。光绪晚年，书已次第散出，民国后，书堂遗址亦已易主矣。"诗云："传家忠孝姓名彰，夙好芸签富贮藏。有是楼前多大本，坊人能说目耕堂。"

　　鹤山易若谷观察容之，少贫，后业洋务致富。喜藏书，类多善本。援例选湖北德安知府，膺卓荐以道员升用。丙辰楚匪陷德安，适长子某某以府经分发广西，省亲在署，城破代父朝服升堂，骂贼遇害。贼知非本官，穷搜遇观察，巷战戮之。姬人携幼子杂乱军中，逃出行丐数月，遇乡人始经纪南归。事闻，上以其父子同时殉难，忠孝传家，予骑都尉世职，子袭云骑尉世职。

操赢心计到奇书，异代儒生亦大夫。
为问汉家《录》《略》里，九流何事失陶朱。

叶景葵揆初　　张寿镛咏霓　　朱文钧翼盦

叶景葵字揆初，浙江仁和人。光绪癸卯进士，大清银行监督。精校勘赏鉴，最重先贤遗墨。每见旧稿及钞校本力收之，尝印行张成孙《偕声谱全书》。

伦明《诗》注云："杭州叶揆初浙江兴业银行董事，收藏稿本、抄校本甚夥。"云云。

顾廷龙《卷盦书跋后记》云："叶揆初先生名景葵，卷盦其别署也。盛年抱负经世之志，尤醉心新学，其受实业救国之影响甚深。尝佐治督幕，经理厂矿，皆有所建树，而主持浙江兴业银行以终其身，殁于一九四九年四月，年七十有六。先生年逾五十，始致力于珍本之搜集。每得异本，必手为整比，详加考订，或记所闻，或述往事，或作评骘，或抒心得，而以鉴别各家之笔迹，眼明心细，不爽毫黍。所撰跋语，精义蕴蓄，有如津逮、宝筏，裨益后学者甚巨。毕生手校及过校者颇多要籍，他日当别谋汇印，以附于抱经、丹铅、存斋之列。综一人之心得，俾百世之取资，采撷果实，其效弥宏。前修之勋业，庶不负矣。先生晚年适丁丧乱，目睹江南藏书纷纷流散，文化遗产之沦胥，奭焉心伤，遂发愿创设文史专门图书馆，捐书捐赀，乃克有成。命名曰合众，盖寓众擎易举之意，即今之上海市历史文献图书馆是也。"

《著砚楼书跋·叶揆初手校瓯钵罗室书画过目考跋》云："此《瓯钵罗室书画过目考》四册，曩岁得自来青阁书肆，眉上校语系叶丈揆初遗笔，附札一通，盖丈曾以此书就正蒋孟苹先生者，自称二十年以前手笔，知丈中年流览所记。抗战时，丈创办合众图书馆于沪上，招余从事编校之役。先后逾十年，因得尽窥枕秘。纂录《藏书提要》十余册，并与校勘藏目之役，惜目成而丈已不及见矣！"

吴士鉴《含嘉室诗集·送叶揆初景葵返开封》："金门合有此才留，春水生时又此游。菉竹藏书尊北宋，蓬莱著录遍中州。充肠文字酬知己，放眼山川入暮秋。我亦河梁余昨梦，繁台烟柳记停骖。"

《敬乡楼诗·叶揆初六十寿》有云："百年池馆春方永，九府图经凤所详。

旧籍新镌符鹤算，为公特献侑眉觞。"

《四当斋集》有《全上古三代秦汉三国晋南北朝文稿本题词》，此归安严铁桥先生稿本，为同年仁和叶揆初所藏。

则虞案：此稿原藏王雪澂许。

伦明《诗》注："辛亥以来掌财政部者，如王叔鲁、张岱杉、李赞侯、潘馨航、张咏霓，皆好聚书，王有宋本《后汉书》，张有宋小字《公羊》《穀梁》合刊本，宋本《通鉴纲目》，李、潘古本精椠尤多。罢官后，皆散佚矣。惟咏霓近刻《四明丛书》其二集，若陈良谟《忠贞公遗集》《华夏过宜言》《钱肃乐忠介公集》、魏畊《雪翁诗集》、张煌言《苍水集》《冯京第侍郎遗书》、高宇泰《雪交亭正气录》、万斯同《宋季忠义录》，俱属私藏秘本。表彰乡哲，视珍秘自矜者，又偭乎远矣。"

寿镛字咏霓，曾任财政部次长、光华大学校长。编有《四明丛书》，纂有《四明经籍志》。

《约园杂著》三编（藏书题跋）《自序》云："余以读书人而号藏书家者，所得皆中驷耳。人曰佞宋，我曰避宋。购一宋而非宋者百部千部，甚或万部去矣，独可夸者钞本耳。历年之所蓄，都二百余种。有批校本焉，有精钞本焉，有稿本焉，有普通写本焉。余既幸而得此，若不为之阐扬幽渺，苟一零落，后人安知更有此书存者乎！忆丁丑之冬，避难僻地，编辑书目，以刊本刻岁为次，开编目之创例，即《元明刊本编年书目》是也。余以读书人而号读书人之藏书者，今又为好古家之藏书人矣。此则又可笑者也。"

编制《书目汇志》云："欲志书目之编制，宜述购书之经过。余自幼好书，年甫冠，见椟书中所有经学为多，时方探讨文学，于是自二十岁至三十岁所得，皆文集也，然为普通本。购书之广，自庚申年始，善本之得，亦肇于是。乙丑而降，久居春申，所获益精，而以己巳之收陶氏涉园书，庚午之收歙县宋氏一览楼书（书仅二种，即阮校《太平御览》及天历本《范文正公集》也），为最足满意者。至庚辰以至壬午，访书所及，于故家钞本，皆迻录焉。今所藏钞本，皆斯时依之转写者也。追溯既往，岁月不居，积五十载之时光，储十六万之卷轴，以私人之力而欲与秘阁抗衡，可谓痴矣。余之手自编订之目，最完整者，为《元明刻本编年书目》二册，其次则《善本藏书志》二册，实先《编年书目》为之，时在十余年前，故续购者多未及焉。"

《约园善本藏书志》六卷二册，咏霓手编，钞本，藏者近十万卷。善本以明刻及乡贤遗著为多，西谛借观。

伦明《诗》注："萧山朱幼平文钧，博嗜而精识，藏有蔡君谟墨迹、宋拓整本《九成宫》碑，及古玉古铜等无算，书则有宋刻《啸堂集古录》，翁覃溪故物也。他宝玩佳椠极多，迩年卧病故都，稍有散失。君久在财部，尝张岱杉、李赞侯掌部日，雅重君，每得古物，辄以询之。廖莹中为贾似道门客，为似道鉴别金石书画。自刻世采堂《韩柳集》、玉版《兰亭》，艺林宝之。"

茗柯至理果何如，夕照霜根幸草余。
三百年来谁尚友，亭林心迹菀翁书。

章钰 式之

张尔田《章式之先生传》："先生章式，讳钰，字坚孟，又字茗理，别署曰蛰存，曰负翁、晦翁，晚年自号霜根老人。弱冠补博士弟子员。肄业于紫阳书院、学古堂，称高材生。己丑恩科中式举人。聚书二万卷，遍读之，尤长于金石目录及乙部掌故之学。光绪癸卯成进士，以主事用，签分刑部湖广清吏司行走。嗣以劳保加四品衔，调外务部，兼京师图书馆编修。辛亥国变，弃官从好，旅食于津沽间。先生自以为国事无所裨，而文献之寄不可以无传，即以读书报三百年养士之泽。读书不求善本，则郢书燕说，谬种流传。于是发愤遍校群书，取宋尤延之语，揭所居曰四当斋。日坐其中，丹铅不去手。闻有孤椠异笈，必展转传录。时流人居海上多藏家，佐其镒畲，见闻日富。盖校雠之学，吴中最盛，顾黄而后，先生承其绪，益恢而大之。凡人间未见之书，经兵燹散出，及流传海外者，比之珠船，一字千金。先生左右采获，辅之以博学渊识，遂以发诸老先辈未发之覆。所校雠中《通鉴》正文，据宋本校出脱误七千数百条，写为校记三十卷。钱遵王《读书敏求记》传录本多舛误，管庭芬尝有校本未刻，先生据之，复根本原文所出，为之校证。其他所校薛居正《五代史》《契丹国志》《大金国志》《三朝北盟会编》诸大部，丹黄丛杂，多未写定。卒年七十有三。者子以先生遗书归燕京大学图书馆保存。"

顾廷龙云："先生别署甚多，又曰长孺，曰慈闇，曰曙戒学人，曰北池逸老。颜所居曰崇礼堂、曰茗理簃、曰不斗斋、曰算鹤量鲸室、曰四当斋。镌藏印曰蒋山傭、曰积感之民、曰充隐、曰鸥边、曰江南老教书，皆足以见先生之志也。又谱名鸿钰，一字汝玉。登贤书后，即已不用。"

《章氏四当斋藏书目》凡上中下三卷，分子丑寅三类，为顾廷龙编。前有俞陛云、田洪都序，后有廷龙跋二。综其遗籍，可类别为三：一、经丹铅者十之二。凡治一书，必贯首尾，点勘多至六七周不倦。一、可珍秘者十之一。宋元旧椠，明清精刻，虽不称富，足备一格。前哲遗稿，家传希籍，菀圃渌饮，校勘名家，同叔卿生，文行君子。剩墨遗翰，当同球璧。一、为通行者十之七。俞陛云序称校中董其事者，则启精舍以奉藏之，而箧书至七万余卷之多云云。

则虞案：四当之义，盖出尤袤告李焘语："吾所钞书共若干卷，将汇而目之。饥以当食，寒以当衣，孤寂以为朋友，幽忧以当金石琴瑟。"明胡元瑞语意亦略同。其《四当斋藏书目·袁海叟诗集跋》云："三十年来有敛书之癖，一日不添书即觉虚度一日。四当之名，可谓实有所归。"

《缘督庐日记》宣统三年五月十九日记："章式之来，已由吏部改调外部，兼领图书馆。述所藏秘册有《宋太宗实录》残本，又有《民钞纪略》，又有《大观录》，题吴郡吴敏纪。言董华亭有子不肖，得罪乡里，署书楹帖，思翁尺蹄寸纸皆毁灭，潴宫仆碑不啻也。民者舆论，钞者籍没之词。又言黄尧翁《所见录》稿本十余册，殁后付瞿木夫。庚申劫后，为陆存斋所得，其所著《群书校补》，郭象之窃《庄》也。皆闻所未闻。"

又壬子十二月廿六日记："得式之津门书，言以校书遣日，假人旧校迻录新本，一岁已得六百余卷。此亦荆棘中安身之一法也。"

奭良《野棠轩诗集·寿章式之》有云："护持经籍嗟微禹，徙倚书丛当避秦。"

《读书敏求记校证后记》云："《敏求记》一书二百年来仅有三刻，钰先有阮氏《文选楼》、潘氏《海山仙馆丛书》两刻本，光绪戊戌见上元宗耿吾舜年家藏于赤霞所录管芷湘先生汇校本，慨许传录以汇校者。用赵孟升初刻本与阮、潘本互异置之。癸卯在都得沈尚杰修改赵本。戊申夏有与耿吾同客宁垣，得迻写一过。此从事此书之始也。宣统初元，奉调外务部时，蕲水陈仁先曾寿同在日下，藏有叶润臣影钞黄尧圃校本，江宁邓正庵邦述适传得劳巽卿校补严修能本，江明缪艺风荃孙又以吾宗老硕卿寿康所钞赠之芷湘汇录清稿二卷残本见贻。中间又于江宁图书馆见小山堂钞集部残卷。裒辑渐多。辛亥以后，侨居津上，以校书遣日。托江安傅沅叔增湘转借上海涵芬楼藏遵王题词一册，审为《敏求记》之初稿。先后又从嘉兴沈子封曾桐借吴有堂、谢枚如两校本，与芷湘汇录原稿三卷残本，从乌程蒋孟苹汝藻借濮梁序本与吴槎客、黄尧圃两原校本，合新旧所见校者、钞者，都二十七家。又通校阮、潘两刻本。小有异同，罔不备列。至是钰所有沈修赵本，蝇头杂沓，不便披寻，乃发兴录一净本。老友高远香德馨适游津门，分任其半。朋好咸谓可刻。岁在甲子，钰忽忽年六十矣。长子元善谋所以为娱者，为发行箧中所校群籍，惟此书费日力为多，可备治目录学者一助。乃考诸各史志及宋以来公私藏目数十种，以证《记》中各书完缺异同之故。又就遵王记文一一搜索原本，纠误补漏。自乾嘉朝老辈递至近贤校语，胪列亦多，彼此互异，不得不衷一是。复缛及无关要义者去之。计得二十四万余言。"

则虞案：民国丙寅刻成，有朱印本。

顾鹤逸绘有《四当斋勘书图》，邵章《云淙琴趣·瑞鹤仙·题章式之同年四当斋勘书图》："钻书成白首。算残鬓，山河洞天清寿。觚棱廿年旧隐，郎官寮底，朝衫如绣。丹黄点就。浑不计轻寒揾袖。锁重门，微笑拈髭豪放，面城时候。谁又，香薰荛圃，叶扫涧蘋，一家双靓。琳琅讽籀。堂千顷，史宬副。羡吾庐春老，雪钞霜椠，漫诮书痴冷瘦。喜岁朝、甲子迎年，冻梅沁透。"

金兆蕃《安乐乡人诗·赠章式之同年》："人心有如水，汜滥迷所乡。收束入铅丹，隐约立亭障。我梦不及此，土梗恣飘荡。英英同征友，朗抱贞素尚。避地岂必归，身入娜嫏藏。守者二苍虬，鳞角幸无恙。静闻足音喜，殚取禁本饷。我笑段柯古，寓言到脉望。蠹化尚后尔，心化定何状。退藏万卷中，高置百流上。君言腰背疲，据梧神益王。行年已五十，文采不殊壮。馈贫不在多，毋吝一瓻贶。"

又《瑞鹤仙·题四当斋勘书图》："一廛楼万玉。仗深护幽兰，春温空谷。乡山画中绿。慰倦旅心情，小窗横幅。精庐云覆。耿寒灯，谁窥夜读。叹承平，向巩风流坐拥，石渠天禄。遐瞩。丹研铅注，万遍摩挲，《郡斋》新录，百年芳躅。芸欲烬得君重续。笑当时料理，韘裘银饼，枉自钞胥暗属。竚归帆，珍箧藏山，托松傍竹。"

先生年七十，海盐朱彭寿以萧山章钰订校刊印之《杨忠愍公全集》为寿。萧山章钰字梅溪，号虚中，友毛奇龄。尝辑《古名臣遗迹》一卷。

伦明《诗》注："式之居津门，以校书遣日。自言'假人旧校旧钞本迻录新本，一岁得六百余卷'。余向自题《校书图》有句云：'千元百宋为吾有，眼倦灯昏搁笔初'，此中滋味想君能领略之也。君又言黄荛翁《所见录》稿本十余册，殁后付瞿木夫。庚申劫后，为陆存斋所得，所著《群书校补》即窃之荛翁者。向闻人言《仪顾堂集》前二卷考证之文，系吾乡某君之稿，存斋购得，据为己有。果尔是存斋惯于窃取也。"

则虞案：霜根批校目录之书，余所知见者，有《经义考》，钱大昕《补辽史艺文志》《荛翁藏书题识》《荛翁藏书题识新编》《宋元旧本书经眼录》《书衣笔识》《四库书目标注》《广雅书局拟刻史学丛书录》，又辑有《广化寺图书馆检书草目》《辛壬癸甲借阅诗集目录》。

藏校印有"消磨梦境光阴""墨汁因缘"诸印，余见前。

湖上潭潭崇雅堂，盈箱连架比曹仓。
楚先多少为刊本，转眼论勔到冷坊。

甘鹏云 药樵

甘鹏云字药樵，晚号潜庐老人，潜江人。光绪癸卯进士，肄业湖北经心、西湖书院。进士馆学员。工部主事，度支部主事。著有《楚师儒传》八卷、《潜江旧闻》八卷、《潜庐类稿》十三卷、《诗录》六卷、《潜庐随笔》十三卷、《崇雅堂碑录》五卷、《碑录补》四卷、《崇雅堂书录》十五卷。其《书录序》云："起戊子迄壬寅，凡十有五年，计得书十万卷，藏诸潜江将庐。自癸卯通籍迄丁巳归田，凡十有五年。又积书二十万卷，藏诸北平息园，盖四部要籍，略备于是矣。回忆生平理财黑、吉，榷税边关，于役并门，前后才九年耳。此九年以外，皆我读书之日，黄梨洲有言：'藏书难，藏之久而不散则尤难。'予为此惧，惧书籍之不能久聚也。因思写定目录，编成十五卷。明知异本无多，不足称收藏，然有此一书，未散以前，可以备翻检。既散以后，亦可作前尘梦影之留。"云云。又云："癸亥秋，忽得潜阳溃堤之信，汉水灌潜城，将庐藏书十万卷尽付洪流，其中有乡先生著述孤本仅存之书。予有俚句云：'潜阳老屋小如舟，石墨盈车书汗牛。可惜无人勤守护，金堤一决付洪流。'咏此事也。甲戌时年七十有三。"《书录》前有罗田王葆心序，后有刘文嘉跋。

则虞案：药樵于廿五年印行《崇雅堂丛书初编》凡十一种，裒集明清楚学师儒遗著而汇刊之，则有《谈经》九卷，明郝楚望撰。《大隐楼集》十六卷，明方金湖撰。《素风楼居士集》二卷，明欧阳千仞撰。后五种为药樵自著，《楚师儒传》八卷、《潜江旧闻》八卷、《潜庐类稿》十三卷、《潜庐诗录》六卷、《潜庐随笔》六卷。

卢弼《湖北先正遗书编辑绪言》云："家兄木斋，近拟辑刻《湖北先生正遗书》，属弼搜集旧籍，择要刊行。弼爰就行箧所藏，约检得百数十种。偶过潜江甘君药樵处，见其日记中钞鄂人著述书目，四库著录者九十四种，入存目者百九十八种，旋假归重写一通。甘君钞目，颇具苦心。其日记中慨论吾鄂先辈著述未能流传之故，而以湖北讲学者多狷介独行之士，先辈鲜能援引后进，后生不肯表章先贤，尤为扼要。"

则虞案：潜庐之书近散出，无善本，但装帙整齐，皆写有书根，余为公家收购极多。

左臂蓬头似散仙，莲华龕里掩禅关。
菉漪裁曲还多暇，恁写浓云邈邈山。

姚华 茫父

周大烈《姚茫父先生墓志铭》："茫父姓姚名华，原字重光，贵州贵阳人。清光绪丁酉举于乡，甲辰成进士，授工部虞衡司主事。奉亲居京师莲华寺。值议变法，偕朝士赴日本学法律政治。学竟归，迁邮传部船政司主事，邮政司建核科科长。民国建立，被选为临时参议院议员。著有《弗堂类稿》三十一卷，其门人王伯群为印于金陵。"

则虞案：姚华一名姚芝，字一鄂、重光，号茫父，别署老芒。藏书室名"菉漪室"。留日归来，任教于五城学堂、清华学堂。民国后，任北京女子师范校长、朝阳大学教授。著有《弗堂类稿》《杂剧十种》《五言飞鸟集》《曲海一勺》《盲词考》《校正黔语》等。

伦明《诗》注："贵筑姚茫父华，余居莲华寺之旧邻也。君善书画而不甚谈版本，而厅室雅洁，触目皆璆琳也。君殁，所藏归文禄堂、通雅斋二家，得值一万三千金。有宋本《汉隽》《周易注疏》，明刻附图传奇多种，惟《张子寿集》题称元本，疑即邱琼山刊正德本，若果元本，岂非希世宝耶？"

茫父自署弗堂，作《弗堂记》，即莲华寺之佛堂也。《记云》："夫堂本佛有而主人半之，半佛曰弗，宜曰弗堂。事基于因，文从其省，不亦主人之循乎？其懒而不戾于其啬也欤！"

《茫父诗集·旧藏元椠〈张子寿集〉，七月初旬亡去》诗云："墨缘有分偏长短，若问如来亦皱眉。雅贼何人疑郭象，亡书似友惜钟期。出门已是成疏逖，得主不堪论转移。检点邵亭存目在，一回追录一回思。"自注云："《弗堂藏书目录甲·张子寿集》二十卷，丁巳所得，有汪士钟、王鸣盛藏印。据《莫邵亭书目》仅见成化本《曲江集》，至《张子寿集》则闻其目而已。此元椠仅见之籍也。"

又《述梦诗注·忆〈张子寿集〉也》，诗云："名书耐思忆，一去无还期。已获未能守，多求空尔为。失弓仍楚得，藏壑亦舟移。不尽填膺事，无端有梦知。"

又《〈张子寿集〉复归，喜叠前韵，注十二月诗》云："无端积想连饥渴，好语时闻一展眉。文字有缘仍宿命，存亡犹幸及归期。从人论价千金贱，传写分藏万本移。相守岁寒应共老，梅边欣赏慰神思。"

又《夏初筑室甫成，而〈子寿集〉亡，及冬复归，因榜室曰"寿复庼"，纪事三十二韵》，句云："维唐有贤哲，遗集犹芬菲。刻比琼山早，名知子寿稀。小斋珍秘籍，一本压京畿。故纸黄麻韧，浓煤黑口肥。论雕大德似，考目邱亭非。"云云。自注云："《曲江集》《张学士集》，屡见著录，此题《张子寿集》，世间仅见。"又云："莫子偲先生《知见录》，即邱本，尚未及见此。"

又《千金买宋刻》，注："十行本《尚书注疏》，王廉生祭酒藏。绍兴本《汉隽》，徐梧生司业藏。"诗云："千金买宋刻，短计亦堪豪。有价同珠桂，无心惜羽毛。乱余求古切，老去得书劳。犹是司成旧，因缘视雁羔。"

又《代简答叔通上海》有云："忍寒及买旧钞书。"自注云："去年秋冬间得艺风藏书将十种。"

则虞案：《邵目》云："邱濬成化刊本《曲江集》，题《张子寿集》，以后正嘉间本则题《唐丞相曲江张先生文集》矣。茫父所得，盖邱刻祖本。"

卷八

暮年心事付银蟾，南北支离此老谙。
残日红岩村下路，梵经小字辨西堪。

郑文焯 叔问

康有为《清词人郑大鹤先生墓表》云："高密郑文焯叔问，善为词。凡唐宋以来词部及金石遍批细字，精别毫发。盖君生于京师，长于豪华。少从其父河南巡抚瑛棨宦游南北。冠而中光绪乙亥举人。官内阁中书，遍交当代耆宿贵要名士通人，博文学，妙才章，好训诂考据，尤长金石、书画、医学。旁沉酣声色、饮馔、古器以自娱。而感激于国事，超澹于荣利。及戊戌政变，感愤弃官，游吴而家焉。先后巡抚十九人慕其才名，延赞幕府，君乃徜徉湖山，著书作歌词以老于吴下。已而辛亥国变，君幽忧哀愤，西台痛哭，尽托于词。行医卖画以为食。常郁郁不乐，对于平日所宝藏之书画骨董，亦不复爱惜而弃之。盖生气尽矣。戊午二月廿六日君遂病卒，寿六十三。"康有为乃纪其丧。向所藏书画古董则罄尽。嗟乎！君若不死，再见首阳之饿夫矣！

孙雄《高密郑叔问先生别传》云："郑君文焯，字俊臣，号少坡，又号叔问，晚年自署'大鹤山人'。先世居汉北海郡高密县通德里，为郑康成之裔。九世祖国安，于清初镇守关东海岛，从龙有功，编入正黄旗汉军籍。至君应光绪丙子会试，请冠本姓，遂姓郑氏。"

则虞案：文焯又号瘦碧、樵风客。晚年客居苏州，授学街存古学堂。

又云："君于国变后，以越人术及鬻画自给。清史馆聘为纂修，北京大学聘为金石学教授主任，君均忍饥不就，辞谢笺启，传诵艺林。有云：'故国野遗，蒿目世变。久甘颓放，何意皋比。业医卖画，老而食贫，固其素也。'所著书甚富，自写定书目凡三十九种。生前已刊者有：《大鹤山房全集》凡九种。曰《扬雄说故》一卷；曰《高丽永乐好太王碑释文纂考》一卷；曰《医故》二卷；曰《词原校律》二卷；曰《冷红词》四卷；曰《樵风乐府》九卷；曰《比竹余音》四卷；曰《苕雅余集》一卷；曰《绝妙好词校释》一卷。至诗稿，若干卷。则君易箦后，戴君正诚捡其遗箧校定付刊者也。戴君尚搜辑轶稿尽刻之。又为君编次年谱若干卷。"

《一澂砚斋笔记》："郑叔问得晋太康九年砖，有鹤形，因自号曰'大鹤'。题《浣溪纱》词于拓本之右，跋曰：'横山崩冢，出晋太康九年砖。背有独鹤，画像甚奇，因琢为大鹤山房画研。'词曰：'江左风流数晋贤，高名谁与此山传。落花零落太康年。化鹤应归华表月，印鸿犹戏墨池天。莫嘲画墁画云烟。'"

《南献遗征》，原名《国朝未刊书目》，有油印本，光绪十三年苏州书局刻本，《国粹学报》第六十三期至六十四期刊载，民国二十年范希曾作笺，载中央大学图书馆第一年刊。又有《穙露室遗著》单行本。

清人考金史艺文者，杭堇浦有《金史艺文志补》一卷，载《道古堂集》。龚显曾有《金艺文志补录》，载《亦园脞牍》。大鹤亦有《金史补艺文志序》，载《国粹学报》。

《吴县志》："文焯有石芝《西堪笔记》稿本，藏南浔刘氏嘉业堂。"

《郋园读书志》："文焯号少坡，英兰坡尚书桂之子。本姓郑，山东驻防汉军，去姓以名称，文焯仍复姓。久居苏抚幕，不乐仕进，工于填词。余于丙辰还苏，询叔问踪迹，知在上海鬻画。戊午，于旧书肆中遇之，始订交焉，自是过从颇密。旋于九月间闻其凶耗，身后遗宅待鬻，所藏书籍、金石拓本，尽为估人贩去，其遗集版亦售归苏城某书肆云"。

则虞案：叔问有《康熙字典》校本，藏诒庄楼，又有《鹤道人题跋》一卷，《瘦碧词》《空谷流馨集》《汉魏六朝书体考》。其遗书有入其婿戴亮集家，戴为江北人，居化龙桥红岩村，近将藏书悉贮西南图书馆。叔问校本为其弟子王修所藏者殊多，见王修诗下所注，兹略。辛卯，余在渝得明残本《普曜经》《辨中边论》，上钤有"西堪""瘦碧庵"二印，又得彊邨所刻词书，书衣叔问自题。又得词笺、信札一厚册。

藏印有："文焯校读""老芝""冷红簃""侍儿可可掌记""叔问校定""鹤语""叔问审定""郑文焯""瘦碧庵""叔问""大鹤""老芝经眼""通德里""郑读""大鹤郑文焯""高密书带草堂校勘记""老芝审音""秘阁校官""善竹楼"诸印。

《王风》成谶罪言深，乡国搜遗重士林。
铅椠翻新开宋本，校书劳过著书心。

丁立诚 修甫

缪艺风《丁修甫中书传》："君名立诚，字修甫，号慕清，又号辛老，父申学者称竹舟先生。君以同治丁卯补钱塘县学生员，肄业诂经、东城、紫阳、崇文各书院。光绪丁亥恩科以第二人中式。次年抵京入试，不售。日与袁爽秋诸老剖析疑义，暇则出入厂肆，访求四库著录之书，为补钞文澜阁全书计，松生生校勘《武林掌故丛编》《杭郡先辈遗书》《善本书室志》，君以余力襄校眠理。友人以影钞经籍请，无以应，并为延人校补成帙畀之，沾丐学者至为广大，至以书籍全归江南图书馆。价虽少贬，而书无散逸，易一地耳。书固可按目而稽，在江南犹在丁氏也。识者尤知其苦心矣。"

则虞案：杭州无东城书院，恐缪氏记忆之误。

《一澂研斋笔记》："杭州丁氏八千卷楼，在光绪十四年筑成，储书楼下，曰：嘉惠堂。五楹，堂后室五楹。额曰：其书满家。室有楼，曰：后八千卷楼。又辟一室于西右，曰：善本书室。亦有楼曰：小八千卷楼，三楹，中藏宋元椠本，有精本二百种，余则明刊精本、旧钞佳本，及名人著述稿本、校雠秘册，合计不下二千余种。

丁氏在清初时迁自越中，五传至掌六隐君，慕宋丁顗藏书八千卷故事，遂筑楼于梅东里，乞梁山舟学士题额。其子洛耆观察能读父书。尝客齐鲁燕赵间，遇有奇书秘笈，辄载以归。久则储庋益多。

至松生太守丙，以杭郡遭洪杨难后，西湖文澜阁之书多散佚，复城后，于是收拾整理，告之官府，遂获奖励，而家中储蓄亦日有名于东南。至光绪间，刊藏书目录。甲午以后，松生太守以官事致累，于是削家产，藏书多归于官家。其时江南图书馆开创于江宁，总督端方聘江阴某公、丹徒某君执其事，一时群籍充栋者或移花而接木。今亦有可考有不能言者，盫麓藏弆，是耶非耶。"

宋炎《记钱塘丁氏八千卷楼藏书》云："浙中旧多藏书家，若明之范氏天一阁、祁氏澹生堂、清之曹氏倦圃、朱氏曝书亭、马氏道古楼、赵氏小山堂，皆其知名者也。四库征书，杭之进书者有鲍氏知不足斋、汪氏开万楼、吴氏瓶花斋、汪氏振绮楼、孙氏寿松堂五家。后诸家或易世而中落，或遭劫而忘失。故家乔木，日以陵夷，而遗文随之剥落。惟钱塘丁氏八千卷楼最后崛起，藏书远有渊承，其所搜集视诸家尤富。自此武林庋藏，始不寂寞。

丁氏先世本富藏书，松生祖掌六已有八千卷楼。竹舟松生（丙）兄弟继其父祖之藏，颇有增益，不幸皆亡于太平兵燹。迨事平，二先生既奋身抄补文澜阁四库书，复虑诸家所蓄，荡焉泯焉，斯文坠地，文献无征，乃朝夕访求。凡齐楚燕赵吴越秦晋之间，闻有善本，期必得而后已。内而秘殿所储，外而岛夷所蓄，力之所至，觏不征求。历三十余年，几及万种。其时当太平军乱后，保存旧业者仅常熟瞿氏铁琴铜剑楼与聊城海源阁而已，而江浙间所有善本名钞，又陆续会于湖州陆氏皕宋楼、钱塘丁氏之善本书室矣。丁氏于乱后复增建书楼，重为题名，有嘉惠堂、八千卷楼、后八千卷楼之名。时人题记盛称其藏书之富，远过前人。袁昶称'缥湘图籍甲一省'。自天一阁、澹生堂、拜经楼、鉴止水斋、振绮堂，皆莫逮嘉惠堂牙签锦赙之富，而所储善本，或宋元明刊本，或精钞孤行本，或经某旧家珍藏，或经某名儒校勘、整比排列，难更仆数。后浙省奏开书局，多藉丁家藏本备校勘。其于乡贤遗著网罗，究心尤笃。丁丙藏书既富，所得必详加考核。晚年写成《善本书室藏书志》，缪荃孙称其上窥《提要》，足为秘笈。三八千卷楼之藏书具在焉。其子和甫寻又撰《八千卷楼书目》二十卷，成于光绪廿五年。至民国十二年始由丁丙孙丁仁命付梓，则丙已逝，书亦易主矣。八千卷楼之书，排列次第，悉遵《四库简明目录》，都三千五百种，内待补者一百余部，复以《图书集成》《全唐文》附其后。凡《四库》之附存者，已得一千五百余种，分藏楼之两厢。至后八千卷楼所藏，除《四库》未著录者八千余种外，如制艺、释道藏，下暨传奇小说，悉附藏之。计前后二楼为厨凡一百六十，分类藏庋。嗣后续有所得，亦准此编入。书端多印有钤记，或识其附存《四库》，或识其《四库》著录，或著其得书年月，或标以庋藏地名，或标以藏书名言。诸如此类，不可胜数。据汪阆《蟫林辑传》及赵鸿谦《松轩书录·征存君钱塘丁氏藏书印记漫录》所载（上三文分见南京国学图书馆年刊及浙江省立图书馆馆刊），丁氏印记已有七十五方，其疑夺漏略者当犹不尠。封皮均依部类盖朱字印文于左上方，以资识别。如《春秋》则印'经春秋类'字样；诗文集则印'集''别集'或'总集'类木戳。其部字均径寸篆，类别则作较小之端楷，书皮衬页又往往有丁先生或和甫孝廉（名立中）手书题识。常连篇累牍，细书满格。夹注跳行，后之观者，犹可想见展卷挥翰时，兴会淋漓致也。

世称藏书之善，多侈宋元，丁书则天水之本已及四十种，况其书之珍贵，尚有四库修书底本，如李杞《周易详解》十六卷、俞汝言《春秋平议》十二卷、张状元《孟子传》二十九卷等十六种。此外名人稿本，如厉樊榭《东城杂记》《武林石刻记》之类。名臣大儒校勘家收藏之珍籍，尤指不胜指，而均艺林之瑰宝也。

丁氏之书，皆由旁搜博采，故凡元明以来收藏家，如范氏天一阁、项氏万卷堂、祁氏澹生堂、毛氏汲古堂、钱氏绛云楼、曹氏静惕堂、朱氏潜采堂、黄氏千顷堂、王氏池北书库、顾氏秀野草堂、钱氏述古堂、曹氏楝亭、赵氏小山堂、吴氏小山堂、吴氏瓶花斋、孙氏寿松堂、王氏十万卷楼、马氏小玲珑山馆、汪氏开万楼、鲍氏知不足斋、黄氏士礼居、吴氏拜经楼、袁氏五砚楼、何氏蝶隐园、许氏鉴止水斋、严氏芳茞堂、张氏爱日精庐、陈氏稽瑞楼、马氏汉晋斋、袁氏卧雪楼、马氏汉唐斋、汪氏艺芸精舍、瞿氏怡裕堂、蒋氏别下斋、劳氏丹铅精舍、郁氏宜稼堂、朱氏结一庐、李氏瞿硎石室等书，率皆辗转流移，入其掌录。少或一二种，多至数十百部，故彼之所有，实明清两朝藏书家之精英也。故近人柳诒谋氏有云：'清光绪中，海内数收藏之富，称瞿杨丁陆四大家，然丁氏于文化史上之价值，实远过瞿杨陆三大家。'诚知言哉！"

光绪季年丁氏后裔因经商亏折，不克保其藏书，维时端方方督两江，以缪荃孙、郑孝胥之怂恿，斥公帑收购八千卷楼藏书，都二五四八种，五九八八〇卷，储之金陵，而置馆于南京乌龙潭畔之盋山，所谓江南图书馆者，实为今江苏省立国学图书馆也。丁氏历年辛勤所得，虽不克保于桑梓，幸得庋藏邻省，供都下人士之观摩，端方盖与有力焉。惟海内藏书家咸以丁书归宁，往往依据《善本室藏书志》访之山馆，实则《善本书室藏书志》及《八千卷楼书目》所载，不尽在此。该馆馆长柳诒徵氏已作有《盋山丁书检校记》详述丁书归宁之掌故，与书目之出入，足释世疑。凡《善本书室藏书志》《八千卷楼书目》所有，为此馆装箱书目第一次所印善本书目《江南图书馆目》及民国所印覆校书目所无者，分析胪举，又以移归通俗图书馆及往年江苏省公署调阅经乱遗失者附之。自此，海内嗜丁书者，依据是目，洞悉存佚异同原委，其目孔夥，曾揭载于《国学图书馆刊》。

则虞案：国学图书馆虽多宋元椠本，已蔚为公家藏书中珍本中之巨观，而浙江图书馆所藏宋元旧刻、名校精钞，不可缕计，亦要皆购自丁氏善本书室为大宗，则当日丁氏嘉惠金陵钱塘，岂浅鲜哉！今正修堂、嘉惠堂、善本书室、三八千卷楼等尚在杭垣头发巷，巍然无恙，然书去楼空，后之贤者过其境，能不慨然乎!

徐珂《可言》:"丁善之创制聚珍仿宋字以印书,今成矣。其兄竹孙、弟宣之尝告予曰:'清季自欧洲输入铅制活字及机器印书之法,香港教会尝制我国字以印教会书籍,时称香港字,其分寸若今之四号字,日本因以扩之成大小铅字,供我国印书之用,谓之明朝字。今印书业大盛,实由日本输入之字转制而成,颇有嫌其肤廓者。吾三弟善之有鉴于此,乃于乙卯仲秋与二弟辅之再四商榷,创刊仿宋字于沪,初以黄杨木顶上刻字入手,继思木有伸缩,又多拨蜡范铅之繁费,乃易木为铅。明年成铅字,又明年能以铅字制铜模而可印书矣。'"

《王风》一卷,为修甫清季讽世之作,但署燕九游人。程宗裕、孙树礼两序亦然,当时俞曲园去函规劝,未果付印。至宣统三年,徐珂为之笺注,于民国庚申始印行。俞函尚粘原稿护页,后刻本所无,亦书林雅故也。函有云:'吾弟年少而负才名,在杭城又颇有富名,笔墨似宜谨慎。此集虽佳,且藏之箧中,不可遽出问世。此鄙人忠告之言,未识高明以为然否?东坡他事可学,《诗案》不可学也。'"

王颂蔚《写礼庼诗集·题丁松生文澜归书图》有云:"湘乡相公老开府,手扫凶橇扶日月。邵亭厄厄求遗书,四部先刊甲与乙。同时爱有丁龙泓,秘阁篇亡心菀结。抱持愈比杜林艰,搜集无逾任昉切。典礼往往出秦余,目录一一订魏阙。珪零锦断好护持,剑合珠还渐充实。其功不在陈农下,此辈留待程俱说。永嘉旧本世尚多,安得先生尽搴撷。迩来横海肆楼船,汉廷未暇修儒术。颇闻守藏史不慎,文德官书半放失。子云老作《輶轩语》,素斋归致并精绝。海外不乏歆向流,赤轴青纸肆钩抉。我思挂杖医无间,一探东丹读书室。"

吴庆坻《悔余生诗·为丁修甫舍人校定遗诗,因题其后》:"小山绣谷风流沫,突兀城东嘉惠堂。早慧尽窥绨袠秘,暮龄犹诵篋书亡。孤芳江上照林薄,一别人间换海桑。身后定文吾敢任,遗编郑重付诸郎。"

钱塘丁氏藏书印记,有名征存(慕骞)者著有《钱塘丁氏藏书印记漫录》(载于《浙江省立图书馆月刊》),刺举得七十五种,此亦丁氏藏书掌故也。择记于下:

"丁氏八千卷楼藏书""丁氏八千卷楼之印""丁氏八千卷楼藏书记""丁松生""松老""丁居士""丁正之印""丁丙之记""八千卷楼所藏""嘉惠堂藏阅书""八千卷楼收藏书籍""八千卷楼珍藏善本""光绪壬午年嘉惠堂丁所得""善本书室""钱塘丁氏正修堂藏书""钱塘丁氏八千卷楼""嘉惠堂丁氏藏""钱塘清望世家""泉唐丁氏收藏""书库抱残生""东门菜依""曾经

八千卷楼所得""曾藏八千卷楼""天香云外""用之则行""两湖三竺万壑千岩""两湖三竺六桥边""济阳文府""四库附存""纶音嘉惠艺林""辛卯劫后所得""汉晋唐斋""疆圉柔兆"。

增补：丁氏藏书印记，另见汪蔼庭（闿）《蟫林辑传》、赵吉士（鸿谦）《松轩书录》。

上舍联翩并异姿，闲情更为刻陶诗。
生绡休展秋琴馆，怕有商声在旧枝。

陶福祥 春海　　黄绍昌 芑香　　刘燡芬 筱衡

《广东藏书纪事诗》注："陶福祥字春海，番禺人。光绪乙亥举人。学海堂堂长、禺山书院院长。大儒陈兰甫之弟子。富藏书，所藏珍秘本必钤'爱庐'印章。其管理学海堂文澜阁所印书，精选纸墨，发兑处名镕经铸史斋。又于藏书之精者，选择雕刻，如《蔡中郎集》《陈后山集》《梦溪笔谈》《文选理学权舆》，均精于雠校。而胡伯蓟手写苏书、陶集，字大如钱，尤为精绝。《陈东塾集》有《复胡伯蓟同生兄弟书》，谓得来书两函。《陶渊明集》钞本一部，集注一部，全部手钞，逼肖东坡笔意，尤可珍爱。"云云。

则虞案：陶福祥号爱庐，曾为内阁中书，后为广雅书局总校。著有《爱庐文集》《爱庐经说丛钞》《东汉刊误》《北堂书钞校字记》《梦溪笔谈校字记》。

《广东藏书纪事诗》注："黄绍昌，字芑香，一字屺乡。香山人。光绪戊子举人。广雅书院分教。刘燡芬，字筱衡，香山诸生。黄刘最关心桑梓著述，合编有《香山诗略》分录黄所著《秋琴馆诗话》，刘所著《小苏斋诗话》于其间。黄刘并好藏书，黄有《秋琴馆书目》，刘有《贻令堂书目》。余南州书楼所收黄氏、刘氏藏书至多。黄氏多佳本，所盖藏印最夥，必署姓名，不书斋名。黄有秋琴馆图，为陈玉壶孝廉所绘。香山梁煦南《迂斋诗钞》有《题芑香秋琴馆诗钞》云：'黄子绩学镜千古，手口不辍探秘府。朱昂万卷腹已便，弃产营书剧于贾。汤盘孔鼎聚所好，古香古艳醉肝腑。枕葄孜孜无冬春，遂使笔舌皆锦组。'"

回首龙华劫火余，腹中还剩未焚书。
归来载笔无穷事，窥见南朝古逸初。

陈作霖雨生　**孙文川**澂之

陈三立《江宁陈先生墓志铭》："先生讳作霖，字雨生，号伯雨。尝筑可园娱亲，学者称可园先生。世为江宁人。年十五补诸生。逢乱出走江淮间。旋举光绪元年乡试，三试礼部不第，归益事撰述。凡省府县志局、书院学堂、官书局、官报局、图书馆之属，先生皆互董其役，终其身，亦因以著书百数十卷。其最关乡邦文献曰《金陵通纪》十六卷、《通传》四十九卷、《先正言行录》四卷、《元宁乡土志》六卷、《南朝梵刹志》二卷，补逸表微，为前人所未备，世尤称之。余所著曰：《文存》十六卷，《诗存》二十八卷，《词存》四卷，《可园备忘录》四卷，《藏书跋尾》五卷，《养和轩随笔》二卷，《炳烛里谈》三卷，《一切经音义通检》四卷。国变后病盲，犹口授儿孙辈成《謦说》二卷。逾岁目复明，续成《寿藻堂外稿》二卷、《文集》二卷、《诗集》六卷、《历代遗民传》四卷、《可园诗话》八卷。

则虞案：龚乃保《陈先生传》称又有《书目》二卷、《可园文存》十六卷、《诗存》二十八卷、《词存》四卷，宣统己酉刊。《寿藻堂文集》二卷、《诗集》八卷、《寿藻堂杂存》二卷，民国丙辰至戊午摆印。《金陵通传》四十五卷、《补遗》四卷、《韵编》一卷、《续传》一卷、《补传》一卷、附《金陵通纪》十卷、《金陵通纪续》四卷，光绪甲辰至丁未瑞华馆刊。

周树昌《陈雨生先生传》称其议复文宗阁也，积书之策有四：一征官书，如浙西楚北刊有精善之本，可备储藏之用。二购旧书，如世族名门其家道或中落，必善价而求估。三写藏书，如子孙世守，既同虞叔之弗献，可效袁峻之借钞。四印古书，如典坟秘籍，不夺嗜古之癖好，可影缩本以流传。"云云。

《可园藏书跋尾自序》："予家经咸丰癸丑之乱，藏书荡尽。转徙十二年，遇友人有善本书辄借而摘钞之。同治甲子归里，后与诸名流角逐文场，稍稍取乙丁二部书以为词章之助。年四十以往，从事经术，乃购置甲部书，研精训诂，讲求义理，藉通汉宋之邮。光绪纪元以来，俗尚新异，往往撦拾丙部书以炫博。予亦市取而浏览之。荏苒五十年间，凡得书以部计者若干，以卷计者若干，洵可谓贫儿暴富矣。夫子之藏书与世俗，不矜夸宋明版本以为珍玩，但取其有字可读，故笥中无不阅之书，书中无不跋之尾。毕生之精力，尽于是矣。"

其《寿藻堂诗集·守书歌》云："守书如守城，誓与书存亡。经营四十载，乃有此金汤。多文以为富，非同玉帛藏。一朝遭离乱，竟将弃道旁。宛委穴既窒，对兹心傍徨。焚之何太忍，世诚与重光。岂知圣贤道所系，精光耿耿射穹苍。嫏嬛真福地，劫火不能伤。昔之视书为性命者，秦有济南伏，隋有龙门王。我愿与之上下千古而翱翔。"

《可园诗话》："溧水濮青叟题《通纪》《通传》后云：'数椽老屋百年春，中有芸编高等身。下笔不存无用字，读书才见有心人。弟昆白首相师友，儿辈青箱免匮贫。征尽乡邦好文献，竟于草莽作功臣。'"

《金陵通传》："孙文川，字澂之，一字伯澂。上元人。少敏悟。尤工诗赋。为诸生，试辄冠其曹。滁州王煜、吴县冯桂芬先后主讲惜阴书院讲席，皆激赏之。咸丰三年粤寇据金陵，以计奉母间道出，复与张继庚谋翻城应外兵，事垂成而泄。李鸿章荐其才可大用，卒以母老不出。"

陈作霖《可园诗存·岁暮感逝诗》：孙澂之太守，"运渎一水环，所居对衡宇。充国识夷情，少陵入幕府。文词独冠时，金石勤搜古。身没散如烟，缄縢竟何补。"

《可园诗话》载文川《题藏书楼诗》云："宝翰重千秋，人无百年寿。展玩聊自娱，岂计收藏久。我闻唐杜暹，撰铭书卷首。鬻借为不孝，唯嘱后人守。又闻赵吴作诗题卷后，但禁他室买，戒以弃勿取。二公诚爱书，而我意则否。子孙为凤麟，嗜古意必厚。我爱彼更珍，搜采成渊薮。不待我留贻，彼自能寻剖。子孙若豚狗，插架谁考究。摧烧或化薪，弃掷更覆瓿。尤物遭轻亵，贻者难辞咎。不如付赏音，什袭重瑶玖。从来天下宝，不妨天下有。但祝得所归，勿落俗士手。"

累代藏书久擅名,弟兄父子继经营。
先公世上开风气,长在乡间资士英。

徐树兰_{仲凡}　友兰_{佩之}

薛炳《徐树兰传》:"徐树兰字仲凡,号检盦。山阴人。光绪二年举人。授兵部郎中,改知府。建越中藏书楼,延慈溪冯孝廉一梅编纂书目。"

"弟友兰,字佩之。会稽学生员。纳赀为员外郎。签分户部,在湖广司行走。为学无书不窥,性好收藏。凡旧钞精刻石墨古金法帖名画,有所见辄购庋八杉斋中。如是者数十年。既驻沪后,命长子维则广为搜罗,别辟精舍以藏之,名曰'铸学斋''述史楼'。择精要鲜见之本,镌诸梨枣。凡数十种,耒未可单行者,辑为丛书。又复访求乡先哲著述校而刊之,名曰《绍兴先正遗书》,凡四集。书皆提要钩玄,作为后跋,精识宏论。伍崇曜、鲍廷博不是过也。"

张謇《古越藏书楼记》:"会稽徐氏多贤者,藏书亦有名于时。吾友显民察使之太翁仲凡先生,乃举其累世之藏书楼以庋之。公于一郡,凡其书一若郡人之书也。其事集议于庚子,告成于癸卯,凡庋古今及域外之书总七万余千卷。图器悉具,将藏事而先生即世,显民追述世德襮宣而昌拓之,复鸠后时之所须,岁储若干缗,其事乃大备。楼成,其乡之人大欢。其有司亦为请褒旨于朝。嗟乎!世之号藏书者夥矣,要之璀璨,其贤者或仅著为簿录以饷天下,下此者则深键扃,得一善本沾沾自喜,秘不使人知。其始也以私其子孙,而终不能以再世。今先生独捐世舍故,不以所藏私子孙而推惠于乡人,謇知其子孙必能嬗守而不失,亘千禩万劫而无已也。"

《古越藏书楼书目》二十卷,光绪三十年石印本。

《勤堂读书记》卷十《古越藏书楼书目》八册《题记》云:"会稽徐树兰撰。树兰以家藏书七万余卷公诸合郡,建楼以藏之,此其目录也。前附奏案及章程。其目录改经史子集为学部、政部。按张文襄《书目答问》已稍变四库目录之例。兹编以学、政为两大纲,颇能包括,而所分细目,亦甚清晰。后有为目录之学者,倘能取法也。"

冯贞群《伏跗室群书题记·题冯一梅古越藏书楼书目》云:"此目为族祖蒙

芗举人一梅手编，分学、政两部。学部分易学、书学、诗学、礼学、春秋学、四书学、孝经学、尔雅学、群经总义学、性理学、生理学、物理学、天文算学、黄老哲学、释迦哲学、墨翟哲学、中外各派哲学、名学、法学、纵横学、考证学、小学、文学二十三类。

政部分正史（兼补表、补志、考证）、编年史、纪事本末、古史、别史、杂史、载记、传纪、诏令、奏议、谱录、金石、掌故、典礼、乐律、舆地、外史、外交、教育、军政、法律、农业、工业、美术、稗史二十四类。

今东西洋科学译本输入之时，四库分类不能概括，故有更目之举。会稽徐氏树兰富于藏书，捐其复本及译本新书图书标本七万余卷，斥银八千六百两有奇，于绍兴府城西偏购地一亩六分，建屋四层，前三层高楼，分藏书籍，以中层之厅事为阅书所。桌椅器物皆备。凡用银三万二千九百六十余两，年助洋一千圆，礼延监督一人，总董其事。司事三人，分司其书，以为人士之观摩。族祖为监督，期年写成目录二十卷，即此本也。"

抵死难忘铜剑楼，宋遗三《华》一盦收。
人间玉碗偏迟出，未入匋斋琬琰搜。

端方午桥

《清史稿》本传："端方，字午桥。托忒克氏，满洲正白旗人。庄荫生中举人。入赀为员外郎，迁郎中。光绪二十四年出为直隶霸昌道，后除陕西按察使，晋布政使，获巡抚，擢湖北巡抚。二十八年摄湖广总督，调江苏，摄两江总督，寻调湖南。颛志兴学。逾岁，擢闽浙总督，未之官，诏赴东西各国考察政治。三十二年，移督两江。宣统改元，调直隶，孝钦皇后梓宫奉安，端方舆从，横冲神头，劾罢。三年，命以侍郎督办川汉、粤汉铁路。行次汉口，亟入川，并劾川督赵尔丰操切，命率师往按。寻诏代摄其事。端方性通侻，不拘小节，笃嗜金石书画。尤好客，建节江鄂燕集无虚日，一时文采几上希毕阮。"云。

《晚晴簃诗汇》："忠敏风流儒稚，出领疆圻，罗致贤士大夫置诸幕府。鼎彝图籍碑版书画，广搜博采，相与矜赏。《华山碑》海内三拓本，一旦并至，于两江节署中筑宝华盦以纪其盛。从之游者辄谓毕灵岩、阮雷塘去人不远。当甲辰岁，易实甫以马湘兰画兰、柳如是画柳两便面合装《兰兰柳柳图》，忠敏为填《多丽》，词中有云：'楚畹香残，金城客老，簿书丛里春风度，更改柯易叶，那识归根处。'隐然语谶。时方抚江苏，在被难前七年也。"

则虞案：此说似有误，《多丽》无仄韵，一也；所引五句第三句平仄不合，第四句缺二字，二也；匋斋素不能词，三也。

《藏园群书题记》卷一云："刘燕庭家有百衲本《史记》，光绪之初归于姚彦侍方伯。姚氏藏书，端匋斋督两江时斥数万金举而储之清凉山下江南官库，而独取此书归之私箧。既而联姻于项城袁氏，此书乃为女公子奁中物，遂以贻圭庵公子。刘氏玉海堂从匋斋假出影写付刊，遂得传播于世。"

则虞案：匋斋开府江南，大张珊网，时费屺怀已逝，古书名画多进于宝华庵中。辛亥，其珍藏品物，悉辇归燕京，宋元古刻，三五年间散落于海内外者不可偻指以计，而景朴孙以居近比邻，所攫取乃独富，见《藏园宋拓隶韵题记》。

伦明《诗》注："午桥所藏古籍有佳本，壬癸间，某以二千金得之。仅知有宋本《通鉴》，后归傅沅叔，今景印百衲本是也。"

汪康年《雅言录》："近年学部有开图书馆之议，顾造端宏大，筹款为难。前南洋大臣端午桥制军特以南陵徐氏、归安姚氏两家之书咨送学部。徐氏所藏多普通日用之书，及各种官书。姚氏则多精本。盖一取其多，一取其精也。"

《五十万卷楼藏书目录·南岳总胜集题记》云："端方藏金石经籍至富。金石曾编目，而经籍阙如。丁氏八千卷楼之书得归于江南图书馆，匋斋力也。所遗《忠愍公奏议》中亦有言图籍事者。叶鞠裳《藏书纪事诗》应续斯人。"

《缘督庐日记》戊申十一月廿一日记："见仲履良士，其来意以午帅与南皮相国征其家藏书入京师图书馆，其乡曾孟朴孝廉及寓公宗子戴皆至罟里游说。近午帅并有两电严催，保守祖泽，保守国粹，奖励之不暇，而乃以催科为政乎？庞䋹堂、邹邵伯英诸公已有公函达京师缓颊，伯英并有专函上午帅，不佞久不预外事，始允作一函告凤石、蔚若商之。"

廿四日记："递午帅一密电，洋洋数百言，为铁琴铜剑楼藏书，宗子戴、曾孟朴先后往不能得要领。又闻良士来苏，以为就不佞商榷，恐更生阻力，为此先发制人之计。其言咄咄可畏，作作有芒。不佞度陇归来，未尝重叩琅环。良士之来，二十日舟中相见。在廿二日而宁垣已如烛照，不惟有伥且有谍矣。不佞空山一老，何敢与制府抗。苏章借故人以立威，流为于禁，源怀文章道义之交，亦安足恃，敢不惟命是听。允即日作函招良士，巧偷豪夺，出于岩岩具瞻之臣，尚言立宪哉。"

廿五日记："良士保守祖泽，即保守国粹。瞿氏有此佳子弟，贤于陆纯敔远矣。其来也，求不佞解围，而转为当途游说，何以对其父兄。首鼠两端，柔则茹之，刚则吐之，何以见虞山父老。思之泚然汗下。即振笔书一复电，辞午帅。虽直告之，尚有逊词。"

廿八日记："匋斋制府新正初七日到苏垣，约不佞往谈。初六以小轮来迓，即复书允之。"己酉正月初五日记："灶佣自菰里归赍至良士书，言去年自苏州旋宁垣，已派赵穆士到乡，密查有无东输之事。其实良士保守先泽，扃镭甚严，市虎流言，荧听可畏。午帅与南皮相国有鉴于皕宋楼，保全国粹，心亦无他，而不知良士之非陆纯敔也。李玉舟、邵伯英两君已公函保其永无输出，东人觊觎，庶可稍戢。未始非福。"

初七日记："午帅三钟始来，十年不见，髯苍然矣。书画金石图籍之外，公事私事无一语。谆谆以铁琴铜剑楼为托。巽言直言皆充耳不闻，笑而允。此事求者如小儿之索乳，拒者如执玉奉盈，兢兢不敢失坠。输攻墨守，恐有大冲突，甚可虑也。"

三月十一日记："得瞿良士函，传示涢阳尚书致虞山绅士一电云：'瞿氏书籍归公，俟帝室图书馆成立，当赞成与学部诸君同阅。欢喜赞叹，莫可名言。图书馆在静业湖上，月内即可入奏。先此电谢。'云云。此真强硬手段也。虞山诸公揖让而成之，非鄙人所敢与闻。"

则虞案：端方号匋斋，谥忠敏。光绪八年举人。精于金石学，收藏甚富。辑有《匋斋吉金录》《匋斋藏印》《匋斋藏石记》。创设江南图书馆、湖北省图书馆。余见匋斋亲笔题识书牍，文理极陋，其学实无足称。所收藏书籍金石书画几与项子京并。人方之毕、阮，誉亦未当。两江幕府清客毕集，方药雨、罗卡蕴、李审言，皆在其中，襄成《匋斋藏石记》一书，虽载一家之藏，而近来出土之物半载其中。匋斋凭藉势力，巧取豪夺，无微不至。以卖官作价，视为固常。叶氏记其欲得瞿氏之书，直其一端耳。《华山碑》人间只宋拓三本，一曰长垣本，二曰商丘本，三曰四明本，匋斋并得之。长垣本与宗子戴有关，见宗诗注。

此味伊何灯鲜知，盈庭枉费买官赀。
妖姬老大羞罗绮，故插山花作淡姿。

吴引孙 福茨

吴引孙，字福茨。光绪壬午举人。浙江宁绍道，广东、浙江、新疆、湖南按察使。引孙《测海楼书目自序》："咸丰癸丑余家遭兵燹，先世书籍，荡然无存。余唯视力量所及，耳目所周，不拘一格，凡元明刊本、旧家善本、寻常坊本、殿刻局刊各本，随时购觅。自宦游浙粤十余年，购储得八千零二十种，计二十四万七千七百五十九卷，依《广雅书目》之例，分为七类，共计编成十二卷。光绪三十年引孙序于北庭官署之节爱堂。"

《有福读书堂书目序例》云："有福读书堂者，先祖次山公所命名也。吴氏由歙迁扬，至先祖三世。祖居郡城，兵燹后，室尽毁，先严辈幼时读书有无斯堂，未曾详考。先考避寇安宜，曾授引昆弟读。引甫十龄，窥见先祖题咏每自称'有福读书堂主人'，并诏引等，以为有福方读书，且勖以书能读而福可致也。"

《测海楼旧本书目》四卷，民国二十一年富晋印。陈乃乾《序》云："仪征吴氏测海楼多藏书，余知之旧矣。五年前有待沽之说，曾嘱李元之先生函询。去年冬季其说又盛，且谓系北平某贾所购，无锡朱荣昌为之介绍，然南北各书肆终未见有以吴氏藏本出售者，疑莫能释。今年四月间，北平富晋社主人来沪，踵门而告曰：吴氏之书实为余所购定，土人与余争购者弗胜，则造为出售日本之说，请于当道，禁不许出境，因倩授经以律师资格申辩，始得运书抵沪。吴氏藏书求备而不求精，举世之专尚版本者不同。然每得一书，必钤藏印于首叶，并手识曰：几函几册、几元几角，函以板，悬以签，无折角、无缺叶。都五百八十九箱，盖福茨先生萃毕生精力以有之者也。其目录初编者曰：《有福读书堂书目》，分十一部，未刊，后改从四部，易名《测海楼书目》，以宣统庚戌刻成。呜呼！二十年来江南藏书之家，已垂垂尽矣。"

吴兴张廷华萼孙题词云："南北瞿杨外，怆惟测海楼。典坟从采集，风雨叹飘流。剑失舟难刻，珠亡椟尚留。一编遗目录，黯淡古神州。"

吴引孙

则虞案：《测海楼藏书目录》十二卷，光绪三十年引孙序于北庭之节爱堂。凡八千零二十种，二十四万七千七百五十九卷。宣统庚戌刻成。《测海楼旧本书目》四卷，富晋刊行。又有《扬州吴氏测海楼藏书目录》七卷，民国二十年十一月富晋售书之标价簿也。凌杂已甚。余得测海楼《唐诗品汇》，明版二十四本，卷后钤有"真州吴氏有福读书堂藏书"朱记。

弟兄坐拥百城居，目外穷搜丧乱余。
此是名山真事业，楚贤遗著有丛书。

卢靖勉之　弟弼慎之　张国淦乾若

周子幹《卢木斋先生寿藏铭》云："先生名靖，字勉之，木斋其号。沔阳人。光绪乙酉举于乡。历知赞皇、南宫、定兴、丰润诸县事。洊升多伦厅，简放直隶提学使，调任奉天提学使。国变后，隐居天津，遂不出。先生家儒素，少溺苦于学，不屑治帖括章句，喜兵家言，能阐明用火器法。尤好畴人术，著书已刻者《古辞令学》等，未刻者《四部丛刊提要》十卷。积稿满箧，而读书不求版刻之精。创办保定、天津、奉天图书馆。晚立南开大学图书馆，更独捐金十万成之。性好书，喜搜未传之本，尤留心乡邦文献。辑《湖北先正遗书》七十五种，都七百二十卷，汇为第一集印行。尚谋续成二三集。"

则虞案：勉之晚号知业老人。光绪初著《火器真诀释例》，光绪十一年举人。历任赞皇、南宫、定兴等县知县，保定学堂监督、直隶提学使、奉天提学使。并创办保定、天津、奉天图书馆，其兴建之南开大学图书馆后为木斋图书馆。民国后又设立农、工、商、法政等专门学校数十所。刻《湖北先正遗书》《慎始基斋丛书》。《四库湖北先正遗书提要》四卷，《存目》四卷，家刻本，其弟慎之刻《沔阳丛书》。

伦明《诗》注："沔阳卢木斋提学靖，以独力印《湖北丛书》，拟分三期。首《四库》著录者，次《四库》存目者，又次在《四库》著录存目外者，计全书当在千册以上，非《畿辅》《豫章》所敢望也。君尝捐资十万，设南开图书馆。去岁，又拟在故都旧刑部街设木斋图书馆。"

又伦明《诗》注："卢慎之弼，木斋弟也。自《湖北丛书》停印后，君变摄印为木刻，甚精善，惜数年来所刻无多耳。湖北近代作者若易本烺、李道平、吴光耀、杨守敬诸家，皆有未刊遗稿。汉阳周子幹贞亮积书甚富，晚岁尽售之，惟存手选五百家骈文一大箧，未知其家能终保之否？君自校《三国志》甚勤，闻已写定。"

卢靖《四库湖北先正遗书提要序》："余弟慎之好书成癖，性喜收藏。清俸所余,都归厂肆。比年搜集,卷逾十万。靖辄自念学术事功,无所表见。回忆梓桑,涓埃未尽。窃不自揣拟,网罗乡贤遗著,汇为丛刊。蒲圻张君乾若,示所编《湖北书征存目》,近复示《无倦斋所藏湖北古今人书目》,又出所藏二百余种相假。合以慎之所收集者约可得三四百种。乡邦文献荟萃散佚,蔚然巨观矣。慎之先就《四库》著录乡贤书目钞录提要、存目各四卷,自为札记一卷,又于目下注明某类某本,以便学人。"云云。

徐际恒《艮斋诗草·题卢慎之慎始基斋校书图》:"昔者吾师督鄂试,宏奖风流犹心识。但求书局常自随,俸罄十千不介意。《襄阳耆旧》搜逸书,《荆土岁时》掇时记。艺文细草《离骚》经,史乘汇编《梼杌志》。《畿辅》《豫章》鼎足三,余韵流风迄未坠。今其继者翳为谁?沔阳卢家两昆季。乡邦先正勤搜求,沧海遗珠拔其萃。仲宝新志别九流,孝绪旧传括五类。汲古阁里刊订精,雅雨堂前校雠粹。汉江文献不寂寥,辉映后先美斯备。三楚多才良不诬,千古斯文幸有寄。两家我幸托茑萝,秘笈全窥饱箧笥。往昔滥竽国会中,提案首怀两建议。一为续修四库书,一为通纂乡土志。世事迁流百不堪,倒持太阿主客易。名山大业病未能,礼失器亡只滋愧。君家伯仲任道宏,岂仅区区在文字。想见百城坐拥嫏嬛之福地,藜光熊熊发光异。"

王式通《志盦诗稿·为卢慎之题慎始基斋校书图》:"新语三卢是定评,君家勘校学峥嵘。古书晚出今何限,此事前贤畏后生。""能藏能读兼能校,海内倾心两木斋。德化丹黄门下录,沔阳铅椠弟兄偕。""秘笈杨(惺吾)陈(士可)典索赇,题图周左翰林才。《藏书纪事诗》如续,应为乡人赋《八哀》。""通艺堂开盛俊厨,畴人术爱复州庐。晚同哲弟论丁顾,失笑今吾异故吾。""郋园《清话》渺云烟,伯宛遗文雪涕编。地下故人应有语,耻居王后愧卢前。""百城坐拥策奇勋,对垒藏园张一军。岂有讲堂成马肆,鼓鼙声里校书勤。"

甘鹏云《潜庐诗录·题卢慎之校书图》云:"苦辛铅椠伴朝昏,除却收书懒出门。深巷驱车何处去,庙摊书藏海王村。"

则虞案:慎之号慎园。肄业于两湖书院,留学于日本。归国后任北京政府铨叙局秘书、国务院秘书长。中年后辞官,闭门著述。撰有《三国志集解》《三国志集解补》《三国志著引书目》等。

《当代名人小传》:"国淦以甲科中书为江省公署秘书,少工文词,通旧学,尤娴故事,谙体制,黎元洪辟为幕府。迨徐世昌任国务卿,荐淦为参政,晋少卿。及元洪继任,国淦为内务总长。"云。

伦明《诗》注："蒲圻张乾若国淦，藏顾黄公《字说》原稿数十册，以书过巨，不能刊。自著《历代石经考》，已印行。书颇详博。君曾编《湖北采访书目》，按各府厅州县艺文志及见之他书者，各列其目，寄各该地人士按目搜访，又分送友好中好收藏者，各以所见，注于书目下，或补其所未有，刊全省丛书者，宜取以为法也。"

则虞案：张国淦字乾若，又字仲嘉，号石公，晚号潜园。光绪二十八年举人，曾任内阁中书，后任黑龙江省调查局总办、财政局会办、统计局副局长。辛亥革命后任国务院铨叙局局长、国务院秘书长、内务次长、教育总长、黑龙江省省长，行政院院长。晚年闭门著书，著有《辛亥革命史料》《中国方志考》《中国书装源流》《黑龙江志略》《俄罗斯东渐史料》。《历代石经考》，无卷数，民国十九年燕京大学国学研究所摆印。又卢靖《四库湖北先正遗书提要序》："张君乾若示所编《湖北书征存目》，近复示《无倦斋所藏湖北古今人书目》，又出所藏二百余种相假。"云云。

忼爽襟怀濩落情，苍皇世变弃官行。
箧余中统龙门史，警石丹铅记冶城。

查燕绪 翼甫

《藏书纪事诗·蒋光煦》诗注："光煦弟光焴，字寅昉。吾友查翼甫燕绪之妇翁也，亦好藏书。翼甫奁赠中有元中统本《史记》，余尝见之。"

《缘督庐日记》光绪二年二月廿一日记："查翼甫来。此人好学，颇沉静。"

又光绪十年十二月廿五日记："访翼甫，有杨惺吾日本内府刻《医心方》，仅见一册，皆容成之术，亦未见奇书也。"

又光绪十一年正月十日记："翼甫出所藏宋元本畅观，中有中统本《史记》，钱警石手校，即见于《曝书杂记》者。翼甫内家为硖石蒋氏，此其奁赠也。又有元刻《陈众仲集》《虞伯生诗续编》，皆士礼居物，有荛圃跋。伯生诗与《白氏文集》残本，荛圃得于顾五痴家，今《白集》归滂喜斋矣。又有宋刻小字本《近思录》附《后录》二册。《朱子门人语》，《四库》所不著录。元刻《九经直音》，莫子偲载之《经眼录》，并皆精妙。"

又光绪十年八月十九日记："得查翼甫书，知杨惺吾自东瀛携归宋元椠不少。"

又九月十六日记："翼甫附到《大藏音义》一部三十六元，而黎星使购寄者直只十六元。杨君嗜利至于如此，翼甫忼爽无城府，为所欺也。"

又乙酉三月廿五日记："阅元刻《李翰林集》廿六卷本。又宋刻《近思录》析十四卷为二十卷，分子目一百二十一，南宋坊本也。《后录》十四卷，无编辑名氏，椠印精好。钞本《南部新书》，吴兔床合王莲泾、厉樊榭、鲍以文诸家本校，陈仲鱼又以书巢本校，兔床校此书乾隆乙酉，今年适逢光绪乙酉，屈指甲子正两周也。又元中统本《史记集解》附《索隐》，冶城书局所刊《札记》中有中统本，即据此，亦见钱警石《曝书杂记》，皆翼甫藏本也。"

乙未十一月初五日记："翼甫持示宋刻《玉篇》、元刻《广韵》皆海东携归者。"

辛亥十一月初四日记:"老友查翼甫司马来,现任松海防同知。此次变作,携印先避至梁溪。"

兵戎残劫乍收藏，野古潜幽发吉光。
还问佉庐穷格物，西琛乘传得津梁。

赵元益静涵　　**子诒琛**学南

《上海县志续志》："赵元益，字静涵。新阳举人。好医，笃信张仲景法。同治初，当道延入翻译馆，译述西国格致医学书，术业益精。尤嗜古籍，黄荛圃、汪阆源诸家所藏及宋元秘本，购藏颇富。尝仿刻十余种行世，名曰《高斋丛刻》。中如朱子、《韩文考异》、陶九成《游志续编》、龚安节《野古集》，其最著者。晚年卜居沪南以终。"

华世芳《表兄赵静涵小传》："静涵年二十，补博士弟子员。无何，粤匪东下，苏常沦陷，荡口以团练独完。凡苏城故家珍异之物，咸集市上。兄独好书籍，如黄荛圃、汪阆源诸家所藏宋元秘本，购藏尤多。"

则虞案：静涵光绪间刊《新阳赵氏丛刻》行世。

萧穆《赵静涵哀辞并序》："君幼孤，能自力学。为诸生。同治间来上海，当道延至广方言馆，翻译外洋制造及医学诸书。公务之暇，仍力学不懈，兼通医术。君颇藏古书及名人手校钞本，时加研究。中光绪戊子举人。庚寅、辛卯间，无锡薛公福成奉旨出使外洋，延君为随员及医学官。三年差竣回里，得保举知县。君不乐仕进，仍在方言馆翻译外洋各书兼为人治病。余以同治壬申冬客游上海，癸酉春应制造局总办，与君朝夕相晤。余亦携带古书钞校本数箧，与君互相借阅。以故两人益加亲密，特异于他同事者。君旧藏李文贞公所刊朱子《韩昌黎集考异》十卷，劝君宝此本，以馆俸摹刊，君欣然从之。君益好以余赀刻书，二十年来所刻有用精本凡十余种。今年刊其乡先辈明人龚诩大章所著《野古集》三卷，此书《四库》著录，系内府藏本，乃崇祯乙亥其八世孙挺所刻，外间不甚经见也。"

《新阳赵氏清芬录》："太平军剋苏常，避寓沪上。时苏城旧家避寇荡口镇者鳞次栉比。故凡珍异之物，如黄荛圃、艺芸精舍所藏宋元板本及名人钞校本，咸集于市。元益素好书，不惜典质以购之，辇致沪寓。厘次卷帙，分别部居，悉心校读，每至夜分不休。壬寅卒，年六十三。"

则虞案：另可见王德森《岁寒文稿·赵静涵别传》，丁福保撰《家传》，缪朝荃撰《墓志铭》，达锡纯《诔》，葛钟秀《追悼同年赵公静涵文》。

周同金《删亭文集·赵君画像记》有云："计君一生喜聚书，尤喜译书。粤寇东窜，延及苏常，故家旧籍，弃如吐涕。君独出重金，广为购置。吴中丕烈黄氏、士钟汪氏往昔所藏秘本，半为君得。拂拭展玩，珍若图球。诒琛其长子，次诒璹，俱以儒世其家。"

周同金《峭帆楼记》及《后记》云："重九日登楼，见其插架密如鱼鳞。整整牙签，令人不敢逼视。因复为之记。"记曰："赵君者盖以书为命人也。先世所贻，不过万卷，今已积至数万卷。然赵君非独勤于搜者也，又喜刻书，更非独勤于刊书，又喜钞书。赵君气静神恬，齿犹未艾，诸子亦皆秀出不群，日而增焉，月而益焉。他日江左第一藏书家，非赵君莫属。"

《缘督庐日记》丙戌正月初三日记："建霞来，述其外家华氏藏者甚富，有名湛恩字紫屏者，尤好事。陆存斋所得北宋本《白帖》即其物。殁后，三子俱不好古。建霞曾见有元刻《纂图互注本六子》，群稚随意弃掷，即扃闭者亦多饱蠹腹。然向之或借或售，则护持如头目脑髓，可谓书之一劫。建霞又言：昆山赵君静涵名元益，亦华氏甥，有史载之方。宋本售于皕宋楼。今藏书尚多，能读能守。"

又同年四月五日记："建霞云：在龙门书院见拜经楼所藏书中有刘绩《霜雪录》，又赵静涵藏书《松崖日记》，一为先生手迹，一则尧圃与其仆张泰合钞。"

则虞案：外家华氏者，即华翼伦篷秋。其表兄即华蘅芳若汀也。篷秋集中有《赠静涵甥移家至沪》诗，若汀有《赠静涵随薛星使出洋》诗。

王德森《岁寒文稿·赵静涵别传》云："壬寅冬，静涵卒。长子诒琛号学南，能兴其业，尤喜聚未见书。授手民继先生志。"

《观古堂诗·峭帆楼歌赠赵学南》："沪城绵亘穿黄浦，屡楼海市栖胡贾。斜桥百步出龙华，西南一角余焦土。芸香扑鼻萤火飞，传言旧日藏书府。藏书问讯始何人，天水王孙昔买邻。忆从赭寇据钟阜，秣马小队来春申。朱门甲第穿狐鼠，图史委地供厨薪。徐春晖与郁宜稼，一隅小劫轻微尘。可怜吴中号福地，金城兵火屯黄中。艺艺艺海红椒馆，坐视万轴抛荆榛。赵生奋起拾残帙，网罗四部窥藏室。百宋千元不可求，精妙秘校随时出。空斋独坐来飞凫，倾囊不问钱有无。但见异本即插架，估船市舶皆前驱。是时浙中有丁、陆，求书使者遍江湖。八千卷复十万卷，尔独睡里探骊珠。传之一世至二世，列屋差比虞山瞿。危然高楼半垩墼，五色缤纷霞云气。主人百尺卧元龙，手民日夜如羹沸。高斋缕版重艺林，汲古后人属毛扆。凭栏俯瞰江海青，风帆起灭如张㒞。廿年海㝢庆清平，沪上藏家重有名。班书荀簿按图索，更守译本通重瀛。私家未若公诸世，寿以梨枣堆书棚。一朝五厄丁末运，坐拥南面城先倾。缥缃布地肆蹂践，马槽爨火目秦坑。绛云楼灾国史散，士礼居火丛书成。犹余坠简掇灰烬，续芸继美重雕印。神交与我有同心，乡邦文献求先进。穷年兀兀苦校雠，老至不觉霜侵鬓。昔闻而翁富五车，琳琅满室敌遂初。今者令子喜刻书，怀铅握椠手不虚。人文渊薮在吴会，玉山独秀称扶余。吾家箓竹徐传是，风物百世矜乡间。君家乔梓有书癖，万卷丛残守先泽。前尘影事话沧桑，剩有等身书几尺。书成海内已风行，嵝岯何时再落成。君不见不其山下青青草，书带逢春自发生。"

《观古堂集·题赵诒琛辑清芬录第二首》云："海内藏书传是楼，玉山相望各千秋。绛云火后缥囊尽，箓竹风微硕果留。今日高斋成宿草，当年横海有归舟。相逢白发谈天宝，说到沧桑涕共流。"自注云："尊公静涵先生尝居沪渎，藏书甚富。所刻书名《高斋丛书》，癸丑毁于兵火。"

元益有《高斋丛刻》十四种，学南有《峭帆楼丛书》之刻，江浦陈洙《序》云："赵子藏书甚富。自其先德静涵世丈搜罗美备，得黄荛圃、汪阆源者家旧钞秘籍甚繁。赵子守先泽，绳绳继继。"云云。

又云："当代藏书家若江阴缪筱珊、金桂生、太仓缪蘅甫、上虞罗叔蕴、吴县邹承春、叶鞠裳、平湖葛词蔚诸先生等凡数十人，皆乐与赵子游。"云云。

叶德辉《峭帆楼丛书序》云："元和江建霞都学湘中，方辑《士礼居题跋续记》，中所采缀多出新阳赵氏藏本，亟询其人，乃知静涵先生为编修从母兄弟。因言先生性好藏书，赭寇乱后，江南故家书籍大半散在沪市，先生倾囊致之，遂拥百城之富。癸丑吾避地来上海，时官寇争军械局，鏖战旬日不休，赵居与局邻，遂为殃及。举先世所藏椠书秘笈，一扫而付之劫灰。"云云。

《赵氏图书馆藏书目录》五卷，《补遗》一卷，《新钞书目》一卷，《善本书目》一卷。其目为张沛生所编，有民国丙寅摆印本。

吴县顾建勋巍成有《峭帆楼藏书目录序》，诒琛又有《峭帆楼藏书校记》三卷，稿失。见赵氏《家乘》卷十五。又昆山正义镇赵氏义庄有藏书楼亦甚富，学南有《赵氏图书馆藏书目录》五卷，前有学南《序》及《藏书楼记》，并有《征书启》。

坠简残缣校量看，风烟占断剑门寒。
感音《西岳》长垣本，剩赚《兰亭》更复官。

宗舜年 子戴

舜年字子戴，号耿吾。江苏上元人。世居常熟。源瀚子，德清俞樾孙婿。清光绪戊子举人。举经济特科，收藏金石图籍甚富。所居曰咫园。时游吴中，即寓马医科俞太史著书之庐。民国二十二年卒。

子戴又手辑尧翁书跋十种，存章式之处。子戴有《尔雅注》，其残稿潘景郑得之。见《著砚楼书跋》。

著砚楼又有手写《咫园宗氏藏书残目》，己卯二月二十三日景郑跋云："右目为宗丈子岱所藏。元明本一百七十种，钞校本八十九种。数年前曾见一目，较此为备。书屡经斥散，目亦递减。区区二百余种，当不过咫园所藏善本之二三。兹目所存，又不逮四五。日复一日，我知书尽而目且不具，为可悲矣。丈先德湘文先生，积书甚富，丈又踵事搜罗，蔚为巨藏。宋椠《湘山野录》尤为海内孤本。身后书散，为友人蒋君縠孙以重金易去。其他精椠，南北藏家时获一脔之尝。惜藏书素不钤印记，得者遂无由稽考耳。兹目余所得者，有吴愙斋手校《说文解字》，谢心传手校之《后汉书》及艺海楼钞本《梅花道人遗墨》三种。闻经书友捆载北上者居其大半。余特慨念丈累世搜集之勤，与夫数载缟纻之深，有不忍视其湮没者，则此残目二百余种，犹足为他日咫园藏箧之鸿泥云耳。爰竭半日之功，手录而藏之。署曰《残目》者，以取录非全豹也。至目中标题部居，谬讹甚夥，姑仍其旧，俟他日得为传布，当复厘正之。"

其子礼白有癖泉室，藏泉书最富。散出时，书贾首以目寄余，余得精钞本三五种。今见己卯端节叶景葵跋《愧郯录》，可知宗氏之书早尽矣！其文曰："此吾友宗耿吾藏本，其子惟恭字礼白，以宋本及澹生堂钞本校补。耿吾易箦时，遗命出售精本，办一藏书楼，将普通本储入，以为纪念。礼白颇知板本，且喜收金石书及古泉书，但亦有他好。不数年间，将精本悉数售去，所得之款，补苴罅漏，不暇仰遵遗命。顷遭寇乱，常熟故居被焚，存书亦悉付丙丁矣。耿吾之尊人湘文丈，素爱收书。余见宗氏书凡有湘文丈题跋及耿吾手迹者悉留之。此本既为咫园故物,又为礼白校补,亦收存之。子弟不喜书,易将藏书散失,乃有喜书之子弟亦复不能保有,其亡也忽焉。于是叹私家藏守之不易,而创立公共图书馆之不可不努力也。"

子戴藏有宋拓长垣本《西岳华山碑》,匋斋索之甚力,允以起复革职道员为报,并以宋拓《兰亭》为媵。官卒未复,辛亥岁,犹居增韫幕府,故诗末句及之。

泰西新学渐开张，华国龙文万首骧。
一代正宗风力薄，简斋公论论渔洋。

梁启超 卓如

启超字卓如，号任公，别署饮冰室主人。广东新会人。十七岁乡试中式，从南海康有为受业，倡维新变法之议，与谭嗣同创《湘报》。戊戌政变，六君子被戕，启超去日本，创《新民丛报》与《国风报》。至民国成立，创《庸言报》。历任司法财政总长。晚岁讲授北京上庠。卒年五十六。著有《饮冰室丛书》。

《饮冰室藏书目初编》三十一卷，梁廷灿、吴其昌合编，梁氏书未寄存北平图书馆前所编原稿也。北京图书馆有《梁任公遗书目录》，余绍宋为之序，有云："任公慨然谓世之颛爱宋元版本者，直是骨董家数，故所藏但期切于实用，不必求其精椠。上自典册高文，下逮百家诸子，旁及东瀛海外之书，无不殚事收集。其意非徒广己于不可畔岸之域，谓先哲皮藏之意无所不赅，固如是也。其殁也，公子辈仰体遗意，悉举所藏，寄存北平图书馆，以供来者无穷之求，而馆长袁君守和之欲永其传也，乃属馆员编纂斯目。"云云。

则虞案：所藏佳本有王箓友《说文解字句读》稿本，任公跋云："王箓友自校《说文句读》稿本，乙卯四月游九江，谒朱先生祠堂，于其家敝簏中得之。箓友与九江交谊至笃，时多所商榷。九江遗集可稽也。"又有惠定宇点勘《路史》，郑叔问批校《仪顾堂续跋》。

张涵锐《琉璃厂书肆逸乘》云："藻玉堂书店在琉璃厂西门内路南，主人王雨字子霖。尝为梁任公收书，故常往来于饮冰室。"

谁打寒山半夜钟，一灯晴雪白云封。
《论衡笺注》无传本，枕秘何人似蔡邕。

胡玉缙 绥之

玉缙，一名玉搢，字绥之，号绥庵。江苏元和人。光绪辛卯举人。举经济特科。官湖北知县，后任礼学馆纂修，京师大学堂、北京大学教授。许玉琢女夫。定海黄以周入室弟子。专治经学，旁及乙丙诸部。所著《说文旧音补注》刊入《南菁丛书》。与王欣夫合著《四库全书总目提要补正》。

章钰《雪夜校书图题词》："执友元和胡君绥之玉缙，自始壮即以实事求是读书。今七十五岁矣，目所涉览，手即记录。经训专门，旁及乙丙诸部。其始搜集，其继淘汰，其后正定。与昆山顾氏为学方法为近。钰所得见册子其高逾尺，在箧衍者不知凡几。尝录示一目，曰《说文旧音补注》并《补遗》，曰《读说文段注记》，曰《释名补疏》，曰《独断疏证》，曰《新序注》，曰《说苑注》，曰《论衡注》，曰《四库全书提要补正》，曰《四库未收书目提要补正》，曰《四库未收书目续编》，曰《群书题跋》，曰《群书答问》，曰《金石萃编补正》，曰《金石续编补正》，统凡若干卷，皆勒成定稿，可付削人。吾吴咸同间学者，元和丁咏之孝廉士涵，陈培之部郎倬，吴县吾师雷深之广文诗浚，均以潜心经籍，上接乾嘉老辈。当时题目有'三之'之目。君生稍晚，而著述之盛如此，改称'四之'，非但不愧也。《论衡校》，今不知归何处。"

陈宝琛《题绥之雪夜校书图》："礼书旧馆并沧桑，雪屋丹铅故未央。自拥百城忘户外，纷纷燕蝠廿三霜。"又："郑盦提倡邵亭和，十手传橅统系图。世论正将桃颉诵，穷研许李亦殊孤。"

杨锺羲《题雪夜斠书图》："洨长书谁审旧音，灵岩馆后更钩沉。卅年照眼南菁刻，已识寒檠妮古心。""老去松崖注范书，刚柔排日未曾疏。频看安史蕃回乱，浮白遥知杂叹吁。""纪阮编摩当盛世，晁陈著录仰前修。《卮言》近日多疑误，只手还须截众流。""喜听空林踏叶声，相寻步屧雪初晴。同征几辈吾兄事，未及身之炳烛明。"

余藏《四当斋集》，为绥之批校本，书衣题云："《四当斋集》四册，丁丑八月章彦威寄自北平，元和胡玉缙记。时年七十有九。"书中校订甚多，未录出，是胡氏藏书亦散出矣。

则虞案：又有曾文玉者，纂有《四库后出书序跋》四十四卷，附《未收书序跋》一卷，光宣间人，与绥之同调者也。其稿在江苏第二图书馆。并识于此。

秋江如练月如霜 水驿灯初送野航。
记得胧朦树影里，估人为指读书堂。

徐乃昌 积余

　　徐乃昌字积余，号随庵。安徽南陵人。光绪甲午举人。官江苏盐法道、江苏淮安知府。喜藏书，楼名积余斋，后改为积学斋。刊有《积学斋丛书》二十种六十一卷，光绪十九年刻本。《随庵徐氏丛书续编》十种三十八卷，景刻宋刊本。及《鄦斋丛书》二十种、《怀豳杂俎》十二种。另有《金石古物考》《续方言又补》《吴越春秋遗文》《宋元科举三录》《随庵所著书》等。

　　翁文恭公《日记》光绪二十年二月十日记："新门生徐乃昌送所刻《积学斋丛书》，其人翩翩公子也。徐仁山之胞侄。"

　　伦明《诗》注："南陵徐积余乃昌尝刊《清闺秀词集》初、二编，无专集者别为《闺秀词钞》，凡百数十家，搜采不易。缪筱珊序君《随庵丛书》，引顾涧薲语，谓宋元旧本日渐散佚，宜覆刻之，勿失其真，是缩今日为宋元也，是后千百年为今日也云云。《随庵丛书》初二集宋元本其中有假之他人者，亦有不甚可信者。他刻若《鄦斋》《积学斋》二丛书，则近人著作也。其所藏已尽散，佳者多归天津李嗣香。"

　　则虞案：李嗣香者，天津盐商。尝收得四明刘氏抱经楼书之一部及积学斋书。殁后，其子以六万金归北平图书馆。

　　艺风《积学斋丛书序》："吾友徐君积余，沈缅经籍，劬学不倦。家宁国，习闻乡先辈赵琴士之遗风，久客维扬，与竹西诸贤相砥砺。嗜古之念日专，传古之念日切。近出所刻丛书见视，盖专求近儒辑述，取未刻之书为之传播。经学、史学、地学、算学无所不备。书又多可传，无偏嗜，无杂糅，丛书之善至此极乎！闻君多藏善本，二集之刻，又翘首而竢之矣。"

　　又《随庵丛刻初集序》："南陵徐君积余，博学多文。曾刻《积学斋》《许学斋》两丛书。广传国朝先辈不传之著作，艺林无不推重。近又得宋元本十种，覆而墨之，名曰：《随庵丛刻》，字画行款，一仍其旧。宋元面目，开卷即是。前人题跋收藏图书，无不影摹，订误释舛，另刻札记，不敢径改本书，亦墨守涧賚旧例。"

叶昌炽《随庵丛书续编序》云："桑海以来，衣冠流寓集于海上，其贤者亦颇有如倦圃《流通》之约。节谵游玩好之资，为古人续命者，南陵徐积余观察尤其真知而笃好者也。积余熟精簿录之学，二十年前见于京邸。商榷古书，而有志于名山之业，既刊国朝儒先撰述汇为《积学斋》《鄎斋》两丛书，又访求宋元善本，好写精雕，都十种为一编。续编成，持印本见贻，发函申纸，如逢寒故。积余曰：'吾书借自海虞瞿氏，固子之所熟游也。盍序诸。'云云。"

许㵑祥《狷叟诗删存·怀积余绝句》："奇书古画米家船，解组归来作散仙。多少裙钗齐颊首，拜君嘉惠玉台前。"

张寿镛《约园杂著三编·挽徐积余》："拥书百万拟王侯，尔雅文章第一流。白鹤朱霞标妙格，桓碑彝器久旁搜。丹铅岁月郡斋晁，雠校功夫中垒刘。盐筴江南何足道，长悬镜影照高楼。"

藏印有"南陵徐乃昌收藏善本印""乃昌校读""积余秘笈识者宝之"印。

则虞案：《随庵徐氏藏书志》十卷，见丁福保《四部书目总录引用书目表》。《西谛书目》有《积学斋藏书记》四卷，钞本三册。《积学斋日记》三十余册，又手《积学斋书目》九册，近于上海温知书店得之。日记以账册书写，每年一册，极似流水账也，中无议论，无文字，惟记买书印书事极备，复多乡邦掌故，若吴紫庵晏县令乞振诸事。积余家距寒舍百余里，幼年往来鸠兹，夜行船必经其地，灯火舻声，连江白苇，行旅之况，如在目前。回首已二十余年，积余宰木已拱，即曩日同舟诸子，亦凋落殆尽。余剑外飘零，亦垂垂老矣，故诗及之。

艳丽休谈《小忽雷》，梨花落尽白杨栽。
楚园也是无家子，风雪孤城万马来。

刘世珩 聚卿

《皖志列传稿·刘世珩传》："刘世珩字聚卿，一字葱石，号梻庵。贵池人也。举光绪甲午江西乡试，辛丑以道员指分湖北。江督刘坤一奏调归江苏，委管江南商务局，兼南洋保商事宜。而南洋官报局、江楚编译书局、两江学务处、两江师范学堂，均先后属世珩兼任。嗣奏补度支部右参议。宣统辛亥，升补左参议。武昌革命起，避兵走沪。购地数亩，筑楚园以贮金石书画。世珩尤嗜校刊古书籍，当居忧时，已纂刻《聚学轩丛书》三集，其后陆续增至五集。复刊《贵池先哲遗书》，自唐迄清，都三十一种，后附《待访书目》二百七十三种。其余校刊金元以来传奇，附曲谱、曲品共五十一种。《玉海堂景刊宋元椠本丛书》二十二种。又《宜春堂景宋元巾箱本》八种，橅刊金石著录五种。世珩自序谓不及清初毛氏，而迹所成就，简袠累然，标绩艺林，实无惭于汲古、秀野。"

则虞案：刘世珩别号楚园。藏书甚富，因得两部宋刊《玉海》，遂名藏书楼为"玉海堂"。刊有《玉海堂景宋丛书》《宜春堂景宋巾箱本丛书》《聚学轩丛书》《贵池先哲遗书》，刊刻精良。另著有《贵池二妙集》《贵池唐人集》《秋浦双忠录》《贵池先哲遗书待访目》等。其父，缪荃孙《广东巡抚刘公神道碑》云："公讳瑞芬，字芝田。安徽贵池人。由邑庠生中书科中书，叙军功累保至花翎道员，分发江苏。光绪三年，苏松太兵备道，八年迁江西按察使，九年再迁江西布政使、护理江西巡抚。十一年诏以三品京堂充出使英俄诸国大臣，旋补太常寺卿，转大理寺卿。十三年，改充出使英法俄比四国大臣。十五年，授广东巡抚。十八年薨于任。子五，世珩候选中书科中书。"

则虞案：余详见江慕洵撰《行状》。

缪荃孙《聚学轩丛书序》有云："贵池刘子葱石嗜古敏学，殚力搜访，所蓄无虑十数万卷。勾辑近儒著述，类皆为经史金石之学者，刻成《聚学轩丛书》若干种，皆外间所希见。传昔贤之精神，开后学之矩矱。其不至真伪不分，雅俗不辨，删削脱误，为卢抱经学士之所讥乎！"

缪荃孙《玉海堂丛书序》："刘子葱石生自兰锜，长历亨衢。性嗜古，富收藏。尤喜版行罕见之书。或箧内旧藏，或书肆新得，或友人投赠，或同志假钞，均从原刻影摹，不用翻刻及影写。本则选择尤精也，一字之疑，必经群书以证之。又不肯轻改原书，少则载入跋语，多则另编札记，则校雠尤慎也。以视荛翁、莼斋两家，似驾而上之，不但可以鼎足。他刻《聚学轩丛书》百卅余种，元、明国朝传奇卅种，《贵池先哲遗书》□□种，几与汲古肩随而精则过之，均足与一代之宗匠己。"

又刘楚园《影宋巾箱本丛书序》云："楚园五兄汇影宋元刻为巾箱本，于经刻《周礼》《左传》；于史《晋书详节》《隋书详节》；于子刻《淮南子》；于集刻《西汉文鉴》《东汉文鉴》《清真词》，附以《琵琶》《荆钗》两记，共十种。传袖珍之秘笈，为墨海之雅观。"云云。

伦明《诗》注："贵池刘世珩精鉴藏，刻书好仿宋，皆出武昌陶子麟手。所刻如《孔子家语》《陶诗》《杜诗》之类，余终疑是明翻宋本，非果宋本也。凡陶氏所刻之书，皆作如是观。"

《寒瘦目》：《鲒埼亭集》钞本，正闇识云："此书初为式之假录，后为刘蘧六借钞。蘧六为聚卿之弟，年少嗜书。借两年未归，病瘵谢客，乃贿馆僮仅而得之。"云云。

陈夔龙《花近楼诗存·八哀诗·刘聚卿参议》："自毙及生前，心犹捧日悬。故交殊落落，浊世本翩翩。雷阁留唐制，麻沙别宋镌。长才嗟未竟，怅触荐衡年。"

藏印有"宜春馆贵池刘氏世珩鉴藏""坚匏秘笈""葱石读书记""聚学轩印""刘世珩经眼印"。

则虞案：余居吴门时，日过来青阁，时《暖红室汇刻传奇》正印就，尝借归展读。戊寅倭薄南都，余雪中偕乡人过池州，天寒足龟，三宿而后行。尝过楚园，楼中驻川军，日夜纵伎为乐，门外歌吹喧沸。逾月兵溃，劫掠一空。余在鄂见市上有人持葱石手校书求售，询之即自池州戎幕来者，益知刘氏后人被祸之烈矣。芝田以军功洊至广东巡抚，聚卿主江南商务，高官膴仕，而先人门庐无改，亦可尚矣。后闻苏州宅舍亦已易主，《暖红室传奇》版片堆置玄妙观两廊。桑海迁移，故老凋落，刘氏家世与夫藏书刻书之事且无人知之，况《双忽雷》故事耶！

议礼笺经书满床 春曹玉漏老潜郎。
《梦粱》无限兴亡感，灯火元宵话尹常。

曹元忠 君直

  曹元弼《君直从兄家传》："兄讳元忠，字夔一，号君直，晚号凌波居士。十三从名儒管申季学。研核训诂，考详典章。甲申以第一人补博士弟子。送南菁书院肄业，从定海黄元同受《诗》《礼》群经。甲午以后，以优行贡成均，遂举于乡，由直顺赈捐案内报捐内阁中书，充玉牒馆汉校对官，并派检阅大库书籍，考订宋元旧椠。寻大库书归学部，宝瑞臣侍郎聘为学部图书馆纂修。戊申，朝廷立礼学馆，修大清通礼，溥玉岑尚书奏派兄为纂修。癸亥元旦卒，年五十九。兄自弱冠后，即草《六艺论疏证》，晚年又欲为《论语旧疏考证》。自《礼议》外，有《司马法古注音义》，盛弘之《荆州记》辑本，《乐府补亡》《蒙鞑备录校注》诸书，皆已刊行。又有《锡福堂诗词稿》《笺经室文集》《宋元本古书考证》《学志》等书，未及写定，总编为《笺经室遗集》二十卷。"

  则虞案：元忠著《笺经室所见宋元书题跋》在集中卷十至十三，皆论古椠之文。另有《沙州石室文字记》《笺经室书目》，辑有《桂苑珠丛》《括地志》，集所著书合刊为《笺经室丛书》《笺经室遗集》《移山堂丛书》。

  《笺经室所见宋元书题跋》雷瑨题识云："吴县曹君直先生元忠，学问淹博，文章尔雅，海内通人，久已奉为山斗。先生又精于鉴别古籍，家藏宋元书籍极多，四方名人又时以善本请先生鉴定。先生乃考其源流，别其支派，爬梳剔抉，撰为题跋。每一篇出，士林争传钞之。清光绪宣统间，南皮张文襄及那相国桐奏请出内阁大库所藏书天家秘录，均外间不易见之本，由先生主持其事，就文华殿逐一清理，饱大官之馔，校天禄之书。渔洋、竹垞诸君所未得见者，先生一一手校而心识之，亦可谓稽古之荣矣。"

  《笺经室书目》稿本在著砚楼。跋云："《笺经室书目》稿本四册，乡先辈曹君直先生元忠藏书也。先生邃于经史，尤精校雠，旁通医经之业。早岁官翰林，得值内阁，遍览天府藏书，故又能鉴别宋元雕本。或谓先生所藏宋元零缣，来自天禄石渠，证目中无宋元一二种，其说盖不足信。兹目分部一遵四库旧例，所录图籍并为通行习见之本,是学者之藏目,而非藏家之秘笈也。目中所堪注重者,乡邦文献掌故为多,如史部地理类有卢熊之《苏州府志》,王鏊之《姑苏志》,牛若麟之《吴县志》以及乾嘉以来之长、元诸志。求之今日,非兼金不可得也。又如集部明贤诸集,如怀星(祝允明)、林屋(蔡羽)、古园(卢雍)、兰雪(王心一),一皆如凤毛麟角,向往而不可得者。展对斯目,不啻过屠门而大嚼矣。全书眉上附注藏箧号数,以千文部居,至'腾'字为止,都三十四大橱,橱各四箧,得百三十六箧。想见先生当日检点缥缃,秩然不棼也。全书钞写虽出胥手,而先生补注之语,眉端行间,犹可辨识也。"

《西谛书目》有《笺经室所见宋元书题跋》一卷,钞本一册。又有雷氏钞本,丁福保借录雷本。

君直《上缪艺风师书》:"受业卧病一载,贫困无聊,经张门生锡恭介绍,就松江绣野桥韩氏馆。韩生为绿卿前辈之孙,绿翁得士礼居、艺芸书舍所散善本,其余钞校,尤多精本。现在课暇,即为韩氏《读有用书斋书目》。"云云。

《笺经室诗集》中有"蔼其罗舍人由吉林取道京师,将余藏书来归",自注云:"京师图书馆藏书,大半内阁大库故物。乾隆朝诏开四库馆所未经著录者。光绪戊申,元忠在文华殿检勘,欲继明张萱等编内阁书目。甫及半,为学部辇书去。比辛亥,承乏图书馆纂修,又思踵成之,会武昌乱作,遂止。"

《缘督庐》丙辰六月初二日记:"夔一来长谈,言藏有北宋刻《水经注》残本,不及十卷,以千番归于傅沅叔。"又言:"有宋刻《□□平话》,自来不著于录,奇书也。董授经同年刻于都门,君直以发现《五代史平话》称于时。《笺经室遗集》有宋巾箱本《五代史平话跋》,元忠于光绪辛丑游杭,得自常熟张大令敦伯家,以压归装。顾各家书目皆未著录,博访通人,亦惊以为罕见秘籍。偶忆《梦粱录》小说讲经史门,有云讲史者,谓讲说《通鉴》《汉》《唐》历代书史文传兴废争战之事,有戴书生、周进士,疑此平话或出南渡小说家所为,而书贾刻之,故目录及每卷首尾辄大书'新编五代某史平话'也。近董大理授经景刊行世,写刻之精,无异宋椠。他日藏书家或与士礼居本《宣和遗事》并传乎!"

又集有跋宋巾箱本《五代史平话》,意有未尽,复缀二绝。诗云:"五十年间七姓王,惟凭小说管兴亡。闲窗梦入东京瓦,灯火元宵听尹常。""朱梁刘汉卷丛残,便补终难复旧观。转恨河间老宗伯,不钞大典与人看。"自注云:"《东京梦华录》称京瓦伎艺及元宵奇术异能,并有尹常卖《五代史》,则此平话,尹常所说也。为北宋人书矣。"

又云:"《阅微草堂笔记》自注:优人演说故事,谓之平话。《永乐大典》

所载尚数十部，则此《五代史平话》，度亦在内。倪纪文达早有传写本，何劳节庵廉访欲据欧史代补阙卷耶！"

《四当斋集》有乡先正曹云洲先生筑平远楼藏书，文孙君直舍人乞金公兰、顾鹤逸补图，传砚之感笃矣，为赋二绝。诗云："书船书肆占山塘，逸事流传士礼黄。想见先生萧散处，慈仁寺里访渔洋。""独支坏劫塔凌空，郑学犹欣付小同。不尽人间家国感，桥西往事说松风。"

孙雄《壬癸诗存·感逝曹君直同年诗》云："乱之所生礼可已，廿篇鸿议诏康成。旧君锡福兼增秩，四品头衔异数荣。"

藏印有"句吴曹氏考藏金石书画之印"。

丹山赤水接天流，一闭空楼易报秋。
乍听曲中歌《子夜》，才知金盒出床头。

张钧衡 石铭

张钧衡字石铭。吴兴人。光绪甲午举人，官兵部车驾司郎中。博雅好古，尤嗜宋元椠本。藏书甚富，藏书楼名九松精舍、适园。搜刊七十余种，凡十二集，七百十二卷，为《适园丛书》，以广传播。又仿士礼居影宋元本，有《尚书正义》《吴郡志》《周此山集》等十三种、五十五卷，曰《择是居丛书》，雕刊极精。缪荃孙为其编撰《适园藏书志》已梓行。另刻有《明内阁藏书目录》《百宋一廛书录》。其《梁石志》及诗文稿未刊。石铭子芹伯，亦好收藏，有父风。

《适园藏书志》石铭自序："钧衡幼时即喜阅书籍，稍长，闻人谈乡先辈鲍渌饮、刘疏雨、严芳椒之遗事，则慨然生仰止之思焉。比及弱冠，遂有收书之愿，织里估客，捆载而来者，各如其意而去。秋试省中，春闱日下，见异则收。闻声相慕，荏苒廿年，积成万卷。雪钞露汇，日益所无。后客居沪上，又值易代之际，故家大族，有为匪类劫取而鬻于市者，有因饥困而授之人者。时时益之，不为限制。我湔自皕宋储藏输之海外，八千善本亦移金陵。湔水吴山，黯然无色。因殚尽心目有志为目录之学，前得乡先生陆君存斋、丁君月河、凌君尘遗之绪论，近与诸寓公江阴缪丈小珊、嘉兴沈丈乙盦、海宁费君景韩相与商榷体例，评定去取，成《藏书记》十六卷。"云云。

缪艺风《适园藏书志序》云："吾友张君石铭，以名孝廉收善本。一日，举其籍而数之曰：宋刻四十五种，元刻五十七种，黄荛圃跋二十六种。有前人未著录、海内未经见者，有《四库》采自《大典》，而今获其原书者又十余种。至名人手钞手校者几及百种。可谓富矣。"云云。

艺风《天一阁始末记》云："癸丑，余避乱侨沪，忽闻阁书大批出售，余友石铭得宋刻《书经注疏》《欧阳集》六十四卷本。"云。

曹元忠《笺经室遗集》，宋椠残本《欧阳先生文集》跋云："今春三月，四明范氏天一阁书守藏不慎，为人肷箧，运至上海，迭次求售。同年张石铭得宋刻残本《居士集》云云。甲寅九月，是石铭得书天一阁有足信矣。"

天一阁书之归石铭,世多浮议。今案:《藏书志》所载者,计有宋刊本《书经注疏》二十卷,明钞本《春秋金锁匙》一卷,明嘉靖刻本《皇明诰敕》二十一卷,明刊本嘉靖《徐州志》十二卷,嘉靖《渭南县志》十八卷,明刊黑口本《通鉴博论》二卷,明刊本《五泉韩汝庆诗集》四卷,《附录》二卷。

《缘督庐日记》十二月廿七日记:"曹揆一函来,并附到艺风一函,为张石铭孝廉作介。明年欲出所藏旧本书纂一目,请鄙人主持其事,商润笔,或月饩,或书成致币。研田无岁久矣。升斗之获,亦所愿闻。"

甲寅正月十二日记:"得艺风函,张石铭藏书目勒限一年成书,月送润笔五十元,共六百元。宋元精椠移庋烦重,以书就人,不若以人就书。海上避嚣,鄙人本有此意,但限期太促,近于包办之局,非所愿闻也。"

二月初十日记:"海昌费景韩孝廉自沪渎来,持艺风函及其居停张石铭孝廉钧衡刺求见。此来为石翁商纂书目。昨日到苏,寓城隍庙前可大典当铺,即石翁所设肆也。先以《适园书目》一册见示,宋元刻及旧钞约可百余种。宋刻《东都事略》一百三十卷,《吴郡志》五十卷,尤为至宝。即订春夏之交为到沪之期。"

徐珂《可言》卷四:"张石铭观察闻其乡先辈鱼计亭、眠琴山馆、芳椒堂轶事,手聚旧刻名钞,卷以数万计。择罕见而可传者付之梓。庚申秋,以所刊《适园丛书》全部见贻。凡十二集,七十二种。择本必善,选工必精。原书跋语虽无关宏旨不轻削。其间流移授受之原委反覆订证之苦心,皆为表微,缀之简末。甚盛事也。"

徐珂《纯飞馆词·续题张石铭适园勘书图》:"神州泪雨,袖墨无今古。画里丹铅朝暮,世事浑疑鱼虎。茗溪大好林泉,何如小隐淞堧,灯外西风几换,秋池落叶年年。"

客艖书载重思王，秋水三田有二章。
蘋藻涧毛皆吉蠲，大羹还属艺风堂。

王家牧吉臣　章塄秋水　章畸稚荪

《艺风堂文续集·王生吉臣家传》云："王家牧，字吉臣，号寅孙。清江阴人。君幼慧，读书目数行下。年十九，入邑庠，取南菁书院肄业生。甲午本省举人。援例得主事，分度支部浙江司行走。卒年四十二。君嗜书成癖，以馆穀之赀尽置书籍。见异编必重价购归。或曰：'太费规之'。则曰：'我王考藏书三万卷，一一手加丹黄，惟以读书望后人。今我所得尚只十分之三，敢不勉力乎！庶几后人无忘祖训，于邑中先辈著作竭意搜罗。露钞雪篡，无分暑夜。小种则汇刻之，所著《国朝汉学师承记续编》一卷，《重思斋诗文集》六卷，《贡息甫先生年谱》一卷。并仿《澉水志》例，著《华墅镇志》四卷、《梓里呓闻录》二卷。"

《江阴续志》："家牧农部主事，殁于京师。生平劬学，岁置书籍甚多。颜其斋曰'重思'。"又云："家牧收藏邑人著述，并刻翁朗夫、沙定峰诸先生遗集。"

《江阴续志》："章塄，字秋水。职监生。幼嗜学，喜诗古文词，工书善画。旁及铁笔音律，罔不精妙。藏书至万余卷。因颜其斋曰'五万卷藏书之室'。日寝馈其中，惟不喜制举文。著有《秋水芙蕖吟馆诗文集》。"

又："章畸，字稚荪。性耿介绝俗，不乐仕进。平生博搜载籍，嬴六万卷。芟其复杂，掇其精要，成《三田斋藏书目录》四册，分八部四十类，得七百余种，凡二千八百卷，皆加以考证。"

想像南朝庾杲莲，吴郎书记总翩翩。
《闲斋琴趣》《花间集》，只欠廷珪造墨钱。

吴昌绶 印丞

吴昌绶，字印丞，一字伯宛。号松邻，别号甘遁。所居曰双照楼。浙江仁和人。清光绪丁酉举人，官至内阁中书，民国后曾任司法部秘书。印丞善属文，精目录金石之学。初为诸侯宾客，尝佐吕尚书海寰、吴侍郎重熹幕。以少时随宦吴中，工于公牍章奏笺启，为黄子寿方伯所奇。

昌绶好藏书，又好刻书，若双照楼影刊宋金元明词，有影宋吉州本《欧阳文忠公近体乐府》三卷，影宋本《醉翁琴趣外篇》六卷，影宋本《闲斋琴趣外篇》六卷，影宋本《晁氏琴趣外篇》六卷，影宋本《酒边词》一卷等，皆宋元明本影刊于武昌者，并以绝精之奏折纸，最上之御制墨印之，故书至为精美。闻尝印一种仅七十页，已值银币三圆。后以墨费太昂，故印书不多。又有《松邻丛书甲编》十五种、二十卷。《松邻丛书乙编》六种、十五卷，民国六年刻。《松邻遗集》十卷，民国己巳刊。《十六家墨说》二卷，附录一卷，民国壬戌仁和吴氏刊。著有《定盦年谱》《吴郡通典》《清帝系后妃皇子皇女四考》。

辛亥后，究心掌故，仿谈孺本《国榷》义例，辑成四考，重修顾祠，躬亲其事。殁后葬西山大觉寺塔院。遗著次第刊行。

伦明《诗》注："吴昌绶为龚定盦作年谱，传闻家藏有定盦手订文集二十四卷，未之见也。君收得汲古阁影抄宋元词集未刻者数十家，今双照楼所刻者是也。今板归陶兰泉。其未刻者，兰泉别以摄影法续之。君熟于目录，尤究心典故、名物。君尝选诗晚晴簃，一日，持手钞本陈梦雷《松鹤堂诗集》示同人曰：'此未刻孤本，可宝也。'同坐关颖人知余有刻本，明日借以相示，君大恨，将己书片片碎之。人或讥其褊，余谓出之君亦雅事也。君仕宦侘傺，素善词章。所撰以题跋为胜。殁后有人醵赀刻其遗集，其选择题跋亦多漏收，不足传君也。所藏书甚富，以宋本《东京梦华录》最佳。归袁寒云。"

松邻《酬莫楚生诗》第二首云："云烟过眼剧堪怜，东阁曩游感逝川。故物漫搜元氏谱，轻装未返米家船。重经兵火摧残劫，缅想官私簿录年。借与一瓻勤护惜，更从翰墨订深缘。"自注："丁酉北行，有书数千卷留归安吴布政所。布政殁，为一残客肱窃殆尽。中多旧帙，叹恨不已。"又云："今岁北事起，存都门者未及载归，所失亦不少。其辑录宋元人遗词，有句云：'生际虞山临桂后，居然眼福胜前贤。'亦纪实也"。

夏敬观《忍古楼诗·题吴印丞遗墨》句云："抱残汉东观，娱老宋书棚。"又戊寅四月廿一日《松邻遗集跋》云："印丞先生故后，友人章式之、傅沅叔、邵伯絅等搜集遗文，交式之担任编辑，辑成交琉璃厂文楷斋刊刻。文楷刻成而刻资无人担任，阁置数年，文楷甚窘。壬癸间，葵入都，伯絅告葵曰：文楷急于结账，只须付四百元便可印刷数十部。葵允出二百元，分得红印二十部。尔时沅叔正作峨眉之游，葵固未知伯絅未与接洽也，追沅叔回京，甚怒文楷之专擅，不许再印，文楷乃以原板改作他用。葵携二十部出京，同好分索，让去十九部，只剩此一册矣。十九部中有赠平湖葛氏一部、松江图书馆一部。此次倭患，不知已付劫灰否。去年颇思将此册付之石印，倭事起，又不易实行，印臣一生坎坷，其遗著亦尚在显晦之间，可慨也。"

叶景葵《题伯宛遗墨》云："伯宛先生任陇海路局秘书时，屡于谯叙中接谈，而未得请益之机会。其时收入尚丰，因喜购故籍及金石精本，整理刊印，不惜重资，性又豪迈，用度仍苦不足。民国六七年间，将嫁女蕊圆，检出所藏明刊及旧抄善本四十种，定价京钞一千圆出售，以充嫁资。余请张君庚楼为介，如值购之，是为余搜罗善本之发轫。某年再入京，影刊宋元词集已告成，初印若干部，无资续印，余约友人集款三百元附印十部，余得二部。及先生捐馆舍，后再入京，则《松邻遗集》刊成，无人任剞劂之费，板存文楷斋，由邵伯絅同年发起，付文楷四百元刷印五十部，余出二百元，得书二十部。《遗集》卷帙无多，因先生文稿随手散佚，未曾汇写，故搜集至难。又编定者为章式之同年，以谨严为主，淘汰不少假借。式之亲为余言之。"

孙雄《壬癸诗存·哭吴伯宛内翰》："挽章索我七年前，今日追思涕泫然。留得松邻丛刻在，岱南士礼傥同传。"

则虞案：印丞有《宋辽金元词集见存卷目》一卷，光绪丁未鸿文书局印。其稿后藏赵尊岳处。

藏书印有"吴昌绶读""仁龢吴氏双照楼藏书""伯宛审定""双照楼夫妇珍玩""梅祖盦""伯宛校勘""双照楼收藏记""吴昌绶""双照楼考藏记""畷卿吴昌绶""伯宛藏书""澹室藏本"。

南天郑莫各分张　老圃寒英有晚芗。
旧本《宋元经眼录》，影山深处已斜阳。

莫棠楚生

　　《郋园读书志》卷四云："同光以前谈版本之学者，京师为仁和邵位西先生懿辰、鳌屋路小洲太史慎庄、县人袁漱六太守芳瑛三君。邵先生官部郎，日游厂甸，书之刻本，一一批注《四库全书简明目录》简端及行间。先生殉粤匪之难，书亡，其遗书惟此目。嘉兴钱氏有传钞副本，学丞首先钞得之，故入词馆后，以赏鉴版本之学独擅时名。盖当时固以为枕中鸿宝，今则邵之嫡孙伯絅太史章刻之，即《标注四库全书简明目录》是也。同治中兴，湘乡曾文正督师江南，独山莫子偲友芝客文正戎幕。其时江浙故家巨族与上海邻近者大都避乱来沪渎，其藏书家亦多散失，流行于沪市中。文正在京师与邵先生为讲学之友，又为袁太守儿女姻亲，因亦通知版本者。文正门人揭阳丁禹生中丞日昌巡抚江苏，并酷好旧版书籍。莫先生为二公眼目，所见旧刻、时刻尤多，故随手批注。《四库全书简明目录》者，较邵批不同，以南北刻本详略互殊，见闻亦异也。莫批为苏州书估侯驼子借钞，流传至京师，遂为厂甸秘笈。坊估妄自增补，阅者又展转加批，以致袭谬沿讹，失其真面。日本书估田中庆于宣统初得其本，以活字版印行，颇获大利。今沪上京师已三次覆印矣。

　　余为学丞门下门生，寓吴门与子偲先生从子楚生太守棠往来甚密，又识伯絅太史，故于二家先德撰述始末闻之最详。禹生中丞次公子叔雅茂才惠康，亦三十年前旧好，行笥中携有宋元旧版十数部，均有莫氏题记印章。中丞《持静斋书目》所载宋元明刻本固多，而时刻亦并入载。可知当日子偲先生所见旧刻、新刻众本兼收，中丞书目故沆瀣一气也。"

　　则虞案：郋园此谓实关书林掌故，特附于此。

　　《缘督庐日记》丁巳四月廿八日记："翰怡出示旧本书，皆有影山草堂印，独山莫氏之书尽出矣。"

　　又五月一日记："又遍观影山草堂出售群籍，皆本朝初印精本，案头浏览之书，此等书出，莫氏之书真尽出矣。中有宋公序《国语音》，虽旧刻而字体方板，似明刻，然有沈启南藏印。

又有丰坊字存礼号道山印，皆不伪，两人皆在明中叶，又似宋元刊矣。《五礼通考》《读礼通考》上方有朱笔校勘，后有张叔未跋云："是文恭手迹。纸白于玉，墨光如漆。字体仿欧阳信本。须眉毕现，奕奕有神。阅之心开目明，今人不忍触手。真书中尤物也。索千元不为奢。"

吴昌绶《酬楚生诗》自注："莫君藏书处曰铜井寄庐。"

《五十万卷楼藏书目录·大元圣政国朝典章》题识云："盖吾家楚生先生藏本。楚生上承眊叟竹素殊丰，冢柏方新，遗珍遽出。有清标季楚生官粤中，伯骥尝与之论流略之学。其后遁居沪渎，所好群书恒以易米，颇有采获。"云云。

《五十万卷楼群书跋文》注云："闻楚生来粤时，携书篋颇多。到粤后亦喜访书。予于肆中恒遇之，燕语带吴音，予未能尽听受也。一日，赠予旧本若干，予酬以小诗，破题云：'羡君刺史广州材，书卷牛腰捆载来。'"云云。

《寒瘦山房鬻存书目》："《太玄经》明万玉堂刻本，后有莫棠二跋。正闇题云：'楚生奄逝不三月，而遗书渐出。余自归吴门，与楚生过从甚久，知其藏鉴颇精，而书籍实为甲观。盖其少年已与世经堂侯驼相熟。侯驼在吴下号称能鉴古书，独屈一指。楚生随宦吴中，沾丐家学，其好书竞买，奄有赵德夫之风，以鉴精故多得善本，以值廉故富溢箱笥。得书后每自校录，书衣缥签，题识或满，沐邵亭之教也。楚生胸多蕴藏，而秘不肯播。过其书斋，则几案如拭，插架整齐。五六年中所获见者不足百之二三，未厌老饕，遽成陈迹。过车腹痛，宁不泫然。今年四月，楚生遗书一部分流落吴廛。余既鬻书疗贫，亦不敢过于涎视。选明钞、旧钞不足十种，此册因有楚生手补之二卷，聊存故人手墨，冀晤对于晨夕间也。己巳六月记。'"

厂肆流出莫绳孙《文渊楼藏书目录》一卷，油印本，楚生手校。

《西谛书目》有《铜井文房书跋》一卷，钞本。

藏印有"莫棠铜井文房印""独山莫氏铜井山房之印"。棠晚字初僧，有"初僧"小字印者，晚年所得书也。

半生铅椠自营营，漫说樗材不中薪。
玉尺量才宜节取，书林遮莫陋南城。

李之鼎 振唐

李之鼎字振唐。南城人。光绪举人。筑宜秋馆，藏书万卷。有《南城李氏宜秋馆书目》三卷。杨惺吾观海堂之书有入其家者。刻有《丛书目录》。

《缘督庐日记》丙辰九月初一日记："午后偕益庵至戈登路访葱石，适有客在座，主人为介绍，但知其为江西南城李姓，其字则未详，亦能谈古籍，专刻宋人集，已成二十家。据益庵云：曾在乙庵处见印本，不佳也。"

又初六日记："前在葱石处见南城李君，今日寄来《征刻南北宋人集启》并目录，已刊二十种，待刊三十二种，其余访求未获。有刻本、钞本、希见之本。天水一朝意在搜括无遗。怖其言河汉而无极，始知其名为之鼎，号振唐。"

又初八日记："南城李振唐来，携宋人集二十家见贻，共十五册。内陈舜俞《都官集》本十四卷，仅至卷九而止，缺一册。又《通斋诗话》两本，江都蒋超伯叔起著，考证颇详，惜用铅字排印，鲁鱼交错。宋人集亦不精。"

又十一日记："李振唐来函，附《宋二十家集》棉纸一部，索还竹纸不全本，即付之。"

徐珂《可言》卷四："《丛书目录》自顾氏《汇刻书目》，朱氏《目睹书目》外，则有南城李振唐太守之鼎之《丛书举要》。其总目为经部、史部、子部、集部、丛书部、自著丛书部。"

《可言》又云："振唐又尝辑刊南北宋人集多种，则以时代销沉，行就湮没，故辑而刻之，以永其传。所编甲乙丙丁各编，皆已即行，可五六十种。今犹赓续为之，盖欲使天水一代文献复显于世也。又以宋人已佚之集、世鲜传本者，网罗搜辑可数十家，他日辑成，将题为'闰编'。"云。

徐珂《大受堂札记》："李振唐富藏书，刊布古籍，校刊精审。有《秋林勘书图》，珂尝为题一诗：'思误亦云适，君怀其信芳。代薪慨今日，落叶扫斜阳。新月宜秋馆，春风世业堂。琼崖曾杀贼，余事且丹黄。'注云：宣统帝赐额曰世业堂。"

又云:"李振唐尝辑《丛书举要》,分类之丛书目录也。乙丑春,以所著《宜秋馆诗词》见示,有《仿遗山论诗体评丛书绝句》三十首。自《武英殿聚珍版丛书》迄郝懿行《郝氏遗书》,持论精当。"

藏印有"南城李氏宜秋馆藏""振唐校"诸印。

夜夜琼楼咽暮箫，西风吹浪送兰桡。
芋花本是经生业，不为珍珠慰寂寥。

辛耀文 仿苏

《广东藏书纪事诗》注："辛耀文字仿苏，顺德人。光绪某年顺天举人。家豪于赀，先世在香港以糖业起家。光绪晚年，挟十数万金游京师。豪情结客，与樊增祥、易顺鼎诸名士游。广收古画古书，得程瑶田《芋花图》，有纪昀、翁方纲等题咏者，因自号芋花庐主人。寓京大吉巷，异书满屋。与会文斋主人何厚甫最洽。厚甫得当湖刘铁云家书，其佳本多归之。旋归粤，由登云阁主人骆浩泉绍介，搜罗孔氏岳云楼散出之书。又得香山何佩舫家书。粤垣藏书，自孔、方二家衰替，后继起者不得不推辛氏矣。"

吴士鉴《含嘉室诗集》有《题顺德辛仿苏填词图》云："'海山粤雅渺云烟，后起如君亦自贤。一代恽王归著录，并时皮陆有新编。《梦华》远访东京胜，《代答》还从岭外编。跌宕豪情盖江海，非关哀乐在中年。海内词宗数稼轩，传家一脉有渊源。偷声减字琴初理，抚笛弹棋酒半温。松杏漫寻崇效寺，缥缃遍访海王村。旧人听彻何戡曲，轶事开天怕有论。'惟仿苏倜傥风流，怡情声伎。宣统初年，粤中剧社新组织女班，仿苏为之东主，豪竹哀丝，家道寖以中落。其宋元椠古本，最初典于胡毅生，其后明钞各孤本，分年散出，一入于余南州书楼，一入于莫氏五十万卷楼，一入于胡毅生隋斋。辛氏之遗籍尽矣。"

方柳桥《碧琳琅馆丛书》版，先鬻于仿苏，后归黄咏雩。仿苏殁后，书多散落于徐信符、陈融、胡毅生之手，亦有少部份为岭南大学图书馆所得。广州市立中山图书馆筹备时，拟以二万元购入辛氏遗藏之一部，后以事不成。现闻未出让之书尚逾百种。其属元明刊本、钞本者，如元本仿宋《朱子大全》一百本，白纸。元本《道园学古录》十二本，白纸。元版《续通鉴纲目》廿四本，天禄琳琅藏本，"乾隆御览"印记。元本刘履《选诗补注》九本，白棉纸。元本《千家注杜工部诗文集》十本，绵纸。明钞本《诗经图谱慧解》八本，高简自写本并画。皆上驷也。

余于都中见《芋花圈卷》，易畴自记云："岁在壬寅，初见芋花，虽莳芋者亦以为希有，遂图之，而题以诗。越十有三载，乾隆五十九年甲寅岁也，八月二十五日，余七十五初度，前五日家园盆盎中生芋花一茎，不知谁莳之，而开花于此日，亦奇。越二日，儿子芝瑞出大门外，见持芋花一握来售者多至五六，故以数十钱易之，插瓶中。二十五日盛开，寿余者皆以为可贺。纪之以诗云：'往岁得芋花，人言少所见。茗儿时在旁，请图先涤砚。图毕写以诗，爱玩靡厌倦。名公与巨卿，索观成艳羡。题词更说义，光焰如闪电。荏苒十三年，余日老而传。生辰当仲秋，屈指五日先。盆盎长芋花，如笔免冠见。谁与此莳者，家童问之遍。天降自地出，鱼鸟鸣则变。迟之又三日，一握持少贱。芋花五六枝，过门行且炫。买之插胆瓶，擢比桂枝选。吾生降庚寅，客至惊目眩。对花食汤饼，一杯乱银线。咸言宜歌诗，庶令一场擅。'下题嘉庆丁巳七月十日，让叟，时年七十有三。后有金榜、钱大昕、阮元、翁方纲题咏。"

此才晚出惜沉沦，赤脚拖鞋垫角巾。
我亦有诗三百首，青萍无处觅斯人。

伦明_{哲如}　余嘉锡_{季豫}　沈应奎_{羹梅}　张允亮_{庾楼}

伦明字哲如，又字喆儒。东莞人。光绪二十七年举人。京师大学堂毕业，任两广方言学堂教务长。民国后曾教授辅仁大学、燕京大学、北京师范大学、北京大学。藏书楼曰续书楼。后在琉璃厂设通学斋，以清人集部为有名。孙殿起即受其指点。此近数十年来广东博览之通人也。卒后，书捐入北平图书馆。著有《续书楼藏书记》《续四库全书提要》《辛亥以来藏书纪事诗》。

《续书楼藏书记》云："续书楼者，余钤书所自署也。余居京师二十年，贫无一椽之栖，而好聚书。聚既多，室不足以容，则思构楼以贮之。其所聚者尤详于近代，意谓书至近代始可读。自乾隆朝命儒臣纂四库书、撰提要，哀然大观矣。由今视之，皆糟粕耳，则思为书以续之。此续书楼所由名。然而楼未成书亦不备，志之云尔。"

又云："壬寅，余初至京师，值庚子乱后，王府贵家储书大出。余日游海王村、隆福寺间，目不暇给。每暮必载书满车回寓。始识潮阳曾主事习经，曾嗜书癖过余。客至偶谈及书，神态飞动，论议飚起，且谈且从架上取书作证。一书未了，又及其他，口与手与足无少停。客渐倦，犹强聒不已。客起欲辞，再三留不得去，人以是为厌，相戒勿与谈书，而余最乐此。时余居烂面胡同，曾居绳匠胡同，相距不百步。每造访，必留共饭食。大米不下咽，馔亦不适口，饭后饮所称工夫茶者，杯极小，湿仅沾唇，余绝不识其味。入夜谈益纵，赏奇析疑，恒至漏四下乃别。别时必挟书数册归，或读，或抄，或校。再访时挟还之。如此数月。后余迁居东城，过从遂疏。又后数年，重来京师，曾官已贵，收储更富，惟当年兴趣略减矣。

余丁未旋粤时，南海孔氏三十三万卷楼书初散出，而鹤山易氏、番禺何氏、钱塘汪氏（官于粤者）所藏亦散，余皆得择而购之。同时潮阳丁氏持静斋藏书间有见于坊肆者，屡属友谋之，未得间而书已尽矣。

顺德李侍郎文田家多藏明清之际野史，余展转请托，竟不获一。阅是二事，余甚憾之。粤地最卑湿,书易生蠹。余以储积过多,不易整理,残缺较甚。己酉夏,余寓广州小东门,西江水骤涨,逾阈而入,转瞬高二三尺,仆辈收拾不及,有浸于水者,恐受责,讳言无之。他日检书,乃多所失。使早告,虽水渍至不可揭视,余尚有法救治之也。

余尝出游,以书寄存广州南伦书院。院寓一卖破铜器者,贫无赖,私挖书厨铜钥易钱,次及书。友人于书肆见书,认为余物,以函告余,乃究而逐之。然书之被盗已不少矣。

辛亥,余再至京师,书值已大涨,询其故,则自吾乡辛仿苏开之也。辛君家富饶,挟赀数万游京师,征逐应酬外,兼好字画书籍,意所可不计值。尝至其斋,见《墨海金壶》一部,中缺数册,云购价六百金,他可推知矣。

九月间,武昌事起,都人初惊变故,仓皇奔避。数月来议值未就之书,至是纷纷愿贬值售。同邑叶大令灿薇,以谒选留京,愿以余资假我,乃尽购之,载四大簏。时从弟鉴、十一弟叙、十四弟绰同寓京,相约南还。运书簏至车站,则见人如蚁聚,行李阻塞不得上,废然返。连往数日皆如是。弟等自津催促,词至危迫,余复书曰:余誓与书同行。后数日去者渐尽,余乃从容挟书簏上车。弟等犹在津候航轮,遂同行焉。"

又云:"余始至京赁居莲花寺,以书之残破待装补者至夥,雇一书匠魏姓者,月资十五金。魏言余书待装补完,非二十年不为功。因言设书肆有数利:装书便一也;求书易二也;购书廉三也。余思之良是。经营甫就,魏适病,有孙耀卿者,佣于会文斋书店,其经理即叶焕彬《书林清话》中所称何厚甫其人也。余浼主肆务。孙勤于事,又极颖悟。自来藏书家贵远贱近,肆贾之智识因之,若者宋本、元本、明嘉靖本,若者影宋钞本、明钞本、名家手校本,文若者白棉纸、开花纸,不问书之良否,而惟版本纸质是尚。孙初见余喜购近人书,颇讶之。余每得一书,为言其佳处何在,略及清代学术诗文派别,孙似领会,渐能推所未知。余比年储藏大半出其手。迩来风会一变,清儒撰著价大贵,海内外指名以索,肆贾又移其视线于此。然披沙拣金,不知何者是金,因是孙反见忌于侪偶矣。

京师为人文渊薮,官于斯者多由文学进身乡会试之士子,比年一集。清季变法,京朝官优给月俸。科举虽废,高级学校相继立,负笈来者尤众,以故京师书业甲全国。辛亥以还,达官武人豪于赀,雅慕文墨,视蓄书亦为挥霍一事。而海外学者盛倡东方文化。自大学校图书馆,以逮私人,所需无限量,就地之书不足给,于是搜书之客四出,始直隶、河南、山东、西,次江、浙、闽、粤、两湖，又次川、陕、甘肃各省城中。先通都大邑，次穷乡僻壤。远者岁一往返，近者岁三四往返。余尝慨叹竭泽而渔，不出十年，故书尽矣。近年往者渐稀，盖所得不偿所费。因之相戒裹足，而书值日趋于昂。不知者诧良贾居奇，深知者信种子将绝矣。余一嫠人耳，譬入酒肉之林，丐得残杯冷炙，已觉逾分，遑敢言储藏哉！顾余之求之也，有异乎人之求之者。

京中旧习，士大夫深居简出，肆夥晨起挟书候于门，所挟书率陈陈相因。余概却不见。闲游厂肆，见有散置外室若不甚爱惜者，视之多有佳本。及遍翻其架上下，尘灰寸积中，残册零帙，往往惊所未见。又过他街市，于冷摊上时亦无意遇之。盖小贩中有打鼓者，收卖住户破旧器物书纸，转鬻于市摊。市摊以得之贱也，亦贱售之。游人熙熙，稍纵即逝。久之稍熟习，则留以相待者有之。又书客之载书而返也，箧中琳琅，得之者在捷足。余先时而探其讯，则预伺焉。若为他人所先视其籍，跟踪而求，十不失一。凡余之得书也，以俭以勤以恒。俭以储购书之资，勤以赴遇书之会。计童龄迄今垂四十年，其间居京师最久，又际群籍集中之时。日积月累，有莫知其然而然者。"

又云："余读书之志发于甲子。乡人胡子俊者，大连富商。一日，谈及四库书，余曰：此书宜校宜补宜续，而续最要，且最难。胡曰：谁能为者？余曰：今海内不乏绩学士，但若无凭藉独我能为之耳。有岁给我三千金者，将屏绝人事，致力于此，计五年可成。胡慨自任。已而营业失利，款不时至，事遂中辍。岁乙丑，当轴者以各国退还庚款，限用于文化事业，旋议决影印《四库》书，后曾议及续修《提要》，决交内、教两部核办。时余在河南，拟《刍议》一篇，寄刊报上，尔后时局纷扰，无复有过问者。余所拟条例断自顺治元年始，凡书成在顺治元年后者，或书成在顺治元年前而其人死在顺治元年后者，又或其人其书皆在顺治元年前而编辑校刻在顺治元年后者，皆收之。盖断限者假定之词，以便搜集，非如史例之严不可稍出入也。所以然者，以《四库》书中清代最疏漏：（一）忌讳太多；（二）搜采未尽；（三）进退失当。余别著文论之。故续者不得仅接乾隆四十七年以后，然若补与续同举，则各还其位可也。其大体与《四库》书异者：（一）著录分甲乙二等，不用存目之例；（二）四部各分三大类，经部曰辑佚、曰校勘、曰笺注。史子集部曰辑佚、曰校注（校勘笺注合为一类）、曰撰著。然辑佚、校勘、笺注大都前代之书，若补与续同举，仍各还其位可也。今岁（戊辰）夏间《清史稿》印成，余略观之，《艺文志》略讹殊甚，《儒林》《文苑传》为数寥寥。因又发愤欲撰一书，只录书目，下缀最简评语，仿《书目答问》而略详，后附著书人事实，俾与前相参照，兼详其他著之未见者，期合《艺文》《儒林》《文苑》为一，以补《清史稿》之缺，且为修续书者之大辂椎轮焉。

又余之求书也，不避繁复。初得一本以为佳，继得更佳者，随将前本易去，更得更换。今所存者大率原刻初印本也，新钞本亦择精纸，命端楷写之。他日流布，当就原书影印，勿烦缮写。继今以往，余将重保其已有者，而大增其未有者。呜呼！岂易言哉！岂易言哉！"

伦明《辛亥以来藏书纪事诗自序》云："长洲叶鞠裳提学《藏书纪事诗》六卷，余读而少之，为益数十人，例依原书，大抵据志乘说部别集信而有征者。若乃其人其事耳目接触，不须撷拾，涉想即至，及今不述，久且忘之。且廿余年来，为变甚剧，掠书之贾，始河南、北、山东、西，渐推及苏、浙、皖、赣，又渐推及川、陕、闽、粤，极于滇、桂。挨家而索，等于竭泽。百数十年之积蓄，尽于一旦，万数千里之输运，集于一隅。犹未已也，涵芬楼靡于非意料之烈弹，海源阁劫于无意识之狂匪。犹可委曰天灾时势，无可如何，乃一家奴耳。能罄丁氏持静之舍，一鼠窃耳；能分范天一之半，是则人谋之不臧矣。其他则书价之忽贵忽贱也，夫价之有贵贱常也，大率旧者贵而新者贱，精者贵而粗者贱，罕者贵而多者贱。今也不然，同是一书，适时则贵，过时则贱，而时之为义又至暂，例若辛酉以前，宋元集部人所争得也，乃过此竟至无问之者矣。又如辛未以前，明清禁书，人所争得者也，乃过此，几无问之者矣。又其他则藏家之易聚易散也。夫物之有聚散亦常也，自聚之而自散之，则偶然也。梁武帝曰：自我得之，自我失之，亦复何恨！然武帝在位之日甚久，以三十年为一世计之，几及两世矣。今之人朝聚而夕散者何其多也。聚而无不散者，何其不期而合也。尤可异者，昔之聚散如西家卖田，东家置产，不有所废，其何以兴。今也不然，试历数二十余年来，散者接踵不绝，聚者屈指几何？散者之有出无入，一以国家帑藏之外溢也，是不可以寻恒聚散观也。

是编定以辛亥后为限，然有其人在辛亥以前而其事征于辛亥以后，如李仲约侍郎、方柳桥太守，已见叶书卷七，但余之得观侍郎书也在己巳，余之得见李亦元题跋也在癸酉，则不得不复记于此矣。又如贺松坡家世泽远在百年而能保守至今，守成之与创业，其有功于宗祐一也，藏书亦犹是耳。

与叶书异者，叶书但纪私家，此则凡属于书者无所不纪，所重在书之聚散。书聚散公私各别，且今后藏书之事将属于公，而不属于私，今已萌兆之矣。叶书附录有《书贾》八首，余交游中书贾居半，纪不胜纪，则摘其可称者数人著之。"

则虞案：伦诗作于乙亥孟秋，刊载于《正风杂志》。今叶恭绰又为宣印。

杨圣遗先生诗《答哲如》云："入座高谈岸角巾，此才晚出惜沉沦。诗名直接南园后，苦节能知北郭贫。丰镐文章非昔日，管王风义属流人。白头何限辽东豕，不废鸡鸣待响晨。"

胡璧城《知困斋诗存·岁暮怀人绝句·怀伦哲如孝廉》云："赤脚拖鞋似往年，使君才调自翩翩。小词绝句工吟写，温李秦黄孰后先。"

徐信符《广东藏书纪事诗》："四库重修愿莫申，续编提要有何人。奇赢亿中非无术，通学斋开足疗贫。"

与哲如同年且同居北京撰讲于北庠者，有武陵余嘉锡，字季豫，号狷翁。湖南常德人。自幼秉承家学，后任辅仁大学、北京大学教授。民国为中央研究院院士，解放后任中国科学院语言研究所特聘研究员。著有《目录学发微》《世说新语笺》《四库全书提要辨证》《余嘉锡论学杂著》。

嘉锡收藏不及哲如，才气亦在哲如下。积二十余年之力，成《四库全书提要辨证》，博而核，止史子二部，已得七百余篇。所辨者单就提要本文证其舛谬，于阁书之割裂删改，尚未之及也。此外校辑之书尚多，于古今目录之学，探索尤深。其藏书至今守而勿失。

伦明《诗》注："吴江沈羹梅应奎，丰润张庚楼允亮，与余订交较晚，而十余年前余早识之厂肆。二君游必相偕，嗜好同，精识亦相等。他时记二君者，必为之作合传也。羹梅藏有明涂刻《盐铁论》真本。庚楼藏有宋本《李太白集》《草堂诗笺》、元本《杨仲宏集》等。尝手编《故宫书影》。又为北京大学编定书目。"

则虞案：张庚楼字雨楼，举人。任北京财政部金事、故宫博物院专员，后任北京大学图书馆编目、古物陈列所所长。著有《故宫善本书影》《故宫善本书目》。

长沙仁术泆长书，百里夷场独屏居。
几上牛腰付汝辈，老怀愈觉碧山孤。

丁福保 仲祜

丁福保字仲祜，别号济阳破衲，又曰畴隐居士。无锡籍。赐举人。弱岁入南菁书院。院固富积书，乃手钞藏书目而祝曰："他日依此目尽购储焉。"畴隐爱书自此始。尝从赵静涵习医，未几，端制军檄派赴日本考察医学。归以医济世。刊《医学丛书》行世焉。畴隐以算学教于译学馆，乃识黄仲弢、李亦园、章一山、屠敬山，始事收藏书志。至四十四岁，藏书已达十五六万卷。自兹而后，古椠秘钞，续有所获，旁及《道藏》内典。

畴隐好施与，始以藏书捐赠无锡县图书馆及竢实学堂图书馆、无锡第一高等小学图书馆，及上海市政府图书馆及福幼院，及震旦大学，共不下二十万卷云。

畴隐于南菁书院时，已拟编纂《说文解字诂林》及《尔雅诂林》诸书，中岁始刊成。集各家《说文》著述一百八十二种，都一千三十六卷，悉依原书影印，逾年而再印。越二年而编纂《说文诂林补遗》，集原书一百七十卷，为治小学者之宝筏矣。嗣后仿《说文》之例为《尔雅诂林》，复收《小尔雅》《广雅》《叠雅》等数十种，编为《群雅诂林》。又将《方言》《续方言》数十种，辑为《方言诂林》。复将《释名》等数十种辑为《释名诂林》。俱已荟集成书，而先生已七十矣。其稿以三万三千元畀开明书店。

畴隐夙治内典，笺注有《净土》三经、《法华》二经、《心经》《金刚经》《六祖坛经》。又辑印《佛学大辞典》。中岁以"守一子"名辑印《道藏精华录》十集一百种。

畴隐之祖喜藏古泉，所谓锡山丁氏菜根书室藏泉者也。畴隐益张其事，复著有《古泉大辞典》《泉志精华录》《历代古泉图说》《历代钱谱》。他若刊行严可均《全文》，辑印《八代全诗》诸书，不下数十种，医书倍之。医学书局者，先生所创立也。余详《畴隐居士七十自叙》。

《畴隐七十自叙》云："迩来多知余喜买古书，故有以古书为抵押品向余借款者颇多。押进之书以宋元本为最，钞本以毛钞《酒边词》、黄钞《皇元通雅集》为最。又有宋椠《鱼玄机集》一本。原书仅十二叶，题跋亦十二叶。内有王铁夫、曹墨琴夫妇题词。吾邑韵香女道士题诗，皆精美绝伦，来质洋六百元，此为宋椠中最有价值者。以上各书皆袁寒云之物。缪筱山先生藏书最富，且多善本。一日，忽携宋版宋印《文选》、明版王本《史记》等来质千元而去。"

"王雪澄廉访，老而劬学，收藏甚富。侨寓沪上，以汪刻《汉书》及《五代史》、严铁桥《全上古三代秦汉三国六朝文》手稿，向余质数千余元。"

"有人持旧书求售，索价巨万。发视之，赫然元椠大字本《韩诗外传》也。旧为袁氏三砚斋藏书，卷首有顾涧蘋氏题词。议价数日得之。"

"翁松禅曰：'箧中惟书籍最多，自笑其痴，于灵明何与！他日被人卖，不如一概送人。'余藏书之多或十倍于翁氏，然于我之灵明皆无涉。故以大宗书籍捐入各图书馆外，又以各书送于友，仅留少数而已。昔朱竹垞先生客游南北，必橐载十三经、廿一史诸书自随。余室中亦尚留《十三经注疏》《正续经解》及《二十四史》等书，尚有十五六万卷，皆万不可少之书也。余性喜聚书而又喜散，无锡竢实学堂、无锡县立图书馆、上海市立图书馆、震旦大学图书馆，余捐书亦多。震旦名曰丁氏文库，约有五万余卷，今尚存藏书十五六万卷。"

《畴隐藏书目序》有云："余年购书费逾万金，使及门诸子依《四库提要》分经、史、子、集四部编定目录。余自惭寒伧，不能无挂一漏万之讥，加以区类诠次。牴牾复杂，卒卒无暇，不能为之校正，聊命侍史录之，便检阅而已。自版刻行而读书易，今则新刊日增，朝担千金，暮载万卷。惟坊本纸墨陋劣，鲁鱼之讹，触目皆是。得铅石印十，不如得木版一；得新刻十，不如得旧刻一。余每于甲夜取精刻善本置诸几案，寻绎其趣味益隽永。视其卷之首尾，昔人收藏之印累累如贯珠，而名人批校之手迹，亦狼藉于行间，古趣盎然，似告我以阅尽沧桑凡几。藏此书者之兴亡隆替离合悲欢。苟询诸此古色斑斓之书，无不知之，此余所以览旧刻而不禁慨然有所永怀也。迩来世变日亟，读书种子日益沦亡，不复知有书籍云矣。余因此而藏书之念愈挚。为保存古书计，又不仅为消遣自娱而已。藏书之室，古人有谓在在处处有神物护持，余谓贮万卷书于胸中，则字字皆吐光芒。故书之藏于室者，又不如藏诸胸中远甚。所以藏书不如读书，读书不如蓄道德能文章为可贵也。不然，牙签玉轴，同为一种珍玩而已，于学问奚益哉！"

伦明《诗》注："得纪文达《玉台新咏考异》手稿本，及其父容舒《杜律详解》传录本，二书在《四库》，一著录，一存目。但《玉台》题容舒名，《畿辅丛书》刊本同，而稿本则文达自著。是书所引诸异本，非容舒所能见，文达兹举，殆善则归亲之意耶！考异中语，近人丁福保又添入《八朝全诗》中，攘为己有。"

丁氏《四部书目总录》采集各家读书志题跋及文集中序跋汇而合之,分经、史、子、集、丛五类,稿凡数百卷,著录之目近二万余种。每书之下详列各种版本及刊刻年月。其于《四库提要考证》谬误之处,亦偶有辨证订补。上海医学书局刊有样本,全书未及印成而沪战起矣。

《无锡丁氏藏目志》四十卷,见其所编《四部书目总录引用书目表》。

叶景葵《卷盫书跋·说文解字汇纂条例跋》云:"仁和严曾铨字蓉孙。廪贡生。仁和孙礼煜字耀先,光绪丙子举人。同辑。此书系蓉孙姑丈任搜访及编辑,而耀先年丈总其成。即在孙宅办事,昕夕劳勘,卒以工本太巨,成书迟缓。鸿宝斋所储原稿,不知踪迹。孙氏后嗣颇疑近来所出《说文诂林》,或系脱胎《汇纂》原稿,但未得佐证。故勤斋同年(智敏)有启事征求之举。其实丁氏亦富于收藏,且喜公开流布,如见原稿,决不至秘而不宣也。己卯九月,揆初记。"

卷九

梦影前尘百感生，著书幸喜眼犹明。
花田宾主知谁在，把笔凄然暗自惊。

徐康 子晋

江标《前尘梦影录记》云："标年十六七时，曾见寙叟于玄妙观世经堂书肆中。闻述访古源流，皆非寻常骨董家数。戊子归里，闻叟已归道山。访问遗事，潘笏盦志万为余言，有《前尘梦影录》在。忽忽七八年，始介笏盦问翰卿乞得副本，读而刻之，仍如对叟坐于玄妙书肆也。书肆为湖州侯念椿所设，侯年亦六七十，目睹各家藏书兴废，分别宋元椠刻校钞源流，如辨毫厘。尝称之曰：'今之钱听默，曾属其将数十年来藏书见闻杂写一册，亦吾乡掌故也。'"

李芝绶《序》云："吴郡徐君子晋，博雅嗜古，世擅岐黄，尤工篆隶。凡书籍字画、古器奇珍，一入其目，真赝立辨，盖阅历深也。咸丰初，幕游来虞，解后书肆，论文谈艺，过从遂密。庚申后，遇诸沪上，各遭寇难，相庆更生。维时古籍沦亡，而君则拾遗补艺，甄别尤精。三十年来遂成名宿。虽年逾古稀，精神矍铄，清闲之福如君者亦所罕觏已。丙戌暮春来主花田赵君家。追念旧游，显显犹在心目。因出《前尘梦影录》一编示余，曰：'壮岁得周栎园《书影》残帙，因仿其意，追念劫前所见文房珍品，以类相从，著为论说，以示来兹。嗟乎！三吴为文物之邦，载经劫火，古物荡然，所谓老人读书只留影子。'"云云。

《前尘梦影录》："庚申四月，吴城陷后，越二年，余至虎邱，寓于普济善堂侧屋。偶至山寺，见一室乱书堆积，搜之，颇有善本。余择取二十余本，内有最惬心者，如《范文正事迹》只二十余页，字悉吴兴体，末有孙渊如题跋，黄荛翁三跋。寺中仅余一僧，目不识丁，余以贱价购之。颠沛流离中乐境也。"

又云："余在玉峰得《鸿庆居士大全集》，旧为澹生堂钞藏，计十帙。每本首叶有祁氏藏书铭。棉料纸，蓝格五色线钉，刀口不齐。据湖州书友云：'明代人装钉书籍不解用大刀，逐本装钉。'以此集相证始信。"

又："得蒲室《蒲庵集》明人钞本。张忠愍煌言《雪窖冰天集》，宝山李啬生郡博手钞。"

黄丕烈据宋校钱大昕手钞《中兴馆阁录》，后有徐氏手跋云："咸丰辛酉二月，得川学斋黄氏旧本。因忆道光辛卯、壬辰年，从师陆卯君先生游学嘉定，得见次欧黄丈，其时生甫师石香丈乔梓相聚一处。川学斋藏书颇备，皆从潜研堂藏本钞录者。距庚申遭乱，嘉定被难，文献一时俱尽，幸黄氏之书早移罗店。昨舟载至沪，得购数十种，此其一也。抚今追昔，握管怅然。枕戈生书于申江官厅。"

《吴县志》康有《石室秘藏诗》二卷，《神明竟诗》二卷，康又批注《聊斋志异》，余见过录本。

景宋翻元订脱讹，露钞雪纂久摩挲。
清吟休唱《阳春曲》，江上军声尽楚歌。

瞿世瑛 良玉

《武林藏书录》："瞿世瑛字良玉，号颖山。钱塘人。家虽素封，迹若寒素。手钞罕见古书，以为日课。积数十年几得千册，金石书画，靡不考索。张叔未解元、徐问蘧、汪骍卿明经常主其家，校刻《东莱博议》《帝王经世图谱》《阳春白雪》，世称善本。筑清吟阁以储书籍。曾编目录，计名人钞本七百九十二种，批校钞本四百七十五种，景宋元钞本三十种，皆秘笈异本。而此外之古今版印之籍，不啻汗牛充栋矣。惜失于庚辛之乱。"

吴昌绶《丰华堂藏书记》云："有清一代杭州藏书家，首称赵氏小山堂。至道咸间则汪氏振绮堂、瞿氏清吟阁并富收藏。经兵燹荡无孑遗。"

《艺风藏书记》有《清吟阁书目》四卷，题记云："传钞本。瞿颖山藏书。其编目分卷一钞本；卷二名人批校钞本；卷三名人批校刻本；卷四影宋元钞本；照宋影宋亦分别，所得卢抱经校本最多，影钞本最少。内《金石萃编》稿本十卷，即元代金石未刻者。"

则虞案：《清吟阁书目》四卷，《松邻丛书》二编本。又有甲寅瞿氏石印本。章氏四当斋有钞本，江苏省立图书馆亦有钞本。《阳春白雪》后归吴瞿安，倭乱携至湘中失去。

画派流传陈老莲，闲庭书带草芊绵。
可怜一片江南月，冷挂青箱五百年。

陈烈新莼斋　　**子遹声**蓉曙

俞樾《莼斋陈君墓志铭》："陈君讳烈新，莼斋其字也。浙江诸暨人。陈故巨族，元末有名玭者，始建日新楼以藏书。其子奫又建楼曰宝书。奫之六世孙曰性学、曰心学，七世孙曰于朝、曰于京，代有增益。于朝之子洪绶裒其先世所藏，建七章庵以庋之。七章庵陈氏藏书遂为越中冠。及君之生，稍稍散佚矣，然七章庵故物犹有存者。君孜孜于学，寝馈其中，弱冠入县学，岁科试居高等，补增广之额。咸丰元年，由增贡生入赀，以教谕注选籍。同治二年奉省符署嘉兴县学训导，请于学使者修复曝书亭，取竹垞先生裔孙一人为诸生。其时粤寇初平，故家零落，倦圃、曝书亭所藏书籍，流散人间。君以先世本藏书家，笃好尤甚。暇日游书肆，偶得一二，辄以重价购之，若获异宝。六年，署长兴县训导。君历任所余俸钱，悉以购书。元明椠本，往往存焉。于宅西建授经堂，藏所得书。其后遹声成进士，官翰林。每至琉璃厂书肆，遇有精椠旧钞，必购以奉君。君手为雠校，详告以版本之良楛，诸家之源流，孜孜焉以为颐老之一乐。于是陈氏藏书又富，虽不能复七章庵之旧，然已逾二万卷矣。《铭》曰：'于铄陈君，积德在躬。各利虽淡，图史甚丰。筑堂授经，栋为之充。曹仓杜库，津逮无穷。衍兹遗泽，景彼高风。'"

贺涛代人撰《陈莼斋先生墓表》云："先生好学而嗜古，尤好聚书，百方购索，久而弥勤。或贬损衣食，以重贾求善本。所得既多，悉藏于先世所筑授经堂，而课子其中，即蓉曙童子时读书处也。蓉曙官翰林，以渊雅见称寮友，其学一本于先生。吾友贺松坡涛为蓉曙撰《授经堂记》，称美其家学，而侈言藏书之盛。其于先生寿言，直比先生父子于汉之刘向、刘歆及近代高邮王氏。其推重如此，而俞先生亦言陈氏累世藏书为越中冠。后稍散佚矣，而先生能力复其旧。蓉曙在京师得佳书必以奉亲，先生则大欢，以为善承我志。俞先生之意与贺君略同。"

贺涛《授经堂记》："诸暨陈蓉曙编修，勤学嗜古，孜孜如不及。其先世当明嘉靖时，有官广西布政使者，聚书五万卷，构授经堂庋书其中。当时宿学皆借书其家，为之点勘。其孙章侯先生，国初时隐于禅，世称老莲先生者，有《授经堂诗文集》。康熙初，堂毁于兵火，书亦亡。蓉曙之祖既筑堂藏书以复旧，而蓉曙之父课子于堂，遂绘《授经图》，征时贤题咏，士林盛传其事。粤城之乱，东南骚动，陈氏独安居讲诵于堂弗辍。余小颇观察赋诗称之，而堂与书又卒毁于兵火。蓉曙与其族子耐安俱以文著，大吏争迎聘，以其所得，作室故居旁以积书，复得数万卷。俞曲园先生以旧额题之，而堂复兴。蓉曙虽官京师，而所谓授经堂者念不能忘。尝欲罢官旋里，读书堂中，以无失先志，迫于人事而未果也，辄用自恨。"云云。

晦迹书城比隐君，剔搜金石补《全文》。
镜台潋滟塮乡水，化作红泉绕旧宕。

蒋壑 季卿　　温日鉴 霁华
沈登瀛 金坡　范锴 声山　盛朝勋 介眉

汪曰桢《良友传》："蒋壑原名维培，字季卿，号寄嵚。乌程附贡生。居家孝友，尤敦气谊。潜心经史，晨夕讲肄，校订问难，不惮再三，丹黄未尝稍息。偕其兄维基共聚书各有万卷，多精钞旧刻。闻人有秘册，必宛转借录，储藏日富。于前人撰述，苦心爱护。尝得严可均所编《全上古三代秦汉三国六朝文》手稿，世无副本，以'六朝'二字不能该括，改名《全上古三代秦汉晋南北朝文》，又为编目录一百三卷，每篇注明所出之书，其参校各书亦并备载。间有讹漏，俱为考正。著《说文解字校勘记》《求是斋杂著》等，并毁于兵燹，藏书亦大半煨焉。"

则虞案：杨惺吾以严书所未备者，复条牒其目于蒋书。无虑百千事，唯三代鼎彝款识，汉魏碑版刻画，嘉道后出土特多，为严氏所未见，杨氏亦未列入，则别属刘心源纂辑焉。《晦明轩稿》有补严氏《古文存》廿卷，《自序》云："今于日本得《文馆词林》及《文镜秘府论》，又得朝鲜《东古文存》，中多严氏所未见。又自道咸以来，金石之出土者綦多，似不可不补录之也。嘉鱼刘君心源，考定鼎彝之文至于神审，乃以金文任之，合编成二十卷。今人刘盼遂有三家补严氏《全上古三代秦汉三国晋南北朝文辑目》。"

又案：《全上古三代秦汉三国晋南北朝文编目》一百三卷，光绪己卯仲冬刊。

乌程藏书首称严铁桥、刘疏雨、蒋季卿三家，疏雨之书后半归其女婿温日鉴。鉴字霁华，号铁花。监生。从杨凤苞、邢典游，蓄书甚富。尤精金石文字舆地之学。事见《揽莲山房后记》。仪顾堂《魏书地形志集释跋》亦称其好书。此外则有董、沈、范、盛四家。

董熜，见叶诗。丁桂《沈柳桥行述》："沈登瀛字金坡，号柳桥。府学生。善读书，喜考史传，尤留心乡里文献。著《凝香书室书目》。"

《南浔志》注云:"每书并有解题,而尤以范声山为著。"

《南浔志》:"范锴,初名音,字声山,号白舫,又号苕溪渔隐。留心掌故,著《吴兴藏书录》一卷。艺风堂《续记》载《长江集》卷末有'范锴借观'朱文方印。"

《盛眉庵小传》:"盛朝勋字介眉,一字寿朋,号眉庵。县学生。著有《唐述山房目录》。"

书似莲华无尽灯，饮河食跖记吾曾。
森森天上娜嬛府，身在阑干第几层。

丁白　丁宝书葆书

丁白，湖州人。布衣。

《宝书阁书录》丁白自识云："书斋清昼，独坐吟余，整架上书，多善本。恐世罕流传，随笔著之，不复差次。天壤间奇秘无尽藏，安知不载于是编尚多耶！愿同志合力搜访，如曹倦圃先生互钞为约，共赏奇文，结契翰墨，岂不幸甚。咸丰纪元辛亥仲冬湖州丁白识。"

《适园藏书志》：《伊川击壤集》，宋刻配元本，后有丁白跋云："戊午五月，过琴川，访芙川先生。出示残宋本《击壤集》，虽非完璧，已可宝贵矣。吴兴丁白曾观。"

又周莲伯孝廉手钞《莼香庼遗文》《礼耕堂丛说》后有丁白跋云："莲伯先生手抄《莼香庼遗文》《礼耕堂丛说》二种，得诸菱湖破书堆中，大是奇缘。先生勤著述，在重围中犹孜孜校书不辍。四月中旬，在城危急之秋，知事不可为，叹曰：'吾辈死期至矣。'遂出所著书《说文经字考校正》《北堂书钞》诸种授予，并入鄙藏之书，置之学官。今不知尚存与否？是册用笔谨严不苟，展卷之余，令人起敬。是为记，并以哭先生诗录于卷端。壬戌七夕后二日。苕上布衣丁白拜题。"

俞樾《丁葆书读书识余序》："国朝稽古右文，超逾前代，而海内士大夫家亦竞以藏书为富。精刻善本，考证异同，极一时之盛。咸丰、同治间，迭经兵火，典籍散亡，而一二抱残守缺之士，仍能保守遗书，不致失坠。吾湖丁葆书先生自幼嗜书，自谓有书癖，与同志劳氏巽卿、季言两君交最笃。以宋元旧本互相质证，合所见所藏者荟萃成编。未竟其业，两劳君相继殁。君以十数年心力踵而成之。以劳氏先有《读书杂识》一书行世，此亦劳氏所欲为而未竟者，因题曰：《读书识余》，慰亡友之余意，成艺林之巨观，使学者知某书有某本，某本之不同，而源流得失，约略可见矣。"

《读书识余》史部残卷，丁氏原稿，誊清本，残存一册，北京图书馆藏（今国家图书馆）。又丁福保藏钞本，其体例一如《四库标注》及《邵亭知见传本书目》，而加详焉。今存者史部自正史至传记止。

《古今刊椠闻见录》八卷，葆书手稿本。书一名《读书识余》，于版本源流考录甚富，护叶后有费屺怀题记云："光绪十五年正月，从公蓼仁兄假读，鄙意以为近岁坊贾以旧本覆雕者甚夥，皆不必增入也。时力疾北上，倚装记之，中有朱笔校补，盖亦出费氏手。"

则虞案：葆书辑刻有《月河精舍丛钞》。

藏印有"归安丁宝书鉴藏记"。

钟鸣下学且高眠，石几疏花手一编。
题柱文章缘狗监，水清何似在山泉。

　　　　　　　　　　陈瑮熙皞　　沈阆昆肖岩　　章绶紫伯

　　瑮字熙皞，号璜生，晚号勿庵老人。咸丰戊午岁贡。著有《闻妙香斋吟草》，又补辑《白石山志》。芸香精舍为其晚年藏书读书之处，自作藏书记，有《陈氏芸香精舍书目》二册。计经部一百三十一种，一千四百四十五卷；史部百种，四千一百八十三卷；子部一百六十二种，二千四百十九卷；集部一百九十八种，四千二百九十五卷；都凡五百九十种，一万二千三百六十一卷。

　　《丁氏藏书志》："沈阆昆字肖岩，晚号东山外史。归安贡生，官上虞训导。性喜藏书，得异本必手自校正，跋而藏之。所积旧钞，萃其精者数千卷。丹黄灿然，至今得者宝之。有'东山外史沈阆昆印''肖岩藏书之章''东山外史肖岩沈氏珍藏书画'诸印。"

　　绶字紫伯，归安人。恩贡生。好聚书，多善本。熟于掌故，于乡邦文献尤为谙习。同治间，预修府志，订讹补缺，颇著勋劳。著有《磨兜坚室诗钞》。

　　藏印有"章绶衔印""紫伯""紫伯章氏""归安章绶衔字紫伯印""子伯过目""紫伯珍玩""紫伯私玩""紫伯收藏""荻溪章紫伯珍藏善本""荻溪章紫伯珍赏""瓜垆外史""读骚如斋""磨兜坚室"。

大树苍皮罨涧西，藤花落后子规啼。
灵山深处多佳士，乘兴扁舟到剡溪。

冯龙官_{孟苍}　梁廷枏_{章冉}　温树梁_{栋臣}

《广东藏书纪事诗稿》注："冯龙官字孟苍，顺德人。县学生。以父折阅系讼，辄出游。沿楚入蜀，纵览山川胜概。归则聚群书，名其庐曰绿墅草堂。于群书皆有考证，尤精史志金石。南城曾燠、汀洲伊秉绶皆倾倒极致。龙官藏书有'绿墅草堂图记'及'冯龙官印'，时有评跋。梁廷枏为龙官弟子，藤花亭不少名著刊刻，其学亦有渊源也。龙官聚书，每鉴别善本，手装而跋其尾，积为一编，曰《载关录》，已成书，但不传。中年后藏书以次易米几尽，不自爱惜。其遗著传者有《冯孟文》。"

《清史列传》："廷枏字章冉，广东顺德人。副贡生。官澄海县训导。其先人好聚书籍，廷枏成童，即尽读父书，为总督阮元所器重。咸丰元年以荐赏内阁中书，加侍读衔。十一年卒，年六十六。著《东坡事类》二十二卷，《金石称例》《曲话》《藤花亭诗文集》若干卷。"

《广东藏书纪事诗稿》注："廷枏外任训导及粤秀、越华两书院监院，为冯龙官弟子。好藏书，俱收并蓄，于金石最为所嗜。藤花亭刻书最多。"

则虞案：梁廷枏字章冉，号藤花亭主人。道光甲午副贡生。咸丰朝赐内阁中书，加侍读衔。历任广州越华书院监院、粤海关志局总纂、广州学海堂堂长、广州粤秀书院正监。著有《夷芬纪闻》《粤道贡国说》《兰论偶说》《合省国说》《南越丛书》《藤花亭诗文集》等。

伦明《诗》注："曾勉士防英事败，遂质其所有于温氏。相传朱九江先生曾泊舟龙山两月，观其书。"

则虞案：伦氏此言是也。余得《广韵》一帙，勉士细字密批。钤有"曾钊印"，上又有后钤"温树梁"朱文方印，又"栋臣"二字印，为易主后温氏加钤也。温氏之书，亦不能守，其屈翁山《易外》，归徐信符。又有明清本早散入广州矣。温氏世有闻人，温士刚著有《醇斋诗钞》；温且昭著有《梓里资谈》；温汝适著有《携雪斋文集》及《诗钞》；温汝进有《津寄斋诗》；温汝能有《广东文海》六十六卷,《诗海》一百六卷。汝能藏书亦富,筑书室于莲溪上。汝遂藏书亦富,又擅绘事。

衍芬堂闿倚晴空，慈竹孙枝有祖风。
妙手澉山新粉本，并株棠棣一株松。

蒋光焴 寅昉

蒋光焴字寅昉，海昌人。光煦弟也。详《藏书纪事诗》。

钱泰吉《甘泉乡人余稿·澉山检书图记》："数百年来三吴藏书之家，名闻天下者相接踵。然奉其先人遗籍，藏之墓庐，岁时往省，整齐排比，以寄其僾然忾然之思，前此未有闻也。今乃于海昌蒋生寅昉见之。寅昉大父涫村翁，延名师购善本书，以教其子潞英、霁峰。潞英、霁峰兄弟皆喜读书，又广购之。四部略备。三十年前余屡至霁峰之斋，见其插架皆有用之书。与之谈论，辨别精审，余不逮也。寅昉少孤，贤母教之。稍长，即知宝护遗籍。签帙标题，谨守勿失。今藏之丙舍者，皆祖父之遗也。记所谓思其志意，思其所乐，思其所嗜，孰有大于此者乎！钱塘戴醇士侍郎闻而称善，为写《澉山检书图》，而属余记之。"

张廉卿《赠蒋寅昉序》："海宁蒋君寅昉，好读书，藏图籍数十万卷。其笃好之深，殆非人世所能易也。遭粤贼陷浙东、西，出走海上，溯江以至于楚，转徙江汉之间，然必以藏书自随，不少时委去。盖好之至于此。"

则虞案：《寅昉藏书录》不分卷，江苏省立图书馆藏钞本。海昌蒋氏家藏底本四册，此足本也。书口题"衍芬草堂书目"，有钞本。

金兆蕃《澉山检书图歌》："澉浦与海绝，不知始何时。群山合沓外襟海，外抱永安湖水清涟漪。逶迤杜曲冈厥西，涧水环绕之。草堂翼然面湖立，寅昉先生隐居读书恒于斯。林荫杏蔼翳山绿，春夜一雨群卉滋。渊渊金石出云隙，太乙下照然青藜。鹿床侍郎为作图，甘泉半岩各缀琼琚辞。吁嗟宛委窟，几作昆明池。一帆转酒载书隐，堂下带草生葳蕤。侍郎殉难图化去，乃有晓翁补画蝘叟诗。当年作画题诗日，江海迢遥念家室。梦中松槚山远近，劫后缥缃蠹存佚。即今犹是乱离年，对此茫茫百端集。怀旧赋，补亡什，遂使三家祖德一图述。澉山澉水我尝到，桃源、兰泉殆其匹。烟云水木如画图，鸡犬桑麻异城邑。外家丙舍之所在，霜露年年往返密。津梁老矣犹未归，旧德低徊意萧瑟。"

临流小筑起东仓，文藻如登群玉堂。
最爱水天残照里，乱风吹笛满渔庄。

缪朝荃 蘅甫

缪朝荃字蘅甫，江苏镇洋人。同治九年优贡。辑有《东仓书库丛刻》初编。

缪荃孙《东仓书库图记》："太仓蓉泉先生，文名与同州李秬香相埒。《杏春庐稿》，艺林亦传诵焉。曾孙蘅甫同年志行纯笃，问学渊雅。枕经葄史，尤留意于缥缃。遭乱伤离，亦勤搜夫典籍。武桥北旧曰仓基，濒盐铁之塘，通漕泾之水。临流小筑，庋置藏书。琅函锦贉，如登群玉之堂；钿轴牙签，宛入众香之国。俞荫甫年丈颜曰东仓书库，志其实也。若夫广刊故籍，首重乡贤。缣楮传之，梨枣寿之。远则仿盐邑之《志林》，近则绍棣香之杂著。荃孙同宗同年，又复同志，时搜枕秘，飞札传钞。偶刻古书，贻笺订误。孜孜矻矻，卅载于兹。海内同宗，罕有如吾两人之气求声应者。"云云。

吴昌硕《缶庐诗·东仓书库图为缪蘅甫》："武林桥北东仓开，仓基簇簇生莓苔。张志陈考举其地，证曩今故无疑猜。濒塘小筑书连屋，榜以书库供勤读。读书种子非君谁，不窥园圃常下帷。饥来日日烹蕨薇，蕨薇可饱人仅免。凿楹谁更藏坟典，君取其狂我就狷。丛残数筐宝瑚琏。吁嗟乎！学心听，名心鉏，一书失所如剥肤。君不见，天禄阁中书已逋。"

《缘督庐日记》丙辰五月十七日记："翰怡出示群籍，皆书肆送来样本。太仓缪蘅甫旧藏也。中有吾郡《微显志》，而题曰《青阳楼稿》，萧翀、章辰辑。前有沈文悫序。又《余学集》一册，支那梵本。虞山释子黄蒿庵撰。又《东吴周复浚集》一册，皆佳。"

又六月初三日记："翰怡来，持《初学集》两函二十四册，言新得太仓缪蘅甫遗书，内有《初、有学》两集，《初学》已有藏本，故以见赠。"

万里桥西卖酒家,承平公子擅豪华。
藏山文字千张纸,聊抵河阳一县花。

章寿康硕卿

　　章寿康字硕卿,会稽人。同治时随宦蜀中。时蜀中游宦子弟类皆鲜衣怒马,丝竹卢雉,吟朋狎客,三五成群,号为豪举。章独单衣窘步,踯躅会府街后宰门书肆中。久之,书贾日集于门,自滇鄂贩书来者,无不投之,各如其愿而去,所收乃大富。又复广拓金石,鉴别书画,与缪筱珊、钱徐山、钱铁江、宣麓公、沈吟樵辈交,意气益发舒。光绪丁丑入都,广收书籍。扬、苏书贾,闻风而来。捆百箱至鄂。乙酉宰嘉鱼,以玩视民瘼,日以刻书为事,被劾解职,乃大困,因举所藏金石碑版书版悉售之,遂郁郁以卒。硕卿光绪初为张之洞幕客,尝得《瘗鹤铭》"也乃石旗"四字一石,名所居曰"小石山房"。

　　硕卿以买书刻书去官,与鲍西冈故事略似,亦书林之轶闻也。江都唐绍祖序鲍氏《诗编》云:"西冈鲍君,家世簪绂。群从子弟习为豪侈,盛饰车舆服御,声色狗马,以相夸尚,逐逐者至尤而效之。西冈以弱冠宰长兴,乃独与单门寒素深沈好古之士游。西冈以罣误去官,而手一编自如。"

　　则虞案:鲍氏诗中多谈藏书雅事者。

　　式训堂《己卯书目》稿本尚存。又式训堂《续藏书目》,章善庆编,前中央研究院藏钞本。

　　《越缦堂日记》光绪二年九月十九日记:"会稽人章贞硕卿,其父为富顺县丞。不求仕进,独喜读书,收藏精椠秘本颇夥。刻有徐星伯校注《汉书地理志》,严铁桥校辑马氏《意林》,皆世所未见也。"

　　又光绪三年十月七日记:"为章硕卿撰所刻《式训堂丛书序》。"

　　又光绪六年三月廿日记:"同县章石卿寿康,本名贞。自蜀入都,以知县赴部。章君生长京师,后随其父富顺县丞任。幼喜买书,不肯为制艺应试。今年三十一,收藏旧籍精椠极多。勤于校勘,恂恂谦谨。吾乡仅见之佳士也。"

　　又光绪七年七月卅日记:"章硕卿在蜀刻书甚多,吾乡好古勤事,无其匹也。"

《艺风藏书记续记·式训堂碑目题记》云："稿本，章寿康编。寿康字硕卿，会稽人。随宦四川。善读书，金石书画靡不收藏。与余莫逆交。"

谭廷献《赠章硕卿诗》有云："故国江山笺越纽，在官罪过笺唐文。"云云。

《五十万卷楼藏书志》：《诸臣奏议》后钤有"石卿章氏"章。

章石卿又翻刻《绝妙好词笺》，附《皋文词选》。

陶存煦《姚海槎年谱》："光绪庚寅，会稽章小雅于郡城三埭街得沈复粲藏旧钞《章实斋遗书》三十四册，因自王某赊得千金，嘱工镌板。工未半，王某忽有异议，讼之官，小雅于除夕系狱。先生竭尽智虑，始寝其事。小雅与其兄寿康皆与海槎交甚契。"

泥涂亦复有高名，书局衰灯向晓明。
修到神仙原食字，人天同是可怜生。

唐仁寿 端甫

张裕钊《唐端甫墓志铭》："端甫姓唐氏，讳仁寿。浙江海宁人。十四补学官弟子，有神童之誉。是时嘉兴钱警石先生以宿学官海宁州学训导，晚年得端甫及濮阳彝斋春泉，则大异之。两人皆从钱先生游。端甫既负异禀，又其家故饶于财，大购书，累数万卷，往往多秘笈珍本，乃益发愤钻研。咸丰八年，粤贼蹯扰浙中，端甫奔走流离，田宅财物，扫地划绝，所购书亦荡尽。端甫又善病，既经丧乱，志意潇然，与少年时复绝矣。然端甫固处之恬如，好读书如其故。所诣日以邃，性静正，不以喜怒随人。与人相对，或移晷无一语。独善饮酒，引满数十不乱，酒后辄面赪，乃颇振厉谈噱，亦时为感慨不平之鸣。其介特，故内函罕有知者，笃于古谊，今之人有不能及也。与君同处金陵书局德清戴子高望者，死而无子，死后无一不赖端甫力者。端甫及戴君皆文正公所招致也，端甫来金陵，以同治四年，越八年而文正公薨，其明年戴君死，又四年而端甫卒。"

又见光绪《杭州府志》，称其生平所为书皆未就，独有诗若干卷，藏于家。

则虞案：即《讽字堂诗稿》也，北京图书馆（今国家图书馆）藏手写本初稿。

张文虎《唐端甫别传》："浙有好学博文之君子曰唐仁寿端甫，别自号镜香。世居海宁州。年十四补诸生。读书好古，究极名理。同学濮阳涝者，才气空一世，与君言，大折服之。是时嘉兴钱警石先生为州学官，博览载籍，君从之游。益聚书，求购宋元以来善本，参校同异，日不足，继以夜。钱先生深契之。同里管庭芬、仁和罗以智宿儒也，皆引为忘年友。"

《适园藏书志》，旧钞本，至元《嘉禾志》三十二卷，元徐硕撰，刊本久佚，传钞多讹。同治中唐端甫仁寿始合桐乡冯浩孟亭、秀水沈叔埏双湖、嘉兴张廷济叔未、嘉兴戴光曾松门、秀水章全益斋、钱聚仁味根、海宁管廷芬芷湘、嘉兴李文吉实龛八家校本，移正补缺，功实不小。后有端甫手跋。

《善本书室藏书志》：监本附音《公羊注疏》及《穀梁注疏》，亦端甫旧藏。

藏印有"海昌唐仁寿""仁寿"白文、"伯端甫"朱文两方印、"唐仁寿读书记""补农""梦华生""讽字室""盐官"。

荒潽早已作欢场，九译车书聚海商。
嘉道故家潮打尽，因君更说沈桐乡。

徐渭仁_{紫珊}　沈炳垣_{鱼门}　梅益征_{复斋}

《上海县续志》："徐允临，诸生。父渭仁，善书，尤长汉隶，能鉴别古帖，时人推为巨眼。"

则虞案：有《春晖堂丛书》。

江山刘履芬《古红梅阁丛钞》内有《徐紫珊遗诗》一卷，又《随轩金石文字》无卷数，紫珊撰，道光二十三年刊。

《甘泉乡人稿》有沈晓沧《寄赠徐君渭仁新刻〈思适斋集〉诗》云："沈侯嗜好别流俗，休沐逍遥辞剧务。好事近得郁与徐，异书校刊为点注。"自注云："上海郁泰峰松年所刻《宜稼堂丛书》，晓沧亦曾相赠。徐郁两君所刻书，皆晓沧精心为之校定。"

则虞案：沈炳垣，一名潮，字鱼门，号晓沧。桐乡人。嘉庆庚午举人。官江苏海防同知。有《斫砚山房诗钞》。

《适园藏书志》：旧钞本《式古堂书画考》后有"曾为徐紫珊所藏"朱文长印。又明刊本《法帖释文考异》有"上海徐渭仁春晖堂收藏印"朱文方印、"徐印渭仁""紫珊"朱文两方印。又明万历刻本《白氏长庆集》有"上海徐紫珊考藏书画金石书籍印"朱文大方印。

《群碧楼善本书录》：《前汉书》一百二十卷，宋刻元修本有"紫珊""紫珊所得善本"二印。又《后汉书》宋椠元修本亦有此二印。又钞本《竹垞盦金石目录》后有"上海徐氏寒木春华馆道光壬午后所藏"及"曾为徐紫珊所藏"二印。又有"徐紫珊渭仁"及"春晖草堂"诸印。

《四当斋藏书目》：《通历》十五卷，收藏有"曾为徐紫珊所藏"一印，罗振玉跋："此上海徐氏随轩所藏旧钞本。"

藏印犹有"随轩"朱文小方印及"徐紫珊秘笈印""渭仁"诸印。

《上海续志》："梅益征，字复斋。家富藏书。遇有善本手自雠校。积数十年，成《得一阁藏书志》四十二卷，皆手写稿本。惜其后人不善收藏，蠹蚀强半。自称所藏有宋椠本及名人手钞之书，不知今尚存焉否也？"

益征，嘉道间人。《艺文志》著录"《得一阁藏书志》四十一卷"。

则虞案：上海藏书家首推李筠嘉、郁松年，前乎此者，在万历之际，收藏之富者有王洪州圻、施石屏大经、朱幼清懋澄、俞仲济汝楫为最，而幼清更多秘本及名人手钞本。石屏殁后，子沛然复购益之，其书目四册，高五寸许。石屏有收藏印章曰："施氏获阁藏书，古人以借鬻为不孝，手泽犹存，其永宝之"。沛然置书亦以此印于卷。其次则有徐长谷、何柘湖、张王屋、朱邦宪、董紫冈继之。又与吴门文征仲、王履吉交，故皆能泛滥恣讨，而莫廷韩又游于四公间，复得其外祖常熟杨梦羽藏书。梦羽字五川，七桧山房主也。朱太史文石亦广蓄宋本，钞本亦多，是皆在李、郁之先者。在李氏之后，则梅复斋与张金。张辑有《宝稿堂藏书记》，惜佚。

西川三李擅时名，穷塞边关罢远征。
跋记漫谈苏玉局，依然无分子孙耕。

李嘉绩 云生

《华阳县志》："李嘉绩，字云生，一字凝叔。世籍直隶通州。大父官蜀，光谦举道光戊子四川乡试，遂占籍华阳。嘉绩历知陕西沔阳、保安、鳌屋、韩城、扶风、华州、安定、临潼、富平等州县，颇有吏治称。读其《榆塞纪行》中《北山杂诗》可知也。工汉隶，喜为诗，著有《代耕堂稿》。藏书三十余万卷，多善本，自编为目。其殁也，家无余财。柯逢时以数万金购所有书而去。"

《五万卷阁书目记》自记云："嘉绩髫年喜书翰，先曾王父遗书皆散佚，滇蜀尠善本，弱冠后尽读外家知价宬藏书，而自储无几也。岁丁丑，年三十四，游济南，得数十种。入都寓永兴寺，日游厂肆，贷金得百余种。次年返西安，奉母恭人讳，以赙线资得二百余种。辛巳旋蜀，再至青门，广搜选至数百种，藏厨五十有二。宋、元椠不易得，皆明代及国朝乾嘉以前刊本，多单行校本，而少类书、丛书。鲰生不攻帖括，徒以戎功博官，虚费廪禄。藏书何为？与其征逐豪华，何若流观卷轴。潞河李嘉绩记。"

光绪十年甲申毛凤枝《五万卷阁书目记序》云："余友李云生，藏书富有，博览不倦，与余有同好。览其书目，则余之所有，若小巫之见大巫矣。既服其搜访之勤，复羡其藏弆之美。因题其说于简端。"

光绪庚子十月浭阳端方《五万卷阁书目记跋》云："李氏世多藏书，长源公择其最著者也。予谓藏书非难，藏书而能识别之为难。能识别而后若者经世，若者明道，凡有益于身心性命者，乃可以罗致而悉有，无害其不广也。潞河李大令云生，藏书五万二千余卷，皆经世明道，若帛粟之不可少者，手其目以示予，富哉。其诸物聚于所好，而又力能得之者欤！"又云："夫今之藏书者予则知之矣。必求《四库》所未录，《七略》所不著，是甑语非典坟，尊盲师卑仲尼，得三家村学究之说宝之若球图，比者异学争鸣，隐怪诡僻之行，中于人心而发为诐论，士之务新奇而弃朴学者，不惜千金购诸坊肆，亦复汗牛充栋，诩诩然自谓其坐拥百城，是犹乞儿之富，敝絮盈箧衍，败酱皮瓶钵，土锉芜乱，瓮米不满掬，而谓吾困可指也。其足当云生一哄乎。云生所藏吾不知其于长源公择何如,顾与予同官于秦,政声洋洋,叠书上考,其发于事业元元本本。吾固知其来有自,然则玉局所悯古人得书之难,而惜得世士之束书不观者,云生其无虑此已。"

乡邦丛刻各争场，古墨泾川始滥觞。
忍对遗编思往事，故园虽在亦殊方。

胡凤丹月樵　**王亮功**凤皋　**马彦森**蔚林

《杭郡诗三辑》："胡凤丹字月樵，永康诸生。官湖北储粮道。民蒙实惠，解组归，寓杭州贡院之东，有终焉之志。后返金华郡城，筑十万卷楼，啸咏其中。搜采先贤著述为《金华丛书》。编小志，刊诗录，并辑续录。有《见闻录》《乡贤录》。"

月樵著有《金华文萃书目提要》八卷、《退补斋诗存》十六卷。同治十二年癸酉于鄂州寓庐刊。

则虞案：《金华文萃书目提要》又名《金华丛书书目提要》，以校丛书所刻之书，仅得目之五分之二。

《退补斋书目》四卷，吴乃应编。梦选楼所藏《金华书目》一册，胡宗楙编。

《家传》云："公以知府留鄂司厘局，裁革陋规，筦崇文书局，权粮道。归田后筑十万卷楼，啸咏其中。"

八千卷楼有《金华文征》二十卷，丁松生《识语》云："永康胡月樵观察刊《金华丛书》一百六十余种，尝求《文征》不得，遂撤梨枣。余今秋获见是书，而观察先于去年九月归道山，无从相质，殆有数也。"

刘厚庄《籀园笔记》："永康胡月樵观察刊《金华丛书》，瑞安孙太仆实劝为之。厥后胡氏所刻，较之孙刻之《永嘉丛书》几逾一倍，而校勘殊欠精审。"

陈融《颙园诗话》："月樵早列黉序，后屡战秋闱，不售，纳赀为部郎，与王公贵人游。后以道员需次湖北，提举崇文书局。致仕后，设退补斋书局于杭州。所刻精审，称善本。"

《缉雅堂诗话》有云："月樵于乡邦先辈遗书表章最力，君既殁，余挽以联云：'藏书十万卷，下笔数千言。'"云云。

章梫《一山诗选·题胡季樵〈金华经籍志〉诸书》："大道多涂径，生才著述难。斫轮不传子，修史半粗官。兔册虫沙散，麟书劫火寒。入山寻药草，深涧有幽兰。"自注云:"季樵,永嘉月樵廉访之子。廉访以道员候补湖北,总办崇文书局。光绪初元,官湖北粮道,刻《金华丛书》六十余种。季樵能继其家学,缉刻《续金华丛书》,亦六十余种。隐于天津,著书满屋。可敬也。"

《越缦堂日记》光绪二十三年六月二十三日记:"闻蔚林病殁临海故里,有老亲年皆八十余,可哀也。蔚林名彦森,丁丑进士。沈笃好学,续刻《台州丛书》,搜访甚勤。阅市借人,手自钞录。性狷介,官礼部,与同官议论多不合,意尚愤愤。今春乞假归,谋援例改知县,而遽至于此,当为作墓志以传之。"

治书里说山西,曾到云中作小栖。

引睡《苏溪渔隐谱》,水田漠漠一鸠啼。

耿文光斗垣　　王亮功凤皋　　张籁贯三

耿文光字斗垣,山西灵石人。生于道光十年,卒年未详。著有《苏溪渔隐读书谱》四卷。自序云:"是书以年谱之体,序读书之次。凡关于书者笔之,而事则从略,与他谱专纪官阶科第,生子嫁女者不同,故曰《读书谱》。"

则虞案:是谱记至光绪十五年六十岁止。

《万卷精华楼藏书记》:"经史二十卷,附《目录学》残卷,北京图书馆(今国家图书馆)藏,朱格手钞本,存十九册。其体例与《目录学》略近。《目录学》九卷,光绪间刊。又有《苏溪渔隐读书谱》四卷,亦光绪间刊本。又闻有《仁静堂书目》《紫玉函书目》,皆未见。"

《目录学凡例》摘录如下:"是编先录书名、卷数;次撰人名氏;编辑序第;次版本;次序跋;次举要;次诸家论说;末附案语。

一、目录之学,首重卷数。《战国策·刘向序》曰:'臣所校《战国策》,除复重得三十三篇。'古之篇今之卷也,可知自古校书,篇卷为重。是编于卷数有无、两本互异者悉为著明,庶不至百衲《史记》,问卷不知。

一、作者姓氏,仿《宋诗纪事》之例,各列小传。其未详者,历考史传地志说部文集,庶无阙佚。论世知人,实为读书要着。

一、编辑次第,可以见古书之式,并可知作者之意。是编自首至尾,依次注明,见目如见书。此条是已。

一、甲校与乙校不同,古本与今本大异,必先指明某刻,然后知所说者为何本,某刻本、某钞本、某藏本。向例旁注于书名之下。今以书成而后镂板,故次于编辑之后,专记刻书年月,并刻者姓名,某本出于某刻,某本为第几刻,古本每叶几行,每行几字,板口有何款识,书内有何印记,某本足据,某本不足据,悉为著明。刻者名氏有本书不载而见于他书者,亦为拈出。

一、朱氏《经义考》全录序跋,《天一阁书目》节录序跋。是编酌于二者之中,或全录,或节录,或摘录数语,皆有关于著书刻书。其浮词诀语,概从删汰。

一、班、马二《史》，周秦诸子有引经之文，可以证经（汉碑中所引经文，多与古本相合）。碑板文字有姓名里居、官阶事迹，可以证史。校勘家有考出之异文异字，子集部有仅存之古音古义，皆目录中最要之事。以及诗话、文评、书品、帖考之类，皆读书者所当究。又如名集之传志可以知人，引用之书目可以见书。悉举其要以为考古之资，而遗文轶事间亦附焉。采其精华，弃其糟粕，使书从目，使目从部，类聚以观，别有见解。此所谓学也，而不同于钞胥。

一、奇书秘册，搜访不易。凡属善本，纪之必详。若习见之本，不妨从略。至于坊刻恶本，庸手著作，明山人之陋习，闽书林之伪造，虽有是书，概从删削。书少则固陋无闻，书多则伪妄百出。雠校虽精，难免疏漏。近代之作，依托显然。坊梓贾刻，安能尽信。取纬书以说经，采小说以入史，大儒犹然，愈滋人惑。故精校之本，宜多方购求，考证之功，尤不容少懈。

一、书不校不可读，校之不精亦不可读。力求精校之本，阅其校法，最益神智。能自精心校勘，则读一书不止一书。是编于精校之本，流连反覆，不忍释手。虽多书数纸，终不厌烦。

一、是编于著作之体，编校之法，藏书之地，嗜书之人，以及古简尺寸之度，刊刻流传之次，靡不详载，以便省览。

一、目录之书，统贯四部。其中门类甚多，宜分数十类学之。如学《易》，即辑《易》学书目，学《诗》，即辑《诗》学书目，以及天文、地理、金石、医、算之属，皆可分门别派，类聚以观。条分缕析，而源流自见，互相钩稽，而考证出焉。惟在按书编目，依目读书，与钞辑类典者大异（是编策套类书一字不采）。若目钞成而束书不观，亦无益也。

此甲集也，原本二十卷，因无力发刊，去其十一而为九卷。开雕于光绪二十年二月十五日，至七月二十五日工毕。所删之卷，重新整此为乙集，续刻嗣出。"

王亮功字凤皋，定襄人。光绪甲午举人。司训代州迁宁武教授。性冲和。嗜古，签藏甚富。闻异书竭力购之。铅椠未尝释手。所著有《易说》《通鉴纪事年表》。

伦明《诗》注："太原张贯三籛所集书多集部。尝欲集明清两朝乡会殿试首选而有集行世者为《百元集》。赵城张衡玉瑞玑收蓄尤富，屋曰谁园。本省旧藏，多并其中。闻人言于襄勤公成龙之后，一支在山西某县，能守先代遗书。书估到门，皆拒绝之。果尔则天一阁外，求旧莫如此家矣。以余所知，尚有段亮才、冯子训、郭象升诸君，俱好古而所得克副其志，此可补鞠裳之憾矣。"

则虞案：哲如所举而外，又有常子襄、田九德、金侣、刘克笃诸子。常、金之书，早已非故矣。贯三字贯山。山西平陆人。毕业于京师大学堂法政科，任天津长芦盐运使，后任河南开封大学、山西大学教授。精版本目录学。喜藏书，多收明清人文集，及山西方志。山西大学及图书馆藏书，贯三闻有功焉。其所藏实不及衡玉之富。藏室名海藏庐，后改为贯三图书馆。

瓠羹隘巷未还山，栖棫红蟫照老颜。
《类稿》汰余十六卷，方姚謦咳在人间。

萧穆 敬孚

《清史稿·文苑传》："穆字敬孚。县学生。其学博综群籍，喜谈掌故，于顾炎武、全祖望诸家之书尤熟。复多见旧椠，考其异同，朱墨杂下。遇孤本多方劝刻，所校印凡百余种，有《敬孚类稿》十六卷。"

陈衍《萧穆传》云："穆字敬甫，安徽桐城人。同治初年曾国藩督两江，注意文事，延揽学人。穆以县诸生上书幕府。时上海方创立机器制造局，附设翻译馆，译欧美舆地、天、算、声、光、化、电诸书，用文笔雅驯者讨论修饰，穆首与焉。嗜积书。大乱初定，价极廉，书贾多集上海。穆节省衣食之余，益以卖文所得，一用市书。日夜考求，遂熟于目录版本之学。士夫之说学而宦游东南者多从之求，则贩贵所赢益市书，故一寒士而积书至数万卷，间多善本。长沙王先谦任江苏学政，刊《皇清经解续编》，又续姚氏鼐《古文辞类纂》，取材出于穆者十八九。为文长于考证，叙跋居多。楷书粗拙，得秘本校勘迻写，夜静目昏不少休。晚年用时患目疾，所刊若罗愿《鄂州小集》、徐铉《骑省集》，皆札记精详。未有刻本者，其余则以属大通李氏、贵池刘氏。与祥符周星诒、大兴傅以礼、瑞安孙诒让交久而挚。诒让刻《札迻》《周书斠补》，皆穆任校雠。光绪末年卒于家，年七十矣。子不能有其书，遽鬻于嘉兴沈氏、贵池刘氏。刘氏为搜集遗文刊焉。"

又姚永朴《萧敬孚先生传》："先生少谒曾文正公于安庆，文正语人曰：'异日缵其先正遗绪者必此人也。'先生屡应江西乡试不售，客上海制造局广方言馆，得俸辄购书。筑小楼于家庋之，不戒于火，烬焉。踵求不怠，久乃逾其旧。犹谓未足，踔海至日本以求之。所储皆善本，或孤行于世，人未见者。盖先生所至，书贾每盈座焉。是时吾邑先辈如方先生宗诚，著书多谈性道，及军国利病，吏治得失。徐先生宗亮，亦究心边事。吴先生汝纶，尤喜以泰西学说为吾国倡。惟先生一意编摩古籍，与后生言于字句异同，刊本良否，以及前闻轶事，历历然如数家中物而无一语及世务。吴先生每思广以异域之事，见必极论，先生意不与之合，讥嘲轰然发，然吴先生退未尝不重先生。所著曰《敬孚类稿》。嘉兴沈子培提学、合肥蒯礼卿观察为鸠赀刊行，凡十六卷。"

《石遗室诗话·季贶赠萧敬孚》云："性情胶漆合，赏解过从频。嗜学如甘肉，醉心犹饮醇。见闻征野录，言动一天真。确尔安儒素，东南只数人。"

又《寄敬孚沪渎》云："佣书供养母，客里自安贫。掌录征遗献，豪谈见本真。"

《诗话》又云："萧敬孚年未六十，须发尽白，目力甚短，读书太勤苦也。少受知于曾文正，为位置上海制造局译书处，月入不过十数金。前后三十年，乃增至三十金，株守不去。每自提篮入市市物，居停某公坐马车遇之，耳其为曾文正门下也，令仆人下代提。走数步，敬孚取还自提。然以数十年刻苦节省，益以卖文所得，家颇富藏书。勤于钞写校勘，多善本。"云。

伦明《诗》注："桐城萧敬孚，诸生。为文正所知。时值江皖洊乱，故家书玩散落，君以贱值得之。性极朴、俭节，所余尽以购书，故所蓄颇富，且多佳本，居然充藏书家者。

熊译元曾参沈子培安徽藩幕，时君已殁，译元语余藩署旁有一书店，所售皆敬孚书也。其佳本多为沈得，译元亦拾其余，书略尽矣。熊浼店中人介至敬孚家，有书一大簏，册皆厚寸许。一老妇指谓熊曰：'此先夫一生精血所在，宁饿死不卖。'熊逡巡去。按《敬孚类稿·与溥王岑书》有云：'自文正公薨后，即客于海上，专为留心四方文献起见。数十年来所著各种，不下四五百卷，草创略具，尚待随时增加。谨将书目各种另开一单。'云云。岂即簏中巨帙耶？又按：《敬孚类稿》中跋三卷，书记二卷，俱佳，可以见敬孚所得之厓略。"

袁昶《敬孚类稿序》有云："予以丙子秋识敬孚海上，盖桐城之魁士也。诵习长者之遗闻也久，经传义指，熟洽于中。久困场屋，橐笔游诸侯间以治生。遇悴矣，而好古汲汲不懈益婹。昨蛮（蛮疑作蹩）然访友走京师，与相见，温温无鄙言。青鞋布袜。留数日，萧然负古书一囊别去。"云云。

罗振玉《五十日梦痕录》二十一日："敬老身后遗书多归子培方伯，此其一也。回忆十六年前，敬老寓沪上，曾与予约，他日将以所藏各种古地志归予。及敬老物化，遗书一时星散，前约乃不可复寻。今见所藏书，如见敬老矣。"

《汪穰卿笔记》："萧敬孚有《续名人碑传录》，卷帙甚富，而力不能刻。余尝至其斋头，见其稿本累累，可一二百册。今先生已归道山，不知遗书散落何处也。"

则虞案：余见敬孚手校《望溪集》《苕溪渔隐丛话》凡十余种。藏印有"桐城萧穆经籍图记"朱文长印、"敬孚"二字朱文章。

流略精勤姚海槎，东西快阁送年华。
天边分得红藜火，补入班书百十家。

姚振宗 海槎

《清史稿·文苑传》："姚振宗字海槎，山阴人。著《汉书艺文志拾补》《隋书经籍志考证》，能订章宗源之失。又补《后汉》《三国》两《艺文志》。目录之学，卓然大宗。论者谓足绍二章之传。"

陈训慈《姚振宗传》："先生讳振宗，字海槎。父讳仰云，字秋墅。秋墅君雅嗜典籍，尝从邵伯购得善本书如干种，毁于兵燹。后复事搜求，所获益多。于是督振宗订其目，以甲乙部居之，振宗治目录学自此始。嗣乃恣览群书，为《师石山房书录》数十卷。又从味经堂书肆假得常熟毛氏汲古阁刻书目，因念毛氏旧藏多人间秘笈，而斯目杂糅多讹漏，因重为厘订。仿《四库书目》，别编《汲古阁刻书目》二卷。黄荛圃《百宋一廛赋》后有《百宋一廛书录》，不载卷数，题'士礼居主人著'。书稀传本，而宋椠之源流，引据之精审，别详列《百宋一廛赋注》中。先生乃就其所载，为之分别辑出，以四部为之部居，成《百宋一廛书目》一卷。振宗著述有《汉书艺文志拾补》六卷，凡辑班氏所未著录者三百十四种，二百八十五家，三百十七部。又撰《后汉书艺文志》四卷、《三国艺文志》四卷、《汉书艺文志条理》八卷、《隋书经籍志考证》五十二卷、辑《七略别录佚文》一卷、《七略佚文》一卷。晚乃以《隋书校正》《后汉补志》《三国补志》，与此二种合为《快阁师石山房丛书》。快阁者，振宗晚年卜居所，旧为陆渭南故址，陶学使为之记焉。光绪三十二年卒，年六十五。"

余同学陶存煦《姚海槎先生年谱》云："先生自居快阁后，聚书日富。其中亦多宋元古本，为世所罕觏者。因继其父秋墅公遗志，重编《师石山房书录》，得三十一卷，凡经部七百三部，史部八百部，子部一千七十六部，经部七百部，总六万卷。每部各有考证，皆据《四库总目提要》。源流定论，参以存本同异，间为提要。史志、诸家书目所不载，及新出之书，别无可以考见者，则略附己说。凡直旧本，则兼及行款印记，分类均依《四库全书》。惟于小学类、字书门中分为上下篇，曰《说文》之属，曰八体之属。于目录类中别出金石一类，区分四门，曰目录、跋尾、图籍之属，曰分别考证之属，曰法帖之属，曰砖瓦文字之属。盖因材制宜不得已而变通其例也。丛书一类，总汇入子部杂家类，杂家附录为上下编，以分别其优劣。盖《提要》杂家类分六体著录，其第六门曰合刻诸书，不名一类者谓之杂编，有先例于前也。前有自序，并述其藏书法，略谓书籍宜风而不宜曝也。"

洪焕椿《记姚振宗先生》详述编撰源缘，并云："先生殁后，《丛书》稿藏于家。哲嗣幼槎特录副本贻浙江图书馆。自民国十九年始，浙馆陆续为之梓行。后因费绌，仅印成《丛书》前四种，《隋书经籍志考证》印十八卷（四册）而辍。"

又云："先是，吴兴张钧衡曾刊《丛书》第六七两种于《适园丛书》中，厥后，上海开明书局搜辑《历代补订正史表志》二百四十六种，汇为二十五史补编。先生诸作（《丛书》第三至第七种）皆有辑入。该店复于民国二十五年十月印《快阁师石山房丛书》全帙七种，由是先生之遗书得以永传于世。惟《百宋一廛书录》及《汲古阁刊书目》二种，光绪三十二年陶守次拟刊入《寒梅馆汇刊》中而未果，稿存陶家。《师石山房书录》亦未刊布。此外尚有《绍兴姚氏谱》十八卷，附《存谱》三卷。"

快阁，宋在江西泰和，山谷《诗》云："快阁东西"者是也。放翁亦建快阁于鉴湖，后废。乾隆间任应烈复张之，蒋心余为《快阁记》，至后海槎得之。陶方琦自湘寄诗云："西头快阁晚晴天，云水空明文字鲜。数万图书恣供养，几年心力费雠编。吉金宜合双周器，精椠还齐百宋廛。早向亭林识宗旨，搜罗坠业意皇然。"

又曰："本来身外即浮云，邃密商量为咫闻。旧宅杜郁多散佚，同时丁陆亦精勤。频年自叹成荒落，古简还期共赏欣。却慕前贤思适意，未应膏晷彻宵焚。"

则虞案：原注诗中所言郡中杜氏、山阴郁氏藏书皆毁于劫火。

印章字小太零星，琐屑旁人不耐听。
三界大千皆逆旅，石渠才是一长亭。

顾锡麒 竹泉

《郋园读书志》云："锡麒字竹泉。'谀闻斋'亦其印记。丁丙《善本书室藏书目录》时有其收藏之书，但未详其籍里事迹耳。"

《五十万卷楼群书跋文》集六《元人十种诗集跋》云："谀闻斋主人锡麒字竹泉，丁丙《藏书目录》时有其收藏之书，但未详其籍里事迹耳。盖苏州之顾，声名文物，著于一时，伊人、步岩，或以文章发名，或以储藏流誉，竹泉殆其族欤？"

《适园藏书志·韦斋集题识》云："后有'谀闻斋藏秘籍'朱文方印。'昔司马温公藏书甚富，所读之书，终身如新。今人读书，恒随手抛置，甚非古人遗意也。夫佳书难得易失，稍一残缺，修补甚难。每见一书，或有损坏，辄愤惋浩叹不已。数年以来，搜罗略备，卷帙颇精，伏望观是书者，倍宜珍护，即后之藏是书者，亦当谅愚意之拳拳也。谀闻斋主人记。'朱文正书大方印，九行，行十二字，末行少一字。"

《一澂研斋笔记》："遗经堂主人藏书有楷书印文曰：'昔司马温公藏书甚富，所读之书，终身如新。今人读书，恒随手抛置，甚非古人遗意也。夫佳书难得易失，稍一残缺，修补甚难。每见一书，或有损坏，辄为愤惋。如对残废之人。数年，搜罗略备，卷帙斩然，所遗我子孙者至厚也。后人观之，亦加珍护，即借吾书，亦望谅愚意也。遗经堂主人记。'与前印未知是一是二。"

张元济《涵芬楼烬余录序》云："同馆诸子谓宜乘时登报征求，太仓谀闻斋顾氏后裔侨居上海者，应募而至，邀余入城至其家，观所藏，则橱架凌乱，尘封蠹积。稍稍翻阅，大都为黄荛圃、汪阆源两家之物。既谐价矣，主人谓'尚有钞本数百册，益我百金，可并携去。'余慨然诺之，则昭文张金吾所辑之诒经堂《续经解》也。"

则虞案：汲古阁景宋钞四卷本《稼轩词》亦顾氏旧物也。又刘纪泽云："《谀闻斋书目》有稿本。"

乙酉三月著砚楼藏顾氏手校本《读书敏求记》，跋云："此吴兴赵孟升刊本《读书敏求记》二册，娄江顾锡麒手校。顾氏藏书甚富，今所称谀闻斋者是。乡先辈叶鞠裳先生撰《藏书纪事诗》乃遗其人。谀闻斋藏箧后归郁氏宜稼堂，余曾见郁氏书目，注所得谀闻斋物至夥。曩岁自上元宗氏得《谀闻斋随笔》《续笔》钞本，载述闻见，亦颇精核。又多记晚明史事，为他家所未及。此册经其手校，自跋有云：'余少有书癖，于宋椠尤酷好焉。家所庋藏，不下数百种，颇称精备。虞山也是翁与我有同嗜。'云云。读此知其藏庋之富，当时可与述古抗衡矣。校语亦精，如所得述古堂影宋钞孙觉《春秋经解》、元刊《文公家礼》、冯已苍手钞《汗简》，金刊本《东都事略》，汲古影宋本《战国策》，皆海内仅有之秘帙，其藏珍可概见焉。顾氏手迹，百年来未见著录，余何幸遇之。读其后跋，自题云：'太仓人，今寓古高昌乡。'则其晚年，亦侨居沪上者。"

藏印有"臣顾锡麒""谀闻斋""竹泉珍秘图籍""顾氏敦淳珍藏"四白二朱文，"珍藏"二字朱文居中篆书方印、"臣印锡麒"四字白文篆书方印、"家藏北宋印经"白文篆书方印、"开卷有益"。

但求篑进不求名，史服经衣对短檠。
五角六张无是处，少微江上属先生。

封文权 庸盦

《缘督庐日记》乙卯七月十六日记："去年在沪闻云间有藏书次于瞿、顾，不知其姓氏。今阅《文艺杂志》中有娄县沈祥龙《潭东杂识》云：'吾友封庸盦文权积书数万卷，多名人手抄及校勘本如何义门、方望溪、姚惜抱、王惕甫及乡先辈焦南浦、沈学子、姚春木、毛珊枝诸家手校者百种。有《篑进斋书目》。'曹君直丙翰馆其家，所见前、后《汉书》宋刻残帙，有七本之多。琅環福地，近在江乡二百里间，而竟不知，自惭其陋矣。"

沈祥龙《潭东杂识》："云间有藏书家向推于山周氏，其先世与赵松雪诸名人交，多宋元旧本。乾隆中，开《四库全书》馆，周仲育茂才厚堉进书三百数十种。近惟华亭八图封氏，数世以来，积书数万卷。至庸盦尤喜搜求未见书，中多手钞及名人校勘本，如何义门、方望溪、姚惜抱、王惕甫，及乡先辈焦南浦、沈学子、姚春木、毛珊枝诸家手校者，计有数百种，足与周氏后先媲美。有《篑进斋书目》若干卷，予为序之。"

姚永概《慎宜轩诗集·钱复初同寿属题华亭封君〈闭门养晦图〉，封讲宋学，多藏书，两世不应科举》其第三首云："儒者久为俗诟病，宋明尤与世相疏。堂中藏目须抄借，好校人间不急书。"第四首云："手泽杯棬先世恩，椠书定有注丹痕。劝君移著山深处，海水年来恐到门。"

则虞案：封文权字衡甫，号庸盦。江苏松江人。家世三代藏书，多旧钞本及名人批校本及乡邦文献。藏书楼名篑进斋，编有《篑进斋书目》。

《琬琰》一集重名儒，绘作《归书岁暮图》。
忍俊俞楼诗笔妙，教人笑口拚胡卢。

孙炳奎 仁甫

俞曲园诗《归书岁暮图，为孙仁甫明经题》："武林孙氏藏书九千万卷，乾隆间，开四库馆，孙氏进书甚多。宋杜大珪《琬琰集》其一也。《四库》著录，由翰林院钤印发还。庚辛之乱，藏书散失。乱后搜访，仅得十一。乙未岁除，有以书求售者，即《琬琰集》也，仁甫以洋钱五百买得之。绘《归书岁暮图》，命其子康侯茂才入山求诗，为赋此篇：'武林孙氏推名族，故家不仅森乔木。九千万卷旧收藏，富敌石渠与天禄。四库馆启乾隆年，诏求遗集穷垓埏。君家进书最夥够，至今著录存文渊。中有《名臣琬琰集》，宋绍熙年杜氏辑。密行细字色黝然，百七卷书犹宋刻。兰台采录仍封还，玉堂巨印何斑斓。顿令此书倍增重，重其曾自天家颁。嘉道升平人共庆，湖山歌舞犹全盛。坐老缥囊缃帙间，琅環福地安能胜。无端大劫遭红羊，末流积书归钱唐。杰阁文澜付一炬，何论杜库兼曹仓。乱后归来搜坠简，多少烟云重过眼。千百之中十一存，汾河委笑知何限。去年腊月岁云徂，有客携来一袱书。发函瞥视得此集，珍重何啻琼瑶如。贾人怡估逾常格，纵典鱼须非所惜。酬伊王面五百钱，还我家传十六册。自从西学兴西洋，光学化学穷微茫。一时异论遂蜂起，几疑吾道将沦亡。今观此事余心慰，故物青毡未可弃。士食旧德犹有期，天丧斯文知尚未。君家桥梓尽名流，弓冶箕裘世泽留。盍倩良工重影写，临安旧志共雕镂。'"

则虞案：图为仁和陈豪所绘。

丁立诚《小槐簃吟稿》有孙仁甫丈出观先世所藏温公澄泥砚，李延年有题名。南宋为魏鹤山得，见真西山跋。明有文衡山观款。诗有句云："八百载后归之乐安孙，可与宋雕《资治通鉴》称为两足尊。"注云："君家藏宋刻《通鉴》，劫后尚存残本。"

> 未闻名处有书盦，扪腹才知百不堪。
> 比似鹧鸪细雨后，绿阴幽草满江南。

金嗣献 剑民　邓炳 昭武

金嗣献字剑民，号谔轩，又号鹤轩。温岭人。留心乡邦文献，有鸿远楼，藏书颇多。金氏《台州书目自序》云："先祖芾斋先生于桑梓文献，搜罗尤富。岁庚寅，居舍不戒于火，所藏编简尽葬灰劫。先父阆生先生常语献曰：'汝祖留心乡邦故籍，不遗余力，今皆被毁，收复之任，吾于汝有厚望焉，汝其勉旃。'献敬识于心不敢忘。失怙以来，羁绊人事，未遑及此。追思提命十有五年，于兹咎已莫追，况今日新学渐兴，旧学不绝如缕，恐百十年后欲求前此十一之存而更不可得，献之罪不益重耶！爰谨遵先志，或购或钞，虽残篇断简，亦不惜兑以重金。间有从农家败篚中检出，易以布泉米粟者。东云一鳞，西云一爪，计得四百余部。因思一卷一册得之非易，凡著作者之履历、序跋者之姓名，旁及卷册数目、版刻存否，一一笔之于书，庶后之好古者，知先哲之虹光剑气尚在天壤间也。然较（之吾）祖昔日之藏，尚不及十之七八。"

《象山县志》："蔚斋名炳，字昭武。学行兼优，由贡生候补训导。功署嵊、松阳等学，所至造士有声。"

陈汉章《缀学堂初稿·序晚翠轩书目》："入县城，问藏书家必首推晚翠轩。晚翠轩者，邓汝城先生读书处也。先生之父蔚斋好聚书，至千百余万卷。辛壬之乱，群书遭惨劫焉，其佳者又往往为人纂去。夫是以善本之书多不全，即其不全之本，犹足傲睨诸家。邓氏所流遗不其綦盛欤！汉章生十八年，始知读书之法。癸未入城应童试，有志读先生之遗书，因循未果。忽忽四三年，此志不少有衰减。今年冬，姊夫许献臣为请于邓氏，汉章则斋宿往，如窭人游五都市中，目不暇给，如巨鱼之入大壑，无往而不适。日矬午始毕观，归来已漏下三商矣。间尝观诸记载，大江南北自毛凤苞、季沧苇后，不少藏书家，率一再传，或数十传，即泯焉散佚，而如叶氏菉竹堂、钱氏述古堂、祁氏澹生堂，后世犹得据书目以考其所有，则书目之作，为不可少也。昔先辈全谢山登天一阁观书，赓《梨洲书目》之作而撰碑目，倪韦山馆、卢氏抱经楼亦为之撰书目一卷,章岂敢望二先生之项脊,亦藉以存晚翠轩藏书之万一,使后世有所考见。"云。

一卷朱丝写断肠，柳梢月上费平章。
夫人亦有千秋恨，谁把婵娟诬采桑。

蒋学坚 子贞

　　蒋楷字梦笔。子仁荣字杉亭。孙学坚字子贞。累代好聚书。子贞晚号石南老人。光绪丙戌岁贡，所著有《平仲园书目》一卷、《海昌著录考》六卷。

　　况周颐兰云《蕙梦楼笔记》："向于淑真差有文字雅故，戊子年，斠刻汲古阁未刻本《断肠词》，与四印斋所刻《漱玉词》合为一册。庚寅秋，遂钞鲍渌饮手斠本《断肠集》于沪上，得淑真小像，橅弁卷端。辛卯夏，客羊城，假巴陵方氏碧琳琅馆景元钞本斠阅一过，又从《宋元百家诗》《后邨千家诗》《名媛诗归》暨各撰本辑《补遗》一卷。壬辰回京，仿黟俞氏《癸巳类稿》《易安事辑》例，据集中诗及它书作《淑真事略》，辨《生查子》之诬，凡二千数百言，编入《香海棠馆词话》，殆无秘不搜矣。"

　　《蕙风簃二笔》："《闻见近录》，金城夫人得幸太祖，颇恃宠。一日宴射后苑，上酌巨觥以劝太宗，太宗顾庭下曰：'金城夫人亲折此花来，乃饮。'上遂命之，太宗引射杀之。"

　　《铁围山丛谈》亦载此事，讹"金城"作"花蕊"，而花蕊遂蒙不白之冤矣。余尝谓花蕊才调冠时，非寻常不栉者流，必无降志辱身之事。被掳此行，制《采桑子》词题葭萌驿壁云："初离蜀道心将碎，离恨绵绵，春日如年。马上时时闻杜鹃。"甫就前段而为军骑促行，后无赖子足成之，云："三千宫女莲花貌，妾最婵娟。此去朝天，只恐君王恩爱偏。"

　　《太平清话》谓花蕊至宋尚有"十四万人齐解甲，更无一个是男儿"之句，岂有随昶行，而书此败节之语。此词后段决非花蕊手笔，稍涉倚声者能辨之。

　　则虞案：《郡斋读书志》云："花蕊夫人俘输织室，以罪赐死。乌得有宋宫宠幸事？乡于《近录》《丛谈》所记互异，未定孰是孰非。及证以晁氏之说，始决知误在《丛谈》，而《采桑子》后段之诬，尤不辨自明，而花蕊之冤雪矣。"

　　晋王射杀花蕊夫人事，李日华《紫桃轩又缀》谓是闽人之女，南唐李煜选入宫，煜降，宋祖嬖之云云。此又一说，据此则亦必非作宫词之花蕊夫人也。

子贞藏元刊本淑贞《断肠集》，为道古楼故物有年矣，卷末有黄尧圃跋。道光丙午，其尊人与孙次公、于辛伯、李壬叔作消寒会，尝以此命题。于诗仿樊榭论词体极工。诗云："愁绝黄昏月上时，文人词误女郎词。任伊衔却千秋恨，我怪长芦小钓师。"盖淑贞《元夜·生查子》词实六一居士作，后人误编为淑贞词，遂妄议其不贞。朱竹垞《词综》亦未更正，得此诗可雪其冤矣。

朱弦墨海锦筵开，一代风流掩碧苔。
为报知音蔡荡子，碎琴人老伯牙台。

蔡鸿鉴 秋蟾

《二百八十峰草堂集·蔡君蓉卿墓志铭》："光绪戊寅，余赴官江西，与蔡君季白执手于上海。时则周君复庵将之澎湖，蒋君子相将度陇右，相与置酒高会，订十稔之期，重集黄浦。谈笑出门，欣然无离别色。明年君为余刻《明州系年录》，以所作序寄余审定，复申旧约。又明年，而君之讣至矣。戊子八月孤子和霁葬君于后仓之原，来乞志幽，乃流涕而铭之。君讳鸿鉴，字蓉卿，季白其自号也。世居鄞县东乡。逮君父荣禄公以贸迁起家，始徙郡城。曾祖兆吉，祖有信，隐德不仕，曾赠朝议大夫。父筠候选府同知，诏旌义行，祠表如例。以长子鸿仪贵，赠阶一品。母王氏、杨氏、乌氏赠一品夫人；侧室顾氏、孙氏，顾为君生母，亦赠恭人。君席先人荫，慷慨好施，急人之急，千金不吝。先世诸义举，规画未备，偕其兄鸿仪斟酌妥密，俾示久远。又好书，即所居为墨海楼，储藏七万余卷，与天一阁、抱经楼相埒。兼嗜金石古玩，能别真赝。兵燹以后，江浙巨家大半中落，旧藏书画多归于蔡氏。"

王荣商《容膝轩文稿·墨海楼观书记》："吾郡藏书家首推天一阁范氏，次则抱经楼卢氏，其余遭乱散失，或后人以贫故丧其遗书者不可悉数。惟二家之书久而无恙，故其名最著。其继二家而起者，墨海楼蔡氏。墨海，古砚名，而蔡君蓉卿以名其藏书之楼，盖喻其所蓄之富云尔。颇闻蓉卿豪放喜声伎，每游沪上，脱手数千金立尽，一时有蔡荡子之谣，不闻其他嗜好也。时有台州王子裳者，尝饮蓉卿家，听其姬人朱盈盈鼓琴。余闻而慕之，以为蓉卿乃近代风雅者，亦不知其能聚书也。壬午春，馆水凫桥竺氏，馆中无书可读，闻宝辉在蔡氏，因过访焉。时蓉卿已殁，其家方延人编书目，始登所谓墨海楼者而观之。宝辉因言蓉卿平日轻财重义，故家子弟携书求售者，蓉卿则以善价与之，其人请益不已，蓉卿辄问君所需几何，往往满其意以去，以是得书无虚日。语次，见一琴横书堆上，尘封甚厚。宝辉指谓余曰：'此朱盈盈旧物也。'蓉卿殁后，姬妾星散，盈盈独自沪上来归，矢志守节，训其子悦生，甚有母道。蓉卿讳鸿鉴，号秋蟾。著有诗词数种，藏于家。"

又《大梅山馆书目记》："姚梅伯先生殁后，书归墨海楼蔡氏，目亦随之而去。"云云。

鄞县蔡氏墨瀣楼，即墨海楼。临海周郁尝馆其家。著有《墨海楼书录》，一名《墨海楼书目补提要》。郁，同治庚午举人，曾任江南广方言馆翻译。

墨海楼之书后归李庆城萱荫楼。冯贞群《伏跗室群书题跋·题萱荫楼书目》述其事。跋云："是楼之书，向为吾友蔡明存同常所藏。昔年明存向其族人某收书时，延贞群为之鉴定，中若《明代实录》《国榷》、闻人铨刻《旧唐书》、元版《通志》《文献通考》等数百种（计百余箧），有抱经楼卢氏藏印者皆是也。明存先人墨海楼所蓄者，以大某山馆藏书居多，后以商业折阅，将所有典籍以银四万，版尽归之李氏。吾见其入，又见其出，可慨也。光宣以来，四明藏书散之四方者，若范氏天一阁、卢氏抱经楼、徐氏烟屿楼、董氏六一山房、陈氏文则楼、柯氏近圣居、陈氏贻砚室、王氏贞郭园、陈氏运甓斋、赵氏贻谷堂。吾乡则郑氏二老阁、董氏春风草庐、冯氏醉经阁、耕余楼，难偻指数。今蔡氏之书尚未越境，不可谓之不幸也。是目分别部居，所定版本，多未确当。姑就所知，略为修正，附注于末，故与原目颇有异同。钞校卒业，辄为之跋。"

是目以版刻分类，不记撰人名氏，为宋椠十种一卷，元椠十五种一卷，明椠五百五十六种五卷，钞本一百八十九种一卷，清椠二千一百九种四卷，都凡十二卷，二千八百七十九种，三万四百三十一册。署古鄞李庆城连璇编，实出鄞老儒蔡丈芝卿和铿之手。楼之主为庆城之母方夫人，青年守节，通文字。十九年春，延蔡丈馆其家，课其次女访梅及其嗣子庆城。尽一月之力，写定是目。据其所载，若天一阁流出之钞本《古易世学》《六经奥论》《皇明谥法考》《明实录》《元和郡县图志》（存十五册）《宝庆四明志》《九经》《宋四六丛珠》，明椠《五音类聚》《蠢遇录》《正德福州府志》，张玺《冀州志》《嵊县志》，皇甫汸《长洲县志》《嘉靖休宁县志》《阙里志》《陋巷志》《丙丁龟鉴》《灼艾集》《盛明百家诗》诸籍。有毛子晋印记之元椠《吴越春秋》《黄山谷诗注》，季振宜印之宋椠《西山读书记》，钞本《诗渊》，冯已苍印之钞本《王仲初诗集》《怀旧集》，闵影岚写本《李杜诗畊》，钞本《多师集》，全谢山印之《周易传义大全》，谢东墅印之钞本《龙龛手镜》（宋人翻刻，避"镜"为"鉴"沿用到今），马思赞印之元椠《乐府诗集》，李申耆印之元椠《风俗通义》，张叔未黄尧圃题字之宋椠《通鉴纪事本末》。抱经楼散出之本：大某山馆旧藏小说、传奇、词曲百许种，太乙、六壬、奇门遁甲各种，俱为世所罕见。其所定版本，如明许宗鲁宜静书屋刻《国语》，袁褧刻《六家文选》，到入宋椠皆误也。鄞人好货殖而薄文物，旧家古书，任其流走，毫不知惜。四十年来日流日稀。今方夫人以一弱女子，能斥金市书，不独超越寻常。实足愧乎士夫，晚近数甬上藏书者，当在李氏矣。

伊人秋水未迢迢，缥带丹痕暮复朝。
绨椠谁知顾小石，《邑乘》吾欲补《常昭》。

顾葆龢_{兰泽}　鲍廷爵_{叔衡}

叶德辉《山居文录·常熟顾氏小石山房佚存书目序》："迄道光中叶，有顾翠岚先生小石山房，张海鹏照旷阁屹然对垒。既富藏弆，尤乐刊行。近百年间藏书刻书之盛，必于顾氏、张氏首屈一指焉。顾氏所藏毁于咸丰庚申赭寇之劫，然京师上海新旧书肆，犹时见其汇印马氏玲珑山馆小学诸种，及已刻《小石山房家学琐著》等书。近日获知顾君澜蛰则翠岚先生之嫡孙也。辱先施赐以家印诸刻，并出手编《小石山房佚存书目》见示，大抵掇抬于灰烬之余，得存已至三世，虽四部不备，而世间奇书秘笈，以及元明旧椠，名人手稿，手校精钞，犹有百十之存焉。顾君按目编存，撰为提要，凡一书之得失，印记之流传，数典如珍，无不原原本本。因叹君家先德搜求之勤且备，未能如钱毛张陈诸家早成书目传世，为可惜也。"

又《小石山房歌赠顾兰泽》："书香奕叶承先泽，且喜高门尚乌翠。频来信使勤修问，掌故从来谙者稀。追思五十年前事，承平日久丁元元。金田盗起弄潢池，江南千里惊烽燧。连圻官吏弃城逃，故家图史都遗弃。绨囊帷盖坠泥沙，秦民早起桃源避。今之文孙昔孑遗，青箱万卷那曾窥。残编收拾出灰烬，为我先陈祖德诗。贻书约略知缘起，新筑书斋辟小池。池临废圃足游钓，不幸吾生又乱离。乱离到处闻金革，插架居然尚完璧。莫将过眼等云烟，绝好铭心比金石。百宋千元半佚存，一鳞片甲同珍惜。卷帙垒垒万八千，旧闻有目高盈尺。私家目录访晁陈，著述何须问等身。出入巾箱三世久，峥嵘堂构一时新。小同似祖能专业，公雅遗书懒作宾。海虞文献今寥落，只有瞿楼近比邻。"

《顾氏小石山房书目》，一名《顾氏小石山房佚存书录》，原稿本二册，上册为经、史、子三类，下册为集部。

俞樾《后知不足斋丛书序》："常熟鲍君叔衡虽家虞山，而其先故歙产，知不足斋主人实其宗英也。于是有《后知不足斋丛书》之刻。其书始刻于光绪甲申，书凡四函，共二十三种。至辛卯之春，续刻四函，又得书三十一种。叔衡此书出，而前后两知不足斋，龙奴凤诺，照耀艺林。余闻道光间渤海高氏有《续知不足斋丛书》，其书正、二集一十七种，盖苟合苟完，有志未逮。叔衡此书，吾知其必驾而上之也。"

潘曾玮《后知不足斋丛书序》："鲍君叔衡旧亦歙产，世居常熟，代有闻人。景企前徽，博采旁搜，竭数十载之力，积书百余种。或原编重辑，或影本摹刊，或得自旧传，或成于时彦。网罗荟萃，必蕲有裨于实学，并附以有韵之文，将陆续辑为《后知不足斋丛书》四编，而先以二十五种汇为初集，寿诸枣梨。自汉唐以迄于今，著述美备，其沾匄后人岂浅尠哉！"

中西体用国谋张，此议雷同广雅堂。
只笑两宫皆聩聩，不闻朝市沸蜩螗。

亢树滋铁卿　　**冯辨斋**

王德森《岁寒文稿·书亢铁卿先生手书〈逊志斋文钞〉后》："亢铁卿先生为余外王父嘉定钱公少云之中表弟，而于先君子阳叔公为丈人行。顾俱嘉庆丁丑生，年相若也。余儿时闻先慈及秦氏姨母谈先生幼时故事甚悉，并乳名牛大，尝自号铁牛，皆以丑生之故。自幼好学，工诗古文，不屑应试，弃儒而贾于粤东，人皆异之。所藏书与著述多散佚，惟市隐书屋《随安庐诗文稿》共二十余卷，梓行于世。"

《随安庐书目自序》："呜呼！自庚申之乱，旧藏书籍不下二万余卷流离涂炭，无一存者。今老矣，耳目心志之所好，洗涤已尽，特未能忘情于是。因复缩衣节食，多方购求，又得七千余卷，半皆坊本，聊以遮眼而已。夫书至于近代广矣备矣，然足以供身心家国天下之用者，可屈指数。其他猖狂诡谲、支离偏驳、迂腐不经之谈，未尝不杂出于其中。故善读之则益其智，不善读之则成其愚。昔丁度之祖觊藏书八千卷，曰：'吾虽不能尽读，必有好学者为吾子孙矣。'然考度生平，虽学问优长，而非有经国之业与圣贤为徒也。夫读书而不能躬行实践，明体达用，虽广览博搜无益也。况迩来时事日新，四夷八荒出没于肘腋之间，其造作设施，自尧舜以来所不经见，苟仅执纸上陈言，而不知通变之方，与正本清源之术，欲以安内而攘外，难矣！故至今日而读书尤在精究西学。凡天文、术数、海疆形胜，与夫致器利用输攻墨守之法，一一熟悉于心，而有以审其机，度其宜，握其要。异日得位行道，一洗前代粉饰矜张苟且之政，正己而正百官，务使智者效其谋，勇者竭其力，贤者修其术，才者呈其技，以教以养，以训以练，肫诚所发，有以深入乎民心而动其尊君亲上之忱，使之舍生取义也，赴汤蹈火而不辞，庶几保我子孙黎民而绝西人之窥伺，所贵乎读书者此耳。呜呼！天下大矣，安知草茅之下，无与我同此心者哉！爰序其目，并为吾子孙告焉。"

冯辨斋，生平未详，慈溪人。筑耕余楼。其藏书近来犹在江南见之。前岁为西南某院所购《三通》，即其旧藏也。此与亢铁卿相若，俱以货殖起家者，故并著于此。

孙德祖《寄庵文存·耕余楼藏书记》云："余有事于《慈溪县志》，而冯氏辨斋方辟其塾为书藏。暇日逆余瞩之，颇师范氏天一阁意，插架为三行，偶南北，而奇其中，以象坎，而目其楼曰耕余。"

又《记》曰："右记一篇，作于光绪庚辰。余初至慈溪，未谂辨斋之为人，第阅其以营运致富而能知聚书，可嘉也。顾搜藏勿精审，因其请记，书所见正告之，乃仅及四稘，余文梓行未断手，已闻其橐载如沪，举付书贾矣。噫！"

藏印有"冯氏辨斋藏书""慈溪耕余楼"。

阿翁铭识墨犹新，负椠扶桑换直银。
未必家居儿不重，神州原少读书人。

陆树藩纯伯　**杨敬夫**

陆心源皕宋楼藏书已详鞠裳诗，此非以传纯伯，记其败也。诗借用吕用晦句，略易数字。

李宗莲《皕宋楼藏书志序》云："余少识潜园先生于乡校，先生博闻缀学，偶见异书，倾囊必购。备兵南韶，丁封翁艰，归装有书百簏，乃复近钞远访，惟日孜孜。林居六年，有何暇南面之乐。诏书再起，权总闽臬，被构罢归，誓墓不出，而求书之益勤。殆苏长公所谓薄富贵而厚于书者耶。十余年来，凡得书十五万卷，而坊刻不与焉。其宋元刊及名人手钞、手校者储之皕宋楼中，若守光阁则皆明以后刊及寻常钞帙。"此皕宋楼蓄书之大概也。余详叶氏《纪事诗》注。

及光绪丁未，陆纯伯以十万元售藏书于日本岩崎氏，闻者惋惜。日人岛田翰著《皕宋楼藏书考》，谓昔遵义黎庶昌、宜都杨惺吾在日购求古本，都市为空，数穷必复。今之所获，倍蓰于昔日所失，是为于国有光云。

武进董授经部郎梓以赠人，并识跋云："丙午初夏，余游日本东京，获交岛田彦桢。彦桢博学强识，年弱冠，校书中秘。于隋唐遗卷，宋元旧椠之源委洞悉靡遗。著有《古文旧书考》三辑，及《群书点勘》十六巨册。今春彦桢驰书相告，岩崎文库以日金十一万八千圆购陆氏书，有成议。余初谓陆氏为吴兴望族，刚父观察逝世未久，何致货及遗书。嗣彦桢寄示《皕宋楼藏书源流考》，并为附梓《访余录》内，始信其事果实。案，陆氏《藏书志》所收，俱江浙诸名家旧本，古芬未坠，异域言归，反不如台城之炬、绛云之烬，魂魄犹长守故都也，为太息者累月。前日本收藏书籍，仅知宝贵唐卷子本，而四部之中，惟注意于经、子。自杨惺吾在日本助黎莼斋星使梓《古逸丛书》，而宋元版始重。今陆氏书籍舶载而东，而史部始重。近年日本学者研究历史，覃思冥索，进步可骇。兹复骤增秘籍，单词集义，孤证是求，温故知新，必能为史学别生涂径。而我国浅躁之士，方且藉新学之名，以便其不学之实。拙儳者视书之存亡，淡然漠然，无与于己；其猖狂恣肆者，直欲投诸一炬而后快。闻皕宋楼书即归日本，全国学子，动色相告,彼此相较,同异如斯。世有贾生,能无痛哭!嗟乎!往事已矣!日见日本书贾之辇重金来都下者,未有穷也。海内藏书家与皕宋楼埒者,如铁琴铜剑楼,如海源阁,如八千卷楼,如长白某氏某氏等,安知不为皕宋楼之续。前车可鉴,能勿惧与!彦桢所著,索观者众,爰为梓行,以代钞写。保存国粹,匹夫有责。凡百君子,当有以教我也。光绪丁未仲夏武进董康识。"

刚父殁于光绪二十年,其书之出售,殁后之十三年耳。岛田翰书其得书之源委有云:"乙巳丙午之交,余因江南之游,始破例数登陆氏皕宋楼,悉发其藏读之。太息尘封之余,继以狼藉。举凡异日之部居类汇者,用以饱蠹鱼。又叹吾邦藏书家未有能及之者,顾使其书在吾邦,其裨益文献非鲜少。遂怂恿其子纯伯观察树藩,必欲致之于吾邦,而树藩居奇,需价甚昂,始称五十万两,继称三十五万两,后稍退之二十五万两,时丙午正月十八日也。二月返舻归而谋之田中青山先生。先生曰:'能任之者独其岩崎氏耳。'余将言之,而余亦请之重野成斋先生。今兹丁未三月,成斋先生有西欧之行,与树藩会沪上,四月遂订议为十万元。五月初二日,吾友寺田望南赴申,越六月,陆氏皕宋楼、守光阁、十万卷楼之书,舶载而归于岩崎氏静嘉堂文库矣。"

《石遗室诗话》:"岁丁未,日本岩崎文库以日金十一万八千圆购陆氏书四千部,为卷二十万有奇,为册四万四千余。岛田彦桢作《皕宋楼藏书源流考》及购获始末。汾阳王书衡推丞题绝句十二首,并系以注云,摘录一首于后,余详岛田翰诗注下所引:'丁董罗陈嗜好偏,书亡同损一宵眠。重思献县违心语,泡影山河只偶然。'注云:'叔雅授经、叔韫士可皆有书癖,闻言相告,束手而已。'余用叶缘督诮纪文达诗话及注。"稍后而有海源阁之劫,为述其事如左。

海源阁藏书原委,叶氏《诗》注及傅沅叔《海源阁藏书纪要》诸文言之备矣。杨端勤以增官河道总督,纳交于吾乡慎伯先生。倦翁善治水利,又以文章学术艺术为倡,时倦翁已七十余矣。性朴直,议论有不合,辄呵责背讥,至堂无几微拂忤。其收书实倦翁启之,其时端勤收书数十万卷,字画、法帖、古玩、瓷器亦至富,筑海源阁十二间以贮之。楼上为宋元精本,楼下为充宋、充元明板、清初板、殿板、手钞本、帖片、字画、古玩另贮于阁之后院,贮室五间。其子绍和撰《楹书隅录》,并刊有《海源阁丛书》。江建霞为《宋元本书目》,毕亨撰《海源阁文存》,洵一时之盛业也。

江建霞云:"其子为丙子孝廉、内阁中书。性豪侈,不能乘骑,而以二百金购良马,俾奴子系控纵送以为乐。又因岁暮空匮,以所藏朝珠命奴子出售。久之无问津者,大怒,即以赐其奴,直千金不顾也。传至其孙保彝,字凤阿,同治九年举人。晚年乏嗣，以族人敬夫为后。凤阿恐身后族人争产，累及其书，遂援吴县潘氏攀古楼先例，于宣统元年九月开列金石书目等项，呈请归入祖祠，子孙世世保有。是年十月至越年四月，递由东昌府转详山东提学使咨部存案，同时聊城县亦以此意出示保护其书，目亦由政府盖印发还，其时已在辛酉之后矣。初，咸丰辛酉之役，扰及海源阁。绍和跋宋本《毛诗》云：'辛酉皖寇扰及齐鲁之交，烽火亘千里，所过之处，悉成焦土。二月初，犯肥城西境，据余华跗庄陶南山馆一昼夜，自分珍藏图籍必已尽付劫灰。及寇退，收拾余烬，幸犹十存五六，而宋元旧椠所焚独多，且经部尤甚'云云。此第一次之兵燹也。

民国之初，张宗昌踞鲁，有籍没海源阁之说，愳而车载入天津。及十八年，而有匪劫之事。是岁七月十日，鲁匪王金发陷县城，其司令部驻海源阁，司文墨者有兰山樊天民、棠邑杨道南，均俘前清贡生，颇知书本。将海源阁书籍、书画、金石择优掠去。及后山东图书馆馆长王献唐前往调查，据称抵海源阁时，见其书籍零乱，积尘盈寸。宋本《史记》残余一册，宋本《［咸淳］临安志》残余两册，均散置地上，与乱纸相杂。杨致堂画家一轴，撕裂如麻，投置几下。黄荛圃手校宋本《蔡中郎集》，为海源阁原本，第四册后页，亦以抹拭鸦片烟签，涂污满纸。其家人并谓匪徒每以阁上书籍炊火，旧书不易燃烧，愤言谁谓宋版书可贵。"

又云："杨氏藏书于匪乱之后，其家狃于旧例，向不许婢仆登楼。每有服役数十年不得一瞻阁上书籍者。现家主杨敬夫寓津门，乱后未归，故阁长日封锁。此海源阁第二次之兵燹也。

十九年，巨匪千金子据聊城，颁令不准擅动书籍。匪多啣其御下之严，致遭暗杀。嗣是日常以杨氏书籍出售，购者随意与价，有时割裂包物，煮饭或带出作枕头使用。及王冠军以其新收编之军队入城，素稔杨氏藏书美富，即从天津请一书籍古玩专家号称九爷者来聊，尽捡善本碑帖字画囊括而北，同时以窝匪名义穷搜城内居民，凡私家书籍字画，为之一空。并闻杨氏宋本《［咸淳］临安志》八册半箧为土匪带入民家枕头后，以王军收搜甚严，即将《临安志》火焚，书箧劈碎煮饭。所谓九爷者居聊城月余，迨王冠军队开赴河北，其籍为保定。王氏旋死，其如夫人时将存书出售，当地奎文堂书肆得之最多。闻有《蔡中郎集》，元本《事文类聚》。既而北京书贾闻讯蜂集保定，又为文友堂购去数种，亦不知何名。但闻《刘子新论》一册，售于傅沅叔，得洋一千元而已。"

又云："在最近半年中，济南不时有海源阁藏书出售，计先后所见共得九种。一为黄荛圃校《穆天子传》，及顾千里校《说文系传》；一为黄荛圃、朱秋崖合校《封氏闻见记》,及吴枚庵手抄、黄荛圃手校《江淮异人传》,明本《武夷新集》,明本《许白云集》,刘武仲兄弟合作《字册》。又黄荛圃校《林和靖集》。绍兴十八年《同年小录》《吕衡州集》,盖自杨氏书散失以来,北京书贾往来济南、聊城者几络绎于道。此海源阁之第三次兵燹也。"

嗣后传闻杨氏在津售书之风,并闻海源阁主人杨敬夫在津贸易折阅,传书售出者,有宋椠十二种。叶誉虎、张岱珊、梁众异等醵六万元,杨不肯出让,乃以八万元间接售于日本人。其经手者为琉璃厂之王某。其书单如下:

北宋本《王摩诘集》六册,二千元;宋本《楚辞》十二册,七千五百元;北宋本《荀子》十册,四千二百元;北宋本《陶诗》二册,三千五百元;宋本《三谢诗》一册,二千元;宋本《愧郯录》六册,三千三百元;北宋本《淮南鸿烈解》十二册,四千八百元;宋本《庄子》十册,四千元;宋本《范文正公文集》八册,二千三百元;宋本《柳先生文集》二十四册,一万元;宋本《管子》十册,四千元;宋本《韦苏州集》六册,二千三百元;北宋本《新序》五册,六千元;宋本《击壤集》六册,三千元;北宋本《说苑》十册,五千五百元;宋本《皇杜岑常四家诗集》四册,一千八百元;《吕东莱集》原单无册数;江刻《书目》二十四册,二千元;宋本《蔡端明集》十六册,六千五百元;宋本《山谷刀笔》十册,二千五百元;宋本《晋书详节》十册,二千元;宋本《孙可之集》二册,二千八百元;宋本《会稽三赋》一册,一千三百元;宋本《云庄四六余话》二册,二千元。

以上共计二十三种,合洋八万五千三百元,与所传之种类不符,内有二十一种,见《楹书隅录》,其余二种,见江建霞刻《海源阁书目》,原单注为"此均系宋版"。又谓载《楹书隅录》极详,然亦有《隅录》不载者,而《吕东莱集》,江刻《书目》列入元本,亦与单载不合。又宋椠《柳河东集》,杨氏藏本有二,一为添注重校音辨本,一为百家注本,均为二十四册,此以一万元之重价证之,恐是前一本,即南宋精椠者。其宋本《庄子》,闻别归周叔弢,不在此批之列。此海源阁新主杨敬夫鬻书之传闻也。

又二十年五月十六日《申报》载最近济南市上发现海源阁书籍一批,缘去岁王冠军部军队大掠海源阁书籍,北上时道经高唐,有一兵携书籍数麻袋,嫌其累赘,遂以京钱六十吊即当十铜元三千枚售与高唐邮政局长刘松年。刘对该书初未十分重视,曾托其友人某来济售卖,并谓如卖于图书馆公诸大众,虽廉价亦可。其友以告王献唐,现书已运至济南,共二十种,多宋元珍本,惟有残缺者。计:

一、元本朱文公校《韩昌黎文集》,全,《正集》四十卷,《外集》十卷,集传遗诗遗文一卷。

二、《复古编》，全。

三、钞本《绛云楼书目》，全，王芑孙藏本。

四、钞本《情话堂诗稿》，全。

五、钞本《熊勿轩先生文集》，全。

六、《春秋榖梁传》。

七、《大明一统志》，残，明本。

八、《东西洋考》，全，明本。

九、《杜工部集》，全，明本。

十、钞本《焦螟集》，全。

十一、元本《范德机集》，全。

十二、钞本《汪水云集》，全。

十三、明本《嵇中散集》。

十四、钞本《书外全集》，全。

十五、《开成石经》，残。

十六、钞本《北堂书钞》，残。

十七、宋本《韦苏州集》，残，一册。

十八、《六一文钞》，全。

十九、《海录碎事》，残。

二十、胡刻《资治通鉴》，残。

王献唐函刘松年接洽，愿以半价四百元入藏，并谓现正与杨敬夫洽商，将其全部藏书半捐半卖归之于图书馆。

敬夫有藏书章曰"海源残阁"，可谓谑矣。

海源阁藏印有"东郡杨氏海源阁藏""世德雀环""杨绍和鉴定""杨氏海源阁鉴藏印""子子孙孙洁白""杨绍和印""东郡杨绍和字彦合藏书之印""秘阁校理""以增之印""杨绍和曾敬观天禄琳琅秘笈""宋存书室""彦合珍藏""东郡杨绍和彦合珍藏""日讲起居注""陶南居士""东郡杨氏宋存书室珍藏""墨花飞雨""彦合读书""东郡杨氏鉴金石书画印""彦合珍存""东郡宋存书室珍藏""杨端勤公仲子""海源阁藏书""杨彦合读书""古东郡四经四史斋""杨绍和读过""杨氏伯子""杨彦合读书印"。

卷十

抱残悟后志《虞初》，药店飞龙孔壁书。
谁使昆仑河海客，不教侠骨梦华胥。

刘鹗 铁云

刘鹗，字铁云，又字公约。自署"鸿都百炼生"。书斋名"抱残守缺斋"。丹徒人，少精算学，好读书，而旷放不羁。后忽自悔，闭门读书。岁余，乃行医于上海，旋又弃而学贾，尽丧其赀。光绪十四年，黄河决于郑州，鹗以同知投效于吴大澂，以治河有功，渐至以知府用。在京都二年，上书请敷铁道，又主张开山西矿藏。世俗交诟，称为汉奸。庚子之乱，鹗以贱值购太仓储粟于欧人，或云，实以振饥困者，全活甚众。后数年，被人劾以私售食粟，流戍新疆，窘困以卒。事详罗振玉《五十日梦痕录》中《刘铁云传》。著有《铁云藏龟》《铁云藏陶》《老残游记》等。

伦明《诗》注："当湖刘铁云鹗以道员督办河南矿务，当助福公司购地，丧失主权，劾发往军台效力。铁云素以收藏著称，除书外，金石、甲骨之属尤富。旋散尽，其书为会文斋、文友堂所得，曾见会文斋有书目。铁云辑有《藏龟》，海丰吴氏代刊之，别著《列代黄河变迁图考》，亦梓行。"

《适园藏书志》：旧钞本元松阳女子张玉娘《兰雪集》，为刘铁云旧物。

《群碧楼善本书录》明仿宋本《春秋经传集解》后有《跋》云："壬寅六月赵平甫持来一本，每卷后有淳熙三年中夏初吉郑庄兹刊，楷书木戳一，系王文敏公家藏本也。细校一过，与此本毫厘不爽，其字画中有断缺者，亦皆吻合，洵为一板所印无疑。铁云记。"

藏印有"铁云所藏"印。

吴皋池馆拂云低，故简零缣证旧题。
逗出宗风王石谷，拨残苦雾挂晴霓。

顾麟士 鹤逸

章钰《元和顾隐君墓志铭》："君讳麟士，字一谔，号鹤逸，自署西津，或署筼邻，元和顾氏。君未冠一应童子试，见有老学跪请易所污卷者，堂上厉呵之，因鄙所为，遂谢举业。天性于画学为近。早过云楼藏名迹至富，稍长，益取径明贤，上规宋元，自成高格。又好版本之学，宋元旧椠及老辈遗著悉悬金求之。卒年六十六。"

又《四当斋集》有《顾隐君诔》，又有毛钞《绝妙好词跋》，此为鹤逸所藏。鹤逸殁，遗孤乞式之为志墓之文，奉以为酬者。

麟士别署鹤庐，著有《续过云楼书画记》《鹤庐画识画趣》《鹤庐藏宋元本书目》。《吴县志》有《顾麟士鹤逸所藏书目》。民国廿六年上海来青阁杨寿祺流出《顾氏宋元明清四朝书目》一本，精钞本。

其藏书目，前中央研究院曾藏有钞本，北京图书馆（今国家图书馆）亦有传钞本。东方图书馆藏红格钞本，有张元济题识云："民国初元，偕孙君星如至苏州顾鹤逸家观书，此即其目也。所见各书皆以铅笔记大概，计宋元旧椠五十种，精写旧钞本二百五十种，明板书籍一百四十九种，清代精印本一百七十五种。"

余见傅沅叔旧藏《顾鹤逸书目》宋元旧椠本，有朱竹垞、钱遵王藏杂剧《十段锦》，宋《挥麈录》，有荛翁小影，及翁覃溪题识。宋胡曾《咏史诗》，荛翁藏孤本，有跋。其精写本，有卢抱经手稿《掌录》，顾千里校《建炎以来系年要录》，朱竹垞校《补汉兵志》，何义门手稿《披华启秀》，孙渊如校《资治通鉴外纪》，惠定宇钞校《乾凿度》，陈培之手录沈钦韩稿本《汉书疏证》，陈仲鱼批校《郑志》，莫友芝跋《醉翁谈录》。

《藏园群书题记续集》："壬子余客苏州，书贾杨馥堂携洪武刻卢熊《苏州府志》二十册，馥堂谓此吾苏古志，世所罕觏。后数日，访顾君鹤逸于怡园，询余曰：'闻君新获《苏州府志》，此吾郡故物，访求频年不可得，且为石琢堂殿撰修府志时所用，在理宜以归我。'余曰：'甫经入箧，未遑披玩，势难遽舍。

君既重此书，倘异时更有所见，必为君力致之。'癸丑春入都，忽于翰文斋瞥见此帙，竟以百金为之谐价。秋初，余重至吴门，载之行箧，郑重相付。鹤逸欲举新获之本与余旧藏交易，余帙乃宋宾王所校补，终难割爱。前年章式之自吴旋，亟携此书来，传鹤逸语，欲余就琢堂本为之对勘补正。匆匆未从事，而鹤逸已遽归道山。兹缘汪君孟舒还乡之便，仍以原书奉诸嗣君。延陵挂剑，殊有愧于前贤，相如返璧，幸能完夫故物。异日倘有继缘督而题咏者，或亦增此故实乎！"

则虞案：曹元忠《笺经室遗集》有明椠《盐铁论跋》、宋椠《乖崖张公语录跋》、元椠许叔微《伤寒发微论百证歌跋》、元椠《针灸资生经跋》、宋椠《龙川略志别志跋》，皆顾鹤逸所藏书也。

书丐逃名便有心，骚坛嘉话到如今。
补亡三箧浑无赖，却寄双鱼亦雅音。

李详 审言

尹炎武《李详传》："李先生讳详，字慎言，一字审言，扬州兴化人。光绪乙酉以第一名入学，复以第一名补廪膳生，淮扬海道桂林谢元福好士，往依之。掌书记，且遍发藏书资之。宣统己酉，应安徽存古学堂聘，光生以四刘之学教士。辛亥国变，避地乡关。癸丑，主贵池刘聚卿家。世珩交游遍天下，先生乃得接胜国遗老，贤豪长者。以民国二十年卒，年七十三。先生中岁号'后百药生'，又字窳生，复更愧生。所著书有《选学拾沈》《世说小笺》《文心雕龙补注》《学制斋骈文》。"

则虞案：李详一字慎言，中岁改字愧生，号寓斋。藏书室名"二研堂"。曾馆刘世珩家校刊《贵池先哲遗书》。后任东南大学教授。

伦明《诗》注："兴化李审言详亦近世东南名宿，其骈文、诗集俱已行世。他若《正史源流》《急就篇》《文心雕龙黄注补正》《颜氏家训补注》《汪容甫文笺》等，尝于《国粹学报》中见其一斑。先生尝得吴枚庵《与稽斋丛稿》手稿，系原本三十卷，存二十卷；诗词全佚，二十一卷以下缺杂文四卷，《雨窗怀旧录》四卷、《诗臆》一卷、《楚游纪程》《宋游纪程》合一卷，又附录三种，曰《楚游赠言》、曰《借书图题词》、曰《撚须索句图题词》，此亦书林故实也。"

审言诗，有"余馆安庆存古学堂，由沈子培、吴榩轩两提学招往。辛亥八月以后，留书三箧，横遭剽掠。余寓书沪上皖同乡会，移问皖督作何赔偿，积余观察见余书单，因以钞本叶氏《语石》及《闺秀词钞》，汲古阁本《南北史》补余所失，与积翁甫论钱警石、程木庵故事，即踵而行之。亦余两人近日之佳话也。感念今昔，纪以此诗：'九年饱饮建业水，舒州一行老无耻。竟抛书卷付豺狼，广楬零丁迹都市。往岁属儿为我求，几为皖鬼沉江流。阿父累汝汝收泪，存古本与今为雠。沈、吴致我非相靳，劫后时承故人问。金投虚牝虚无声，瓴堕中途懒成愠。书丐平生天幸多，补亡赠副为摩挲。'云云。注又云：'余与皖人书中，有毋令牧斋挥已竭之泪,清常作生存之哭。'"云云。

段朝端《椿花阁诗集》:"李审言上海信来,许以《藏书纪事诗》七卷本借读,并媵以诗。"次韵奉酬有云:"曾闻书淫与书痴,那及先生书丐名字美。"注云:"君尝以此自称。"

风雨鸡鸣楮墨新，井函天地接残春。
能将光响还吾土，不引兵戈胜古人。

邓实秋枚　　黄节晦闻

《广东藏书纪事诗》注："邓实，字秋枚，顺德廪生。光绪晚年侨居沪上。秋枚与黄晦闻、章太炎辈设立国学保存会，发行《国粹学报》。凡历六年，提倡汉族精神，鼓吹人民光复神州思想，于国粹保存会附设藏书楼，所藏古籍至十五万余册。秋枚复编录藏书志，登载学报中。所出版《国粹丛书》，一为明人墨迹尺牍；一为先儒手写遗书及手钞校之书；一为先儒著述；一为宋明遗民节士诗文集；一为明末遗民稗史杂记；凡分三集。复于书籍之外，设神州国光社，发行《神州国光集》。秋枚又于国粹书中摘为《风雨楼丛书》，诗所谓'风雨如晦，鸡鸣不已'。有微意焉。当时国势危乱，钩党纷拏，而触文网，令焚毁抽毁之书次第展布，他日汉族重光，非无因也。"

《诗》注又云："黄节，字晦闻，顺德布衣。少自负不应科举试，受业南海简竹居之门，娴于文学经济。光绪戊戌而后，科举废，学校兴，世人视经籍如土苴。晦闻居河南海幢寺南武学校，特广搜旧籍，有志保存国粹。时番禺石星巢、仁和叶庆垣、遵义黎庶昌，其家中所藏精椠，先后散出，晦闻多收之。旋适沪，与邓秋枚共办国学保存会，设藏书楼，后任北京大学国文教授。凡见《毛诗》《楚辞》《文选》三类书无不收，所储既多，常有秘本。曾收得许巽行《文选笔记》稿本，乃亲为厘订。今嘉乐园所藏黄晦闻手写《文选笔记》，其遗物也。晦闻任北京教授时，中间曾因欠薪，乃至典鬻所藏图书。其殁也图书以外无长物，所藏集部尚多秘本，著有《兼葭楼诗集》，其挚友陈树人暨门下为之印行。"

伦明《诗》注："黄晦闻节撰《诗旨纂辞》，亦时采韩义。尝谓昔曹子建《赠白马王彪诗》'何必同衾帱，然后展殷懃'，盖用《韩诗》义，《文选》注《毛传》非也。君所蓄《毛诗》《楚辞》《文选》三类书，不无罕见本，但性吝不肯示人。藏有汪龙撰《毛诗申成》稿本，未没前数日，由余作介，以副本归东方图书馆，余书则韫椟存北京大学。"云云。

弓号帝子入夷居，故苑丛残董理初。
谁信佳人甘作贼，不偷天地却偷书。

易培基寅村

《石遗室诗话》："近阅报纸载有一段云：'长沙易培基寅村，究心问学，结庐白沙泉畔，闭户读书，尤精校刊之学。见已校定经典五十余种，于高邮王氏之学盖笃好之。少时肄业两湖书院，著书纠正王氏《公羊笺》之失，杨惺吾奇赏之，赋诗相赠，有"大著捶碎湘绮楼"之句。近于友人处得其所著《清史例目》，纠误订正缪筱珊之失，识者服其精审。此外尚有考证之作，订正王益吾《汉书补注》及《水经注》之误。'"云云。

则虞案：袁漱六藏书为其子榆书斥卖将尽，其中秘籍钞本四大箱，售于寅村，得价近万，见《花随人圣盦笔记》。寅村以窃故宫宝物暴于世，其盗窃书籍亦复不少，大半售于法国及日本，闻医籍为多。其所为《三国志校义》，曾丐章先生为序，将授梓矣，闻为某人所阻，盖亦窃自他人者，故终不敢印。余在湘中，曾见寅村批校《三教论衡》及《鲁斋遗书》，明马仲锡《东田漫稿》，其书后归茶陵某家，转售粤东某巨商矣。

闽海余皇一俊人，风标徐庾出新陈。
弘光隔代推公子，惆怅星文拭剑尘。

丁惠康 叔雅　丁日昌 禹生

陈衍《丁叔雅征君行状》："君讳惠康，字叔雅，自号惺庵，广东丰顺人。父日昌，以诸生起家，官至福建巡抚。君其第三子。豪宕不羁，然习闻庭训，学问皆粗知门径，忽翻然有悟，痛刮磨旧习，发箧陈书读之，时巡抚公已卒，家有园林，富图籍。相传同治初元，上海郁氏宜稼堂之书散出，巡抚公适官苏松太道，其旧椠、名校、精钞大半为所得。若宋刊世采堂《韩文》，程大昌《禹贡论》《九朝编年》《毛诗要义》等。或云十种，或云五十余种，均归持静斋。君于经、史、百家九流、训诂、词章、金石之学，皆泛其涯。落笔为文，有魏晋间人风格。居京师数年，一室无尘，旧本图史，插架张壁，数古琴直千金数百金，瓶炉盆盎、杯盘之属多古瓷，下者犹旧青花，然日用常无以自给，友或赀助之，与曾习经、陈衍、姚梓芳数人交最密。或告以貌酷似王介甫，则阴喜自负，时以语人，则知其未忘兴也。尝以独山莫友芝所缉《持静斋书目》尚少提挈纲要，欲为《有清经籍志》及《寰宇访学录》诸书，未成而卒，年四十一。"姚梓芳《丁惠康传》略同。

叶德辉《结一庐书目序》云："惟丁中丞有子，能守楹书。余在京师与其次君叔雅茂才订交。为余言某书为宋刻，某书为元椠，某书为某家所钞，某书某人所校，原原本本，如数家珍。因叹藏书家后人如茂才者正不多觏矣。"

《缘督庐日记》丙申七月十二日记："丁叔雅晨来，颇好目录之学，楹书之效也。"

章士钊《孤桐杂记》："丁叔雅死后，遗书散佚，中有为义伶潘月樵所得者，后展转归愚。"

陈诗《尊瓠室诗》："沪上逢丁叔雅农部赋赠，有云：'三箧遗书劫火余，翛然长拥百城居。'"

《五十万卷楼书跋》云："丁日昌，字禹生，丰顺人，官至江苏巡抚。喜藏书，斋名初为'实事求是'，继为'百兰山馆'，终而以'持静'为题。知'实事求是'为初名者，邵亭《宋元本经眼录》云：'《仪礼郑注》十七卷，宋淳熙本，同治甲子署苏松太道丁禹生获之上海肆。余客道署借读，审定为实事求是斋经籍之冠。'知继各百兰山馆者，林达泉《太仆文钞·百兰山馆藏书目录序》云：'雨翁都转博雅好古，藏书富甚。暇日尽出所藏，属某编为目录，因仿《四库全书》例，分经、史、子、集四部，复约分数类，以便检查。其类无可归，或丛残零本，及一本、二本，自为部者，统归杂集一类。按部按类，查检不获，于杂集检之，无不获也。自兵燹以来，大江南北，两浙东西，所谓文宗、文汇、文澜三阁，庋置秘本，都已化为灰烬，无有存者。都转乃搜罗荟萃，收拾于委弃瓦砾之余。购集之多，几及三四万卷。洵所谓壹其所好好之而有力者也。都转从政之暇，日手一编，清俸所入，尽以购集图史，故得蔚为大观。某嫠人也，屠门大嚼，亦且快意。编校之余，为志其缘起，云："郋园称禹生收书在江苏巡抚任内，于时乱事甫平，江南故家藏书，赖有禹生与仁和丁松生、归安陆存斋共相搜访，幸未罹于劫灰。"'此语未确实，则丁氏之书不尽官巡抚时所得也。甲子一周，遗藏四散，壬子癸丑间，往往流入沪市，说者重提存斋旧事，谓报应宜然，此则苛论矣。"

伦明《诗》注云："持静斋书之散出，世人多不知其故，亦不知其始于何时。以余所闻，揭阳城内有书店多家，专伺丁书之出也，悉由婢仆之手。多少精劣，全缺不一，久之而书以尽。广州有华英书局者，亦分支店于揭阳，有所得，随寄广州。余所见最精者，有《禹贡图》《毛诗要义》《与可画絮》等。乙卯岁，华英挟《持静斋书目》版片归，遂不复去，书当尽于此时矣。后闻《禹贡图》归刘晦之，《毛诗要义》归李经迈，《画絮》未知流落何所。"

秋雨空山落桂丛，搜遗偶得楚人弓。
如何同气为兄弟，识面徒然画本中。

吴广霈 剑华　　祖培 养庵

《晚晴簃诗汇》："吴广霈字剑华，号瀚涛，泾县人。江苏候补道，有《劫后吟》。"

则虞案：广霈自号琴溪道士，为人豪侠不羁，性好游，踪迹遍天下，并历泰西诸国。所交多名下士，身畔常携一箧，不轻见之。中藏小剑，长五寸许，锋利无伦。发绳数十丈击于剑柄，盖幼时曾习剑术，中年益精，能于百步外制人不少爽。著有《石鼓文考证》一卷，有瑞安陈氏裛殷堂刊本。又有剑华堂《救世要策万言书》二卷，光绪二十四年著易堂摆印。

《皖志列传稿》："广霈自号剑华道人，布衣。好谈富强术。屡代人疏防海军略及筹策山西铁路、煤矿、屯田练兵事。后为驻日公使馆参赞，归以道员分发江苏。入民国，为《清史稿》协修。八年，卒于北京。"

则虞案：余辛巳辟倭寇于辰州，识杨雁峰岳参议，雁峰为北京国会议员，工技击。每谈及瀚涛之侠概，及收藏碑版古椠之富。闻日本归时，有书七十余箱，其中以碑拓为富，存沪一友人处，后不知所终。雁峰年近七十，扶杖到市中回生堂药肆，与耆旧夜话，凉雨一灯，煮茗相对，聆其为余谈江南旧事，若忘羁旅之情焉。余幼年朋三叔曾举剑华日本杂诗"野花相送不知名"诸句相称诵，谓功力可斩骏瓶水。剑华居学灌园，余居南村，与余兄弟行。里中兵后残瘠，古籍书画，计斤以售，余亦食贫，曾买得剑华旧藏金陵局刻之《四史》，似皆壮游前在里所读书也。箧衍所藏，犹有其手校通津本《论衡》、汪一鸾本《淮南鸿烈》数种。

《诒庄楼书目》有《韩非子》二十卷注校本，吴广霈以诸本校于日本延亨刻本，所据凡二十余本，惜十三至二十卷已佚去，收藏印有"大悲阁柯华辅印""剑华藏书印章""剑华鉴赏""吴氏藏过""古猷州吴氏瀚瀛藏书"印。

则虞案：剑华返道山之岁，适季欢在都门收书，故所藏颇多。

藏印犹有"剑华吴广霈印""剑华鉴赏""琴溪之民""瀚涛吴氏""随槎

东海节俸购此物""我何常偶寄而已""剑华藏书""吴氏藏过"。

祖培，字养庵。邑庠生。三世官教谕。藏书为吾邑冠，尤以乡先哲著述收藏最备。余所知者，有陈宝泉《礼书附录》十二卷、赵遽仪《稽古轩经解存稿》八卷、沈寅李《诗直解》六卷、吴柳门《香雪山庄赋钞》、包世臣《三案始末》手稿。又闻胡墨庄《毛诗后笺》初稿本，有八册藏其家，与后来定本繁简大有不同，惜未之见也。养庵敚门雠校者四十余年，生平著述，绝不示人。客至，必掩卷扃户而后出，虽家人亦不许登其书楼。辛未，议重修邑志，与余同传舍，议志例甚合，余以所辑补《泾川艺文志》稿相质，因出《柏台渊源录》二卷，命为序。未几，倭乱，余入湘，养庵下世。子二，以摴蒱弈棋名。俱先逝。冢妇嫠居，谓族人曰："有能厚葬其二世而恤其后者，愿以所藏书为报。"道阻且长，愧未能助。

多闻版籍古今殊，欲溯源流总不如。
无尽东庄孤愤意，循刀烧烛检《忏书》。

王基盘鸿甫　　**陈毅**士可

伦明《诗》注："湖北王鸿甫基盘，所见极博，自古本至所刻，无所不知。今人罕见其比，所藏不论钞刻，皆罕见本。余识君时，书未尽散，触目皆当余意。以初见不便问值，见吕晚村《忏书》二册，首有晚村像，从乞得之。未几，无一书存矣。君所见多归刘绰云，后又代绰云收购所未备。"

毅字士可，黄陂人。附生，举经济特科，太常博士，补学部参事，兼充图书馆纂修，大总统府秘书，蒙藏事务局参事。

伦明《诗》注："蕲州陈士可毅，素治蒙古地理，当局采其虚誉，骤用为库伦都护使。遇变仓卒逃归，幸箧中书未失。书多地理类，尤多秘本。张殷斋魏《延昌地理志》不全稿，亦其一也。君殁后，书散出，当事仆与某书店侵蚀其值过五分之三四，所得犹万余金。"云。

甘鹏云《崇雅堂书录序》有云："黄陂陈士可精于鉴别，颇多海内孤本。其后人以贱价售之厂估，并不问箧中何书也。"

绝倒藏书比买田，纵然龌龊复堪怜。
荒年稊稗称嘉谷，何必投人明月篇。

刘海涵怡宣

姚永概《墨庄记》："刘氏墨庄者，为宋磨勘工部府君藏书之所。书经乱散失，五世孙清之与朱子为友，复聚书如数，而请朱子记之。至八世孙金溪自得自宏，复请吴草庐为之后记，而墨庄之名大显于世。乙卯之春，余来京师，与怡宣遇于厂肆。怡宣见余购《钦定四书文》，大奇之，问姓名，已而相过从。一日来言曰：'海涵工部后人也，筑室于白龙潭上，思绍先人之志，网罗四部，留示子孙。且今日者异说沸腾，不可刮绝，虽吾先圣先贤之道，终将皦如日星，而时事不可知，尽吾力所及而保存之，亦士君子之责也。子曷为我记焉。'余窃谓自古藏书之家，签轴盈架，矜多斗奇，其志不在读也。间能读矣，子孙之贤不肖又不可必，往往聚之毕生而散之一旦。于是为达观者曰：'吾子孙苟贤，何患无书；与其散不肖子之手，何如及身散之之为愈也。'"云云。

又云："异日者南归过信阳，访怡宣于潭上。尽窥其所藏，则非独怡宣之幸，抑天下之幸也。"

《墨庄莨稗录题词》云："'筹得主楼百亩田，七经四史续香烟。不为嘉种为莨稗，深愧初衷负昔年。'曩购善本《七经》《史》《汉》，《跋》云：'计经七，计史四，总八百二十卷，以此为先祖主楼前香火田一百亩，子孙世世耕之，当不忧贫乏也。今阅四十年矣，每忆此语，辄用慨然。''墨庄久已慨荒芜，谷熟无期望竟虚。自恨此生无实获，只留莨稗作收余。''草草成书便付镌，如斯纰缪那能传。我行我法聊消遣，一切雌黄任后贤。''浪污楮素冀留名，偏是鸦涂字不成。我为将业筹用外，替人覆瓮可曾能。'阮文达与吾乡张鲁岩书云：'人生富贵功名，不过镜中之花，其所以长留人世间者，只有几张白纸黑字。''猥琐杂陈大雅前，灾梨祸枣有谁怜。解嘲幸赖先师训，此亦差胜博弈贤（雨龙潭主人漫稿）。'"

则虞案：《墨庄莨稗录》皆题跋文字。童二树之书得表彰者颇多。又有跋写本《治白蚁秘法》，亦为少见之书。

霏霏玉屑吐清谈,隽绝哀时去国谙。
笑杀小儿堪破贼,金陵咏罢赋江南。

刘成禺 禺生

刘成禺,字禺生,武昌人。仕履从略。所著有《世载堂诗》《世载堂撷忆》,又有《禺生四唱》。《四唱》者,《洪宪纪事诗》《广州杂咏》《金陵今咏》《论版本绝句》。前两种刊布,后者未出。余冠年识之于苏州锦帆路章氏学舍。闻其家藏累朝闱墨硃卷达数十箱,冒鹤亭求先世考卷,曾向其借录。又藏有柳敬亭所为《柳下说书》一部,为世间之孤本。平话中杂以诗词,无不新俊。数十年来,秘不示人。蕲春黄季刚先生知之,索借不予。潜移此书于太夫人榻下一铁箱中,反为季刚诇知。阚禺生外出也,迳乞太夫人得之,怀挟而去,百计索取不还。季刚下世,此书不知何托矣。己丑冬,又值于渝州,时摄国史馆馆长,史馆藏书亦抵渝。岁除,移住中国公学大学部,为诸生授明清史,余授先秦诸子,半月往教三日,时有张名振者,亦在校授课。张,涪陵人,少捷南宫,学殊媕陋,人故以"张进士"呼之。三人者同处一厅,禺生与余纵谈,辄至夜分。张每不能酬对,悄然拥被睡矣。禺生附耳谓余曰:"此即《孽海花》中陆凤石也。"相与大笑。未几,禺生旋鄂卒矣。其藏书早散失,晚岁所得皆坊本。

陈诗《述德篇》一首《赠禺生》:"刘君产于粤,亦与下走同。四岁返武昌,能述先世风。尊公起拔萃,作令粤之东。咸丰摄仁化,卸篆去匆匆。巨冠旋陷城,烽火烛天红。厚德必长世,更领大邑丰。耄年守潮州,驱鳄韩江泷。时当光绪初,致仕归鄂中。公有藏书癖,出入必以从。皖北有诗针,灰烬荆棘丛。赖公独携出,不使蟫蠹攻。公子守文采,结交皆乔松。感旧识冒君,谈皖及貜躬。"云云。

石墨金文识小观，棚书精选重临安。
风流如此佳公子，枉杷聪明斗五官。

袁克文 抱存　　方尔箴 地山

刘成禺《洪宪纪事诗》："皕宋图书广海籤，萧然高阁类孤僧。诗人证得陈思罪，莫到琼楼最上层。"李以祉注云："世凯二子克文，字抱存，后署名寒云。母朝鲜世家女，世凯驻韩时所纳，早逝。克定拥乃父称帝，克文时作讽诗示讥谏之意，后以《感遇诗》获罪。诗云：'乍着微棉强自胜，阴晴向晚未分明。南回寒雁淹孤月，西去骄风动九城。驹隙留身争一瞬，蛩声吹梦欲三更。绝怜高处多风雨，莫到琼楼最上层。'初，克文逐日辟觞政于北海，结纳名士，从者颇众。克定阴遣岭南诗人某窥克文动静。某检举《感遇》末二句诗意为反对帝制，克定禀世凯，安置北海，禁其出入。克文唯摩挲宋版书籍消磨岁月。"云云。

则虞案：寒云字豹岑、抱存，号寒云。喜收藏书画金石古钱币等，建藏书楼名"皕宋书藏"，存宋版书二百余种。著述有《寒云诗集》《古钱随笔》《辛丙秘苑》《洹上私乘》《手写所藏宋本提要二十九种》等。

伦明《诗》注："寒云于乙丙间大收宋椠，不论值，坊贾趋之几于搜岩薰穴。所储尤多内府物，不知如何得之也。项城败后，随即星散。大半为李赞侯、潘明训所有，诸书册首皆钤'皇二子印'章。"

《缘督庐日记》云："鄞中卢青厓抱经楼藏书出，书估集四万七千元捆载至沪，意在曹子建，索价至十八万。自项城毙，欲炎一落千丈，抱经楼之书始终未归抱存也。"《观古堂诗·题吴瞿安新撰无价宝杂剧演黄荛圃得宋本唐女郎鱼玄机诗集故事》第六首云："书棚宋甲胜麻沙，刻画无盐到我家。闻道佳人嫁厮养，请君重谱凤随鸦。"自注："案宋本至长沙黄鹤汀观察家，后归吾友周海珊观察。余曾借写仿刻之。今为一纨绔子以八百番饼购去矣。"

畴隐居士《七十自叙》："宋椠《鱼玄机集》一本，内有王铁夫、曹墨琴夫妇题词，来质洋六百元，袁寒云之物也。其精本极多，不克悉记，有一半为傅沅叔购去，共三千余元。"

则虞案：《鱼集》本荛圃旧藏，所称千金不易本也，并倩余秋室写《玄机诗思图手卷》。壬子宫驼记。琉璃厂某书贾有宋版《礼记》一卷，首有赵千里画读书像一，后为明代洛中陈氏所得，亦效千里，画己像于后。今书贾索价五千元，袁克文君拟以三千金购之。潘芝轩诸书迷之余韵，不谓至今尚存。

鲍以文手钞本《一角编》有袁氏手跋云："鲍氏钞书至夥，唐宋人小集间有手写序目或自加批校，而手书之籍独罕。伯宛因余近获宋刊《挥麈三录》，有荛圃小像，随举此见贻，以其渌饮小像可以俪荛翁也。黄、鲍皆予所最钦慕者，余皆得瞻见颜色，真厚幸也。丙辰三月二十日识于玉泉山下，时浥芬夫人及云姬、凤娘同案作挖花之戏，而予在侧展卷濡毫，颇自笑迂态逼人也。"

则虞案：燕京大学图书馆藏有高世异尚同手录名家批校本《读书敏求记》，又闻有陈荄庵其荣校本，及袁寒云校本，惜未之见。

周叔弢于民国十九年影印《寒云手写所藏宋本提要二十九种》行于世，《北平图书馆馆刊》介绍云："寒云风流自赏，比于古之陈思王。好收藏，佳书甚多。项城既以愤死，寒云中落，所藏散佚以尽。去岁客死津门，至无以殓。此手写二十九种，原稿归扬州方大方，由周叔弢氏为之上石印行。所收诸书，大率为天禄旧藏，人间秘籍，提要于版本行款、每行字数、刻工姓名、各家藏印、题跋之类，备述无遗。"

陈瀛一《袁寒云手书日记序》："项城袁君寒云，尝手书日记若干卷，自甲子迄庚午，凡七年，年各一册，大抵叙友朋游谑之迹，而于所嗜事物如图书货币亦间有记述。寒云既谢世，甲子、乙丑两册置张汉卿将军所，沈变佚去；丙寅、丁卯两册，辗转为刘君少岩所得，余不能详也。"

《丙寅日记》手稿本，刘成禺题七绝四首，其第一首云："中垒搜书稿获珍，卷中风度照麒麟。廿年诗酒交情在，神墨雠题有故人。"

寒云书卷之学，实师事方地山尔箴。方，扬州人，性豪侈，工诗，与寒云以师生而结为姻娅者也。其弟尔咸字泽山，光绪己丑解元，转运淮扬，故地山资甚雄。后居津门，藏书尽散，七十余始殁。伦明尝见其所藏渔洋山人稿本二种，一评其叔祖季木诗，中多抹句，谓染钟、谭习，一《南台故事残稿》，后来黄叔琳所辑当本之。

闵尔昌《方地山传》："天津创行《津报》，君主撰论说。项城袁公见而嗟赏，遂延君入署。命克文、克良诸公子从受学。君平生藏弆名椠、旧钞书籍、敦煌经卷、明清人书画，骈罗几席间。"云云。

则虞案：方尔箴字地山、无隅，自署"大方"。喜收藏文物。曾任袁世凯家庭教师，袁克文从其学。

藏印有"寒云裒存欢喜""裒存""寒云主人""克文读书"诸印。

沙州鲁壁费绸缪，楚雨唐风问故侯。
作贼作师原底事，伤心同调海藏楼。

罗振玉_{叔蕴}　弟振常_{子经}

　　罗振玉，字叔蕴，一字叔言，别号雪堂，又号贞松。浙江上虞人。清学部参事，以发扬殷墟文字西陲古物，殊有功于学术。其弟振常，字子经，创蟫隐庐于海上，亦娴流略之学。著述甚夥，有《殷墟书契》《三代吉金文存》等。藏书丰富，王国维编有《罗氏藏书目录》，书后归藏于辽宁省图书馆。

　　罗继祖《大云书库题识》："先祖恭敏公早岁居淮，治经史故训之学，而家乏藏籍，阅市借人，恒挟策出入。壮岁应粤中当事学部参议之招，适南海孔氏岳雪楼后人弃其书，书中多精椠旧钞，倾囊易焉，缥缃渐富。嗣通籍京朝，衔命蓬岛，则致力搜求，参校同异，或捆载以归，或逐写其副，一时同好商榷互借，则同郡章大令寿康、宜都杨舍人守敬、江阴缪京卿荃荪、武进董大理康、声气应求，远轶域外。先祖顾尤汲汲以流布为事，非徒夸靡斗博已也。有清藏书之风极盛，乾、嘉、同、光之季，故家寖微继起犹盛，然而拜经淹雅，业竞千元；士礼精嫥，名高百宋。先祖则绠汲津逮，泛彼众流。学海攸资，罔遗勺水。又或秘枕锁库，世莫得窥，先祖则晨罗几案，夕范枣梨。且也山川效灵，娜嬛泄秘，汲冢鲁壁，异世重开，遂毅然以表微彰隐、守阙抱残为己任。数十年来，既竭一人赀力，举殷墟甲骨、流沙简牍、石室秘籍与夫三代汉唐彝器铭刻之属，搜求考订，流布之以饷世，家有其书矣。藏书楼更转徙历劫，仅完度辽，再期始于屋后拓地建楼以贮之。尝叹平生志业不称意，惟文字之福，傲视前贤。"云云。

　　柯劭忞《蓼园诗钞·岁暮怀人诗》："罗叔言、章有学，已攀三古书，还拥百城居。"刘承幹《善本书所见录序》云："往余以所蓄书质正缪筱珊、叶鞠裳二先生，获闻流略之学。又因缪先生纳交罗君叔蕴，则抻研金石，兼及目录版本。与缪、叶同其旨趣者，叔蕴季弟子经，中年设书肆沪上，曰蟫隐庐，其所居与余居寓庐相望，每遇从则言近日见某书得某书，条别椠刻源流甚悉。全服其精博，因资以访求异书。君尝辑《邈园丛刊》，景印宋世采堂刊《韩柳集》，考订赅赡，流誉艺林。今君女夫周君子美裒集君遗著《善本书所见录》，盖仿莫子偲

《经眼录》，列举每书行款字数，收藏印记，间作跋语，以道其心得。君缥细流贻，左出右入，所闻既富，其识又足以辨椎而无失。昔缪先生为余言莫氏之书颇持导同，君所作未知视莫氏奚若？惜不及缪先生为之论定。寙陋如余，何敢扬椎。独念缪、叶墓木已拱，君昆弟下世且十余年，前尘梦影邈若山川，读君斯册，凄然益增怀旧之感也已。"

周子美《序》云："《善本书所见录》四卷，为外舅邈园先生遗著。先生讳振常，字子经，晚号邈园。上虞罗氏，侨寓江苏之淮安而籍贯未改也。先生少年艰苦力学，工诗古文辞，又旁通东瀛语言。清季维新变法之际，先生尝译东籍甚众，载于《农学报》及《教育世界》，后一度至辽东为学校教师。中年乃设蝉隐庐书肆于沪上，遂终老焉。先生居肆凡三十年，遇有宋元精刊、名家抄校，辄摩挲竟日不去手，爱书如其性命，每心领神会，必郑重加以题跋，于文笔之良窳，校刊之精细，版本之流传，收藏之递邅，皆详为稽考。所论断咸中肯綮，然抉择虽精，而深藏不以示人。逝世后，始发箧得之。余以为先生毕生精力所萃，不可淹没，爰编为四卷。先生所著尚有《暹罗载记》《南唐二主词汇校》《洹洛访古记》《新唐诗斠义》《养莠编》《古凋堂诗文集》《征声词》等，宏篇巨著，卓卓可传。全集杀青未知何日，兹编之成，特其嚆矢而已。"

百篇谁为订殷顽，节概天留水一湾。
民献殄余神物尽，酉阳东走士西山。

王国维 静安

《清史稿·忠义传》："王国维，字静安，浙江海宁州诸生。少以文名。年弱冠，适时论谋变法自强，即习东文兼欧洲英德各国文，并至日本求学。通农学及哲学、心理、伦理等学。调学部，充图书馆编译、名词馆协修。辛亥后，携家东渡，乃专研国学，撷其精粹为《观堂集林》二十卷。壬戌冬，前陕甘总督允升荐入南书房，食五品俸。丁卯春夏间，国维悲愤不自制，于五月初三日自沉于颐和园之昆明湖。谥忠悫。"

费行简《观堂先生别传》云："君幼而湛净，嗜学。既冠，从上虞罗叔蕴氏游，博涉载籍，好古敏求，遂通群学。己未，余居上海，同教授于英人哈同所。力学靡日不见，见则质正艺文，剧谈为乐。予治《礼》学、《公羊》《春秋》，恒以请益于君，皆得因君说以申畅疑滞。君不徒精于礼制，凡声音训诂名物，莫不研几穷微。尤善论证金石文字，其所为文辞，从容朴雅，必有实义名论贯注乎中，诗尤芟浮藻而成隐秀，兼众体而为雅度。遗篇炳然，宜被家诵。惟厥躬行贞洁，践履笃实，更为余平生所未觏。与共处盖逾五载，不闻其作忠愤激烈语，而一旦从容就义，遂与日月争光，由其蕴于学者至深厚也。君州学附生，尝襄钱唐汪氏辑《时务报》、上虞罗氏辑《农学报》，习日语文于某学校，复少习英文，清代奏调为学部图书局教育股编纂。辛亥国变，去之日本。已归国，居上海，为哈同编《学术丛编》，兼教授其学。癸亥以原任总督允升荐入直南书房。丁卯五月三日，自沉于颐和园之昆明湖，盖未及中寿也。"

则虞案：自沉事《野棠轩文集》所载尤详。静安有"不复承恩"之句，故诗云。

伦明《诗》注："十余年来故都言国学者靡不称王静安，几如言汉学者之尊郑康成，言宋学者宗朱子也。然君读书最精细，凡过目者多有精密校本，所纠内讹，文阐新义，多谛当。海宁赵斐云万里亲炙静安久，凡静安所校本，多逐录存副。"云。

则虞案：储皖峰著《王静安先生著述考》载《国学月报》。又有赵万里撰《王观堂先生校本批本目录》亦载《月报》。涵芬楼藏有静安所校《韦苏州集》，有跋三则。静安有《庚申之间读书记》一卷，见丁福保《四部书目总录》引。又有《库书楼记》《传书楼记》，校勘有《文渊阁书目》《千顷堂书目》《铁琴铜剑楼书目》等六十余种，多收入《海宁王静安先生遗书》。

廿年师友久伶俜，门馆重过髦已星。
蔽芾校书楼畔草，春风未减六朝青。

朱希祖 逖先

朱希祖，字逖先，又作迪先。海盐人。余杭章氏弟子，长于史学，任北京大学、清华大学、辅仁大学、中央大学教授，中央研究院研究员。收辑明季稗官史书甚富。倭陷南都，散失大半。其藏书楼名"郦亭"。子朱偰罢议将所藏归中国科学院图书馆，谘价二万元。闻其精品早为他处捆载去矣。

罗香林《海盐朱逖先先生著作目录》，属于版本目录者，有《郦亭藏书题跋记》《郦亭读书记》二卷、《宋史官私书目考》二卷、《宋代金石书目考》一卷、《版本目录学论丛》。其辑校有《汲冢书考》五卷、《孙吴佚史辑佚》六卷，《伪楚录辑补》六卷，《伪齐录辑补》四卷、《补梁书艺文志》四卷、《明季史籍题跋》六卷、《郦亭诗集》二卷、《文集》四卷。另又有《伪七国志长编》《中国史学通论》。

则虞案：朱希祖另有《郦亭藏书目录》《中兴馆阁书目·续目》（辑佚）、《新梁书艺文志》。

伦明《诗》注："逖先购书力最豪，遇当意者不吝值。尝岁晚携巨金周历书店，左右采掇，悉付以现。又尝预以值付书店，仅取偿于书，故君所得多佳本。自大图书馆，以至私家无能与君争者。君所得乙部居多，尤详于南明，兼及万历以后诸家奏议文集。遇古本及名人稿本，亦未尝不收也。"

则虞案：余见有钞本《读书题识》，其目有《跋谭复堂先生校本意林》。又《意林校本跋》《跋旧钞本明熹宗实录》、《再跋明熹宗实录》、旧钞本《长安志跋》、旧钞本《长安志图跋》，旧钞本《细阳御寇记残本跋》《蕲黄四十八砦纪事跋》、旧钞本《守廪纪略跋》、旧钞本《也是录跋》、旧钞本《天南纪事跋》、旧钞本《滇南外史跋》《求野录跋》《再跋求野录》、钞本《守缅纪事跋》、校本《明季五藩实录跋》、钞本《孤臣述跋》《遍行堂集跋》《岭海焚余跋》、旧钞本《藏山阁存稿跋》。

朱希祖的藏书印有两枚，一为"郦亭"，一为"朱希祖"。

丽曲红箫韵最娇，春筵宫羽起商飚。
为谁阻绝兵戈外，遗蜕蛮云委大姚。

吴梅瞿安　　**马廉**隅卿

　　吴先生梅字瞿安，一字灵鹣，晚号霜崖，长洲人，年十八以第一名补长洲县学生员，越年食饩。历主讲东吴大学、北京大学、东南大学、光华大学。己卯卒于云南大姚县，年五十五。著有《霜崖文录》二卷、《霜崖诗录》四卷、《霜崖词录》一卷、《霜崖曲录》二卷、《霜崖三剧三种》《南北词简谱》十卷。其遗嘱有云："余生寒俭，无意藏弄，而朋好中颇有嗜旧刊者，朝夕薰染，间亦储存一二。始则乾嘉校订诸本，继及前代珍秘诸书。架上日丰，箧中日啬，饔飧不继，室人交谪，此境习以为常也。嗣生授徒北雍，闻见益广。琉璃厂、海王村、隆福寺街几无日不游，游必满载后车。自丁巳以至壬戌，六年所得，不下二万卷。航海南归，插架益富，而宋元旧椠，仍不敢搜集，一则力不足，二则京兆贵官，沪滨大贾，室中必有一二种以昭风雅，余无暇与之争胜也。此次兵火，所藏恐不可问。惟有就劫余残烬，略加整理而已。"

　　又云："今人富词曲书，未尝不是。但余所有者，不独此耳。上庠延聘与子弟肄习者，多声律对偶之文，至有誉我为词曲专家者，余亦笑而不辩也。生平之志，五十以后，归田读史，得涵芬楼《二十四史》，颇思在此一二年，辞去讲席，专诵此书，以殿本细校一过，当有不少发明处。岂料狂寇肆虐，故里成墟。昔日甲乙标题，今已不堪重问。边省寄迹，老病颓唐，东望乡间，生还何日？汝曹异日行有余力，须时时读史，以竟吾志，子子孙孙，毋忘斯言。"

　　先生于丁巳岁，谱《无价宝》杂剧，写藏书故实。又于戊辰岁辑所藏曲一百五十种，分散曲、杂剧、传奇三类，印为《奢摩他室曲丛》，刊至第二集，以辛未一月上海之役被毁，遂中辍。是时蒲林巷宅改建楼成，于楼上辟百嘉室庋藏善本书籍。

　　王季烈《螾庐未定稿·奢摩他室曲丛序》有云："吾友吴瞿安明经，劬古忘疲，爱书成癖。百城坐拥，无殊南面之王。《七略》部居，特仿西京之例。其所搜获，乐府尤多。抗丹邱就国之行装，迈临川填词之插架。啸歌一室，托牧之、务观以言情；南北九宫，继元玉、伯英而订谱。每谓箧藏之珍本，是资津逮夫艺林。会海上涵芬楼搜访旧书，流通善本，以为春明僦屋，虽许洽比以借观，而尚古范铜，实较传钞为神速。在昔伯延之藏曲，假诸晋叔以镂行。有往事之可师，借奇书而付印。以烈粗知声律，属撰弁言。烈惟此书之成，盖有三善，请试述之：是编探海求珠，远者不遗蒙古；披沙见宝，近者选止国初。靡不六采五章，极文情之茂美；一倡三叹，兼音律之和谐。论文者贵其才思，审乐者聆其节奏。左右采获，取益无穷。是曰选择之精，其善一也。亥豕鲁鱼，校雠所苦，几尘风叶，今古同符。况在传奇诸书，南尚才华，间用文人之僻典；北矜本色，更杂胡地之方言。以及过曲犯调之易淆，衬字正文之难辨。苟逞胸臆，妄事窜涂，将铅椠虽勤，益增古书之厄；金根错改，徒为有识所讥。是编楮墨精良，丹黄矜慎。贞石影摹所印，犹存真面于庐山；聚珍活字所翻，细订奇文于淮雨。如彼《三辅黄图》之古本，兼有画图，较诸八闽翠岩之精刊，更无误字。是曰刊印之良。其善二也。桑海以还，文衰道敝，然四部旧籍，十倍价增。《虞初》小说之书，爨弄伶人之本。自昔拘儒所唾弃，尤今驵侩所居奇。以鸡林万里之遥，不吝骏骨千金之市，往往藏家偶出，朝列海王，论值未谐，夕归番舶，以故购求词曲，倍觉艰难。近者江左故家，椠盛明之杂剧，海东大学，翻佚宋之遗编，虽曰传播古书，津逮后学，而帙厚盈寸，价贵兼金，非寒素所能胜，亦求书之憾事。是编不求善价，以速通行。异彼韦老之售书，必须厚值；等诸瑞庵之藏籍，稍计赢余，是曰取值之廉，其善三也。"云云。

《瞿安书目》，账簿本，二本，中有日本刻《小说字汇》、宋《浣花诗词》合刻、张朗仙校《逸周书》、钱牧斋校《元氏长庆集》、宣德宪藩印《诚斋乐府》（自批：海内孤本）、沈钦韩手稿《三国志补注》、木刻章氏《訄书》（批：想枚叔自己亦无）、尤西堂辑《尤延之诗》《海刚峰公案》、刘泖生手批《史记》《鹊亭乐府》《麒麟罽》、元刻《太平乐府》《墨憨斋二种》《鞞通散曲》，皆精善本也。

伦明《诗》注："宁波马隅卿收藏曲本甚夥。晚近以剧曲为重要文学，各大学多添讲剧曲史一科，不须审音识律，但能略举曲名，便可登坛，隅卿素不治学，居然拥皋比矣。身后所藏曲本售之北京大学，得值万数千金。前岁朱迪先以升平署档案让于北平图书馆得值万金，人已讶之，此又后来居上矣。通州王某因短视尽以质于隅卿，得值甚微，后悔之，愤恚成疾，卧床数载，今隅卿所存多其物也。"

则虞案：马廉人称雨窗先生，别号"平妖堂主人"，室名"不登大雅堂"。

曾任北京大学教授，喜藏明清小说戏曲文献。《西谛书目》有《不登大雅文库书目》，不分卷，不登大雅堂钞本。隅卿又有大连满铁图书馆所藏《中国小说戏曲目录》，载《图书馆学季刊》。卒后书归北京大学。著有《录鬼簿校注》《王国维曲录校注》等。

败楮犹存小绿天，炉头金线忆当年。
何时重听江南雨，竹崦苔青试茗泉。

孙毓修 星如

孙毓修字星如、恂如，号留庵、绿天、绿天翁。藏书室名"小绿天"。少时入江阴南菁书院从缪荃孙习，故精通版本目录之学。后入商务印书馆，任高级编辑。主持出版《四部丛刊初编》《涵芬楼秘笈》。著述有《书目考》《中国雕板源流考》《四部丛刊书录》。

《缘督庐日记》丙辰十一月十四日记："张鞠生赠涵分楼秘笈第一集八册共四种，残年得见未见之收，曷胜忻幸。而校勘讹字颇少，皆出无锡孙君毓修之手。"

《西谛书目》有《小绿天孙氏鉴藏善本书目》，不分卷，铅印一册。王绍曾有《小绿天善本书辑录》，载《无锡图书馆协会会报》第三期。

孙氏有日本田中本《郘亭知见传本书目》校本，见《著砚楼书跋》。

孙氏手辑有严修能《悔庵书后》三卷，多为《悔庵学文》中所未录者。孙氏竭数十年之功力，凡得跋文六十三首，书札一首，亦见《著砚楼书跋》。星如又有《涵芬楼秘笈跋》一卷，见丁福保《四部书目总录引用书目表》。

余见孙氏夫妇手钞《吴梦窗词》，有朱古微长跋，惜未及购藏也。《梦窗词》张本者，为康熙六年太原张夫人学象手钞。张为太原名族，清初从父拱端侨居吴门，其姊名学典，以能画名。词不分卷，与毛刻四稿不同，此书曾藏张皋文处。

余藏有孙氏手校《读书敏求记》，其书后云："祢衡为黄祖作书，祖持其手曰：'处士，此正得祖意，如祖腹中之欲言。'"钱遵王《读书敏求记》具道得书之艰难，好书之真挚，吾每读之，惜不能持钱生之手发黄君之叹也。相传遵王初成是书，颇自珍秘。竹垞典试江南，以计赚之，始流传于外。此好事者传会之辞，毓修于年谱中既辨之矣。然此书之传，实始于竹垞后人稼孙。康雍间浙西有钞本，雍正四年丙午吴兴赵孟升始锓于木，其序借用傅王露名，结衔题旧史官傅，谓犯时忌，经官毁板，故摹印未广。乾隆十年乙丑，嘉兴沈尚杰重开其本，六十年乙卯，其孙炎又加序印行；道光五年乙酉阮氏小嫏嬛仙馆以严厚民校本刊；道光二十七年丁未伍氏海山仙馆巾箱本（源出赵刻，又以阮刻补遗散入各部中），世行本惟此五者。傅以礼《华延年室题跋》云："有濮梁本，未见也。诸刻皆不免讹脱（沈本改正数十字，皆显然可见字者）。阮本自序谓据黄氏士礼居藏遵王原本重刊，然初印本反比赵刻少去秘笈多种，讹字亦未尽改正（阮本后刊《补遗》，靬于卷首，不审据何本补入。伍本遇阮本入《补遗》者注云：'严本缺'，然《补遗》所载，伍本实尽有之）。遵王是书世无善本久矣。毓修初见陈仲鱼临校吴绣谷、朱朗斋、汪渔亭、管芷湘诸本，及吴兔床、黄荛圃手校本，过录于赵本上，又据仲鱼本补录十余条，私幸箧中蓄一善本矣。丁氏持静斋藏书散出，又见遵王未编类手稿（每叶廿八行，行廿一字，纸方如帐簿，共六十二叶，载书二百七十九种，始韦昭《国语注》，终《安南图志》），题《虞山钱遵王述古堂藏书目录》，题词涂乙满纸，朱墨烂然，其中异同得失，校勘家纷如聚讼者，至此乃得所折衷，急照临一过。是稿尚非全本，然为各家所未见者已有一十三种。陈仲鱼跋其校本云：'癸巳八月见书局有此钞本，旁注中字，知尚有上下两本，惜不可见。细阅此本，盖即《读书敏求记》之初稿，故各书参差未曾归类，然《敏求记》只六百余种（按，赵本经九十九、史一百四十一、子二百十八、集一百四十二、凡六百种，两沈本同。仲鱼谓六百余种，未确）。而此一本，已有二百八十三种，计全书不下八百余种。'云云。今审仲鱼校本不及丁本之详，又无圈点，则仲鱼所见之一册，已出后人传录，而非遵王手迹矣。桑淀之余，多见异书，以云眼福，差胜前辈，此书亦其一也。向藏赵本原装四册，今补赵本之遗者三十四条，又汇录各家序跋并补遗合订一册，与赵刻为一函，壬戌二月识。"（星如之书未付印）因录其书后全文于此，亦存人存书之微意也。其《四部丛刊书录》，为星如所撰，世皆知之，题识诸文故不载。

夏敬观《忍古楼诗·题孙星如遗墨》："流俗每轻此，相讥如嗜痂。居为老聃室，行载惠施车。旧校手亲过，奇书眼不花。梅园一弓地，元奈日西斜。"

又《为孙星如题其先德遗墨》："一州学派标今文，先生兼采汉宋说。著述未传良有故，风气所掩须抉别。短笺数纸半说诗，略窥所学半残缺。折衷笺传富援据，东塾遗书当与埒。我虽未睹《禹贡》注，想见九州掌纹列。及今尚有能读者，父书在箧宜梓锲。前时见君买书记，辛苦韦编已三绝。书厨破败泂足宝，赖有阶芸香不灭。"

谢兴尧《书林逸话》："孙毓修氏为商务印书馆创办时之重要之人，精板本，好收藏。殁未三年，书亦流散，为北京来薰阁购得。余曾见多种，上有孙氏印。"

藏印有"小绿天藏书""孙毓修印"朱记。

南社才名乡社评，瓜庐白舫续鸥盟。
海门夜夜风和雨，并入周家变雅声。

高燮吹万

伦明《诗》注："高燮字吹万，金山人。藏《毛诗》注本最多。又留意乡人著作。近见其摄印明《二何集》，亦罕见本也。"

徐珂《可言》："国学商问兑会，高吹万所倡。吹万亦本社中人也。名燮，金山之张堰人，所居曰闲闲山庄。"

《吹万楼文集·安雅堂稿序后跋》云："去年五月余避难在申，而家中所藏书三十余万卷，悉被暴军捆载以去。"云云。己卯六月又记：又《归震川先生年谱序》："岁丁丑大乱作，及冬，吾乡沦陷，余仓皇避海上，时家藏书尚无恙也。至翌年五月，我书三十余万卷，遽捆载联樯以去，珍籍孤本，荡焉无存。"

金兆蕃《安乐乡人诗·题高吹万风雨勘诗图》："鸡鸣破潇晦，世有振奇人。颂洞中原涕，缠绵一室春。冰霜书卷暖，铅椠夜灯亲。毛《传》郑《笺》后，微言待引申。"

宋慈抱《赠高君吹万叙》："无求于世而有益于世者，仆得二人焉。曰刘君翰怡、高君吹万。高君亦雄于资，设国学商兑会，与海内逢掖神交商学，邮谈文字。邮筒往复，累数百人不惮劳。今刘君以垂老少息，独高君方欲辑《范庐丛书》，专刻《诗经》一类，以有功于今进而有功于古。"云云。

则虞案：《葩经室藏诗经目录》，唐文治《序》，中央研究院藏有钞本。

宝姜堂榭注《韩》士，巨眼撢微发秘辞。
两代师生师友谊，挑灯夜阑补藏诗。

童士奇_{树屏}　**子第德**　**第周**

　　余撰《鄞县童君墓表》："童君讳第德，字藻孙，别号次布。世居鄞县。考梅芳文学，训俗型方，世称贤儒长者。五子皆伟，君其仲也。少七经皆成诵，长入北庠，受故于蕲春黄季刚，又从桐城姚叔节问古文义法。时尚奇纵，君独頟頟。先师侯官陈石遗，先生见之叹曰：'行介而学有守，不可逮。虽然，今胡宜此哉！'后获侍于余杭章师、象山陈伯弢、荣县赵尧生、扶风马一浮为师友，学益博奥。壮游蜀，时长沙章行严（士钊）治《柳》（宗元）文，君注《韩》（愈），相约分治两家。逾二纪，书皆成，各异趣。君书四十卷，一依乾嘉治经学法，世俗弗能鉴也。又为《贾子校诂》《论衡偶记》，训谊尽精当，卒未刊布。君工文，初似姜西溟，老益高洁，殆追姚惜抱。然竟无人知君之能文者。晚居京师，供职于中华书局者十余载，以戊申夏四月二十三日卒，年七十有六。"

　　又曰："丙午秋，君以事南旋，翌岁返。过余，论艺至暮。酒中，若有所慨者。余进曰：'君学博而光弗耀，文尊而集不传，尝读《鲒埼亭集》，知甬上故多沉潜质朴之士，君其庶乎！'悕然曰：'吾幸无时誉，他日不为全榭山者所讪笑，斯足矣。子厚我，其以此谀吾墓，如何？'余曰：'君方健，何是及？'然心诺君。"

　　又《韩集校诠序》曰："不徇一时之誉，不恪毕生之力，孑孑焉，默默焉，卒精其业，得非古之沉冥者乎？鄞县童君次布晚客京师，余入京，以事至书局与君值，一见如旧识。乃出其所著《韩集校诠》者命序，余谢曰：'韩文自李汉以来，为襮千余，注者数百，疋记讲论，可谓备矣。第移清儒诂经之法以治此者，卒未遘，岂天私于君哉！君书博而慎，纂而恕，见独而不纤，是读书得其间，著书善用其才者。此君书之可贵者也。……近世言训诂者，中画于六代，以为隋唐以降，文通字顺，无资于此。夫诂者以今况古，训者以俗会雅。始也绎古人之文，以求字之训义；继也撼字书之谊，以绎古人之文。譬犹取金于山而铸金转以伐山。然代有嬗易，疆有华离。或一字衍为数义，或兼名易以单辞，用字之法既歧，训义亦必随之而异，字书世有递益，其势然矣。执《类篇》《集韵》，固未以穷三代文字之原，而拘拘于《仓》《雅》之书，又曷足以通后世文章之变。若曰训诂之学适古格今，其何异信度而舍足哉。君书出，世将有以唐宋字书诠说景文涑水之书者，善轨斯张，津涂以广，此君书之尤可贵者。韩集自朱子《考异》之后，历有增纂，率皆斷斷于版刻点画之异同，而底本是非所宎衷也。君则抉原要极，证益确，诂益达，疑似者，得君说，无不的破冰坼，怡怿以解。此君书之重可贵者也。……君夙工古文辞，有文五十余首，既写定矣，并所为《宝姜堂札记》者燰焉。别有贾子《新书校证》，卒卒未成书，《论衡偶记》，稿遽失所在，惜哉惜哉！……余与君交逾十稔，且先后出石遗老人之门。余女尝从君课韩文，尊俎谈谶，款密若平生，经史名理诗文几无所不及，然终无一语涉人事荣落者。"

吴爱琚增补：先生有《注韩居图》，画甚精美。先父《童藻翁属题注韩居图》云："由来道之丧，道丧文先歆。通塞关趾尚，有尔慎所以。乾、嘉学再振，桐城立文纪。朴学不解文，文家薄锥理。同、光渐喧啒，儒术恣排抵。剥复理何常，欲张固宜圯。大哉唐一经，畀此图中士。渊襄发秘蕴，巨眼撑微旨。考订讵可轻，致用先求是。朝课屡废餐，夜纂每堆几。曙灯睒尘壁，凉绿窥窗纸。翳此注韩居，有韩居无庀。画师侔化工，铲锤出其指。大千本浮埃，何论此恢诡。岩窔涵鲜翠，松枥共磨倚。三月杂树花，清光照栖庀。《易》贞幽人吉，《书》藏圣可俟。云日自昭昭，河水自沵沵。鲐埼幸不夥，天一幸不歆。"

又：余少时（1965年）从先生课韩文年余，尝睹先生藏书，皆书帙整齐，尚有宋刊、元刻本。余婚嫁时曾以嘉靖版白绵纸瞿氏所藏之《韩昌黎集》贶遗。先生也是著名书法家，人称"北有孙墨佛，南有童第德"。先生藏印有"童第德"朱文方印、"童第德印"白文、"藻孙鉴藏""宝姜堂"等白文方印。先生胞弟童第周（字蔚孙），为当今著名之生物学家、中国科学院院士、中国遗传学奠基人之一，入选世界最优秀的百位科学家之列，曾任中国科学院副院长、全国政协第五届委员会副主席。收藏书画甚佳。

怜香惜玉结恩深，半札红缄百劫心。
白发贞元朝士尽，蘼芜谁听下山吟。

丁祖荫芝孙

丁祖荫，字芝孙、之孙，号初我，又署初园，常熟人。曾为常熟县长。莫铜井书得之最多。迨旧山楼赵氏琦美书出，精驷尽入其家，其中《古今杂剧》尤为稀世之珍。筑"湘素楼"藏书。《旧山楼书目》亦其所获。著砚楼藏初园手辑《河东君轶事》。余检《旧山楼目》，有柳如是家信稿十六通，又牧斋甲申日记，下狱时与柳如是信底稿，《红豆山庄杂记》初园盖即据此为之。近闻陈寅恪为《河东君事迹考》，想未见此秘笈也。芝孙著有《常熟金石志》《常熟艺文志》《松陵文牍》，编印《虞阳说苑》《虞山丛刻》等。

潘景郑《丁氏书目稿本跋》云："海虞藏书，自牧翁倡导，遵王踵美，而毛氏汲古阁，骎骎乎几驾前贤而上之。清乾嘉以还，斯风未泯，瞿氏铁琴铜剑楼崛起，为海内巨擘。同时如陈氏稽瑞楼、赵氏旧山楼，秘笈亦复不少。身后流在市廛，吉光片羽，并为世珍。瞿氏名德未绝，百年后，犹未易姓，为难能矣！故人丁初园先生，早岁浸淫簿录之业，尽窥瞿氏珍秘，于目录板片，鉴别至精。尝为瞿氏撰《书影题识》，条例井然。毕生所蓄图籍至富。然颇珍秘，不以示人。予识初园在丁卯、戊辰间，时独山莫氏书散，精钞名校，散入市廛。君故多资，倾囊搜罗数十种。阮囊羞涩，望尘莫及焉。泊后与君时得过从赏析之乐。忝辱忘年，不数岁，而君下世。遗书键钥，不复得见。丁丑之难，君遗书狼藉市肆，盖经僮奴窃取殆尽矣。市侩居奇，残简断编，零落不可收拾。予自更沧桑，不复有收书之志，而君之遗物，时复寓目一二，对之徒增慨叹而已！此先生手写藏书二册，收自吴市。自癸丑以后所得，备录靡遗。一书各详注册数价目，部居杂侧，盖随得随记，非有意于编目之业也。卷末附录所收法书名画，亦多精品。常闻先生得旧山楼藏书居多，此目未录，意所收当在癸丑以前矣。"

又《古今杂剧跋》云："此册盖芝孙先生手录《古今杂剧校语》，原书为也是园故物，辗转流入士礼居、艺芸书舍、旧山楼。芝孙得之赵氏后人，禁秘垂三十年，绝不示人。晚年精构别业于城中公园路，殁未数载，骤罹兵祸，遗箧星散。大华书店唐君，先得《杂剧》之下半部，索值二百元，未有问津。适先兄博山以事返里，诧为秘帙，如值携归沪上，相与赏析者累旬。未几，集宝斋主孙君伯渊，与来青阁主杨君寿祺，亦访得是书之上半部，先兄屡谋剑合，二君居奇不肯让，如是者年余。吾友郑西谛先生为商归公之计，往返集议，久而克诸。先兄度不能剑合，亦以归公为最宜，其后得价九千元，而此书遂成完璧，皆西谛之力也。此书旋由商务印书馆流传，并倩王君九表丈为之校定。惜经王丈以意窜改，致失真面，犹不免白圭之玷耳。幸得孙子书先生详稽源流，撰为《考证》，海内外并知此书之珍贵。三百年来若存若亡之迹，即今视之，未始不为此书钦幸耳。兹册余盖得诸丁书丛残中，芝孙先生博稽杂剧传本，考其异同存佚，手写成帙，并题四绝于后，其致力之勤，可见一斑。顾撰《跋语》刊诸《北平图书馆月刊》，有云：'时促不及详录，匆匆归赵，曾题四绝句以志眼福。云烟一过，今不知流落何所矣。掷笔为之叹息不置。'今检册中并无此跋，知其矜秘，特为布兹疑阵，亦贤者之过也。"

又丁初园手辑《河东君轶事跋》云："此《河东君轶事》稿本一册，虞山丁初园先生手辑者也。余识初园在丁卯之春，每遇书林，辄纵谈今古，赏析奇书。时余年才弱冠，而先生则皤然一老，忘年订交，不自知其为固陋也。先生家饶于资，时独山莫氏书散，精本归者颇多。余以绵薄，力不能致，徒兴望洋而已。后数岁，先生捐馆，寂寞书林，赏析之乐，不复可得矣！自去冬战祸波及吾邑，闻先生遗书，箧衍狼藉，此册亦流在市廛。"

则虞案："怜香惜玉"，牧翁藏印语。

亦儒亦佛亦高官，铜辇秋衾列宿寒。
五代全文清乐府，墨花沉对负桓桓。

叶恭绰誉虎　　**邢之襄**赞庭

伦明《诗》注："番禺叶誉虎恭绰亦善收书，但与时人微异。时人喜收省府州县乡镇志，而君独收山志及书院志；时人喜收诗文集，而君独收词集。君素好佛，故多收佛经。又其祖兰台先生曾手写名人画家，并附辑小传。君以为未完而思补之，故于诗文集之附遗象者，求之惟恐不及。所收皆甚备。"

《广东藏书纪事诗》注："叶遐庵府学附生，北京大学仕学馆毕业，历官邮传部司员，升任侍郎、尚书，交通部长，铁路部长，财政部长。好藏书，惟与俗不同，专收山水记、书院名胜志，为藏家之别树一帜。精研佛经典，于宋椠释典，颇有收藏。曾校印碛砂佛典全部，尤为大观。复以佛教经典入吾国凡一千七百余年，其汇集储存总称之为藏，盖始于唐而盛于宋。然历史绵渺，不易知诸藏付刊之经过及其内容。近来研求略录渐及释藏者，如罗叔言之《宋元释藏刊本考》、吕秋逸之《佛典泛论》、屈万里之《明释藏雕印考》、蒋维心之《全藏雕印始末考》，皆考订甚详。东邻学者如常磐大定之《大藏经雕印考》、深埔正文之《佛教圣典概记》、桥东凝印之《宋版一切经考》等，亦搜取綦备。惟欲兼综共贯，就流存至今者求其刻印本末。裕甫著有《历代经考略》，列一历代《大藏经》行款字数及版片情况表，凡装潢格式、每版行数、每行字数、函数、卷数、刻版处所、版片存佚，均一目了然。末更附印各种藏经书影，大足供研究斯事者之参考。《藏经考略》附在《张菊生先生七十生日纪念论文集》中。裕甫工倚声之学，以王半唐、朱彊村所刊者惟《宋词》，后有编辑清词之举。博收沈佚，得数千家，而以先辈甄录今词者莫善于谭复堂《箧中词》，因少广之。已有《广箧中词》刊布，斯亦不朽之名著也。"

遐庵辑《全五代文》，原拟由科学出版社出版，卒未果。又有《清词选》数十卷，中华书局已摆成，亦未印出。

则虞案：叶恭绰字裕甫、誉甫，又字玉父，号遐庵、矩园。筑"灵金馆"藏书。曾创办《词学季刊》，参加"文献保存同志会"，收刘氏"嘉业堂"、张氏

"适园"书归公家，尤为功卓。著有《全清词钞》《遐庵汇稿》《历代藏经考略》，编刻《广东丛书》。殁后书籍捐献国家。余识君于佛教协会，时任理事。

伦明《诗》注："南宫邢赞庭之襄近年来以购古本称于故都，未得观其藏目，所知者有江都秦氏刻《扬子法言》祖本，又有蜀本李长吉、许丁卯、孙可之诸集。北地自张文襄、徐梧生衰替后，屈指到君矣。"

邢氏《求己斋藏书记略》："南宫邢君赞庭，余莲池书院学侣也。雅嗜典籍，精于鉴藏，频年搜采名钞古椠，插架者无虑万签。残篇零卷，亦甄录少遗，偶有所获，必举以相质证。其珍秘之本，余亦时时得以通假。"云云。

藏园《补史亭剩稿跋》："《史记考证》《三国志补注》皆有刻本，其《启疑》二卷考证精确，多有可存。赞庭锐志刻书，于前人遗著访辑至勤，常怂恿付梓，以公当世也。"

遐庵后任中央文史馆副馆长，以事褫职，以赞庭代，又以事罢议，故并列。

新诗日益故人稀，汉口秋风送晚晖。
永忆登舻赠别语，漫将鱼目溷珠玑。

徐恕 行可

伦明《诗》注："武昌徐行可恕所储多稿本、精校本。尝舍南浔刘翰怡家，尽读其所藏。南北诸书店每得一善本，争致之君。暇则出游，志不在山水名胜，而在访书。闻某店有一未见书，必转展录得其副而后已。一切仕宦声利，悉谢不顾，日汲汲于故纸版，不问宋元，不问近古，一扫向来藏书家痼习，与余所抱之旨，殆不谋而相合也。"

徐宗浩《雪斋诗稿·寄行可武昌》："望断飞鸿无一纸，知君高阁拥书堆。青灯黄卷人生福，不是寻常攫得来。""买书我亦成殊好，二妙新收鲍氏钞。何日舣舟江汉上，一编相对话良宵。"

则虞案：行可号强侴，博学广志，喜藏书，藏书斋名"知论物斋""藏棱斋""箕志堂"。行可藏书甲于湖湘。丙子丁丑间，余曾通书问阅三十年，丙申夏始识面。延余登书楼，遍观所藏，并以朱古微校《山中白云词》及明清旧本相借。是年秋，余自白下过汉，换舟入峡，君又赠书十余种及印章一方，余出示《续藏书纪事诗》书目相质，君大喜，把余臂曰："当为子浮一大白。"走市楼，傲楼角同饭。夜半至舟次送别，宵分露冷，犹不忍去。舟将发，君倚栏呼曰："蜀中少书，有所需，一甑勿吝也。"余抵寓，君书至，谓续叶《诗》寿人寿书，为可传之作。惟某趋时，某挟贵，某无故旧谊，不可入录。皆当世士也。丁酉春仲，余内调过汉，诣君，以下乡扫墓未值。余时校《淮南鸿烈》，君立斥缪艺风校本相诒，余答书无嗣音。戊戌腊日，蜀士赖以庄入京，闻君以言愆被议。己亥夏，余道暑青岛，于黄公渚寓得耗。君性节啬，数米盐计出入，戚友及南北书客具言其屑屑状。余亦不能为君曲徇，虽然毕生笃志坟籍，亲厚士类如君者，又能有几人哉！君女夫杨某，蜀人也，亦相识。君以坊本《孝经》一本属致之，莫测其意。君死矣，其书至今犹置箧中。君以五百箱书捐武汉大学，殁后书分为中国科学院图书馆、湖北省图书馆。中华书局遣陈乃乾驰往料理，无所获其书目。余略一检视，未入录者殊多，其子又罹罚，不可问矣。

藏印有"徐恕""行可""殭簃""无力扶衰学""守旧闻",皆王福厂所镌。

  爨本盲词一世雄，画图刻镂夺天工。
  闽人处处成风气，着眼经心便不同。

郑振铎 西谛

  郑振铎，字西谛，自号幽芳阁主、玄览居士。长乐人。先后任清华大学、暨南大学、燕京大学教授，历任文物局局长、中国科学院（现中国社会科学院）考古研究所所长、文学研究所所长、文化部副部长等职。公使苏联归，飞机失事，殉焉。藏书甚富，以戏曲、评弹词、佛曲、小说、版画为盛，并专藏明清史料文献及晚清诗文集独步藏书界。藏书楼名"纫秋山馆""玄览堂"。著有《西谛书话》《佛曲叙录》《善本戏曲目录》《中国小说提要》《西谛所藏弹词目录》《散曲目录》等。卒后家属将书全部捐入北京图书馆（今国家图书馆），为辑成《西谛书目》五卷、《题跋》一卷。

  赵万里《书目序》云："西谛藏书主要类别有历代诗文别集、总集、词曲、小说、弹词、宝卷、版画，通常旧版书、新版书不列入外，总达七千七百四十种。其中明清版居多数，手写本次之，宋元本最少，仅《陶集》《杜诗》、佛经等数种。所藏明清人诗文集，大半为僻书。如画家沈周《石田集》，陈淳《白阳集》；戏曲家如许自昌《卧云稿》，臧懋循《负苞堂文集》。收藏唐宋以来词人著作，精者有明嘉靖间九峰书院刻本元遗山《中州乐府》，明石村书屋蓝格钞本《宋元明三十三家词》，龚孝拱写本《定盦词》。其藏曲分前后两期，前期藏曲精本，编为《西谛藏曲目》，后来徽州、苏州、扬州、浙东等地书流入上海，杂剧传奇中精本得其十之六七，于散曲则有天一阁藏明钞本《张小山乐府》，汪廷讷校刊本《陈大声乐府》，冯惟敏等《四词宗乐府》。俗曲则有华广生编《白雪遗音》，冯梦龙编《山歌》。于宝卷、弹词、鼓词，曾编有《自藏弹词目录》及《宝卷鼓词目录》。宝卷中有明写彩绘本《目莲救母出离地狱生天宝卷》，嘉靖本《药师本愿功德宝卷》。弹词有《三笑姻缘》《玉蜻蜓》。福州本《荔枝陈三歌全传》《潘必正陈妙常村歌》，潮州本《双白燕》。于历代版画，自明歙县虬村诸黄插图本，以至清初徽派殿军鲍承勋父子木刻画，皆有独特藏品。明清画稿有丁云鹏《程氏墨苑》，陈老莲《博古叶子》《水浒叶子》，萧尺木《太平山水

郑振铎

图画》，胡正言《十竹斋画谱笺谱》。呜呼！可谓富矣。"

《劫中得书记序》："余聚书廿余载，所得近万种。搜访所至，近自沪滨，远逮巴黎、伦敦、爱丁堡。凡一书出，为余所欲得者，苟力所能及，无不竭力以赴之，必得乃已。典衣节食不顾也。故常囊无一文，而积书盈室充栋。每思编目备检，牵于他故，屡作屡辍。然一书之得，其中甘苦，如鱼饮水，冷暖自知。辄识诸书衣，或录载簿册，其体例略类黄尧圃藏书题跋。大抵余之收书，不尚古本、善本，唯以应用与稀见为主。孤罕之本，虽零缣断简亦收之。通行书本，反多不取。于诸藏家不甚经意之剧曲、小说，与夫宝卷、弹词，则余所得独多。诗词、版画之书，印度、波斯古典文学之译作，亦多入皮架。自审力薄，未敢旁骛。'一·二八'淞沪之役，失书数十箱，皆近人著作。'八·一三'大战爆发，则储于东区之书，胥付一炬。所藏去其半。战事西移，日月失光，公私藏本被劫者渐出于市。谢光甫氏搜求最力，所得独多。余迫处穷乡，栖身之地，日缩日小，置书之室，由四而三而二，梯旁榻前，皆积书堆。而检点残藏，亦有不翼而飞者，竟不知何时失去。然私念大劫之后，文献凌替，我辈苟不留意访求，将必有越俎代谋者。史在他邦，文归海外，奇耻大辱，百世莫涤。因复稍稍过市，果得丁氏所藏《脉望馆钞校本古今杂剧》六十四册，归之国库。复于来青阁得丁氏手钞零稿数册。友人陈乃乾先生先后持明刊《女范编》《盛明杂剧》及孙月峰砑订《西厢记》来，余竭阮囊，仅得《女范编》与《西厢记》。而于《盛明杂剧》虽酷爱之，却不果留矣。乃乾云：'有李开先刊元人杂剧四种，售者索金六百。'余力有未逮，竟听其他售。至今憾惜未已！中国书店收得明刊方册大字本《西厢记》，附图绝精，亦归谢氏。但于戊寅夏秋之交，余实亦得隽品不尠。万历板《蓝桥玉杵记》、李玄玉撰《眉山秀》《清忠谱》、程穆衡《水浒传注略》《螺冠子咏物选》、冯梦龙《山歌》、萧尺木《离骚图》，以及《宣和谱》《芙蓉影》《乐府名词》等，皆小品中之最精者，综计不下三十种。于奇穷极窘中有此收获，亦殊自喜。然其间艰苦，绝非纨绔子弟，达官富贾辈，斤斤于全书完阙，及版本整洁与否者所能梦见。及今追维，如嚼橄榄，犹有余味。每于静夜展书快读，每书几若皆能自诉其被收得之故事者，盖足偿苦辛有余焉。今岁合肥李氏书、沈氏粹芬阁书散出，余限于力，仅得《元人诗集》（潘是仁刊本）《古诗类苑》《经济类编》《午梦堂集》《农政全书》，与万历板《皇明英烈传》等二十余种。初，有明会通馆活字本《诸臣奏议》者，由传新书店售予平贾，得九百金。而平贾载之北去，得利几三数倍。以是南来者益众，日搜括市上。遇好书，必攫以去。诸肆宿藏，为之一空。沪滨好书而有力者，若潘明训、谢光甫诸

455

氏，皆于今岁相继下世。余好书者也而无力，有力者皆不知好书，以是精刊善本日以北，辗转流海外。诚今古图书一大厄也。乃发愿欲斥售藏书之一部，供薪火之资。而先所质于某氏许之精刊善本百二十余种，复催赎甚力，计子母须三千余金，不欲失之，而实一贫如洗，彷徨失措，踌躇无策。秋末，乃以明清刊杂剧传奇七十种，明人集等十余种归之国家，得七千金，曲藏为之半空。书去之日，心意悁悁，大似某氏之别宋版《汉书》，李后主之挥泪对宫娥也。然归之公藏，相见有日，且均允录副，是失而未失也。为之稍慰戚戚。立持金取得质书。自晨至午，碌碌不已，然乐之不疲。若睹阔别之契友，秋窗剪烛，语娓娓不休。摩挲数日夜，喜而忘忧，而囊有余金，结习难忘，复动收书之兴。兹所收者，乃着眼于民族文献。有见必收，收得必随作题记。至冬初，所得凡八九百种，而余金亦尽，不遑顾及今后之生计何若也。但恨金少，未能尽救诸沦落之图籍耳。每念此间非藏书福地，故前后所得，皆寄庋某地某君所。随得随寄，未知何日再得展读。因整理诸书题记，汇为数册，时一省览，姑慰相思。"

《清代文集目录序》："予收书始于词曲小说及书目，继而致力于版画，遂广罗凡有插图之书。最后乃动博取清代文集之念。自壬午至甲申，予几无日不阅市。每见清人集，必挟之以归。时或数日不得其一，亦有一日而获得数种，乃至十数种。不问美恶精粗，但为予架上所无者，则必收之。予初亦间致清集，所得约二三百种。然大抵必取所喜者，若《鲁岩所学集》《悬榻编》诸书。惜今皆毁于兵火矣。此三年间，则无所不取，而尤着意于嘉、道二朝，所谓朴学家之文集。惜入手已迟，佳者极不易得。即七八年前俯拾即是之《敬孚类稿》《月斋文集》等，今亦须博访南北各肆而始得之。忆大变方起，北估纷集申江，日以贱值获精品。积学斋徐氏所藏清集二十余箱，亦为彼辈捆载而北。而友人陈乃乾先生所藏清集二三百种，竟以千数百金斥去。其中当时即诧为罕见之物，不在少数。而予皆交臂失之。及今念及，可胜慨惜！然三年来专心一志之所获，亦有足一述者。壬午初春，上海孙某书散出，为蕴华阁所得。予以半月之力，择取清代文集百许种。然绝无佳者。癸未春，吴县胡玉缙书售出，予托郭石麟得其二十余种，而精品皆为孙贾实君所取，已径行北运。予见其目，乃亟购置之。价已昂数倍。《孟陔堂文说》至千金，《琴士文钞》亦耗三百金，《小石渠阁文集》竟须二百金。然均不能不节衣缩食以得之。后扬州何氏、无锡丁氏诸家藏书散出，予皆有所得。其间零星购于各肆者，亦不下三四百种。甲申春，孙贾助廉先后为予致六七十种。夏初，孙贾实君为予致五六十种。综前后所得，凡八百数十种。于是予所藏清代文集，粲然可观矣。凡此皆予三年间心力所结聚者也。待访未得者，尚有五十许种。然诸大家、诸朴学家之作，应备者则大略已具备之矣。今日书值日昂，春初较之去岁，已增数倍。入夏以来，复增数倍。前之以三百金得《孟亭居士集》者，今则八倍之尚不易得。前之以八百金得《学福斋集》，自以为豪举，今则五倍之而尚不以为昂。予力已殚，今后恐不易更有所增益矣。暑间多暇，杜门不出。遂发箧陈编，汇为一目，以自省览。"

《清代文集目录跋》："右清代文集八百三十六种，皆予二十余年来所累积而得者。'一·二八'之变，储于申江东区之书，胥付一炬，而清集十去其七八。凡此目所著录者，十之八九皆为壬午以后三年中所补购。此三年中，志不旁骛，专以罗致清集为事。三年心力，毕耗于斯，而财力亦为之罄焉。力所不及，则缩食节衣以赴之，或举债以偿之，或售去他书以易之。案头尝置北平图书馆编印之《清代文集篇目索引》一册。有所得，必就册上识之。册中所无者，则别录一目。暑中闭户索居，乃录一清目以自省览。综计《清集索引》所收者，予已获得十之七八，而溢出索引外者，则在四百八十种以上。他日当复可据予所得，编印一索引续编也。夫清集之收集，似易而实难。在清末民初易，在今日则难。而专收文集则尤难。今日遍索南北各坊肆，有能得文集二三百种者乎？即集一百种，恐亦未易。予尝持一单访之各肆。单中物凡九十余种，而耗时一月有余，遍历诸肆，所得尚不及七八种。即数年前，尘封架上，无人顾问之《小仓山房文集》《西陂类稿》诸书，一举目可得数部者，今则都不复见。可知集此八百三十许种，诚若有天幸也。亦往往得之无意中。沈钦韩《幼学堂集》，藏书家素目为难得之书。每获睹一部，必竞收之。然藏此者，海内亦不过寥寥三数家耳。予今岁乃不意于一已停业之古书肆得之，为之狂喜数日。何绍基《东洲草堂文钞》，向来最罕见。后遂雅斋至楚刷印十数部归，散售南北。今则复珍为难得之物矣。许印林《攀古小庐文》，仅一册刊于光绪间，日本尝覆印之。然今则覆印本与原本同不易收。而原本附有《续编》，尤称奇珍，为价几等清季之宋版书。陈鳣《简庄文钞》凡三刻，今原刻本固难得，而光绪间羊氏刻本附有《续钞》者，亦自罕遇。王宗炎《晚闻居士集》凡二刻，予尝失收一翻印之活字本，后终得一道光原刻本，自诧为幸事。丁寿昌《睦州存稿》，欲见不得者久矣。去岁，书友徐绍樵至江北收书，乃为予获之。冯伟《仲廉文钞》刊于道光间，蒋学佣《樗庵存稿》刊于嘉庆癸酉，倪模《迂存遗文》，刊于光绪间，皆访之已久，而后于无意中次第收入。张鉴《冬青馆集》有嘉业堂刊本，予迟迟未之收。然仓卒间欲得其一，却亦不易。去岁偶过某肆，乃于其架上获得一道光原刊本，犹是未装戒册之最初印本也。大抵清初诸遗老集，目最难求。而道光一代所刊者，以中经太平天国之变，往往刊成即毁于兵，亦多可遇而不可求。即同光以来所印者，似易得矣，而亦每以所印无多，毁弃最易，反较乾嘉诸通行文集为不多见。而乾嘉道诸朴学家集，除戴、段诸家刻本多而易得外，若程瑶田《通艺录》（今《安徽丛书》收之）、沈彤《果堂集》、赵垣《保甓斋集》、赵一清《东潜文稿》、邵晋涵《南江文钞》、沈豫《芙村文钞》、金鹗《求古录》《礼说》、法式善《存素堂集》、赵绍祖《琴士文钞》、胡赓善《新城伯子集》、彭元瑞《恩余堂辑稿》、黄汝成《袖海楼杂著》、沈大成《学福斋集》、洪朴、洪榜《二洪遗稿》、鲁九皋《山木居士集》、盛大士《蕴愫阁集》诸书，皆是可遇而不可求之物。至今，王鸣盛《西庄始存稿》、胡承珙《求是堂集》、宋翔凤《朴学斋集》诸书，予犹悬目待访焉。古书日少，劫火方红。前之不易得者，今固尤甚，而前之易得者，今亦成为难见之书矣。清目写成，循读一过，念集之之艰辛，颇自珍惜。而为力所限，每不能讲求版本（讲求清代刊本之版本学，今尚无其人），但取其易致，但求其丰富，往往不复计及其为原刊初印者与否。牧斋《初学》《有学》二集、《梅村家藏稿》诸书，以已收入《四部丛刊》而未取。《袖海楼杂著》已有北平新印本，尝见一原刊本而未留。《章氏丛书》则但收古书流通处影印本，而未求浙江书局刻本。《义门集》亦为坊间印本。但以应用为主，不复奢求。然坊本后印本，亦每有较原刊初印本所收为多者。《小仓山房文集》袖珍本，即较乾隆刻本刊本多出数卷。羊氏刊《简庄文钞》，亦较原刊本《简庄缀文》多出《续编》二卷。湖北刊本《变雅堂集》，亦较康熙原刊本收文为富。我辈收书原为致用计，不能若藏书家之专事罗集古董也。惟历年所得，亦未尝无佳本精刊。《二洪遗稿》近有北平石印本，然予所收则为原刊本。《董文友集》《王昆绳集》均为康熙原刊本。谭莹《乐志堂集》《清集索引》仅收《文略》四卷，予则并有《文集》十八卷。其他善本，亦不在少数，此但可为知者道耳。又清人文集每有未刻单行本，而但在丛书中者，或单刊本不易得，而丛书中却收之者。予每为致一文集，却不得并致一家之丛书。蒋侑石《问奇室文集》一卷，在《遗书》中。崔东璧《无闻集》亦在《遗书》中。他若邹叔子、邹征君、宁都三魏、章太炎诸家，皆不能不因其文而致其全集。张成孙端虚《勉一居文集》、蒋彤《丹稜文钞》，单刊本最罕见，曾收入《常州先哲遗书后编》中。然《常州先哲后编》印行不多，亦难觅得。尝于修文堂见到一部，索一万三四千金。踌躇半月，方思得之，而已归他人有矣。稍纵即逝，遗憾无穷。今复欲得其一，恐非大费周章不可矣。孙助廉尝为予言：'有开花纸本纳兰容若《通志堂集》，欲售二千余金。'亦以无力，致当时未收。及再询之，则已售去矣。吴荣光《石云山人全集》、冯登府《石经阁集》亦均几得之，而中途为人夺去。北方书友某云：有胡承珙《求是堂集》，索五百金，亟向之收得，则为诗集非文集也。吴槎客拜经楼原刊《愚谷文存正续编》，尝于汉学书店架上见之，偶大意未取。数日后再过之，则已为人购之矣。幸后终得《愚谷文存续编》，足以稍慰（《愚谷文存》收入《拜经楼丛书》中，较易得）。似此一意求书，大类愚公移山，精卫填海。书可尽得乎？求一类之书，其难尚如此，况讲大举收藏乎？予素志恬淡，于人世间名利，视之蔑如。独于书，则每具患得患失之心。得之，往往大喜数日，如大将之克名城。失之，则每形之梦寐，耿耿不忘者数月数年。如此书癖难除，积习不销，思之每自笑，亦复时时觉自苦也。沧海横流，人间何世，赖有'此君'相慰，乃得稍见生意耳。则区区苦辛营求之劳，诚不足道也。"

案：另有《长乐郑氏纫秋山馆书目》不分卷，稿本四册，《纫秋山馆书目》稿本一册，并见《西谛书目》。

人生靰鞅本堪伤，悴叶轻凋十月霜。
万里朋俦尘一窟，不须邻笛已凄凉。

孙人和 蜀丞　刘盼遂　龙沐勋 榆生　赖肃 以庄

　　孙人和，字蜀丞，盐城人，其先旌德人。祖宦盐城，因家焉。蜀丞通训诂，以此教于辅仁大学、民国大学、北平师范大学、女子师范者数十年。著有《论衡举正》《新书校》《人物志校》《吕氏春秋举正》《抱朴子校补》《花外集斠》等。藏书多元明善本及清人批校本，集部尤佳。己丑以后渐散出，西南各省多有其书。晚年任中华书局顾问，与余过从甚密。

　　刘盼遂，息县人。王静安弟子。夙治文字、音韵。教于武汉大学、北京师范大学者数十年。著《论衡集解》《颜氏家训校笺》。藏书十余万卷，举凡近数十年南北书局所印大部丛书，及金甲文字之书，靡不备，书亦整洁，无一污缺。死后悉载入通州造纸厂。与余为挚友。

　　龙沐勋，字榆生，万载人。朱古微弟子。历任中山大学、上海音乐学院教授，暨南大学文学院长。著有《东坡乐府笺》《忍寒词》《忍寒笔记》。创设《词学季刊》，声华尤籍籍一时。搢绅闺彦，武弁驵侩，趋走门下，卒以此累未减，复遭詈议。余作《春从天上来·规龙七》曰："海峤回楂，又板桥沽酒，来听蝦蟇。霜月搓凡，练波抛玉，西风倦阁鱼义。夜夜秣陵砧杵，都换了断鼓沉笳。阵云遮，压南朝如墨，不是昏鸦。　繁华，石巢草没，恁几度流连，几度飞花。台上鹧鸪，梦中蝴蝶，依然浮世抟沙。可笑夷吾江左，新亭泪偏洒牛车。最堪嗟，甚人人张俭，处处无家。"

　　榆生所藏以词籍为最，彊村批较之本悉在箧衍。淳安邵次公手稿、赵尊岳《惜阴堂汇刻》《明词》及所撰《词籍提要》稿本，并在其所。

　　朱彊村先生临终前以生平所用朱墨及双砚相授，榆生绘成图，嘱题，余赋《高阳台·题彊村授砚图为龙七作》："玄鹤不归，词仙乍蜕（原作暗老），蟾光怨碧无情。谏草拏音，《九歌》《九辩》谁听。浮天拍地都成海，剩彊山片石回青。惜伶俜，可证鸥盟，除是韩陵。　喁麐曾记先朝赐，对千茎白发，一线孤灯。采玉韶年，瓣香低首亲承。裓衣毕竟非长物，只贞珉两字丁宁。感精灵，鹳眼窗前，似答鹃声。"

吴受琚增补：龙世伯于丙午岁卒，先父以《八声甘州》哭悼之，序曰："三十年前识龙七于吴门，赋《甘州》见示，今闻其下世，赓此悼之，并用元韵。""蓦钧天宫羽已全非，薤诲不须哀。纵花身无恙，诗瓢未掷，短景偏催。蜡味本同餐蘖（原作'蜡味久耽人世'），悬解亦悠哉！桑户今知否，请听嗟来。尘海愁程渺渺，自闲鸥而外。畴肯低徊，泛荑尊汐社，仿佛一年才。展词笺墨痕犹泫，数俊厨寂寞半红埃。门前路，有平芜处，幸草先栽。"

赖肃，字以庄，号树严。巴县人。赵尧生弟子。教于重庆大学、中国公学大学部、四川教育学院者近三十年。君幼孤露，卓然自励。喜古文辞碑传，殊似虞道园。著《巴县志稿》《树严精舍待焚稿》。其于书，上自经史，下逮稗官、鼓词、唱本，无所择。自谓明清人集部过目者无虑千种。居重庆南岸黄桷垭，堂庑楼阁，庖湢之侧，莫不积书，乱叠杂置。鸡栖其上，鼠穴其下，君不顾也。无书目，得书辄加规于《书目答问》之目上，复本加双规，《答问》所不载者，缺如。且七十矣，大病刲腹几死。越年入都，拟以书鬻于效贤阁，议将谐，忽却，又捆载明清集部百十种归。其女谏阻，君曰："此我平生所未见者，姑买之。"客曰："君老病且贫，以巨金易此，何为？"君笑曰："吾敬借字纸耳。"余有《劝树丈鬻藏书》诗曰："万卷藏山计已疏，莫从聚散说乘除。儿曹自有擎天业，几个功成是读书。"时其长女及婿已是我军高级将领。

树丈尝倩华阳乔大壮镌藏印三方，钤经籍佛典者曰"肃读"；钤子史者曰"庄诵"；钤杂书者曰"赖有此耳"，卒不用。所藏约二十余万卷，川之东南无相埒者。

余弱岁识榆生于石遗师家，后同居余杭太炎先师讲舍，中间不相见者十余年。丙申秋八月，于沪上来青阁见之，章门旧侣，相识最早者惟君。余以己丑秋入蜀，时以庄先生主女子师范学院中文系，一见如夙交，逾月以中文系相畀。丁酉春，余内调入都，临别赠诗曰："推挤疑无地，相哀幸有公。徜徉轻世垢，风议启天聋。著述青编富，笙歌玉漏终。等闲摩腹地，千嶂隔蒙笼。"逾年，君来视余，居三月返蜀。别日，君抚余曰："吾与子前缘也，相处近十年，备历夷险，无间言，昕夕聚谈，书史山水，笙歌肴膳，无所不及。第未尝呢呢涉人事是非，风义曷可再得。此别再见无期，惟愿他生为昆弟。去来非诬，毋相忘。"泣数行下，余以《陶然亭饯树丈出京》赠别："晚序相看老泪并，交期回首似前生。城根冰坼泉初活，天外山多雪借明。万里栖游皆异数，十年去住负高情。来时风雨都销尽，一路春声出玉京。"

又赋《浣溪沙·送树岩翁出都》："门外骊驹暮雨生，玉珰素烛斗轻盈。酒边弦外若为情。难惜春光催晚骑，翻怜人海共晨星。归来还是倚玄亭。"

自是不复见。君以丙午岁卒，时余亦在病中，有《病中怀赖树丈诗成十日闻讣》："南云北雪久吟思，禅榻新添几缕丝。坐久床穿龟亦老，书沉道远雁偏迟。他生愿许为兄弟，旧事深悲隔酒卮。我有填胸千万语，凭将七字付支颐。"而所谓他生者，又不知真幻也。

蜀丞先生相识亦十年矣，时过东受禄街作长谈，闻林宰平言余有续叶《诗》之作，喜勿胜，戏曰："有贱子乎？"余曰："生存者不录。"君曰："且当我死，可乎？"未几果病。四君子以丙午同岁卒。

甲辰，余避暑黄山，携续叶《诗》稿往，大病归。丙午秋，寒舍见薄，诗稿远置芜湖姻兄李应沄先生家，历半年余幸返，因补此诗，以悼四君。此藏书家故实，亦藏书诗故实也，因并识之。

卷十一

电语风轮缩地成，金缯悉换裹蹄轻。
老来一策倾酸枣，忍抱遗编海上行。

盛宣怀杏荪

《清史稿》本传："盛宣怀字杏荪，江苏武进人。以诸生纳赀为主事，改官直隶州知州，累至道员。光绪五年，署天津道。时鸿章督畿辅，方向新政，以铁路、电报事专属宣怀。十年，署天津海关道。十二年授山东登、莱、青道。十八年擢四品京堂，督办铁路总公司，补太常寺少卿。二十四年诏趣造粤汉路。二十六年，加太子少保，除宗人府府丞。明年，充办理商税事务大臣，后拜邮传部右侍郎。命甫下，而浙路总理汤寿潜因言宣怀短，请离路事。寿潜获严谴。宣统二年，命充红十字会会长。中国有红十字会自此始。入都，晋尚书，数上封事。凡收回邮政，接管驿站，规画官建各路，展拓川藏电线，厘定全国轨制，称新政毕举，而以铁路收为国有，致召大变，世皆责之。诏夺职，遂归。后五年，卒。"

《愚斋图书馆藏书目录》：经部四千四百十一卷，七十二部，一千五百三十四本。史部九千四百三十二卷，内十种无卷数，一百五十部，三千五百本。子部十三类二百四十种，六千一百三十卷，内二十七种无卷数，二百五十部，二千三百四十九本。集部六类一百五十九种，五千五百九十四卷，内十二种无卷数，一百六十二部，一千六百八本。丛书四十种，七百九十三卷，四十三部，一千一百三十五本。

目断虞渊望九阳，二簧阡草郁苍苍。
海源阁本夸人口，谁道中山志隐堂。

徐坊梧生　　史宝安吉甫

《清史稿》本传："坊字梧生。山东临清州人。少纳赀为户部主事。二十六年，奔赴西安行在。明年，扈驾返，以尚书荣庆荐，超擢国子丞。鄂变起，连上五封事，俱不报。逊位诏下，遂弃官。旋命行走毓庆宫。坊已久病，力疾入直。未几，卒，谥忠勤。"

柯劭忞《徐忠勤公墓志铭》："宣统三年，武昌兵起，京师震动，公慨然有殉国之志。洎今上巽位，公弃官侨于京师，闭门谢客。今上冲龄典学，召为毓庆宫行走。公叹息曰：'异日为陆丞相者其我乎！'丙辰春卒，赠太子太保衔，谥忠勤。"

则虞案：梧生有《徐忠勤遗集》四卷。《临清徐氏书目》有稿本。

伦明《诗》注："临清徐梧生坊娶鹿尚书传霖女，遂移居定兴。光绪中叶后，故乡言收藏者首数之。庚子之乱，多所丧失，而搜求不辍，较前尤盛。学部设图书馆，多出君规画。殁于丙辰，遗书渐散。翰文斋诡得之。今岁夏，其家曾因此与翰文斋涉讼，不得直。余所知者有宋本《唐文粹》《攻媿集》，建本《文选》，巾箱本《荀子》《老泉文粹》，元本《困学纪闻》。他明椠、明钞佳本不乏，最佳者北宋本《周易单疏》，为宋本经部第一，海内无第二本。其子某求官于世交某君，以是书为贽。梧生弟植居定兴，有所谓五公司者，即文友堂、文奎堂、保文堂、晋华书局、待求书庄，以八万金得其书，售之不偿所出。"云。

《艺风堂藏书记》卷一云："宋本《周易正义》先藏徐星伯家，近闻由长沙何氏归吾友徐梧生户部。"

又《艺风堂藏书记缘起》云："通籍后供职十六年，搜罗群籍，考订版片，迩时谈收藏者潘吴县师、汪郎亭前辈、王弗卿、徐梧生两户部，互出所藏，以相考订。"云云。江安傅氏以徐氏无书目为可惜，见《双鉴楼书目序》中。

《郋园读书志》云："徐梧生师傅酷好异书，力能奔走坊估，而长年闭户，视为犬马声色之娱。"

《五十万卷楼藏书目录》云："徐氏遗书散出时，吾家得有若干种。"又案："梧生所藏宋监《周易正义》，为道州故物，后归傅沅叔。见《藏园题记》。"

北京图书馆（今国家图书馆）有明钞本《国朝典故》十九卷，为梧生旧藏。宋建刻巾箱本《荀子》后有梧生手跋，题"临清徐坊"。宋建刻本《六臣注文选》后有"临清徐坊三十六岁后号曰蒿庵"印记。宋蜀刻本《皇甫持正文集》书衣有徐氏题云："孙佩南大令得此本于趵突泉上，余适过济，佩南即以见贻。时庚寅四月，士言又有手跋一通。"

梧生《寄玉初山中诗》有"心伤蜀魄依群鸟，目断虞渊望九阳"之句。又《题劳玉初学副釜麓归耕图》云："吾庐二黉下，南睇釜山顶。有田不得归，泛泛如萍梗。"此诗即用其事。

藏印有"临清徐氏归朴堂藏印"。

史宝安字吉甫。河南卢氏县人。原居洛阳。光绪壬寅、癸卯乡会试联魁翰林。宣统时奉纂《光绪实录》，又为《宣统政纪》。宝安为梧生之婿，家有枣花阁，藏书颇多。撰《枣花阁图书题跋记》六卷，详列书名、篇卷、序跋、批校、批语，及收藏印记。纸墨书写，装潢俱精。傅沅叔藏钞本，又有传钞本。

《枣花阁秘笈丛书详目自序》云："余家枣花阁书库中收藏古人秘笈多种，均属世人罕见之品。兹择其尤精奇为赏鉴所宝贵者，编为丛书一帙，约六十种。嗣兹以往，愿竭二十年之才力聪明，继续绣梓付印，公诸海内。倘能克竟厥志，庶于我国数千年文化史上不无熠燿耿光之助耳。"

又枣花阁秘藏《大清宣统政纪》四十二本，前《序》云："宣统纪元夏，宝安奉命恭纂德宗景皇帝《实录》。越三年辛亥，适逢隆裕皇太后下禅位诏，宣布共和，全书尚未告成，乃由内廷移至翰林院编书处，赓续进呈。后宝安以宣统临御三年，国家时方统一，一切政治典章若任其散落，则上下五千年我国文化历史，必因此数年之阙，中断而不联贯，殊为憾事。其鼎革之交，新旧思想冲突，负责无人，保全尤大不易。因乘各机关尚未解散，竭力与各道交涉，将内阁军机处一切旧档案汇齐，幸无片纸只字遗失，即逐日就编书处从事纂辑。阅年余书成，凡四十二册，百万余言。第事由官家举办，非私人著述可比。其中书法采辑体例，悉遵《实录》成宪，而略事变通。在作者之意，但期保存一代文献，为后之言夏、殷礼者，留作杞宋之征。故除编辑事实外，其间是非得失，概不敢妄参一字。易世而后，尚论有良史，尚其鉴此微忱焉。"

藏印有"史宝安""宝安长寿"朱文方印、"史官世家"白文方印、"吉甫经眼"小印。

栗里高风不可招，逃名浑欲慕逍遥。
贲园犹在人间世，老柳池东咽暮蜩。

严遨 德舆

宋育仁撰《严君墓志铭》："严岳莲，原名祖馨，字德舆，更字雁峰，别号贲园。国变后慕唐末五代郑遨之为人，又更名遨。"

则虞案：《新五代史·一行传·郑遨传》："遨种田隐之，卖药以自给，道殷有钓鱼术，钓而不饵，又能化石为金，遨尝验其信然，不之求也。节度使刘遂凝数以宝货遗之，遨一不受。唐明宗时以左拾遗、晋高祖时以谏议大夫召之，皆不起。赐号为逍遥先生。"

张森楷《贲园书库目录辑略》："遨，渭南人。天资亮博，英拔不群。嗜古搜奇，抽妍骋秘，辄出巨金得书数万卷。又往来秦蜀间，闻仕宦旧家藏书且出，不惜重资尽数购取。得于张芥航河帅为最多。其冷廛荒肆之畸零秘本，为人所罕见，随时买入，共得书一万四千一百四十五种，为卷十一万五千二百三十二，为册四万五千九百八十有二。濡染丹黄，题评烂然，贲园藏之。贲园在成都汉赵侯洗马池东。先生捐馆，其子谷孙继其志，此目于民国十四年刻成。又其子式诲刻有《孝义家塾丛书》。"

《贲园书库目录辑略》后附宋育仁《严处士贲园书库记》，廖季平、林思进《贲园书库记》及严式诲《跋》。张森楷昧于体例，文复杂乱，宋育仁、林思进诸文亦芜蔓无深致，故不录。

严氏之书无精本，以西蜀藏家少，故能于无佛处称尊。今全璧归公，音学书版片闻完整无恙，并将开刷。

草堂一曲枕双泉，书目编从书散年。
玉躞金题皆骨董，抱经二字逊卢前。

沈德寿 药庵

德寿号药庵。习陶白业，家仅中产。慕陆存斋藏书，遍访通都大邑故家望族，闻有旧本辄购之。得书五万余卷。

《抱经楼书目自序》云："余弱冠时好古人书画，至甲申春，余赴湖州，谒观察陆存斋，引余登楼，悉发其所藏之书，并劝余置书。归里遍搜书肆，兼采旧藏书家，迄今十有六年，而惟书是求。近来搜罗将遍，古本罕见，而弆厨计三万五千余卷。爰著《抱经楼书目记》六十四卷，仿《皕宋楼藏书志》例。"书前又有慈溪陈邦瑞及镇海范寿全两序。范序拟之为巴慰祖云。

民国十五年四月冯贞群《伏跗室群书题记·题抱经楼藏书志》云："清光绪季，贞群年二十三，始有志储藏典籍。闻吾县北乡有沈药庵德寿者，能别版本，畜书颇富。以人之介，与之通函往来，互假传录（其王履端手写《玉楮诗稿》八卷、《谢叠山文集》六卷，从贞群藏本临写）。后以属访各省通志，途中遗失，药庵坚不任责，意相左，绝函不通。药庵之书，时时更易，倘得旧本，新者出让；如两本俱佳，则并存之。贞群箧中书有'诒一庐''授经楼'印记者，其旧物也。比闻其书大半流出，所得书值，印《藏书志》及其丛刊。昔张月霄藏书志成于爱日精庐，书散之后，药庵犹此志也。药庵业商，好骨董，遇陆存斋劝其收书，于是弃骨董而访求典籍，至五万卷。宋元明刻旧钞精印，往往有有。虽识字不多，能屏声色狗马之好，而从事于此，为世之难得而可贵者。"

《诒庄楼书目》有《新编古今事文类聚》，有抱经楼藏善本。

龙蟠里图书馆藏有《湖湘初集》一卷，钤有"四明沈氏双泉草堂珍赏印"及"沈德寿印"。藏印还有"吴兴药盦授经楼藏书印""沈氏德寿""微对楼""授经楼珍藏秘笈之印"。

短衣身手出荆关，夺得蛾眉骏马还。
插架如园三万轴，居然兵法部刘班。

萧士恒

萧士恒，益阳人。希鲁之子。国子监生，候选礼部铸印局大使。其父希鲁，佐戎幕，得书三万卷，筑如园贮之。士恒有《如园架上书钞目》二本。其目初名《省庐书目》，杨守敬藏其稿本，今在故宫博物院图书馆。士恒又有《补悔堂书目跋尾》，光绪戊辰年写定稿本，今不知在何处。

萧士恒《如园书目跋尾》云："父之藏书始光绪丙子，偕攸县龙白皋先生（名汝霖，知铅山县）寓居章门江西书肆，收古书阙卷脱叶皆为钞补。龙先生雅重家君之力学，言学之必有书，犹耕之必有田也。有考古之书，有用世之书，先朴学后鉴赏。贾负书至，必待可于龙先生乃谨藏之，是为入幕置书之始。丙子至癸巳，父所游止之地，南极岭海，东穷吴越。通籍后，与朝士之好古者交，益得区分版片。约有书二万五千卷，命大兄名湖撰《省庐书目》五卷。省庐者，家君署其居室，而及门诸友因以号之也。乙未至江南（龙芝生侍郎督学江苏，奉司总校），丙丁戊之岁数居长沙，续购局刻及旧书精本，通计盈三万卷。先是书室（在宅）东头迫近庖厨，炊烟入窗，零潦溅壁，主人忧之。及承买河洲丑宅，乃营西轩，延薰纳爽，不染纤尘。外作墙，形如斗方，养花其中，命曰：如园。"

《如园架上书钞目》云："据伯兄名湖写本补入甲子以后所购书，专著书名、卷数、某注、某校、某省官本、某氏家藏本。丛书则备列子目，便检寻也。如园者，家君所作，子不敢字父，故以如园称也。题曰'架上书'者，现在纪实之义。无宋元旧椠孤本秘籍，不敢僭言藏书也。钞成属季弟名江、从弟名漠取原书比对，正其错误。愧余不学，望同气之能修世业也。益阳萧士恒，光绪二十四年季夏月。"

又云："《如园钞目》四部各占一卷，类书丛书另编第五卷，至西学格致诸书，取其征实，内典流传，时见名理，附入子部，等诸外篇。"

又云："《如园架上书》著录者凡得三万六千卷有赢，所盖印章，庚辰以前曰'补悔'，丁亥以前曰'海天倚剑楼'，曰'荆扬二州记室参军'，庚寅以后曰'武库行走'。经部曰'四世传经之印'；史部曰'省庐读史之章'；集部曰'其次立言'，曰'吾家又一楼'。其通用图记曰'省庐珍藏世守之章'，曰'省庐藏书'，曰'益阳萧氏'，曰'子孙永宝'朱文白文不等。"

又云："主人手书十四字榜于书室：'藏书不借'，谓朋友皆得就观，不借出门也。'藏书不分'，谓兼斋公后裔皆得研习，不许移置私室也。'藏书不加圈点'，谓精本大部专备翻阅，假如未涉藩篱，妄加朱墨，无异于强暴之污，当科以侮逆之罪。"

章梫《一山文存》有代笔《如园架上书目序》："益阳萧希鲁兵部，余己丑分校礼闱所得士也。览其文章，上法诸谢；观其意趣，雅近二陶。洎余视学来湘，希鲁已斁门绅经，名山传业，履响循乎岳麓，吟声溢乎湘流。时出其子某某茂才所辑《如园架上书目》属为之叙，余思资水近贤，文忠称首，两世媺志，箴言藏书。今希鲁曾佐戎军，束修易其竹素。遍游吴粤，压船重以缥缃；排日校雠，下语矜慎，而喆嗣克世家学。善读父书，义例所条，俱禀庭对。部居攸定，不缪昔贤，非遵王《敏求》之篇，似渊如《孙祠》之目。为稽旧义，发前古之遗规，兼溯邦型，继两胡而济美。跂望之意，庶其副诸。"

则虞案：《如园架上书钞目》原名《省庐书目》，北京故宫博物院图书馆藏原稿本，为杨惺吾旧物。士恒又有《补悔堂书目跋尾》，光绪戊辰年稿本。

秘本瑶签尽旧镌，都人犹说朴孙廉。
秋阴凉宇孤蟾小，自检残书不上帘。

景廉 朴孙

伦明《诗》注："蒙古景廉，字朴孙。收藏之富，可匹意园。有宋刊《张于湖集》《纂图互注周礼》及《绝妙好词选》等。后归袁寒云。宋钞《洪范政鉴》，后归傅沅叔。《翁覃溪诗文杂著》手稿三十余册，后归李赞侯，转归叶誉甫。"

则虞案：景廉姓颜札，字秋坪、朴孙，号隅斋。正黄旗人。咸丰二年进士，任伊犁参赞大臣。同治坐事，发配宁夏。后官至兵部尚书、内阁学士。

藏园《宋拓隶韵题记》："端方资州归元后，所藏名画古书悉辇归燕京。三五年间散落海内外，朴孙以居近比邻，所获尤富。"

则虞案：伯羲祭酒藏书佳本亦多为朴孙所得。

张元济《礼记正义跋》云："余襄居京邸，闻沈子培先生言盛伯羲尝得曲阜孔氏所藏，惠氏据校之宋刻《礼记正义》，秘不示人。余心识之，清社既屋，盛书星散，大半归于景朴孙。朴孙以是书售之袁寒云。"

《藏园群书题记续集》，宋内府写本《洪范政鉴书后》："忆壬子之夏，盛伯羲祭酒遗书散出，余按目而稽，得觏此帙。郁华阁中所庋宋元古椠，名贤钞校，琳琅溢架，无虑万签，然绝世佳珍，断推此为弁冕。嗣词知为完颜景朴孙所得。欲就录副而不可得，即请就半亩园中展阅片晷，亦复吝之。前岁景氏云殂，法书名画散落如烟，独此帙与松雪手书、《两汉策要》最为晚出。《策要》旋归济宁潘氏，《政鉴》以重金质余书库者数月，只完录副之愿。今春文德韩估忽来商略，悬值绝高，余乃斥去日本、朝鲜古刻书三箧，得巨金而议竟成。舍鱼而取熊掌，余心固所甘焉。"

则虞案：此书林一重公案也，故备录之。

藏印有"完颜景廉精鉴"朱文方印。

佳气何须问有无，北陵风雨走毚鼯。

悔从侧帽填词后，不好弓刀但好书。

宝康孝劼　　**凤山**禹门　　**耆龄**寿民　　**光熙**裕之

宝康字孝劼，满洲人。官至知府。为祭酒盛昱女夫。酷好经籍，当时有冰清玉润之誉。上元邓氏《近刻书目》著录明本《蔡中郎集》有其点勘。又有钞本《历代职官表》，前为半聋道人藏，有孝劼题记，称"道人与文治庵、锡厚庵相友善，同时为琉璃厂三友，皆满洲世胄，皆知好书。今之富儿惟嗜赌博烟酒，可胜浩叹"云云。于此可见孝劼平时嗜书之癖矣。

藏园《宋刊残本西汉会要跋》："孝劼官福建武定府知府，履仕未久遂卒。缘意园馆甥之谊，濡染雅尚，收罗古本书籍甚富，中多惊人秘笈，如绍兴本《古三坟》、程舍人本《东都事略》、绍兴本《徐公文集》、宋本《新雕白氏六帖事类》。辛亥残腊，皆为董授经大理连车载归。余于厂肆亦获明代卧云山馆钞本《北堂书钞》，有孝劼手跋数行。二十年来枕秘箧储，倾倒殆尽。此其残膏剩馥，犹足沾溉后人。涉笔所及，聊志其梗概，可见承平之世，冰清玉映犹存王谢门风。抚此断珪残璧，记入《烟云过眼录》中可也。"

又云："孝劼雅嗜图籍，精于鉴别，多藏宋元旧本。书衣纸尾手自签题，意兴清逸。此帙记于淮署者，盖其父方任漕运总督，驻节清江浦也。惜其中年夭逝。辛亥岁暮，藏书斥卖一空。溯孝劼题识之日，摩挲叹异，窃欲持此以追步平津，曾几何时，而风流歇绝，卷轴飘零，牢落尘埋，几以供覆瓿之具。设非幸遇赏音，得不与爨下焦桐同归摧毁乎！"

孝劼有小女终身不字，居北新桥，颇通文墨，年可五十矣。贫窭无以为炊，见手持孝劼残书至隆福寺求售，颇有佳者。

藏印有"孝劼所藏书画金石""孝劼"朱文章，"宝孝劼藏宋元经籍""长白马佳宝康审定宋元旧椠并元明旧钞旧校之记"。

伦明《诗》注："满洲凤山字禹门。所藏与朴荪垞。仅知者有宋本《方舆胜览》《通鉴纪事本末》。又有钞本《六艺之一录》，乃得之南海孔氏者，今归刘晦之。禹门家赀甚饶，故所藏散出较后，约在前数年事耳。甸斋死于资州乱兵，禹门死于广州炸弹。"

则虞案：凤山号茗昌，谥勤节。汉军镶白旗人。性好藏书。宋本《通鉴纪事本末》由翰文斋流出，《六艺之一录》即四库馆钞本。禹门之书至今始陆续散出。前年修绠堂孙助廉询余禹门者何人，告以明清本佳者，流出甚多。哲如所云"前数年"者，指善本言耳。

藏印惟"凤山""禹门"二章。

伦明《诗》注："满洲耆龄字寿民。辛亥后尚存，与徐梧生善，终日摩挲古椠以为乐。所藏有汲古阁钞本《古文苑》《宋高僧诗选》《酒边词》《琴趣三编》等。后皆归袁寒云。"

则虞案：耆龄一字九峰，号无闷居士，谥恪慎。满洲正黄旗人。道光十七年举人。官刑部主事，后外放为江西吉安、赣州知府。后为广东巡抚、闽浙总督。

伦明《诗》注："光熙，字裕之。住北新桥香儿胡同。丁戊至乙丙间专收清人集部，多精椠。半归北平图书馆，半散书坊。余收得百余种，自此之后，满人无藏书者矣。"

则虞案：满人藏书如纳兰性德有《通志堂书目》，见《书林扬觯》。其藏书之所曰珊瑚阁，其弟兄并蓄宋元善本。后归内府，天禄琳琅书目可见也。

南园歌吹昔人愁，酒沼当年岳雪楼。
精本《书钞》频改字，校刊谁为溯缘由。

孔广陶_{少唐} 弟广镛_{怀民} 子昭鋆_{季修} 林国赓_{敔伯}

《广东藏书纪事诗稿》注："广陶以盐业起家，富收藏。家居广州南关太平沙。藏书处曰三十三万卷书堂，其楼曰岳雪楼。宋元精椠皆极充牣。余藏有《三十三万卷书堂目录》，皆属通常阅览之书，其精椠犹未列入。光绪戊申而后，盐法改制，易商办为官办，孔氏由此中落。宣统元年，广东优级师范学校开办，上虞罗振玉偕日人藤田封八到粤，岳雪楼精本首被其选择，售往东瀛。其后次第散出。广东按察使蒋式芬、提学使沈曾桐、按察使王秉恩均有搜采。继之上海、北平书贾辇载而去，菁华渐尽。民国后所剩巨帙，尽归康有为。最巨者殿本《图书集成》。所刻书惟《北堂书钞》最有功艺林，盖少唐借钞周季贶所藏孙、严诸家校本。原分五色笔以为标识，校勘精细。自经孔氏钞录，又由林敔伯逐条紬校，实胜祖本。少唐所钞录原本，今藏余南州书楼中。将所刻本与所钞本比较，林氏于诸家校语多所删削，亦多有增益，非漫然也。孔氏所刻若《覆古香斋十种》《岳雪楼书画录》均甚精。"

伦明《诗》注："少唐书光绪戊申后已散出，余方归自桂林，四五年间，月必数登其楼，菁华渐尽，剩者犹巨帙及习见本而已。岁壬子尽归康长素。所刻书惟《北堂书钞》有功艺林。同时姚彦侍亦刻此书，不知据何本，竟因少唐而中辍。少唐录季贶原本，今归徐信符。此板已售之上海。他所刻若《覆古香斋五种》《岳雪楼书画录》，寄存某书店中，无过问者。闻书目已编就而未刻，想佚之矣。"

则虞案：《岳雪楼书画录》五卷，孔广镛、广陶同编，光绪己丑刊。又少唐有《鸣爪前游记》六卷，六本，光绪壬辰刊。

《五十万卷楼群书跋文》："孔继勋字炽庭，道光进士。遗著有《诗集》。子广镛、广陶。广镛字怀民，官分部郎中，粤人谓之南关孔家。以其居城南，业盐致富且丰收藏也。书有宋元及明嘉靖前佳本，书目尚有流传为草本未刊者。其铜字印《古今图书集成》一万卷，闻用巨赀由官监秘密运出，为一时佳话。此书后归南海康氏万木草堂。康先生自述前尝寓楼中三日检读斯本，此时以三千金易得，为之惊喜。孔藏精粗本已先后尽数流出，先生因请以按之，残本及片纸零叶亦归其所有云。盖粤中传说如此。孔氏刻《北堂书钞》最有名，校孙星衍、王引之、王石华、钱既勤、严可均诸家勘本，由周季贶所藏景录付之。书序为广陶手写刻，笔法雅近翁覃溪。孔氏撰《鸿爪前游六记》颇有述收书事实者，为北游后刻本。洪杨事定，浙人丁丙、丁申兄弟补钞浙江文澜阁被兵燹而失毁之书，亦尝求于孔氏及丁氏持静斋。沈子封创省立图书馆，尝购孔氏传钞文澜阁书三百余种寘馆中。沈氏又自购若干卷，去官时收入行箧。后质诸都中某氏，久之厂估介伯骥出财赎之矣。"

《缘督庐日记》乙酉三月十九日记："闻郑盦云：'周季贶藏书，存斋香生所收外，皆为粤中一孔姓所得。'"

孔氏书散出归沈子封曾桐，时官粤东也。一部分归罗振玉，见其孙继祖《大云书库藏书题跋》。

《寒瘦山房鬻存善本书目·樵云独唱跋》："此册为粤东孔氏藏本，孔氏书散失后，多被海客收去。"

昭鋆字季修，光绪己丑举人，为少唐次子，出嗣别房。岳雪楼未散时，先取宋元佳椠移藏他处。有别业名烟浒楼，近于海滨，饶花木之胜。当盐业改制时，苟随遇而安，不作规复之谋，犹可小康。乃季修惑于人言，欲图复兴，卒之事归空幻，资产荡然。昔日觞咏之地，遂为南园酒家矣。

伦明《诗》注："少唐次子季修进士昭鋆，岳雪楼未散时，先取其佳本以归，有南园别业，饶花木之胜。余尝陪觞咏于此者数矣。不数年家亦骤落，季修郁郁死，南园亦易主。岁戊午，余在广州麦栏街邱某家见宋椠《王右丞》《孟浩然》《韦苏州》诸集，旧钞宋《二十家文集》，毕秋驭、钱竹汀诸家校《资治通鉴》等书，并宋拓兰亭书画多种，皆孔氏抵债物，转数主而至邱也。为怃然久之。"

《三十有三万卷堂书目略》四卷，前中央研究院藏钞本四册，闻原稿本流入东瀛。

藏印有"南海孔氏岳雪楼"正楷长章。

林国赓字敔伯。番禺人。光绪壬辰进士，翰林院编修官，吏部主事。国赓与其弟国赞均学海堂高材生。精于史学，好藏书。䩺录盦所藏多属史部。光绪辛亥以后皆散出矣。光绪中叶，少唐嗜书延国赓为之雠校。其所刻《北堂书钞》由敔伯为总覆校，多所发明。今原本藏南州书楼。

一区烟雨鹍鸪溪，片片风帆送绿绨。
身世独谐毛汲古，羽陵宛在日沉西。

刘承幹 翰怡

黄孝纾《吴兴刘氏嘉业堂藏书纪略》："江南故为文物之薮，辛亥政变，东南人士群集于上海，或流冗不得归，则争货所储书籍以易钱米，以故藏书家与书贾群视此为贸易之场。刘氏既拥高赀，敦尚儒素，因得博收广取。居海上二十余年，共得书籍六十万卷，斥赀至数十万。考其书籍来源，可以约举者，计有十家。一、丰顺丁氏持静斋藏书；二、仁和朱氏结一庐藏书；三、太仓缪氏东仓书库藏书；四、平湖陆氏奇晋斋藏书；五、江阴缪氏艺风堂藏书；六、独山莫氏影山草堂藏书；七、甬东卢氏抱经楼藏书；八、湘阴郭调元氏藏书；九、诸暨孙问清氏藏书；十、华阳王氏强学簃藏书。其他曾经前哲收藏由书贾展转来归者无虑数十家，如太仓、江阴两缪氏及湘潭郭氏，多为吴县士礼居、长洲艺芸书舍、泰兴季沧苇故物。丰顺丁氏藏书多上海郁氏宜稼堂旧物。甬东卢氏、仁和朱氏、诸暨孙氏则钞本及明集部珍本居多。独山莫氏则邵亭批校本十占六七。平湖陆氏则侍姬沈彩手钞本尤为精骑。至徐星伯从《永乐大典》辑出之《宋会典》及沈小宛《王荆公诗文注》稿本，又皆强学簃旧藏也。所藏善本计宋椠之精者经部十七种，史部十九种，子部二十二种，集部十九种，共七十七种。元椠之精者计经部十六种，史部十二种，子部二十九种，集部二十一种，共七十八种。"

翰怡《嘉业藏书楼记》："余家吴兴之南浔，世守中垒旧业。迄于小子，勤勤不敢废。每慨昔贤好学流风，去今未远，而款款愚忱，亦邀今上睿鉴，屡荷御书'钦若嘉业，抗心希古'匾额。今于镇西南隅鹍鸪溪上度地建楼藏书，谨以嘉业名堂，亦仰希昔贤之意。溯自宣统庚戌南洋开劝业会于金陵，环货骈集，人争趋之。余独步状元境各书肆，遍览群书，兼两载归。越日书贾携书来售者踵至，自是即有志聚书。逾年辛亥，武汉告警，烽燧逮于江左。余避居淞滨。四方衣冠旧族，避寇氛而来者，如甬东卢氏之抱经楼、独山莫氏之影山草堂、仁和朱氏之结一庐、丰顺丁氏之持静斋、太仓缪氏之东仓书库，皆积累世之甄录，为精英所钟聚。以世变之日亟，人力驰骛于所谓新说者，而土苴旧学，虑仓卒不可保，为余之好之也，遂举而委贾焉。而江阴缪艺风参议、诸暨孙问清太史，亦各以宋元精椠取值畀予。论者或喜书之得所归，余亦幸适会其时，如众派之分流而总汇于兹楼，以偿夙愿。都计所得约六十万卷，费赀逾三十万。又购得朱氏《结一庐丛书》版，益以所自刻者汇为《嘉业丛编》，此为校刊丛书之始。嗣是有《吴兴丛书》，所以存乡先哲也。有《求恕斋丛书》，所以存故家文献也。有《留余草堂丛书》，所以表理学微言，亦怵夫浇代散朴为遒铎之振也。他若《希古楼金石丛书》，宋四史斋景宋四史，及《章氏遗书》《旧五代史注》《晋书斠注》，诸为世所希见者，不能枝缕悉校刊，弆藏楼中。"云云。

《嘉业堂明善本书目·吴恂序》云："吴兴刘翰怡之嘉业堂，十余年间竟达一万二千余种，无虑六十万卷，遂于吴兴鹧鸪溪上特构嘉业堂以庋之。中计宋刊本七十种，凡一千二百二十册。元椠本九十种，凡一千七百二十余册。而明雕善本侈侈隆富，尤为精华所在，都凡一千八百十有余种，二万九千一百九十八册。其刊布之书，有自编之《清朝正续诗萃》《南唐书补注》《明史例案》。而诸经单疏本为阮校所未见。其他子史百家，约二百种，皆各当代罕觏之籍。复摘择宋元之精英，每帙景印一二叶，辑为《嘉业堂善本书影》。"

叶昌炽《吴兴先哲遗书序》有云："翰怡盛年嗜学，当横流之日，毅然以斯文为己任。海上书舶，悬金以待其至。通都故家之所藏，不胫而自出。又得艺风前辈芷盷同年为之鉴别，校雠精审，正定可传。阮文达、张文襄皆喜劝人刻书，谓于人有功，于己有福。潘文勤师闻人流通古书，辄称叹以为豪杰之士。如翰怡之虚怀禽受，实事求是，其庶几无愧斯言也已。"

《缘督庐日记》乙卯十二月廿日记："翰怡延辑《四史校勘记》以三年为期。翰怡前议刻四史，诚不朽盛业。校勘之说，发自鄙人，不可辞也。"

又丙辰五月记："翰怡以车来迓，即造其庐。层楼华焕，留宾一椽，亦精洁。主人偕嘉善钱铭伯观察同出见，其泰山也，尚是文社旧交，又同官京朝。解组后，家居不出。又此间同事仪征刘谦甫，为恭甫同年之弟，而诚甫礼部之兄也，在此为补辑《宋会要》。武林张砚生掌书记，又有益庵醉渔。又翰怡出示群籍，皆书店送来样本，属为甲乙。又翰怡淫于书，书贾踵门者如市，旧刻旧钞，日为评骘。"

伦明《诗》注："吴兴刘承幹所藏古本精椠不可胜数，旧钞本、稿本亦多。若王惟俭宋《史记》、徐松《宋会要》皆巨帙，已归北平图书馆（现国家图书馆）。"

徐珂《可言》卷四："吴兴刘翰怡京卿承幹，有志之士也。遭逢时变，无所施展，取古今著述之有益于世而不易获者精刊之，广播之，名曰《嘉业堂丛书》。嘉业堂者，清德宗奉安崇陵时，输纳巨资以助种树，宣统帝赐以额曰'钦若嘉业'，盖用《华山碑》语也。癸丑至戊午凡五年，成五十种。予即其所赠者读之，有三善焉：遵经训也；重孤本也；补佚稿也。今举其要则所刻诸经单疏本为阮刻所未见，子史百家亦多罕觏之籍。于元明遗老所著及其谱状，搜采尤夥。自余巾箱本、影宋本之别署名为《求恕斋》者，至戊午孟冬亦成五十余种。"

金兆蕃《安乐乡人诗·题刘翰怡希古楼图》："南村咫尺愧来迟，惆怅回灯读画时。仙字幻余怜蠹老，名山坚守羡龙痴。扶筇准备携双屐，载酒从容报一瓶。虞麓岿然尊汲古，可无东涧与题诗。"

又《题嘉业堂勘书图》："南海伍，金山钱，谁许留名五百年。刘君刻书数千卷，渌饮荛圃相后先。譬犹渥洼产天马，奕奕径度骒耳骅骝前。前有中垒后南丰，校雠之学别子能为宗。乾嘉以还此堂得极盛，君继其轨追逐诸老如云龙。问君甘苦谁与同？昔者吾友缪艺风。昼与赏奇夕思误，怀铅握椠相雍容。君书已自传，君图亦不朽。并时治校雠学者，犹有藏园子闇霜根叟，盍不征诗系图后。言君甘苦当更深，翰墨因缘金石寿。"

许涵祥《狷叟诗删存·怀翰怡绝句》："宋元善本撷精华，嘉业丛刊帙满车。公子好书兼好客，小莲庄里醉流霞。"自注云："小莲庄，别墅名。"

王季烈《题嘉业堂勘书图》："在昔岁甲寅，归省经沪渎。驰车造君庐，淞滨宅新筑。缥缃充曾楼，琳琅储万轴。富于百宋廛，精比天一阁。时虽朝市改，野多遗帙伏。话诗延雪桥，校史礼缘督。高斋胜流集，晨夕赏析乐。"

《西谛书目》有《嘉业书楼藏明刊本书目》四卷，又有《嘉业藏书楼书目》不分卷，钞本，六册，又钞本八册。又《嘉业堂藏书志》不分卷，钞本，二十三册。余又见《嘉业堂书目·明别集》二册。嘉业堂所藏《永乐大典引用书目》一册。

嘉业堂所刻书有《嘉业堂刊行书籍目》《留余草堂丛书跋》一卷、《吴兴丛书跋》一卷、《嘉业堂丛书跋》一卷、《求恕斋丛书叙录》一卷、《求恕斋拟刻书目草目》。

则虞案：1956年，余赠《续藏书纪事诗》稿简注本，答云："奉赐言，并《续藏书纪事诗》一卷，会弟小疾，伏枕疾诵，精神为之大振，居然勿药。鞠裳曩与余言，不知何日何人续有所作，弟亦谓读书人日少，藏书人亦日少，欷歔无已。不图垂死之日，犹幸见大著。弟今贫老，无力为尊兄任剞劂之役。环室四顾，盖有明本书七十余种，愿割一半赠兄，或交史家荣售去，得值供排版之需。

此皆弟散书后友人陆续归还者，其泉在廉让之间。兄狷介绝俗，想不致却拒也。尊诗清丽蕴藉，学人之作，尤兼才人之笔，此其胜过鞠裳处。注文引书，务求简洁，自是史法，惟以此等藏家，史传未必尽有其人。时过境迁，将从风灭，所赖以留姓名于后世者，端仰尊兄之多着几行墨耳！目前印刷发达，与刻契不同，何妨多引几句，为逝者增光泉壤。此区区微意也。另邮奉致西爽堂本及蒋之翘本《晋书》，乞纳。专此谨申钦佩赞叹之忱。不尽所怀，只颂研绥。弟刘承幹顿首，三月廿四日。"

哀音触忤各题诗，转为诗人赘一词。
谁比蘋洲更有幸，雕锼能在海桑时。

蒋汝藻 孟蘋

伦明《诗》注："乌程蒋孟蘋汝藻，其先世有俪籯馆、茹古精舍、求是斋，著声道咸间。其父子垕乃名所居曰传书楼。君收储富于先世，编有《传书楼书目》十二卷，未刊。后以营商败，尽捐其所有。宋元本多归刘晦之，明刻本多归北平图书馆。贵阳陈松山给谏田撰《明诗纪事》，收明人集部最夥，陈殁尽归于君。今北平图书馆所得即陈氏故物也。君之子穀孙亦好积书，兼善鉴别。"

则虞案：汝藻字元采，又字孟蘋、孟平，号乐庵。浙江乌程人。光绪二十九年举人，官学部总务司郎中。辛亥中任浙江军政府盐政局友。后至北平立来远公司，经营书画、古玩。因得宋刊孤本周密《草窗韵语》，建藏书楼名密韵楼，王国维尝为其编《密韵楼藏书志》。后藏书大半归涵芬楼。

《缘督庐日记》丙辰六月廿七日记："益庵今日在蒋孟蘋处见北宋刻《吴郡图经续记》，旧为郋亭师藏本。从前函丈过从时，秘之帐中，未尝出而共赏也。"

又丁巳四月十五日记："夔一又出周公谨《草窗韵语》两册，孟蘋以千五百元得之，可谓高价，亦可谓尤物。纸墨鲜明，刻画奇秀，出匣如奇花四照，一座尽惊。子培称之为妖书。卷首有己丑仲秋朔曹溪禅民弘通题'□□法物'四大字，又有同时题记称髡行者，当是一缁流，在明中叶。藏印累累，'石硐书屋'，元人俞玉吾印。又有'张雯''子昭'两印。明有'都穆元敬''朱承爵''存儋''朱存理''朱尧民''华夏'诸印。摩挲久之，触手古香，令人心醉。不独世无著录，为希有奇珍也。"

《五十万卷楼藏书日录·刘后村先生大全集》题记云："初得《后村集》为蒋氏俪籯馆藏本，伯骧谓此是乌程蒋氏物，盖道咸间乌程蒋子垕藏书之所曰俪籯馆、曰茹古精舍。"子垕之子曰书箴，孙曰孟蘋，名汝藻，世守家风，有《传书堂书目》。"

则虞案：《传书堂书目》十二卷六本，《贩书偶记》有传钞本，《西谛书目》作一卷，钞本。

王国维有《乐庵写书图序》："静庵为传书堂编藏书目甫成，经、史、子及集部迄元本，忽奉宣统南书房之召。北行后，孟蘋商北，以书质泉府，即据静安之目点交，故明人集部独留，而经、史、子三部中之最精宋本数种亦未移去。迨抵押期满，书为涵芬楼所得。宋本《草窗韵语》诸书并归他姓。明人集部归北京图书馆。"又：《密韵楼藏书志》，王国维撰，稿本，未刊。

吴士鉴《含嘉室诗集·题蒋孟蘋乐庵写书图》有云："乐庵主人嗜聚书，经棚麻沙互填委。眼明忽见《鹤山集》，士礼三跋何迤逦。阆源宜稼递庋储，孙君宝之才一纪。流传有绪在海滨，嘉业图书今后起。物归所好为作缘，一瓻之借良可喜。键关影钞絙寒煖，俗驾不来门扫轨。别下斠补未足侪，鹿原写诗或堪拟。倘得一卷渠阳诗，火速重摹事排比。"

又题孟蘋《密韵楼图》第四首云："海曲栖迟挹众流，晨钞暝写富缇缃。天教文字矜奇福，六卷还过陆宋楼。"

劳乃宣《长亭怨慢》："蒋君孟蘋富于藏书，得宋椠周公谨《草窗韵语》为罕睹之本，颜其楼曰密韵。绘图征题，爰作此解，用草窗词韵：'问苍莽蘋州何处，笛谱遗音，尚留寰宇。蜡屐寻诗，但余遐想旧吟趣。缥缃珍聚，犹惜少苕溪句。剑气出丰城，乍寸简胜他多许。延伫。对牙签玉轴，不羡翠楼朱户。新名署罢，且高咏仲宣悲赋。念夙昔四水潜踪，早嗟剩愁鹃相语。甚此日情怀，同见金仙啼雨。'"

林纾《题密韵楼图寄蒋孟蘋》："密韵楼头擷采丰，词家独数弁阳翁。知音胜似戈吴县，庋得遗篇邺架中。公谨生平重紫霞，怨琴凄调感年华。今从集外披残刻，何不传钞付笛家。费尽黄金翡翠裘，好词仅得绛云楼。浩然斋稿成全璧，此亦词人数世修。"

曹元忠《笺经室遗集·题蒋孟蘋密韵楼图》："咸淳古刻入君家，断种真堪海内夸。压倒前朝余比部，但传钞本《咏琵琶》。"

其二云："百尺高楼万丈芒，《草窗》六稿此中藏。附庸要我凌波榭，本事流传到国香。"自注云：《吴兴备志·经籍征篇》附闵元衢按语云："胡元瑞《诗薮》谓见公谨集于余比部处，钞本也，题曰《草窗》。中甚有工语，不类晚宋诸人诗。《咏琵琶》一首尤可观，然则明季所见已只钞本，此犹咸淳旧刻，真绝无而仅有矣。"

又《宋椠帝王图世图谱跋》："宋椠《忘机集跋》，皆孟蘋所藏书也。"又《宋椠草窗韵语跋》："即代孟蘋而作，文末有云：'书中诸事悉与《宋史》吻合,则《草窗韵语》直南渡末造诗史矣,而各家书目无著录者,知为断种秘本。余得诸徐师傅梧生家,为之狂喜,因以密韵名吾楼。'"云。

李宣龚为蒋孟蘋《题密韵楼图》:"弁阳蜡屐世难求,六稿今为子所收。始倍诗才齐石帚,不因笛谱隘蘋洲。一缣未许论残唾,百尺真堪占上头。寄语楼成须告我,苕溪深处欲淹留。"

余见钞本《传书堂善本书目》十二卷,前有王国维《传书堂记》,此目盖王氏所订也。又钞本《传书堂善本书目补遗》四卷,其中以校本稿本为佳。如董丰垣《尚书大传》稿本、顾栋高《毛诗订诂》稿本、臧庸堂辑卢氏《礼记解诂》稿本、严可均《尔雅一切注音》稿本、钮玉树《说文新附考》稿本、严章福《说文校议议》稿本、汪曰桢《四声切韵表补正》稿本、沈钦韩《汉书疏证》残本、汪曰桢《金史详校》稿本、彭绍升《先贤事状》稿本、周在浚《晋稗》稿本、范钦《古谣谚》稿本、严可均《全文》稿本、陈鹤《明纪》稿本。其校本则有黄荛圃临钱听默校《周礼》、陈硕甫校《周礼》、孔丛伯校《大戴礼》、孔㶏谷校《春秋繁露》、何小山校《论语注疏解经》、丁俭卿校《说文》、孔㶏谷校《三国志》、吴兔床校《东都事略》、陈硕甫、段懋堂校《国语》、黄荛圃、吴兔床校《读书敏求记》、何义门校《太玄经》、严修能校《白虎通》,为首选也。

娱情圣解托桃花，墨妙金精自作家。
我老渐谙思适味，转嫌绣帨近浮华。

陶湘兰泉

　　陶湘字兰泉，号涉园。前清候补道，京汉铁路副监督，上海税关公款清理处总办，中国银行驻沪监督官。

　　伦明《诗》注："武进陶兰泉湘不重宋元本，所藏明闵氏套印本、汲古阁刻本、武英殿刻本，俱完全不缺。又搜明刻附图诸书，五色红格医书，汇刻书目，所载大小丛书各甚备。不问何类，凡开花纸所印皆收之，一时有'陶开花'之称。其程氏《墨苑》五色本最罕见。近年书渐散出，其丛书类全部售于日本。误以足本五百册《石仓诗选》杂其中，极可惜。其殿本类、开花纸类，则售与北平文友、直隶两书店。君喜印刻书，别出新意，所印《天工开物》等书，写工画工艺绝精，殊胜原书。又为张宗昌刻唐石经亦精。近又拟刻《新十三经注疏》。君尝谓友人欲尽鬻所有，从事刻书，期之十年，可成百卷，流布他籍以不朽。"云。

　　傅增湘《涉园藏书》第一编《序》："武进陶君兰泉编定所藏明本书籍，凡为部者一千有奇，为卷者五万有奇，都为一目。自洪武以迄崇祯，号为佳椠者大略咸具，而元刻及明钞亦间一二焉。余与兰泉订交于三十年前，时方壮盛，即锐意以收书为事。其后南北驱驰，范围乃益廓，所收以明本、殿本、清初精刻为大宗，而尤喜官、私初印开化纸之书。缘其纸洁如玉，墨凝如漆，怡目悦心，为有清一代所擅美。厂市贾人遂锡以陶开化之名。其收书之法，一书辄兼数本，一本之中，又选其纸幅之宽展，摹印之清朗，以及序目题跋必邀其完善无缺，签题封面必求其旧式尚存，往往一书而再易三易以蕲惬意而后快。入库以前，复躬自检理，重付装潢。有时装订之钱，或过于购求之费，故持书入市，一望而知为陶装。昔人评竹垞、渔洋之诗以为朱贪多王爱好，若兰泉收书之癖，殆兼斯二者矣。"

　　又云："兰泉收书始于光宣之交，其时余亦雅嗜缥缃。初喜明人集部及胜朝野史之属，嗣乃旁及钞校，上溯宋元，与君分道扬镳。君披览终帙，鉴别之精，搜采之富，有推倒一时豪杰之慨。"

又云："吾尝语兰泉，公好明本，若总萃嘉靖本百帙，当以百嘉斋题榜相贻。兹按眎簿籍，固已倍百而有赢，然后知君数十年来节衣缩食，往还于苕舟燕市之间，辛勤掇拾，以偿兹闳愿，蔚为巨观者，夫岂偶然而致哉！"

陶刻《儒学警悟》，傅增湘《跋》有云："兰泉嗜学媚古，曾续刻双照楼宋元本词合四十家，已盛行于时。兹又成此巨编，复有《涉园杂纂》之辑，其有功于艺林至伟，倘欲为古人续命乎！"陶又撰《景宋金元明本词叙录》一卷。

章钰《陶兰泉六十诗》："校书亦已勤，语出陶靖节。贱子景行之，万事付不说。旧交双照楼，传古心事热。影刊宋元词，字字与勘阅。涉园继之起，放眼搜《玉屑》。遂成甲乙编，今环昔即玦。君心与今会，君力过人绝。苟属断种本，一一付精锲。古郐编《学海》，丛书居前列。既与鼎孙书，儒学定圭臬。又学黄绍武，代斫谢旁掣。开成石壁经，琼与鸿都埒。金薤富琳琅，毛举或有轶。慧命千古延，坠绪一手挈。昔岁游历下，烽火当填咽。蛰伏土室中，丹铅曾不辍。敝庐介军锋，塞户自研说。同作洋荡翁，重逢一咋舌。我自钦英风，君更广前烈。莫以九成比，《说郛》诮割裂。眉寿今六旬，群为祝鲤噎。书福与墨缘，从此到耄耋。传人即传己，早得长生诀。以介师毛编，莫笑此诗拙。"

兰泉刻印书籍甚多，有《明毛氏汲古阁刻书目录》，积卅余载之力得五百四十种零，可谓毛氏之功臣。《涉园藏明版书目录》不分卷，铅印本。《武进陶氏涉园精刻精印书籍目录》一卷，铅印本。《明代名人尺牍续集》《涉园续刻词录》《儒学警悟》《明内府经厂书目》《殿版书库现存书目》。另刊有丛书《托跋廛丛刻》《百川书屋丛书》正续、《喜咏轩丛书》。其刻书多由其弟心如为之督造，字画工雅，楮墨精良。心如亦工鉴别也。暮年蹴居六部口，逾八十，佣书为生，间于字画店见之。

善舞佳人更善藏，渊源还自托湘乡。
籯篠半死风声木，留迨烽烟爇靖康。

刘体智晦之　兄声木十支

刘体智字惠之，后改晦之，号善斋。安徽庐江人。父刘秉璋尝为四川总督。体智为前清支部郎中小京官。民国后以中国实业银行致富。亦好聚书，专于甲骨、金石收藏。

伦明《诗》注云："上海刘晦之好收四库书原本，为藏书家别开一格。案：乾隆间四库馆纂修诸臣无识版本者，多以劣本充之，证之《提要》可知也。又多所删改，故一律改为钞本以泯其迹。往昔余在沈阳时，主用刻本换写本付影印，惟依四库所收三千余种一一征求古本大不易。此议止可托之空言耳。君所收即不能备，得君为倡，使后来藏书家注意于此，何可少也。君藏宋元明本甚夥，余所知者有持静斋旧藏《禹贡图》。南海孔氏旧藏《六艺之一录》，皆吾粤人故物也。"

则虞案：编撰有《远碧楼经籍目录》《善斋吉金录》《小校经阁金文拓本》。郭沫若氏编辑其所藏甲骨为《殷契萃编》。其后所藏捐入沪上图书馆。

藏园校宋蜀本《元微之文集》十卷，《跋》云："元集残本，十卷，慈溪李氏所藏。"

又云："述古堂书贾于瑞臣得唐人集数种于山东，《权》《元》二残帙为袁寒云公子所得。袁氏书出，《元》集末册、《权》集末册质于慈溪李氏，日久无力收赎，今则李氏亦不能守，收入庐州刘氏箧藏矣。"

郑振铎《远碧楼善本书目》五卷《跋》云："罗子经、施韵秋二君以刘晦之《远碧楼经籍目录》见示，凡十二册，分三十三卷。所收图籍近二万四千部，七八万册。自宋元刊本至现代坊刊杂志论文，无所不有。其弘富殆近于嘉业堂。惜龙蛇难辨，眉目难分，翻检至为不易。余穷数十夜之力，为写定《善本书目》五卷。此目所收以宋元刊本、钞校本，及明刻精本为主，清代刊本及通行本皆弃去不录。刘君二十年前求书甚力，凡著录于《四库》目中者无不收，盖意欲完成一刻本《四库全书》也。刻本不可得者则罗致旧钞本，并传钞文渊阁本以实之。有志竟成。《四库书》之未得者仅数十种耳。"

又云："编目甫成，乃欲空藏求售，索四十万金。而宋元善本与方志一千余种尚不在其中，价昂不称，而宋元精本八九种，则由李君紫东之介或得归公有。"

体信字述之（1878—1959），后易名声木，字十支、十枝，号下愚。刘体智兄。斋名十友轩。自署为曾文正公小门生。少从父兄学，精金石、碑版，善鉴赏，尤嗜古籍文献。覃思著述，喜好收藏。藏书甚富，建直介堂、苌楚斋藏之。将藏书编入《直介堂书目》和《苌楚斋书目》。

《苌楚斋书目序》："予自十七岁回里授室，由西东归，路过宜昌、汉口等处，皆登岸至书肆略有所购。至廿一岁，到扬州续娶，购得书数箱，载与妇俱归。是予之聚书出于天性，虽遇冷摊荒市，亦必伫足访问。数十年不倦，每年续有所得。行年五十，始恍然于天之生我本令其与草木同腐，初未尝令其露枝叶也，是以自甘暴弃，久已束书不观。然所收之书约有七千六百九十余种，共十万零三千五百二十卷有奇。重编为书目廿二卷，后附《直介堂征访书目》，皆近代人诗文笔记也。《续补汇刻书目》廿卷、《宝鉴楼架上书目》六卷等。"

则虞案：余在沪谒十支翁于寓庐，纵谈竟日，时年已八十矣。其收藏清人文集二百种，介由来青阁史家荣售与四川某学院。又以晦之所藏四库书馆写本多种托售，索价不昂，惜无力得之。《直介堂丛刊》有《藏书纪事诗补遗》四卷，余叩之，乃出示稿本四小册，见其仅录清人传略若干节，约万余字，乃知其书并未属草。别后时寄书通问。余童年时，以诗质庐江陈子言丈，谓余诗清惋芊绵，专力于此，将有大造，余固不能诗也。在鄂垣复识三河丁舜云者，人肫笃，颇通流略之学。欢处半月，登舻一别，遽隔死生，至今不能忘也。

另刘声木撰有《苌楚斋随笔》二十笔（中华书局已出版前五笔），十友轩所著书后编有《直介堂丛刊》中有：《桐城文学渊源考》（一作《桐城文学撰述考》）、《碑传集作者纪略》《御批通鉴辑览五季纪事本末》《俗字汇》《寰宇访碑录校勘记》《藏书纪事诗补遗》四卷，《引用书目》一卷，《续补汇刻书目》二十卷、《国朝鉴藏书画记》《清芬录》《鼻烟丛刻》《曾文正公集外文》等，收录七十八种。声木著作等身，然著述多未刊行。其手稿的大部分藏于天津图书馆。

增补：余后至天津图书馆得细细阅观《清藏书纪事诗补遗》，共十七卷，稿本十四册，用中栏印有"十友轩所著书"字样的自制稿纸缮录。稿纸半叶八行，行二十五字。写成于清末民初。是书初题《藏书纪事诗拾遗》，后改题《国朝藏书纪事诗补遗》，终定名《清藏书纪事诗补遗》。是书取材范围以清人诗文别集、总集为主，间及丛书、笔记、年谱等，共收录有清一代藏书家一千一百五十余人（去其重者）。各册收录情况如下：第一册二百十六条，第二册二百三十九条，第三册八十五条，第四册三百三十四条，第五册一百一十六条，第六册二十九条，第七册二十三条，第八册二十八条，第九册三十一条，第十册四十一条，第十一册四十八条，第十二册四十八条，第十三册五十条，第十四册三十五条，共计一千四百二十三条。体例大致为：每人列一条目，录其姓名、字号、籍贯、科第、官职、藏书和所采资料出处（第一册至第五册，采录资料较为简单，似为先父所述之"稿本四小册，见其仅录清人传略若干节，约万余字"）。惜刘书有叙无诗，不能称为叶昌炽《藏书纪事诗》之续作。

《古驩》一记足千秋，哀乱情兼怅昔游。
功利水心成显学，校书人忆敬乡楼。

张之铭 伯岸　　黄群 溯初

《太炎文录续编·古驩室记》："余友鄞张之铭伯岸，少而贾也而好书，得中外图籍以万数，尽能读之。尤好古善本，至于老不衰。初伯岸少时已自习史志、地理、算数，会学校兴，当是时人人认为故书雅记无益于用，而旧家藏书者其弟子多不材，率举以易重金于海外。伯岸数数游日本，见之叹曰：'不及百年，中国图籍尽矣！'以其余资稍购，取为两藏，一在上海，一在日本。民国十二年秋，日本东京地震，所储书皆烧。因一意规划其在上海者。自四部释典道书，以逮近代学者所著，及诸碑版、书画、地之版图，岁益增广。即得旧刻与好写本，必躬自缮补，志其所从来。凡为书如干部，碑版以下如干卷。检以目录，部居不杂。署其藏曰：古驩室。由实学通艺馆西行，则其藏也。

自伯岸少壮储书至是盖二十余岁，年六十，鬓斑白矣。鄞之藏书者，明时称丰氏，丰氏后归范氏，世所谓天一阁者也。今几四百年，而其书耗散无有成部帙者。万季野亦多藏书，季野殁，其弟子钱名世窃载以去。然则伯岸之书，其遂所以保世耶？

余与伯岸交三十年，余长伯岸四岁，少时所得书散已略尽，而伯岸亦渐老。观其所为，在士论哗嚣中或视之不甚重，更数百年见其书安知不与丰、范所藏并也。志之以俟好事者。"

张寿镛《约园杂著三编·古驩室歌》："维昔之富不如时，维今之疢不如兹。富也疢也刹那耳，不尚有旧《召旻诗》。旧岂拘泥古典籍，噫乎稷、契与皋、夔。况复神州环海九，阴阳炉炭荡新奇。天柱已折河梁坼，乃欲持符诤其痴。我痴君痴两并合，无地楼台空自欺。我笑约园园何在，君驩古兮古岂追。抱经、天一云烟散，木难珊瑚存者谁。歌半主人拂袖起，曰自仓公文字滋。天粟神号扃钥启，汤盘孔铭烂厥施。秦焰终难铄丝竹，千秋物则而民彝。深藏时可供老宿，嗜古欧阳性颛斯。足吾所好玩吾老，垂垂鬓发已成丝。余俯无言苍茫顾，天下大痴吾与而。东更有馆曰通艺，抑何光怪亦陆离。君驩今兮更驩古，琅嬛福地福无涯。此骦此福人莫夺，征献征文取用之（余刊《四明丛书》得于君者亦多矣）。一幅画图涵万象，太炎大千笔淋漓。君好宾朋且置酒，取次不求甚解词。"

则虞案：其藏书之庐曰恒斋。藏印有"张之铭字伯岸""恒斋藏书"。

与伯岸同时以贾起家而好书刻书者，为黄群溯初，刻有《敬乡楼丛书》。刘景晨《敬乡楼丛书第一辑序》云："永嘉自唐以来，先哲遗书著录于《温州经籍》者一千三百余家。予友黄君溯初先后搜辑，三十年间得书四百种。其中宋元明清仅存之椠本、诸藏家传家未梓之书殆百种，有为《经籍志》所未著录，有著录称已佚者。盖搜罗之际，瑞安杨君志林，其子则纲与有助焉。今年三月，予旅次海上，溯初为发所藏书选印十种，属当校理之事。溯初自董正之。予于兹役始孟夏迄仲冬，匡其疏谬而为之。分校者衡山李君佩秋、萧山单君不庵、黄岩王君毅侯、瑞安邹君梦禅也。"

刘绍宽《敬乡楼丛书第三辑序》："予友黄君溯初校印乡哲遗著成《敬乡楼丛书》一二辑，皆刘君贞晦为之襄校。今岁贞晦以事入都，溯初邀余踵其任，始知其编辑之例，意在表微。凡所刊书，必视世无刊本，或刊后再佚不复流传者；或刊本虽存而中多阙佚者，始为校勘付印。"

《敬乡楼诗集·题敬乡楼四绝》第三、四首云："书卷随身春复秋，卅年旅况付浮鸥。惊心万叠云山外，劫火无端毁此楼。""南宋文宗算永嘉，乡贤遗著有精华。编成丛刻堪珍重，安得人人书满家。"

郑某为黄溯初《题敬乡楼图诗》云："世风恶伦纪，何有于敬乡。黄君岂弟人，作楼抱缣缃。丛刻继《玉海》，力能发幽光。愿君昌永嘉，莫但雄收藏。"

诸宗元《大至阁诗·敬乡楼图卷为黄溯初题》："君今筑楼求遗编，不独数此二三贤。发函启翳穷里壤，其人纵往尊其言。佳刻去岁堕我前，纸墨不朽君能传。"

梁鸿志《爱居阁诗·题黄溯初敬乡楼图诗》云："永嘉之学世所宗，水心浪语皆人雄。遗书万本足津逮，匪私一楼天下公。榜题恭敬梓与桑，飘然挟书违故乡。只今楼毁有书在，画中楼影心难忘。君家尧翁称佞宋，但有校雠无讽诵。知君善读编绝韦，六丁不取蟫不肥。"注云："溯初携所藏书居沪，而楼毁于火，书幸得全。"

百宋侈然穷八荒，三山孤本宝黄唐。
世间何物非虚牝，休怨空楼蝴蝶装。

潘宗周 明训

《广东藏书纪事诗》注："潘宗周字明训，南海人。少时供事上海洋行，后充英工务局总办。宗周虽执业商廛，壮岁获交宜都杨守敬，慨然有收书之志。喜储宋椠，初以百种为限，后已逾限矣。其眼识甚高，元明以下，视之蔑如也。从袁克文购得宋刊《礼记》，乃南渡后三山黄唐所刻，旧藏曲阜孔氏，海内传为孤本。潘氏适构新居，因颜其堂曰宝礼。袁氏夙蓄书，自洪宪失败，遂斥所藏，善本旧椠归潘氏者十之六七。潘氏有佞宋癖，二十年所积略与黄丕烈埒。编有《宝礼堂宋本书录》，张元济叙之，谓其苟为善本，重值勿吝，但非宋刻，则不屑措意。十余年来，旁搜博采，骎骎与北杨南瞿相颉颃。言吾粤藏书多宋椠者，明清以来惟有持静斋，继起者当推宝礼堂。考《宝礼堂宋本书录》共四卷，《附录》一卷，经部十九种，二十一部，复出二部。史部二十三种，二十六部，复出三部。子部二十一种，二十一部，内丛书一部，子目四种。集部三十六种，三十九一部，复出三部。附录元本六种、六部。其著录体例首标书名、卷数或残存卷数、册数，次录刊本源流，兼论其内容之优劣，文字之得失，次录收藏家之题跋，次录版式行款，每叶行数，每行字数，以及版匡、鱼尾之状，皆详著之。次录刻工姓名，次录避讳字样，而殿以收藏家印记，依原式著于篇，独未注明朱文或白文耳。是编著录体例，颇可为法。"

伦明《诗》注："南海潘明训少时供事洋行，现充英工部局总办。喜储宋椠。初以百种为限，闻近已逾限矣。并闻眼识甚高，元明以下蔑如也。近来银行家多喜藏书，武进陶兰泉、上海刘晦之、杭州叶揆初其最著者也。往日藏书之事，多属官僚，今则移之商家，亦可以觇风气之变迁也。"

则虞案：上海康心如亦入藏精且富。明训所藏宋本，半属袁抱存之物，有《宝礼堂书目》。

《宝礼堂宋本书录自序》云："余生也晚，又丁丧乱之后。少时入塾，挟童子书数册，他无所睹。顾尝闻长者言吾粤筠清馆吴氏、海山仙馆潘氏、粤雅堂伍氏、持静斋丁氏、三十三万卷楼孔氏藏书之盛，未尝不为之神往。稍长，来上海习贾，日与驵侩伍，思卒业童年未读之书，且碌碌未逮。厥后获交宜都杨惺吾、华阳王雪澂、吴兴朱彊邨诸先生，目睹其琳琅之富，丹铅之勤，则又窃窃焉羡之。杨、王二公邃于流录之学，饫闻绪论，粗有所获。吾友甘翰臣偶得蜀刻《史记集解》半部，举以相眎，精美夺目，入手不忍释，于是慨然有收书之志。时项城寒云公子卜居沪渎，有友介以相见，兼携宋刻《礼记正义》《公羊经传解诂》二书至。自言资斧不给，欲以易钱。余方发愿买书，亟如所需畀之。《礼记》者，宋南渡后三山黄唐所刊，旧藏曲阜孔氏，海内传为孤本。余适构新居，落成之日，因颜曰宝礼堂，以志喜也。既幸其书之归余，思为之流通，募工抚刻，以公诸世。剞劂甫竣，士林称赏，远近书估闻之，争挟其善本踵门炫售。寒云蓄书美且富，自号为后百宋一廛，情意既迁，渐萌厌倦，亦日斥其所藏以易其新嗜之物。其何储善本归余插架者什之六七。余有佞宋之癖，非天水佳椠，概从屏斥。于是百宋一廛之故物，由艺芸精舍而宜稼堂、而海源阁、而读有用书斋者，均先后入于宝礼堂。二十年来，日积月累，综其所得，亦略与荛圃相埒。荛圃生承平之世，文物休明，故家弆藏，时有转徙。历百于年，迭遭兵燹，名编秘帙，多付劫灰。余生古人后，掇拾丛残，引跂前尘，犹足方驾，讵不幸欤！"

张元济《宝礼堂宋本书录序》云："余喜蓄书，尤嗜宋刻。固重其去古未远，亦爱其制作之精善。每一展玩，心旷神怡。余尝言一国艺事之进退，与其政治之隆汙，民心之仁暴，有息息相通之理。况在书籍，为国民智识之所寄托，为古人千百年之所留贻，抱残守缺，责在吾辈。友人潘君明训，与余有同好。闻余言亦不以为谬。每估人挟书登门求沽，辄就余考其真赝，评其高下。苟为善本，重值勿吝，但非宋刻，则不屑措意。十余年来，旁搜博采，骎骎与北杨南瞿相颉颃。因综所得，辑为《宋本书录》，既成眎余。余尝登宝礼之堂，纵观所藏，琳琅满目，如游群玉之府。簿而录之，以诏来者。虽曰流略之绪余，抑亦艺林之炳烛矣！"

《西谛书目》有《宝礼堂宋元本书目》一卷，西谛钞本。并《跋》云："潘氏《宝礼堂书录》四卷，收宋刊本一百有七部，经部自《周礼郑注》以下凡二十一部。史部自蜀本《史记》以下凡二十六部。子部自《纂图互注荀子》以下凡二十一部。集部自《陆士龙集》以下凡三十九部。末附元刊本《战国策》《南海志》等六部。已溢出百宋一廛毕生所得之数矣。《书录》出张菊生先生手，甫印就，潘明训君下世，其嗣君乃封存之，故传世绝罕。余尝托菊生先生索取一部，竟不可得。数月后李紫东乃以一本见贻，惟《书录》卷帙稍繁，披览不易。余乃手录其目为一册,俾时自省览焉。"

张元济《礼记正义跋》云:"余曩居京邸,闻沈子培先生言:'盛伯羲尝得曲阜孔氏所藏惠氏据校之宋刻《礼记正义》,秘不示人。'余心识之。清社既屋,盛书星散,大半归于景朴孙。朴孙以是书售之袁寒云。吾友潘明训复得之袁氏。至是余始得寓目焉,而子培先已下世矣。越数年,余又得此残本于海昌孙氏(为余僚婿铨伯之后人。同时尚有宋刻《春秋正义》《公羊解诂》。相台本《周易》《国语》《后汉书》等),存者为卷三、四,卷十一至十八,卷二十四、五,卷三十七至四十二,卷四十五至四十八,卷五十五至六十。凡二十有八卷。明训既得是书,覆刻行世。两本同出一版,取新版互校,乃有三叶行字微异。询知原版抄补,因以摄影贻之。明训重付手民,嗜古如子培。昔欲求一览而不可得,而余乃得从容假观,既见其全,又获其半,且可以是不全之帙,补彼全而偶缺之憾,岂不快欤! 检阅既竟,将以储之涵芬楼中。因书数语,以示来者。"

案:"虚牝蝴蝶"句,谓其后人。

书空目眢海昏昏，炷尽生香不返魂。
莫笑跋文徒齿决，也曾大嚼向屠门。

莫伯骥_{天一}

《广东藏书纪事诗》注："莫天一，原名伯骥，东莞诸生。由儒入商，设仁寿药房于西关十七甫，因以致富。奇赢所入，悉以购书。搜采遍幽燕江浙，凡珍秘钞校本，锐意采入。长沙叶郎园所藏散出，收入者尤多。近人粤人藏书，当推翘楚。所藏珍本，方谓爰告长恩。乃广州失陷，新印成之藏书目录，悉遭劫夺，分散于省港冷摊旁。其书籍之藏于城西者，亦多遭劫。闻于附近四乡略犮得回，然损失亦不少矣！"

伦明《诗》注："同邑莫天一伯骥，与余少相习，暌隔垂二十年，岁乙丑，阅粤报见君论著，始通函商榷，自是往复不绝。君于是时已从事聚书。又四年，余南旋，得观其所藏。此后三四年间，君识益精，气益雄，所得至四十万卷。挥斥至二十余万金，亦豪矣哉！自南海孔氏、丰顺丁氏相继陵替，后继起之责，舍君属谁？君少攻举业，壮究医经，中岁以后，始治目录。闻近年谢绝书客，手编藏书志，已付梓。又深合老氏止足之义，使黄荛圃、张月霄辈知此意，何至垂老尽丧其所有哉！"

则虞案：伯骥有《藏书纪事诗补正》，未撰成而目瞽，亦复可哀。

《五十万卷楼藏书目录初编》二十二卷，前有自序，文殊芜杂。后有从子莫培元、培远《跋记》云："右《五十万卷楼藏书目录初编》二十二卷，分为二十二本，大略七十万言，为季父天一先生手撰。五十万卷楼者，季父藏书处。初曰福功书堂，殆取前清阮文达撰《虞山张氏诒经堂记》语意。后曰五十万卷楼，则以积储较多，约举卷数也。季父少即好学，嗜书如饴，守约习劳，不为物役。此编远挹晁、陈二氏之清尘，近循乾隆《四库》之前矩。季父尝论宋明以来诸书题识以仪顾堂、陆存斋所著最为富赡而无疵，鄙见大别之，则陆氏固详于作者遗事，而版本异同，经眼亦富，前人所不及详者详之，不及见者见之。此编则于各书旨趣及事实细为推比，求其效用之所在。盖时代识解之不同，故用意自异云。民国二十五年刊行，末附《五十万卷楼主人所著书目》，有《经学文献》《资治通鉴校记》《五代史记校记》《四库提要举正》《揅经室外集考正》《书目答问述补》《全北宋文》《权载之集校记》四五十种。闻粤东人语余，多半有目无书也。"

叶恭绰《五十万卷楼群书跋文序》："吾于莫氏有仍世通家之雅，十八年回粤访天一丈于广州城西，获观其藏珍之一部。既闻广州之失，而莫氏之书颇见于市。时余方为中央图书馆访求秘籍，因为收粤中诸家藏书之散于港市者，莫氏亦在其列。胜利后，天一丈复以书至，谓颇收回所失书，且将重编《群书跋文》，属为之序。"云云。

则虞案：《群书跋文》与《藏书目录》大多雷同，得一可矣。莫氏书散出已十年，余先后得见者奚啻十余种。

青红四部悉奇珍，常本新传散析津。
文字声香今八十，翛然玉貌似吴人。

周暹 叔弢

伦明《诗》注："建德周叔弢暹，向藏北宋本《文选》、汤注《陶诗》最精，后又得海源阁藏宋刊《庄子注》，他宋元本皆不足数矣。"

周达《今觉盦诗·题自庄严龛勘书图序》云："三弟叔弢深于目录版本之学，廿年以来，收罗宋、元、明佳椠精钞甚富，筑自庄严龛贮之。倾以《勘书图》卷子属题，其第八首云：'早抛心力事佉卢，炳烛程功老更迂。却喜卯君能佞宋，他年更续《祭书图》。'"

傅沅叔跋宋绍兴台州刻本《景德传灯录》云："按：此书旧藏杭州丁氏，据《善本书目》云，传是楼、艺芸精舍宋版书目俱载此书，疑徐归于汪，即此一帙也。光绪之际，端忠敏公以六万金悉买八千卷楼藏书，置之江宁图书馆，独此书不在焉。闻丁松生之女归胡氏者，平生礼佛，酷嗜经典，手携此帙，朝夕循讽。筑园于西湖净慈寺前，寺荷岸柳，草阁翼然，环阁植绯桃百许株。余花时频过此园，登阁徜徉，往往闻梵诵声出精庐中，意即其人也。闻此人顷已化去，其戚属挟此残帙入都，留架上者经年而后持去。私心叹喟，不知流落何所？不意辗转竟归于叔弢，因志其原委，俾后来有所考焉。"

周叔弢自跋《景德传灯录》云："得书之五日，适第七子生，因取此书第一字，命名曰景良，深冀此子他日能读父书，传我家学。余虽不敢望兔床，此子或可为虞臣乎？"

又沅叔宋刊虞平斋本《百家注苏诗跋》云："昔杨氏得此书于吴门，其子绍和矜诩甚，至有珍若璠玙之语。近岁流落津沽，为秋浦周叔弢所获。前日忽驰书见告，言欲得藏书秘笈数种，愿以是书为酬。余欣然允诺，因检取明钞本《席上腐谈》，有余俊明、黄荛圃跋；明钞《宾退录》，有孙岷自跋；旧钞《邵氏闻见录》，为陈西畇所校，皆前辈名迹而为君家所无者。手携往津，郑重相付。于是务本书堂之精椠，遂载归双鉴楼中。"

章梫《一山诗选·题自庄严堪检书图》："藏书得功挟书罪，此案如山不能改。焚书最著只一家，亡者自亡在者在。究竟读书有几人，人人都说如烟海。不装入腹为饥喂，装之于胸成魂磈。庄严堪应藏梵经，何以颉文多百倍。当今通行欧洲文，蟹行斜上皆珠琲。乃曰古本良可珍，龟板近在四千载。大劫以前莫可求，结绳之绳宜搜采。今不藏绳藏缣纸，石刀不贵贵甲铠。按诸当代总不谐，主人曰将留有待。"

李拔可《题自庄严堪检书图》："贵人买书如买屋，不贪饱腹贪饱目。书多不读复不借，此等收藏意安属。周侯精赏信人豪，插架牙签手频触。缥缃尽入金银岛，海气无愁暖生醭。栎园、荛圃争一帜，犹胜竹垞无可曝。吾乡晚出陈左海，板本刻志差免俗。君如有意许流通，腕脱传钞请从速。相期画里见河清，炳烛排檐校天禄。"

梁夫巳《海鸟阁诗·题周叔弢自庄严堪检书图》："世衰道失群诟儒，书贵乃敌千琲珠。以书为市儒益贱，鉴家往往邻贪夫。有人藏弄供自娱，已与俗好酸咸殊。藏而不读但插架，骨董之见非吾徒。周侯书眼炯如月，一堪检书还写图。得毋私淑在刘向，检校叙录陈农书。校雠之说见《别录》，怨家相对言非诬。异同諟正属始事，官私考订聊举隅。平章旧闻洞流变，头白未必穷修途。但罗众本订讹脱，小儒自画宁非迂。实斋《通义》已绝诣，视郑渔仲终粗疏。君能检校异时尚，两贤所学今不孤。栎园林汲尽书癖，遥遥华胄知同符。梨庄善本足津逮，何时儒藏容据梧。一廛十架类夸富，荛翁、槎客何用摹。相期更学曹倦圃，流通有约君与吾。"

则虞案：去岁，叔弢来书云："仆幼喜收书，十五六岁时，只收各省局刻，继之以丛书及私家刻本。中年以后，时游厂市，乃醉心于名贤抄校之本，上及宋、元，而于抄校有偏好。盖以名人手迹，偶一展阅，恍如晤对，别饶风趣。此固不足为外人道也。财力所限，所收多短书小册，但选择务精，珍袭必谨。尝比拟人身，谬为五好之论：一版刻好，比之形体壮美，得天独厚；二纸墨好，比之后天得养，神采焕发；三为藏印好，比之美人薄施脂粉，更添韵秀；四为题跋好，比之学士才识具足，自尔不凡；五为装潢好，比之衣冠齐楚，神意潇然。皮相之言，或不为通人所取耳。仆每见书中恶印累累，辄为愤慨，故藏书只用'周暹'二字白文小印，不欲后人为我意恶也。另有'自庄严堪''孝经一卷人家''双南华馆''寒在堂''半雨楼''东稼草堂'诸印，乃因得北宋本《华严经》、元相台本《孝经》、宋本《庄子》两种，《寒山子诗》、北宋本《王摩诘集》、元本《苏东坡诗》《辛稼轩词》，偶然兴到，遂在图书中起造斋馆楼阁，聊以自怡，从未钤于善本书，亦爱护之至意，而未免近于迂乎！"

季欢壮岁总无欢，漫把旁妻当彩鸾。
惟是枕囊秘笈本，赚人编目百回看。

王修 季欢

王修字季欢，别字云蓝，号杨拿。长兴人。父承湛，号露萧，光绪乙酉举人，壬辰进士，官至内阁中书，在南书房行走。嗜书，多蓄宋元佳椠，藏书楼名诒庄楼，有《诒庄楼书目》八卷，收书一千二百余种，多明本，以高丽刊活字本最珍贵。修留学东瀛，回国后，任黎元洪总统府参议。娶妇王汉纶，沪之电影明星者也。卒离异，坐是悒怏。卒年三十九。著有《长兴诗存》《长兴词存》《长兴艺人征略》《长兴遗志征》《长兴先哲遗著》《汉安甂瓿砖录》。尝著《永乐大典考》，未成而殒。藏书悉入浙江图书馆。修曾作《版本述》一文，载于《浙江图书馆馆刊》三卷三、四两期。

其《书目自序》云："蒙弱冠以薄宦居京师，己未以前所蓄书及先人述庐旧藏，以重累不随行滕。顾有书癖，恒游海王邨，觏朱明以前椠印、名家抄校，以及韩刻、倭刻中土所罕见者，纵残帙辄罗致之。丁卯小住黄浦，灾罹无妄。至杭州，书亡十五、六。"

又云："楼名诒庄。壬戌六月厂贾以明刻《古蒙庄子》来，索重值。余绎览竟，见为先七世祖笠云公知蒙城时所刻，以初未知有此刊本，惊喜欲狂，视同鼎彝。不半载又迭得两部，乃意构诒庄二字，乞樊山老人作擘窠书。"云。

则虞案：《诒庄书目》所载李莼客、施补华、郑叔问、朱古微钞校及手稿本殊多，郑氏批校本如《铁云藏龟》《琼琚谱》《洛阳伽蓝记》《直斋书录解题》《补注黄帝内经素问》《续古文苑》《白石道人歌曲》及《别集》《阮亭诗余》《花部农谭》《史通削繁》，皆未易见之。尤以郑氏稿本《乌香流源》为希见。盖季欢乃叔问弟子，故得其传。其余如旧写本《读书敏求记》，有长兴王豫《序》。王道隆《笠泽堂书目》，以及李莼客手写《越缦堂书目》《霞川花影词》，及手校《南齐书》，亦未见之本也。其他钞校本未殚举。季欢收藏日韩两国旧刊尤多。另还有戴震《读书札记》一卷，钤有"婺源汪氏藏书印"。

金涛《跋诒庄书目》："长兴王季欢先生宏识博闻，著作极富。已刻者有

《长兴诗存》四十卷,《箬溪艺人征略》四卷,《汉安甋瓨砖录》一卷。其所藏书以沪上遭劫散失者半,此本盖幸而获存者。珍籍有天水古蒙之本,名人钞校之篇,而尤以载日本、朝鲜撰述为自来藏书家所未著录者,为足秘也。"

则虞案:涛花近楼藏书亦富,并有题跋。

油缇金薤比干城，闻说恂恂颇好名。
还为孺悲通一语，锦衣自古祸苍生。

徐则恂 允中

东海楼为青田徐则恂允中藏书之庐。允中前清附生，南洋陆师学堂毕业。官浙江内河水上警察厅长多年。时丽水章巨摩、端木梅邻均在幕中，其同邑杜左园思预亦假馆徐之邸第。三氏皆酷好书史，故力促徐聚书。十载之间，所聚不下五万卷，刊有《东海楼书目》。

张朝墉《半园老人戊午集·题画赠徐允中》："泼墨淋漓胆气麄，峨眉照眼影模糊。蜀人自爱蜀山好，得似江南平远无。"

冯贞群《伏跗室群书题记·题东海藏书楼书目》云："徐允中中将，官浙江水上警察厅长，喜访古籍。庚申夏日刻有《书目》四册。此本为其重定者，增出二册。徐氏所藏省志丛书，网罗最富。官刻坊本居其太半，达官贵金市书往往然欤！徐氏拟刻《处州丛书》，属友人章叔言阁，未刻而死。"

卷十二

花雨灵风振八垓，鱼龙万里护经回。
未堪一线淄州法，才到宜黄又吕才。

杨文会仁山　**欧阳渐**竟无　**郑学川**书海

张尔田《杨仁山居士别传》："居士名文会，自号仁山，杨氏，安徽石埭人。十四岁能属文，不喜举子业，暇则从知交联社角诗为乐。性嗜书，转徙流离，舁大簏自随。凡音韵、历算、天文、舆地以及黄老、庄列之术，靡不探赜，韫之于心。"

又云："父卒，既返葬。旅食金陵，一时邃于佛学。真定王梅叔、长沙曹镜初，皆与之游。闵末法众生，不见全经，又双径册书，遭兵燹多零敓，于是始发大心，流布龙藏，誓以宏法度人为务。居士手定章程，俾同志十余人任劝募。规金陵隙地为庋经板所，延友董其事。同时与居士发心者江都郑学川，后出家号妙空子，亦创江北刻经处于扬州东乡之砖桥鸡园，与金陵后先倡导焉。居士虽总经，而己则以其暇出游，所至必寻访古德逸著。闻吴洞庭西山有古禅院多藏经，子身孤往，冀有所得。航大海至英伦、法西兰，购日本新辑小字藏于其国。既走京师，礼旃檀释迦佛像。会妻弟苏少坡随节而东，则邮书南条文雄求□土失传诸籍。南条故习梵文，于英与居士友者也。又偕英李提摩太翻《起信论》成欧文，曰：'此他日佛教西行之渐也。'印度摩诃婆罗者来游华，居士订佛教教科书授之，使归而振兴母邦。其宏护悃悃不倦如此。岁丁酉，丁孙太夫人忧。服阕，诏其三子曰：'我年二十八闻佛法，已誓出家，徒以母故。今母亡，而我亦老，无能持出家律仪矣。汝等当自谋食，丐我一席地，尽佛教事，勿溷我。'于是折所置金陵房舍器具，及所藏经典造像归刻经处，公之十方。又就刻经处立校，颜曰祇洹精舍，设佛学研究会。月一会，七七讲经，兴起者日益众。未几示微疾，知不起，召同志至，视所刻经《大藏辑要》者，拟其目为《华严》部三十二，《方等》部六十六，《涅槃》部十二，《般若》部二十三，《法华》部十六，《法相》部二十五，《密》部五十六，《净土》部五十七，《小乘经律论》二十七，

《大乘律论》三十八，西土撰集、禅宗、台宗、传记等又若干部，像十万余张，倍刻经。凡雕二百五十八，未洵者半之，则曰：'四大无常，我在世，一时分，一时分，报佛恩。我力不能报，有陈穉庵、陈宜甫、欧阳竟无在。今属累三君，我何忧。'及革，禁家人勿哭，亦以往生正因曰：'此弥陀愿力也，生平乘急戒缓，生品不高，花开见佛，自谓差速。'遂卒，年七十有五，宣统辛亥八月，即武昌兵起之前一日也。盖克其冥谶。"云。

则虞案：沈曾植《杨居士塔铭》略同。

陈三立《散原精舍诗续集·赠学佛人欧阳镜芙序》云："宜黄欧阳镜芙学佛于杨仁山居士之门有年矣，焚修精进，无异枯僧。居士既蜕化，而经论刊布未竟，镜芙乃走关陇，就同参刪生护赍归，完居士之悲愿遗画焉。一日相过话故旧，写示留陇上诸诗，喜其奇宕，赋饷一篇。诗云：'莘莘学佛子，久栖不二门。授记古德前，悲泪洗垢昏。十载却荦酌，孤探天地根。宿业堆物象，吐作虚空尘。导师倏埋照，经帙倚刊存。焉得金布地，终烦火传薪。绝续一大事，挺起扶法轮。掉头走关陇，云月随崩奔。履穿虎豹窟，衣破荆棘痕。荒漠黄沙飞，手扶杨枝春。边城跻净域，蔼蔼道侣亲。吐嗟满囊箧，压驮归装新。至今雨花庐，再见宗风振。长案聚指爪，梨版纵横陈。日疲校雠役，熏炷吹儒巾。过我话无始，高篇复璘彬。文字出剑戟，恐剸迷途魂。对子怪且叹，试技疑眩人。万缘自推转，万蠕自呻吟。生天亦安之，守死哜其真。'"

蒋维乔《中国佛教史》："郑学川，字书海，扬州人。少充诸生，嗣闻道于红螺山瑞安法师，博通教典。太平天国后，紫柏大师之方册经板荡然无存，学川于同治五年与杭州许云虚、石埭杨文会、扬州藏经院贯如法师，同时发愿刻经。学川即于是岁出家，号妙空，故自号刻经僧。前后十五年，凡创刻经处五所，如苏州、常熟、浙江、如皋，而总其事。于扬州之砖桥刻全藏近三千卷。先是扬州之砖桥有羿鸡道院，学川于院后募建接引禅院，为存储经板及习静之所。学川示寂，年五十有五。以《大般若经》尚未告成，手持龙藏全函属其弟子，跏趺而逝。三年，《大般若经》告成。

文会以同治五年移居金陵，遇真定王梅叔相得甚欢，复与邵阳魏刚己、阳湖赵惠甫、武进刘开生、岭南张浦斋、湘乡曹镜初，于是发心刊刻单行本藏经，创设金陵刻经处。后曹镜初以创设长沙刻经处，约文会赴湘计议。适曾纪泽奉使欧洲，邀文会同往，乃随赴英法各国。未几归，仍以刻经为事。后刘芝田奉使至英，又邀文会赴伦敦，在彼得与日本南条文雄博士交，方知中国自唐以后散失之经典，为日本保存者不少。旋得日本弘教书院小本藏经，复寓书于南条文雄，得藏外典籍二三百种。自金陵刻经处成立后，如扬州、常州、长沙、江西，皆相继而起。文会曾手定应刻大藏经典之目录，名《大藏辑要》，共四百六十部，三千三百二十卷。各地继刻之经多依《大藏辑要》，尤以北京刻经处、天津刻经处所刻经典、版式装订，悉与金陵刻经处相同。"

琳宫影堕夕阳隈，零落昙章幸未灰。
梁祖何堪通妙谛，凌波空自渡江来。

周庆云 梦坡

夏敬观《梦坡先生墓表》："君讳庆云，字湘舲，一字梦坡。浙江吴兴人。年十七为诸生有名，选授永嘉县学教谕，不赴，纳粟为直隶州知州，加三品衔，赏戴花翎。清季变法议起，务兴学筑路通商励工，君遂绝意仕进，与浙父老明达大势者，议自筑铁路，资不足，设兴业银行济之。又于湖州设商学公会。君虽日与商贾狎处，殷勤著述，工诗文词，能书画，善鼓琴，精鉴别，考订金石文字。著有《灵峰志》《西溪秋雪庵志》《获古丛编》《梦坡文存》《诗存》《词存》。其集赀文澜阁补钞《四库全书》阙佚四千四百九十七卷，校勘精审，厥功尤大。"

徐珂《大受堂札记》谓梦坡输金助实录馆缮写经费，陈弢庵太傅谓其不忘旧主。梦坡富著述，所纂《盐法通志》，于历代沿革，产销利病，纪述详赡。合以《两浙词人小传》《琴书存目》《琴史补》《琴史续》《灵峰志》《秋雪庵志》《南浔志》《浔溪诗征》《词征》为《梦坡室丛书》十种，曾呈宣统帝乙览。其他撰述，有《莫干山志》六卷，《历代金石诗录》一百卷，《浔溪文征》十六卷。侨沪浔人之刊书者，刘翰怡京卿承幹、张石铭观察钧衡外，所知者惟梦坡。

《灵峰贝叶经记》："宣统二年冬十二月，武林报恩禅院通慧上人以贝叶经见赠，外裹锦袱，缠梵文锦带，以白绫书眉。启而视之，叶阔二寸，长一尺六寸，缘涂金，上下装朱漆夹板，板及贝叶有孔二，以竹签贯其中。启竹签，得展阅。经文皆梵字，笔画细致，都二百有七叶。其二百二叶两面均有字，首二叶半面有字，前后三页无字。据僧云是《无量寿佛经》，惜不识梵文，莫能考之。昔云林寺借秋阁藏有宋咸平贝叶经四十四叶，乾隆时钱塘丁敬身作《贝叶经歌》，凡七易稿而成。其诗与经同弆阁中，后为魏成宪所得。梁同书、吴锡麒、黄模及成宪均有题咏。嘉庆丙寅装池成卷，仍付寺僧，以为山中故事。咸丰庚辛之间，经与卷已失所在。予得是经，尝发愿舍施灵峰寺，拟与频伽室所印大藏经同置庋经室，已载入《灵峰志》。宣统辛亥，予避地沪渎，携以相随，幸无恙。今将送入山中，乞东南耆旧播为歌咏，与借秋阁藏经后先辉映，亦梵刹中一佳话也。因此笔记之。乙卯孟陬乌程周庆云。"

缪荃孙《贝叶经歌》："恒星不见佛降生，经传东土标宗英。羊皮万纸写不尽，摘来树叶纹纵横。此树产自摩伽陀，参天三丈长峥嵘。吟风溜雨灵气足，思维贝多征异名。裁成方尺籍书字，刬藤擘竹同晶莹。其中有孔竹签贯，亏编木简制共精。非篆非隶非章草，细字蚕眠体蟹行。观者瞠目不能读，传是《元量寿佛经》。花雨缤纷覆瑶呢，香云晻霭垂珠璎。佛力不偿瓶钵愿，神功微扇旃檀馨。佉卢作书颉诵退，罗什善译愚蒙惊。经文得诸锡兰岛，通慧上人意识宏。远违鹫岭入震旦，牟尼照耀空王庭。昔闻梵经四十笈，道圆奏自宋咸平。朱能天书献西陕，奝然《孝经》来东瀛。奇书上瑞集朝宁，书之史册光八纮。曾藏云林借秋阁，长歌我忆丁钝丁。句奇语重腹笥富，稿经七易诗始成。前辈精思那易及，法螺吹彻鸾笙鸣。周君得此大欢喜，奉庋灵峰凿石楹。鬼呵神护百怪辟，烛天宝墨留彝型。补梅亭下一回首，佛火闪碧湖光青。"

章梫《奉题梦坡社长珍藏贝叶经》："印度沈沦草不春，佛于何处著微尘。贝多罗树干宵立，落叶翻经有解人。"

"五使西游是祸胎（熊希龄秉三从五大臣出洋归，予问此行何似，熊答言'好是一本玄奘《西游记》'），归装一叶故人来（五臣随员回京时，其馈遗以锡兰岛所购贝叶经为最佥素之品。予得同年友人赠十余片，乱后不知所在矣）。我今飘落秋霜后，一例江山付劫灰。"

"当世争传外国语，江南无复梵王书。儒门弟子尤衰歇，珍重周郎上露车。"

泾县朱锟诗云："周子示我贝多经，如见异书眼顿青。缩版并无蠹食字，解带好似鹤展翎。银钩虿尾行间聚，非隶非篆非籀古。通慧新自锡兰还，灵文传播遍人间。力义贝多木呈瑞，相传摩伽陀国至。云林寺藏经俄空（云林寺借秋阁旧藏贝叶经四十四番。丁敬身、梁山舟、吴榖人诸老辈均有题咏。近闻经与卷俱失所在），我有画象传梵宫（予藏贝多叶画五百罗汉象）。藏山留与万人看，灵峰寺中一公案。愿君先登说法台，我向灵山会上来。"

《云林寺续志》有丁敬《借秋阁藏贝叶经诗》及《跋》，又附《贝叶经考》，亦书林故实也。录《跋》及《考》于后："贝叶计四十四番，两面皆有梵字。第八十七面无梵字，小楷横书'咸平三年九月十七日进'十字。粘纸注护经木面之腹，粘笺纸一条，上左书'贝叶经'三字，下右书'古佛弟子冯武敬藏'，下字扣'冯武私印''字立陵'两雌印。气韵妍雅，是明季人也。贝多出摩伽陀国，长六七丈，经冬不凋。此树有三种，一者多罗挚（一曰婆）力义贝多；二者多梨婆（一曰娑）力义贝多；三者部婆（一曰娑）力义多罗梨（一曰多梨贝多），并书其叶部阇一色取其皮书之。贝多是梵语，汉翻为叶；贝多婆（一曰娑）力义者汉言树叶也。西域经书用此三种皮叶，若能保护，亦得五六百年。

《嵩山记》称嵩高寺中有思惟树，即贝多也。释氏有贝多树下思惟经。顾徽《广州记》称贝多叶似枇杷，并谬（同前书）。交趾近出贝多枝，弹材中第一。右《嵩高记》以下三条并著于段氏《酉阳杂俎》。思惟树即菩提树也，云即贝多，乃《嵩高记》之谬误，盖释氏有贝多树下思维经，顾徽《广州记》称贝多叶似枇杷，并谬（同前书）。乃段公注《嵩高记》一则下以辟其谬者，后之抄书者不审，误抄为二则。至明代詹景风《小辨》遂言贝多叶中华多有，西域特以佛教异之，皆不审之误耳。至段公自言"交趾近出贝多枝，弹材中第一"，亦是未经目击贝多树全体，惟凭口传之误。贝多树当以《大唐西域记》为可据依，盖当日玄奘法师亲至西域出贝多之林目击所记，最为真确也。亦并不言有一种皮可书者，此乃段公据他书所辑《西域记》，段公当应未之见矣。惟段公所引汉译两语，惜宋僧大云作《翻译名义》未得收入，岂大云未得见段公书耶？当再考之。敬身叟记。"

杏林春色夺群芳，空谷更添十瓣香。
肯让丹波名父子，一编独括《鬼遗方》。

罗家杰　任应秋

《吴县志》："罗家杰有《十瓣同心兰室藏书目》一卷。"案：所藏者多日本精钞本中国医书，且有苏人冷僻医书甚夥，约七百册。近为后人售诸上海藏书家，目亦无存。

昔之藏医籍者，于明则高瑞南，《士礼居藏书题记·玄珠密语》有"古杭高氏藏书印"。高瑞南，明中叶人，大藏书家。凡宋版旧钞书上有藏书刃。何梦华云："此人多藏书，并于医家书尤喜藏弄。"于清中叶，当推薛一瓢。《士礼居藏书题记·洛阳伽蓝记》毛季斧校本，题记云："群中医士薛一瓢家多藏书，余获交其孙寿鱼在板寮巷扫叶庄，曾见有宋刻《尚书禹贡图说》一卷。自后寿鱼作古，子孙凌替，书籍散亡。求所谓宋刻书无有也。近则有荆州田氏。又民国二十一年杭州释清华刊《珍藏医书类目》二卷，吴县王新之有《医学书目》，则未见也。"

任应秋（1914—1984），字鸿宾。四川江津人。1937年就读于上海中国医学院，1949年后，历任重庆市中医学校教务主任，成都中医学院副院长，北京中医学院名家学说教研室主任、教授，北京中医学院副院长，中华中医办会副会长。受琚学医于先生门下，深知先生治病救人，妙手回春。先生为人谦和，诲人不倦，博通医籍，尤孜孜于著述，文稿等身。任《医学百科全书·中医基础理论分卷》及《中医历代名医精华》主编等。著有《仲景脉学法案》《任氏传染病学》《脉学研究十讲》《中医病理学》《中医名家学说》等。其《中医各家学说源流》《五运六气》尤为称著。收藏医籍数千卷，尚有元、明刊本数种，平时秘不示人。余婚嫁时，即以明嘉靖本《素问》相赠。此外，还藏有清名医批校本十余种，诚为中医学术界之殿魁！

> 琴书最目待编刊，幸见成连海上还。
> 为要藏家添故实，猩红小印赠虞山。

查夷平 阜西

世变六十年来，四方不少振奇之士，而儒雅蔑闻焉。三吴两浙，山水清嘉，儒雅之士，草莽间犹能遇之，其畏葸求活，振奇无闻焉。儒雅振奇一身兼之者，惟此老焉。

公名夷平，字阜西。镇湖，其隐名也。江西修水人。父官湖南乾城，转平江县，遇害。君孤露无依，乃入海军学校，后入粤东孙中山所创之航空学校。陈炯明叛，事败，又入湘教书，旋加入共产党地下组织。马日变后，被命至沪宁游说海军。汪兆铭叛，以跨党罪君，下狱，不死。嗣举办民用航空，而为宋子文联合美国公司所排斥，志不得申，退而为欧亚航空公司秘书，凡十年未迁。对日战争起，为中央航空公司副经理。赴美考察民航，遂为东亚民航界硕望焉。解放后，奉命至港，怂恿留港飞机起义，来归者一百架，被命为民航总局顾问，因其擅操古琴，深谙琴律，又选为音乐家协会副主席。

初，年十三，居洞庭湖上，有益阳夏伯琴先生能操缦，从学焉。此为学琴之始。嗣后历吴楚燕齐，遍访琴坛高手。在求谱方面，谒藏家、图书馆，穷搜摹写，尽窥秘笈琴书。中经海内外奏演交流，又在抗战中，将民国政府劫运至美国之琴书全部摄影而归。查氏始则结琴社于江南苏沪，四方琴家皆来就正。继后创琴会于京师，生徒益多。昔时弹琴结社，多二三良友，地处一隅，听者十余人，即称盛会。而查氏上海琴集，演奏数十人，听众数百，遇大集，听众或逾万，曲终狂呼不已。

往昔庋藏琴书，《四库》不逾数种，《四库存目》亦仅十余。道咸以来，合民间著录，亦不过六十余种，查氏在购求钞录中，竟得三百种以上，书仍不多，而方之琴书庋藏之富，盖绝无仅有者矣。

近四十年来，查氏渐集精力于琴书整理，著为专集，写录纂成《琴曲集成》，其第一辑《凡例》云：

（一）《琴曲集成》是把所有现存的琴谱专集、琴论专书、丛书、类书，以及集部中存见的琴曲（包括同名异谱的）琴曲谱，分为第一辑和第二辑汇集成编，影印刊行。

（二）第一辑采自四十二种历代古琴专门文献和涉及古琴的文献。其中主要采自历代各家旨在传授琴曲的谱集，他如旨在选述琴论的琴书、丛书、类书、诗文集和歌曲集中散见的琴曲，也尽量收入。

（三）第一辑所收的琴曲是从六朝起，到明末为止，刊行的和转录的琴曲谱，其中凡是谱集和琴书，本编一律全书影印谱论全收。其他采自丛书、类书、诗文集和歌曲集的谱外材料，以能说明撰人述作琴学材料的动机意图及其材料来源为限，如总叙、总跋之类。

（四）我国印刷术发明得很早，普遍用来刊印琴谱，却是从明代起才开始的。明代各家谱集中所刊的很少是明代琴家自己创作的琴曲，明代前期谱集的全部，后期谱集的绝大部分，都是把以前各代各派的琴曲拿来整理刊行，其中同一琴曲多属异本，不容轻易割弃，故均一律收入。

（五）第一辑四十二种材料中绝大多数是公私所藏善本，而且善本中有些还是仅存的远年孤本。孤本中如遇佚落、破损，往往不能钞配补全。遇着这种情况，无论为琴论，或为琴谱，均一律听其残缺存真。

（六）为突现琴曲本身的源流及同名异谱琴曲的演变，本编除将刊写琴曲的各原本按年代依次编排之外，并将异本、异派，或改编过的同一琴曲，一一叙入索引。

（七）略。

（八）四十二种原材料一一编写提要，包括版本、年代、撰人及其传派或渊源师承。

（九）第一辑内共收至明末为止，包括来源不同和改编的曲谱在内，共计是琴曲一千六百五十二个琴曲谱。其中操、弄（四段以上的大、中型琴曲）一千零十一谱。调、引（三段以下的小曲及练习曲）六百四十一谱。若除去来源不同和改编过的同名曲谱，按索引所列是五百三十八个不同的琴曲。其中有七十六个曲名是别名和异名，故实际不同名的是四百五十七曲。在这四百五十七曲之中肯定为明代人创作的是六十二曲，其余三百九十五曲的绝大多数甚至全部都是渊源于六朝到宋、元的旧曲。

（十）略。

（十一）略。

查氏另著有《存见古琴曲谱辑览》，其《序》曰：

……古琴有一千多年来很丰富的而又很驳杂的谱集和文献，作为器乐，一个同名的古琴曲往往在各个不同的谱集中有不同的传谱。在各个谱集的琴曲序跋中，在许多称为解题的文献中，说明同一琴曲的标题和它所表现的内容也有时不同。作为伴歌的琴曲，或说唱性的音乐，一个同名的古琴曲的传谱，在各个谱集中也往往不同，而这种同名琴曲的唱词，在各个不同的谱集中所写出的内容也居然很多互异。例如，在过去封建社会中。一般涉猎到"雅乐"文献的人，都公认《鹿鸣》是表现对统治阶级"善于选贤与能"的歌颂。但是，汉末有名的音乐家蔡邕在他所著的《琴操》中，却把《鹿鸣》说成是表现对统治阶级的怨谤与抗议。又如，明代金陵杨伦所传《渔樵问答》的唱词，全篇都是些陶醉自然和不慕荣利的词句。但是，贡川杨表正所传《渔樵问答》的先期唱词，却是讲的人类自食其力的光荣和推己及人的伟大。

这些说明古琴反映它在旧社会中的产生和发展，也体现着一些斗争的过程。如果能把许多古琴曲的谱集和文献中的传谱、解题和唱词集中起来，使古琴家和音乐工作者能对每一个所要介绍或所要发掘的琴曲都作一番检查，以便去其糟粕，取其精华，好去发挥、端正而有益的情感，使之能"补短移化，助流政教"，那将是一种很有用的东西。这就是编述这一材料的动机和需要。

查老庋藏琴书中，琴曲数千，多手自钞录，锦函玉躞，满目琳琅。其在美国所拍摄的胶卷，收藏锦箧，列架签存。毕生精力，尽瘁于此。明嘉靖刊本《西麓堂琴统》、万历刊之《琴书大全》，皆阜公之珍本也。另有《后梅隐庐琴书目》一册、《琴籍显微影片目》一册，琴谱放大照片一册、《残存琴目》一册（箫附）。又好书画文物别著于目。其中有极精品者。

顷以钱牧斋"绛云楼"印赠余，曾经蘼芜夫人所摩挲者，似犹闻芗泽焉。吾乡包倦翁之画，先师章太炎先生手书《论公羊稿》，皆鸿宝也。余耳名已久，今岁始一遇之。

上元日，集张丛碧伯驹翁家，奏《普庵咒》一曲，得未曾有，乃遣小女受琚执业。五月，余病，未几，君亦病。余愈，君亦愈，然年已八十。居和平里，相距十余里，无由请益。君以大耋之年，写作勿辍。闻余有《续藏书纪事诗》，索观，乃撷事迹以补之，愿托此书以传也。

夫人徐向铮女士，幽娴贞静，有德有才艺。阜公琴学之成，事业之立，子女聪慧，夫人尤有助焉。夫妻伉俪情深，夫人曾有胆疾，住院动刀，阜公朝夕相护。

琴家多长寿，君年八十，望之如六十许人。南昌王易简斋教授四十年前于沪上龙君榆生家识面，有诗赠君云："潜潭老巴阮渝凤，劫后惊逢各如梦。夷平所遇岂夷平，九折巇崖能控□。纵身更迅烈气苍，里间万籁宫引商。旷襄匪遥挚可作，上贯武濩追虞唐。固知守心具贲勇，百炼化柔终不悚。时挟天风播海涛，转敷甘雨滋春垄。邪睨昆仑阚海湄，九阳晞干斫孙枝。擅思荐法巧鋄会，神鱳瓮玺来冰丝。偶与田连较清角，二八翩然下玄鹤。世网堪冲下积关，玉壶漏贮千金药。翔空'绿绮'投我怀（抗日时夷平曾赠'绿绮'琴），蓬飘莫享仍藏埃。江峰枉无帝子顾，病马强驾羞龙媒。野鸭群飞师搯鼻，百丈灵光外文字。霓裳三五月中听，鱣堂四十年前事。颍洞风尘黯里门，不须浑脱嘅公孙。雅音赖子绵衰祚，丛薄嗟予招古魂。炊珠屑翠饥难食，凿崄沈渊奋何益。愚公有愿忘景颓，夸父穷追忘渴没。孔乐孤行驱蔽车，佛门开正畅夷途。请君试味嵇生语，一溉之功得后枯。"闻简斋亦能琴，惜乎余未之闻也。

君居滇时，著有《龙村随笔》，多记山水、朋友、谯饮、琴书、文字之乐。其中所涉之者，余多相识。阜公文笔绝肖《陶庵梦忆》，尤见其多才思且好客也。

图宅曾讥诘术篇，撼龙犹是卜牛眠。
形家多少青江子，高冢儿孙几个贤。

钱文选 士青

钱文选，字士青，广德人。译学馆出身，留学外国，出使英美，官至两浙盐运使。著有《诵芬堂稿》一至七编。藏书多捐入合众图书馆。

《钱氏所藏堪舆书提要序》："堪舆之书虽多，然收藏者究属无几。甲偶得三元某种书读之，以三合不足道；乙得三合某种书阅之，以三元多伪书。先入为主，各执一见，盖其主因未能博览堪舆之书，存其精华，去其糟粕，而融会贯通之，以致分立门户，如讲宋学者各秉师承，互相水火也。余生平好奇，公余多读堪舆书，见三合三元皆根源于《周易》，原是一贯之理，安有轩轾及泾渭之分。嗣因觅葬地，因登山涉水。出则探讨，归则研究，昕夕殚精，务求一当。并以廉泉所入，广购堪舆之书。二十年来，以苦心搜罗，所得计一百六十余种。余所购者，皆系木刻及精钞本，且多孤本，为近世所少有。余精装柜架，谨慎庋置。自遭丁丑兵燹，余家藏书以为尽付灰烬，饬儿辈返杭清理。他书尽失，独地理书恍同鲁灵光殿，巍然独存。余设法运沪，终朝检点，编成提要。首冠以各书之大纲，次分各书之原委、著者姓名、何年出版、原书册数，分别注明。惟各书达七百余册，以本数多者先为摘录，故列于前。若以出版年月为序，其中鉴别为难，良以原书在明代或清初出版，有重印仍用旧时年月，非旧版，名则犹是耳。合并各书细籀，有一书既论峦头理，今而又附以阳宅选择，缕析条分，颇非易易。余思将各书分别种类，作一有统系之堪舆丛书，使后来学者饱览三元三合各家之籍，融会贯通，蠲除偏见，或以此提要为嚆矢耶！"

则虞案：此书民国三十年只铅印一册。《诵芬堂稿》七编《堪舆书存有感》："秦火熊熊廓八垓，青鸟古籍未成灰。神灵呵护非无自，万卷贻留独占魁。"自注云："丁丑杭垣沦陷，书籍多付劫灰。惟堪舆书尚存百六十余种，不下万卷，此类书海内藏者极少，余家可算独步。"

罗栖青赠诗云："书修四库简明编，提要堪舆后仿前。孙叔庐陂遗语应，术灵石柟谶言传。《葬经》著自弘农郭，仙籍搜从广德钱。待刻丛书彰国粹，高黄

《魏纪》补宜全。"又:"行家学说秘难明,原本都从《易》理生。天禄阁中刘向校,洛阳图内召公营。周官《礼》载辨方审,楚室诗歌揆日精。安得每年七政历,天星选择北平行。"

吴朋三《奎西诗稿·步高蓬心韵题堪舆书目提要》云:"一官盐铁富芸签,万卷疑龙手自研。若向藏家搜故实,绛云楼上忆当年。"又:"名钞秘笈总联翩,别有新传《坯上篇》。士礼涧蓣未见此,别开生面傲前贤。"自注云:"清人藏堪舆书者惟钱牧斋,牧斋且精此学也。明中叶以来,堪舆学分两派,江西一派,徽歙一派。君所学略近徽派,盖得自熊渭川所授。熊为泾县朱叔陶再传弟子,朱氏藏书甚富,有《蛉石斋玄语》。其弟葆元季真著《听秋馆诗》。藏堪舆书者,北京槐荫山房有《古今堪舆书目》一册,其著人不详。"

潭水桃花静掩扉，吟余埏埴较粗肥。
癯儒不用伤瓠落，毕氏当年一布衣。

翟金生 西园

翟金生字西园，泾县人，居邑之西乡水东村。水东之水发源于黄山，与仙源、石埭诸水汇而为潭，上有桃林，李白诗"桃花潭水深千尺"者也。翟氏自明初迁居，震川先生与罗近溪、陈白沙游，晚年讲学于水西书院。宣、歙王学，震川为巨匠焉，西园其后也。西园屡踬场屋，薄游豫章。中岁杜门不出。好吟咏，擅书画。嘉庆初授徒于中天阁左鸣初家，卒年八十余。尝读《梦溪笔谈》，悟活字板术，乃范土为泥活字，竭三十年之力得字十万。道光甲辰以泥活字摆印所为诗，题曰《试印编》，包慎伯为之序。越四年，又印其族弟廷珍学博所为《修业堂初集》《肆雅诗钞》，又印黄爵滋《仙屏书屋初集》。咸丰七年又印《水东翟氏宗谱》。丙申效贤阁裴孝先得《试印编》见示，嗣为郑振铎持去，今在北京图书馆。其书仅六十四页，副叶背题"歙州翟西园自造泥斗版，半页八行，行十八字，黑口"。有"古歙州查氏收藏"印。查氏同邑查村人。余十一岁时，从家苹庭先生学诗，曾见其所藏泥活字《百韵梅花诗》，先生语余曰："乾隆间，吾族延翟耕墅先生于正雅堂书屋，授菉竹公读。岁阑，将散塾矣，大雪梅放，耕墅以《百韵梅花诗》为课。菉竹公年十四，两日诗不能完卷。耕墅怒，以砚扑其首，砚重首碎，扑地。耕墅恐，逾岭走，太夫人急遣人陟岭延归，具珍膳谢，且命菉竹公裹创下帷，一夕而诗成。耕墅喜，走笔亦赋百韵。当时所传为'双百韵梅花诗'者。菉竹公捷南宫，塞外扈从，上忽命赋百韵告捷诗。扈跸词臣莫能足百韵者，菉竹公依《梅花诗》韵从容赋献，为上所赏。菉竹公谓子弟曰：'此翟先生一砚之教也。'"西园为之摆印，字迹颇邋遢。苹庭先生下世已三十年，余春园闻已易主，活字本《梅花诗》今无由再见。即其人其事，邑中少年亦鲜有知者，其诗今本不能举其词，惟记五言排律，通首押四支韵，书此以为访书者告。西园所为泥活字，今犹有存者，闻中国科学院自然科学史研究室以三百金得数百字；历史博物馆亦得数百字。咸丰以后，吾邑宗祠祝文，亦有以泥活字印者，其法曾传入石埭、太平。后来无锡以陶活字印《时报》，其字型与泥活字略似。

翟金生

《自造泥版试印拙著自序》："粤自殷、周而上，唯传汗简漆书，秦汉以前，仅见刊碑铸鼎。然而钞从小史，恒云手腕多疲；录籍中书，常讶毛锥欲秃。自冯瀛王刊兹古籍，方布遗经；至沈存中著有《笔谈》，始传活版。刻胶泥而炼字，玉简方坚；按诗韵以分编，琅函此富。布置则闲以铁范，行间自画界分疆；黏连则膏以松脂，字里俱钩心斗角。金生下里寒儒，乡贤后裔，遗编蠹蚀，每嫌借读之烦，善本镌行，更乏开镌之力。自揣雕虫小技，幸逢昭代之休风，傥成刻鹄微能，亦博儒林之佳话。于是调泥埏埴，磨刮成章；制字甄陶，坚贞拟石。蜂采花而酿蜜，镇日经营；狐集腋以成裘，频年积累。联同雁序，串比鱼鳞。即三箧之亡书，惟愁纸贵；摹五车之古本，不虑毫枯。傥所谓书亿万言，韵入《千字》，兼收并蓄，待用无遗者乎？噫嘻！寸长可录，进献有心。九重云遥，升闻无路。口卅年之竭力，备阅辛勤；期一艺之成名，未甘湮没。表彰绝业，毋任遗集之幽沉；补缀残编，莫令古书之漫漶。特恐字如斗大，因试短章；更疑墨似鸦粗，先雠拙著。自惭细响，文词极类蝉吟；却喜成编，字迹非同蚓绾。篇内多之乎者也，将渐次以增加；卷中有亥豕焉乌，因从容而校正。傥逢诗社，可苍黄而扬韵士之风；如入艺林，即顷刻而布文人之业。是为序。道光甲辰夏月，泾上翟金生西园氏自序。

拙著编成，赋五绝句。《自刊》：'一生筹活版，半世作雕虫。珠玉千箱积，经营卅载功。'《自检》：'不待文成就，先将字备齐。正如兵养足，用武一时提。'《自著》：'旧吟多散佚，新作少敲推。小试澄泥版，重寻故纸堆。'《自编》：'明知终覆瓮，此日且编成。自笑无他技，区区过一生。'《自印》：'雁阵行行列，蝉联字字安。新编聊小试，一任大家看。'"

又《泥版造成，试印拙著喜赋十韵》："卅载营泥版，零星十万余。坚贞同骨角，贵重赛璠玙。直以铜为范，无将笔作锄。调音知系属，依样起乘除。奇字多全后，新编自试初。吟声惭类蚓，墨色喜殊豬。颗颗分还合，行行密复疏。凤楼成顷刻，雁阵列空虚。珠串传班马，珍藏辨鲁鱼。如逢进呈日，应向石渠储。"

包世臣《试印编序》："人惟患不好古耳，心好而力求之，积久则必有所成。吾乡翟西园先生好古士也，以三十年心力，造泥字活版数成十万，试印其生平所著各体诗文及联语。而误有所闻，谓世臣见闻差广，因其族弟玉山学博走使见示，并请为序。先生读沈氏《梦溪笔谈》，其泥印活版之法而好之，因抟土造锻，盖宋氏至今阅六百余载所仅见也。自五季有版本，书传始广，而宋版最工，然皆木而非土。惟日本有砖版，则抟土为之，精彩焕发如墨书，然全版非活版。

《笔谈》所载之法，至明中叶，活版之书始行于世，如赵用贤所刻《十子》，毛卓人初刻《廿家》、张天如《百三家》，皆以活版排印。然字画草率，书行歪斜，读者病之。康熙中内府铸精铜活字百数十万，排印典籍，日久被主守盗窃过半。乾隆中乃易以木，于搜购人间难见之书，多所排印，而民间从而大盛。近世则四川龙氏排《方舆纪要》于甘肃，湖南罗氏排《郡国利病书》于陕西，卷累数尺，然不及全版之善。惟常州活版字体差大而工最整洁，始惟以供修谱，间及士人诗文小集。近且排《武备志》，成巨观，而讲求字画，编排行格，无不精密。又底刻而面写，检校为易，以细土铺平版背，折归皆便。然排成版片，印及二百部，则字画胀大模糊，终不若全版之千万而不失真也云云。道光甲辰初冬。"

明堂宫室久纷纷，瓜议骊山转益棼。
不似传书铜板术，玻璃取影悉毫分。

熊罗宿译元

伦明《诗》注："丰城熊译元先生罗宿，为皮鹿门入室弟子。曾作《明堂说考误》，寻又以为非是。精研数十年，用算法制成小木块，以验其制。游沈阳，适遇拆城，谛视半日，因悟城制。又闭户覃思积年，绘出总分图一百余幅，每图附以详说，观者仍不易解也。余拟集同人请先生登坛讲解，先生允之，未几，病作，遂不起，盖心血已为明堂呕尽矣。或云：先生所绘图合平体不合立体，未审然否。先生精鉴别，兼工心计。积书甚富，余所知卖出之值已逾数万金。晚岁于故都设丰记书庄，又影印《旧五代史》、岳刻《五经》，俱获利。又败于江氏《音学十书》，盖印此书时，因图雇工购料之便，移家上海。又欲研求一更精更捷之法，诸工人皆待先生指挥，而先生午夜读书，至翌日午始起床，工人上半日皆不事事；又以款不足，奔走筹措，常数月不归；数月中工人俱不事事。数年书未印成，又须退回购预约者之原值，所借款皆有重息，遂至破产。先生居故都时，研求得一新法，系用影片粘钢板上，以药水浸之，取出如字刻木上，据云较石印工省，而先生是时境已大窘，不得一试。方研求之时，助之者有书庄伙计黄玉，至能传其法，亦无有试之者。先生殁后，遗稿并仅存之书归南昌图书馆，尚得三千金。其时与译元谈目录版本者，有吉水欧阳集甫。集甫自云为文忠嫡裔，聚书满屋，从藏园购得宋本《欧阳文忠公集》。"

则虞案：熊罗宿字浩基，号译元。江西丰城人。师从皮锡瑞，入南昌经训书院。后留学东瀛。归国后，主讲京师大学堂。喜藏书，卒后捐入南昌图书馆。创立"丰记书庄"校印书籍。著有《明堂图说》，刊即《历代文编》《音学辨微》等。

蝇头细字复多乖，书帕新添点石斋。
策论经题怀挟本，槐花时节满长街。

邱子昂　徐鸿复裕子

我国以铅活字印书，盖始于道光二十三年上海之墨海书馆，所印胥为教会图籍。用铁制印书车床，旁置有齿重轮二，以两人司理其事，用一牛旋转机轴。其书版式为活字或为泥胎烧成之铅版。当时人士引为奇谈，有诗云："车翻墨海转轮圆，百种奇编宇内传。忙杀老牛浑未解，不耕禾陇耕书田。"

石印印书法为一七九六年奥人施纳飞尔特所创。光绪二年上海徐家汇有土山湾印刷所，始以石印印宗教书，主者邱子昂及法人翁氏。光绪五年而有上海点石斋之设，主者英人美查，即延邱子昂为技师。姚公鹤《上海闲话》云："闻点石斋石印第一获利之书为《康熙字典》，第一批印四万部，不数月而售罄；第二批印六万部，适某科举子北上会试，道出沪上，率购五六部，故不数月而罄。光绪七年，粤人徐鸿复字裕子者，有同文书局之设，购备石印机十二架，雇佣职工五百名，翻印有《二十四史》《佩文斋书画谱》。江宁又有拜石山房之设，嗣是石印之书遍于海内矣。"

我国新法印书之术最早印书者当推墨海书馆，石印印书最早者为土山湾印刷所。邱子昂创设石印印刷局者则始于徐鸿复云。及光绪十年《申报》之图书集成局印《古今图书集成》，与开明书店、点石斋、申昌书局合并为集成图书公司，印《二十四史》《九通》《政典类纂》，皆不精也。光绪二十三年夏瑞芳、高凤池创商务印书馆，光绪二十八年俞复廉泉创文明书局，民国元年陆费逵创中华书局，新法印书蔚为大观，大辂椎轮，邱子昂，徐鸿复之功不可泯也。

字细行多眼不开，方壶缩入一斋来。
锦贉玉躞无人问，尽把侏儒当异材。

王锡祺 寿萱

《山阳县志》："王锡祺，字寿萱，清河诸生，世居山阳。性明敏，喜度曲，尤淫于书。工诗古文词，试辄冠其曹。尝编山经地志为《舆地丛钞》，都百十万言。又采前人未刊遗书著为《小方壶斋丛书》，自铸铅版印行之，一时纸贵。家故素封，有园林之胜，谈诗说剑无虚日。垂帘合坐，图籍纵横，丹黄不去手。见者比之玉山草堂，以是倾其资，客游落魄以死。"

吴涑《王瘦丹别传》："君晚号瘦丹。尝编《舆地丛钞》，分类别部，一续再续，都百十万言。又别采前人未刊著述印行之，统曰《小方壶斋丛书》，海内识字者莫不知有小方壶，小方壶之名与知不足斋、粤雅堂埒。丁俭卿《山阳诗征》，君又续编，视正编尤夥。其他单词片帙，罔不爬搜。昔人谓刊椠遗书比之掩骸埋胔，君殆无愧云。铅版始盛行，君所编以聚珍铅版印之。后又铸铅为板，印铅故以油墨不适于藏，且行狭字细，读者病之。余偶以为言，君谓木刻将供炊爨耳，铅尤可易资。铅费重而量巨，使如鲍氏、伍氏书之行宽字大，则板无庋阁处，未几君竟以铅板质诸质库，今尚存。当时君不以木者果幸而出于铅，犹得存什一于千百也。"

松关花坞照须眉，展卷无端悯有思。
俱是栖霞山下客，输君偏值太平时。

穆近文 大展

穆近文，字大展，一字孔成，金陵人，元和籍，布衣。少游沈归愚之门。工诗古文，嗜流略，精鉴别，多蓄三代钟鼎彝器，擅篆刻，橅秦汉印钵，入能品，而碑版尤精。尝获《晋右军将军王夫人墓志》于吴门短薄祠，影刻行世，几于乱真，性淡泊，不慕荣进，隐居阛阓，设书局自给。躬任剞劂，所刻书校写精审，风行海内，名与汲古阁埒。生于康熙六十年，卒于嘉庆十七年，年九十一。子廷梅君度能世其业，吴中书业至今承其风，称极盛焉。大展所刻书以写本刻最精，墨谑高藏，有《昭代词选》三十八卷，吴县蒋重光辑，乾隆经锄堂刊，卷后有"金陵穆大展刻字"一行，写刻极精。二为《金刚般若波罗密经》二卷，乾隆四十六年刊，前序有"吴门弟子穆大展沐手刻"，后跋有"吴门穆大展熏沐敬刻"各一行。三为《关圣帝君圣迹图志全集》四卷，长洲沈德潜增订，嘉庆七年苏郡全晋会馆刊，是书共二十五图，首图左角下有"吴门穆大展局镌"，末图左角下有"吴门穆君度镌"，各一行。图绘精致，刀法熟练，犹存明文林阁遗矩。

大展爱栖霞山松柏之胜，晚年筑隐庐山椒。春秋佳日，倘佯其间，极夷旷之致。余见其《摄山玩松图》，为娄东陆星山绘。星山名灿，字慕云，善传神，尝绘清高宗御容，称旨，赏赉优渥。画有士气，为世所重。卷高一尺三寸，长约四尺强，图绘古松七株，虬柯马鬣。矍跞夭矫，临风披偃，谡谡有声，若与鸣泉相应。其地盖栖霞小盘谷也。

余于丙子丁丑之岁往来吴中，每经白门，辄往游眺，展卷故能辨之也。立松下戴笠笑睨者为大展，长身鹤立，貌清癯，双目炯炯有神，一小童撰杖侍侧，貌极谨愿。松石淡墨渲染，松身及岩石侧面略用淡赭渲。人物铁线描钩勒简净有筋骨。衣服淡着色，书风近曾波臣。图作于乾隆三十三年戊子，大展时年五十六岁。前额沈德潜隶书五大字。另纸题跋，为陈宏谋、汪志伊、谢墉、沈德潜、彭启丰、王昶、钱陈群、秦大士、钱汝诚、张泰开、王鸣盛、薛观光、蒋谢庭、介玉涛、蒋熊昌、李棨、陈景良、戴奎、葛正笏、史尚确、彭绍升、张大金、张其炜、吴贤、顾惇量、顾宗泰、应澧、陈鸿绣、韩锡胙、孙登标、金祖静、陈兰森、袁鉴、袁枚、张凤孙、张埙、严长明、吴文溥、王玠、钱坫、毕泷、毕沅、毕溥、蒯谦吉、张复纯、王文治、谢鸣篁、黄轩、李廷敬、王杰、杨凊、蒋元益、宋思仁、钱大昕、沈沾霖、刘墉、蒯嘉珍、徐昌期、季惇大、毛藻、毛怀、蔡九龄、吴友松、熊枚、舒怀石、段琦、许宝善、范来宗、尤维熊、邢佶、沈起凤、甄辅庭、潘奕隽、舒位、王昙睿、石韫玉、单沄、李翃、王赓言、康基田等八十一人。乾嘉名流学者，名公巨卿，十居八九，极一时之盛，可备书林掌故焉。

易是千篇一字难，乌丝宛转九还丹。
捻髭谁识推敲苦，试问当年刘子端。

刘子端

《雪桥诗话》："嘉兴东门外有刘子端者，剞劂老手也。《荛古斋集》是其写刻。亲见手稿改易甚多，行间字里旁行斜注，几有不可认识者。刘尝为黄退翁言如此。退翁子霁青太守谓此段世无知者，题一绝，志之云：'率意小心论不同，凭何辛苦证诗翁。晚年手稿皆涂乙，须问当时老劂工。'"

饶写陶刊妙入神,卷中墨浪照麒麟。
范金字字皆精绝,天水平阳巧夺真。

陶子麟

陶子麟,亦作子林,湖北黄冈人。清季名家若江阴缪氏、贵池刘氏、南陵徐氏、乌程张氏、吴兴刘氏,景仿旧椠,多出其手。又陶之邑人曰饶星舫,专工橅写。饶书陶刻,盛名一时。

星舫又名香舫,陶湘《百川学海序》云:"星舫曩客艺风,多识古籍。与湘游亦十稔,所刻诸书,皆出其手。《儒学警悟》,亦其一也,而于此用力尤勤,不图杀青未竟,遂归永夜。"陶心如有《悼星舫诗》,注有云:"饶写日可得六千字,其捷尤为惊人。"

《缘督庐》庚戌二月十一日记:"邮局递至徐积余观察所赠《随庵丛书》共十种,皆仿宋元刻,皆有'鄂省兰陵街陶子麟锓木'字,始知子麟为梓工。刘聚卿仿宋本亦皆出其雕造,精美相埒。吴中无此良工也。"

乙卯三月廿二日记:"得益庵一涵,告陶子麟到沪。陶为鄂渚手民,善仿宋,精妙不弱于东都。翰怡延之来刊《四史》,先以拙稿《邠州石室录》付之,为发轫之始。"

《适园藏书志·经进东坡文集事略题志》云:"沔阳田复侯在日本得岛田旧藏六十卷,完善无缺。复侯在鄂交陶子麟影刻,革命骤起,分写分校诸友各自乱窜,书遂遗失不全。"云云。

子麟于活字之镌铸尤有功焉,先是宣统元年上海商务印书馆创制二号楷书铅字,倩江湾徐锡祥镌刻字模。至民国四年,该馆更聘子麟镌刻古体活字。子麟以《玉篇》之字体用用照相方法直刻铅胚,数经寒暑,始成一号及三号古体活字二副。后乎此者,民国六年庄有成亦以宋精本,创制仿宋活字。又钱塘丁氏仿宋精刻欧体活字,倡制聚珍仿宋活字,古雅可与宋椠相埒,排印《大观录》《习苦斋诗集》《居易堂集》。民国八年海陵韩佑之创制仿古活字,初拟以宋牧仲《西陂类稿》之字体为蓝本,嗣以《类稿》中可为字范者只二千余字,于是改用宋元精椠书字为范,创制仿古活字(近年贵州文通书局造活字,字体在邵亭、濂亭之间,亦殊雅致)。

两字功名误士流，义疏废尽只高头。
人生一第何轻重，甘涸书佣老越州。

沈复粲麟士　**沈怀祖**素庭

宗稷辰《躬耻斋文钞·沈霞西墓表》："乾隆中，东南收缴禁书，吾越相戒无藏笥。士竞趋举子业，故科目盛而学术微，其以余力读古书者百不一二焉。独沈氏三昆隐于书肆，反得究心于学。三昆其季子有志希古，因之得名龙山九老中，所谓霞西翁名复粲者也。君幼时贫不能事科举，比壮且老，所博览甚富，以书田之获，默务收藏，盖积万卷者倍蓰，数十年搜讨几遍。"

又云："霞西与两兄隐于书业，肆力于经史百家，收藏至数万卷，于大儒、大忠孝尤爱重。残文只字，护惜如异珍。与同里杜尺庄三昆仲辑成《蕺山刘子全书》四十卷，复自辑《刘子书补遗》二十四卷，更与诸杜校刊《忠敏文集》，又辑《王门弟子渊源录》《施忠愍集》《徐文长遗事》，晚年列龙山九老会，称霞西翁。"

《雪桥诗话》："霞西翁越州沈氏，名复粲。隐于肆，博极群书。所综录遗籍甚富，如《越中金石广记》《诗巢》《香火证因》《朱太守事实》《于越诗系》《娥江诗辑》《遂武侯志》《沈氏古今人表》凡数十种。子昉，字寄帆，越缦先生为沈寄帆题照，即送其作《尉江南》云：'尔翁江东沈麟士，穷老钞书八千纸。良田广斥收秘藏，手挈琅嬛付孙子。'"

《五十万卷楼藏书目录·宋大诏会集题记》云："此帙前有'沈氏复粲'朱文章，盖山阴沈氏物也。沈氏三昆季隐于书肆，其季复粲，字霞西，尤笃志好古，于明季残文剩事，尤珍秘。以哭兄致疾卒。同时杜征君哭之，哀曰：'斯人没，而越中耆旧尽矣。'"

萧穆《记章氏遗书文》有云："光绪十七年辛卯冬，晤章氏族裔章小雅处士善庆于上海寓所。小雅好古，藏书颇多。十二月朔日，同诸暨孙问清太史廷翰往访小雅，观所藏各古书善本，中有旧钞《章实斋先生遗书》三十四册，为其乡人沈霞西家藏本。沈氏藏书数万卷，约直四万金。后其人亡，家落多散之扬州等处。此遗书乃留落绍兴本城某书坊，以洋银百元得之。又逾年，其书坊云尚有遗书八寸，索值二百元。小雅以彼时囊空未应，且未索观此八寸之书何以云云。余彼时先借四册阅之，至次年壬辰夏秋间，随时借阅三四本，且录其要者四五册。是年小雅亡，无妻子，身后书物归其兄石卿大令寿康云云。录此见霞西书散出之一斑也。"

则虞案：复粲书至道光间散出，多归杨鼎。见赵之谦《仰视千七百二十九鹤斋丛书序》。《鸣野山房书目》传钞本八册，北京图书馆藏，清华大学、燕京大学（今北京大学）亦有此钞本，与传钞本祁理孙奕庆《藏书楼书目》悉同。理孙字奕庆，祁孙之兄也，然澹生堂祁氏兄弟无名鸣野山房者，奕庆为理孙字，明人无以己字为藏书楼名者，此盖作伪者以沈书托名为祁以自重耳。燕京大学沈目前冠《霞西墓表》，又目内所藏与散见各家书目所载沈氏之书亦多相合，又其证也。

又案：《徐正字文集》顾沅《跋》云："山阴沈霞西精钞本，绍郡获此，如得奇珍。"鸣野山房藏书现藏于崟山图书馆者有《诚斋易传》《春秋属辞》等数十种。又，南京国学图书馆有沈启溶《鸣野山房书画记》，则鸣野山房不始于复粲，特至粲而著耳。

藏印有"鸣野山房""霞西手钞""山阴布衣""手钞书卷是家财""子孙永宝"。

王继香《沈怀祖传》："先生氏沈，讳怀祖，更名玉书，字素庭，号芋荪，越之山阴人。沈氏世以书为业，自其祖行抱残拾遗，博搜精鉴，家渐以饶。每得善本，兄弟三人各藏其一，余则始售诸人。其叔祖霞西老人，耄学富著述，而石楼太翁，复世其业，藏书数万卷，于是沈氏味经堂之名籍甚，浙东西博雅之求书者，道相属也。先生锐意博览，穷日继夕，孜孜以校勘著述为事。至如传刻之源流，板本之精粗，卷第之足阙，靡不胸罗目了。先生行己以俭，生平无他嗜，所嗜唯书，修脯所入，悉以易精椠。凡积数箧，丹黄烂然，三十三卒。遗著有《同书》，附《补同书》八卷，《常自耕斋诗稿》四卷，其余《味经书屋文稿》《散花室随笔》《宋四六话补》皆未竟。"

睦亲曾是宋时坊，留得君家萱草堂。
戒养补亡诗一首，至行应为愧冠裳。

沈宇普 雨溥

《杭郡诗三辑》："沈宇普，字雨溥，钱唐人。家綦贫，母老病，起居需扶掖。晨起为母栉沐，市糕饵供母。始坐斗室，缀缉残帙以易升斗。日加午，执爨饲母。遂挟赀游坊肆间，见断编蠹简，辄贱易以归，篝灯缀缉如故。历数十年如一日。母殇，敛葬尽其力。久之，列肆于百福巷，即宋睦亲坊陈道人书棚故址也。排架数十，丛残充栋，精椠秘钞，间一遇之。每书评有定值，每两准钱三百。购书无待较论，以是好古之士咸乐趋之。雨溥又熟故家遗事、古籍源流，津津以道，听者忘倦。故书中夹有名流诗笺尺牍，随拾随褙，积成卷册，易酒以自娱乐。年七十余，以寿终。有《书肆十咏》。"

《善本书室藏书志》："沈氏设书肆于弼教坊，人以睦亲坊陈道人比之，皆百余年耆旧。"

藏书印有"沈雨溥藏书印""堂村沈雨溥藏书印""堂村珍赏"。

落照边关奈若何,铁肩归骨补蹉跎。
桓公且莫疑糟粕,自古书中孝子多。

王兴福

《雪桥诗话》:"书贾王兴福者,抚州东乡黎墟里人。父槐瑞习贾,佐族弟某贩瓷器于都门。弟殁,尽售其货载榇还。以子母悉归弟妇,挈妻及一子一女至武昌。岁壬戌,贫窭日迫,远出莫知所之。兴福甫三岁。迨年十七,开书肆以养母。既受室,白母欲寻父。行有日矣,母病卒,归葬东乡。其族瑞川贾于滇蜀之交曰会理州,兴福邮讯父消息。戊子冬,得复书,知于庚辰冬殁于永北,距会理山七站,瑞川为营殡于白盐井官山。兴福间关抵会理,居三日,瑞川殁。遇中表某指示父殡,函骨回里,与母合葬。时道光庚寅四月也。"

《十朝诗乘》广丰徐白舫《题诗王孝子传》后有云:"行行那顾旅囊空,甘掷儿躯瘴海中。夜泊君山神示梦,平安助汝满帆风。鬼啸荒山白日迷,负骸安稳返江西。一坏合葬松楸侧,月落双乌不住啼。"盖备尝艰瘁中有神助,途次资斧乏绝,一杨姓商资以金乃得达。不图孝行义声,并出廛阓。

补天绝技隐双门，行格谁推宋版孙。
话到《容斋》六七笔，灵鹣身世不堪论。

骆俊森 浩泉

骆俊森字灏荃，又号浩泉，又号度完，花县莲塘乡人。年及髫，随父翰墨园习书业，复从事阳江盐务，后复营万卷楼书坊。至清末，与其昆季合营登云阁。所刻书版，倭陷羊城时始烬。登云阁无继者。

刘成禺《广州杂咏》自注云："登云阁原名翰墨缘书棚，主人骆浩泉年七十余，幼从曾湘乡、莫独山诸家贩卖旧籍。眼见北宋本二百余种，辑有《板本格式》二十本，盖账簿也。为江建霞携去，据撰《宋元明本行格表》。谈论古本及前哲逸事，终日不倦。补缀画线，如天衣无缝。自云曾文正诸公亦称为绝技。骆又云：剑霞来粤应汪柳门督学阅卷之聘，月修三十金。余得南宋本《容斋》六笔、七笔，向来书目未著录，剑霞以三百金购之。情色恳切，只能备百金，予与剑霞至交，遂约每月由修金内交廿金，十阅月交齐，先为垫付售者。剑霞死后，书籍荡然。己未岁，予谒王巽之师，谓师与剑霞先生至交，当见此书。师云：'剑霞此书秘不示人，予仅略观版本大概。其家卖书，予颇欲往购此本，不忍而止。今不知流落何所矣。'又云：'叶名琛督两广，迎东卿先生就养督署，署中人尊曰相父，虎坊汉上所收藏者大半携行。初瀚臣赴粤，东卿先生屡获仙梦。抵粤宴于三元宫，恍类梦时所见。三元宫者，观音山下名观也，东卿长居是观祀仙，额曰长春仙馆。其携来旧藏书尾，有朱印'道光甲辰自京寄楚，咸丰壬子由楚寄粤，再阅一过，仍复寄楚。叶志铣识于两广督署'者，皆瀚臣被掳后粤中散失之本也。当叶事败，东卿有书二十箱，存某戈什家中。书贾知中有贵物，集六千金公购之。戈什与书贾约，售三百金一箱，交价后方准开箱，各凭采运。开至第十七箱，尚不及三千金之价，群贾愕然。开至第十八箱，皆元明本，则购价已偿，开至第十九箱，皆南北宋本，加贾三倍，群贾大喜，相约如开至二十箱仍系宋元本，则案股均分，如系名人书画金石碑版，需大醵谢神。箱开，所储尽宋元明清名人画册、法贴、汉唐金玉之属，所值不下三万余金。此翰墨缘主人骆浩泉眼见详说者。"

伦哲如云："宣统间日本人刻《郘亭知见传本书目》，未几，邵伯絜刻其祖位西先生《四库目录标注》，二书无甚同异。忆余壬寅来京师，从陈子砺先生借钞《四库书目略注》云得之李若农侍郎。嗣于琉璃厂书肆屡见之，皆非新钞。据云老辈相传，不知作者何人。乃知侍郎殆从此迻录，而莫、邵二公亦如是耳。"

选胜浮江识景开，打碑居肆亦奇侅。
红桥璧月应犹在，词客重来只七哀。

杨伯龢　柳建春

况周颐《选巷丛谈》云："小东门卖书人刘髯，平山堂打碑人方髯，与杨伯龢为扬城三绝。"又云："文枢堂书肆主人杨伯龢，稍涉目录之学，乐与名士游，有都门厂肆大贾风。晨夕过从，往往清谈移晷，不闻世俗之言。客扬二年，斯人如蜀冈杨柳、红桥璧月矣。"

陈乃乾《上海书林梦忆录》："博古斋书肆新得莫友芝藏书，插架亦富。主人柳建春，苏州洞庭山人，外号人称柳树精。勤于搜讨，富于经验，且获交于江建霞、章硕卿、朱槐庐诸前辈。习闻绪论，遇旧本书入手，即知为何时何地所刻，谁家装潢，及某刻为足本，某刻有脱误，历历如数家珍。家本寒素，居积致小康。每得善本，辄深自珍秘，不急于脱售，有阿芙蓉癖。夜深人静时，招二三知音，纵谈藏家故事，出新得书欣赏传观。屋小于舟，一灯如豆，此情此景，至今犹萦回于心也。影印大部丛书，博古斋实开其端。所印有《士礼居》《守山阁》《墨海金壶》《拜经楼》《百川学海》《津逮秘书》《六十家词》多种。殁后，其子元龙，初则广置田产，欲退作富家翁。忽而变计，为长斋绣佛。神仙富贵，莫衷一是。以致妻子下堂，伯道无儿。曾不数年，隳其家业矣。"

则虞案：余在吴门来青阁杨寿祺处识柳树精者，时新得到卢抱经校本《春秋繁露》，余谓为过录本，柳则目为抱经亲笔，余举误字缺字为质，乃悻悻抱书去。杨告余曰："彼固知为过本，以君年稚，聊以为试耳。"并言其年少事甚悉。江建霞官编修时，赁屋西斜街（余进京后亦居住西斜街），柳为装补书，往来费𣏾怀家，两家之书多经其装订修补。西蠡书散，亦出其手。其人遇事留心，尝将宋元善本、名家斋室名，撰为歌括，一似医家《汤头歌诀》者。又收集宋元明印书纸数百种黏为一帙，叶缘督题记其上，郑大鹤亦亟称之。

补刻琅邪报本初，醇风不似俗情疏。
西华道上孤儿㧊，此辈何曾未读书。

周永德 达三

《华阳县志》："周永德，字达三。其上本金溪旧族。祖舒腾，以赀贾成都，创设书肆，永德乃执业书肆中，遂籍华阳。自少至老，终日手不释卷，大通目录版本之学，由是书肆中人人知有周达三矣。"

廖平处士《华阳周达三先生墓志铭》："华阳周君达三与余为四十年老友，任志古堂经理。刊汲古阁本《说文》，成都学士得购《说文》自此始。会张文襄公督学四川，提倡《说文》之学，创设尊经书院。时江苏目录大家艺风老人缪君荃孙因冒籍停科留川，张文襄《书目答问》闻艺风实左右之，助其编纂。达三因时过从，故晚年目录之学别成一小宗。自光绪五年至二十七年，凡隶尊经籍者，无论先后皆从达三游。自旦至暮，宾客常满。达三博闻强记，于题跋口祢而笔述之。一时讲学家或初见异书，未识门径，或偶而遗忘，借诵于口。或借减增，益高谈雄辩。此三十年中蜀学之盛比于齐鲁，虽诸贤之自立为不可及，而达三补苴提掣之功，不可没也。"

骆成骧《清漪楼杂著》记周达三先生云："周达三先生，蜀中隐君子也，佐志古堂书肆，始于无间，当世谓托孤寄命之武乡侯也。蜀僻远少书籍，先生择要刊行，并广购省外各本。蜀学之兴，先生功不在吴勤惠、张文襄下。先生日手一编，尽得群书要领，凡尊经群彦皆乐赏奇析疑。自先君子暨余读书成都，中往还者五十年，皆有赠遗。晚岁辞四川总商会长，卒年六十有七。"

言版本源流，莫不首称西蜀，明季以后，无复旧观，至乾隆间犹复不振。当时川中书籍悉自江西运至，成都书肆皆赣贾。嘉庆间，有所谓"经元八家"，"经元"者，以经元字名其肆，若肇经堂、耕经堂、经余堂、一元堂、三元堂、玉元堂，其地即于今之学道街。当时结棚以居，至今犹有"雨棚子"之称。肇经堂于抗日战争时犹存。永德之父，道咸时，创尚左堂，其徒王益三别设志道堂，永德依益三学，业大振，复增设志贤堂、翰缘堂、志古堂，而以志古堂为之枢纽。益三殁，子秋帆幼，托于永德，永德抚之成立，因精刻《武侯集》以拟托孤之意焉。又刻王应麟《玉海》、王夫之《读通鉴论》、王鸣盛《十七史商榷》，《天壤阁丛书》单种，以及王氏《外台秘要》，皆王氏所著书，以寿其主。其行亦可风矣。

《郘亭书目》字新排，旁抹眉批订纰差。
曾记老韩驼背影，移灯闲说会文斋。

何培元厚甫　　**魏占良**殿臣

伦明《诗》注："会文斋主人何厚甫，于所见古书必详记其行格序跋，积十余册，有出诸家书跋藏志之外者。尝从内监手得宋本《备全总效方》四十卷，前绍兴二十四年四月二日左朝奉大夫知平江军府事提举学事、兼管内劝农使、溧阳县开国男、食邑三百户、赐紫金鱼袋李朝正书序，每页二十行，行十六字，鱼尾下有刻工姓名，曾经季沧苇、徐健庵家藏，有'季印振宜沧苇''乾学徐健庵'诸印，不见诸家著录，盖孤本也。厚甫秘之，不以示人。厚甫殁，其子介文友堂售于日本，得值七千金。叶焕彬来故都，与厚甫谈版本相契，《书林清话》道及之。焕彬尝手批《书目答问》以赠。"

《广东藏书纪事诗》注："顺德辛孝廉仿苏尝挟十数万金游京师，狎优结客，旁及古书，与何厚甫最洽。厚甫新得当湖刘铁云家书，其佳本多归之。"

《王仁俊日记》八月初七日记云："至琉璃厂书碑店竟日，至沙土园文昌庙二旁书店，其左首书店主何姓号厚甫，其人颇认识用功人。"

则虞案：培元《经眼书目》，见《书林清话》引，有钞本。其批本《郘亭知见传本书目》余有过录本。培元将平时所见善本、古本书籍详记其行款、序跋有十余册，有不少为藏书志之外者，可谓书林中用心人矣！

孙殿起《琉璃厂书肆三记》："何培元，字厚甫，衡水县人。光绪二十二年开设会文斋，在文昌馆内。识板本。至民国十年聘李善祥字福卿经理。二十余年，易培元侄何建刚经理。凡五十年歇，近易吉珍阁。又魏占良，字殿臣，魏占云，字宇翘，冀县人，光绪八年设文友堂，多板本书。交易年深者若双鉴楼傅氏等，经营六十余年，近易文禄堂。"

则虞案：琉璃厂为南北藏书家聚散之处，可观兴废。兹附艺风老人《琉璃厂书肆后记》，及王捍郑手稿本《琉璃厂书肆表》于此。

《琉璃厂书肆后记》："益都李南涧大令《书肆记》，成于乾隆己丑。时四库馆开，文士云集，四方书籍，聚于辇下，为国朝极盛之时。余同治丁卯上公车，至厂，李氏所举数十家久已不存。至光绪丙子通籍，供职京师，十九年甲午，与掌院徐中堂不合，投劾出都。己亥，购方柳桥书，留一月，未销假。宣统庚戌复应图书馆监督之征，留京一年，而国变矣。四十余年，暇辄与书估为缘，综计前后，为《琉璃厂书肆后记》。厂东门外路北一铺曰文光楼，石氏，丙子年颇有旧书。余专搜其单本，得百余册，皆不经见之书也，价亦极廉。入门路南文宝堂，曹氏。路北宝文斋，主人徐氏苍匡，年六十余，目录之学甚熟，犹及见徐星伯、苗仙麓、张硕舟、何子贞、子愚诸先生。时说轶事，藏书志书最多。六世祖《定海县志》《江阴蔡志》《陈志》，均购于是肆。韩心源其徒也。路南有善成堂，饶氏；大文堂，刘氏，皆江西人。再西二酉堂、聚星堂，皆旧记之书肆。聚星不久即收，二酉或云即前明之老二酉，或云非是，袭其名耳，均未可知，然皆无旧书。再西则宝华堂、修文堂，均张姓，均能鉴别良楛。再西，则翰文斋，主人韩心源，受徐苍匡之传。先得益都李南涧藏书，再得内城李勤伯藏书，琳琅满目，自摆摊至开铺，自小铺拓广厦，不过数年，已与至大之书铺鼎立。余之宋元本大半韩为搜得，即《宋会要》亦得之此肆。不幸早世，其子子源继起，亦有能名。再西为正文斋谭氏，翰文之徒，庚子乱后最有名，藏不全宋本数十种，种留一帙不售，云将留之以教生徒，有心哉！不幸早殁。其徒刘能继起，旋亦化去。路北有宝名斋，主人李衷山，山西人。才具开展，结交权贵，为御史李璠所纠，发配天津。汉阳叶氏藏书归之，装潢最佳，穆宗重装天禄琳琅书，由内务府发该肆。旧面护叶，予检得不少，饶有古香。又西而南，沙土园口，有书业公所，书贾租屋，鳞集栉比。前有勤有堂，杨氏维舟颇识旧书，为余购书极多。再西路北，则书业堂崔氏，山西人，门面极小。明刻《宰辅编年录》《桯史》《司马元兴志》，元石拓本，得于此肆。再西则肄雅堂，肆主丁子固，得崇雨舲之书，先为湖南方柳桥收购旧籍，柳桥殁，又捆载其书来京售之。善装潢，与宝名同装《天禄琳琅》者。焰张甚，后因官事受责，意气熠矣。再西为厂桥，桥之西路，南则萃文堂常氏，文琳堂马氏。益文堂魏氏，昔年常走河南。予得其旧钞《书画史会要》，元板《礼记集说》，均极精。再西，酉山堂李氏，会经堂刘氏，文贵堂魏氏。再西，则宝森堂主人李雨亭，与徐苍匡在厂肆为前辈，曾得姚文僖公、王文简公、韩小亭、李芝龄各家之书，所谓宋椠元椠，见而即识；蜀板闽板，到眼不欺。是陶五柳、钱听默一流。一日，手《国策》与予阅，曰：'此宋板否？'余爱其古雅而微嫌纸不旧，渠笑曰：'此所谓捺印士礼居本也。黄刻每叶有镌工名字，捺去之未印，入以惑人。通志堂《经典释文》《三礼图》，亦有如此者，装潢索善价，以备配礼送人者，慎弗为所惑也。'路北有旧书李，时有零星善本。有文华堂，曾得彭文勤公之书。再西路南，有宝珍斋吴氏，宝经堂魏氏，同雅堂乔氏，同好堂阎氏，皆有旧书。再西则厂西门，书肆尽矣。其中有搢绅铺、刻板镌碑铺、骨董铺、法帖铺、装潢书画铺、南纸铺。三里长街，他铺甚少，亦为日下之盛事。城内隆福寺街，昔年有三槐堂王氏，同立堂乔氏，曾得介休杨氏书。聚珍堂先名天绘阁，刘氏，宝书堂口氏。至庙会书摊，慈仁寺久已无之。后护国寺，隆福寺东西两庙会，虽无古书，尚有小摊，今则并摊俱无。厂东门火神庙，正月三日至十六日庙会，从前四大家，一宝森堂，一同立堂，一三槐堂，一善成堂，后各家均败，止有零星小摊，无复牙签锦䙓，留人寻玩矣。旧友日日来厂者，朱子清、孙铨伯、黄再同、沈子培、子封、徐梧生。若盛伯希、王廉生，间或一至，来则高车驷马，未及门而已知。至潘翁诸老则专侯厂友之自送，罕见阅肆。伯希辞官以后，探得打磨厂兴隆店外来书贾货车萃焉，五更开市，各书陈列于地，论堆估值，厂友悉趋之。伯希时时襆被往宿，遂得宋本七十卷之《礼记注疏》《杜诗黄鹤注》，旧钞《儒学警悟》。余因伯希而往，亦得旧钞《武溪集》《类编长安志》。同日子培得马天祺造象原石拓本。后余又得宋本《范文正集》，元本《柳道传集》，正统本《苏平仲集》，价廉于厂肆，近无此事，店亦无矣。"

附录："余辛亥出都，遁迹海上，忆昔太平盛世士大夫之乐趣有与世人异者，因为《琉璃厂书肆后记》，为李南涧大令之继。甲寅秋日，重作京华之行，时时阅厂，旧肆存者寥寥晨星，有没世者，有闭歇者，有易主者，而继起者亦甚众。则后记已可与李记同作宣南掌故矣。因全录书铺名目，以志今昔之感。厂东门外路北有文光楼，石氏旧铺。入门路南，有宏远堂赵氏，主人名聘卿，得正文斋谭氏残余，据为奇货。再西有修文堂黄氏，曾有宋本《徐节孝集》三十卷，绝精，传是楼旧藏也。又文宝堂曹氏旧铺。路北，有晋华书局孔氏，为谭正文之亲串，亦时时有谭氏书售出。再西，有文益书局张氏。路南，有有益堂丁氏，荣禄堂丁氏、松筠阁刘氏、槐荫山房马氏、二酉斋傅氏旧铺、宝华堂张氏，亦旧铺。文盛堂刘氏、翰文斋韩氏，韩子源书甚多，兼售字画。再西，则孔群社张氏、文友堂魏氏，书最多。余之明板《二妙集》五卷本、《说文篆韵补》，均于此肆得之。肆雅堂丁氏旧铺。再西，有直隶书局，曾有宋本《范忠宣集》二十卷，元本《溥南遗老集》四十五卷。厂桥以东之书肆尽于此矣。越桥而西，路南有文琳堂马氏、萃文斋常氏，均旧铺。又有宏道堂程氏、来熏阁陈氏。路北有维古山房崔氏。路南有善成堂孙氏、会经堂刘氏，均旧肆。文雅堂郭氏、保古斋毁氏、袁抱存之北宋本《北山录》得于此肆。再西，有同古堂张氏，本为墨盒铺，兼售旧书，得曲阜孔氏、潍县郭氏两家之书，旧椠精钞，灿然盈架。袁抱存之真宋本白文《八经》得于此。路北有修本堂岳氏，路南有会文堂刘氏、九经堂刘氏、鸿宝阁崔氏。再西，路北有文英阁丁氏。路南有鉴古堂郭氏，余之《陈拾遗集》得于此。又有述古堂于氏。路北有玉生堂胡氏，路南有文焕堂赵氏，路北有敬业堂丁氏。桥西之肆至此而止。

再西出厂西门，同好堂阎氏旧肆仍在焉。石印本、铅字本、天然墨，触目皆是，世风之变日趋日下，不知所止矣。"

《琉璃厂书铺表》

路南（自东）	铺名	铺主（姓名籍贯）	售书大概
一	蔚文堂		广板书籍，又殿本。
二	宏远堂	赵聘卿（精于医道）	上洋石印、南省新书。
三	名德堂	王先生（江西人，故妾经理）	京师临明小市零本书籍。
四	文宝堂	曹（光绪乙亥改光普）	江西、湖南书籍。
五	同文山庄		时务各种石印书。
六	鸿文书局	刘建卿	同上。
七	荣禄堂	丁韵卿	缙绅石印南书发兑。
八	有益堂	邓蕴山	新旧各种书。
九	聚好斋	魏大筒	自刻仿格翻刻各种小书。
十	福润堂	汗巾王	善成堂饶松甫铺底，专配各种残书。近王汗巾每日上朝卖太监人等书画。
十一	博文斋	王柳亭（三河人）	专运上海石印各种书籍。
十二	槐阴山房	马老胆	自到上海各店专收陋货，大得其利。
十三	二酉斋	张翼卿（徐明府弟子）	专刻读本经书。
十四	荣禄堂	刘老西	精揸绅南纸张。
十五	宝华堂	张五珂（号松嵩）	南省各种精本石印书籍。
十六	修文堂	王蔴子（后归张宝善）	湖南板各种石印书籍。
十七	翰文斋	韩星垣（子子元）	宋元明板各种名人家藏书籍。
十八	正文斋	谭笃生	仁观庙前书栅经籍铺。
十九	龙文阁	傅蔴子（子三人）	南省毛篇，今改石印书籍。
二十	宝仁堂	张蔴子	同上。
二十一	文友堂	老魏（二子老殿、故三子雨樵忠厚，孙三人，比前辈有能）	各种新旧石印书籍。
二十二	肆雅堂	丁子固	专收内府精本，自运广东，大得其利。

路南(自东)	铺名	铺主(姓名籍贯)	售书大概
二十三	文琳堂	马飞卿	新旧书籍。
二十四	宏道堂	程不多	版权得利,石印书籍。
二十五	奎文堂	魏姓	本朝新旧书籍。
二十六	文富堂	刘华轩	自到南省收名人家藏精本,各种书籍发行。
二十七	善成东记	王六、孙茂卿	四川新书运京发兑。
二十八	会经堂	程岷山	

西首第一(自西)

第一	同好堂	阎姓	
第二	同雅堂	乔茂轩(今改师姓)	直省考棚为业。
第三	宝珍堂	吴兰田	同上。
第四	宝经堂	程姓	
第五	宝森堂	李老手(精于板本,士人称之)	
第六	文贵堂	老魏三(今歇业)	
第七	西同文	江西人(同治初年歇业)	
第八	本立堂	刘星五	

不嫌善贾与居奇，却解囊珍酬凤知。
今日书人风调尽，秋声门巷立多时。

谭锡庆笃生　韩星垣

沈宗畸《便佳簃杂钞》："海王村人物，书肆主人于目录之学，光绪初宝森堂之李雨亭、善成堂之饶某，其后则有李兰甫、谭笃生诸人。言及各朝书板书式，著者刻者，历历如数家珍，士大夫万不能及焉。南野曰：'书贾精目录之学者谭笃生外，有韩左泉。'谭为正文斋主人，韩为翰文斋主人。谭无子，逝后店随闭。"云云。

伦明《诗》注："正文斋主人谭笃生熟版本，光宣间执书业之牛耳，惟好以赝本欺人。又内监时盗内府书出售，因以起家。殁于壬子，无子。歇业后，剩余之书由其戚孔某在文昌馆封卖，凡三四次始尽。"

《王仁俊日记》八月初一日："晨至沈子封处，遂同至厂肆。由西口步行至正文，依次访书。为言翰文旧主韩星垣魄力甚大，收藏亦多。往往遇熏书者所购，多不与之计值。逢节每家付账，而与之往来者数十家，并不折阅。今韩小元则瞠乎后矣。"

《群碧楼善本书录序》："京师助余收书者谭笃生、何厚甫，助余弥勤，皆一时厂肆之表表者也。"

《寒瘦山房鬻存善本书目》："余自耽典籍，即知《大典》本薛《五代史稿》每条皆注所出，及武英殿刊行，始悉去之。惟聚珍版尚存真面目。《郁华阁遗书》出，书友谭笃生与其友赵姓复以贱价捆载庋厂肆一近巷中，在丛残中抽得此册，大喜过望。因与之约，留三月不能有，然后市于他人，笃生竟慨许之。及秋，笃生病痢将死，则语其家封存以待，勿失信也。笃生在京估中号为精黠，然于此书，独为余守皦日之盟，世之负然诺者，对之殆有愧矣。"

正闇又云："余与笃生交六七年，笃生拾伯羲祭酒绪余，颇能鉴别古籍，谈论娓娓不倦。虽论价倍于常贾，而为余致毛钞《宋人小集》五十册，间关奔走，力劝收藏，其谊实不可忘。笃生死后，厂肆识古书者又弱一个，足为商量旧学者加痛惜也。"

又云:"笃生依附名流,颇识名人校本手迹,故索值常巨。近笃生死将十年,书直愈昂,而能辨别者尟矣。笃生不独识古书,兼爱古书,以今日收书者较之,殊与笃生嗜好相左。盖世之叶公多而好真龙者益无几耳。"

孙殿起《琉璃厂书肆三记》:"谭锡庆字笃生,冀县人,光绪二十五年开设正文斋,所藏多古本精钞、家刻之书。惟往鱼目混珠,略有失神,必受其骗,盖仿旧钞本为其特长也。经营二十余年,歇后易孔群书社。"

志稿编摩几十春，如何直笔失移薪。
彩云易散琉璃碎，功罪千秋一美人。

孙殿起耀卿　**王文进**晋卿

谢兴尧《书林逸话》："通学斋孙某曾受其东家伦哲如之薰陶，著有《丛书目录拾遗》《贩书偶记》，极具价值。"

《贩书偶记·略例》："非原本不录。见于《四库总目》者不录，有之必卷数互异者。"然《偶记》误将《日湖渔唱》置列王半塘、叶衍兰之间，盖不知陈允平为南宋人，以此刻约在光绪间，因而致误。类是者尚多。"

张涵锐《琉璃厂书肆逸乘》云："琉璃厂南新华街通学斋书店孙耀卿对于清代学人著述广事搜集，尝辑《贩书偶记》，吾师伦哲如曾为之序，颇加奖励。其外甥雷梦水对清代版本颇究心，亦书林有志人也。"

则虞案：耀卿名殿起，别字贸翁。河北冀县人。少时家贫，入琉璃厂宏文堂习徒，后至鸿宝阁、今文斋书店。民国八年，与伦明合开通学斋书店，收售各种古籍。平素有心于目录学、版本学，精于鉴定。著有《贩书偶记》《贩书偶记续》《清代禁书知见录》《丛书目录拾遗》《琉璃厂小志》《慈仁寺志》《北京风俗杂咏》等。余时过通学斋与耀卿每谈移晷，为备述余家剑华道人收书散书事甚详。又馈赠剑华著书及题记数种，耀卿于二十年前曾至徽、歙诸邑访书，旧事旧家，言之历历。余家绿野堂某祖为叶东卿之甥，广州败，古书多载以归，皆昔所未闻者。嗣耀卿得末疾，阅半月，竟昏迷不省人事。日昨于西城遇王文进，言其前夕下世。天霁将运柩返籍。余适有青岛之行，急装在门，不及吊之。时戊戌七月二十三日也。又清末庚子，瓦特西入京，傅彩云谓琉璃厂中国数千年文化所萃，乞其毋毁，瓦允之。耀卿《琉璃厂小志》失载其事，故诗及之。

王文进，字晋卿，号摺卿，别号梦庄居士。河北任邱人。少时入其长兄德友堂书铺习徒，后自设文禄堂书肆于厂甸者近四十年。尝辑其平生出入善本为《文禄堂访书记》，又《文禄堂书影》，另有《毛氏写本书目》。曾刊行缪荃孙《年谱》、沈家本《枕碧楼丛书》、王懿荣《天壤阁丛书》。余入京其肆已辍业，于东四牌楼旧书收购处司收书事。闻余治《大戴礼记》，每见佳本，辄走告。余得顾涧蘋手校《白虎通》，亦其力也。晚辑聚明本书题跋十余厚册，闻将为《明本书录》，未就，老病死矣。

董康《文禄堂访书记序》："任邱王晋卿，今之钱听默、陶五柳也。隐居闲廛，三十年不易肆。访求书籍，穷极区寓，履綦所逮。北至并，东至鲁豫，南至江淮吴越。故家世族精椠秘笈，经其目睹而手购者无虑数万种，蜚声当世。近撮录其平生经眼珍本，辑为《文禄堂访书记》，丐余弁言。综其所列四部书都七佰五十余种，去取精慎，考覈翔实，一书之官私刊本，雕造区域，及名人钞校流传源委，皆记其跋语与收藏图记。细如行格字数、刻工姓氏，靡弗备记，其用力可谓勤矣。此书虽为贩鬻之偶得，而发潜阐幽，斠订同异，津逮学林，当与莫邵亭《知见传本书目》、邵位西《四库简明书目标注》同其功用。"

徐乃昌《序》云："书友王子晋卿留意版本之学，积三十年之久，勤苦搜访，所获实多。常与当代宿儒互相探讨，首为缪艺风刊行《自订年谱》，次刻《南峰乐府》，甲戌景印宋本《周礼》《韩集》，丁丑《书影》成册。其代修版印行者，则有福山王氏《天瓖阁丛书》，归安沈氏《枕碧楼丛书》《沈寄簃遗书》，海丰吴氏《金石汇目分编》等书。辛巳夏，申江访得宋蜀刊《南华真经》。其子部书籍世间认无蜀本，竟于无意中得之。今以所著《文禄堂访书记》示余，余以为记中所载之书，均属罕见秘籍，搜罗宏博，考订精详，即与诸家书目并列，亦无逊色。加赞许为之序。"

李劭昤《跋》云："晋卿业于书，少称颖悟，先文和公素称之。每得佳刻善本，辄奉而请益，公亦乐为讲述，谆谆无倦容。公尝谓厂肆业书者固多，然诚能考其源流，别其真伪者，昔有正文斋谭笃生及勤有堂杨维周，今则晋卿一人而已。其得公称许者如是，故其出入吾家俨然立雪者二十余年。"

自《跋》云："岁在壬午，《访书记》编成，所见四部，凡北宋本一，南宋本二百五十八，金本十三，元本九十九，明本八十三，铜活字本十六，校汲古阁本十五，清刻本十五，宋钞本二，元钞本二，明钞本六十九，毛钞本十三，名人手钞本二十八，黄荛圃校本三十五，各家校钞本一百九，都七百五十余钟，附唐人写经三卷。人间秘笈，未为全赅，然茌苒三十年，间关五千里，专心致力，夙夜于兹，虽以贩鬻而归，不无赏奇之癖也。此编所记，只详板本，不裨流略，余终愧焉。昔李南涧叙琉璃厂书肆至数十家，今无存者，钱听默与黄荛圃往来数十年，乃一无记述，考古者每以为憾。余贾人也，岂敢望南涧。今兹所述，虽谀闻小识，或可补听默之遗乎？"

中垒遗编顾氏书，虎头伊昔破工夫。
璇闺季女多才思，尺木《骚经》总不如。

阮季兰

钱泰吉《曝书杂记》卷上："《列女传》八卷，为宋建安余靖庵刻木，乾隆戊申顾抱冲得之。抱冲从弟千里以宋本重雕而去其图，道光五年扬州阮君福重刻于岭南，图为第九妹季兰所摹。原本虽未必定出晋人，其为南宋以前则确然无疑。"

《前尘梦影录》："绣像书籍以宋椠《列女传》为最精，顾抱冲得而翻刻，上截图像，下截为传，仿佛武梁造像，人物车马极古拙，相传为顾虎头绘。"云云。

绣倦停针乞启扉,郎情竟与妾心违。
儿家命比秋萤薄,入户穿帘自在飞。

钱绣芸

谢堃《春草堂集》云:"鄞县钱氏女名绣芸,范茂才邦柱室。邱铁卿太守内侄女也。性嗜书,凡闻世有奇异之书,多方购之。尝闻太守言范氏天一阁藏书甚富,内多世所罕见者,兼藏芸草一本,色淡绿而不甚枯,三百年来书不生蠹,草之功也。女甚慕之,绣芸草数百本,犹不能辍。绣芸之名自此始。父母爱女甚,揣其情不忍拂其意,遂归范。庙见后,乞茂才一见芸草,茂才以妇女禁例对,女则恍然如有所失,由是病。病且剧,泣谓茂才曰:'我之所以来汝家者为芸草也,芸草既不可见,生亦何为? 君如怜妾,死葬阁之左近,妾瞑目矣。'"

秋水蒹葭访古堂，穷搜秘籍到青囊。
他年徐福归朝日，请借仙人不死方。

森立之_{立夫}

杨守敬《日本访书志缘起》云："日本收藏家余之所交者，森立之、向山黄村、岛田重礼三人，嗜好略与余等。其有绝特之本，此志亦多采之。"

《经籍访古志》："涩江全善道纯、森立之立夫附言云：'是书编录发端于狩谷掖翁在日，凡辨钞刻之源委流别，得之其指授者为多。厥后小岛君宝素又屡加搜讨，而仍未完。丹波茝庭先生深慨古本之日就湮晦，督促余二人者俾亟从事于斯，复获宝素君嗣子抱冲君以其所得庭闻互相考覈，又有伊泽磐安以所闻其先人兰轩先生相商榷。既成，就正于海保备乡老点订之。其题曰《经籍访古志》者，茝庭先生所命。'"云。

全书体例，一遵《天禄琳琅书目》及《爱日精庐藏书志》。又云："近世以藏书名者，前佐伯毛利氏红栗斋、浪华木世肃孔恭蒹葭堂。后京师有福井榕亭崇兰馆，最后有新见贺州君赐芦文库，此录所载各古本，大抵诸家储藏之功也，从来著录家于医书多略，而是编比他家殊详者。我邦所传医籍最称繁富，而栎窗、丹波先生竭力收集，柳沜、茝庭二先生皆能继其志，储蓄益夥，而柳沜先生著有《医籍考》一卷，其于医家一类，靡不网罗。此录之成，其嗣晓湖君，孙棠边君为之绵蕝，更有宝素、酌源二藏并录入之，而茝庭先生又加之订正，是以所记独为完全也。但体例既异，则别为一类，以置于后焉。"

又丹波元坚《跋》云："余平生无他好，刀圭余暇，惟癖嗜古本。壮岁与迷庵掖斋诸老游，遍阅其所藏旧笈。又与宝素、兰轩交，相与鉴别书之雅俗，亦唯匆忙之际，仅止于此而已。星纪渐蹠，旧交零落，余亦老矣，追念畴昔，不堪怅然，遂怂恿诸子有斯书之举。"

森立之《跋》云："跋中所谓诸子者，谓涩江全善、森立之、海保元备、伊泽信道、堀川济辈也。此辈每月一二次预卜夜而会于绿汀。绿汀者，本所绿町多纪、乐春院之别庄也。诸子环坐，披阅古本，为之论定。会后开宴，各乘醉而归。二州桥上踏月咏诗，此是三十年前之事，当时无逻卒之警、马车之轰，光景与今日大不同。偶忆旧事，因书于此。吴府下医中之藏书家以化政间为盛矣，而其最者为二。刘曲直濑，次之小岛宝素、久志本录漪、伊泽兰轩、与住草堂辈，不遑枚举。余也少时家无一书册，然与此诸先生相交相亲，故所见所闻，颇为宏博。每闻有一奇籍，虽十里之远，亦百计而检阅。其新古优劣，一一记之，故撰《医籍访古志》之际，医学馆主多纪晓湖君与余日日对坐，细细考究，遂为之编述也。"

前有海保备乡老《序》，有云："自藤佐世《现在书目》以至《通宪藏书目》等，所收概皆散佚，湮灭不可复问。欲观所谓金泽印记本者，盖既仅如晨星，即足利学所藏，亦唯不过存什一于千百。迨至于近日掖斋诸家及夸绅学士所藏，比年以来，间亦不知归何人之手。则是录之所由作，岂得已哉。"

则虞案：前又有光绪十一年六合徐承祖序。

一望蓬壶接海青，蜃楼签轴带龙腥。
佳人会得荆公意，未必甘心出汉廷。

岛田翰 彦桢

俞樾《日本岛田君古文旧书考跋》："右岛田先生《古文旧书考》四卷。先生乃篁村先生之子，而其母又宕阴盐谷先生之孙，名家女也。先生耳目濡染，学有本源。自少癖嗜古书，而又以其师井上先生之荐，得窥中秘之书，故所见旧书极夥。每得一书，纪其每叶几行，每行几字，及其篇轴之广狭，参考其异同得失，以成此书。旧钞本为一类，宋椠本为一类，其本国刊本为一类，中国自元明以来、高句骊所刊本为一类，都凡五十有七种。余略一流览，既叹其雠校之精，又叹其所见旧书之富有也。先生博考之而加以慎思详辨之功，宜其为自来校勘家所不及矣。余见闻浅陋，精力衰颓，乌能赘一词。惟念往昔曾文正公尝许余为真读书人，余何人斯，足当斯语！请移此四字为先生赠。"

又俞氏《日本岛田彦桢母大野夫六十有六序》有云："其第三子曰翰来游吾国，遍历苏杭，访求古籍，盖有岛田君之遗风。"

黄绍箕《跋古文旧书考》："今日本安井君教授我邦，以《古文旧书考》见贻，其中表岛田君所著也。所录旧卷子本或系隋唐原钞，或旧时转写，而渊源出隋唐以前，其余旧椠本亦多我中土所未见者。至于考书册之源流变迁，辨文字之异同得失，表彰幽隐，申畅疑滞，皆确有依据，绝无肊说。东望神山，殆委宛琅环，为之神往。又每校一书，参考诸本，旁及他籍，于我中土校勘家之旧说订伪补逸，符验灼然。使乾嘉诸老见之，当有入室操戈之叹。由其夙承家学，获窥秘藏，益以师友见闻，故能博涉闳览，抑亦非笃志劬学，好深湛之思，殆未能若斯之盛也。

去年嘉纳君寄赠竹添先生所著《左传会笺》，其书博观而约取，具有断裁，可称善本。今读君书，乃知作者于井井书屋在亲炙之列，《会笺》之成，左右采获，与有力焉。"

《缘督庐日记》丙午二月廿八日日记："邮政局送到日本岛田君寄赠《古文旧书考》四册，宋本《寒山诗》、永和本《萨天锡逸诗》合一册。岛田君名翰，其父号篁村,父子皆校勘家。岛田君从竹添光鸿学,尽见其所藏唐钞宋椠,并奉其国青山相公之命,遍校内府书。校雠簿录之学,与鄙人同嗜。我国钱遵王、季沧苇、钱竹汀、顾涧薲诸家之言,皆肄业及之。楮印精恶,版幅宽广,行字之大小疏密,宋讳误夺,辨析毫芒,精谨无与为比。不佞幼耽此学。三十年来,师友凋落殆尽,自谓寂寞草玄,将成绝学,闭门造车,出门亦不期合辙。不意海外岛国,乃有斯人。此种旧学,即我中国亦在怀葛以前如岛田者,真旧到家矣。"

《郋园读书记》云:"日本岛田翰著有《古文旧书考》,自隋唐卷子,以及宋元以后线装书,考核异同,精博无匹。余虽与岛田未获谋面,缟紵论交,而蓬瀛方丈间,固时时令人神往也。"

陈衍《题日本岛田彦桢皕宋楼源流考并购获本末后》:"亡弓人得何必楚,吾道东去原大公。何庸沾沾矜得饼,有如无力欺老翁。夏父不足盱有会,逼人几欲动火攻。神州兹事几厄运,岂独一炬嗟湘东。连舻宗器一朝尽,窥江胡马常伥伀。比来筏材足浮海,阳襄联翩辞督宗。国家揆文本有道,万流并育宜冲融。图新舍旧醉欧化,国粹弃掷委蒿蓬。戴卢黄顾出异域,瞿杨丁陆来胸中。缄縢肩镮束高阁,与木乃伊将毋同。须知杀汝璧焉往,难持穷袴兼守宫。由来负乘非所据,致寇不关无高墉。沼吴植篁快报复,长星杯酒偏从容。物归识宝恶弃地,楚材奔晋方匆匆。"

《石遗室诗话》:"岁丁未,日本岩崎文库以日金十一万八千元购归安陆氏书四千部,为卷二十万有奇,为册四万四千。岛田彦桢作《皕宋楼藏书源流考及购获始末》数千言。汾阳王书衡式通题绝句十二首,并系以注云。摘其有关者五首于下:

其一:'意轻疏雨陋芳椒,宾客文章下笔骄。割取书城归舶载,薲花悽绝骆驼桥。'注云:'李宗莲《皕宋楼藏书志序》盛称潜园先生求书之勤,谓乾嘉间石冢严氏芳椒堂、南浔刘氏疏雨山房,皆以藏书名。尝见二家书目,著录寥寥,岂足与先生补长絜短。虽大言,盖实录也。'

其二:'翁潘大雅今销歇,江黄风流并寂寥。坐使静嘉腾宝气,人生快事让君骄。'注云:'陆氏皕宋楼、十万卷楼、守先阁之书尽归岩崎氏静嘉文库,日本藏书向阙史部、集部,今骤得此,宜彦桢称为人世大快事。'

其三:'海外琳琅亚汉京,客探秘笈品题精。微闻东土传新语,翻案来朝畏后生。'注云:'客秋九月二十八日在日本东京,偕仲弢、子培两提学至鞠町御料理地官内省所辖之图书寮,观内府藏书典守斋,罗列精本,请定甲乙,意殊诚恳。培老谓东游以来,惟兹事差强人意,仲老戏曰:"君勿熹,防岛田明日

翻案。'

其四：'三岛于今有酉山，海涛东去待西还。愁闻白发谈天宝，望赎文姬返汉关。'

其五：'欧化东行汉籍摧，书生有志力能回。竹添余论篁村教，家学师承造此才。'注云：'彦桢所师为竹添君，名光鸿，字井井，著有《左传会笺》《论语会笺》《栈云峡雨日记》。其尊人篁村先生名重礼，学兼汉宋。平生无他嗜好，但爱书籍，藏弄二万余卷。见盐谷时敏所著《篁村岛田先生墓碑铭》。'"

则虞案：岛田翰撰有《访余录》，不分卷，日本大正十年东京文求堂刊本，藻玉堂铅印。《序》略云："予校秘府是书在己亥六月，时岁二十有一，距今兹乙巳已七年矣。当时予日拜内库，以纵校其藏。又井师之唐钞、宋椠，皆运在予家。今海东松方伯所藏井师旧收本所捺予读书记印，即当日井师所许捺以为券者。今所谓藏书者，其金根、白芨之徒无论，高者陋版恶钞盈箱满架，侈曰予藏旧钞，予藏善刻。彼眼未见善刻精钞骇心悦目者，又未知有面貌虽佳实出于坊刻者，安能及于解旧本为何物？校勘为何学耶！永和本《萨天锡佚诗》，予向赖太夫人，得收其二通，而今则有夸其残本以为秘籍者。近人得黄麻片纸，卷子一轴，即宝如星凤，何况李氏旧钞乎！昔顾亭林之博，以李焘《韵谱》误为雍熙重定本，而不知有许氏真本；和珅传刻《礼记注疏》，以为七十卷本，而不知其系猾贾钱听默六十三卷改换本；其吴拙庵所藏，惠定宇所校，当时已归于曲阜孔氏。顾涧蘋校刻《盐铁论》，最称精勘，而今校之元本，其讹夺者实八百三十一字。校勘之难，自古已然。予独悲经本之佚也，降而为蔑古。校勘之粗也，流而为俗学。遂举先世遗藏仅供荡儿骄妇一饱，曾不知所以继绍先志，况兵燹水土攻其外，绛云半野之厄又起其中，虽有精书即博痴儿一愕，卒无所资学术，徒贻玩物之议。内府之藏，今古东西图籍，一大酉阳羽陵也；双桂井屋之储，皇国图籍，一小酉阳羽陵也。"云云。

藏印有"岛田翰读书记""岛田氏家藏印"。

浅草人家求古楼，唐钞宋椠自夷犹。
兰台中使搜亡《礼》，先到天涯海尽头。

狩谷望之 掖斋

《书舶庸谭》："日来所阅旧椠多狩谷掖斋旧藏。掖斋嗜古搜奇，颇类琴川汲古主人，夙所心折。屡欲物色其所注《见在书目》梓以行世，邕庵谓原稿已毁，图书寮新写本似属未定之稿，不足以表章掖斋。《名人词典》中有《掖斋墓志》一篇，可以考见其厓略。"

《狩谷掖斋墓志铭》："掖斋名望之，字云卿，别号掖斋，亦称三右卫门。祖籍三州刈谷，数世祖始迁于江户。和音刈、狩相通，因以狩谷为氏。掖斋少习律令，自忖非博览唐代故籍，不足以穷其奥窍。乃取《六典》《唐律》《太平御览》《通典》日事探索。由是上追汉代，更进而修习六经，始觉有所憭悟，终身崇奉汉学，基于此也。掖斋又以源顺《和名类聚钞》，本邦古籍，最足珍秘。上自天地，下迄草木，赅载靡遗，不惟藉知当时汉字，且可考见古之方言；引用典籍尤多隋唐佚书，惜讹谬特甚，不能卒读，乃参证校雠，撰《笺注》十卷。掖斋藏书极富，多唐钞及宋元旧椠。晋唐以来碑版法书，亦广事搜罗，曰：'吾非争雄二酉，欲订误本为善本耳。'天保六年逝世，年六十一。子怀之，字少卿，有父风。年四十许，即令怀之当户，筑室于浅草，名常闲书院，署其斋曰实事求是书屋，复自号蟬翁。"

则虞案：《笺注》日本名《类聚钞》十卷，明治十六年排印。

《适园藏书志》传钞本《礼记》二十卷，后有杨守敬《跋》云："据森立之《访古志》，此为狩谷望之求古楼所藏。顾无掖斋印记，求古楼藏多不钤印，而皆有古铜色纸包裹之，是其证也。"

《适园志·毛诗郑笺》杨惺吾《跋》云："《访古志》所载云：'是求古楼藏。'今以此本照之，一一扣合，每卷首有掖斋印，狩谷望之号也。掖斋藏书名求古楼，日本文政间学人之最，其藏书之富，又过于官库。"云云。

闻道扶桑汉学新，象胥更为说谆谆。
况斋《荀注》真轩稿，终觉榛芜似北人。

冈本保孝 况斋

《敬孚类稿》载《岛田重礼书》："冈本保孝，号况斋。江户人。幕府世臣。好学如饥渴，俸禄脯修所入，悉以购书。所蓄六万余卷，颇多古善本。好校雠古书，晨夕手一编，反复对勘，丹墨并作。苟有所得，随札记之，蝇头细字，殆不可辨识。为人沈静，恬于名利，足不践显要之阈，有荐昌平学校官者，坚辞不出。明治之初，征为大学中博士，未几而罢。偃仰一室，读书自娱。明治九年殁，年八十二。平生撰述甚多，今皆散佚无存。重礼所藏有《荀子考》《韩非子疏证》《战国策草次》《说苑考》《汉书地理志捷见》《续汉志考》《蒙求考》《谥法考》等。友人龟谷省轩六藏《新序考》《列女传考》《韩诗外传考异》《汉书考异》《三国志考异》。有三子，长信太郎为昌平学教授，先殁。"

则虞案：又有《读书阶梯》一卷，静嘉文库藏写本。

石室鸣沙历劫余，窃钩巧夺载盈车。
西方鞮鞻矜文苑，只惜藏山失宝书。

伯希和

四当斋藏《流沙访古记》手录蒋伯斧译件云："斯丹，匈牙利人，寄居英国多年，或谓已入英籍。一千九百七年至敦煌千佛洞，道士引入，书穴昏黑，以油灯照之。见卷轴堆积，约十四立方迈，当似未经手触，惊喜欲狂。道士处之邻室，不使人见，陆续将书画移过，听其选择。斯丹购得画五箱，书二十四箱。书具十二种文字，梵文贝叶一片完好，贝叶经中此为最古。又叙利亚文摩尼教经，汉文亦数百种，佛经居十之八。斯丹不解汉文，故邀伯希和至伦敦商订目录。伯希和述如下：《切韵》五卷，全。类书一种，无标题，内容甚博。《搜神记》残本，与通行本异处甚多。《怀素集》亦与传本迥别。《敦煌记》详言地理。《东周列国传》虽小说体，然足为考史之助。《庄子南华经》一卷。《前汉书》第七十八卷。尚有《易》《诗》《书》《论语》等残本，钞写不佳。"

伯希和又云："吾得宋初刻本以为寰宇最古之刻本，讵知斯丹更得唐咸通年间刻本《般若波罗密多心经》，唐刻本恐中国绝无也。"

上月《博学报》登有高尔第贤□□所作《伯希和捃索中亚记》，摘录一节如下："书箱未离中国以前，伯希和秘而不宣，智也。比从河内再至中国，则书箱到法久矣。乃于南京为端方言之，于北京为诸学士言之，诸学士闻而惊羡，争诣伯希和寓所索观箧中秘笈，传钞摄影。立会醵赀，以事刊布，成数种，已寄至巴黎。"

瑞典人斯文安敦曰："中亚经欧人探掘，地宝尽呈。伯希和为后劲，悉索无遗矣。日本文橘瑞超游历新疆在伯希和后，所得汉文钞件等，可见沙中犹有未发现之藏。我国学人勿以斯文安敦之言自沮也。"

罗振玉《莫高窟石室秘录》："莫高窟在敦煌县东南三十里鸣沙山之下，前临小川，有三寺，俗称上寺、中寺、下寺。上、中两寺皆道观，下寺乃僧刹也。寺名皆署回文。而按石室中藏书多署三界寺，殆旧名也。寺之左近有石室千余，由唐迄元，皆谓之莫高窟，俗名千佛洞。惟一洞藏书满中，乃西夏兵革时所藏。

壁外加以象饰，故不能知其为藏书之所。迄光绪庚子，缮治石室，凿壁而书出，由是稍稍流传人间。丁未冬，法人伯希和君游迪化，谒长将军，将军曾藏石室书一卷，语其事。继谒澜公，暨安西州牧某，各赠以一卷。伯君审知为唐写本，亟往购得十巨箧，然仅居石室中全书三分之一，而所有四部各书及经卷之精好者，则垂尽矣。"

又云："伯希和君以文学士任安南河内之东方考古学校教授，年才三十一。博通东方学术，尔雅有裁，吾侪之畏友也。"

《缘督庐日记》丙辰六月廿二日记："张鞠生京卿招饮，有法国毕利和，即在敦煌石室得古书携归其国者。今来中土，研究古学，甚愿与吾国通人相见。能操华语，携照片九纸，云是《经典释文》《尧典》《舜典》两篇残帙，唐时写本，未经宋人窜改，可以发梅赜、卫宏之伏，而得其所从来。然略阅之，以王氏之学为主而外马郑，切音多而旧儒音义甚寥寥，是否果陆元朗之书，尚有待于商榷也。"

己酉十月十六日记："张阇如来言，敦煌又新开一石室，唐宋写经画像甚多，为一法人以二百元捆载去，可惜也。俗吏边氓，安知爱古，令人思汪栗庵。"

十二月十三日记："张阇如来，携赠《鸟沙山石室秘录》一册，即敦煌之千佛山莫高窟也。唐宋之间所藏经籍碑版、释氏经典文字无所不有，其精者大半为法人伯希和所得，置巴黎图书馆，英人亦得其畸零。中国守土之吏，熟视无睹。鄙人行部至酒泉，虽未出嘉峪关，相距不过千里，已闻石室发现事，亦得画像两轴，写经五卷，而竟不能罄其宝藏，輶轩奉使之为何？愧疚不暇，而敢责人哉！"

刘厚庄《籀园笔记》："清光绪季年，敦煌有石室发现，古书数万卷。吾国人士初未之知，后为法人所闻，捆载而去。英人、日人相继来取。上虞罗振玉叔蕴闻诸法人伯希和，乃始就观，并目见其行笈所携，亟求影写，遽承许诺。三载写成，名为《鸣沙石室佚书》。闻是书入欧洲者不下二万轴，日人狩野君山自欧归告振玉云。诸图典守森严，不殊秘阁，苟非其人，不得纵览，并谓法儒沙畹已为考释编目，行将刊布。伯氏又告言石室卷轴，取携之余，尚有存者。振玉乃亟言于学部，比既运京，复经盗窃，然其所存，尚有六七千卷。振玉皆取校而跋之，复从日人橘瑞起氏抄得藏经目录凡四百余轴。详见所著《雪堂校刊群书序录》内。"

跋

　　叶昌炽《藏书纪事诗》断自清季，清初及清中叶漏载者有数十家，余补辑而续之也。自清至于近世，凡十二卷，四百零八人，得诗二百七十七首。体例一如叶氏之书，以通籍乡荐为先后，韦布之士附焉。又略依朱兰坡《古文汇钞》例也。三百年来藏家林立，穷山末学，闻见不周，史之阙文，类举有四：

　　一曰知其人，不知书目者。若江阴周荣起，句容曹淇，金陵邓旭、顾谦、刘然，德清徐以坤，慈溪钱经藩，山阴沈启潜，泾县朱幼拙，宝山陈如升，吴县邹咏春。

　　二曰知其人，知其书目之名，而书目未之见者。若吴模求履《宝田堂书目》、屈大均《四百三十二峰草堂书目》、黄百家《续钞堂藏书目》（见《学箕初稿》）、陆陇其《三鱼堂书目》（见《嘉兴府志》）、程晋芳《群书题跋》（见《清史稿》本传）、汪辉祖《环碧山房书目》（八千卷楼有钞本，今未见）、孙冯翼《问经堂书目》、陈寿祺《小嫏嬛馆书目》（见《带经堂书目》）、莫潍《耳食录》（见《武林藏书录》）、赵期颐《赵氏书目》（见《武林藏书录》）、陈仅《文则楼藏书录》、吴台《菉竹山房书目》（稿本，今未见）、冯登府《勺园书目》、龚文照《群玉山房书目》、唐恭安《小嫏嬛室藏书目》（见《杭州府志》）、杨丕复《之五堂书目》（见《湖南文征》及《湖南通志》）、许乃普《许文恪公书目》、王元启《读书杂跋》、沈炳垣《斫砚山房书目》（未见）、冯云濠《醉经阁书目》、李祖年《圣泽楼书目》、龚樵生《亦园藏书目录》（闻厦门图书馆有之，多汲古阁、天一阁旧本）、张彦士《平康张氏藏书目》（见《山东通志》）、王守训《晚出书目》（见《山东通志》）、李文昊《听嘤堂书目》（见《湖南通志》）、顾景星《顾氏书目》（见《黄州府志》及《湖北通志》）、郑家学《澄园待访录》《澄园存目》（见《杭州府志》）、陈淞《保蕴斋书目》（见《台州经籍志》）、罗震亨《粤学堂藏书目》（见《江宁府志》）、陈奉时《归雪书目记》（见《江汉丛谈》王承僖序引）、沈登瀛《稷香书屋书目》（见《南浔志》）、舒焘《绿绮轩书目》（见《绿绮轩文钞》）、潘际云《藏芸阁书目》（见《溧阳县续志》）。

　　三曰知见其书目而藏家生平事迹不详者。若魏维新《本立堂藏弓目》（清初钞本）、王彦威《秋灯课诗书屋藏目》（稿本）、陈星南《且朴斋书跋》（钞本）、袁遂昌（吴县人）《颐蘐草堂书目》（又名《钞略》，传钞本）、秦献廷《思补精舍书目》（北京图书馆藏，钞本）、康爵《耕冰寄庐书目》、又北京图书馆藏《耕冰寄庐乡贤书目》、陈善味三《怡云仙馆藏书总目》、罗家杰《十瓣同心兰室书目》（吴县人，藏医籍书尤精）、拙嬾生《徒河赵氏藏书目》（北京图书馆藏，钞本）、曼殊生《追来堂偶存书目附碑目》（清华大学图书馆藏，稿本）、吴乃应《退补斋书目》（前中央图书馆藏，杭州朱氏钞本）、陆祖毂《善本书目题识》（有排印本）、陈邦彦《春晖堂书目》、马征麐《素行居藏书目摘要》、曹骧《上海曹氏书存目录》（见《上海掌故丛书》）。

四曰知见其书目，而亡藏主姓名者。若《怡云馆藏书简明目录》（稿本八册）、《珊瑚阁书目》（传钞本，疑即《通志堂书目》）、《淡古阁书目》（木犀轩藏，钞本）、《三十有三万卷堂书目略》（非孔广陶三十三万卷楼目，北京图书馆藏，钞本）、《醉竹轩书目》（中国科学院图书馆藏，钞本）、《拾园张氏书目》（中国科学院图书馆藏，钞本）、《玄赏斋书目》（中国科学院图书馆藏，铅印本）、《蚕豆花馆珍籍小录》（清华大学图书馆藏，钞本）、《述史楼藏书目》（传钞本）、《枕石楼书目》（光绪二十八年刻本）、《抱芳阁书目》（光绪刊本）、《留莺馆凤轩书目》（蜀人，传钞本）。

此外还有《古今图籍考》（见《述古堂书目》《也是园书目》）、《道在是斋书目》（见《传是楼书目》）、松江程氏《清绮堂书目》（见《荛翁题跋》引）、《清绮斋书目》（《八千卷楼书目》有钞本，题"张氏"，阙名）、《宝善堂书目》（《善本书室藏书志》引）、《聿修堂藏书目》（见《观海堂书目》）、《周氏书目》（见《测海楼藏书目》）、《凤芸阁读书记》（见丁福保《四部书目总目引用书目表》）、《爽西斋台州书目》（见《台州经籍志》，题邬氏撰，阙名）、《涵养楼藏书目录》《秋籁阁书目》（见《台州经籍志》）、《敬梓书舍藏书目》（见《台州经籍志》）、《静观书舍藏书目》（见《台州经籍志》）、《笒川文库书目》（见《台州经籍志》）、《书城偶辑》（见《杭州府志》）、《李氏藏书目录》（见薛福成《庸盦文编》）。

凡此四者，则从并阙。犹有知其人，睹其目，或见其藏书记而不足称为藏书家者：若孙原湘（见《天真阁藏书记》）、谢章铤（《残书目录序》）、盛甫山（见沈钦韩《南墅书目后序》）、龙启瑞（《通麐生所藏书自序》）、王驭和（见程鸿诏《静怡山房书目序》）、张海珊（《记收书目序》）、钱兆鹏（《读书楼藏书目录序》）、陈荫田（见杜贵墀《万卷楼记》）、李佐贤（《石泉书屋藏书记》)、龚显曾(《藤花吟馆书目》,钞本)、熙元(《艮轩藏书目录》)、国英(《共读楼书目》,刊本)、黄遵宪(《人境庐书目》)、廖平(《四译馆书目》)、汪之昌(《重编书目记》)、范迪襄(《廉让闲居书录》,北京图书馆藏,稿本)、顾燮光(《译书楼经眼录》,刊本)、史宝安(《史宝安书目》,中国科学院图书馆藏,钞本)。

此外犹有知其人,或见其书目而未录,或稿成复删去者,有费念慈屺怀、许增迈孙、沙元炳健庵、孙廷翰问清、周贞亮子幹、秦更年曼青、张宗祥阆声、柳诒徵翼谋、邓之诚文如、徐鸿宝森玉;以及章保世、金广泳、李赞侯、罗刖存、赵止非、谢光甫、王献唐、潘景郑、顾廷龙、赵斐云等三十余人。势格力殚,姑辍于此。

呜呼! 私人藏书之事,今不必有,而续藏书诗之作,似不可无。书囊无底,书种不绝。因备初稿,以俟订补焉。其阙失者,既文献难征,而去取间复依违莫决。踌躇四顾,故稿成十五载,终不敢以示人。薄海儒彦,傥以一文一目相贻,或以一人一事见贶,半札片言,莫非鸿宝。广珊瑚破网之收,补前人未竟之业,愿与同志共之。

泾川吴则虞水西学人自记
一九六四年十月

参用书目

一、史传部

《清史稿·艺术传》，（清）赵尔巽主编
《清史稿·儒林传》，（清）赵尔巽主编
《清史稿·忠义传》，（清）赵尔巽主编
《清史稿·循吏传》，（清）赵尔巽主编
《清史稿·文苑传》，（清）赵尔巽主编
《清史稿·畴人传》，（清）赵尔巽主编
《清史列传》，佚名撰
《良友传》，（清）汪曰桢撰

二、方志部

《苏州府志》，（明）卢熊纂
《杭州府志》，（明）刘伯缙等修，陈善纂
《金陵通传》，陈作霖辑
《[嘉庆]绩溪县志》，（清）席存泰、清恺撰
《[道光]休宁县志》，（清）何应松、方崇鼎撰
《[道光]徽州府志》，（清）马步蟾撰
《[同治]扬州府志》，（清）英杰、方浚颐纂
《[同治]丹徒县志》，（清）何绍章、冯寿镜等修，吕耀斗纂
《[光绪]祁门县志》，（清）倪望重撰
《[光绪]兰溪县志》，（清）唐壬森编辑
《[光绪]杭州府志》，（清）郑沄撰
《[光绪]山西通志》，（清）王轩、杨笃等人纂修
《[光绪]平湖县志》，（清）彭润章等修

《山西通志》，（清）储大文撰
《鄞县志》，（清）戴枚、张恕纂修
《山东通志》，（清）岳濬等监修
《山阳县志》，（清）何树滋纂修
《东阳县志》，（清）金衡等纂修
《华阳县志》，（清）叶大锵修
《海宁州志稿》，（清）李圭修
《嘉定县志》，（清）程国栋纂修
《余姚县志》，（清）邵友濂修，孙德祖等纂
《江阴县续志》，（清）缪荃孙纂
《［嘉庆］黟县志》，（清）吴甸华修
《南浔志》，（清）周庆云纂
《象山县志》，（清）史鸣皋修，姜炳璋、冒春荣纂
《南海县志》，（清）郑梦玉等修
《昆山新阳合志》，（清）张予介等修，顾登等纂
《金华经籍志》，（清）胡宗楙编
《温州经籍志》，（清）孙诒让撰
《襄阳艺文略》，（清）吴庆焘撰
《海昌经籍志略》，（清）管庭芬撰
《云林寺续志》，（清）沈錬彪撰
《广州记》，（清）顾徽撰
《皖志列传稿》，金天翮纂
《吴县志》，曹允源、李根源纂
《上海县志续志》，吴馨修

三、诗词集

《金华诗录》，（清）朱琰撰，胡凤丹补编
《杭郡诗辑》，（清）吴颢辑，吴振棫补辑
《杭郡诗三辑》，（清）吴颢辑，吴振棫补辑
《两浙輶轩录》，（清）阮元编选
《两浙輶轩续录》，（清）潘衍桐编选

《六一山房诗集》，（清）董沛撰

《十朝诗乘》，（清）龙顾山人撰

《荔村草堂诗钞》，（清）谭宗浚撰

《椿花阁诗集》，（清）段朝端撰

《尊瓠室诗》，（清）陈诗撰

《含嘉室诗集》，吴士鉴撰

《蓼园诗钞》，（清）柯劭忞撰

《楼山诗集》，（清）王恕撰

《午风堂诗集》，（清）王昶撰

《湖海诗传》，（清）王昶编

《通艺阁诗》，（清）姚椿撰

《嗣雅堂遗诗》，（清）彭文敬撰

《江苏诗征》，（清）王豫辑

《大鹤山人诗集》，（清）郑文焯撰

《竹山堂诗稿》，（清）潘祖同撰

《含嘉堂诗集》，（清）黄璟撰

《纯飞馆词》，（清）徐珂撰

《范近楼诗存》，（清）陈夔龙撰

《半园老人诗集》，（清）张朝墉撰

《甘泉乡人余稿》，（清）钱泰吉撰

《狷夏堂诗集》，（清）李仕良撰

《知困斋诗存》，（清）胡璧城撰

《寿藻堂诗集》，陈作霖撰

《可园诗存》，陈作霖撰

《笺经室诗集》，曹元忠撰，王大隆编

《对岳楼诗续录》，（清）孔宪彝撰

《藏书纪事诗》，叶昌炽撰

《小槐簃吟稿》，丁立诚撰

《忍古楼诗》，夏敬观撰

《安般簃诗》，（清）袁昶撰

《郁华阁诗集》，（清）盛昱撰

《悔余生诗》，吴庆坻撰

《狷叟诗删存》，（清）许溎祥撰

《柏岩诗存》，赵炳麟撰

《观古堂诗》，叶德辉撰

《洪宪纪事诗》，刘成禺撰

《晚晴簃诗汇》，徐世昌编

《晚晴簃诗话》，徐世昌编

《壬癸诗存》，孙雄撰

《艮斋诗草》，徐际恒撰

《志盦诗稿》，王式通撰

《敬乡楼诗集》，黄群撰

《爱居阁诗》，梁鸿志撰

《海鸟阁诗》，梁夫巳撰

《慎宜轩诗集》，姚永概撰

《奎西诗稿》，吴朋三撰

《散原精舍诗续集》，陈三立撰

《缶庐诗》，吴昌硕撰

《讽字堂诗稿》，陶存煦撰

《石雪斋诗稿》，徐宗浩撰

《近代诗钞》，陈衍编纂

《安乐乡人诗》，金兆蕃撰

《潜庐诗录》，甘鹏云撰

《一山诗选》，章梫撰

《今觉盦诗》，周达撰

《续补藏书纪事诗》，王謇撰

《辛亥以来藏书纪事诗》，伦明撰

《广东藏书纪事诗稿注》，徐绍棨撰

《补藏书纪事诗》，刘声木撰

《上海近代藏书纪事诗》，周退密、宋路霞撰

四、文集

《带经堂集》，（清）王士祯撰

《二林居集》，（清）彭绍升撰

《鲒埼亭集》，（清）金祖望撰

《经义斋集》，（清）熊赐履撰

《穑堂集》，（清）魏莹撰

《拙存堂文集》，（清）蒋衡撰

《潜研堂集》，（清）钱大昕撰

《天乙阁文集》，（清）陈用光撰

《求益斋文集》，（清）强汝询撰

《仰箫楼文集》，（清）星鉴撰

《渐西村人集》，（清）袁昶撰

《侣斋文存稿》，（清）孙勷鹤撰

《容膝轩文稿》，（清）王荣商撰

《逊学斋文续钞》，（清）孙衣言撰

《松邻遗集》，（清）吴昌绶撰

《恒心斋文》，（清）程鸿诒撰

《乐志堂集》，（清）谭莹撰

《笺经室遗集》，曹元忠撰

《二百八十峰草堂集》，（清）蔡鸿鉴、蔡和霁撰

《寄庵文存》，（清）孙德祖撰

《一山文存》，（清）章梫撰

《吴兴先哲遗书》，叶昌炽撰

《渠亭山人半部稿》，（清）张贞撰

《一半句留记》，（清）朱樟撰

《希堂文集》，（清）戴殿泗撰

《清风室文钞》，（清）钱保塘撰

《删亭文集》，（清）周同愈撰

《躬耻斋文钞》，（清）宗稷辰撰

《春草堂集》，（清）谢堃撰

《听松庐文钞》，（清）张维屏撰

《竹堂文类》，（清）石琢堂撰

《颐道堂文钞》，（清）陈文述撰

《病山遗稿》，王乃征撰

《四当斋集》，章珏撰

《艺风堂文续集》，缪荃孙撰

《半园老人戊午集》张朝墉撰

《螾庐未定稿》，王季烈撰

《岁寒文稿》，王德森撰

《桐乡劳先生遗稿》，劳乃宣撰

《笺经室遗集》，曹元忠撰

《太炎文录续编》，章太炎撰

《吹万楼文集》，高燮撰

《韩集校诠》，童第德撰

五、诗话

《蒿庵随笔》，（清）冯煦撰

《云自在堪笔记》，（清）缪荃孙撰

《筱园诗话》，（清）朱庭珍撰

《梅硐诗话》，（清）袁陶斋撰

《缉雅堂诗话》，（清）潘衍桐撰

《听松庐诗话》，（清）张维屏撰

《雪桥诗话》，杨锺羲撰

《雪桥诗话余集》，杨锺羲撰

《可园诗话》，陈作霖撰

《颙园诗话》，陈融撰

《石遗室诗话》，陈衍撰

六、书目

《玉轩新纂古今书目》，（明）刘元亮撰

《世善堂书目》，（明）陈第撰

《澹生堂书目》，（明）祁承㸁撰

《汲古阁书跋》，（明）毛晋撰

《知圣道斋读书跋尾》，（清）彭元瑞撰

《曝书杂记》，（清）钱泰吉撰

《拜经楼藏书题跋记》，（清）吴寿旸撰

《述古堂书目》，（清）钱曾撰

《传是楼书目》，（清）徐乾学撰

《天一阁书目附碑目》，（清）范邦甸撰

《平津作鉴藏记书籍》，（清）孙星衍撰

《廉石居藏书记》，（清）孙星衍撰

《孙氏祠堂书目》，（清）孙星衍撰

《文选楼藏书记》，（清）阮元撰

《持静斋书目》，（清）丁日昌撰

《宋元旧本书经眼录》，（清）莫有芝撰

《持静斋藏书记要》，（清）莫有芝撰

《藏书题识》，（清）汪璐撰

《滂喜斋藏书记》，（清）潘祖荫撰

《潜采堂宋元人书目》，（清）朱彝尊撰

《竹垞行毁书目》，（清）朱彝尊撰

《浙江采集遗书总录》，（清）沈初撰

《书钞阁书目》，（清）蒋凤藻撰

《铁琴铜剑楼藏书目录》，（清）瞿镛撰

《下学堂书目》，（清）熊赐履撰

《寒瘦山房鬻存善本书目》，邓邦述撰

《知圣道斋书目》，（清）彭元瑞编

《知不足斋宋元文集书目》，（清）鲍廷博编

《万卷楼藏书目录》，（清）李调元撰

《五桂楼书目》，（清）黄澄量撰

《观海堂书目》，杨守敬撰

《焦山书藏书目》，（清）丁丙撰

《有福读书堂书目》，（清）吴引孙撰

《测海楼旧本书目》，（清）吴引孙撰

《西圃藏书目》，（清）潘遵祁撰

《顾氏小石山房书目》，（清）顾葆龢撰

《愚斋图书馆藏书目录》，盛宣怀撰

《如园书目》,（清）萧士恒撰

《如园架上书钞目》,（清）萧士恒撰

《韩氏读有用斋书目》,（清）韩应陛撰

《诒庄楼书目》,王修撰

《退补斋书目》,（清）吴乃应撰

《随安庐书目》,（清）亢树滋撰

《天禄琳琅书目》,（清）于敏中撰

《玉函山房藏书簿录》,（清）马国翰撰

《玉函山房藏书簿录续编》,（清）马国翰撰

《五万卷阁书目》,（清）李嘉绩撰

《枣花阁秘笈丛书详目》,（清）史宝安撰

《古越藏书楼书目》,（清）徐树兰撰

《抱经楼书目》,（清）沈德寿撰

《敦和堂书目》,程云翔撰

《葩经室藏诗经目录》,高燮编辑

《瞿安书目》,吴梅撰

《竹崦庵传钞书目》,叶德辉、赵晋斋撰

《四当斋藏书目》,顾廷龙撰

《饮冰室藏书目》,梁启超撰

《五十万卷楼藏书目录》,莫伯骥撰

《孙氏祠堂书目》,（清）孙星衍撰

《贲园书库目录辑略》,张森楷撰

《嘉业堂明善本书目》,刘承幹撰

《西谛书目》,北京图书馆编

《远碧楼经籍目录》,郑振铎撰

《清代文集目录》,郑振铎撰

《苌楚斋书目》,刘声木撰

《诒庄书目》,王修撰

《北京图书馆善本目录》,北京图书馆善本室撰

《京师图书馆善本书目》,王懋镕撰

七、丛书

《后知不足斋丛书》，（清）鲍廷爵辑

《敬乡楼丛书》，黄群撰

《敬乡楼丛书》第三辑，刘绍宽辑

《碧琳琅馆丛书》，（清）方柳桥辑

《粤雅堂丛书》，（清）伍崇曜辑

《随庵丛刻初集》《续编》，徐乃昌辑

《聚学轩丛书》，缪荃孙辑

《玉海堂丛书》，缪荃孙辑

《积学斋丛书》，徐乃昌辑

《鄦斋丛书》，徐乃昌辑

《彊邨丛书》，朱孝臧辑

《玉简丛书》，罗振玉辑

《影宋巾箱本丛书》，刘世珩辑

八、藏书志

《郡斋读书志》，（宋）晁公武撰

《郋园读书志》，（清）叶德辉撰

《皕宋楼藏书志》，（清）陆树藩撰

《宝书阁书录》，（清）丁白撰

《寅昉藏书录》，（清）蒋光焴撰

《涉园藏书志》，傅增湘撰

《善本书室藏书志》，（清）丁丙撰

《适园藏书志》，张钧衡撰

《武林藏书录》，（清）丁申撰

《万卷精华楼藏书记》，（清）耿文光撰

《赝书录》，（清）李调元撰

《日本访书志》，杨守敬撰

《爱日精庐藏书志》，（清）张金吾撰

《莫高窟石室秘录》，罗振玉撰

《宋元旧本书经眼录》，（清）莫友芝撰

《鹅庄访书记》，邢蓝田撰

《安雅楼书藏》，（清）唐翰题撰

《十三间楼校书记》，（清）张文虎撰

《崇雅堂书录》，甘鹏云撰

《勥堂读书记》，（清）李慈铭撰

《群碧楼善本书录》，邓邦述撰

《宝礼堂宋本书录》，潘宗周撰

《丁氏藏书志》，丁福保撰

《双鉴楼藏书续记》，傅增湘撰

《文禄堂访书记》，王文进撰

《琉璃厂书肆逸参》，张涵锐撰

《经籍访古志》，（日）森立之、涩江全善合撰

《古文旧书考》，（日）岛田翰撰

《访余录》，（日）岛田翰撰

《古文旧书考》，（日）岛田翰撰

《流沙访古记》，（法）伯希和撰，蒋伯斧译

九、题记、题跋、提要

《潜研堂序跋》，（清）钱大昕撰

《艺风堂藏书记续》，缪艺风撰

《华延年室题跋》，（清）傅以礼撰

《士礼居藏书题记》，（清）黄丕烈撰，潘祖荫辑

《士礼居题跋》，（清）黄丕烈撰

《曝书亭序跋》，（清）朱彝尊撰

《雁影斋题跋》，（清）李希圣撰

《群碧楼善本书录》，邓邦述撰

《藏园群书题记续集》，傅增湘撰

《四库湖北先正遗书提要》，卢靖撰

《钱氏所藏堪舆书提要》，钱文选编

《藏园群书题记》，傅增湘撰
《藏园群书题记续集》，傅增湘撰
《著砚楼书跋》，潘景郑撰
《伏跗室群书题记》，冯贞群撰
《五十万卷楼群书跋文》，莫伯骥撰
《涉园序跋集录》，顾廷龙辑
《大云书库题识》，罗振玉撰

十、笔记、随笔、日记

《研六斋笔记》，（明）李日华撰
《椿荫轩笔记》，（清）吴子蔚撰
《一澂研斋笔记》，（清）东培山民撰
《籀园笔记》，刘厚庄撰
《汪穰卿笔记》，（清）汪穰卿
《菱梦楼笔记》，况周颐撰
《香柬随笔》，况周颐撰
《清稗类钞》，徐珂撰
《大受堂札记》，徐珂撰
《听雨楼随笔》，（清）王培荀撰
《书林逸话》，谢兴尧撰
《重论文斋笔录》，（清）王端履撰
《雅言录》，（清）汪康年撰
《十驾斋养新录摘钞》，（清）钱大昕撰
《竹汀先生日记》，（清）钱大昕撰
《越缦堂日记》，（清）李慈铭撰
《谭复堂日记》，（清）谭献撰
《湘绮楼日记》，王闿运撰
《涧于日记》，（清）张佩纶撰
《毗邪台山散人日记》，（清）袁昶撰
《缘督庐日记》，叶昌炽撰
《王仁俊日记》，（清）王仁俊撰

《小眠斋读书日札》，（清）汪杭撰

《苌楚斋随笔》，刘声木撰

《苌楚斋三笔》，刘声木撰

十二、综合

《唐摭言》，（五代）王定保撰

《京口耆旧传》，（宋）佚名撰

《铁围山丛谈》，（宋）蔡绦撰

《儒学警悟》，（宋）俞鼎孙、俞经编辑

《太平清话》，（明）陈继儒撰

《谭东杂识》，（清）沈祥龙撰

《语石》，叶昌炽撰

《西铺访书记》，邢蓝田撰

《丙辰札记》，（清）章学诚撰

《籀园笔记》，刘厚庄撰

《烟屿楼笔记》，（清）徐时栋撰

《舒艺室杂著》，（清）张文虎撰

《康平室随笔》，朱彭寿撰

《目耕帖小引》，（清）马国翰撰

《说部精华》，（清）王世祯撰；刘坚类次

《前尘梦影录》，（清）徐康撰

《常昭合志稿》，（清）王锦、顾德昌修

《文献征存录》，（清）钱林撰

《午风堂丛谈》，（清）邹炳泰撰

《读书敏求记》，（清）钱曾撰

《敬孚类稿》，（清）萧穆撰

《水曹清暇录》，（清）汪启淑撰

《函海》，（清）李调元辑

《独学庐四稿》，（清）石韫玉撰

《文史通义》，（清）章学诚撰

《半雨楼杂钞》，（清）郑文焯撰

《昭代名人尺牍续集》，陶涉园辑
《霞外捃屑》，（清）平步青撰
《春在堂尺牍》，（清）俞樾撰
《清漪楼杂著》，骆成骧撰
《便佳簃杂钞》，（清）沈宗畸撰
《古红梅阁丛钞》，（清）刘履芬撰
《十朝诗乘》，（清）龙顾山人撰
《百川学海》，（宋）左圭辑
《广州杂咏》，刘成禺撰
《世载堂杂忆》，刘成禺撰
《可言》，徐珂撰
《清芬录》，（清）杨裕芬撰
《约园杂著》，张寿镛撰
《约园杂著三编》，张寿镛撰
《读书识余》，（清）丁葆书撰
《蕙风簃二笔》，况周颐撰
《选巷丛谈》，况周颐撰
《五十日梦痕录》，罗振玉撰
《大清畿辅先哲传》，徐世昌撰
《书舶庸谭》，董康撰
《留真谱》，杨守敬撰
《近代名人小传》，沃立撰
《中国佛教史》，蒋维乔撰
《广东藏书家考》，冼玉清撰
《书林逸话》，谢兴尧撰
《孤桐随笔》，章行严撰
《敦煌石室真迹录》，郑振铎撰
《劫中得书记》，郑振铎撰
《三吴回忆录》，谢国桢撰
《当代名人录》，费行简撰
《缀学堂初稿》，陈汉章撰
《琴曲集成》，中国艺术研究院音乐研究所、北京古琴研究会编

《存见古琴曲谱辑览》，查阜西撰
《上海书林梦忆录》，陈乃乾撰
《琉璃厂书肆三记》，孙殿起撰
《贩书偶记》，孙殿起撰
《琉璃厂书肆逸乘》，张涵锐撰
《文禄堂书影》，王文进撰
《中国藏书通史》，傅璇琮、谢灼华撰
《中国藏书家考略》，杨立诚、金步瀛撰
《浙江藏书家藏书楼》，顾志兴撰
《文献家通考》，郑伟章撰
《花随人圣盦摭忆》，黄濬撰

十二、年谱

《孙太仆年谱》，（清）孙延钊撰
《穰卿先生年谱》，汪诒年撰
《姚海槎年谱》，陶存煦撰
《邻苏老人年谱》，杨守敬撰

编后记

先父生于1913年，家于宣歙山区。世以儒学教读为业。先父幼而多病，自坠地以至成童，几无日不求医问药。四岁识字，六岁学诗。未冠，父乒懿亲，数载俱尽。伶仃孤苦，有非常人所能堪者。族叔朋三公抚养成人。

后学词赋于石遗先生，攻文字训诂于太炎先生。究心务学，不以富贵温饱为计。先父长于训诂，于古书颇能覃思精研。始而治经，于《大戴礼记汇疏》《礼记述要》有其独到之处；继而治史，著《晋书校勘记》《晋会要》百万余言；继而治子，著《荀子集解》《淮南子集释》《论衡集证》《桓谭新论》等考校其得失；继而为辞章，著《清真词校记》《山中白云词校记》《花外集斠笺》《稼轩词选注》等；又为目录版本之学，尝步武清叶昌炽先生作《续藏书纪事诗》，又作《中国工具书使用法》《版本校勘学通论》等；平素推重乡里先学，著《安吴五种》及《安吴年谱著述考》，讲授余暇，好为绮声，自成一家，鲜以示人。又潜心昆曲腔谱，能以牙按节。

因先父素有肝阳疾，服杜仲以减，曾植一株于庭，苍翠可爱。《广雅》谓"杜仲"为"曼榆"，故自号书斋曰"曼榆馆"。又汇集其著述而题名为《慊静斋丛稿》，以君子慊慊，平淡冲和，静心洒脱，悠然势分之外之意。《丛稿》分甲、乙、丙、丁四编，共三十余种，二百余卷。

先父有一男二女，一女殁于襁褓，长男又以水殇，唯余伺候朝夕。先父工作之余，即课余以古文辞章。灯火荧荧，每至夜分。有时庭前散步，先父吟诗诵赋，余则鼓琴度曲以和之。天伦之乐，何其融融也。追忆至此，不禁浑浑泪下。

先父为人仁厚乐易，平生未尝忤于物。以为君子之处世也，轻重之衡，当在于我，决不以一时之所遭而身与之沉浮。五十八岁后，尤喜佛典之研究，曾著《弘明集校注》，不幸中辍。

先父供职于中国社会科学院哲学研究所，兼教于北京大学、中国人民大学、中央党校。数十载如一日伏案著述，终以积劳成疾。左躯偏瘫，犹自笑曰："古之人卧榻十年，学问三变，余能一变，亦可自慰矣。"病中亲手写定《曼榆馆诗集》《曼榆馆词集》及《诸子校议》等稿本。不幸于1977年11月16日逝世，终年六十五岁。

使先父不能不深感遗憾者，即平生著述除二三种外均未刊行。检视遗作多楮墨犹新，然长扃箧中，蟫蠹是惧。唯希遗稿早日问世，使先父毕生为中国古代文化学术所费之心血，能对祖国今日之盛业有所贡献！值此百年之际，撰文以祭之。

　　借此书出版之际，感谢俞震、曾敏两先生为本书所做大量的录入、校对工作，同时特别感谢国家图书馆出版社及责编南江涛先生为此书奉献的辛勤劳动！

吴受琚
2014 年 12 月冬至吉旦